中国社会科学院文化研究中心闽南文化研究基地、
台盟中央闽南文化交流研究基地编

全球视野下的
海上丝绸之路研究

"第二届海上丝绸之路文化国际青年学者联盟论坛"论文集

黄科安 郭华

——— 主编

中国社会科学出版社

图书在版编目（CIP）数据

全球视野下的海上丝绸之路研究："第二届海上丝绸之路文化国际青年学者联盟论坛"论文集/黄科安，郭华主编.
—北京：中国社会科学出版社，2018.5
ISBN 978 - 7 - 5203 - 2647 - 6

Ⅰ.①全…　Ⅱ.①黄…　②郭…　Ⅲ.①海上运输—丝绸之路—中国—文集　Ⅳ.①K203 - 53

中国版本图书馆 CIP 数据核字（2018）第 124966 号

出 版 人	赵剑英
责任编辑	郭晓鸿
特约编辑	席建海
责任校对	李　莉
责任印制	戴　宽

出　　版	中国社会科学出版社
社　　址	北京鼓楼西大街甲 158 号
邮　　编	100720
网　　址	http://www.csspw.cn
发 行 部	010 - 84083685
门 市 部	010 - 84029450
经　　销	新华书店及其他书店

印　　刷	北京明恒达印务有限公司
装　　订	廊坊市广阳区广增装订厂
版　　次	2018 年 5 月第 1 版
印　　次	2018 年 5 月第 1 次印刷

开　　本	710×1000　1/16
印　　张	39
字　　数	501 千字
定　　价	166.00 元

目　录

关于"海丝学"学科建设的思考

陈　耕

（福建省闽南文化发展基金会）

摘　要： 任何一门学科的发展，都是该学科沿着共同的逻辑程序，在两个方面的深化和展开：一方面是该学科研究对象的深入和扩展；另一方面是该学科自身理论的建设和发展。前者是后者的基础；后者又反过来指导前者。学科的理论建设离不开具体研究对象的扩大和拓展；但是离开学科的理论建设，具体问题的研究也就难以深入揭示事物的实质及其内在的发展规律。两者相辅相成，不可偏废。

"一带一路"的宏伟愿景与行动，催生了"海丝"文化研究的热潮，一门具有独特而又宏达的研究对象，多学科综合的"海丝学"，正在孕育之中。除了各自学科展开的"海丝"研究，应该更多地关注"海丝学"学科理论的建设，思考"海丝学"的概念、范畴、研究方法和学科标准。

关键词： "海丝"；学科；学科标准

一　问题的提出

目前，伴随着建设"21 世纪海上丝绸之路"愿景与行动的不断推进，无论是学术界还是媒体及公共舆论都在热议着建设"21 世纪海上丝绸之路"，关于"海丝"和"海丝"文化的研讨和著作，如雨后春笋，推动着一个新的学术研究高潮的到来。

但是，以往的研究更多聚焦于"海丝"的历史，而今天关于"海丝"和"海丝"文化的研究是在更加广阔宏大的时代背景下展开，不仅仅是历史的研究，还必须紧紧围绕人类前所未有的共同发展、联合行动的伟大实践，总结经验、发现问题，并将其提升到学理的高度，为实践提供思想的力量。

中共中央政治局于 2016 年 4 月 29 日下午就历史上的丝绸之路和海上丝绸之路进行第三十一次集体学习。中共中央总书记习近平在主持学习时强调，"一带一路"建设是我国在新的历史条件下实行全方位对外开放的重大举措、推行互利共赢的重要平台。我们必须以更高的站位、更广的视野，在吸取和借鉴历史经验的基础上，以创新的理念和创新的思维，扎扎实实做好各项工作，使沿线各国人民实实在在感受到"一带一路"给他们带来的好处。

习近平指出，民心相通是"一带一路"建设的重要内容，也是"一带一路"建设的人文基础。要坚持经济合作和人文交流共同推进，注重在人文领域精耕细作，尊重各国人民文化历史、风俗习惯，加强同沿线国家人民的友好往来，为"一带一路"建设打下广泛的社会基础。

"海丝"文化不仅仅是中国的，更是世界的；"海丝"文化不仅仅是各美其美，更是美美与共。海上丝绸之路也远不局限于经济合作，在文明的互相借鉴和观念上的互相交流，同样具有非同寻常的意义。

随着时代的变迁，如今的海上丝绸之路涉及的国家与古代大不相同，每个国家都有不同的宗教、不同的制度与不同的文明，我们要借助国家扩大海上丝绸之路建设这一宏大愿景的历史机遇，加快与世界各国交流融合进程。

海上丝绸之路的包容性，要求我们具备很多新的视角和思维方式。我们应该意识到，海上丝绸之路建设，无论规划还是设计，都不是一个国家能独立完成的，应当是各国共同参与的系统工程。"海丝"文化秉持的是共商、共建、共享原则，本身就不是封闭的，而是开放包容的；不是中国一家的独奏，而是沿线国家的合唱。

2015年11月26日《人民日报》发表的一篇关于《文化是'一带一路'建设的重要力量》文章中，习近平同志指出："民心相通是'一带一路'建设的重要内容，也是关键基础。"

从这样宏伟的背景来看，毋庸讳言，作为建设"21世纪海上丝绸之路"的学术支撑和理论基础的学科体系尚未真正建立，相关基础研究还十分薄弱。可以说，"21世纪海上丝绸之路"是在理论准备并不充分的情况下提出的，是对理论研究工作者的重大挑战。我们看到许多应景的研究论文和缺乏理论基础的对策研究，更多的是媒体的报道和公共意见领袖的声音，呈现出理论研究落后于实践发展的严重问题。

海上丝绸之路（以下简称"海丝"）既然是绵延千年的历史，又是今日中国伟大复兴的宏伟战略，而且，一带一路沿线国家和地区的政治、经济、文化学者都在关注中国提出的这个议题，有许多也已经开始参与到这一议题之中，其研究就不应是急就章或兵来将挡式的短期对策研究，而必须以全球的视野、长远的目光筹划理论研究学科体系。

一个全方位、多视角、包容性的"海丝学"学科体系，是更快更好构建"21世纪海上丝绸之路"必不可少的重要理论前提。"丝路学""海丝学"，正在广阔的国际空间和悠远的历史背景之中迅速地酝酿，乃至成为21世纪的一门显学。

但是，问题来了。

首先，有这个学科吗？这个学科的标准是什么？其次，"海丝"文化、

"海丝学"的概念是什么？最后，新的学科有何新的方法？

二 关于学科和学科标准的思考

找不到学科，这是当前从中国问题出发的新的学术研究都会碰到的大问题。"国学"找不到学科，在教育部的学科体系里面找不到。听说教育部正在研究，头疼的问题是，国学的学科标准是什么？总要有个标准，这个标准还要跟中文、历史、中国哲学对接。可是国学经、史、子、集四大块，除了史可以和它对上号，其他怎么对啊？

国子监当时是有标准的，可能人为的因素不小，但还是有一个或许不那么明确但大家认可的朝廷标准。100多年来引进西方，奠定了当代中国大学的学科标准，实际上是西方的学科标准。从国子监到北京大学，标准变了，按照西方的学科标准来研究国学。中文、中国历史、中国哲学，三个系、三个学院分解了国学。我们原来的大师，都是文、史、哲贯通，标准一变，基本消灭了文、史、哲贯通的人才。中西戏剧、中西医学、中西美术等，都涉及标准问题。

中西学科的比较，可以发现，关键是标准不一样。问题在相当一段时间里，我们许多人根本不认为有什么"中国的标准"。就算有，也是不科学、不清晰的标准。笔者是学戏剧的，老师讲中、西戏剧的比较，说早年西方的话剧，不能唱歌，是写实主义的，跟生活一样。歌剧、轻歌剧，"你吃饭了吗"都要用唱的、不能讲话的。舞剧《吉赛尔》里面有大量的哑剧，不能讲话、不能唱歌，用哑剧的舞蹈动作来表达，叫"讲究艺术门类的纯粹"。而中国戏曲唱作、念、打是综合的。20世纪20年代以后，西方戏剧开始学东方，包括印度、日本、中国的戏剧，又说又唱又跳。他们现在最流行的是音乐剧，就是学东方戏剧，是综合的。这些年，我们又开始学习西方的音乐剧，但戏剧学院、舞蹈学院、音乐学院都感到困难，缺师资，没有反思中国戏曲演员的培养方法、培养标准。

所以，西方的学科标准值得我们思考，大学设置的西方学科标准很纯粹、很单一。但是，中国的国学、国史、方志到家族宗族的谱牒都是综合性的。这个综合也有它的纯粹，这个区域（地域）、家族，所有的都综合在一起，就像中国戏曲的唱念做打，不是割裂开来的。纯粹和综合，各有各的优势，综合也有它的优势。现在越来越多的人认识到中华传统文化也有好东西，完全用西方的学科标准来设计我们的大学，怎么能学到中华的优秀传统文化呢？

当然，西方学科标准有科学的宝贵的东西，对我们100多年来的科学研究、文化教育居功至伟，我们还要继续学习、不断学习，这是毋庸置疑的。但是，我们自己的就没有标准吗，就不能构建标准吗？

问题是创建新学科的导向。学科建设本身提出的问题：学科标准。从这里开始我们创新学科的起步。"海丝学"当然应该有自己的标准，这是大前提，没有标准动辄得咎。建立新学科，从新的标准建设开始。

多学科综合的标准，当然不是短时间可以解决的轻而易举的问题。文化学的标准、历史学的标准、经济学的标准，如何融合？何况"海丝学"不是两三个学科的融合，全球视野，不同国别的视角，也要融合，融合成为一个基本一致的标准，谈何容易！

这个问题的提出，只是开始，而且，只能在现有各自学科对"海丝"的研究中逐步地解决。由于其长期性、艰巨性，只能寄希望于年轻的学者。但是我们应该有在"海丝学"研究中创新综合性学科的目标，建立中国学科标准的目标。

三　概念与范畴

任何一门学科都有其特定的概念和术语，这些概念和术语有的是被系统地阐释过；有的则是长期以来相沿成习、约定俗成的，它们都具有稳定的内涵和明确的指代。从某种意义上说，一门学问能否发展成为一门独立的学科，它涉及的一些基本概念是否稳定明确，是一个至关重要的因素。

作为研究"海丝"文化的学者和文化人，应该有学科的意识，要从海上丝绸之路的表象中挖掘它的文脉、挖掘它延续2000多年的文化精神，并真正地把"海丝"文化作为一门学科来研究、来建设、来推动。如果概念还没搞清楚，概念的内涵和外延还没有划定出来，也没有取得共识，就漫无边际地去研讨，我们的讨论就会失去方向指引，也没有规范的学科范畴，就会偏离学科研究的轨道；就可能出现鸡同鸭讲的现象。这种情况在过去的研究中也是很常见的。所以，从"海丝学"学科建设的角度来讲，我们首先要更多地关注概念。

当然，由于所处环境、占有资料和认识问题角度的不同，人们在一门学科学术研究的开始一般是不可能取得共识的。

厦门人说，"海丝"文化就是"沙茶面"。沙茶是东南亚来的，闽南水面是厦门的，二者相加就成了厦门最具特色的小吃"沙茶面"。

马来西亚马六甲的人说，"海丝"文化就是"峇峇""娘惹"。爷爷是中国来的，奶奶是本地的。

各说各话、各有各的道理，又都并不完整。这是正常的，也是所有学术研究开始阶段必然要经过的历程。这就需要有更多的交流平台，通过各说各话、各自阐述自己对这门学科的认识和见解；通过交流、争论和辨析，去粗取精、去伪存真，明晰思路、明辨是非，最终取得共识。

其实，这种通过交流研讨来求同存异的过程本身，就是推动学术发展的重要契机。实际上，在科学文化发展的历史上，很多概念的研讨是伴随着整个学科发展始终而不断推进的。现代的闽南文化研究，如果从20世纪20年代厦门大学设立国学院算起，快要100年了，"闽南文化"的概念也还没有一致的意见。在学术研究的领域，甚至可以说完全正确一致的概念永远都不可能达到。它就像真理，我们各自从不同角度认识它、追求它、逼近它，但永远没有终极。在追求目标的过程中，正是不同学术观点的碰撞交流，才能碰撞出思想的火花，不断推动学术的发展。理论永远是灰色的，生命之树常青。

就拿海上丝绸之路这个名词来说，中国人讲海上丝绸之路，也叫海上瓷器之路、茶叶之路；阿拉伯人、印度人讲"香料之路"，但这些叫法的不同并不影响我们共同认可"海丝"文化的包容、互利、共享、共荣。正是这种相互包容的价值观，把东西方不同民族和国家间的经济和文化交流延续下来，并成为人类宝贵的历史记忆和文化遗产。因此，在研究讨论时不同的视角，会有不同的结论，这并不可怕，而恰恰是揭示真理的必由之路。我们需要整个"海丝"沿线60多个国家一起来探讨"海丝"文化，首先是明确我们共同要讨论的是什么？概念的研究就是明晰是什么。

概念是由范畴决定的。

社会科学的历史，就是概念与范畴发展的历史。文化即人；人即文化。随着时代的进步和人的活动范围的延伸与发展，文化的边界也在延伸和拓展，文化的概念也会随着社会和经济的发展不断丰富。要明白"海丝"文化的概念，就需要研究"海丝"文化的范畴。研究的边界在哪里？这是讨论"海丝"文化的前提，也是确定"海丝"文化的必需条件。研究"海丝"文化应该紧紧抓住学科的概念和范畴进行。

"海丝"文化的范畴主要表现在以下三个方面。

第一，空间的范畴。

"海丝"文化在空间上涵盖了包括东亚、南亚、中亚、西亚和非洲、欧洲，甚至美洲的广大地区。"海丝"文化因彰显和平、友谊、合作、发展、共赢的精神而被世界众多国家和地区认同。研究和确定"海丝"文化的空间范畴，要用唯物的、历史的眼光做具体的分析。过去，我们往往认为海上丝绸之路是中国的"海丝"之路，好像海上丝绸之路在空间上只是中国。实际上海上丝绸之路在空间上不是几个点，仅我们中国现在申报海上丝绸之路的城市就有9个，但是海上丝绸之路就只有这9个城市吗？当然不是。海上丝绸之路不仅仅是几个点，"海丝"文化的研究也不能局限在几个点上，而应该在更加广阔的空间范围内，以更大的视野着眼和落笔。

海上丝绸之路也不能仅仅局限于几条线，不仅是从中国港口出发到东南亚和中东及欧洲的几条线路，而是"海丝"沿线几十个国家和地区相互之间以互利互惠为目的进行的多种经贸交流的综合，也是文化的彼此交融和影响所产生的新的文化。这是一个十分广阔的空间范畴。

第二，时间的范畴。

海上丝绸之路的历史，究竟从什么年代开始，又终止于什么年代，即"海丝"文化研究的时间边界在哪里？

中国有自己的历史阶段划分，马来西亚也有自己的阶段划分，可能其他国家还有他们自己的划分，因而多国学者之间对海上丝绸之路的历史划分肯定是不相同的。

"海丝"文化既然是国际文化，那么它研究的时间边界就应该得到国际上学者和专家的认同。它究竟产生于哪个时代，以什么时间节点为标志？沿线不同国家和地区的学者会有不同的认识和观点，在时间边界上如何取得认同和共识，是需要学者们认真讨论的问题，也需要打造进一步交流的平台。

第三，内涵的范畴。

鸦片战争以后，东、西方海上交通贸易，尤其是不平等的鸦片贸易算不算海上丝绸之路呢？有的人觉得算，因为这是一种历史事实；有的人认为不能算,因为鸦片贸易违背了"海丝"文化互利、共享、共赢的价值观。中国输出去大量的丝绸茶叶,而英国输进来的是鸦片。鸦片贸易算不算海上丝绸之路?还请学者们探讨。

从中国文化的视角,我们会把促进社会和人民交流发展进步的东西肯定下来,而把那些阻碍社会和人民进步、幸福的东西剔除出去,这是中华文化一个很大的特点,这就是我们常说的抑恶扬善、忘记仇恨、放眼未来。

"海丝学"作为一门边缘性和交叉性的独特学科体系,应该具有其学科独立的研究对象。"海丝学",不是仅仅研究海上丝绸之路的交通贸易路线,其研究对象应该是以区域研究包括海域研究为视角,以海上丝绸之路的起源、演变及其盛衰为主线,对区域或海域内有关国家涉及海上丝绸之路的政治外交决策、区域的商贸往来、物质生产方式和精神生活方式的相互影响以及民族的迁移、人口的流动等商贸网络、人文网络进行综合性、整体性研究,并揭示海上丝绸之路演变及区域有关国家外交政策、经贸和人文网络变迁之间的内在逻辑结构与联系。

我们应该在怎样的平台上共同认知"海丝"文化,正确地界定它的概念与范畴,使"海丝"文化对构建"21世纪海上丝绸之路"有一个正向的推动。这是我们应当思考的。或许永远没有所谓正确统一的概念,但是无论如何我们都需要从不同角度思考,从不同的视角分析理解,以便使"海丝"文化这一概念在求同存异的基础上尽快得到学者的认同,以利于"海丝"文化核心价值的挖掘和现实意义的弘扬。

四 方法问题

"海丝学"如果真正能够成为一门新的学科,是不是也需要自己的研究方法呢?历史学、文化学、经济学、海洋学、艺术学等学科都会参与进来，如果只是各自从不同的角度，用不同的标准、方法来研究，而没有融汇产生一种新的方法、新的标准，恐怕还不能说是一门新的学科。

"海丝文化学"的研究，现在参与更多的是历史学的学者们。历史学家对"海丝历史"很早就开始研究，而且从 20 世纪以来持续不断、交流不断，有许多出色的成果是我们今天研究的重要基础。但是，仅从历史学的方位出发来研究"海丝"文化显然是不够的，而多种学科的研究必然会面临不同学科的标准和研究方法之间的差异和对立问题。

例如，很多历史学家批判闽南的族谱里面有许多假冒的祖先，不是名门，就是望族，从历史学的角度来说确实是假的。但是，还有另一种历史事实是不容忽视的：800 多年来，闽南（全中国）秦姓人没有一个会说自己的祖宗是秦桧，而姓岳的无不称自己的祖宗是岳飞。这怎么可能呢？但这是 800 多年来的历史事实，它已经成为历史。

我们骂秦桧断子绝孙，其实他的后代是很多的。可是，不到三代，他的子孙都不敢、都不愿、都不想认他，因为他做了大汉奸。如果历史学家告诉秦姓的人，你祖宗是秦桧，最大的可能是得到一个巴掌。这就是中国文化很大的一个特点，从历史学的角度讲这是造假；从文化的角度说它是抑恶扬善，通过抑恶扬善来推动文化、人性的正向发展，引导人们向上向善。

有朋友问笔者：你这是说"历史学家有知识，没文化吗？"

绝无此意，笔者要说的是历史学的研究方法注重运用多重史料尽可能做到真实准确地还原历史，而文化学在价值理念上，则更注重宣扬人性善的一面，人为地避开或者是否定丑恶的一面。历史学的结论并没有错，文化学者和民间百姓的理念也没有错，不是要相互指责，而是要有不同学科视角的思考意识。一个强调真、一个强调善，难道就不能相互包容吗？又如何得以相互包容呢？这才是我们要深入思考的问题。

不仅仅学科之间需要协调，不同国家和地区更需要协调。在"海丝学"学科建设的过程中，不同国度、不同地区的不同文化立场与关注是需要我们去重视和解决的。

例如，我们大力宣传的嘉庚精神。一方面陈嘉庚先生是著名的爱国华侨领袖，他一生为中国民族教育、抗日战争、新中国建设做出了卓越的贡献，他以个人行动时刻提醒中国社会一个广大的海外华人社会的存在，彰显着榜样的力量；另一方面，嘉庚先生和中国华侨在马来西亚奋斗多年，与马来西亚人民一道将马来半岛从蛮荒之地改变成美好家园。他以"取诸社会，用诸社会"的精神，出资创办和扶植了许多当地的学校。毫无疑问，陈嘉庚先生对中、马两国都做出过重要贡献，堪称中、马两国的共同遗产，是中、马两国友谊的纽带；他可以拉近两国人民的心理距离，也为来自中国的新移民融入本地社会树立了榜样。

但是，我们宣传的往往只是他爱国爱乡、回家兴学、报效祖国。这就在马来西亚受到了质疑：嘉庚先生把马来西亚赚的钱拿回中国，中国剥削了马来西亚。"如果一带一路就是这样，那我们马来人不欢迎。"这就是他们的视角。我们认为好的，理所当然的，站在他国的立场，也可能是错的。因为各自的利益不会都是重合的。全球视野、互利共赢，就必须学会换位思考。

东南亚是一个多样性和统一性相结合的地区，历史上从未形成自己统一的、区域性政权。因此，建设海上丝绸之路和命运共同体，首先要尊重东南亚地区文明和文化多样性。我们应该意识到"海丝"不是中国一家的事。我们是倡导者，建设则需要沿线所有国家和地区人民共同的认同与努力。学术研究同样需要换位思考、需要全球视野。

构建"海丝学"学科体系的行动，为我们提供了厘清因国家立场不同而引发对立的契机。这就需要我们更加注重照顾各国人民的感情，寻找从文化的不同、从对立走向融合。

在"海丝学"学科的建设中，人文学科的历史学、文化学、宗教学、艺术学是我们拓展的重点，而这些领域研究的推进，反过来又会促进丝绸之路沿途各国人民互动的层面和质量的提高。

"海丝学"学科建设的关键，在于承认和尊重各学科研究方法差异的基础上，在实践过程中，寻求从对立走向融合的合理方式；"海丝"文化的研究，需要多种学科的相互支持和相互刺激，也需要不同国家的学者相互换位思考，寻求从对立走向融合的合理方式。或许这将是"海丝学"研究的方法之一。

同时，我们应该充分认识，全球化、信息化和科学的高速发展，世界的问题越来越复杂纷繁，单一的学科往往表现出力不从心，需要系统学的思维、创造性思维。像我们今天围绕一个"海丝"文化主题的论坛，或许将成为多学科、跨学科的综合性研究的一个方法，一个不可替代的学术平台。达沃斯论坛、博鳌亚洲论坛，正是探索研究综合性复杂问题的平台。

除了平台，在各自单位建立起从个人的单打独斗到跨学科系统团队，也是值得推动的提高综合性系统性研究能力，探索综合性系统性标准的路径。这也是我们这个体制的优势，也是当初我们提倡联盟的初衷。

无论我们承认或不承认，一门关于"海丝"和"海丝"文化研究的新学科，已经呼之欲出。从一年多来的研究看，人们对"海丝"的研究正在从经济的议题延展到文化的议题，从中国的议题延展到世界的议题。在这样的发展背景下，我们应当顺潮流而动、顺势而为，推动"海丝学"学科的建构。

徐福东渡求仙采药与早期东北亚药茶的传播

鲍志成

（浙江省文化艺术研究院）

摘　要：秦始皇求取"长生不老药"和"徐福东渡"的故事是家喻户晓的历史传奇。本文从中、日两国文献记载、传说故事和考古实物、历史遗迹等多元视角，以原始药茶为切入点，重新梳理、审视了这段历史佳话，并结合中医药和现代医药成果，指出所谓的"长生不老药"就是"天台乌药"。以樟科植物的茎、叶、块、根为原料煮饮是浙东先民发明的一种原始药茶，它在秦汉时期通过早期"海上丝绸之路"多波次的移民浪潮的历史记忆——"徐福东渡"而传播到日本，成为那个时期东北亚地区人员往来和人文交流的共同的"文化符号"。

关键词：徐福东渡；长生不老药；天台乌药；原始药茶；樟科植物；东北亚

长生不老是人类违背自然规律的美好愿望，古今中外人类对长生不老方法的探求从不间断。从古埃及法老的"木乃伊"制作到古代中国道家的"仙药金丹"；从"细胞再生""大脑潜能"等生命学说到"纳米修补"

"基因置换"等生物工程技术，可谓孜孜以求，不遗余力，却迄无结果，都以失败而告终。值得注意的是，在众多的有关神话传说、历史故事中，史称"千古一帝"的秦始皇苦苦寻求长生不老药的故事流传最广、影响也最大，而且与"百药之长"的茶及其原初形态也有着特殊的渊源，值得茶学界关注。

一　秦始皇诏求"长生不老药"和徐福东渡求仙采药

西汉历史学家司马迁在他的不朽历史著作《史记》中记述：秦始皇二十八年（前219），一统天下、志满意得的秦始皇登封泰山后来到琅邪台时，曾下诏天下寻求"长生不老之药"。齐地（今山东一带）方士徐福上书说：东海之中有"三神山"，名蓬莱、方丈、瀛洲，岛上有神仙和仙草。秦始皇闻讯大喜，便派徐福率童男童女"入海求仙人"。将近10年之后，也就是始皇三十七年（前210）年底，当秦始皇东巡上会稽（今浙江绍兴会稽山）、祭大禹后沿海北上再到琅邪时，因"入海求神药，数岁不得，费多，恐谴"的徐福等人，又来"忽悠"秦始皇说："蓬莱山的仙药可得，只是为海中大鱼所阻，请求派善射之士用连弩射杀大鱼。"恰好梦见自己与海神激战的秦始皇向博士占梦后信以为真，居然从琅邪台到荣成山一路沿海北上，派弩手入海候鱼，却终不得见，直到芝罘（今山东烟台市芝罘区）方见巨鱼，射杀之后再沿海西行。不久，求药不得的秦始皇在平原津（今山东平原县西南）得病，次年7月暴毙于沙丘行宫（位于今河北广宗县境内）。他的长生不老梦破灭了，他的大秦帝国也没能如他所希望的那样"二世三世至于万世，传之无穷"。

事实上，想长生不死的秦始皇被方士"忽悠"远不止此。据说徐福首次出海回来，曾对秦始皇声称曾到蓬莱山，见到海神，请求"延年益寿药"，海神嫌秦始皇礼太薄而不给。秦始皇又派遣他携带童男童女三千、百工及武器、谷种等出海。不料徐福一去不返，找到一片"平原广泽"，自立为王。不过，在始皇三十五年（前212）时，秦始皇曾自曝以前征召天下"文学方术士甚众"，目的是粉饰太平，让方士们"求奇药"，但徐福等入海求仙药"费以巨万计"，却"终不得药"，只是"奸利相告"，深感失望。除了徐福等，还有侯生、卢生者，自称"求芝、奇药、仙者常弗遇"，原因是有物相害，要求取奇药，必须避恶鬼，让"真人"出世，诱导秦始皇要像修道"真人"那样幽居简出，"所居宫毋令人知，然后不死之药殆可得也"。求药心切的秦始皇深信不疑，表示自己很钦慕真人，从此不称"朕"而自称"真人"，还下令都城咸阳周围200里内270所宫观全部建造"复道甬道相连"，以遮人耳目，有泄露其行踪者治以死罪。侯生、卢生觉得不可一世的秦始皇"刚戾自用"，又如此"贪于权势"，认为"未可为求仙药"，就偷偷逃走了。秦始皇闻讯，勃然大怒，一气之下坑杀了460余名"犯禁者"，以前所收"天下书不中用者"付之一炬。真是不说不知道，一说吓一跳，原来这"焚书坑儒"的直接起因，居然是因为长生不老药求而不得之故①。

历史上，追求长生不老药的绝不止秦始皇一人。早在战国时期，齐威王、齐宣王和燕昭王便派人入海寻"三神山"，求"长生不老药"。隋炀帝杨广、唐宪宗李纯、唐穆宗李恒以及明世宗朱厚熜等人，都为长生不死贪服道家的"金丹"而中毒身亡，未尽天年。

大秦帝国灭亡后，历代关于"徐福东渡"的故事，屡见史载。《汉书》《后汉书》《三国志》②等史籍中都有关于徐福率童男童女出海求仙的记载，有的则说他到了夷洲（今台湾岛）、澶洲（今澎湖列岛）；唐代诗人李

---

① 司马迁：《史记》卷六《秦始皇本纪》第六"始皇二十八年、三十五年、三十七年"条和卷一百一十八《淮南衡山列传》。

② 参见班固《汉书·郊祀志》和《伍被传》，范晔《后汉书·东夷传》，《三国志·吴主传》"吴大帝黄龙二年"条。

白、白居易的诗①中也提到过徐福出海，只不过这些史籍和诗词中都没有确定徐福到的就是日本。最早把徐福出海与东渡日本联系起来的，是五代义楚和尚。他在所撰《释氏六贴》一书中不但说徐福到了日本，而且说那里有座富士山，"亦名蓬莱"，这样便和司马迁所说的"三神山"联系上了。② 此后，宋、元、明、清各代文人墨客的许多诗词文章中都把徐福奉为中日文化交流的先驱③。

学术界对"徐福东渡"的性质众说纷纭，有"避祸说""反对苛政说""行骗图利说""开发海外说""海外移民说"，但最主要、最直接的是"寻仙采药说"，认为徐福东渡是探索人生长寿之道的实践和考察访问活动④。在中国民间，尤其在山东荣成、诸城、即墨各县和江苏连云港、赣榆和浙江慈溪一带，都流传着不少关于徐福东渡的传说。近年来，还有学者考证认为，江苏北部赣榆县的徐阜村或山东黄县的徐乡就是秦代徐福的故乡；浙江慈溪达蓬山是徐福东渡起航地；山东即墨沿海徐福岛是徐福东渡时船只避风处。

除了中国东部沿海，朝鲜半岛和日本列岛也有大量徐福遗迹。韩国济州岛流传着徐福东渡途经此地祭祀太阳的传说，认为汉拿山就是"三神山"中的"瀛洲"，有"朝天石"刻石、朝天馆、朝天邑、"徐福过此"摩崖题刻等史迹⑤；在日本，公元前 3 世纪到公元前 2 世纪的"弥生文

---

① 见李白《古风·五十九首》之一《秦王扫六合》，白居易《长恨歌》。

② 义楚《释氏六帖》记载："日本国亦名倭国，在东海中。秦时，徐福将五百童男、五百童女止此国，今人物一如长安……又东北千余里，有山名富士，亦名蓬莱……徐福止此谓蓬莱，至今子孙皆曰秦氏。"

③ 宋代欧阳修、司马光《日本刀歌》，元代诗人吴莱《听客话熊野徐福庙》，明太祖朱元璋与日本僧人绝海中津唱和诗、陈仁锡《皇明世法录》、刘仲达《刘氏鸿书》，清代黄遵宪《日本国志》等都有记载。

④ 参见李江浙《徐福东渡考》，《徐福文化集成·徐福东渡钩沉》，山东友谊出版社1996年版。

⑤ 杨正光：《赴日韩实地考察徐福东渡遗迹证实徐福确实到达日本》，《中日关系史研究》1998年第1期。

化"，普遍认为是传自战国和秦汉时期的中国移民"渡来民"。至今日本人以秦和徐为姓氏的家族有 17 个；至今不少日本人认为自己是徐福的后裔，其中最著名的就是前首相羽田孜。徐福从中国带去种桑、养蚕、纺织、捕鱼、种稻、制造金属工具等先进生产技术和先进的中国文化，受到日本人民的崇敬，被奉为农神（司耕神）、蚕桑神（纺织神）、医药神（药王），被尊为"神武大帝"，有关"神武东征"的传说也广为流传。日本不少地方都有关于徐福的遗迹和故事。据统计，日本现有徐福陵墓 5 座，祭祀庙祠 37 座，因徐福登临而得名的蓬莱山有 13 座，各种遗址和出土文物数以百计，其中大多数分布在西海岸。各地历代传承和近代成立的徐福纪念组织和研究机构就有 90 多个，祭祀节典和仪式多达 50 多个①。

二 "徐福茶"与中药"天台乌药"

特别值得一提的是，日本和歌山县新宫市不仅有徐福墓、徐福庙、徐福会和一年一度的徐福祭等众多遗存，还有一座小山被称为"蓬莱山"，相传徐福曾来此山采取长生不老的草药。据新宫徐福研究会介绍，这里出产的一种"天台乌药"就是当年徐福要找的长生不老药，用它的根茎叶子加工制作的"徐福茶""徐福罗漫果酒"是当地人们普遍饮用的保健饮品，经常喝的人都健康长寿。据日本医药界研究，"天台乌"药属于樟科常绿灌木，具有迄今发现的最高等级的强力过氧化消除效果，能有效清除体内过剩的活性氧，防治细胞老化和老年痴呆症、帕金森氏症以及各种炎症、癌症，因此是名副其实的长生不老药②。

如果说秦始皇派徐福入海东渡苦寻"长生不老药"是一个历史传奇，

① 参见 ［日］山本纪纲《徐福东来说考》，《徐福的风俗信仰在日本生根》，谦光社昭和五十四年（1979）版。
② 详见鲍志成《徐福东渡——秦汉时期中国海外移民和日本"渡来民"的传说》，《一衣带水两千年》，西泠印社 2006 年版。

那么，同样富有传奇意味的是，2000 多年后，这种"长生不老药"作为国礼由邓小平带回中国。1979 年早春时节，国务院副总理邓小平访美归来路过日本，日本和歌山县新宫市市长漱古洁将三盆日本的"天台乌药"树苗作为国礼赠给邓小平，以表达日本人民对中国人民的感情①；1982 年，时任日本首相福田赳夫访华时，又把"天台乌药"的常绿树木赠送给中国领导人；2002 年笔者访问新宫时，当地徐福会会长、90 多岁高龄的奥野利雄先生特意赠送一包"天台乌药"的种子给笔者，回国后笔者把种子播撒在西湖孤山上，可惜没有发芽育成种苗。

在中国，所谓的"长生不老药"有好几种说法，诸如道家的"金丹"、中药的"何首乌"、民间的"太岁"（肉灵芝）等，不一而足，无独有偶，在日本濑户内海的一座名为"祝岛"的小岛屿上，传说也有一种叫"千岁"、俗称"窠窠"的长生不老果，大小如核桃，汁浓味甘，相传食之者可千年不死，即使闻一闻，也可以增寿 3 年 3 个月。其实，这种"千岁"就是"野生猕猴桃"，把它当作长生不老药不足为凭。而"天台乌药"不仅日本有此一说，在中医药历史上也是其来有自、流传有序。

"天台乌药"是一种产于浙东名山天台山的名贵中药，中医入药已经2000 多年。相传东周灵王太子乔就因获天台山浮丘公密赐灵药（天台乌药）后得道升天，号为"桐柏真人"，理金庭洞天；东汉明帝时有剡县（今浙江新昌、嵊州一带）人刘晨、阮肇入天台山采药遇到仙女赠仙药——"天台乌药"的故事②。唐代高僧鉴真第四次东渡日本失败时曾落脚天台山国清寺，获赠 11 种名贵药品和 59 种中草药，后来到日本后用其中的"天台乌药"治愈了光明皇太后经年不愈之疾，鉴真因而被尊称为

---

① 《日本朋友请邓副总理把"长生不老药"苗带回中国》，《人民日报》1979 年 2 月 7 日。
② 见东晋干宝《搜神记》"汉明帝永平五年"、南朝刘义庆《幽明录》"东晋太元八年"相关记载。

"神农"，"天台乌药"被誉为"长生不老药"。唐蔺道人所著中国现存第一部骨伤科专著《理伤续断方》中的"鳖甲散""乌丸子"等处方中，都用"天台乌药"配伍；宋代苏颂编辑的本草学专著《本草图经》，首次确认乌药"以天台者为胜"；元代"天台乌药"被列为天台岁贡之品，"金元四大家"之一的李杲在其《医学发明》中著录了后世著名的"天台乌药散"一方；到明代，集中医药之大成的李时珍在《本草纲目》中认为，"天台乌药""上理脾胃元气，下通少阴肾经"，有补中顺气、开郁止痛、温肾散寒的功效。从此，以"天台乌药"为主的药业兴起，长盛不衰，清乾隆年间天台县城还建立了药皇庙。

天台山钟灵毓秀，自古号称"佛宗道源"，更以出产"天台乌药"等十余种名贵药材而闻名中医药界。或许正因为有此出产，天台高寿者代不乏人：唐代寒山子100多岁，司马承祯89岁，宋代张伯瑞98岁，清代范青云142岁，高东篱151岁……这真是"天台乌药"缔造的一个延年益寿、长生不老、真实不虚的美丽神话。

那么，这种久负盛名的"天台乌药"究竟是一种什么植物呢？《辞海》中是这样描述的："乌药，樟科。常绿灌木或小乔木。叶革质，椭圆形，有三大脉，下面灰白色，被毛。春季开花，花小型，淡黄色。雌雄异株，伞形花序。果实黑色。分布于我国中部和东部。叶和果可提芳香油。"这里说中医药以根入药，其根为何？中药典籍云：天台乌药块根呈纺锤形，略弯曲，长5厘米至15厘米，直径1厘米至3厘米；表面黄棕色或灰棕色，有细纵皱纹及稀疏的细根痕；质地坚硬，不易折断，断面棕白色；气芳香，味微苦、辛、有清凉感；切面黄白色至淡黄棕色而微红，有放射纹理（木射线）和环纹（年轮），中心颜色较深。正是由于"天台乌药"色白、质嫩、气芳香，其品质居全国之冠。传统中医药学的性味理论认为，"天台乌药"性温味辛，入肝、脾、肾经，有顺气止痛、开郁除胀、温肾散寒的功效，能治气逆喘急、胸腹胀痛、宿食不消、反胃吐食、寒疝脚气、膀胱虚冷、小便频数、痛经等症。乌药除配方外，尚能配制成多种成药，如乌金散、开胸顺气丸、乌药散、香附散、木香顺气丸、十香止痛丸等。乌药的多种成分具有改善人体新陈代谢，增强人体各器官功能的效用，能对体内代谢的产物进行及时的分辨和离析，而同时将人体急需的各种生命成分进行有效的纳补，从中医的角度来阐述，就是能对人体进行有效的"清""补""调""和"。

现代医学研究表明，乌药中化学成分主要为挥发油、异喹啉生物碱及呋喃倍半萜及其内酯三大类。乌药的根、叶、果皮及种子中均含有挥发油，挥发油中主要组成大多为常见的单萜和倍半萜类化合物，含有乌药烷、乌药烯、乌药酸、乌药醇酯、龙脑等化学成分。据药理分析，乌药内服时，挥发油有兴奋大脑皮质、促进呼吸、兴奋心肌、加速血循环、升高血压及发汗的作用；局部外用使局部血管扩张、血循环加速，缓和肌肉痉挛性疼痛。挥发油对金黄色葡萄球菌、甲型溶血性链球菌、伤寒杆菌、变形杆菌、绿脓杆菌、大肠杆菌均有抑制作用，具有有效的抗菌、抗病毒作用。

以根入药的传统中医药和现代医药化学测定，都从药物学或药理角度验证了天台乌药的独特功效。其实，在原始采集经济时代的茶药起源阶段，先民最初对乌药的饮用，很可能是从采集具有芳香气味的乌药叶子当作茶药之饮开始的。这既从中医药茶药同源、本草源自百草的历史事实得到印证，也可从日本新宫流传至今的"徐福茶"作为保健茶饮得到启发，还可从考古发现成果和现代药理学的检测分析得到确认。

三 河姆渡遗址出土原始药茶樟科植物遗存的新认识

在距今 7000 年的河姆渡文化遗址的两次发掘中，第四文化层中出土了有很多种类植物的堆积，经鉴定，其中"樟科植物的叶片数量最多，显然是人工采集留下的堆积"，甚至还有"整罐的樟树叶出土"①。中国茶科所原所长、著名茶学家、茶文化学者程启坤先生认为，这些樟科植物的枝叶是一种"非茶之茶"；是先民废弃的原始茶的残渣；是具有解渴、药用功能的"原始药茶"②。尽管这些鉴定出来的樟科植物遗存，还没有确定是否同样属于樟科植物的"天台乌药"，也与常人所知的樟树或香樟树（日本称"楠"）有所不同，但是从出土堆积物中已经鉴定出来的细叶香桂、山鸡椒、江浙钓樟③等同属樟科植物，其叶子、花果都具有独特而浓郁的芳香气味看，确实是与"天台乌药"相吻合的共同特征。

樟古称"檀"，《诗经》里的诗句"坎坎伐檀兮，置之河之干兮"，或许是上古先民采集樟科植物茎叶当茶药饮用的遗风。而中药鼻祖桐君在《桐君录》中"俗中多煮檀叶并大皂李作茶"的记载，恰好印证了程启坤先生的推断和日本"徐福茶"的事实。李时珍《本草纲目》也认为："樟，辛温，无毒，主治霍乱、腹胀，除疥癣风痒、脚气。"从中医药分析看，这些樟科植物恰恰具有这样的功效。这说明，至少早在新石器时代中国东部沿海一带先民以樟科植物芳香树叶为原料煎煮当作药茶饮用，不仅有文献记载，而且得到考古发现的证实。

日本冈山大学教授森昭胤测定，"天台乌药"叶所含消除人体过氧化物的超氧化歧化酶含量为 115.3 ± 5.4SOD 单位、银杏叶为 63.4 ± 0.7SOD 单位、黄酮类化合物为 99.2 ± 14.2SOD 单位，大大超过银杏树叶和黄酮类化合物；中国药科大学和沈阳药科大学通过研究，从天台乌药叶中分离并鉴定出 18 种化合物；山东大学通过人体临床实验表明，乌药叶茶能提高机体的抗氧化能力，其机理在于降低体内氧自由基的生成，阻断其引发的氧

---

① 俞为洁、徐耀良：《河姆渡文化植物遗存的研究》，《东南文化》2000 年第 7 期。
② 赵相如、徐霞：《古树根深藏的秘密——综述余姚茶文化的历史贡献》，《茶博览》2010年第 1 期。
③ 俞为洁、徐耀良：《河姆渡文化植物遗存的研究》，《东南文化》2000 年第 7 期。

化反应和过氧反应，同时使机体 DNA 的氧化损伤得以减轻。人类衰老和患癌症等多种疾患的一个基本原因，是生命有机体构成物质的氧化（俗称"老化"）及其导致的器官和功能的衰退。因此，含有丰富抗氧化成分、具有强烈抗氧化功效的樟科植物包括"天台乌药"的叶子，是先民较容易获取、便于加工制造，也是符合原始采集时代经济特征的茶药饮原料。后世中医药发展和民间茶饮都曾保存、流传着这种早期茶药之饮的遗风，并且很可能随着徐福东渡带到了日本，成为广为人知的具有延年益寿功效的名副其实的"长生不老药"。而且，河姆渡遗址出土的大量樟科植物堆积遗存，也不完全排除是"天台乌药"的可能，至少是同一科属或近似的药用樟科植物。

20 世纪 80 年代以来，浙江省慈溪市有关部门对慈溪、宁波、镇海等地历史文献和遗迹遗址进行了系统调查，发现《越绝书》《四明志》《慈溪县志》《镇海县志》等均有秦始皇东游至浙东和徐福从慈溪起航东渡的记载或传说，并发现了秦渡庵及摩崖石刻、十八磨坊（又称"龙门坊"）、徐村徐福庙、眺山庙、达蓬山及方士石、旗盘、望火塘、灵台石、达蓬桥等一大批集中珍贵的文物古迹，还编辑出版了《达蓬之路》《徐福与慈溪达蓬山》等专著、画册。这些考古发现和研究成果引起了全国徐福研究界的高度关注和肯定。这也从另外一个侧面佐证了徐福东渡时从浙东河姆渡文化传承地区传播以樟科植物或"天台乌药"为原料的原始药茶采制、饮用方法到日本的可能性[①]。日本弥生时代的许多生产器具、文化形态源于中国东部沿海地区，与之相关的诸多出土文物、历史遗迹、传说、习俗、姓氏等，也都有力地印证了这种可能性。

---

① 关于日本"天台乌药"的来源，究竟是原生的还是如传说是徐福东渡时传入的，不能简单地一概而论。从徐福东渡及其在日本的"医药神"崇拜，不排除乌药种子或苗种从中国东部传入的可能。据日本佐竹义辅等编、平凡社 1993 年版《日本野生植物》（木本），天台乌药在日本关东地区包括静冈、爱知、纪伊半岛以及冲绳等地均有分布。

韩国学者曾称中、日、韩之间的环东海、黄海海域为"东北亚地中海"，早在先秦时期，这一海域周边的先民就开始利用洋流、季风，通过原始交通工具往来其间，形成环绕海岸的交通航线。这不仅为三国沿海地区发现的形制相似、年代相近的大量"支石墓"[①] 所证实，也为中韩"原始竹筏海上漂流"[②] 的壮举所证实。从广义的丝绸之路看，这是早于西汉张骞开通"陆上丝绸之路"近千年的东方"海上丝绸之路"的起源。秦汉时期的"徐福东渡"正是在此基础上因多种原因而兴起的一波波海外移民浪潮的"历史记忆"，而"长生不老药"是其共同的"文化符号"，为后世"东亚儒家文化圈"的形成贡献了力量。

---

　　① 毛昭晰：《先秦时代中国江南和朝鲜半岛海上交通初探》，《东方博物》2004 年第 1 期。

　　② 千勇：《浙江大学古代中韩海上交流史研究评述》，《韩国研究》第十二辑，浙江大学出版社 2014 年版。

中国开放"新丝路"

——论亚太梦与中国梦

曹瑞冬

（温州大学人文学院）

摘　要： 习近平提出，"亚太梦"就是坚持亚太大家庭精神和命运共同体意识，顺应和平、发展、合作、共赢的时代潮流，共同致力于亚太繁荣进步；就是继续引领世界发展大势，为人类福祉做出更大贡献；就是让经济更有活力、贸易更加自由、投资更加便利、道路更加畅顺，人与人交往更加密切；就是让人民过上更加安宁、富足的生活，让孩子们成长得更好、工作得更好、生活得更好。在中国改革开放的新背景下，关于梦想的思路已经不再局限于一个国家和民族的梦想，亚太梦是新时代和平与发展主题下的演绎与升华。中国梦和亚太梦一样，都不是威胁，而是机遇。中国人民与亚太人民乃至世界人民在追求和平与发展道路上的诉求点是相通的，彼此用包容、合作、创新、信任、开放的心态构建这个世界。本文将从研究中国在丝绸之路经济带与海上丝绸之路这"一带一路"出发，深入探索亚太梦的内涵，详细研究中国梦与亚太梦的联系与价值，进而找寻出中国改革开放的新思路，也贯彻落实中国改革创新与开放的新态势、新步伐、新思想、新梦想。百年复兴中国梦，千载和平亚太梦，中国大步迈向开放的"新丝路"。

关键词：亚太梦；中国梦；改革与开放；丝绸之路；和平与发展；APEC 会议

一 从中国看亚太，从亚太看世界——亚洲命运共同体

亚太与中国，中国与亚太，彼此联系与牵绊，又彼此冲突与竞争，在国际社会的总体布局里，始终扮演着重要的角色。求同存异一直是中国在团队合作里的关键意识。中国在亚洲太平洋地区的集团与组织中不可缺少甚至在某些方面具有举足轻重的影响。"亚太的未来正处在关键的路口，是继续引领世界创造美好未来，还是放慢脚步等待被别人超越；是深化一体化进程，还是陷入碎片化漩涡；是践行开放、包容理念，共同开创亚太世纪，还是身体已经进入 21 世纪而思维模式还停留在过去。"① 习近平论及的亚太未来如同中国未来一样，都处在一个抉择的关键时代。亚太地区在政治、经济、文化等各方面的选择都势必会受到国际社会的影响，同时会改变这个世界的格局。亚太地区拥有世界上古老的民族文化，也衍生出灿烂的精神文化，但在世界工业化的进程里落后于欧美发达国家，但也因此，亚太地区在"二战"后的近几十年时间里，经济高速发展，成为全世界经济最活跃的地区。

随着经济全球化、一体化席卷世界的各个角落，关于区域合作的研究进一步发展，尤其是在亚洲太平洋地区的合作问题日益成为人们关注的焦点。② 一体化在欧洲国家的成功实践后，也越来越成为亚太地区的潮流。

---

① 习近平：《习近平演讲：谋求持久发展 共筑亚太梦想》（全文），《人民日报》2014 年 11 月 10 日。

② 张蕴岭、孙士海主编，《亚太地区发展报告（2005）：发展趋势预测与热点问题分析》，社会科学文献出版社 2006 年版，第 289 页。

亚洲大陆，这个世界上最古老的大陆，重新焕发出光芒。伴随着亚太经济的发展，尤其表现在以中国、日本、韩国等经济体的崛起；以美国为代表的世界其他发达国家再一次把目光投向亚太地区。中国在亚太经合组织中扮演着重要的角色，站在中国的角度观察亚太，亚太地区是充满发展机遇与威胁挑战的矛盾共同体。亚太地区各国在努力地实现各自经济的高度发展，也在不断拓展着与亚太地区各国乃至全世界的开放、交流与合作，为各自国家的利益不断挑战着亚太地区的和平与发展。地区冲突和恐怖主义、霸权主义也是亚太地区重要的表现。可以这样说，亚太地区处于一个转危机为机遇或者转机遇为危机的关键抉择中。

国家与国家之间不存在永恒的和平与发展，但存在永恒的利益共同点。"亚太再平衡战略"的提出是美国制约中国乃至亚太发展中国家的重要措施，是美国全球战略的重要体现。"亚太再平衡战略"中的"空海一体战"将把美国推入针对中国的挑衅性战争规划。美国所谓的和平战略实质是在国际事务中维护美国的"国家利益"，确立并发挥美国在世界的"领导作用"，实现所谓美国政治下的和平，在政治、外交、军事、经济、贸易和文化各个领域保持美国的优势，确保21世纪仍是"美国的世纪"。①随着一超多强的局面开始瓦解，世界多极化的趋势不断加强，美国对于来自世界各地一体化的进程感到了威胁。日本的经济高速发展、欧洲经济政治一体化的加强完善、俄罗斯经济的改善与提高、第三世界国家的联合与发展，最关键的是中国在改革开放以来以一种奇迹般的速度完成了发达国家百年来的发展，成为仅次于美国的第二大经济体。为了防止以和平共处五项基本原则为基础的世界国际政治经济新秩序的建立，美国以变相破坏和平与发展的形式主导着全世界的秩序。也正是因为在这样的霸权主义和

---

① 丁金光、李光民主编：《当代国际关系》，时事出版社2009年版，第49页。

强权政治下，世界一直处在动荡与变革的时代，而这动荡与变革则主要发生在亚洲太平洋地区。西亚问题是中东地区的争端与冲突；东亚地区则表现为中国与东南亚国家、韩国、日本的海洋领土主权冲突。而伴随着这样的环境，恐怖主义现象也时常发生。因此，当今世界的总体格局依旧是以美国为主导的强权主义和霸权政治在威胁着世界的和平与发展。

世界多动荡，归根结底是未能够实现社会发展与社会公正。但如果什么都去做，那肯定是不行的。美国的"亚太再平衡战略"主要目的是为了遏制中国的发展，方式是通过加深各国对中国发展的误会，但其本质仍是想要削弱亚太地区各方的经济实力，以便能够再度获得亚太地区的主导权。这么说，中国和亚太地区的各国都具有一个共同敌人，那就是美国的霸权主义和强权政治。也就是说，亚太地区各国的命运是共同的，一荣俱荣、一损俱损！

从广义来看，全世界人民的命运也是共同的，都需要维护国家主权和利益，共同反对与抵抗霸权主义与强权政治，在这个共同目标的指引下，中国和亚太各国乃至全世界所有国家的命运是紧密结合在一起的。更加形象地说，中国和亚太各国乃至世界各国都是国际社会的大家庭中的一员。"家庭成员"彼此之间都具有独立的个体与生命，拥有自己的利益追求，但在"家庭建设"的"情感"号召下，又具有共同的目标与秩序，并且为了维护与实现这个秩序，他们构建了上一个时代的潮流——和平与发展。

2015 年 3 月 APEC 会议上，习近平关于亚洲命运共同体和大家庭建设的演讲，既是对于美国再平衡战略的否定与抨击，更是向亚太地区国家乃至世界各国宣告一个信息，中国不会成为超级大国，而会成为世界多极化趋势过程中强有力的代表，共同为建立以和平共处五项基本原则为基础的国际政治经济新秩序，以一种和平、包容、开放、信任的方式接纳各国，重新开创中国改革开放的新思路。亚太是中国的，也是世界的。亚太地区的稳定不应当通过"亚太再平衡战略"实现，而是需要通过不断完善的开放机制来实现。

二 开放视野下的中国外交——蔚蓝时代与丝绸之路

近年来，中国与美国一直是世界关注度最高的国家。中国外交拥有过成功的无比喜悦，也有过失败的惨痛教训。但我们这个国家，自从新中国成立后，根本就没有真正意义的和平。中国领导人在 2015 年 APEC 会议虽然没有明确指明中国在争端问题方面的态度，但也向世界宣示了重要的信息：中国要和平，亚太各国也要和平。

中国改革开放与外交大致上是呈现并驾齐驱的状态。中国的外交与开放源于张骞丝绸之路的开辟、鉴真东渡文化的传播、郑和下西洋的拓展。而中国在进入明清时期后，外交思想逐渐演变为明朝纯粹王道为主的睦邻外交思想、清朝务实王道的外交思想以及晚清时期畸形的纯粹王道睦邻外交思想，[①] 开始"海禁"和"闭关锁国"封闭僵化的政策，中国也因此进入了倒退的时代。正如习近平在 2014 年 11 月 APEC 会议中论及的"封闭导致落后""一个人不会改变，就注定会失败。"

新中国的外交在经历了以周恩来总理为代表的和平共处五项原则的提出，中日建交、中美建交，中国成为联合国常任理事国之一等，使中国的国际地位不断提高。中国外交最辉煌的时期始终是中国的改革开放时期，伴随着中国改革开放力度不断扩大，开放层次不断提升，中国正在向一个负责任的、追求和平与发展的外交大国过渡。

中国改革开放是中国人民正确的选择，也是历史的必然。在新时代，中国丝绸道路的重新开辟意味着中国改革开放的思想进一步拓展，也意

---

① 陈向阳：《中国睦邻外交思想：思想·实践·前瞻》，时事出版社 2003 年版，第 77—81 页。

味着中国的改革开放不断深入。中国改革开放的"新丝路"既包括了张骞的古老丝绸之路，主要是向西出发，与中国接壤的印度、孟加拉、蒙古国等周边邻国之间的交往与联系，也在这段过程中形成中国少数民族地区的经济开发带；而另一条道路则是海上丝绸之路，加强同日本、韩国以及东南亚国家的联系与发展。丝绸道路的重新开辟既是中国人对于和平交往与开放发展的认可与坚守，也是对中国在新时期里中国外交的重大决策；也是解决中国周边国家领土争端与海洋主权问题的重要方案。

首先，关于中国的海洋领土主权问题，我们必须清楚地认识到，中国正处于一个蔚蓝的时代。2006 年播出的 12 集电视纪录片《大国崛起》中说道："五百年前，因为海洋，人类搭建起真正的舞台，大小强弱的国家都在这个舞台上表演了自己的角色；五百年后，因为天空，人类进一步拓展了这个舞台的空间，当人们足不出户，就可以同步知晓天下事的时候，世界变小了，世界也变大了。"但无论怎么说，中国的发展与世界各国的发展仍是以海洋为主导的发展，21 世纪依旧是海洋的时代！

也因此，海洋利益的问题是中国与日本、韩国、东南亚国家存在海洋主权争端的关键原因。关于钓鱼岛，钓鱼岛列屿属中国固有领土，中国与日本之间不存在领土主权之争。日本右翼分子不断在钓鱼台问题上挑起事端，应当受到国际社会的严厉谴责和有效制裁。[1] 而关于南沙争端的问题，也是毋庸置疑的，是属于中国的领土。对于中国海洋主权争端问题，中国提出的方针是"搁置争议，共同开发"的原则，而构筑南海地区的安全应由有关各方积极努力、一致行动，和中国一起采取实质性的措施共同维护南海地区的安全，以营造一个有利的国际环境来推动区域经济和社会的可持续发展，进而促进南海和平的解决。[2] 中国在海洋主权争端问题的一个

---

① 郑海麟：《钓鱼岛列屿之历史与法理研究》，中华书局 2007 年版，第 161 页。
② 吴士存：《南沙争端的起源与发展》，中国经济出版社 2010 年版，第 5 页。

重要原因是来自美国霸权主义的"中国威胁论"，在利益问题的驱使下，引发了有关国家的种种恶劣行径，甚至演化成为这些国家内部排斥华人、歧视以及伤害华人的卑鄙行径。中国海洋争端问题的解决，不仅是中国人民的诉求，谋求在海洋蔚蓝时代的发展，更是对于中国独立主权的一种重视与探索。中国的主权神圣不可侵犯！

而关于中国的丝绸道路，这条道路的贯穿不仅涉及与中国接壤的周边国家之间的交流与合作，也关系到中国少数民族地区与西部大开发战略的实现。中越冲突、中日冲突等问题，他们也以领土主权为由在向中国索要领土，一方面是为了宗教、民族；而另一方面则是国家的利益问题。在谋求本国发展的道路上，必须以牺牲他国利益为代价的做法真的是值得认可的吗？观察中国与周边国家关于领土主权的争端问题，我们会发现，中国正处于一个外交环境较为恶劣的状态。中国外交代表的是政治，但中国的开放涉及经济、政治、文化、民族、宗教等各方面的发展，其产生的影响是十分巨大的。"搁置争议，共同开发"的领土主权策略，其实就是在改革开放时期里，不断深化中国开放的步伐，在与亚太各国共同开放、包容、互信、合作、共赢的基础上，共同谋求新发展，但是绝对不能以出卖中国的领土主权为合作的基础。

2014 年 11 月 APEC 会议中，习近平首次提出的亚太梦是坚持亚太大家庭精神和命运共同体意识，顺应和平、发展、合作、共赢的时代潮流，共同致力于亚太繁荣进步。这种潮流的践行依托于政治层面或者外交手段乃至暴力冲突都是无益于事的。和平、发展、合作、共赢的亚太地区的构建需要各国摒弃成见，在经济上不断拓宽交流合作的渠道；在文化上彼此尊重，彼此融合；在政治上相互信赖，相互支持，但又必须严格遵守和平共处五项基本原则。这也就意味着的中国的开放不应当是局限在开放经济特区、经济开放城市等开放程度不够完全的开放格局里，而是需要开辟一条中国开放的"新丝（思）路"，也就是亚太各国要建立共同建设互信、包容、合作、共赢的亚太伙伴关系；要携手打造开放型亚太经济格局；要不断发掘经济增长新动力；要精心勾画全方位互联互通蓝图。

这个时代是海洋的蔚蓝时代，谁占据了海洋，也就占领了世界；这个时代也是丝绸道路重新开辟的新时代，谁把握了开放、和平、发展、合作、共赢、包容、信赖、创新的机制，也就拥有了能够改变世界和铸造梦想的能力。习近平提出的亚太梦既是对中国改革开放不断深化进程的总结与沉淀，也是希望通过亚太梦来唤醒中国人民、亚太人民乃至世界人民关于建设和平与发展亚太地区与国际社会的梦想与愿景。我们进入了蔚蓝的海洋时代，但也需要不断拓宽我们中国人在丝绸开放道路的新思路、新决策、新目标。这是一个很好的时代，至少中国人有一条正确的道路。

三　改革创新开放——中国新常态与中国担当

中国的改革与开放是中国对内与对外的重大决策。也就意味着，无论是先改革后开放，还是先开放后改革，都是一种错误的行径。改革与开放是需要并驾齐驱的共同存在。而且，在中国不断深化改革机制，也是在这段过程中创新开放的进程。创新是一个国家和民族的灵魂，也是这个国家和民族兴旺发达的不竭动力。通过创新来引领中国的改革与开放是中国人民的正确选择，也是历史的必然。"在新一轮全球增长面前，唯改革者进，唯创新者强，唯改革创新者胜""动力只能从改革中来、从创新中来、从调整中来。"[①]。

习近平在 2014 年 11 月 APEC 会议中详细讲解了"中国经济呈现出新常态"，是指中国在近年来改革开放不断深入，对经济发展做出的调整，

既包括了经济发展速度、经济体制结构转型，也涵盖了消费需求、城乡差距的变化，更指明了国家第三产业的积极改善。在中国改革开放初期以及在很长的一段时间，中国人讲究的经济是"又好又快地发展"，衡量国家的唯一标准也就是国家 GDP 和人民收入水平。在进入 21 世纪后，过分重视经济"又好又快地发展"，忽视了中国发展的其他因素，也因此造成了中国改革开放很多突出性矛盾。胡锦涛提出"科学发展观"，强调全面持续可协调的以人为本的科学发展。

也因此，在全面深化改革的时期，中国的发展趋于一种新常态，不再局限于经济总量和人民收入状况，关注的是城乡、地区之间的协调、经济体制的转型。第三产业的发展，从关注中国人民的温饱问题到发展问题的转变。我们可以看到中国在距离富强、民主、文明、和谐的社会主义现代化社会越来越近，这也是中国在面对改革开放深化时期以及全面建成小康社会关键期的选择，是中华民族伟大复兴梦想的实现与演绎。习近平在指出中国发展进入新常态的同时，也深刻揭示出了中国在改革开放时期出现的矛盾，新常态也伴随着新矛盾、新问题，一些潜在风险渐渐浮出水面。中国就是在这样的环境下深入探索着中国的改革开放道路。习近平指出中国的新常态发展与矛盾，一方面是向 APEC 会议中的与会代表与亚太各国乃至全国人民展示中国人在改革开放的伟大实践中创造的丰硕成果与突出矛盾、展示一个外国人不能完全认识的中国；另一方面，也指明了中国在未来需要贯彻的道路，也就是目标，只不过这不再局限于中国梦想了，而是需要改革创新、发掘经济新动力，同心共圆亚太梦。

改革开放初期强调的是实践精神，而"全面深化改革，不断发掘创新精神"是现在的精神引领。习近平强调的全面深化改革是实现中国担当和亚太梦需要的，这是开放的必然。改革的目的是为了更好地实现中国的开放，也是为了实现亚太梦和中国梦。在这个时候，中国的开放需要在改革的成功经验的基础上不断走向发展，而连接改革与开放之间的重要联系是创新。中国在进入新常态后，仍然取得了经济的重大发展，而下一步则是体现"中国担当"。中国担当的一个层面是通过全面深化改革，激发市场蕴藏的活力，为创新拓宽道路，进而推进高水平的对外开放，既包括了对亚太地区的经济共同发展，也包括了对其的包容、信赖、开放与和平；而另一个层面是亚太各国家以及各经济体将全面深化改革创新的伟大实践运用到发展实践中，加强政策协调和对话，推进务实合作、经验分享、能力建设，共襄区域合作盛举。

中国就是在以这样的方式不断创新开放的"新丝（思）路"，逐步使中国的丝绸道路与蔚蓝时代的亚太梦与中国梦得以实现。当今世界，经济全球化的发展趋势毕竟已经成为现实，是一种无法抗拒的潮流。任何国家都不能闭关锁国地进行经济建设，积极参与到经济全球化进程已是大势所趋。在全球化进程中，中国要抓住机遇与挑战。① 中国的开放是在改革渐趋稳定的状态下逐步进行与发展的，但是中国的改革绝不是封闭的"闭关锁国"，而是在开放的总体背景下，对国家各方面进行的必要调整，以便其能够适应开放、和平、发展、合作、共赢的时代潮流。APEC 会议中还论及了亚洲基础设施投资银行（简称"亚投行"）的筹建工作已经迈出实质性一步，这意味着中国在亚洲经济乃至经济全球化背景下责任与担当，也展示了中国在用中国模式构建一个开放、和平、发展、合作、共赢的梦想时代，显示出中国在世界经济发展与世界和平中的担当与责任。中国的"大国梦想"不是成为主宰世界的大国，而是能够成为维护世界和平与发展，坚持独立与主权的重要力量。

创新不仅需要应用到改革的步伐中，也需要贯彻到开放的视野里。

---

① 李黑虎、潘新平：《经济全球化对中国的挑战》，社会科学文献出版社 2001 年版，第 3 页。

在中国改革与开放不断伴随着产生无法预料的矛盾时，需要及时开拓创新思维，找出解决矛盾与深化改革开放的新方式。不管是哪种途径的方式，中国以及亚太各国在经济全球化的背景下，都需要冷静清醒地面对这一进程，在维护国家主权和民族利益的前提下，善于趋利避害，积极利用先进技术与资本；利用全球化提供的机遇，在未来的经济格局中赢得自己应有的地位，把握机遇，迎接挑战，是各国的希望与发展。中国最伟大的地方是能够在问题产生的时候进行及时的调整与革新，运用创新思维来开辟新的思路，"新丝路"的开辟也得益于中国的创新精神。也因为这样，使中国的经济进入新常态发展；使中国的改革与开放能够更好地衔接，进而使中国担当起一名探索世界和平与发展的领导者应当担负的责任。

四 以梦绘梦，共同筑梦——有梦想才有未来

"我以为，实现中华民族的伟大复兴，就是中华民族近代以来最伟大的中国梦，因为这个梦想，它是凝聚和寄托了几代中国人的夙愿，它体现了中华民族和中国人民的整体利益，它是每一个中华儿女的一种共同期盼。我坚信，中华民族伟大复兴的梦想一定会实现。"[①] 这是中国梦的新时代定义。从名称来看，亚太梦是中国梦的拓展与深化，但或许从未跳脱中国梦想的内涵。在电视纪录片《百年潮·中国梦》中，第五集《筑梦天下》与前四集最大的不同就在于中国梦不再局限于中国，而是拓展为整个世界的梦想筑造，从这个层面上来看，中国梦等同于亚太梦。

亚太梦的归纳与描述包括三个方面。首先是时代潮流的坚守问题。和平与发展必须是亚太地区的时代潮流与发展轨迹。可在亚太地区在追求国

---

① 习近平：《实现民族复兴是中华民族近代最伟大的中国梦》，凤凰网资讯，2012 年 11 月 29 日。

际政治经济新秩序的过程中，却遭遇了来自国际社会的霸权主义与强权政治，他们想通过亚太各国与中国发展之间的嫌隙来加深亚太地区的不稳定局面，在此基础上，使其放慢发展的步伐，来继续掌控亚太地区的政治经济局面。亚太地区需要发展，更需要和平，要想在不确定的国际环境中生存，就必须营造和平与发展的氛围。其次，关于 APEC 会议的梦想。APEC 是属于经济类型的组织，让经济更有活力；贸易更加自由；投资更加便利；道路更加通畅；人与人交往更加密切。这一切不仅是中国改革开放中发展社会主义市场经济的必然，也是整个亚太地区经济发展的总体要求。经济与利益始终是决定国与国之间外交政策的必然因素，也注定一个国家和民族的未来。亚太地区作为全世界经济最活跃的地区，也意味着在开放的道路与进程中需要继续引领这个地区的经济新活力。最后，让人民过上更加安宁富足的生活；让孩子们成长得更好、工作得更好、生活得更好。四个"更"字，更形象地表现了亚太梦是人民的梦想，会成为人民的方向和坐标，由人民共筑，也应当由人民收获丰硕的成果。这与中国共产党全心全意为人民服务的宗旨有共同性，一切都是为了实现最广大人民的根本利益。

中华民族伟大复兴的中国梦具有民族性与国家性的特征，但与亚太梦相比，不仅包括中国经济发展的需要，而且涵盖了中国在政治、经济、文化、社会、生态文明方面的建设问题。中国梦与亚太梦提出的背景不同：中国梦是在中国改革开放不断深化和全面建成小康社会的关键时期提出的；亚太梦是在和平与发展、冲突与矛盾并存国际背景下提出的。可以这样说，亚太梦集中在经济和外交两个层面上，主张的是经济和国家的发展，国家和地区的和平稳定，但也成功将中国梦中全心全意为人民服务的以人为本思想深入贯彻到亚太梦的实践中，从而使亚太梦既包含了中国外交和开放政策的新思想，又具备了中国特色，同时反过来赋予中国梦在亚太地区和国际社会的新内涵。换句话说，亚太梦是在中国梦的基础上对于亚太地区梦与世界梦的新描绘。

亚太梦描绘的亚太地区太美，归根结底可以概括为一个"和"字。从中国对建设"和谐世界"的倡导及积极实践的情况来看，中国把社会主义的发展目标放在了经济全球化的时空背景中加以审视与提炼，思考中国的命运，设计中国的未来，从而创造性地创立并发展了社会主义国家对外开放的新模式，并且在迎接全球化的过程中，努力克服意识形态的差异，与世界有了更多的共识，从而形成了构建和谐世界的思想前提。[①] 习近平与中国都不具备设计亚太地区其他国家命运和能力以及道路的能力，因此，习近平提出的亚太梦与中国梦最大的不同是中国梦可以成为中国人进行改革开放伟大实践的设计方案，但亚太梦只能成为指引亚太走向和平与发展光明前景的未来明灯，引领着一代代的亚太人民共同筑造瑰丽的和平与发展梦想。共筑梦想是在和平与发展的时代主题感召下，坚持走开放与发展的道路，坚定不移地走实现人民利益的道路。中国与亚太地区可能因为经济或者文化上的冲突带来一些矛盾，但是，中国人势必能够在全面深化改革创新的过程中，寻找出也开辟出中国开放"新丝（思）路"。正如习近平在 APEC 会议所说，亚太地区正处于一个关键的时期，在这个时期，如果没有梦想的指引，我们永远看不到我们的未来。

中国的未来、亚太地区的未来乃至全世界的未来存在着太多不可估计的未知数，霸权主义和强权政治以及恐怖主义在妨害着世界人民的未来。纵观大国历史，我们眼中的大国已经由昔日的大国逐步降级，昔日的风采不再。我们迫切需要一种思想激励我们前进。历史进入了一个新的千年，当全球市场把世界紧紧联系在一起，大国之间的互动、合作和依存关系开

---

① 傅志平编著：《和平发展与共建和谐世界》，中国社会科学出版社 2009 年版，第 137 页。

始增强，具有历史眼光和战略智慧的国家开始做出理性的判断。中国以及
亚太地区的国家若想崛起为大国，已不可能再走那种依靠战争打破原有国
际体系来争夺霸权的老路，如果用传统的方式来构造今天的世界，用不切
实际的征服幻想来鲁莽从事，都将是一种时代的错位。和平与发展，已经
成为当今世界的基本主题，沿着这条新路，人们开始表达新的愿望，寻求
新的答案：中国怎样才能成为一个大国？或许，关于理想的世界，永远不
会有一个固定和统一的答案，可以说这些是世界人民的愿望，却反映了当
今国际社会的实际；也可以说这是人们的思考，却越来越接近真理。也正
是因为这样的思考，成为世界人民在 21 世纪取得的最有意义的成就，这些
成就发出的光芒，无疑将会照亮中国乃至全世界未来的行程。而亚太梦与
中国梦是这个时代最有意义的关键成就。

　　或许，并不是所有人已经放弃了传统的思维模式和改革开放前的种种
偏见；或许，在未来的五百年乃至更长的时间，世界和中国的发展还会经
受各种各样的考验。我们不知道 21 世纪的亚太地区将会定向何方，但是有
一点是肯定的，坚持中国梦与亚太梦，建立永久和平、共同繁荣的和谐世
界，将是中国人民、亚太地区人民乃至世界各国人民共同努力的方向。有
梦想才有未来，中国梦与亚太梦是中国人民在进行改革开放的伟大实践与
探索过程中，以及亚太地区人民乃至世界地区人民在建立以和平共处五项
原则为基础的国际政治经济新秩序的探索活动中折射出来的社会现实，也
反映了中国人民与亚太人民和世界人民对于开放"新丝（思）路"的执着
探索与不懈追求；他们也必将在这样的梦想指引下，去探索中国和世界的
未来，创造美好的明天。

海上丝绸之路文献资源保障体系建设

陈彬强

（泉州师范学院图书馆）

摘　要：海上丝绸之路文献是反映古代中国和世界各国通过海上航线进行经济文化交流的各种历史文献以及现代研究文献的总和，对于中国建设"21世纪海上丝绸之路"、解决海洋岛屿争端、申报世界文化遗产具有重要意义。文章从系统梳理文献脉络、建立联合采购机制、共建共享信息资源等三个方面提出了建设海上丝绸之路文献资源保障体系的措施。

关键词：海上丝绸之路；文献保障；资源共享

一　海上丝绸之路文献概况

2013年10月3日，中国国家主席习近平在印度尼西亚国会发表演讲，提出建设"中国—东盟21世纪海上丝绸之路"的宏伟蓝图，重启"海丝"经济圈战略。早在2000多年前，中国的徐闻古港、合浦古港、广州港就开启了海上丝绸之路；宋元时期，福建泉州刺桐港成为东方第一大港，与埃及亚历山大港齐名，并称为世界最大港口；明成祖三年（1405）至明宣宗宣德八年（1433），郑和率领200多艘海船、2.7万多人远航西太平洋和印度洋开展朝贡贸易，拜访了 30 多个国家和地区，堪称是"大航海时代"的先驱。在长期的海外交往中，中华文化始终向世界传递、表达的是和谐发展、互惠互利的东方智慧和中国形象。

海上丝绸之路文献是反映古代中国与世界各国通过海上航线进行经济文化交流的各种历史文献以及现代研究文献的总和，涉及的文献类型包括正史、方志、文学作品、艺术作品、考古资料、族谱、碑刻、铭文、舆图，以及现代学者的各种研究论著。海上丝绸之路地跨太平洋和印度洋，时间跨度至少 2000 多年，体现的是中国与海外的丝绸茶瓷香料贸易往来以及中国本土文化与东亚儒家文化圈、东南亚多元文化圈、南亚印度教文化圈、阿拉伯伊斯兰教文化圈、西方基督教文化圈等多种不同文化圈的碰撞与交融，相关的历史文献记载浩如烟海。既有《汉书·地理志》《海录碎事》《南蕃香录》《诸蕃志》《岛夷志略》《瀛涯胜览》《星槎胜览》《西洋朝贡典录》《海国闻见录》《海国图志》等历代中国学者关于海外地理、风物的描述文本，又包括众多海外旅行家撰写的游记，如《道里邦国志》《马可·波罗游记》《地理书》《马黎诺里奉使东方录》《鄂多立克东游录》《异域奇游胜览》《中国报道》《出使福建记》《记大明的中国事情》《中国印度见闻录》等。这些古代文献，不仅记载了历代中外海上交通的变迁和海外贸易的兴衰，也叙述了文化碰撞给双方带来的生活方式和心理状态的改变，具有十分重要的价值。通过文献记载，可以想见当时的中国人如何认知本土之外的世界，参与全球化的和谐交往进程，诠释中华文明"海内存知己，天涯若比邻"的大同社会愿景。

现代学术界对海上丝绸之路的关注始于 19 世纪。1877 年，德国地质学家李希霍芬在《中国亲程旅行记》一书中最早提出"丝绸之路"的提法；之后法国汉学家沙畹在《西突厥史料》中提出丝路有陆、海两道的说法；1967 年，日本学者三杉隆敏在他的《探索海上丝绸之路》一书中首次提及"海上丝绸之路",这个概念如今已被学术界所普遍接受。至此,海上丝绸之路逐渐成为20世纪西方汉学研究的一个热点。联合国教科文组织曾在1987年发起"丝绸之路:对话之路综合考察"十年规划大型项目,并且于1990年组织了由30多个国家50多位科学家与新闻记者组成的海上远征队,从威尼斯出发历经22个港口城市,并在泉州与广州考察期间举办座谈会,分别以《中国与海上丝绸之路》《广州与海上丝绸之路》出版了论文集。就国内研究而言,北京大学的陈炎教授在他的《陆上和海上丝绸之路》《海上丝绸之路与中外文化交流》两本专著中,首次对陆海两条丝路进行了考释。近几十年来,学术界关于海上丝绸之路研究不断向纵深发展,涌现出一批高水平著作,如陈高华等人编写的《海上丝绸之路》(海洋出版社1991年版);中国与海上丝绸之路研究中心等编的《中国海上丝绸之路年鉴》,广东经济出版社出版的《海上丝绸之路研究书系》;中国航海学会编的《泉州港与海上丝绸之路》(中国社会科学出版社2002年版);黄启臣主编的《广东海上丝绸之路史》(广东经济出版社2003年版);等等。

不过,这些研究成果仅是冰山一角。实际上,海上丝绸之路研究涉及的范围极为宽广,涵盖了语言学、文学、历史学、考古学、人类学、民俗学、社会学、宗教学、艺术学等人文学科;又牵涉天文学、地理学、航海学、生物学等多个自然学科,相关研究成果可谓汗牛充栋,很多文献仅从题名很难看出其相关性。例如《南海史话》《南海诸岛史地论证》《泉州宗教石刻》《利玛窦世界地图研究》《坤舆万国全图解密——明代测绘世界》等,从文献题名上看似乎与海上丝绸之路关联度不大,但其研究内容有相当篇幅涉及古代中外海上航线的考释,当然可以视作海上丝绸之路研究的一部分。类似的文献非常之多,这就需要文献工作者具备一定的学术功底,才能从纷繁复杂的文献中抽取所需信息,在此基础上确立的海上丝绸之路文献资源保障体系方具备全面性和科学性。

二　建设海上丝绸之路文献资源保障体系的重要意义

自 2013 年习近平主席分别提出建设"丝绸之路经济带"和"21 世纪海上丝绸之路"的战略构想，这条贯穿欧亚大陆、连接亚欧非经济圈的世界最长经济走廊和最具发展潜力的经济合作带开始务实合作、全面推进新阶段。2014 年召开的中央财经领导小组第八次会议将其列入会议主要议题，研究丝路规划、发起建立亚洲基础设施投资银行和设立丝路基金，为"一带一路"建设谋篇布局。而在 2014 年 11 月举行的 APEC 领导人会议上，"一带一路"再次成为国际社会热议的焦点。中国诚心诚意对待沿线国家，言必信、行必果的实际行动在国际社会赢得越来越多的认可。《人民日报》发表评论指出，"一带一路"不限国别范围，不是一个实体；不再另起炉灶；不搞封闭排外机制；不以控制他国经济命脉、改变他国政治制度为目的，有意愿的国家和经济体均可参与。通过"一带一路"，世界见识到一个负责任大国的气度和胸襟。[1] 无疑，中国建设"21 世纪海上丝绸之路"秉承的是和谐交往、互惠共赢、平等对话、共存共荣的古代海上丝绸之路精神，显现着全球化的理想状态；与之形成鲜明对比，西方世界在"地理大发现"后推行的所谓全球化进展模式，则是建立在血腥掠夺与不平等交换基础之上，是一种赤裸裸的以西方为中心的殖民主义扩张。

建设海上丝绸之路文献资源保障体系，可以对我国提出新海上丝绸之路战略提供历史借鉴和启发。通过对古代海上丝路文献的梳理，可以史为鉴，看出海洋及航海贸易对大国和文明兴衰的深刻影响，也可以看出商业的力量与国家政策的互动关系，这些对当前国家推动"21 世纪海上丝绸之路"的启发上尤其有当代意义。透过历史文献，我们也可以观察到古代中国开启海上丝绸之路的目的不是为了殖民称霸，而是与各国平等对话、互惠共赢，遵循的是开放包容、和谐共处的理念，传递的是兼收并蓄的开放胸襟和多元共生的文化性格。古代如此，现代也是如此。中国现在重提海上丝绸之路，不干涉他国内政，不控制他国经济，平等贸易、共谋发展，实际上也是在传承发扬古代海上丝绸之路精神。历史文献还向世界说明了一个事实：中国自古以来都没有称霸世界的野心，即使在海权具有明显优势的时代，中国也不会通过强权胁迫弱小国家开展不平等贸易，中国向世界展现的是一个负责任的大国和强国形象，赢得了海上丝绸之路沿线各国的赞许和尊敬。而中国现在的和平崛起正是延续、发展古代中国树立的大国形象，对世界政治秩序和经济发展而言是利好而不是威胁，这种与西方殖民扩张主义完全不同的崛起模式，必将受到国际社会的认同和支持。

建设海上丝绸之路文献资源保障体系，也有利于发现我国在争端岛屿拥有主权的历史证据和法理依据。海洋岛屿主权争端事关当事国重大主权、安全和经济利益，是一个世界性难题。岛屿争端几乎遍布全球各个海域。据初步统计，全世界近 60 个国家存在岛屿争端，占全世界沿海国总数的 40%。[2] 我国在东海和南海海域也存在一些岛屿争端，如中日钓鱼岛争端、中菲黄岩岛争端、中越南沙群岛争端等，其中大多属于历史遗留问题，也有一些是经济利益驱动使然。通过对海上丝绸之路文献的挖掘和整理，可以发现我国在这些岛屿上拥有确凿主权的证据，为我国日后解决岛屿主权争端提供十分有利的条件。例如，已知关于钓鱼岛的最早文献记载，是写成于明代永乐年间的一部海道针经《顺风相送》（1403），其中"福建往琉球"部分记载："北风东涌开洋，用甲卯取彭家山。用甲卯及单卯取钓鱼屿。"[3] 由此可知，早在 14—15 世纪，中国就已发现并命名了钓鱼岛及其附属岛屿，比日本人自称"发现"这个岛屿早了数百年。1556年，郑若曾著有《筹海图编》，在《沿海山沙图》中，记录了台湾以及钓鱼岛、黄尾屿、赤尾屿等附属岛屿属于福建海防范围以内，标明了这些岛屿的位置与统管区域。1621 年，茅元仪在其所著《武备志》的《福建沿海山沙图》中，也把钓鱼山绘入福建海防图。可见，至少在明代，中国就已对钓鱼岛实施有效管辖，拥有无可辩驳的主权，文献充分体现钓鱼岛主权属于中国的历史与法理依据。[4]中国在南海诸岛留下的诸多史迹也有丰富的文献记载，有赖于学术界对其进行系统地搜集、整理和论证，为今后中国同周边国家妥善解决岛屿主权争端打好历史文献证据基础。

建设海上丝绸之路文献资源保障体系，对于中国海上丝绸之路申报世界文化遗产也具有重要作用。目前，由泉州、广州、宁波、扬州、北海、漳州、福州、南京、蓬莱等9个城市联合申报的项目"海上丝绸之路"已经顺利入选《中国世界文化遗产预备名单》，根据工作日程，2015年我国已完成海上丝绸之路申遗的准备工作，2016年开始申报（2017年3月24日，广东省文物局局长龙家有表示："海上丝绸之路"申遗暂缓）。而决定申遗能否成功的重要环节，除了需要由航道、舟船、码头、仓储、货物、海关、海防等相应设施连接而成的代表性物质文化遗存，还需要有与当时活动相对应的文献记载，方符合申遗的基本条件。完备的海上丝绸之路文献资源保障体系，可以为该项目提供翔实、全面的文献资料，使申报文本更丰富、完整，也更具说服力，从而大大提高了申报通过的成功率。

三 建设海上丝绸之路文献资源保障体系措施

笔者认为，建设海上丝绸之路文献保障体系可以采取以下三项措施。

（一）尽快摸清家底，对海上丝绸之路文献进行系统的挖掘和梳理

"海上丝绸之路学"是一门汇聚众多学科、多元化综合研究的学问，涵盖了大多数人文学科和部分自然学科。海上丝绸之路学研究的对象和内容古已有之，但是作为一门学说则是现今学人的主观建构，其文献学并不是一个自足的整体。海上丝绸之路文献的特点是"散"，体现在同一类材

料可以分散在同一个国家的不同典籍，也可以分散在不同语言、不同信仰、不同国家的典籍里面。[5] 由于缺乏系统的分类整理，造成研究对象极广但是文献资料极其分散的情况，从中寻找参考资料有如海底捞针，对研究者的利用十分不利。但是，完备的资料是进行学术研究的基本条件，海上丝绸之路的持续深入研究有赖于文献的爬梳整理。这项对技术要求很高的基础工作仍然需要有人来做。

从陆海两条丝路的文献梳理成果对比来看，陆上丝绸之路由于较早受到学术界的关注，相关文献的整理起步也较早。在 100 多年的持续研究热潮中，陆上丝路文献经过科研人员的努力挖掘和整理，迄今已取得较为丰硕的成果。目前，国内已陆续出版的专题文献整理工具书有《丝绸之路文献叙录》《丝绸之路文献研究书目索引》《丝绸之路资料汇钞》《中国丝绸之路辞典》《丝绸之路文化大辞典》《丝绸之路大辞典》《丝绸之路人物》《中亚史地文献综述》等。借助前人的工作，研究人员对陆上丝路文献的特性有了进一步体验和认识，为今后的学术研究打下了很好的文献基础。与之相比，海上丝绸之路文献的搜集整理工作已经远远落后，相关成果极为少见，仅有《广州文化遗产·海上丝绸之路——文献辑要卷》等少数几种，且整理的文献以广州地方史料为主，尚未见有对古代海上丝绸之路文献进行整体爬梳整理的工具书问世。

因此，当务之急是对涉及海上丝绸之路的古今中外文献进行系统的挖掘与梳理，彻底摸清海上丝绸之路学研究的文献家底。为了解决学术研究中的文献需求和合理采购文献需要，首要的任务应该是对所有海上丝绸之路文献进行科学、系统地分类辑目。通过文献目录的编制，厘清海上丝绸之路学术史，明晰现有成果，发现学术热点，使后来的研究者能够在前人的基础上继续前进，从而避免低水平重复建设，减少学术浪费，同时，也能为文献采访部门提供采购文献的依据。在现有基础非常薄弱的情况下，需要相关高校和研究机构尽快组织专业人员对文献进行大规模的搜集、整理，如对原始海上丝绸之路文献的摘录汇编、书目提要；对中外海上丝绸之路研究文献的辑目索引；对考古研究文献的分片整理、编制出版等。

（二）联合采购文献，实现海上丝绸之路文献资源效益最大化

海上丝绸之路文献具有点多面广的特点，造成文献极为分散、覆盖面非常之大，古代文献、地方文献与海外文献占有相当大的比例，极大影响了文献资源保障体系的完备性。而在文献价格不断上涨的今天，大多数图书馆普遍存在购书经费短缺的问题，尽管图书馆界已采取多种应对办法，但仍无法根本解决。仅依靠一家或少数几家图书馆完成海上丝绸之路文献资源建设，可能不太现实。要解决这一问题，一方面要争取各级政府和社会各界的支持，多方筹集资金，保证一定的文献采购规模，在资金有限的情况下，应尽量遵循减少复本、增加种类的原则，以保证文献资源的覆盖率；另一方面，为了提高文献资源利用率，杜绝因大规模重复建设而造成不必要的浪费，还需要加大各文献机构之间的合作力度，协调各方利益，实现优势互补，走联合采购之路。

就国内而言，尤其要建立 9 个申遗城市之间的文献联合采购机制。9 个城市本身就蕴藏着极为丰富的海上丝绸之路文献史料和史迹遗存，而为了联合申遗，都还有加强对各自相关文献资源的采购需要。因此，为了使有限的资源发挥最大效益，建议 9 个城市的图书馆统一由文化部或国家图书馆领导，部署海上丝绸之路文献的联合采购。在对文献资源的分布利用进行全面调查、评估的基础之上，领导机构通过行政干预制定协调统一的文献资源采购机制，明确规定各成员馆的任务、目标、义务和权利，结合各自的文献优势、馆藏特色和实际需求，实行各有侧重的采购计划，处理好电子文献与纸质文献的采购比例关系、现实馆藏与文献传递的关系，扬

长避短、择优选择，扩大馆藏文献的利用同时，保证各馆重点收藏的完备性和系统性；此外，还要积极与各地的档案馆、博物馆等其他类型地方文献收藏机构统筹规划、协同建设，形成联合共建、优势互补。[6]最终实现文献资源在馆藏建设、协调发展、联合保障等方面形成实效，全面提高海上丝绸之路文献的整体保障水平。

（三）加强数字开发，做好海上丝绸之路文献信息资源的共建共享

图书馆是现代信息资源的集散中心，在知识创新体系中，文献数字化建设属于知识组织、知识传播的一种方式，是对馆藏信息资源或社会信息资源开发的有力手段。在实践中，加强资源共享，开发"虚拟馆藏"，是提高保障率又不会影响利用率的有效途径。[7]海上丝绸之路文献的数字化建设与信息资源共享是网络信息环境对文献建设的必然要求，这就更进一步要求各馆不仅要建立文献联合采购机制，还必须通过协调合作，建设覆盖各馆的网络体系，实现海上丝绸之路文献信息资源的共建共享。在网络化建设中，可以根据共享活动、资源种类的不同，灵活选用适宜的合作形式。从具体情况来看，综合各馆在信息资源建设和共享方面的合作深度，可考虑采用以集中型资源为主体，以分布型特色资源为补充的综合型共享模式，即由一个或多个大型文献信息资源中心为核心，以各具特色的分布式文献信息资源共享系统为依托，以统一书目检索平台和服务平台为支撑，开展文献信息资源共享活动。[8]在这种模式中，购买、管理数字文献资源采取集中型管理模式，而对各馆馆藏海上丝绸之路文献书目资源和特色数字资源等自有资源则采用分散型模式进行共享。

各成员馆在开发各自的海上丝绸之路文献特色数字资源过程中，应按照"统一规划、统筹兼顾、适度分工，联合保障"的原则进行，根据本馆的性质、任务、要求，结合馆藏书刊现状、资源建设规划和文献利用情

况，划分出各种文献的数字化优先级别，有计划、分步骤地逐步实现重点文献的馆藏数字化，通过网络体系与各成员馆实现共享。同时，要考虑地方政府、社会各界的信息需求和科研人员的特殊要求，优先开发具有鲜明地方特色和研究优势的文献，建立区别于其他馆的数据库。例如，泉州保存中世纪伊斯兰教的清真寺、圣墓、碑刻等史迹及相关文献史料较多，此方面的学术研究也较深入，可优先进行数字化处理，建成"古代中国与阿拉伯世界海外交通关系特色资源库"。这样既能避开重复建设，保持自己的特点和独立性，体现"人无我有"的价值，又能最大限度地满足地方社会文化发展的需要。

此外，图书馆还可以借助多种全国性文献信息共建共享服务体系，进一步补充、完善海上丝绸之路文献资源保障体系。自 20 世纪 90 年代以来，以中国高等教育文献保障系统（CALIS）、中国高校人文社会科学文献中心（CASHL）和高等学校中英文图书数字化国际合作计划（CADAL）为代表的国家级信息资源共建共享体系已初具规模并稳步发展，它们在纸质书刊的馆际互借与文献传递、特色数据库建设、联合目录等方面的建设已取得不俗的成绩。[9] 图书馆亦可乘此东风，合理利用全国高校人文社会科学文献资源，努力发掘海上丝绸之路文献，并与自身的整体性文献开发相结合，积极开展多学科、多语种、多类型的全方位保障建设，形成多渠道的联合保障机制，促进海上丝绸之路研究的进一步深化和图书馆综合实力的可持续发展。

四 结语

文献是学术研究开展的基石，建设海上丝绸之路文献资源保障体系是保证海上丝绸之路研究得以全面推进的一项基础性工程。在现代化信息管理技术得以广泛应用的今天，图书馆应尽快发挥自身优势，提升文献信息资源的质量，提高文献信息保障率，建立一个科学、合理、完备的海上丝绸之路文献资源保障体系，从而为海上丝绸之路学术研究提供强有力的文献和服务支撑。

参考文献

［1］暨佩娟等：《"一带一路"，APEC 涌动新机遇》，《人民日报》2014 年 11 月 8 日第 5 版。

［2］张海文：《全球海洋岛屿争端面面观》，《求是》2012 年第 16 期。

［3］向达校注：《两种海道针经》，中华书局 1961 年版，第 96 页。

［4］廖祥：《国家图书馆将编纂出版钓鱼岛文献图籍录》，《新华日报》2013 年 6 月 4 日第 8 版。

［5］范春义：《丝绸之路文献学研究亟待拓展》，《中国社会科学报》2013 年 6 月 14 日第 5 版。

［6］邬卫华：《图书馆地方文献资源建设存在的问题》，《图书馆论坛》2006 年第 2 期。

［7］吕俊生：《网络环境下图书馆文献资源建设与文献保障体系》，《中国图书馆学报》2000 年第 2 期。

［8］姚晓霞、朱强：《国外高等教育文献资源共享模式》，《中国教育网络》2013 年第 9 期。

［9］马继刚等：《人文社科文献保障与共建共享的现状分析与发展策略》，《大学图书馆学报》2013 年第 2 期。

宋代海南岛"市舶"考辨

陈少丰

（泉州海外交通史博物馆）

摘　要：宋代海南岛征收的海外贸易税为"格纳税钱"，它是商税的一种，而非市舶税。征收机构为港口税务机关场务而非市舶场务。因此，宋代海南岛并未设立市舶机构。受制于市场、体制、航运等因素，宋代海南岛设立市舶机构的条件还不成熟。

关键词：宋代；海南岛；市舶；格纳税钱

海南岛位于中国南端，北临琼州海峡，西靠北部湾，南环南海，是古代海上丝绸之路上的一座重要岛屿。隋朝以前，海南岛的社会经济发展非常缓慢。唐朝以后，中央政府加强了对海南岛的经营，发展有所起色。从宋朝开始，"海南才踏上认真开发的轨道"①。随着宋代海南岛社会经济的进步，海外贸易也随之发展。学界关于宋代海南岛海外贸易的研究，已经

---

① 司徒尚纪：《海南岛历史上土地开发研究》，海南人民出版社1987年版，第133页。

取得了相当丰硕的成果。① 这些论著基本上涵盖了宋代海南岛海外贸易的方方面面，但似乎没有专文辨析宋代海南岛是否设有市舶机构及其相关问题。本文拟就该问题进行分析，算是拾遗补阙。

一 宋代海南岛有无市舶机构辨析

古代的科技不发达，船舶远洋航行受限于风信和技术，漫长的旅程中需要停泊补给。海南岛是南海航线上的重要一环，是南海诸国船只进入国际大港广州港进行贸易的前哨站，是一个理想的寄泊地和补给站。

南宋人楼钥在《送万耕道帅琼管》中写道"琉球大食更天表，舶交海上俱朝宗。势须至此少休息，乘风径集番禺东。不然舶政不可为，两地虽远休戚同。"② 同书卷三十六之《知昭州庄方知琼州》中亦提到"琼管以四州之壤，屹立海中，实与番禺，相为引重。大舶献琛，赖以为归，麾符不轻畀也。尔进由儒科，练达吏事，贰郡宾水，承流昭潭，必能习知南海之俗，往其辑宁蛮蜑，劳抚贾胡，以称朕选侯之意。"③ 可见，海南岛对于广州港的作用是何等重要，以至于朝廷都要慎重考虑由熟悉海外贸易业务的官员出任海南岛琼州府（今海口市）的知州。

然而，史料中关于宋代海南岛海外贸易管理机构的记载并不多。元丰三年（1080），《广州市舶条》出台，派遣官员执行，宋廷命令广西以转运使陈倩"兼觉察拘拦"。④ "觉察拘拦"就是侦探稽查之意。宋时海南岛归

---

① 代表性论著有［日］小叶田淳《海南岛史》（学海出版社 1979 年版），黄纯艳《海外贸易与宋代海南岛商业的发展》（《宋史研究论文集》，云南民族出版社 1997 年版），徐素琴《琼州海峡与南海贸易》（《海洋史研究》第二辑，社会科学文献出版社 2011 年版），田德毅《海南宝岛：海上丝绸之路的重要中转地——海南三亚、陵水、万宁等地穆斯林文化田野报告》（《世界宗教研究》2014 年第 2 期），张一平《海上丝绸之路上的海南岛》（《新东方》2015 年第 2 期），姜樾《海上丝绸之路与海南岛港口》［《广东民族学院学报》（社会科学版）1991 年第 3 期］。

② （宋）楼钥：《攻愧集》卷 3，中华书局 1985 年版，第 47 页。

③ 同上书，第 496 页。

④ （清）徐松：《宋会要辑稿》职官四四之六，上海古籍出版社 2014 年版，第 4206 页。

广南西路管辖，所以此时海南岛的海外贸易应该是由广西转运司管理。

进入南宋，海南岛已经是"贾胡遥集，实为舶政之源"①。所以，有官员提议应在海南岛设立市舶机构。

乾道九年（1173）七月十二日，朝廷"诏广南路提举市舶司申乞于琼州置主管官指挥更不施行。先是，提举黄良心言，欲创置广南路提举市舶司主管官一员，专一觉察市舶之弊，并催赶回舶抽解，于琼州置司。臣僚言：'昔贞元中，岭南以舶船多往安南，欲差判官往安南收市，陆贽以谓示贪风于天下，其事遂寝。遣官收市犹不可，况设官以渔利乎！'故有是命"②。宋朝最终以避免贪污为由不予批准。

因此，淳熙三年（1176），占城请求与海南岛通商，但是宋朝称"朝廷加惠外国，各已有市舶司管主交易，海南四郡即无通商条令，仰遵守敕条约束"③。"无通商条令"就是没有开放市舶贸易的意思。

据《诸蕃志》卷下"海南条"："（琼州）属邑有五：琼山、澄迈、临高、文昌、乐会，皆有市舶，于舶舟之中分三等，上等为舶，中等为包头，下等名蜑舶，至则津务申州，差官打量丈尺，有经册以格纳税钱，本州官吏兵卒仰此以瞻。"④ 有研究者据"皆有市舶"一词认为宋代海南岛已经于赵汝适撰写《诸蕃志》的理宗朝初年（1225—1228）之前设立了市舶场务。⑤ 事实是否如此呢？

据《宋史·食货志》开篇所云："篇次离为上下：……其一曰会计，二曰铜铁钱，三曰会子，四曰盐，五曰茶，六曰酒，七曰坑冶，八曰矾，九曰商税，十曰市易，十一曰均输，十二曰互市舶法。或损或益，有系国

---

① （宋）楼钥：《攻愧集》卷19，中华书局1985年版，第297页。

② （清）徐松：《宋会要辑稿》职官四四之二九三零，上海古籍出版社2014年版，第4219页。

③ 同上书，第9820页。

④ （宋）赵汝适：《诸蕃志校释》卷下，杨博文校注，中华书局1996年版，第217—218页。

⑤ 柳平生、葛金芳：《南宋市舶司的建置沿革及其职能考述》，《浙江学刊》2014年第2期，第23页。

体；国不以利为利，故列之下篇焉。"① 由此可见，市舶税是宋朝税种中的单独一种。那么海南岛所谓的"市舶"所收的"格纳税钱"是否为市舶税呢？

宋朝的市舶税征收方式称之为"抽解"，即"凡舶至，帅漕与市舶监官莅阅其货而征之，谓之'抽解'，以十分为率，真珠、龙脑凡细色抽一分，玳瑁、苏木凡粗色抽三分，抽外官市各有差，然后商人得为己物。"② 可知，抽解是在舶货中以"细色"和"粗色"划分按照不同比例抽取实物的一种征税方法。

"格纳税钱"是通过丈量船舶的大小尺寸然后对照图册规定对船舶征收货币税。"格纳税钱"其实和"力胜钱"有相似之处。据《宋会要辑稿》："朝廷于征米之禁，非不切至，而州县每遇米船，则别为名目，谓之收力胜、喝花税。花税者，以无为有；力胜者，计所载之多寡，以税其舟。"③ 力胜钱就是根据船只运载量的多少征收的一种税。

而征收"格纳税钱"的机构为"津务"。津，就是港口的意思。务，"宋诸县各有税务。……在城者，谓之都税务"④。另据日本学者加藤繁的考证，"商税征收的地方，置有务或场，俗称场务"⑤。

而商税，就是对各种商品的经营流通征收的税。据《文献通考·征榷考一》："关市之税，凡布帛、什器、香药、宝货、羊豕，民间典卖庄田、店宅、马牛、驴骡、橐驼，及商人贩茶、盐，皆算。"⑥

因此，"格纳税钱"的征收机构为港口税务机关场务而非"市舶场务"

---

① （元）脱脱：《宋史》卷173，中华书局1977年版，第4157页。
② （宋）朱彧：《萍洲可谈》卷2，大象出版社2006年版，第148页。
③ （清）徐松：《宋会要辑稿》食货一八之一五，上海古籍出版社2014年版，第6381页。
④ （明）何乔远：《闽书》卷39，福建人民出版社1994年版，第973页。
⑤ ［日］加藤繁撰，王杰译：《宋代商税考》，《中国经济史考证》，中华书局2012年版，第595页。
⑥ （元）马端临：《文献通考》卷14考一五四，中华书局2006年版。

（市舶务和市舶场，如温州市舶务和潋浦市舶场，级别低于市舶司的市舶机构）。"格纳税钱"是商税的一种，而非市舶税。所以，宋代海南岛并未设立市舶机构。目前，笔者所见史料仅有《诸蕃志》有所谓"市舶"记载，这又是何故？

冯承钧先生认为，《诸蕃志》"盖汝适所记，非亲历目击之词，或采摭旧文，或寻访贾胡"①，其中部分采自《岭外代答》。② 而《岭外代答》卷三之"航海外夷"条有这样的一条记载："今天下沿海州郡，自东北而西南，其行至钦州止矣。沿海州郡，类有市舶。"③ 或许赵汝适将"类有市舶"误解为"皆有市舶"。

另外，"格纳税钱"的征收方式简单、操作性强，官吏只需要根据图册上的规定，丈量船舶尺寸，然后征收货币税即可，这比市舶税的征收简单了许多。

宋朝外国船舶到达市舶港口之后，需"提举属阅视之，辨粗细货物"，④ 然后再依据货物品种进行抽解。而宋朝时期细色舶货有 66 种，粗色舶货有 75 种之多。⑤ 因此，辨识舶货粗细名目是需要有一定技术和经验的，而宋时的海南岛虽然有了一定的发展，但相比中原地区还是很落后的，人才匮乏，所以，以"格纳税钱"的方式直接收取货币税简单可行。

其实，早在元丰三年（1080），"琼管奏：'海南收税，较船之丈尺，谓之'格纳'。其法分三等，有所较无几，而输钱多寡十倍。贾物自泉、福、两浙、湖、广至者，皆金银物帛，直或至万余缗；自高、化至者，唯米包、瓦器、牛畜之类，直才百一，而概收以丈尺。故高、化商人不至，

① （宋）赵汝适：《诸蕃志校释》，杨博文校注，中华书局 1996 年版，第 4 页。
② 同上书，第 5 页。
③ （宋）周去非：《岭外代答校注》卷 3，杨武泉校注，中华书局 2006 年版，第 126 页。
④ （明）何乔远：《闽书》卷 39，福建人民出版社 1994 年版，第 975 页。
⑤ 同上书，第 975—976 页。

海南遂乏牛米。请自今用物贵贱多寡计税，官给文凭，听鬻于部内，否则许纠告，以船货给赏。'诏如所奏"①。可见，元丰三年之前海南岛就有"格纳钱"了，后来因为税制本身的弊端改成按照货物贵贱多寡征税，但是到了南宋理宗朝初年（1225—1228）之前又改为"格纳钱"征税，这说明海南岛税务人才的短缺，采用"格纳钱"是合适的方法。

"格纳钱"是当时海南岛社会经济落后、税务人才匮乏的反映，况且其本身税制也存在着弊端，并非"一种比较成熟的船舶吨税"②。

言归正传，既然乾道九年（1173）海南岛已经出现了设立市舶机构之议，但最终为何没能实现？

二　宋代海南岛未设立市舶机构原因

综合各种因素考虑，宋代海南岛设立市舶机构的条件还不成熟。本文下面试从市场、体制、航运三方面分析之。

第一，市场。宋代海南岛虽然得到了一定程度的开发，但是总体而言还是比较落后的。"朱崖军在琼州之南十六程，地狭人少，税米不足。"③"地多荒田，所种秔稜，不足于食。"④"病不服药，信尚巫鬼。"⑤"熟黎之外，海南四州军镇，其四隅地方千里，路如连环，欲历其地，非一月不可遍。"⑥如此落后的社会经济，消费昂贵进口货物的能力肯定十分有限。

第二，体制。宋朝各个市舶港口之间存在着竞争。例如熙宁九年（1076），有官员"请罢杭、明州市舶，诸舶皆隶广州一司"⑦。此举想通

---

① （元）脱脱：《宋史》卷186，中华书局1977年版，第4544页。
② 王杰：《中国古代对外航海贸易管理史》，大连海事大学出版社1994年版，第155页。
③ （清）徐松：《宋会要辑稿》食货七零之一四，上海古籍出版社2014年版，第8018页。
④ （宋）赵汝适著，杨博文校注：《诸蕃志校释》卷下，中华书局1996年版，第216页。
⑤ 同上书，第220页。
⑥ 同上书，第221页。
⑦ （元）脱脱：《宋史》卷186，中华书局1977年，第4560页。

过废止杭州和明州市舶司来实现广州队海外资源的垄断。虽然最终没有实现，但是可见当时各个港口之间的微妙关系。海南岛是广州海外贸易的前沿门户，通过南海航线前来广州贸易的船舶经常会在海南岛停靠补充物资。如果在海南岛设立市舶机构，那么势必会分流广州的海外贸易资源，削弱广州的海外贸易地位。这是宋廷所无法允许的。而乾道九年（1173）朝廷以所谓避免贪腐为由拒绝在海南岛设立市舶机构的说辞并不能成立。因为"南海饶宝货，为吏者多贪声"①。两宋时期，贪腐的市舶官员不计其数，不唯独海南岛会产生贪腐问题。

第三，航运。海南岛周围海域航行条件较差，比较凶险。西南部海域，"海南四郡之西南，其大海曰交阯洋。中有三合流……南舶往来，必冲三流之中，得风一息，可济。苟入险无风，舟不可出，必瓦解于三流之中"②。西部海域，"自广州而西，其海难行；自钦廉而西，则尤为难行"③。甚至从雷州半岛跨越琼州海峡都"涉此无风涛，则舟人举手相贺"④。琼州海峡的海潮也是缺乏规律。"琼海之潮，半月东流，半月西流。潮之大小，随长短星，初不系月之盛衰，岂不异哉!"⑤ 航运条件的不利也是制约海南岛设立市舶机构的原因之一。

所以，尽管海南岛出现了设立市舶机构的提议，但是最终并未实现。

三　结语

一道琼州海峡将海南岛和中国大陆隔开了。"琼州、昌化等军系过海南，自行朝往返万里。"⑥ 绝远的地理位置使得宋廷在制定海外贸易政策时

①　（元）脱脱：《宋史》卷343，中华书局1977年，第10916页。
②　（宋）周去非著，杨武泉校注：《岭外代答校注》卷1，中华书局2006年版，第36页。
③　同上书，第37页。
④　（宋）赵汝适著，杨博文校释：《诸蕃志校释》卷下，中华书局1996年版，第216页。
⑤　（宋）周去非著，杨武泉校注：《岭外代答校注》卷1，中华书局2006年版，第40页。
⑥　（清）徐松：《宋会要辑稿》职官四一之一三，上海古籍出版社2014年版，第4000页。

几乎将海南岛和"南蕃"等同。①

例如，熙宁七年（1074）朝廷诏"诸泉、福缘海州有南蕃海南物货船到，并取公据验认，如已经抽买，有税务给到回引，即许通行"②。又如，隆兴二年（1164），两浙路市舶司申"商贾由海道兴贩诸蕃及海南州县，近立限回舶，缘其间或有盗贼、风波、逃亡事故，不能如期，难以立定程限"③。中国大陆的船只前往海南岛贸易在宋朝统治者看来几乎和前往海外诸国贸易相等同，因为海南岛和大陆天然地隔着琼州海峡，交通只有依靠海运。

远离中原的海南岛，开发时间比较晚，因此比较落后。宋代海南岛虽然没有设立起市舶机构，但是市舶之议的出现，较之前代这已经是个进步。

① 曹家齐：《宋朝限定沿海发舶港口问题新探》，《上海交通大学学报》（哲学社会科学版）2013 年第 3 期。
② （清）徐松：《宋会要辑稿》职官四四之五至六，上海古籍出版社 2014 年版，第 4205 页。
③ （清）徐松：《宋会要辑稿》职官四四之二七，上海古籍出版社 2014 年版，第 4218 页。

道光初年海运漕粮探析

董传岭

（山东菏泽学院社会科学系）

摘　要：道光四年（1824）十一月中旬，由于高家堰大堤决口，洪泽湖水位骤降，漕运中断，漕粮不能如期运抵京师，清廷大为震惊。在多次尝试河运并付出巨大代价而漕船依然被困的危急关头，道光帝被迫采纳英和、琦善及陶澍等主张海运的建议，准许南方有漕八省中仅占江苏漕粮一半的四府一州，实行海运漕粮。经过陶澍、贺长龄等人精心筹备，海运在道光六年（1826）二月至八月成功实施，并显示了巨大优越性，意义重大。次年，运河疏通，道光帝无视海运的优越性，以及陶澍等人制定的海运章程及江苏漕米"永归海运"的建议，发布上谕，停止继续海运漕粮。究其原因：一方面是漕船得以通行；另一方面是海运遭到漕运利益集团的强烈反对，以及道光帝安于现状，缺乏改革祖制和根本革除漕运弊政的气魄和能力。虽然此次海运漕粮仅实行一年即被废止，但漕运改革的趋势不可扭转。

关键词：道光初年；海运；漕粮

据《说文解字》解释："漕，水转谷也。"漕运一般指中国历代王朝通过水路将征自田赋的粮食输送到京师或指定地点的运输方式，这些粮食称为"漕粮"。漕运包括漕粮征收、运输、仓储及河道治理等方面的内容。中国漕运历史悠久，史载第一次漕运是秦始皇北征匈奴，把军粮从山东沿海运抵于今内蒙古乌加河一带。元世祖忽必烈定都大都（今北京）后，开凿了从北京直通杭州而不绕道洛阳的京杭大运河，大运河成为南粮北运的重要水路通道。当时，大运河运量小、劳役大，远不能满足朝廷的需要，加之大运河经常因黄河水泛滥而淤塞，海运在元代占主要地位。由于海运漕船大且无龙骨结构，抗海上风浪能力差，容易散架，漕船失事比例高，损失大。元末明初，倭寇猖狂，安全和便于防护的运河成为漕运的主要途径。明朝永乐十三年（1415），明朝规定漕粮全部经由运河，停止海运。明代每年经运河北上的漕粮有 400 万石，漕军 12 万人，运河被称为"漕河"。清朝建立后，沿袭明代成法，规定每年从山东、江苏、浙江、江西、湖南、湖北、安徽和河南八省，额征漕粮 400 万石，经京杭大运河输往北京，以满足官俸、军饷、宫廷需要及民食调配。漕运支撑了国家财政收入的大半江山，成为军国重务。

一 道光初年海运漕粮的缘起

（一）漕运积弊严重

嘉庆、道光时期（1796—1850），几百年来的漕运体制弊端丛生。为了保证漕运安全，国家每年都要耗费巨大人力、物力和财力。康熙年间（1662—1722），河工经费每年不过数十万两，到嘉庆末道光初，增加到五六百万两，由于政治腐败，河官贪污成风，冒领虚报、中饱私囊，而实际用在工程上的经费不到 1/10。为弥补漕运过程中损耗而摊派给百姓的"浮收"不断增加，甚至达到40%—50%。转嫁给老百姓的兵丁押船护送费用也不断增加。漕运成本颇高，运到京师的每石米价格是南方价格的两三倍。乾隆以来，清政府为了筹集经费，授予大量捐纳钱物的士民爵位官职，他们大都进入漕运系统，以致漕运集团人满为患，弊政丛生。漕运问题日益突出，改革漕运、实行海运的呼声不断高涨，漕粮河运、海运之争日趋激烈，但庞大的漕运集团成为漕运弊政和既得利益的坚定维护者，主张漕粮河运者仍占上风。

（二）海运条件日益成熟

从造船、航海技术而言，明朝就具备大规模海运的条件，郑和船队浩浩荡荡七下西洋就是很好的例证。嘉道年间，规模海运的条件成熟。当时，大量江浙商船经常往来于南北沿海，通过海路运送货物，由北往南运华北的豆、麦，由南往北为轻质的茶叶、布匹。他们了解海情风信，熟悉运输线路，大大降低了海运风险。而且，江浙沿海一带广泛使用沙船（平底船）运输货物，沙船不但数量多，而且载重量大，能达到几百石。道光初年，无论从船只数量、质量，还是航海技术，都具备大规模海运漕粮的条件。

（三）漕运阻断与河运、海运之争

道光四年（1824）十一月中旬，因洪泽湖蓄水过多，清江浦高家堰大堤溃决，湖水倾泻殆尽，高邮至清江浦一段运河水势微弱，漕粮河运中断，京畿地区的粮食供应面临严重危机。在此危难之际，一方以两江总督孙玉庭、漕运总督魏元煜为首，力主河运，主张采取传统借黄济运的驳运方案，并提出种种反对海运的理由。另一方以数次到过江南的大学士英和为首，主张海运，并获得琦善、陶澍等人支持。大学士英和奏称："河道既阻，重运中停，河漕不能兼顾。唯有暂停运河以治河，雇募海船以利运，虽一时之权宜，实目前之急务。"① 认为暂时停止河运，雇募海船海运漕粮，既便于河道治理，又能保证京师粮食供应，海运漕粮是目前解决漕运问题的最佳办法。陶澍认为实行海运有利于治河，奏称："专办海运，则恐商船指不足；专办运河，又恐清水之难恃。唯有两者相辅而行，可期无误全漕。"② 魏源坚决支持海运，并就反对海运者的理由"盗贼""风涛""霉湿"说一一进行反驳。③ 主张海运的种种建议，对道光帝决定实行海运产生了重要影响。

（四）道光帝接受海运

面对当前的漕运危机与河运、海运漕粮的激烈争论，道光帝一面令两江总督孙玉庭、漕运总督魏元煜等继续尝试河运办法；一面令魏元煜、江苏巡抚张师诚等督抚大臣，讨论有关漕运海运事宜。结果，"借黄济运"失败，盘坝接运投入几百万两白银，粮船依然被困，收效甚微。继续河运的努力失败，京城粮食危机，无奈之下，道光五年（1825）七月，道光帝发布上谕：筹议海运折漕事宜原为来年疏治河道之计，海运一事，惟江苏可以试办。④ 道光帝把竭力挽救漕运的两江总督孙玉庭、漕运总督魏元煜革职拿问。重用英和，并将主张海运的琦善和陶澍，分别由山东巡抚、安徽巡抚调任为两江总督和江苏巡抚，实行漕粮海运。

---

① 赵尔巽：《清史稿》（第十三册），中华书局 1977 年版，第 3594 页。
② （清）魏源：《复奏海河并运疏》，魏源全集编辑委员会编《魏源全集》，岳麓书社 2004 年版，第 625—626 页。
③ 中华书局编辑部：《魏源集》（上），中华书局 2009 年版，第 419—420 页。
④ 《清实录·宣宗实录》卷 86，中华书局 1986 年版，第 378 页。

二 道光初年海运漕粮的经过

道光初年的海运漕粮，名义上由琦善与陶澍共同领导，实际上，琦善后来主要筹划高家堰修复，海运主要由江苏巡抚陶澍主持，江苏布政使贺长龄驻上海具体指挥，魏源作为幕僚始终参与，他们三人成为此次海运的重要领导和组织者。这次海运的漕粮并不是有漕八省的全部漕粮，而仅是占江苏漕粮一半的苏州、松江、常州、镇江、太仓等四府一州的漕粮。因为其他地区的漕粮不适合海运，上海、浙江虽临海但不宜停泊，安徽、江西、湖南、湖北等省离海较远，黄河以北的山东、河南河道仍可使用。

海运漕粮为有清以来首次，通过雇用民船，把 156 万石漕粮从吴淞口经黄海、渤海，运抵天津塘沽，水程 4000 多里，工程浩大，任务艰巨，困难重重。魏源曾感慨："天下见其行之孔易矣，抑知其挠之甚众且艰？天下见其不疾而速，不行而至矣，抑知其谋之至周且确？"[1] 海运漕粮的关键问题，魏源认为："两言蔽之，曰上海、天津两地得其人则能行，不得其人则不能行。海船南载于吴淞，而北卸于天津，两地出口入口，实海运始终枢要。苟上海关不得其人，则船数可使多者少，商情可使乐者畏，雇值可使省者昂。天津收兑不得其人，则米之干者可潮湿，石之赢者可短缺，船之回空者可延滞。"[2] 为确保海运顺利实施，陶澍等人高度重视，他们积极筹划，精心准备，在上海设立海运总局，组织漕粮装载。在天津设立总局，办理接驳海运事宜，准备"驳船一项，例有二千五百只，今细加查验，可用者有二千二百余只，其余一百余只，可修者赶紧修理，似应足用"[3]。为确保航行安全，精心绘制了航海图。为争取海商支持和发挥他们

---

① 中华书局编辑部：《魏源集》（上），中华书局 2009 年版，第 414 页。

② 同上书，第 420 页。

③ 叶志如、丁进军编选：《道光年间海运漕粮史料选辑》（上），《历史档案》1995 年第 2 期，第 38 页。

的积极性，官府对应募商船做出免税、优价、奖励等承诺，"海商翕然，子来恐后"，① 共召集沙船及少量的蛋船、三不像船等共 1000 余只。各船按照载米州县，分别悬挂各色旗号；州县按旗色区分，交纳漕粮；船上铺席盖草，便于防潮。由于当时商船数量有限，不敷使用，江苏四府一州的漕粮只好分两批运输。

道光六年（1826）二月一日，海运漕粮正式开始，"万艘欢呼，江澄海明，旌旗飘动，鼍龙踊跃"，② 浩浩荡荡，驶离上海，北上天津。经过近一个月的航行，二月二十八日，第一艘漕船驶抵天津洋面，这是苏州府长洲县第 13 号"郁同发"的沙船，当即率同各兵船员弁迎护至拦江沙外寄泊；二十九日早晨，乘潮引进天津海口。③ 运抵天津的漕粮质量完好，钦差大臣穆彰阿奏称："臣等亲至沙船，公同查验米色，均属干洁。"④ 上海方面漕粮的发送和天津方面的接剥进展顺利，"截止二月二十一日，共兑过正耗米一百一十二万二千余石，事机极为顺利"。⑤ 天津方面，三月十二日直隶总督那彦成奏称："验米开斛，兑装驳船，极为迅速。"⑥ 由于春夏之交过后，盛行南风，沙船返回南方较难，为尽快完成运输任务，抵达天津的粮船立即进行接驳，接驳完毕后，组织迅速返回。钦差大臣穆彰阿"饬该镇道等，遇有海运抵津，随到随驳，不准片刻延滞""令沙船卸米前往奉天买豆迅速南回，以便赶办二运""俾其将货物、余米自行售卖，迅速启程。"⑦ 由于精心准备，漕船装卸、运输进展迅速，第一批

---

① 中华书局编辑部：《魏源集》（上），中华书局 2009 年版，第 415 页。
② 同上书，第 416 页。
③ 叶志如、丁进军编选：《道光年间海运漕粮史料选辑》（上），《历史档案》1995 年第 2 期，第 39 页。
④ 同上书，第 41 页。
⑤ 同上书，第 40 页。
⑥ 同上书，第 42 页。
⑦ 同上书，第 41 页。

海运漕粮任务顺利完成。

经过精心组织和紧张实施,四月底五月初,第二批海运漕粮的船只陆续抵达天津。据直隶总督那彦成奏报:"四月二十九、五月初二等日,又到商船六只,内有船户周隆顺、孙永盛两只,系二运装粮首船。"[①] 六月五日,上海方面漕粮发送任务圆满完成,两江总督琦善和江苏巡抚陶澍在《两江总督琦善等为报海运漕粮全数兑完船行顺利事奏折》奏称:"总计苏州、松江、常州、镇江、太仓等四府一州,额征道光五年分起运漕白正耗米一百四十五万一千三十一石零,又节省归仓候拨耗米五万九千六百七十五石零,又给船耗米十二万余石,通计装载正耗各米共一百六十三万三千余石。前后用沙船及浙江蛋船、三不像船一千五百六十二只,截至六月初五日止,扫数斛交完竣""约计六月下旬即可全抵天津。"[②] 由于遭遇恶劣天气,个别海运漕粮的船只抵津时间较晚,八月二十六日,最后一只即第1562只运粮船抵达天津。[③] 此次海运漕粮,宣告结束。

此次海运漕粮自道光六年二月一日正式启程,至八月二十六日最后一只运粮船抵达天津,前后持续近七个月,共发送粮船1562只,运粮163万3000余石,取得巨大成功。当然,海运过程中也遭遇风浪,造成船只损坏,导致部分漕米散失或潮湿。例如三月初一日,南风大雾,晚上北风大作,直到初二日夜大风才停,"崇明县船户蒋朱顺一船装运无锡县漕米八百二十石,于二十六日在洋遇风,打伤船梢,冲断跳停梁板并冲裂后横板进水,只得松舱抛去漕米七十余石"。[④] 这次海运漕粮损失总计:"蒋朱顺等四船斫桅松舱,例应豁免238石6斗5升……在洋失风事故赵连盛等四

① 叶志如、丁进军编选:《道光年间海运漕粮史料选辑》(上),《历史档案》1995年第2期,第46页。
② 同上书,第48—49页。
③ 同上书,第49页。
④ 同上书,第44页。

船共米 2850 石。"① 此次海运漕粮总计 163.3 万石，损失只有 2850 石，往返海疆舵手等不下两三万人，并未伤损一名。道光帝对此非常满意，朱批"所办甚好"，② 特赐英和紫缰，以示表彰；陶澍被赏赐孔雀花翎，五年后升任两江总督，并因政绩卓著而得御赐"印心石屋"匾额。

三　道光初年海运漕粮的意义

道光初年的海运漕粮为清代首次，贺长龄认为"事为五百年所未行"，③ 克服种种困难，正如陶澍所奏：其难一，人情观望，商船退却；其难二，章程新定，委员互不统属；其难三，各州县米赴上海，同时雇驳，船只难敷；其难四，各州县距黄浦水次远近不同，既恐停船待米，又恐米到船稀；其难五，海运用费并无旧章；其难六，商船赴津，万一停阻，有妨二运。④ 此次海运漕粮取得巨大成功，意义重大，魏源称赞这次海运漕粮："行之仓促之余，试之百六十余万之粟，倏抵太仓，而民不知役，国不知费。"⑤ 黄汝成指出：海运漕粮是"东南数百年之惠，国家亿万载之利"。⑥ 魏源说它有"六便""四利"，即"国便、民便、商便、官便、河便、漕便，于古未有"；⑦ "利国、利民、利官、利商"。⑧ 此次海运漕粮的重大意义，具体表现为以下三点。

（1）节省大量费用。此次海运漕粮并未动用国库钱财，而且比河运

---

① 《淀津督收》，（清）载龄编《钦定户部漕运全书》（卷91），上海古籍出版社 2002 年版，第 117 页。

② 叶志如、丁进军编选：《道光年间海运漕粮史料选辑》（上），《历史档案》1995 年第 2 期，第 48 页。

③ （清）贺长龄：《海运议叙谢恩折》，《耐庵奏议存稿》，文海出版社 1969 年版，第 61 页。

④ 《清史列传》卷 37，《陶澍传》，中华书局 1987 年版，第 2917 页。

⑤ 中华书局编辑部：《魏源集》（上），中华书局 2009 年版，第 414 页。

⑥ 王焕镳：《陶澍年谱》（《陶文毅公年谱》），北京图书馆藏油印本，第 58 页。

⑦ 中华书局编辑部：《魏源集》（上），中华书局 2009 年版，第 411 页。

⑧ 同上书，第 416 页。

节省了大量费用。琦善奏称："本年海运内外筹款，即以向来办漕杂费充用，并未请帑""除迭次拨解天津应用及调剂旗丁案内全支月粮外，尚有节省银十余万两，米十余万石""较常年河运所省之数甚多。"① 魏源将漕粮运费做了详尽估算，改行海运，国家可节省给丁运费及米折银，不经层层盘剥"故运米百六十余万而费止百四十万金，用公则私可大裁，用私则公可全省，实用实销，三省其二，而河运所未有也"。② 海运漕粮不仅节省大量费用，而且省时，由于这次海运漕粮船只不敷使用，往返两次也仅用半年多；而河运动辄几个月或经年，这次海运漕粮的优势非常明显。

（2）给海商带来巨大利益。为调动海商运粮积极性，推出许多优惠政策，在运粮的同时可带两成货物并免税，"每船准并由其八成载米，酌留二成搭载货物，并由海关查明免税放行"③。以往这些沙船往北方运货时必须在吴淞口取泥压舱；如今载米既可压舱又可带货物还免税，商船非常满意。后又放宽政策，"所有该商所带免税之货物到津售卖不完，或另贩天津货物转至奉天应一律全行免税"，④ 进一步调动广大海商运粮积极性。为鼓励海商多运米，"加装仍每石给运脚银四钱，耗米八升"⑤。运粮船抵天津接剥后，"如有愿将耗米变价者，即听该处民人照市价购买"⑥。还按载米多少分别给予奖励，规定："一万石以下由司道分别赏给匾额；自一万至五万石以上分别给与衔职，若已捐至五品可加另行

① 叶志如、丁进军编选：《道光年间海运漕粮史料选辑》（上），《历史档案》1995年第2期，第48页。
② 中华书局编辑部：《魏源集》（上），中华书局2009年版，第417页。
③ （清）陶澍：《陶文毅公全集》卷一，岳麓书社1998年版，第66页。
④ 同上。
⑤ 《上洋受兑》，（清）载龄编《钦定户部漕运全书》卷90，上海古籍出版社2002年版，第103页。
⑥ 叶志如、丁进军编选：《道光年间海运漕粮史料选辑》（上），《历史档案》1995年第2期，第41页。

酬奖"①"于应给舵水犒赏之外，分别赏给银牌，以示奖劝。"② 运粮海商名利双收，所以他们踊跃参加。而且还规定海上遇险，"奏明免其赔缴，并照例优恤"，③ 为其承担风险，免其后顾之忧。并尊重商船自主权，押运人员"只令其稽察海船之有无事故，不稍牵制"④。当然也进行合理和必要的约束，规定："无故短少霉变，即令于备带耗米内补足，如再不敷，勒令买补，以专责成。"⑤ 这些措施极大地调动了广大海商运粮积极性，保障了海商的权益，保证了海运的顺利进行，给海商带来巨大利益。

（3）有利于革除弊政。嘉道年间，漕运弊政丛生，此次海运漕粮过程中尽量防止种种积弊，魏源称其可防止海关税侩、通州仓胥、屯丁水手等盘剥。⑥ 在召集运粮沙船时，直接与船商接洽，而不通过上海关，防止了不肖吏役的干扰和勒索，魏源曾说："今议海运，不询之商船，而访之上海关，所谓欲为千金之裘而与狐谋其皮也。"⑦ 为防止对运粮船的讹索和侵冒，规定天津各口"一概不许强索分文"，并在官给执内注明"一应关津渡口验照放行，不许讹索向给陋规"字样，⑧ 违者严惩。陶澍强调：漕粮抵津，经钦差大臣于水次验明，"到通以后即可毋庸复验""其江省交米委员一俟天津兑给剥船，即交卸竣事，无须再至通仓"⑨。漕粮运抵天津即竣事，目的在于避免仓场胥吏勒索，因为以往河运"通仓经纪人等无论米色

---

① 《上洋受兑》，（清）载龄编《钦定户部漕运全书》（卷90），上海古籍出版社2002年版，第102页。

② 叶志如、丁进军编选：《道光年间海运漕粮史料选辑》（上），《历史档案》1995年第2期，第43页。

③ （清）陶澍：《陶文毅公全集》卷五，岳麓书社1998年版，第34页。

④ （清）陶澍：《陶文毅公全集》卷一，第69页。

⑤ （清）陶澍：《陶文毅公全集》卷五，第34页。

⑥ 中华书局编辑部：《魏源集》（上），中华书局2009年版，第404页。

⑦ 同上书，第421页。

⑧ （清）贺长龄：《海运议叙谢恩折》，《耐庵奏议存稿》，文海出版社1969年版，第114页。

⑨ （清）陶澍：《陶文毅公全集》（卷八），第10页。

好丑，概不免需索苛求，由来已久，其弊断难进除"。① 还规定："载米一石即有一石之价，另委大员当堂给发，丝毫不经吏役之手"②"严饬坐粮厅稽查吏胥、经纪人等，如有刁难需索，立即重惩，误稍姑息。"③ 这些举措，保证了海运漕粮的顺利实施，对抵制和革除长期形成的漕运顽疾和陋规具有重要意义。

四 道光初年海运漕粮的取消

海运漕粮的巨大成功，使江苏巡抚陶澍等人踌躇满志，他们对继续实行海运充满信心，"诚使决而行之，永垂定制，不经闸河，不饱重壑，则但动漕项正帑已足办公。举百余年丁费之重累，一旦释然如沉疴之去体，岂非东南一大快幸事哉"。④ 陶澍等上奏海运章程八条，要求江苏漕粮永远实行海运。道光七年（1827），清口创倒塘灌放之法，运河渐通，道光帝发布上谕"河湖渐臻顺轨，军船可以畅行，不许（再行海运）"⑤。

河运漕粮弊端丛生，而海运漕粮具有明显优越性，道光帝为何不再允许仅仅是江苏的四府一州继续实行海运漕粮呢？一方面是因为运河能够通航，另外还有以下两大重要原因。

（1）庞大的漕运利益集团反对海运。多少年来，围绕漕运形成了一个庞大的利益系统，一旦改为海运，国家虽然受益，但漕运集团的利益将受损，运河将陷入荒废，漕运系统的官员将被裁撤，漕运系统当差的十几万兵丁则生计无着，众多靠漕运谋生的群体将失业，势必引起庞大的漕运既得利益集团的强烈反对，对社会稳定和清王朝统治将造成重大威胁。在实

① （清）陶澍：《陶文毅公全集》（卷八），第13页。
② （清）陶澍：《陶文毅公全集》（卷五），第1—2页。
③ 叶志如、丁进军编选：《道光年间海运漕粮史料选辑》（上），《历史档案》1995年第2期，第41页。
④ 中华书局编辑部：《魏源集》（上），中华书局2009年版，第413页。
⑤ 赵尔巽：《清史稿》，中华书局1977年版，第3596页。

行海运前，魏源对此就有清醒认识，他说："屯弁运军，亦以行海废漕为不利"① "今之谈海运者，咸谓以变通河道之穷，河道通则无所用之。"② 英和也指出："海运既起，河工必废"③ "恐漕运员弁及旗丁水手等人难易安插。"④ 其实，在实行海运前，当和英、琦善、陶澍等提出海运主张时，立刻遭到守旧群臣的攻击，他们极力维护河工、漕臣、旗丁及仓场经纪、胥役众多人等的利益，坚决反对海运。在海运漕粮过程中，他们也未停止阻挠和破坏。有的仓场经纪纵容船户，"搀和药末，浸泡热水"，致使漕米霉变，不堪搭放"。⑤ 有的故意人为下药，使漕米发生腐烂变质，"驳船受指使多于中途以药败之，户部奏准先放，花户以廒底搀杂，竟至不可食"⑥。钦差大臣穆章阿"奉差交米，搜剔弊薮，么小悉达。"⑦ 针对河运的重重积弊和海运的种种阻碍，魏源作了精辟的概括："非海难人而人难海，非漕难人而人难漕""不难于祛百载之积患，而难于祛人心之积利。"⑧ 尽管海运漕粮具有巨大优越性、符合经济规律，但反对力量巨大，阻碍重重，道光帝不得不停下继续实行海运漕粮的脚步。

（2）道光帝缺乏根本改革漕运的魄力。嘉道年间，政治腐败，民生凋敝，漕运弊端丛生，清王朝统治日益式微，而道光帝安于现状，他准许江苏四府一州实行海运漕粮，是在河运彻底无法实施而京师粮食危机的紧急情况下，被迫做出的无奈之举，是临时、救急的权宜之计。道光帝不止一

---

① 中华书局编辑部：《魏源集》（上），中华书局 2009 年版，第 421 页。

② （清）魏源：《复奏海河并运疏》，魏源全集编辑委员会编《魏源全集》，岳麓书社 2004 年版，第 624—625 页。

③ （清）魏源：《筹漕运变通全局疏》，魏源全集编辑委员会编：《魏源全集》，岳麓书社 2004 年版，第 606 页。

④ （清）魏源：《再筹海运折漕章程疏》，魏源全集编辑委员会编：《魏源全集》，岳麓书社 2004 年版，第 613—614 页。

⑤ 刘锦藻：《清朝续文献通考》，浙江古籍出版社 2000 年版，第 8354 页。

⑥ （清）包世臣：《复桂苏州第二书》，《安吴四种》，文海出版社 1960 年版，第 501—502 页。

⑦ 同上。

⑧ 中华书局编辑部：《魏源集》（上），中华书局 2009 年版，第 412 页。

次地指出：海运"原因运道浅阻，为一时权宜之计"①"为来年疏治河道之计""惟海运只可暂行，河漕必计久远。"② 道光帝还说："海运本非良策，朕所以勉从所请者，原以河漕不能兼办，腾出河身，俾去其受病之源，复以清刷黄之旧。"③ 道光帝根本改变漕运陈规旧制，势所不能。④ 正如有的学者所说：道光帝"看来是一位谨慎小心的，甚至是胆小的统治者，宁可与几个心腹顾问进行密议，而不愿接受实际的批评或警告。只要反对海运的人向他进行海运可能毁弃祖宗成法，而且可能使运河数万雇员有解雇的危险时，他并不是一位可以指望进行漕运改革的君主。"⑤ 道光帝比较保守，缺乏根本革除漕运弊政和动摇祖制的气魄，不可能彻底推行海运。

五 结语

经过江苏巡抚陶澍、江苏布政使贺长龄等积极筹划，精心准备，海运漕粮在道光六年终于成功实施，显示出巨大优越性，意义重大。道光七年（1827），在运河恢复通航及漕运官吏的强烈反对下，道光帝下令全部漕粮仍经运河输送，停止海运。尽管此次海运漕粮仅实行一年而废止，但改革漕运弊政趋势不可扭转。道光二十八年（1848），被迫再行海运。⑥ 咸丰二年（1852），江浙漕粮改为海运。咸丰三年（1853），湖北、湖南、江西、安徽四省漕粮改折。随着轮船和铁路等快捷、高效的运输方式出现，漕运逐渐退出历史舞台，清末新政的吏治改革裁撤了早已有职无事的漕运总督，漕运历史终于画上句号。

---

① 《清实录·宣宗实录》卷86，中华书局1986年版，第339页。

② 同上书，第384页。

③ 《清实录·宣宗实录》卷120，中华书局1986年版，第1021页。

④ 《清实录·宣宗实录》卷86，中华书局1986年版，第378页。

⑤ ［美］费正清、刘广京编，中国社会科学院历史研究所：《剑桥晚清中国史》，中国社会科学出版社1985年版，第133页。

⑥ 由于漕运势力反对、海盗及涉外案件等原因，这次海运并无实效，第二年又废止。

唐朝丝绸之路与葡萄酒

付晓青

（山东大学历史文化学院）

摘　要：唐朝是丝绸之路最繁盛的朝代之一，丝绸之路虽以东方"丝绸"为名，但亦不缺乏西方特产，其中葡萄酒就是鲜明代表。活跃在丝绸之路上的"葡萄酒民族"粟特人在有形的文化物质贸易中传播了无形的物质文化传统，深远影响了东西方古代乃至现代的历史文化源流。

关键词：丝绸之路；粟特人；葡萄酒

1877 年，德国地理学家李希霍芬（F. von Richthofen，1833—1905）首次提出了"丝绸之路"的概念，用以指代中国古代中原地区和中亚西部、南部以及印度之间以丝绸贸易为主的交通路线。虽然来自东方的物产丝绸最为知名，但这条贸易之路上流通的货物远远不止丝绸，据《史记》《汉书》《后汉书》等记载，早在汉代以前东、西方就有交易，在西方市场上受欢迎的东方物品除了丝绸，还有漆器、玉器、毛皮、火药、罗盘乃至带钩、铜镜等，而相应的，西方销往中国的物品也是最具西方特色的，如金银器、葡萄酒、琥珀、玻璃、珊瑚、香料乃至夜光珠、象牙、大象等，东、西方国家及民族通过这条横贯东西之路互通有无的同时带来了生活方式和习惯的融合交流，进而影响到各自的历史进程，因此，可以说，丝绸之路既是有形的全方位的经济之路，又是无形的交互性的文化之路。正如东方丝绸对于西方的意义一样，这条路上来自西亚的葡萄和葡萄酒也正是随着经济、政治、文化乃至民族融合的发展，逐渐从异域扎根于中原，从外来物品内化为富有汉化特质的风物，最终形成了蕴含中华民族情感与精神的物质文化。本文就此试论之。

《太平御览》卷九七二记载："葡萄酒西域有之，前代或有贡献，人皆不识。"自汉代张骞开辟丝绸之路以来，产自西域的葡萄酒引入中原，但稀少且名贵，以至于"三斗博凉州"。而有唐一代，葡萄酒的发展呈现出了较大的繁荣。一方面，唐朝广大的地域和便利的交通实现了丝绸之路全方位的兴盛与开放，足以保障西域的高品质葡萄酒能够源源不断地进入内地；另一方面，擅种擅饮且擅酿的粟特人在丝绸之路上的活跃以及在中原地区的定居繁衍助推了中原地区葡萄的广泛种植和自产自酿，正是在这样的背景下唐朝的葡萄酒呈现出摇曳多姿的画面，让人低回不已。

一

有唐一代，疆域大幅扩展，中国地理范围在隋朝统一的基础上实现了更大的地域统一。唐朝前期，先后灭了东、西突厥，统治辖区扩大至漠北和西域的咸海至阿姆河以西地区。其中，就囊括了盛产葡萄及葡萄酒的西域地区①，并且这一状况维持了将近 300 年，国家政治稳定，地域交通畅通成为葡萄酒顺利发展的最基本前提。

"唐王朝建立后，经过几十年的稳定和拓展，发展成为亚洲东部一个空前强大的大帝国。灭亡西突厥汗国后，唐的势力范围向西扩展到两河（锡尔河和阿姆河）流域及其以南地区，开始与于公元 617 年立国的大食帝国发生接触。……不久，唐为保护欧亚丝道，大食为扩展领土，开始在中亚地区展开激烈的明争暗斗。在较长的一段时期，唐一直处于优势，牢牢控制着中亚地区。②"这是唐朝能够大面积推广葡萄种植以及葡萄酒引入和发展的前提条件。据《旧唐书·高昌传》记载：

> 太宗乃命吏部尚书侯君集为交河道大总管，率左屯卫大将军薛万均及突厥、契苾之众，步骑数万众以击之。

贞观十四年（640），大将侯君集不战而屈人之兵，将高昌国（首都位于今新疆维吾尔自治区吐鲁番市）纳入唐的版图，随后设置了伊州（今哈密地区）、西州（今吐鲁番一带）和庭州（今乌鲁木齐一带）三个正式行政区。显庆三年（658），唐朝灭西突厥汗国，整个中亚、西域王国的宗主权都转归唐朝。唐政府先后设置安西都护府和北庭都护府，统辖安西四镇

---

① 高昌，即今新疆吐鲁番市，东南有一处阿斯塔那古墓，是古高昌国公墓的遗址所在，其中在出土的东晋时期（424—441）墓葬里发现有众多的入殉葡萄果穗和枝条、葡萄种子、葡萄干等，在墓室内绘有庭院葡萄的壁画。阿斯塔那 382 号古墓出土文献中有任命管理浇葡萄地的官方文件《功营条任行水官文书》曰"功曹书佐汜泰……今引水溉两部葡萄"，反映了当时高昌地区早就已经成规模的种植葡萄，并且有完善的灌溉和保存葡萄方法。阿斯塔那 320 号墓出土《高昌张武顺等葡萄亩数及租酒帐》残件，保留 65 个寺院葡萄园亩数、储酒、酒租等数字。高昌故城遗址中还发现有生产葡萄酒的作坊。"许多唐代遗址里时常发现一种陶制的大缸和大瓮。它们质地坚实，火候较高，壁厚，有的高达 1.5 米以上，分布范围也限在库丰县境内的龟兹古城里，一次就发现大缸 18 个，出土时分 3 排，每排 6 个，排列有序。缸外均有 10 厘米厚的胶泥保护着。"（黄文弼：《新疆考古的发现》，《考古》1959 年第 2 期）

② 刘玉峰：《唐德宗评传》，齐鲁书社 2002 年版，第 161 页。

（龟兹、疏勒、于阗、碎叶）和天山南北，并且按照中原制度建立馆驿烽堠体系①，全方位保障丝绸之路的畅通②。直到天宝十四年（758）安史之乱之前的200多年，国家强有力的军事保障是丝绸之路繁盛最重要的前提条件，正是在这样安定自由的国度里，东、西方民族共同经营的丝绸之路才有健康活跃的生命力，才有可能让西方欣赏到精彩绝伦、叹为观止的东方丝绸，才有可能让东方人品鉴到"醽醁胜兰生，翠涛过玉薤"（唐太宗品魏徵酿葡萄酒赐诗）的葡萄酒。

唐朝开通西域，葡萄酒应该最早出现在边塞一带，军中帐下行功论赏，将领士卒开怀痛饮，首选味美多产的葡萄酒，因此军旅题材中屡屡出现。唐朝最有名的关于葡萄酒的诗莫过于王翰的《凉州词》：

> 葡萄美酒夜光杯，欲饮琵琶马上催。
> 醉卧沙场君莫笑，古来征战几人回？

王翰（687—726），字子羽，唐并州晋阳（今山西太原）人，时任驾部员外郎，远赴西北前线，掌管驾部职务负责战区军需粮草，边塞男儿慷慨激昂，色泽殷红的葡萄美酒斟满在夜光酒杯之中，酒色如血，大漠悲歌，戍边将士豪情悲壮。"壮士饥餐胡虏肉，笑谈渴饮匈奴血"或许是对此最好的注解。

凉州，现今的甘肃武威一带，唐朝之前即以葡萄种植和酿造闻名，也充满了来自中原的文化风格，一如美国汉学家薛爱华所说，"我们知道，凉州就如同旧金山的唐人街一样，这是一座唐朝的胡城，葡萄酒在当时的确被认为是一种能够唤起迷人的联想的，精纯稀有的饮料。甚至在驼路更

---

① 陈春声：《海陆交通与世界文明：7—10世纪丝绸之路上的北庭》，商务印书馆2013年版，第64—73页。

② 程幸超：《中国地方行政制度史》，四川人民出版社1991年版，第149页。

西的敦煌，葡萄酒也是重要庆典上的一种珍贵的附加饮料，这就正如香槟在我们的宴会上一样"①。

高适曾在凉州参军，记载："军中无事，君子饮食宴乐……觞葡萄以递欢。"《全唐诗》卷八二七贯休《塞上曲二首》则更生动地描述边塞情景，"葡萄酒白雕蜡红，苜蓿根甜沙鼠出"。诗人李欣，《唐才子传》称其"性疏简，厌薄世务"，《全唐诗》卷一三二李颀《塞下曲》曰："黄云雁门郡，日暮风沙里。……帐下饮葡萄，平生存心是。"其有名的《古从军行》中更是写道：

胡雁哀鸣夜夜飞，胡儿眼泪双双落。

闻道玉门犹被遮，应将性命逐轻车。

年年战骨埋荒外，空见蒲桃入汉家。

这首《古从军行》写了对边塞军旅生活的矛盾复杂感情，虽借用汉武帝引进葡萄的典故讽刺时事，但依然反映出唐时葡萄在民间的流行与普及。而且，边疆军旅所饮酒不但有酒色如血的红葡萄酒，更有色白兼黄的白葡萄酒，不仅有来自西域的优质葡萄酒，更得内地所产的本土葡萄酒。法国汉学研究学者童丕（Eric Trombert）也曾指出："（盛唐时期）粟特人通常所带的商品是马、皮毛和其他易于携带的贵重物品，而不是葡萄酒。这个时代确实不再需要从如此遥远的地方运酒来：凉州已能生产上乘的葡萄酒。"② 可谓道尽当时葡萄酒流行的社会景象。

① ［美］薛爱华：《撒马尔罕的金桃：唐朝的外来文明》，吴玉贵译，社会科学文献出版社2016年版，第362页。
② ［法］童丕：《中国北方的粟特遗存——山西的葡萄种植业》，《粟特人在中国——历史、考古、语言的新探索》（《法国汉学》第十辑），中华书局2005年版，第211页。

二

粟特人，原是生活在中亚阿姆河和锡尔河中间的泽拉夫珊河流域的古代民族，其故乡就在粟特地区。粟特语（Sogdian）属于伊朗文化系统，是印欧语系印度伊朗语族的东伊朗语。他们属于以撒马尔罕（今乌兹别克斯坦地区）为中心的九个绿洲城邦。由于地形的限制，其生活领域不够集中，历史上虽然建立过城邦，但从来没有建立过统一的政权国家，长期依附于周边强大的政治势力，如波斯的阿契美尼德王朝、希腊亚历山大大帝，以及东方的大唐帝国。[①]

唐朝收复高昌以后，丝绸之路更加通畅，粟特人在这条路上的身影更加活跃，很多粟特人开始定居中原，或从事农业生产，或经营商业酒店。"特别是长安，作为唐朝首都自然而然地成为粟特商人集中的地方，主要是西域粟特来华使臣、质子及跟随突厥投降的部落首领、子弟居住，加上来唐传播佛教、景教、摩尼教的僧徒信士，他们大都定居长安。唐王朝之大都长安成为外国人主要是西域粟特胡人在华最重要的聚集地之一。"[②] 他们与中原其他少数民族一起，逐渐地汉化并融入了中国社会，他们的技艺和文化也汇入中华文化大河之中。其中，粟特人擅长种植葡萄以及酿造葡萄酒的技艺也就自然而然地影响了唐朝葡萄酒文化。

---

① 荣新江：《中古中国与粟特文明》，生活·读书·新知三联书店 2014 年版，第 379 页。
② 向达：《唐代长安与西域文明》，河北教育出版社 2007 年版，第 9 页。

图 1　西安安伽墓围屏

　　早在唐朝以前，粟特人就有定居在中原的聚落，并且在朝中任职，专门管理胡人相关事务。2000 年 5 月，在陕西省西安市北郊未央区出土的安伽墓，是迄今为止中国发现的有关粟特人的最重要墓葬之一。安伽，从姓氏上来看，显然是来自中亚安国（Bukhara）的粟特人，[①] 任北周时期萨保（萨宝，商王兼侨领），即中央政府任命的同州（今陕西渭南）地区的胡人聚落首领。"'粟特聚落'实际上是以粟特人为主的西域胡人聚落，因此，在这些胡人聚落中，我们看到的最常见的日常生活，既有受北方游牧民族影响的狩猎，更多的则是粟特人喜欢的歌舞，还有粟特人所擅长的葡萄种植和酿造葡萄酒。"[②] 其中，墓室里有一个十二栏围屏石榻（见图 1），刻画精美细腻，其中不乏葡萄和葡萄酒的画面，我们可以看到 1000 多年前的

---

　　① 早期入华粟特人后裔及不断移民前来的西域胡人定居后都基本采用汉化的粟特姓氏，如安、康、米、何、史、曹等，逐渐成为中华民族血脉的一部分，并且对中、西文化交流做出了重要贡献。

　　② 荣新江：《丝绸之路上的粟特人与粟特文化》，北京大学出版社 2015 年版，第 237 页。

粟特人生活中与葡萄密切相关的情景，更能看到粟特人对葡萄酒的需要和热爱。

根据敦煌文书（S.367）《沙州伊州地志》云："蒲桃城，南去石城镇四里，康艳典所筑，种蒲桃于此城中，甚美，因号蒲桃城。"唐朝初年，即有粟特康国首领康艳典带领族人从中亚移居于新疆乃至更东地区，广种葡萄，品质甘美，因此称"蒲萄城"。可见，葡萄种植与酿造技艺随着粟特人的内迁而转移。此外，在国内其他出土考古器物中也发现粟特人种植酿造葡萄酒的历史，如在甘肃天水发现的粟特墓围屏和山西太原发现的虞弘墓石椁的图像上，也都有胡人酿酒的反映，从踏踩葡萄到把酿好的酒装到酒瓮中，以及搬运酒坛的情形都有体现。但相比较来说，在西安发现的安伽墓中的围屏图像更能深刻体现葡萄酒从西域到西安逐渐引进、发展乃至融入的过程。

在唐诗里歌颂酒的篇章数不胜数，其中有一种酒器几乎可以说是葡萄酒专用的——"叵罗"在唐诗里屡屡出现，从中我们似乎可以管窥唐时人们宴饮作乐时须用葡萄酒的身影。

例如，唐彦谦《送许户曹》云：

> 垂丝烟倒拖。
> 将军楼船发浩歌，云樯高插天嵯峨。
> 白虹走香倾翠壶，劝饮花前金叵罗。
> 神鳌驾粟升天河，新承雨泽浮恩波。

李白《对酒》曰：

> 葡萄酒，金叵罗，吴姬十五细马驮。
> 青黛画眉红锦靴，道字不正娇唱歌。
> 玳瑁筵中怀里醉，芙蓉帐底奈君何。

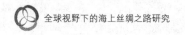

岑参《酒泉太守席上醉后歌》言：

> 琵琶长笛齐相和，羌儿胡雏齐唱歌。
>
> 浑炙犁牛烹野驼，交河美酒金叵罗。

在唐人的诗歌中，叵罗常常和葡萄酒联系在一起，李白和岑参擅饮也擅醉，恐怕与这酒器不无相关。

叵罗译自粟特语 patrōδ，是"碗""杯"之意，多以金银器为材料，这是粟特人随身携带日常使用的一种饮酒器，更准确的是指盛饮葡萄酒的碗，形似我们今日的钵和碗。从容积上计算，叵罗显然比高足杯盛的酒要多，从稳定性上看，它也更坚固实用。据《隋书·曹国传》："国中有得悉神，自西海以东诸国并敬事之，其神有金人焉。金破罗阔丈有五尺。高下相称。每日以驼五头、马十匹、羊一百口祭之，常有千人食之不尽。""破罗"即"叵罗"，蔡鸿生先生称"叵罗"的巨型酒器可以是"大银盆"，"金破罗"在曹国是"丈余阔的酒器"，"此神很可能是火祆教的'星辰雨水之神'"[1]。天水出土的粟特墓围屏图像中就有诸大酒器中两跪拜者之间的椭圆形平底酒器，当即此类祭神用的巨型"叵罗"[2]。粟特人向来以经商著称，"利之所在，无远弗至"，常年在丝绸之路上活跃的粟特人实际上是中古时期中国与西方的贸易担当者。[3] 随着粟特人的内迁，叵罗也渐渐从宗教祭祀用品普及为生活用品，并且随着粟特人融入中原后也影响到人们生活的各个方面，其酒神色彩逐渐淡化，而被中原人们赋予更多实用功能及审美功能，这无疑是丝绸之路带来的各民族之间从物质到文化发展源流

---

① 蔡鸿生：《唐代九姓胡与突厥文化》，中华书局 1998 年版，第 11—14 页。

② 姜伯勤：《天水隋石屏风墓胡人"酒如绳"祆祭画像石图像研究》，《敦煌研究》2003 年第 1 期。

③ 姜伯勤：《敦煌吐鲁番文书与丝绸之路》，文物出版社 1994 年版，第 150—226 页。

的深刻体现。①

除了叵罗，唐代社会生活各方面都能看到以粟特为代表的胡文化，如果说唐朝的葡萄酒像融入中原河流中的支流一样，更有其他丰富多彩的涓涓细流。越来越多的粟特人选择在中原或其他地区定居，形成越来越多的聚集区，并且与官员文人竞相来往，与汉文化相互欣赏与融合。

《唐诗纪事》卷四十六刘言史《王中丞宅夜观舞胡腾》云：

> 石国胡儿人见少，蹲舞樽前急如鸟。
>
> 织成蕃帽虚顶尖，细氎胡衫双袖小。
>
> 手中抛下蒲萄盏，西顾忽思乡路远。
>
> 跳身转毂宝带鸣，弄脚缤纷锦靴软。
>
> 四座无言皆瞪目，横笛琵琶遍头促。
>
> 乱腾新毯雪朱毛，傍拂轻花下红烛。
>
> 酒阑舞罢丝管绝，木槿花西见残月。

唐朝诗人刘言史（约742—813）活跃在唐玄宗天宝年间（742—755），与孟郊友好，经常获邀至节度使中丞王武俊府邸中宴饮。席间观赏胡腾舞，观赏"石国胡儿"的西域舞蹈俨然成为当时贵族社会的娱乐风尚。"蕃帽""胡衫""蒲萄盏"等带有鲜明胡族特色的文化被中原主流阶层欣赏和认同，不但显见粟特文化在中原的流行与接受，同时体现了民族融合下的文化认同与发展。

可以说，西域粟特人为了获取财富有意识的从事经商贸易，然而无意

---

① 有意思的是，叵罗传到内陆之后，广受民间欢迎。老百姓们没有那么多金银器，但聪明的中国人充分利用当地原材料，创造出各种材质的"叵罗"。当然，最易得耐用的依然是竹、藤等，可大可小，可人可物，可盛纳粮食、谷物、食品乃至婴孩，至今在中国大江南北随处可见。现在叵罗的用途虽然已经和粟特人关系很远，但他们的名字亦为叵罗之音，或曰"笸箩"。这个词汇跨越千年，从西方来到东方，衍生出更新的文化内涵且依然有着强大的生命力，但在新的地域依然传承着原来的名字，中西文化的交融在这个词汇里深刻体现，这真是一种非常奇妙的感觉。

识中为中西文化交流做出了重要贡献。通过丝绸之路，他们不仅带来和推广了葡萄和葡萄酒文化，在服饰、舞蹈、音乐、饮食等方面都深刻影响到了中原，如在唐代盛行的胡食中，以胡饼最为流行，胡饼是粟特人的常用食品，慧琳《一切经音义》记载："胡食者，即 biluo、烧饼、胡饼、搭纳等事。"铧锣就是如今抓饭的前身，将大米、羊肉、葡萄干等混炒而成的油焖饭，时至今日，这些饮食在当下依然常见。这样的生活方式、传统技艺连同他们自己都汇入了中华文化的河流之中。

综上所述，"丝绸之路"是一条活的交互性的广泛的道路，贸易物品不仅仅是丝绸，还有包罗葡萄酒在内的各种富含文化的物质。经由不同时代的不同丝绸之路①，这些物质深入各国家、各地区、各民族的社会生活乃至文化传统，形成和传承了各种各样的物质文化。丝绸之路的兴衰历史总是随着国家的动荡起伏，丝绸之路上的外来之物的客观形体可能会很快消失，但它们在不同时代里在"人们头脑中的印象，对于人们思想观念的影响，却会通过诗歌、小说、绘画以及各种各样的仪式等媒介的作用而长久地留存下来，从而影响接受这些物品的民族当时的或后世的社会生活和文化，并最终成为这些民族本土文化的一个有机的组成部分"②。

参考文献

[1]（汉）司马迁：《史记》，新世界出版社 2009 年版。

[2]（宋）欧阳修：《新唐书》，现代教育出版社 2011 年版。

[3]（宋）李昉：《太平御览》，上海古籍出版社 2008 年版。

[4]（清）彭定求：《全唐诗》，中州古籍出版社 2008 年版。

---

① 荣新江：《丝绸之路与东西文化交流》，北京大学出版社 2015 年版，前言第 1 页。
② ［美］薛爱华著：《撒马尔罕的金桃：唐朝的外来文明》，吴玉贵译，社会科学文献出版社 2016 年版，第 7 页。

[5]（宋）计有功：《唐诗纪事》，上海古籍出版社2008年版。

[6] 王赛时：《唐代饮食》，齐鲁书社2003年版。

[7] 刘玉峰：《唐德宗评传》，齐鲁书社2002年版。

[8] 荣新江：《中古中国与粟特文明》，生活·读书·新知三联书店2014年版。

[9] 向达：《唐代长安与西域文明》，河北教育出版社2007年版。

[10]［美］Valerie Hansen：《丝绸之路新史》，张湛译，北京联合出版公司2015年版。

[11]［美］薛爱华（Edward Hetzel Schafer）：《撒马尔罕的金桃：唐代舶来品研究》，吴玉贵译，社会科学文献出版社2016年版。

[12] 荣新江、华澜、张志清：《粟特人在中国——历史、考古、语言的新探索》（《法国汉学》第十辑），中华书局2005年版。

[13]［英］吴芳思：《丝绸之路2000年》，赵学工译，上海辞书出版社2016年版。

[14]［法］莫尼克·玛雅尔：《古代高昌王国物质文明史》，耿昇译，中华书局1995年版。

[15] 程幸超：《中国地方行政制度史》，四川人民出版社1991年版。

[16] 吕思勉：《隋唐五代史·中》，北京联合出版公司2014年版。

[17] 蔡鸿生：《唐代九姓胡与突厥文化》，中华书局，1998年版。

[18] 姜伯勤：《天水隋石屏风墓胡人"酒如绳"袄祭画像石图像研究》，《敦煌研究》2003年第1期。

[19] 李正平：《中国酒与传统文化》，时事出版社2007年版。

[20] 苏振兴：《论古代中西交流中的葡萄文化》，《燕山大学学报》2005年第2期。

试论"社区型生态博物馆"在"海丝"文化遗产保护与传承中的可行性

黄晖菲

（中国闽台缘博物馆研究部）

摘　要：海上丝绸之路遗留着诸多文化遗产，如何更好地保护和传承它们，是摆在今人面前的一个重要课题。"海丝"文化遗产既有物质文化内容，亦有非物质的文化内容，需要我们通过活态的方式来保护和传承。生态博物馆与社区博物馆作为新的博物馆类型，为当今的自然、文化遗产保护和传承提供了更多样的可能。社区型生态博物馆可以弥补传统类型博物馆对动态"海丝"文化遗产展示的缺失，达到动态与静态结合、物质与非物质并列的展示效果。

关键词：海上丝绸之路；文化遗产；社区型博物馆；生态型博物馆

2013 年 10 月，习近平总书记在访问印度尼西亚时提出了建设 "21 世纪海上丝绸之路"的构想。这是党和国家领导人在新的历史时期，面对复杂多变的国际形势，以宽阔的全球视野提出的新战略构想，同时赋予了古老的海上丝绸之路以新的意义与生命。"21 世纪海上丝绸之路"的构想源于古代海上丝绸之路，海上丝绸之路自秦汉时期开通以来，从最初的运输中国古代出产的丝绸、瓷器等商品，成为后来东西方间在经济、政治、文化等多方面进行交流的主要道路。至今，在这条古老的历史路上仍遗留着诸多"海丝"文化遗产，如何更好地保护和传承它们，亦是摆在今人面前的一个重要课题。

"21世纪海上丝绸之路"构想的提出，为更加全面深入地研究海上丝绸之路提供了强劲的动力，各相关省市也在积极为如何更好地保护和传承"海丝"文化做着努力。截至2015年，已有泉州、福州、北海、广州、漳州、宁波、南京、扬州、蓬莱在内的9个城市相继联手加入"海上丝绸之路"申遗行列，在2016年申报世界文化遗产，将成为继陆上丝绸之路、大运河后，我国又一重大的申遗项目。①

目前，我国"海丝"文化的传承与保护，主要依靠传统的博物馆展示和各级非遗文化的申请来进行，各地的"海丝"博物馆建设方兴未艾，以保护遗迹，展示文物为主要形式，但笔者留意到，在传统的博物馆展示方式下，尚有诸多的"海丝"文化遗产未能被很好地保护并被传承。作为一种活态的文化形式，"海丝"文化的保护与传承尚有很多模式可探寻，笔者拟就其展开一些分析和探讨。

一 "海丝"文化遗产主要保护现状

"海上丝绸之路"作为历史上沟通东西方物质文明和精神文明的海上通道，其遗留于世的物质和精神文明需要我们更好地保护和传承。探讨"海丝"文化遗产的存在形式及其特点，就应先了解"文化"具体内涵。长期以来，人们习惯于用"文化"一词概括社会与自然活动的各项

---

① 浙江日报：《海上丝绸之路申遗》2015年3月17日；新华网，http：//news. xinhuanet. com/local/2015 - 03/17/c_ 127587194. htm。

内容，但实际其内涵与外延差异甚大。仅其文化结构，就有物质文化与精神文化两分说，物质、制度、精神三层次说，物质、制度、风俗习惯、思想与价值四层次说，物质、社会关系、精神、艺术、语言符号、风俗习惯六大子系统说，等等。① 不论何种分解方式，文化的涵盖内容，不仅包括物质基础，还包括思想、艺术、风俗习惯等非物质内容。因此，对于"海丝"文化遗产的理解，就不能仅仅停留在历史文物的层面上，与历史景观相匹配的文化遗产更应引起我们的重视。具体而言，"海丝"文化遗产可大概分为以下三大类。

（一）不可移动文物

不可移动文物，顾名思义是指通常情况下，不可以移动其地理位置的文物。不可移动文物一方面是指其物体本身一般不可以移动；另一方面是指它与其周围环境共同形成的历史风貌不可分离。②

笔者在开篇介绍，截至 2015 年，已有泉州、福州、北海、广州、漳州、宁波、南京、扬州、蓬莱在内的 9 个城市相继联手加入"海上丝绸之路"申遗行列，准备在 2016 年申报世界文化遗产，目前各个城市已陆续选定申遗点，均以不可移动的文物点为主。几个城市拟定的世遗申请点分别为：

泉州：万寿塔（石狮宝盖山）、六胜塔（石狮市蚶江镇石湖村）、石湖码头（石狮市石湖）、美山码头、文兴码头（沿海大通道）、九日山祈风石刻（南安丰州）、真武庙（泉州市区通港西街）、天后宫（泉州市区天后路）、磁灶窑系金交椅山窑址（晋江市磁灶镇）、开元寺（泉州市区西街）、伊斯兰

---

① 张岱年、方克立：《中国文化概论》，北京师范大学出版社 2004 年版，第 3 页。
② 尤宾：《凝固的历史，永恒的遗存——解读全国重点文物保护单位中的铁路文化遗产》，中国铁道出版社 2014 年版，第 15 页。

教三贤四贤墓（泉州市区圣墓）、清净寺（泉州市区涂门街）、草庵摩尼光佛造像（晋江市罗山街道）、德济门遗址（天后宫前）、洛阳桥（洛阳江、台商区）、泉州市舶司遗址（泉州市区水门巷）、来远驿遗址（泉州市区聚宝街车桥头）、清白源井（泉州市区状元街和东街附近）。①

广州：南越国宫署遗址、南越王墓、光孝寺、怀圣寺光塔、清真先贤古墓、南海神庙及码头遗址6处史迹。②

宁波：永丰库遗址、渔浦门码头遗址、保国寺、天童寺、阿育王寺、庆安会馆、天一阁。

扬州：普哈丁墓园、仙鹤寺、大明寺及鉴真纪念堂、扬州城遗址、文峰塔鉴真东渡遗存、江都波斯庄白塔河及其支流波斯河历史河道、高邮菱塘古清真寺。③

北海：合浦汉墓群、大浪汉城址、草鞋村汉城址。④

漳州：龙海月港遗址（豆巷古街、临江古街）、平和南胜窑遗址、华安东溪窑遗址。⑤

福州：鼓楼区的恩赐琅邪郡王德政碑（闽王祠），马尾区的迥龙桥、东岐码头，仓山区的怀安窑址及古码头，长乐市的登文道码头、圣寿宝塔及天妃灵应之记碑。⑥

---

① 陈丽娟、黄谨：《泉州海丝申遗考察点调整为18个将专项保护》，2014年5月22日，《海峡都市报》（http://fj.qq.com/a/20140522/035419.htm#p=1）。

② 叶前、吴雨：《广州推动"海丝"申遗6处史迹入选预备名单》，2014年5月17日，新华网（http://news.xinhuanet.com/politics/2014-05/17/c_1110733890.htm）。

③ 王蓉：《中国"海丝"申遗，扬州拟提交7个遗产点》，2015年7月6日，《扬州时报》（http://www.yznews.com.cn/yzsbs/html/2015-07/16/content_705839.htm）。

④ 伍策、李凤森：《广西北海推进海上丝绸之路申遗4个申遗点立项》，2015年5月15日，中国网（http://www.china.com.cn/travel/txt/2015-05/15/content_35578910.htm）。

⑤ 林晓琪：《漳州"海丝申遗"确定3处16点》，2012年5月24日，（http://www.wuyishan.gov.cn/Articles/20120524/20120524081016640.html）。

⑥ 李熙慧：《福州"海丝"申遗点文物将修缮》，2012年5月30日，人民网（http://news.163.com/12/0530/09/82OAGU2600014JB6.html）。

南京：六朝都城遗址、道场寺遗址、明代都城遗址、静海寺、天妃宫、龙江宝船厂遗址、郑和墓地、浡泥国王墓、净觉寺、郑和府邸旧址、洪保墓、大报恩寺遗址。[①]

蓬莱：蓬莱水城、蓬莱阁（天后宫、龙王庙）

（二）可移动文物

根据《大百科全书·文物博物馆卷》（中国大百科全书出版社 2004年版），文物是指人类社会活动中遗留下来的具有历史、艺术、科学价值的遗物和遗迹。可移动文物与不可移动文物作为文物系统对应的两大类，主要是从管理的角度出发，可移动文物指可以进行移动收藏的文物。

海上丝绸之路的文物多、门类细、涵盖面广，有丝绸、陶器、瓷器、铜器、印章、香料、玻璃器、钱币、船模等，由于可移动文物具有可移动、方便展示的优点，因此对于"海丝"文化可移动文物的收集和展示，各地前期已做了很多的工作。2013 年，由福建博物院牵头，联合沿海江苏、浙江、福建、山东、广东、广西和海南 7 个省的 45 家博物馆打造的"丝路帆远——海上丝绸之路文物精品七省联展"正式开展，被称为国内"海丝"文物规模最大的一次巡回展览。2014 年，广州、宁波、福州、扬州、蓬莱、北海、南京、漳州、泉州等 9 个城市联合举办了"跨越海洋——中国'海上丝绸之路'九城市文化遗产精品联展"。这两次联展有着规模大、文物多、层次高的特点，9 座联合申遗城市，各自拿出足以展现其"海丝文明"的 500 多件精品文物集中亮相，全面展示了我国海上丝绸之路的形成、发展、繁荣和转型的过程。

---

① 佚名：《9 个城市海上丝绸之路申遗　南京现存 12 个遗迹点》，2015 年 3 月 24 日，人民网（http://jiangsu.china.com.cn/html/jsnews/around/1281711_ 2. html）。

（三）非物质文化遗产

所谓非物质文化遗产，联合国教科文组织《保护非物质文化遗产公约》定义为"被各群体、团体、有时为个人视为其文化遗产的各种实践、表演、表现形式、知识和技能及其有关的工具、实物、工艺品和文化场所"，并列举了五个方面：一是口头传统和表述，包括作为非物质文化遗产媒介的语言；二是表演艺术；三是社会风俗、礼仪、节庆；四是有关自然界和宇宙的知识和实践；五是传统的手工艺技能。

国务院办公厅印发的《关于加强我国非物质文化遗产保护工作的意见》中将非物质文化遗产定义为：各民族人民世代相承的、与群众生活密切相关的各种传统文化表现形式（如民俗活动、表演艺术、传统知识和技能以及与之相关的器具、实物、手工制品等）和文化空间。国内学者对定义的讨论还有各种不同的意见。定义的分歧主要源于非物质文化遗产意欲包含的对象范围的不确定性和复杂性。因此，笔者在此将"民俗活动与民间信仰"也一并归纳于此。古代海上丝绸之路沿线的人民，一方面受到海上贸易带来的社会、经济、生活形态、宗教信仰等方面的影响；另外一方面他们的行为模式与生活形态也对"海丝之路"产生了重要的影响，从而产生了大量独特的非物质文化遗产。① 以泉州为例，截至 2016 年，已有世界级非物质文化遗产 1 项，国家级非物质文化遗产 31 项，省级非物质文化遗产 76 项，市级非物质文化遗产 213 项，县级非物质文化遗产 324 项。其中的水密隔舱海船制造技艺、福船制造技艺、古船模制作技艺、泉州蚵壳厝营造技艺、洛阳桥传说、姑嫂塔传说、蔡襄与洛阳桥的传说、九日山祈风仪式、妈祖信俗、通远王信俗、惠安女服饰、蟳埔女习俗、沙格龙舟

---

① 文化部民族民间文艺发展中心：《中国非物质文化遗产保护研究》（2005·苏州）上册，北京师范大学出版社 2007 年版，第 228 页。

赛、渔网具制作技艺、山腰海盐晒制技艺等数十项非遗文化遗产都与"海丝之路"息息相关。

二　新博物馆类型的探讨

关于新博物馆，本文主要探讨生态博物馆和社区博物馆两种，下面分别予以论述。

（一）生态博物馆

生态博物馆在我国的起步和发展较晚，作为一种创新的博物馆类型，自 20 世纪 70 年代诞生以来获得了迅速的发展。生态博物馆强调生态与博物馆的结合，"力图以保护、创新和可持续利用自然环境和文化遗产的方式，将当地的自然环境、文化遗产和民众的生产生活方式一体化、整体地展示给外来参观者"[①]。概括而言，"生态博物馆是在一个特定的地域内，在相对独立的社区群体中，仍然保持和延续着包括建筑、语言、服饰、饮食、工艺、知识、信仰、道德、法律、风俗以及生活能力在内的比较完整的文化形态"[②]。生态博物馆与传统博物馆有着较大的区别，笔者大致概括如表 1 所示。

表 1　　　　　　　　**传统博物馆与生态博物馆的区别**

	传统博物馆	生态博物馆
展示方式	静态展示	动态与静态相结合
展示内容	文物为主	社区环境、建筑、民俗文化、宗教信仰等

---

① 单霁翔：《从"馆舍天地"走向"大千世界"——关于广义博物馆的思考》，天津大学出版社 2011 年版，第 299 页。
② 同上书，第 308 页。

续 表

	传统博物馆	生态博物馆
展示作用	较为单一的文物信息	相对完整的文化信息
展示目的	系统性的文物知识	文化的保护与传承
保护对象	文物	完整的自然、文化空间

表 1 中,笔者对传统博物馆与生态博物馆的区别进行了简单的概括,生态博物馆被称为"一个没有围墙的博物馆"①,作为一个特定的文化社区,是当代社会对传统文化保护和传承的需求和呼唤,具有空间和时间两者架构相互结合的特点,其展示形式更为多样化。自从 1986 年开始引入生态博物馆概念,到如今,我国已经建成了 10 余座生态博物馆。虽然数量上有着一定的发展,但国内很多学者也都提出了担忧和质疑:随着生态博物馆的建设和发展,诸多的不足和弊端也在逐渐显示出来。我国的生态博物馆格外关注人类学资源丰富和民族、民间、民俗文化独特的少数民族地区。譬如,我国生态博物馆的实践首先选择的是西南地区的贵州,该地区少数民族众多,民族文化保存较为完好,具备良好的生态博物馆基础。这就使得我国的生态博物馆具有双重性:一方面是珍贵的、原生态的、独特且保存完整的传统文化;另一方面,由于封闭与经济落后,这些生态博物馆地区的物质生活条件较差,处于贫困的状况。在这样的社区中建立生态博物馆,要面临保护文化遗产与解决当地贫困问题并存的问题。因此,当经济发展需求一旦渗入文化遗产保护时,其文化遗产保护的方向就有可能出现偏差,甚至出现一些民族地区

---

① 单霁翔:《从"馆舍天地"走向"大千世界"——关于广义博物馆的思考》,天津大学出版社 2011 年版,第 315 页。

是将生态博物馆作为一种民族文化旅游开发发展模式，与生态博物馆的建设初衷南辕北辙，在无形中破坏了当地的文化遗产而不自知。对此，方李莉等学者都曾撰文进行过论述，此不赘述。

（二）社区博物馆

若说生态博物馆是生态学与博物馆学交叉形成的新型博物馆，那么社区博物馆则是社会学与博物馆学交叉而形成的博物馆类型。对于社区的定义有多种多样，国内大部分学者采用的是 F. 滕尼斯提出的社区理论。F. 滕尼斯认为，社区是基于亲族血缘关系而结成的社会联合，这与我国以宗族血缘关系为基础的传统社区结构是较为契合的。而社区文化，则是社区内的历史传统、风俗习惯、宗教信仰、道德规范、行为模式等，与生态博物馆追求保护文化遗产的可持续发展不同的是，社区博物馆是现代化社会对于传统博物馆反思的产物。随着城市的工业化的发展，传统的社区开始逐渐瓦解，人口流动性增强，原有的社区文化不断消失，随之出现一系列的社会问题。因此，呼吁社区文化的回归，博物馆走入社区开始成为需求，提倡博物馆应成为其所在社区的知识中心和文化中心。1967 年，美国华盛顿特区的黑人聚居区成立了世界上第一座社区博物馆——安纳考斯提亚社区博物馆（Anacostia Neighborhood Museum）。作为史密森学会与安纳考斯提亚社区之间的中介，该博物馆其的主要功能就是为社区居民提供一个学习的场所，以解决社区中的五大社会问题居住、失业、教育、吸毒和犯罪。[1] 同时，恢复和保护因人口迁移业已丢失的共同的历史文化传统和集体记忆，增强社区居民与社区的联系，以及

---

[1] 张誉腾：《生态博物馆——一个文化运动的兴起》，台北五观艺术管理有限公司 2004 年版，第 135 页。

对社区的归属感和认同感。①

社区博物馆与生态博物馆具有一些共性,同时存在一些区别,如表2所示。

表2   社区博物馆与生态博物馆的对比

	社区博物馆	生态博物馆
展示内容	社区环境、社区人文	自然、文化遗产
展示群体	社区居民为主	外来参观者为主
展示目的	传承社会文化遗产、增强社区归属感	保护和传承自然、社会遗产
展示方式	动态、静态结合	动态、静态结合
保护对象	完整的文化空间	完整的自然、文化空间

华人社会较为典型的社区博物馆应是新加坡的唐人街——牛车水,既有仿闽南和广东风格的传统建筑,又保留着中华民族的传统节日习俗,形成了一个独特的移民社区文化。我国的社区博物馆尚处起步阶段,大部分以社区为主体举办一些展览活动,北京的胡同和传统街区改造和保护,可以说是我国社区博物馆建设的案例之一,亦是我国在经济飞速发展的今天,对传统文化保护的一种呼吁和行动。

三 社区型生态博物馆

上文中笔者简要概括了"海丝"文化遗产的主要内容和具体表现形式。回顾近几年我国的相关文化保护工作,主要体现在对可移动文物的收

---

① 吕建昌、严啸:《新博物馆学运动的姊妹馆——生态博物馆与社区博物馆辨析》,《东南文化》2013年第1期,第114页。

集和展示及不可移动文物的保护上，非物质文化的保护则有独成体系的趋势。这种情况的出现，主要在于物质文化与非物质文化的根本特性，物质文化具有可见性、可控性、便于展示等特点，亦因此成为博物馆展示的主要内容，但在"海丝"文化遗产内容的列举过程中，我们可以看到"海丝"文化呈现的是动态与静态结合、物质与非物质并列的存在。传统博物馆固态的展示，一方面剥离了文物的形成空间和背景，另一方面也是对动态"海丝"文化遗产展示的缺失。

生态博物馆的模式对于物质与非物质文化遗产存留丰富的地区而言，是值得考虑的一种文化保护与传承模式。但由于其在国内的选择模式一般以较为落后的少数民族地区为主，因此经济相对较为发达的沿海地区而言，其具体模式应结合沿海地区的主要情况进行分析。而社区博物馆是面向现代社会的新型博物馆，主要针对的是现代化社会的社区，考虑到沿海城市社区的特点，与传统的生态博物馆保护对象有一定区别，能否将社区博物馆的"社区"定义与生态博物馆的"生态展示"理念相结合，从而形成"社区型的生态博物馆"？即在"海丝"文化遗产丰富的社区内，通过设立社区型生态博物馆，将"海丝"遗址、文物与社区内居民的生活形态相结合，让参观者在走入社区的时候，主动接受丰富的、富有层次性的"海丝"文化信息。以泉州的蟳埔社区为例，该地区具有丰富的"海丝"文化遗产，既有不可移动文物美山码头遗址、文兴码头遗址、传统的蚵壳古厝等，又有非常独特的蟳埔女习俗、妈祖信俗、玄天上帝信俗等非物质文化遗产，形成了一个整体的"海丝"文化遗产缩影。因此，若要较为全面地呈现该地区（地域）的文化遗产样貌，应打破传统博物馆的展示方式，走入社区、开放社区，用动静结合的方式来进行展示，让参观者行走在社区中，犹如行走在动态的"海丝"文化走廊中，从而更加全面地感受到"海丝"文化遗产的巨大魅力。

四 结语

生态博物馆与社区博物馆作为新的博物馆类型,为当今的自然、文化遗产保护和传承提供了更多样的可能。"海丝"文化遗产既有物质文化内容,亦有非物质的文化内容,需要我们通过活态的角度来保护和传承。在各种"海丝"文物展览蓬勃举办、加强"海丝"遗址保护的同时,如何活化传统的"海丝"文化,将"海丝"文物、遗址与宗教信仰、民俗活动、生活习惯等相结合,架构成立体的空间与时间展示,与生态博物馆和社区博物馆的宗旨不谋而合。以上,是笔者不成熟的一点思考,由于撰写时间较为紧迫,文章尚有很多不足之处,观点粗浅,就教于方家。

论明代漳州月港海外贸易对台湾开发的影响及其在"海丝"建设中的作用

江智猛

（中共龙海市委党校）

摘　要："海上丝绸之路"是古代中国走向海洋、走向世界的一条重要通道。15—16 世纪是人类社会由大陆向海洋拓展的重大转折时期，哥伦布发现了美洲新大陆揭开了世界航海史和地理的新序幕。此时，由于明朝初期实行的"海禁"政策，漳州月港地处特殊的地理条位置①，快速兴起，一跃发展成为中国东南最重要的对外贸易港口，也是唯一合法的民间海外贸易港口。月港贸易繁荣促进台湾地区开发与进步，对台湾人口迁徙、土地开发、农业生产、经济贸易、文化习俗、航海运输等诸多方面影响巨大，真实记录两岸同胞血脉相连的历史。如今，"一带一路"战略构想的提出，尤其是"21 世纪海上丝绸之路"，给中外海洋合作与经贸交流开启了伟大历史机遇。中国大陆与台湾地区共建"21 世纪海上丝绸之路"将为漳台两地交流合作提供新的动力，注入新的活力。

关键词：月港；对台贸易；"海丝"建设；影响

---

① （明）张燮：《东西洋考》，明万历年间（1573—1619）刻本（漳州市图书馆藏），第 170 页。

"海上丝绸之路"作为中国古代对外贸易和文化交往的重要通道,① 在秦汉时代就已经出现,发展于三国至隋代,繁盛于唐宋,转变于明清。近年来,由于经济全球化的不断发展,中国迅猛崛起。在世情和国情的巨变下,机遇与挑战并存,中国新一代领导人,准确把握国际形势和环境变化特点,科学地判断时代潮流的发展大势,以战略的高度和前瞻的视野适应国际因素的变化,提出了"一带一路"的伟大战略构想(见图1),传达中国的和平理念和共享思想,表达了中国和参与各国通过共建合作,分享发展成果的强烈愿望,肩负着实现中华民族伟大复兴的历史使命。特别是"21 世纪海上丝

图1 一带一路"示意图

---

① 唐国忠主编:《海峡两岸经济区读本》,福建人民出版社 2009 年版,第 8 页。

绸之路"① 已成为国家在邻国外交、多边合作、能源外交等各个政治、经济、外交政策的综合体现，为开展海上和平外交、解决南海争端提供了新途径。福建地处我国东南沿海、北接长三角、南连珠三角、东面与台湾隔海相望，是我国大陆重要的出海口之一，同时也是中国与世界交往的重要窗口之一。福建境内三面环山，在内陆交通不发达的古代，福建人民充分利用了海岸线长、良港众多等地理优势，积极开展对外贸易，在 2000 多年的"海丝"链条中一直扮演着极其重要的角色。其中，汉唐时期的福州甘棠港、宋元时期的泉州后渚港、明代的漳州月港（今龙海市境内）以及清朝的厦门港并称为福建古代"四大商港"②，它们在不同时期对"海丝"发挥了重要作用。其中，由于明朝初期实行的"海禁"政策③，漳州月港地处特殊的地理条件阴差阳错出现，且快速兴起，一跃发展成为中国东南最重要的对外贸易港口，也是唯一合法的民间海外贸易港口，对"海上丝绸之路"的开辟和繁荣产生深刻影响与重要贡献。月港海外贸易兴起开辟了到亚洲、非洲许多国家和地区的贸易航线，将中国商品贸易经福建扩大至拉丁美洲和欧洲，促进我国人民和东南亚以及欧美国家人民的贸易往来，是世界大帆船航海史上最长的海外贸易航线，首度参与国际贸易竞争，首创民间海外贸易先河。台湾与大陆仅一水之隔，独特的地理区位和人文特点，"五缘"构成了台湾与大陆"合作共赢"，共同具有的经济优势、地缘优势、文化优势和观念优势。明朝中后期漳州月港的兴盛，大批闽南人从月港出发前往台湾贸易并定居，为早期台湾大规模开发提供人力、物力、财力支持和保障，成为大陆经济文化向台湾传播的重要通道。④ 如今，"一带一路"战略构想的提出⑤，包含着传承

---

① 刘赐贵：《发展海洋合作伙伴关系》，《国际问题研究》2014 年第 4 期，第 103 页。
② 李金明：《漳州港》，福建人民出版社 2009 年版，第 157 页。
③ 乾隆《海澄县志》卷七《兵防》注文，第 85 页。
④ ［日］东嘉生：《台湾经济史研究》，东都书籍株式会社台北支店 1944 年版，第 132 页。
⑤ 胡鞍钢：《丝绸之路经济带：战略内涵》，《新疆师范大学学报》2014 年第 2 期。

历史遗产、开展文明互鉴、实现经贸合作、创新世界秩序等多方面内容。尤其是"21世纪海上丝绸之路",给中外海洋合作与经贸交流开启了伟大历史机遇。大陆与台湾地区共建"21世纪海上丝绸之路"将唤起两岸同胞对历史的共同记忆,促进两岸同胞心灵契合,彰显中华民族血脉,共创两岸同胞共有的精神家园的伟大工程,必将载入华夏文明史册。

一 月港海外贸易深刻影响台湾社会

月港,亦名月泉港,从海澄港口沿南港顺流往东直至海门岛外的"外通海潮,内接山涧"的一段港道,"因一水中堑环绕如偃月",故名月港①。这里地处九龙江下游江海会合处,"环临漳而为邑,唯澄最近海",因"其地滨海,潮汐吐纳"而被称为"大海门户",是漳州平原的出海口,海上交通便利(见图2)。商舶由月港发舶,一潮可抵中左所(今厦门),商船常于此略作修整,"候风开驾",至浯洲屿(今金门)担

图2 今日月港

---

① (明)张燮:《东西洋考》卷九,明万历年间(1573—1619)刻本(漳州图书馆藏),第182页。

门后即分路驶向日本、琉球、台湾和东洋的菲律宾、越南印尼的加里曼丹及西洋的泰国、柬埔寨、印尼的爪哇，苏门答腊等国家和地区（见图3）。被称为"海国"的月港地区，"海滨一带，田尽斥卤"，《海澄县志》

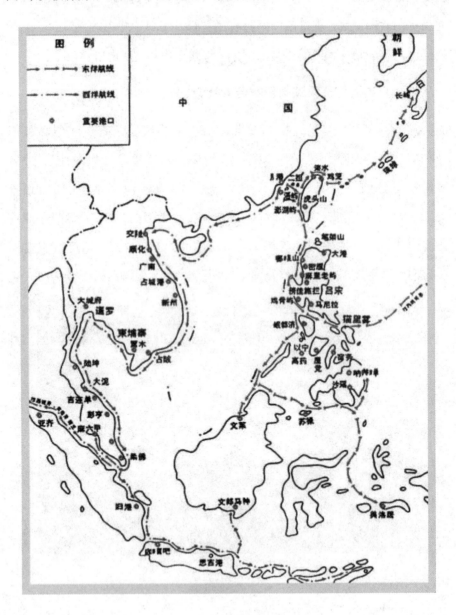

图3　明代月港东西洋航线、主要港口示意图

记载了当时土地贫瘠狭小与农作不兴的历史状况,"闽土素称下下,而澄又实逼海口,平野可耕者十之二三而已"①。可耕面积的狭小加上土地兼并激烈,使"耕者无可望岁,只有视渊若陵,久成习惯""以舟为田"。为了获得衣食之给,当地人民向大海发展,"视波涛为阡陌,倚帆樯为末耜""多逐末利以为生""走洋如适市,朝夕皆海供"。当地居民皆踊跃从事海外贸易,对外贸易促进了这一地区社会经济的发展,使原来农作、渔业的自然经济向"农贾参半"直至"货贝聚集""货物通行旅,资财聚富商"的商品经济发展。到了明朝成化弘治年间(1465—1505),"每岁孟夏以后,大舶数百艘,乘风挂帆,蔽大洋而下,而台、漳海贾往往相追逐"。此时的月港发展成为"方物之珍,家贮户藏,而东连日本,西接暹球,南通佛郎、彭亨诸国,其民无不曳绣蹑珠"的地方,被誉为"小苏杭""闽南一大都会"②。盛时的漳州月港,通商47个国家,当时月港拥有18条往东、西洋的航线,由月港出航的海外贸易船已达137艘。至隆庆元年(1567),朝廷承认月港的合法地位后,(设立海澄县,仍属漳州府,1960年与龙溪县合并,改名龙海县,1993年撤县设市,仍由漳州市管理)月港成为"海上丝绸之路"的重要港口,商民通过月港将丝绸、陶瓷、茶叶、书籍等远销海外,同时输入白银、象牙、香料、宝石等物品,继续与外国进行经济、文化方面的交流。漳州月港也因此取代泉州港,成为福建对外通商的主要港口,是中国东南沿海对外交通贸易中心和当时从中国经吕宋马尼拉至美洲墨西哥阿卡普尔科的"海上丝绸之路"的主要启航港,开创了世界航海史上的壮举,将中外贸易推向了新的阶段,被称为中国的"大航海时代"③。

---

① (明)《海澄县志》,明崇祯(1628—1644)刻本(漳州市档案馆藏),第78—81页。

② (明)张燮:《东西洋考》卷七《饷税考》,清刻本,第98页。

③ 参见〔日〕松浦章《东亚海域与台湾的海盗》,卞凤奎译,(台北)博扬文化事业有限公司2008年版。

（一）月港贸易促进台湾经济的发展繁荣

商品的发展是月港兴起繁荣的主要原因，从月港输入的货物在国内流通交易，国内商品也经月港出口逐渐开辟国外市场。据《东西洋考》载，输入的外国货物多达 140 种，除传统的香料、珍宝外，大部分是农产品、手工业产品和手工原料。出口的货物也达到 116 种，大都为农业和手工业产品，《明实录》有"闽人通番，皆自月港出"之说①。商品贸易输入与输出发达，带动了闽南地区经济发展，使月港也成为明王朝的"天子南库"，是当时世界最繁忙的港口。

台湾是我国第一大岛屿，与漳州遥相对应，漳州月港更与台湾仅一水之隔。月港兴起期间，台湾便成为月港海外贸易的最直接中转站和交通枢纽。当时，月港与台湾的基隆、淡水、台南、高雄等地的商品贸易异常频繁（见图4）。从月港贩往台湾的贸易商品有玛瑙、瓷器、布、盐、铜簪、环等生活日用品，也有铅、硝等用于生产方面的物资；台湾的鹿脯、鹿皮、砂金，还有一些高山族人民制作的工艺品也通过月港输入销往大陆。月港与台湾之间的交通贸易促进了海上运输业的繁荣发展，出现了专营海上交通运营机构——船头行，主要负责货物的购、销、储、运等业务，路线大部分在"月港—澎湖—台湾"之间来回、进出②。运载出口货物有纸箔（花金）、杉木、红料（砖瓦）、陶器（大缸）、瓷器等，载回货物有白糖、糖水、樟脑、面粉、生油等。据老行业者回忆，明清时期，在月港设立督饷馆收取海关税银，海澄、石码、角美等地与台湾的航运贸易十分发达。许多"船头行"相继开设，如连生经营的五美行、曾开福经营的裕孚

---

① 李国祥、杨昶编：《明实录类纂·福建台湾卷·海禁》，武汉出版社 1993 年版，第 515—516 页。

② 尹章义：《台湾近代史论》，台北《自立晚报》1986 年 9 月，第 56 页。

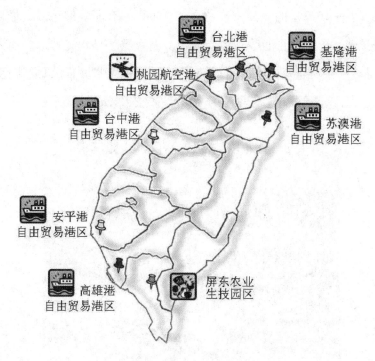

图4　今日台港诸港

行、曾连生经营的义记行、陈茂坤经营的义发行、张义经营的协泉行等，竞相招揽生意，专营介绍船号，办理托运业务，甚且兼作货栈，自造船只。当时行驶台湾载重50—70吨的大木帆船达100多艘[①]，运载出港的货物有花金（纸箔）、金箔（家具漆饰）、杉木、箴器、红料、陶瓷、破缸片（作铺盐埕用）和广东香云纱等，仅花金每年就达2000吨左右。同时从台湾载回的货物主要有白糖、糖水、樟脑、楠木、生油、面粉、玻璃矸、电石、洋灰等。明万历二十一年（1593）福建巡抚许孚远在《疏通海禁疏》称："臣又访得同安、海澄、龙溪、漳浦、诏安等处奸徒，每年于四五月间，告给文引，驾驶乌船，称往福宁载铁、北港捕鱼，及贩鸡笼、淡水者，往往私装铅、硝等货，潜去倭国，徂秋及冬或来春方回。"明代莆田

———————

①　［日］东嘉生：《台湾经济史研究》，东都书籍株式会社台北支店1944年版，第82页。

人姚旅（？—1622）的《露书》称，"鹿筋、乌鱼子、鳗鱼胏，最佳味，而海澄最多，皆来自北港番。北港番者，去海澄七日程。其地广而人稀，饶鹿与鱼。"在荷兰人占据台南期间所写的《热兰遮城日志》（见图5），

图 5 《热兰遮城日志》中译本封面

也详细地记载了自明崇祯二年至清顺治十二年（1629—1655）期间荷兰人到月港一带武装走私贸易、抢劫中国船只，以及明廷官员后来批准中国商人从海澄月港等地到台南大员港贸易的发展过程。到万历三十年（1602）时，文学家，曾任游击将军的连江人陈第随福建都司沈有容①（曾三入东

———————————

① 沈有容，明万历七年（1579）武举人，安徽宣城洪林镇人氏，明代镇海卫把总，后迁为福建都司，协助戚继光抗倭，是平倭收台的杰出将领。

番奸倭驱荷）到达台湾时，目睹了这种贸易之盛况，作《东番记》记述道："东番（台湾）人居山后，始通中国，今则日盛，漳之惠民、充龙、烈屿诸澳，往往译其语，与贸易，以玛瑙、瓷器、布、盐、铜、环之类，易其鹿脯皮角，间遗之故衣。喜藏之，或见华人一着，旋复脱去，得布亦藏之。"① 可见漳州汉人与台湾高山族关系密切，不仅通晓高山族语言，而且有多种货物交易。"今则日盛"说明万历年间两岸贸易盛况空前。此外，万历二十五年（1598）十一月，福建巡抚金学曾等在条议引数时认为："东西洋引及鸡笼、淡水、占城、高址州等处，共引一百十七张，请再增二十张，发该道收贮；引内国道东西，听各商填注，毋容猾贾高下其手。"而且，台湾重要港口大都与漳州有贸易往来，如基隆港与漳州、镇海（海澄）、铜山（漳浦）、淡水港与镇海（海澄）、安平港与拓林（漳浦）、打狗（高雄港）与拓林（漳浦）、南澳（诏安）、东港与拓林（漳浦）、下寨（海澄）、古螺（漳浦）。

除了商人进行海上贸易之外，在台湾海峡从事捕鱼的沿海渔民一边捕捞一边兼营月港与台湾之间的货物交换，过着亦渔亦商的生活。为了禁止渔民兼营走私贸易，万历十九年（1591）明朝政府公布《渔船禁约》②，规定所有渔船必须在当地州县登记在册，方可出海从事捕捞，否则一经查出，船只货物予以没收。但一纸禁令，并不能阻止海峡两岸的贸易往来。据徐晓望在《乌鱼、鹿皮与台南开埠》一书中所述："当年中国最大的港口是海澄县的月港，它也是海产品与海外商品的批发市场，台湾的鹿筋进入海澄市场，就可转销全国了。除了鹿筋之外，还有鹿脯、鹿角、鹿皮，时有闽南商人前来收购并转销到月港市场。明万历年间，已经有海澄商人

---

① （明）陈第，福建连江人，明末古北口游击将军，《东番记》（1603年）是最早描绘台湾平埔族生活的著作。

② 林仁川：《明代中琉贸易的特点和福建市舶司的衰亡》，《海交史研究》1988年第1期，第107页。

专做台南北港的生意，所以，月港发出的贸易执照中，有专给台南北港的牌照。如同《东番记》的记载，除了鹿脯外，鹿皮也在明万历年间输入福建沿海港口。"

当时的海澄月港是国际港口，每年都有许多船只到东西洋贸易，其中通过月港开展与日本贸易的中国商船也非常多。日本人用牛皮、鹿皮制造各种手工产品，日本国内市场上的价格很贵且远高于中国。明朝对日本的贸易实行严禁，闽南商人就把牛皮、鹿皮直接运到台南北港再转输到日本，使台南的北港日益成为国际商港。月港与台湾的商品贸易促进台湾社会经济快速发展，大大增进了两岸人民的相互了解、相互融合（见表1、表2、表3）。

表1　　　　　　　　　台南"南郊"与漳州地区贸易货品输出入

输出入类别	货品项目
从台南南郊输出	苎、豆、麻、菁仔、笋干、米、青糖、鱼胶、鱼翅胶、豆糟
从月港输入	漳州生原烟、丝线、棉布、砖瓦石、纸类、杉木、药材、瓷器、条丝烟、盐鱼、什货

资料来源：作者整理自卓克华《清代台湾行郊研究》（台北：扬智，2007年版），第79页。

表2　　　　　　　　　台北"顶郊"与漳州地区贸易货品输出入

输出入类别	货品项目
从台北顶郊输出	大菁、米、苎麻、糖、木材
从月港地区输入	金银纸、布帛、陶瓷器、咸鱼、砖石

资料来源：作者整理自卓克华《清代台湾行郊研究》（台北：扬智，2007年版），第87页。

表3	宜兰"行郊"与漳州地区贸易货品输出入
输出入类别	货品项目
从宜兰行郊输出	米谷、油糟、白苎、苎麻、橘子
从月港地区输入	丝绒、布匹、纸料、烟、砖瓦、杉料、干果、麦豆、纱绒、瓷器、金楮、鼎铛、雨伞、海产物、草席

资料来源：作者整理自卓克华《清代台湾行郊研究》（台北：扬智，2007 年版），第 90 页。

（二）月港贸易扩大台湾农业的垦殖结构

漳州的开发比台湾早，从 7 世纪"开漳圣王"陈政、陈元光父子开发建设漳州及闽南地区算起，要比 16 世纪"开台圣王"颜思齐①以及郑成功父子开垦建设台湾整整早了 1000 年。但是，台湾早期的发现、开发离不开漳州人。明代台湾汉族居民时间较早、规模较大的是从漳州月港直接或间接迁徙过去，他们披荆斩棘、历尽艰辛，为台湾开发和建设宝岛做出了卓越的贡献。

图6　"开台圣王"颜思齐像

史学家连横的《台湾通史·人物列传》记载，在台湾开发史上，"以思齐为首"②，他最早率众从漳州月港出发，纵横台湾海峡，招徕泉漳移民，对台湾进行大规模的有组织的拓垦，因而被尊为"开台王""第一位开拓台湾的先锋"。随着月港兴起，大批破产的农民因生存困难纷纷沿着九龙

---

①　郑广南：《中国海盗史》，上海华东理工大学出版社 1999 年版，第 214 页。
②　连横：《台湾通史》，文言文纪传体史书，凡 36 卷共 88 篇，是第一部全面反映台湾经济的历史巨著。

江经石码、海澄而至厦门启航，从金门或澎湖，转入台湾，向海外寻找理想王国。漳州先民携妻带子、引亲呼朋、结伴同行、漂洋过海、千里迢迢、东出台湾、南下南洋，形成了大规模的迁台移民浪潮。月港衰败以后，清初自康熙、经雍正、乾隆至嘉庆，又出现了一个历百年而不衰的移民高潮。明清时期的这一迁台浪潮，其规模之大，人数之多，延续时间之长，在人类迁徙移民史上堪称壮举。

迁台的漳州人带着人力、财力、技术，以及大陆的农作物品种与农业生产技术，垦殖台湾。漳州大量的占城稻、甘薯、白菜、烟草、文旦柚、甘蔗、香蕉、水仙花等当时漳州优良的粮食、果蔬花卉等农作物品种随着垦民而移植宝岛台湾。"台湾有蔬菜八十五种，其中有五十三种见于以前的府县厅志，而其中再有四十三种自《诸罗县志》以来，在各府县志中几皆有同样的记载。"熊泽认为，此43种蔬菜当为汉族移民引入。在明中后期的迁台移民中，大部分是闽南人，开垦台湾的土地从西部平原，到台湾南部，再往北部垦殖。为了扩大耕作面积，致力于发展粮食生产。他们大力垦辟梯田、兴修水利、修筑陂闸、疏通沟濠渠道；围垦海滩、疏筑成田；又种植经济作物，"种蔗煮糖，利较田倍，多夺五谷之地以植之"；荔枝、龙眼、香蕉、橘子等果品长年丰产，"获利尤多""诚襄中之异境也"[1]。使得台湾早期社会安定，农业生产长足进步。到了清年代台湾已从以聚落为主的移垦社会，发展成为以城镇为主，具备宗族组织的农业社会形态。清乾隆中叶福建巡抚钟音所述："台湾一郡孤悬海外，人民烟户，土著者少，流寓者多，皆系闽之漳泉，粤之惠潮，迁移赴彼，或承暧番地垦耕，或挟带资本贸易，稍有活计之人，无不在台落业，生聚日众，户口滋繁。"换言之，明清时期大量到台湾移垦的漳州拓荒者[2]，

---

① 曹永和：《台湾早期历史研究》，联经出版事业公司2002年版，第385页。
② ［日］东嘉生：《台湾经济史研究》，东都书籍株式会社台北支店1944年版，第32页。

都在台湾建立了农业聚落和商业市集（见图7）。

图7 月港过台湾

（三）月港贸易增进两岸文化的交流互鉴

台湾文化源于福建文化，闽台两地，一衣带水，两地有其地缘、血缘、语缘和习俗、民风相近的情缘。闽台文化是中华文化中的一个地域文化，具有中华文化的共同基础，又呈现地方文化特色。随着大陆移民大批迁入台湾，大陆先进的生产技术、文化教育、文学艺术和风俗习惯不断地移植台湾，促进了当地社会经济的发展和文化艺术的繁荣，使台湾文化成为中华文化的一个耀眼的组成部分。

自商周至秦汉时期，闽、台两地不属于汉族居住区，而属于百越民族的分布区，是闽越文化的发祥地。唐宋元以后，已有福建人向台湾地区移民，而大量迁徙到台湾的是在明末清初，尤其是漳州月港的繁盛，漳台经贸交流不断，使汉文化逐渐向台湾传播。据统计，在台湾移民中，有80%是福建人，其中绝大多数是闽南人。这些移民把具有闽南地方特色的汉文化广泛传播到台湾，改变了台湾的政治、经济和文化的发展关系，并与台湾本土文化不断糅合，逐渐形成了具有地域属性的台湾文化。

月港过台湾，不仅是人口的一场大迁徙，而且是文化的一次大播迁。这里我们可以从台湾文化的种族、环境、时代要素与区域文学特征中看出其地缘、亲缘的渊源。明代月港兴起前后，闽台文化已经初步遇合；到清代中叶，闽、台两地文化已开始作深层的对接，这是由地理和人文关系决定的。这些漳州移民到了台湾，往往是聚族而居、同籍而居，从而使漳州原乡文化对台湾的影响"原汁原味"且根深蒂固。它包括对原乡农业的先进技术的推行，对祖地商业传统俗规的承袭，对宗法家族制度的传承，对风尚习俗的沿用，对民间信仰的传播，以及对民间艺术、书法美术、建筑风格、戏曲歌谣等文化的保存与沿袭，以致今天我们在台湾的大街小巷，村头巷尾，随处随地都可以感受到说闽南话漳州腔调的人群、标识漳州地名的街市、供奉漳州神明的庙宇、嵌着漳州姓氏堂号的宗祠、具有漳州闽南建筑风格的庭院等。这些无不记录着漳州先民从月港出走，来到台湾开发建设的历史痕迹，折射出闽南文化的绚丽光彩，清晰显现漳州与台湾之间的历史文化关系是源远流长、一脉相承。这其中尤以三个方面特别值得一说。

一是语言的共通性。随着月港海外贸易及其衍生效应，闽南籍人士在台湾中总人口中所占比例迅速增长，台湾岛上使用闽南语的人也日益增加。在台湾，闽南话由于使用人群的不同又分为漳州话和泉州话，两者在语法上大同小异，但在词汇和语音上还是有不少的区别，语言的差别一定程度上影响了族群的划分，漳州籍人士和泉州籍人士也可以理解为说漳州话的人和说泉州话的人。这在文化生活中是基础性的，正如台湾历史学家连横《台湾语典》称："夫台湾之语，传自漳、泉，而漳、泉之语，传自中国。"① 此后，闽南方言渐渐成为台湾汉族移民的通行语言，并保持至今，为闽南文化在台湾的传播创造了及其有利条件。台湾代表性地方戏曲歌仔戏，因流传于闽南锦江两岸而得名"锦歌"，是以闽南锦歌为基础，吸收车鼓、四平戏、京剧、竹马等其他歌舞曲调营养的一种闽南语系地方戏曲剧种，其曲调优美，长于抒情，其语言生动，见于风趣；其演唱显明，长于乡情，极具艺术感染力和乡土韵味。后来漳州人几次向台湾移民，怀乡思亲离愁别绪，就把它带到台湾，后又吸收梨园戏、四平戏和乱弹的剧目及表演艺术等各种民间戏剧吸收后，在农村谷场、庙埕牵草绳圈地演出，民间俗称"落地扫"。逢年过节，也搭戏棚表演，最终形成台湾本土非常流行的一种新兴剧种。

图8　台湾歌仔戏

---

① 连横，幼名允斌，谱名重送，台湾台南人，祖籍福建漳州榜山。著有《台湾通史》《台湾语典》《台湾诗乘》等，是著名的爱国诗人和史学家，被誉为"台湾文化第一人"。其孙连战现为国民党荣誉主席。2005年4月30日"胡连会"成为大陆与台湾"和平之旅"。

二是建筑的风格化。台湾的许多民间建筑是"红砖古厝",典型的有"官式大厝"(如朝北大厝)和"手巾寮"(如乌大门),一个是富人之宅,另一个则是普通百姓的居所。其色彩、构件等能反映闽南传统建筑文化的技术,承载闽南人移居台湾一代代居民的历史记忆,体现闽南地区的特色文脉与文化景观,是台湾建筑演变的活化石。在宗庙寺院建筑方面,燕尾脊的使用、屋顶的装饰、壁画及屋檐的镂刻都有着显著的闽南风格;歇山顶在规格较高的庙宇和宅第中常有发现,而悬山顶则用于一般的宗庙寺院建筑,悬山顶的屋檐凸出山墙,比之硬山顶便于排水,显然是比较符合南方人民生产生活需要的建筑法式。

图 9　闽南风格建筑

三是神缘的一致性。素有"多神之岛"的台湾,现有寺庙近万座,庙宇之多可谓"三步一间"。一座座富有中国宫庙建筑特色的寺庙,都是从闽南,特别是漳州地区祖庙的分香。开漳圣王、妈祖、保生大帝、开台圣王、关帝爷、玄天上帝等民间诸神, 基本上都来自福建土生土长的神格化的历史人物, 即陈元光、林默娘、吴夲、郑成功、吴凤等。据不完全统计, 台湾主祀保生大帝宫庙 470 多座, 是从龙海市角美白礁慈济宫传入; 主祀关帝圣帝君宫庙 380 多座, 以东山关帝庙为祖庙; 主祀开漳圣王宫庙 390 多座, 以云霄威惠庙、将军庙等为祖庙……这些古代曾为民造福, 被民所崇的历史人物渐渐被神化为民间的神祇。应该注意到闽南民间信仰大规模向台湾传播的时代主要不是发生在月港兴起的明代中后期, 而是发生在清代, 这主要是由于经济与文化发展的不对称, 文化发展具有相对独立性: 只有当民生安定富足之后, 人们才有更多财力和精力放在风俗信仰上。但月港 "海丝" 贸易在沟通两地民间信仰的筚路蓝缕之功, 不可磨灭。

图 10　台湾民间宗教仪式

此外, 台湾教育制度也是大陆教育制度的移植与发展, 采取大陆兴办府县儒学、建立书院、文社、义塾、翰林, 实施科举制度选拔人才，进行乡试、县试、府试，这种教育与科举制度都是源于大陆，也是台湾地方政府的行为。大量从福建迁徙台湾的移民，"离乡不离腔"，都会保留自己母国的语言、文化的教育，主要是中国封建社会的儒家思想教育。

因此，台湾传承中华文化，不管在古代或在近现代史上，都是不遗余力。这些移民入台，不管他们是处于寻求财富、经商或逃生避难等目的，但是在筚路蓝缕、动荡不定的异乡生活中，长期的离乡背井甚至骨肉离散，使他们始终有"漂泊感"。因此，以家园故国为最后归属是这些移民的共同心态，这就决定了以"祖籍意识"和"家园情怀"为特征的"移民心态"或"遗民心态"，基本上与大陆的人缘、地缘的关系是分不开的，是一脉相承的。今天两岸同胞传承中华文化，可为民族复兴应尽一己之责。

（四）月港贸易带动台湾人口的急剧增长

从唐朝开始，福建就有人移居台湾；宋代，闽南人开始移居和开发澎湖，逐渐形成村落；明朝建立后，朱元璋为防止方国珍、张士诚部逃亡海上的残余势力卷土重来和倭寇的骚扰，在东南沿海实行"海禁"与"迁界"移民，但是这并不能阻止福建沿海人民继续迁居台澎的趋势。月港兴起后，随着海外贸易的发展，民间私商十分活跃，每年从月港随船出洋的人数达到几万人，其中往台湾直航、往台湾贸易的不下千人。大量的漳州人移居台湾，谋求生存、创造财富、贡献社会，最具有代表性历史人物是颜思齐、郑芝龙等人，在台湾现存史料和历史遗存中都有记载"台湾有中国民，自思齐始"。颜思齐就出生在今龙海市海澄镇，也是同时期明代月港。

图11　崇祯《海澄县志》

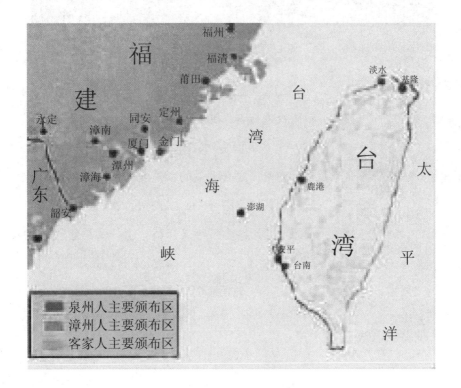

图12　清代大陆移民在台湾的分布

图 13 连横：《台湾通史》

崇祯《海澄县志》记载道："盖舶主而下，多财善贾者无不数人，间有凭子母钱称贷数金，辄附众远行者；又有不持片钱，空手应募得值以行者，岁不下数万人。"① 这些人或者因货物一时倾销不出而误了风汛，或者为组织返航货源而逗留在台湾，加之有大量的手工业者和农民随商船到海外谋生，于是形成了一股迁台移民浪潮。② 在大陆移台的汉人中，除渔民、农民外，还有一部分小商贩。万历四十三年（1615）上任的福建巡抚黄承玄《条议海防事宜疏》载："至于濒海之民，以渔为业，其采捕于澎湖、北港之间者，岁无虑数十百艘。"③ 他们有时为了避风、取水或修理渔网船具而登岸停留一段时间慢慢定居下来，形成十数户或数十户的渔村。而北港

---

① 崇祯《海澄县志》，明崇祯（1628—1644）刻本（漳州市图书馆藏）。
② 参见陈其南《台湾的传统中国社会》，台北允晨文化实业有限公司 1997 年版。
③ （明）黄承玄：《条议海防事宜疏》，《明经世文编录》，台湾文献丛刊。

渔船继续不断地沿海航行，先后又发现了大员、打鼓、小琉球这些良好的港湾和岛屿，把捕鱼活动和渔村的分布扩展到台湾西部沿海各地。汉人移居台湾数量较多，规模较大的有六次迁居：第一次迁台热潮是在月港兴盛时期；第二次迁台热潮是在郑成功收复台湾时期；第三次迁台热潮是在清朝统一台湾时期；第四次移居台湾的热潮是在日据时期；第五次移居台湾的热潮是在国民党逃台后时期至民国末年；第六次移居台湾的热潮是在海峡两岸实现三通时期。其中，对后世迁台影响较大、时间较早、规模较大的是明代漳州月港兴盛期的浪潮。

在明万历年间月港兴盛时期（1621—1628），漳州人移居台湾的主要有两批人。

一是月港贸易以台湾作为商人走私中转站。16世纪初年，海澄人颜思齐因被欺愤杀宦家恶仆，逃亡日本平户为缝工。后与杨天生、陈衷纪、郑芝龙等共28人结为盟兄弟，参与居民起义，事泄驾船逃离日本，在台湾的笨港登陆。登陆后以诸罗山为根据地，致力于开发山海。不久，郑芝龙族人去台合议，分乘十艘船到漳、泉招收贫民赴台拓荒，连运两三批，共有3000多户，分十寨居住，继而在笨港埠东南平野，建成"井"字形街路，分九区为首都，中区筑大高台为"开台王府"，众人拥颜思齐为"开台王"。郑芝龙归顺明廷与福建巡抚熊文灿商定，"招饥民数万人，人给银三两，三人牛一头，用海舶载至台湾，令其芟舍，开垦荒土为田"（连横《台湾通史》，卷一《开辟纪》）。时值闽南饥荒，"漳泉之人，赴之如归市"（魏源《圣武记》卷八），数以万计，形成闽南人有组织地向台湾移居的热潮。这时渡台的龙溪、海澄、漳浦等漳州人都从月港出发，对台湾人口的增加和土地的开发起了推动作用。

二是沿海渔民为谋生迁移台湾。由于闽南地缘、血缘密切关系等原因，数万漳州青壮年只身赴台，先后以偷渡和合法途径移民台湾，从事捕鱼经商农耕谋生，成为当地的居民。特别是明万历月港开禁以后定居者数量骤增，于是在台湾本岛已出现汉人村庄，移民台湾的闽南籍汉人逐渐成为台湾的居民主体，大约有 60% 的台湾汉人其祖籍是漳州。例如，崇祯十三年（1640）吏部都给事中王家彦说："民耕无所，且沙砾相薄，耕亦弗收，加以荒年赋急，穷民缘是走海如鹜，长子孙于唐市，指窟穴于台湾。"据南靖和溪《徐氏元惠派家谱》记载：南靖县和溪徐氏第八世徐宗鲁、徐宗显兄弟于明隆庆六年（1577）迁台。云霄县高塘郑氏二世祖郑仕鲁为谋生而东渡海峡，迁至台湾南部"围仔内"（今高雄县境内）开基。据悉，郑仕鲁之裔，迄今在台已有人丁万众，已历传 20 余代。明万历三十二年（1604 年），漳浦县眉田张自然渡台，是漳浦张姓渡台最早者。明万历三十八年（1610），东山县宅山朱氏第八世朱信姐带领一批村民到台湾台南垦荒；第九世朱益民继而到台湾做生意定居于台。

据 1950 年统计资料，台湾汉族移民后裔人口 1851 万人，其中闽籍达 1031 余万人。到 1953 年台湾的户口统计资料，当时台湾户籍总数为 82.88 万户，其中，户数在 500 户以上的 100 种姓氏中，有 63 种姓氏的族谱材料说明其先祖系在明清以后从福建迁入台湾落籍的。这 63 种姓氏计 67.05 万户，占台湾总户数的 80.9%。而 63 种姓氏又有 43 种姓氏的族谱记载，其先祖是随陈元光父子入漳的。这就说明了，漳州文化源于中原，而台湾的文化是根于中原的汉文化经漳州的播植后而向台湾延伸。

（五）月港贸易奠定开发台湾的人才基础

台湾的汉族居民，基本上是明清时期从大陆闽粤地区迁台移民的后裔，其中闽籍移民后裔又占了绝大多数。在闽籍移民中，又有漳州籍、泉州籍、汀州籍之别，各自的比例、分布和生计状况各不相同。但各籍移民由于其种族渊源、社会历史的差异，在人文性格方面也呈现出各不相同的特色，也就造成各自的生活轨迹和社会成就。

纵观台湾发展史，漳州籍同胞写下了光辉的篇章，在台湾史册中，漳州人开台占有不可磨灭的历史贡献。比如，颜思齐、陈永华①、连横、板桥林家等这些优秀人物中是在明代以后到达台湾，并为台湾的经济建设、文化发展、社会进步做了突出的贡献。当前台湾政要陈水扁、游锡堃、许信良原乡在诏安县，吕秀莲、萧万长原乡在南靖县，连战、王金平、林洋港原乡在龙海县，江丙坤、朱高正原乡在平和县，谢东闵原乡在漳浦县，谢长廷原乡在东山县。大量台湾政要的祖籍在漳州，是一个十分引人注目的现象。如果不计随国民党退守台湾的"外省人"及其后裔，单就"本省籍"人士从政的情况来看，漳籍政要比例之高，更非泉籍、粤籍及少数族群可望其项背。漳籍同胞都有耕读传家的传统，都以"崇文重教"闻名于世，他们擅长的领域除了农业之外，主要是文教和政治舞台，处在台湾社会剧变的时代，其后裔在政治舞台脱颖而出，是容易理解的。问题是台湾漳州籍后裔，比起泉州籍和粤籍后裔，在政治舞台上也更活跃，这又该如何解释呢？从历史学的角度进行分析，明代因漳州月港繁荣，迁台移民较多，主导台湾社会经济舞台。同时漳州先民地处东南沿海，自古"视海如陆"，与海结下不解之缘。海洋文化孕育着重商、冒险、开放的精神，他们在长期的生产生活中孕育着自己独特的精神内涵，其共性是十分明显的，比方说，拼搏、吃苦、顽强、创新、守信、团结等，但又有其鲜明的特色，笔者把它归结为两个方面四个字："开拓、包容。"这是闽南人自大航海时代以来创造台湾近代文明的原因。因此，明代中后期漳州月港兴盛造就了一大批政治、经贸、航海、手工艺等人才，为大规模垦殖建设台湾奠定了人才基础。月港先民

---

① 陈永华，字复甫，抗清名将，福建漳州龙海石美人氏，为郑成功幕僚，任"咨议参军"，协助郑克塽总管台湾政务。

的诸多人文秉质仍然得以相传，这是月港海商以海为生，具有驾驭海洋能力的遗传特质之一。当然，所述对象的姓氏源流、宗族概况、迁台经过、从政经历，以及这些宗族与原乡宗亲血浓于水的亲情、阻隔不断的联系。

月港的开海贸易，有力地促进工业、手工业的快速发展，成为最活跃的、最典型的萌芽行业，如棉纺织业、丝织业、茶叶种植与加工业、制糖业、造船与航运业等。明万历七年（1579）册封琉球使团正使萧崇业记："漳、泉之匠，善择木料，虽舵牙必务强壮厚实"，封舟一般都"执造漳人过洋船式"。副使谢杰也称赞"漳匠善制造，凡船之坚致赖之。"在发展粮食生产和经济作物生产的基础上，手工业随之迅速发展"城间之内、百工鳞集""纱绒之利，不胫而走，机杼轧轧之声相闻"。月港与台湾的贸易往来，把具有最先进的工业、手工业技术引进了台湾，涌现了一大批掌握专业技术的劳动力，催生了台湾的资本主义萌芽。

二　漳台共建"21 世纪海上丝绸之路"的实际意义

在当前两岸关系和平发展已经步入"深水区"的新形势下，福建正在全力打造"21 世纪海上丝绸之路"核心区，漳、台两地携手共建"21 世纪海上丝绸之路"，具有重要的战略意义。明代的漳州月港把丝绸、瓷器、茶叶等商品运往台湾，并通过台湾作为中转站沿着海上丝绸之路下南洋甚至远赴欧洲、非洲。漳州月港对"海丝"发挥了重要作用。当前，在国家"一带一路"战略引领下，具有天然资源优势漳州与台湾的联系明显增多。漳州与台湾在融入"一带一路"战略中，尤其注重经贸合作、文化交融、宗族寻根等方式，不断创新合作互惠机制，月港元素开始在"海丝"建设中"闪耀"，漳州月港再次"扬帆起航"，驶向更高目标（见图14）。

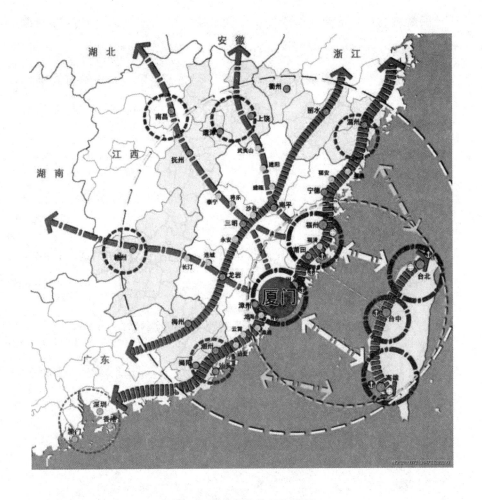

图 14　漳台共建的经济辐射

从经济层面来看，漳、台两地共建"21 世纪海上丝绸之路"，不仅有
利于构建两岸经济合作新平台，增强两地经济关系发展新动力，开拓两地
交流合作新领域，促进两地经济进一步融合，而且有利于解决两地经贸关
系发展进程中的一些深层次问题，为两地经济共同发展与区域经济合作相
衔接提供可行途径，为台湾深度参与"一带一路"区域经济合作创造更好
的条件，从而避免台湾经济被日益边缘化的危机。

从政治层面来看，漳台两地共建"21 世纪海上丝绸之路"，不但有利于积累两地双方互动合作的经验，为解决台湾参与国内活动问题创造条件，而且有利于巩固漳台之间的政治互信，增进两地同胞的民族情感，提升"两地一家人"的认同感和自豪感。为巩固与深化两岸关系和平发展，推动两岸同胞携手共筑"祖国统一、民族复兴"的"中国梦"夯实基础。

从文化层面来看，漳、台两地共建"21世纪海上丝绸之路"，不但有利于推动中外文化和价值观交流，有利于两地共同向沿线城市展示和传播中华民族的传统文化与价值观，进一步提升中华民族的软实力与影响力，而且有利于逐步缩小两地在文化和价值观方面的差异，促进两地文化和价值观的融合，拉近两岸同胞的认同差异与心理距离。

三　漳台共建"21世纪海上丝绸之路"的资源优势

笔者认为漳台在共建"21世纪海上丝绸之路"方面的资源优势有以下四点。

1. 漳台历史渊源深厚，为"海丝"建设提供合作基础

漳州与台湾"五缘六求"关系，两地人民的诉求比较相同，共同建设、共同开发、共同发展的基础也比较突出。海上丝绸之路推动漳州地区的中原文化与台湾的海洋文明融合发展，漳台两地形成了诸多重要的贸易港口和通商口岸，曾经创造过月港海上贸易的辉煌历史。这一历史涵盖了海上丝绸之路的航海史、造船史、港口史、海外贸易史、移民史、国际关系史、中外科技文化交流史等十分丰富的内容。近年来，海峡两岸"三通"后，漳台在政治、经济、社会等方面长期以来相融互通、交流借鉴、互惠共荣，漳台交流更加紧密，形式日趋多样化。

2. 漳台区位优势突出，为"海丝"建设提供重要平台

漳州与台湾同属沿海地区，有利于发展航海运输业、造船业、海洋物流业等临港大产业，有利于港口通航、口岸信息互通、航标系统、通信导航、船舶检验、海难救助等多方面开展合作，从而带动两地经济社会的发展与繁荣。漳州把对台的区位优势、港口优势、海洋优势凸显出来，有利于海上资源的开发与利用，使之成为"海丝"建设的重要平台（见图 15）。

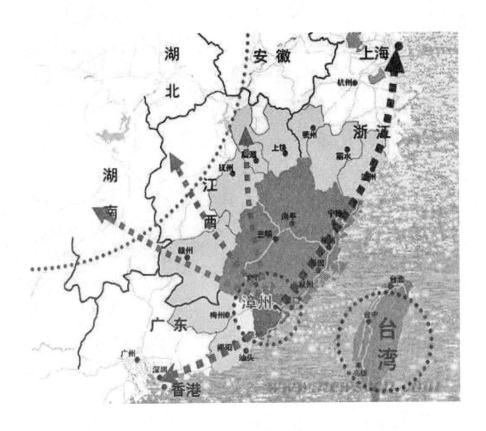

图 15　漳台共建的区位优势

3. 漳台人文联系密切，为"海丝"建设提供重要保障

台湾的一大半同胞的祖籍地在漳州，自古以来商路相通、血脉相亲、文缘相承，漳州文化与台湾文化交融很深，特别是在常用语言、民俗习惯、宗教信仰、闽南戏曲、家族文化、农业生产、饮食起居等方面，都有交流、交往、交融。闽南文化在台湾历史上的影响根深蒂固，儒家文化得到广泛的认同，并且形成了共通的"闽南文明圈"。这种文明圈具有的同一性、价值认同感，使两地的民众产生共同或相似的闽南语言、价值观、思维方式、生活习俗、民族性格、地缘意识、血缘关系、历史传统等文化要素的向心力，这些都可能转化为建设"21世纪海上丝绸之路"凝聚力和软力量，赋予两岸人民特殊的精神动力和人文资源，为两地共建"21世纪海上丝绸之路"创造了有利环境，提供了重要纽带和桥梁作用。

4. 漳台政策互动加强，为"海丝"建设提供稳定条件

"九二共识"与"破冰之旅"以及马英九的大陆政策促进两岸和平交流，为两岸关系发展打好至关重要的"三通"保证。多年来，台湾民众在"民族认同""文化认同"上有着高度的一致性，在两岸同胞共同努力下，两岸关系迎来新的战略机遇期，为构建两岸关系和平发展架构开创新局面，大陆对台优惠政策为推动两岸大交流、大合作、大发展带来新机遇，也为两岸共同建设"21世纪海上丝绸之路"发挥中流砥柱作用。

四 漳台共建"21世纪海上丝绸之路"的对策思考

自从国家提出"一带一路"战略后，全国各省市都行动起来，积极参与，漳州也主动融入"21世纪海上丝绸之路"建设。月港曾是海上丝绸之路的重要起点和主要发祥地，成为海外经贸交流史上的一个明珠，在中国

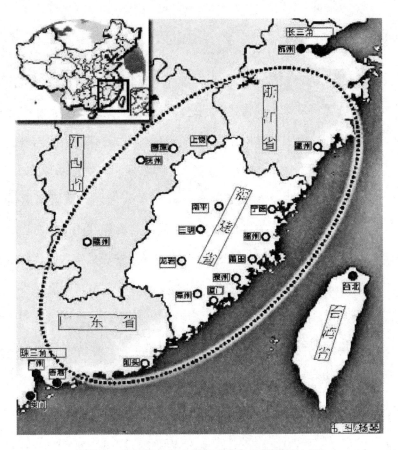

图16　"21世纪海上丝绸之路"的漳州核心区

的对外贸易和文化交流历史上发挥了极其重要的作用。今天，"21世纪海上丝绸之路"的建设发展又会反过来促进漳州的发展繁荣，使漳州从东南一隅变成为建设"21世纪海上丝绸之路"的一个核心区域。同时，漳州的优势在对台，特色也在对台。漳州是台胞主要祖籍地，是台湾文化的重要发祥地和台商投资密集地。台胞大概2300万人里，祖籍地是漳州的就有1000多万人，比例非常高。所以，漳州在融入"21世纪海上丝绸之路"建设中，携手台商融入，是非常重要的，也是必要的。所以，漳州应抓住机遇，发挥优势，努力将自身打造成为"海丝"建设先行先试实验区和重要平台。笔者认为主要做法如下六点。

1. 抓住契机，营造良好环境

"一带一路"战略是在新时期提出的重要国家战略，不仅植根于古代先民勇气与智慧共同创造的古代丝绸之路的历史记忆，而且适应了当代各国适应经济全球化发展的共同需要。漳、台之间尽管存在历史与现实的各种矛盾、分歧，但是通过共建"海丝"，以平等、均衡化的原则为管控、弥合、化解这些矛盾、分歧提供了新的途径。两地之间要紧紧抓住"海丝"建设这个有利契机，共同倡导利益共同体、责任共同体、命运共同体的理念，积极主动推进"21世纪海上丝绸之路"建设的实践。漳州要着重做好办事环境建设、通商环境建设、政策环境建设、市场环境建设、生态环境建设等五个建设，全力打造一个极具魅力、活力的投资热土和创业热土，在这里也欢迎各路英才、各方面的有识之士、有志之士来漳州投资兴业，做"新漳州人"。

2. 加快合作，实现心灵沟通

"海上丝绸之路"自古以来就不单是一条贸易通道，更是一条连接不同国家的文化纽带。当今世界文明向多极化发展，文化逐渐超过经济和意识形态成为造成各方矛盾冲突的主要根源，因此加强人文交流，实现文明与文明之间的相互包容就成为国家与国家之间、地区与地区之间实现合作的支撑。"21世纪海上丝绸之路"涵盖的文明众多，必须把实现文明之间的沟通与包容作为基础性的战略目标，通过加强人文交流，实现心灵沟通与文明对话。漳台要尽快建立共建"21世纪海上丝绸之路"的对话平台，漳州可充分发挥对台资源优势，举行两地共建海上丝绸之路合作机制，建立"21世纪海上丝绸之路"城市联盟，鼓励台湾同胞积极主动融入海上丝绸之路建设。

3. 加强联系，开展学术研究

"海上丝绸之路"与海洋文化的发展息息相关，它缔造了开放、包容、拼搏进取的海商精神，涌现出了一批又一批甘冒风险、敢拼爱赢的杰出海商人物。特别是昔日漳州月港海商视大海为舞台、以世界为市场，过台湾、下南洋、闯东洋、泛西洋，开辟了世界大帆船航海史上维持时间最久的一条贸易航线，他们抱团取暖、共同发展、懂得感恩、爱国爱乡。这些人文精神和品格魅力在新的历史发展中逐渐升华为凝聚两岸同胞、海内外同胞的一股精神合力。深入挖掘漳台"海上丝绸之路"的文化内涵，对于推动两地经贸文化发展、对于促进中华民族的伟大复兴，具有深远的历史意义和重大的现实意义。我们要多渠道、多方面组织单位、人员对"海丝"存世的历史图片、文字记载、实物遗存、年代考纪等进行搜集整理，从多学科的角度对"海上丝绸之路"进行综合研究，借助两岸各地学者的文献资料和研究成果，汲取包括历史学、经济学、社会学和地理学等多学科的理论方法及研究成果，不断推进"海上丝绸之路"的研究深度和广度，以对今天"21世纪海上丝绸之路"建设提供启发与借鉴。

4. 注重保护，促进文化交流

漳、台拥有数量众多的"海上丝绸之路"遗迹，这些遗迹都是发展两地海洋与旅游经济的重要资源，也是增进两岸共识的基础。以漳州月港为例，月港现存大量的历史典籍、遗迹、遗物，海港城市形态多样，包括：市舶司、码头、航标塔、街铺、仓储、渠运遗迹、祭祀设施、海防设施以及周围的陶瓷窑址、造船厂等工商业遗迹。这些毫无疑问地说明漳州是"海上丝绸之路"时空链条中不可或缺的节点。还有漳台地方方言、民间信仰、民俗风情等方面保存完整，互通互享的文化资源是非常深厚的。我们要通过开展漳台两地族谱的宗亲对接、文化民俗的往来、基层民间社团的交流，以及鼓励赴台个人旅游等，通过不同的形式促进漳台两地的文化交流，个人往来进入常态化，真正发挥文化软实力的作用，共同引领闽南文化走向世界，提升文化软实力（见图17）。同时，要建立常态化联席机制，共同保护与开发"海上丝绸之路"遗迹，从重从严从快惩处打击对文化遗存的盗、抢、毁等违法犯罪行为，依靠法治的手段，切实保护现存文物。并充分利用这些"海上丝绸之路"所赐予的珍贵遗迹，大力发展观光旅游、宗教旅游、民俗风情旅游、考古考察旅游等业务，促进当地经济发展。

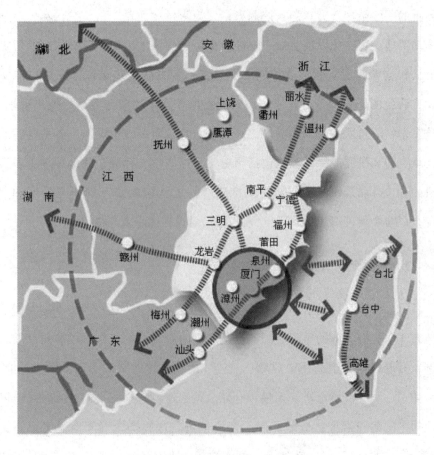

图17　闽南三地对周边的文化辐射

5. 突出重点，发展海洋合作

"海上丝绸之路"的核心在于海洋。台湾与漳州都具有得天独厚的优势，数量众多的大中小型港口，临海产业发达。我们要重点建设优良港口，充分利用港口优势：一要积极促进海洋新兴产业的发展，加快海洋产品深加工、海洋药物等高新技术的产业化应用，扶持海洋保健食品、海洋药物等海洋医药产业的发展；二要加快共同发展海洋经济合作的步伐，尤其要利用漳台在"21世纪海上丝绸之路"海洋领域的既有产业网络，深化两岸合作规模。要建立长期稳定的渔业合作机制，鼓励漳州企业到台湾地区建立水产养殖基地和渔业综合基地，着力打造具有国际化的海洋特色品牌；三要加强海洋科技成果的转化，通过人才引进、土地使用、简化手续等措施，吸引国内外现代海洋技术企业到漳州与台湾投资，为"21世纪海上丝绸之路"的发展与繁荣不懈奋斗。

6. 创新模式，深化经贸合作

漳州要借助"一带一路"国家对福建"海丝"核心区的各种优惠政策，深化漳台经贸合作，在港口码头、物流园区、集散基地和配送中心等建设管理方面携手共建，借助各类招商平台，引导资金流向海洋、能源、农业等重点合作产业，共同打造东南沿海地区航运中心、海峡港口群，着力构筑便捷高效的海、空网络。要积极参与国际经贸合作，使漳台形成港口开放型经济先行区、"海丝"建设实验区，形成多层次的开放新格局；要创新贸易方式，扩大进出口贸易规模，加快闽台两地物流通道建设，积极拓展两地集装箱班轮航线以及散货、杂货不定期航线；要积极鼓励台湾同胞以合作、合资、独资等方式参加港口、码头和配送中心建设；要充分发挥台胞在经贸合作以及文明对话方面的作用，增强两岸的互动往来。通过开展各种形式的交易会、联谊会，积极引导台商、台胞在漳州开展各种经贸、科技、文化等方面的交流；共同组织形式多样的人文交流活动，加强建设与内地的同胞感情，促进民间往来，充分利用台商力量为企业引进来和走出去"牵线搭桥"。现在，漳州已经拥有了古雷港经济开发区、漳州台商投资区、漳浦台湾农民创业园，以及花博会、农博会四大国家级的对台平台。漳、台两地的产业合作有基础、有优势、有潜力、有空间。

总之，"海上丝绸之路"作为古代一条海上贸易道路，创造了辉煌历史；今天建设"21世纪海上丝绸之路"，开创丝路沿线国家与地区经济繁荣、共同富强、互惠互利共赢的美好前景，促进和改变世界经济格局，具有经济发展和政治互信的双重意义。共建"21世纪海上丝绸之路"，是实现"中国梦"的海上通途，更为重要的是向外传递着大陆与世界共享经济繁荣的善意。漳州、台湾不仅在历史、人文方面与"海上丝绸之路"有着不解之缘，在融入"海上丝绸之路"建设过程中，更是在政策支持、基础条件等方面与"海上丝绸之路"相互呼应。台湾加入"一带一路"建设有利于台湾通过大陆与"21世纪海上丝绸之路"沿线国家和地区建立更紧密的经贸关系创造新的条件，避免台湾经济被日益边缘化的潜在危机；同时，有利于巩固两岸之间的政治互信，增进两岸同胞的民族情感，提升"两岸一家人"的认同感和自豪感，为巩固与深化两岸关系和平发展，推动两岸同胞携手共筑"祖国统一、民族复兴"的"中国梦"夯实基础。

影响缅甸政局发展的四股重要力量[①]

李 枫

（福州武警指挥学院科研部）

摘 要： 军方是领导缅甸民族独立、维护联邦统一的忠实力量，军方一手创建了联邦巩固和发展党（以下简称"巩发党"），并坚持独立自主探索新的发展道路。缅甸一些少数民族与缅族之间历史积怨较深，与联邦政府现实矛盾难解，为谋求独立或更大的自主权利，长久持续斗争。全国民主联盟（以下简称"民盟"）是当前缅甸联邦的执政党，昂山素季是民盟创始人，至今在民盟内外拥有无可比拟的影响力。在几乎全民信仰上座部佛教的缅甸，僧侣群体也对政局发展构成独特影响。

关键词： 缅甸；政治；社会稳定

缅甸是历史上"西南丝路"与"海上丝路"的地理交会点，也是当前我国"一带一路"战略重要沿线国家，我国对缅经济发展与合作的前景值得期待！但是，独特的政局发展轨迹使缅甸这个昔日中南半岛的"一等强

---

① ［基金项目］福建省社会科学规划一般项目"20 世纪泰国和缅甸闽籍华侨的社会结构研究"（FJ2015TWB016）阶段性成果。

国"1987 年以来却由于经济上的贫困，一直被联合国列为世界上最不发达国家之一。① 本文拟重点分析影响当前缅甸政局发展的四股重要力量，并将就其各自的"优缺点"及相互关系等发表浅见。

一 军方和巩发党

军方是领导缅甸民族独立、维护联邦统一的忠实力量，为满足政治转型需要，军方一手创建了巩发党，并坚持独立自主探索新的发展道路。下面分三个部分予以论述。

（一）领导缅甸民族独立

昂山等早期政治精英，领导缅甸赢得了民族独立。以萨耶山起义、仁安羌石油工人大罢工为缩影，20 世纪 30 年代缅甸民众抗英浪潮可谓声势浩大。昂山 1915 年出生，当时的他虽然资历尚浅，但已经成功领导了几场有声有色的学生运动，在这个过程中，昂山意识到：只有武装斗争才能赢得民族独立。为寻求中国援助，1940 年 8 月昂山等人贸然偷渡到厦门，但彼时厦门已经沦陷，昂山等人苦无进展，无奈滞留在鼓浪屿。这时，日本"南机关"缅甸事务机关长铃木敬司派人找到昂山，并以援助缅甸建立抗英武装为诱饵将其带到了东京。随后昂山等人按照与日本人的约定，秘密潜回缅甸，召集了一批立志抗英的年轻人②，前往当时日军控制下的中国台湾和海南岛接受军训，后于 1941 年 12 月在泰国组建"缅甸独立军"，以策应日军缅甸作战。征服缅甸，英国前后耗时将近一个世纪，而在半年不到的时间里，日军就几乎完全占领了缅甸本部全境，切断了滇缅公路交

---

① Department of Economic and Social Affairs, Development Policy and Analysis Division and Committee for Development Policy. *List of Least Developed Countries*, http：//www. un. org/en/development/desa/policy/cdp/ldc/ldc_ list. pdf, 2016 – 02 – 16 updated, 2016 – 04 – 14 quoted.

② 史称"三十志士"。

通，抛开时空差异性不谈，这样的情况与缅甸独立军的战场协同不无关联。日据时期，1943年曾组建巴莫傀儡政权，但缅甸并未获得真正的民族独立。"二战"后期，德军在欧洲节节败退，日本在远东的战场压力空前增大，昂山等人转与盟军合作击溃了日军。战争结束后，1948年，缅甸终于脱离英联邦，获得了真正的民族独立。

（二）维护缅甸联邦统一

军方也是维护缅甸联邦统一的忠实力量。独立后不久，缅甸内战爆发，一个关键原因即昂山遇刺身亡。昂山在缅甸拥有"无人可以望其项背"的崇高威望。1947年7月的缅甸，正处于独立建国的前夜，诸多事项正在加紧讨论中，恰恰在这样一个关键时期，昂山在一次会议中遇刺身亡，留下了包括民族矛盾在内，很多难以解决却又无法回避的现实问题。随后组建的吴努政府未能圆满解决这些问题，所以几乎与联邦建立同步，缅甸内战一触而发。1962年，当吴努政府召集各少数民族代表开会，准备商讨联邦前途问题之际，奈温等军方高层研判：缅甸联邦已经走到了分崩离析的边缘，于是发起政变，接掌了国家政权。此后，缅甸走上了一条自我封闭的发展道路，国民经济迅速下滑，外侨生存空间也遭遇严重挤压。后人对奈温政府的评价以负面居多，但不容否认：奈温执政的26年间，缅甸军方忠实维护了联邦的统一，时至今日缅甸各省邦仍"一个都没有少"。

（三）探索新的发展道路

1988年后，缅甸前军人政府坚持独立自主探索新的发展道路。奈温执政后期民众生活越发困难，反对奈温统治的各类街头政治风起云涌，昂山素季领导民盟给了奈温政权最为致命的一击。奈温下台后，以苏貌为代表的军人集团顺势重组政权，并因为在1990年大选败选后拒绝向民盟交权，遭到美西方不断增强的制裁、封锁和打压。事实上，1988 年后，缅甸前军人政府在顶住外部压力的同时，也在不断探索新的发展道路：第一，在外交上务实性地加强了与邻国关系；第二，在内政上出台了较为灵活的国民经济政策；第三，1989 年后陆续与各民地武力量签署和平协议；第四，针对自己对基层（尤其是对基层年轻人）吸引力较薄弱的问题，于 1993 年创立了青年组织"巩发会"（巩发党前身），以培养未来可与民盟竞争国家政权的人才队伍；第五，2003 年推出了七点民主路线图并稳步推进，2010 年大选后巩发党赢得国家政权，该路线图的最后一步顺利走完。2015 年大选后，巩发党主动承认败选，从 2016 年 4 月开始，缅甸步入民盟执政的历史新纪元。

二　民地武

缅甸一些少数民族与缅族之间历史积怨较深，与联邦政府现实矛盾难解，为谋求独立或更大自主权利，长久持续斗争。下面分三部分予以论述。

（一）历史结怨较深

冰冻三尺非一日之寒，缅甸的民族矛盾历史积怨较深。在古代缅甸三大帝国兴衰的过程中，缅甸各民族频频交手①，一些少数民族与缅族之间的不信任感由来已久。坦普尔（Richard C. Temple）认为：缅甸古代史就是一部缅人、掸人、孟人角逐优胜权的竞争史，这样的竞争持续发生于各个时期，在 1824 年英国人发起第一次英缅战争之前，几乎没有任何外来族

---

① 　如 1057 年阿奴律陀征服直通，孟族海岸正式并入蒲甘版图，阿奴律陀去世后，其子修罗继位，孟族随即反叛。参见〔缅〕波巴信《缅甸史》，陈炎译，商务印书馆 1965 年版，第 26—35 页。

群介入其中。① 近代缅甸两次遭遇外力入侵，每一次都把缅甸的民族矛盾推到了一个新高度。第一次是英国，在三次英缅战争及随后殖民统治缅甸的过程中，英国人发现：由于与缅甸封建王朝的联系更为紧密，缅族的反抗最为坚决，而一些少数民族的反应则较为温和，因此，英国人在统治机器中吸收了部分少数民族，而将缅族、掸族等排除在军队及警察队伍之外，采取一种"以缅甸人镇压缅甸人"的社会治理策略，这极大地加深了缅甸的民族矛盾；第二次是日本，前面提到，1942年日军在缅甸作战得到了缅甸独立军的战场协同，可以想象，所谓各为其主，以缅族为主的缅甸独立军和包含部分少数民族在内的英印守军之间，发生了怎样的血腥厮杀，这无疑加深了双方的仇恨。

（二）现实矛盾难解

联邦政府对《彬龙协议》及1947年《缅甸联邦宪法》的背叛，可谓当代缅甸民族冲突断续爆发的症结所在。1947年昂山等早期缅甸政治精英，希望通过充分给予少数民族自治权的方式，展现最大诚意，把各少数民族吸引到缅甸国家民族的大家庭中来，所以与一些少数民族代表签署了《彬龙协议》②。随后颁布的《缅甸联邦宪法》③ 也充分体现了《彬龙协议》精神，上述两份文件对少数民族地方与联邦政府之间关系的基本态度可概括为："十年之内，完全自治；十年之后，可以独立。"昂山等人希望通过

① Richard C. Temple，"The People of Burma"，*Journal of the Royal Society of Arts*，Vol. 58，No. 3003，June 1910，pp. 695 – 711.

② 《彬龙协议》于1947年2月份签署，其中第5条规定："不能以任何方式剥夺目前已享有内部自治权的边境自治地区的任何利益，原则上边境自治地区内部事务给予完全自治。"

③ 1947年《缅甸联邦宪法》于当年9月颁布，其中第12章规定："必须给予联邦邦区和自治邦区能从联邦分离出去的权力，但从加入缅甸联邦之日起，有关邦区在10年之内不能行使分离出去的权力；10年之后要从联邦分离出去，必须获得有关邦区2/3以上的立法委员会委员同意，并在有关邦区举行全民公决，根据有关邦区所有人民的真实意愿决定是否可以脱离联邦。"

十年磨合，可以将各民族真正团结起来，但如前所述，昂山遇刺后缅甸的民族矛盾一直未能圆满解决，随着时间的推移，人们开始把昂山当作神看待，把对现实的不满简单归咎到"如果昂山在世，情况肯定不会怎样怎样"上，进而加剧了对当局的不满，加之持续的内战不断吞噬着一些少数民族地方对联邦政府的信心，所以在1947年《缅甸联邦宪法》规定的十年期限到来之际，以掸族为先锋，部分少数民族提出了独立要求，缅甸内战再度爆发。

（三）长久持续斗争

1948—1989年缅甸国内三度爆发战争，2009年果敢事件爆发标志缅甸民族冲突之火复燃。第一次内战主要在克伦军和政府军之间展开。原因是缅甸独立前夕，克伦族上层人士拒绝参加彬龙会议，并派出代表团远赴伦敦，要求自治并留在英联邦内。第一次内战中，政府军几度失去对仰光、曼德勒等大城市的控制，随后联邦政府紧急寻求克钦族武装南下协同，才逐渐扭转了战局。[①] 第二次内战主要在掸邦军与政府军之间展开，在吴努政府召集各少数民族代表开会前夕暂停，随后奈温政变。第三次内战主要是少数民族地方武装（以下简称"民地武"）力量与缅甸共产党联合对抗政府军，从1965年开始，到1989年签署和平协议基本结束。这一方面是由于当时国际共产主义运动进入低潮，另一方面民盟的兴起也极大地改变了缅甸的政治生态。2009年果敢事件爆发，标志缅甸民族冲突之火复燃，时至今日果敢同盟军、克钦独立军、德昂解放军、佤联军等力量，为谋求独立或更大自主权利，与政府军之间长久持续斗争。

---

① 这在一个侧面上，也反映了"英治时期，缅甸部分少数民族得到较好军事组织"的事实。

三　昂山素季和民盟

民盟是当前缅甸联邦的执政党，昂山素季是民盟创始人，至今在民盟内外拥有无可比拟的影响力，下文将从名门之后、形象良好、"菩萨转世"三个关键词切入，分析政治人物昂山素季并讨论民盟的影响。

（一）名门之后

"名门之后"可谓昂山素季一笔宝贵的政治遗产。"二战"结束后，在东南亚国家寻求民族独立与发展道路的过程中，"强人政治"的痕迹较为明显，如马来西亚前首相马哈蒂尔、新加坡前总理李光耀、印尼前总统苏哈托等，在其所在国家都具有崇高威望和强大影响力。当代东南亚国家的政治领袖中，也不乏头顶长辈光环继续从政的案例，如李光耀之子李显龙，阿基诺夫人之子阿基诺三世等。昂山素季的父亲昂山被誉为"缅甸国父"，虽然昂山个人经历较为特殊，但在缅甸人民心目中，他的地位是无可取代的，作为昂山的女儿，昂山素季被寄予了厚望。事实上，"名门之后"也是昂山素季从政之初主打的一张"牌"，如1988年8月她在第一次公开演讲中就曾提到："作为我父亲的女儿，我不能对这里发生的事情无动于衷。"①

（二）形象良好

昂山素季个人形象较为良好。她是家中第三个孩子，2岁时父亲昂山遇刺身亡，15岁随出任缅甸驻印度大使的母亲旅居印度，在当地中学念书，18岁入牛津大学学习。毕业后，昂山素季并没有立即回国，而是

---

① 张云飞：《记者手记：我和昂山素季跨越27年的相识》，http://news.xinhuanet.com/world/2016 - 03/02/c_ 128766483.htm，2016 - 03 - 02发表，2016 - 04 - 10引用。

在联合国总部及联合国派驻不丹机构工作，随后又曾在京都大学"东南亚研究中心"做访问学者。1972 年昂山素季与英国人阿里斯结婚，婚后的头 15 年，她安心于与阿里斯平静的家庭生活，两人生育了两个孩子。无论是教育背景、外形条件还是内在修养，昂山素季的个人形象都是较为良好的，完全符合社会主流价值观，这无疑为她和民盟的政治表现加分不少。

（三）"菩萨情怀"

昂山素季身上还折射出某种"普度众生"的"菩萨情怀"。1988 年昂山素季回国探视生病的母亲，当时缅甸国内反对奈温政府的"8888 运动"正如火如荼。昂山素季创建民盟并出任总书记，但很快遭到软禁。在随后的 21 年间，她前后 3 次累计 15 年被软禁在家。1990 年民盟赢得全国大选。1991 年昂山素季获得诺贝尔和平奖。1998 年昂山素季的丈夫被诊断为癌症晚期，要求缅甸政府给予签证以便可以到仰光与昂山素季会面，军人政府委婉拒绝了这一要求，但允诺昂山素季可以赴英与丈夫团聚。昂山素季猜测自己一旦离开，就很难再回缅甸，在"国"与"家"孰重孰轻的权衡中，她最终牺牲了家庭，所以直到 1999 年阿里斯在英国去世，两人都未能再见，由此，在 2 岁时"幼年丧父"之后，54 岁的昂山素季又被软禁在仰光家中，独自承受着"中年丧偶"的痛苦，在她的身上似乎可见某种希望通过自己的修行，来普度芸芸众生的"菩萨情怀"。历史上每逢统治黑暗，缅甸民众总会默默期望"天降神人"来重引光明，所以莽瑞体、雍籍牙、萨耶山等人一经"出现"，就立即获得民众广泛支持的情况类似，昂山素季身上的种种光环和良好德行，同样契合了民众的上述心理，这也是昂山素季及民盟对缅甸政局发展保有较强影响力的一个重要原因所在。

四 僧侣群体

在军方、民地武和民盟之外，在几乎全民信仰上座部佛教的缅甸，僧侣群体也对政局发展构成独特影响。下面从三部分予以论述。

（一）塑造社会结构

佛教深刻地塑造了缅甸的国民秉性和社会结构。缅甸是南传佛教进入中南半岛的重要中继站，古代下缅甸海岸沿线聚居的孟族曾是中南半岛各民族的宗教导师。[1] 在今天的缅甸，几乎每个村寨都有自己的寺庙，佛教家庭的男孩 10 岁左右通常都会出家一次，时间可长可短，男子还俗之后还可再次出家，如此循环往复。每天清晨，佛教家庭的缅甸人早起后，会将各种鲜花供奉佛前诵经朝拜，并在自家门前备好餐食，以便布施给前来化缘的僧侣，晚上睡前也要虔诚晚拜。可以说，"当今缅甸人的思想方法、道德标准、价值取向、是非观念、语言习惯等精神生活中，佛教的影子随处可见"[2]。

（二）唤醒民族意识

英国殖民统治期间，在佛教教义的感召下，缅甸民众的民族主义意识被逐渐唤醒。英国入侵之前，缅甸民众缺乏鲜明的民族主义意识，锡袍王被流放五年后，缅人的抗英斗争逐渐偃息，随后英国人对缅甸的殖民统治进入一个相对稳定期。考虑到强调隐忍顺从的佛教教义有利于自身的殖民

---

[1] 在与印度商人长期接触的过程中，受印度文明浸润，孟族的经济、文化成就逐渐走在了中南半岛各族群的前列，他们不仅把自己的文明传递给缅人和暹罗人，还承担了推动中南半岛宗教转型的任务，使得缅甸、暹罗、柬埔寨、老挝等国民众普遍成为上座部佛教信众。参见 D. G. E. Hall, "Looking at Southeast Asian History", *The Journal of Asian Studies*, Vol. 19, No. 3, May 1960, pp. 243 – 253.

[2] 李晨阳：《缅甸佛教的现状》，《东南亚研究》1998 年第 1 期，第 53—57 页。

统治，所以英国人并未对缅甸民众的宗教活动多加干涉，人们得以照常在寺院里聚集，在获得宗教慰藉的同时，也势必相互交流对国家命运的担忧，其间他们的民族主义意识悄然觉醒。此外，缅甸传统的启蒙教育通常在寺院完成，英国人到来后，刻意矮化传统寺院教育而推崇西式学校教育，这越发加重了民众对丧失民族特性的忧患及对英国统治的排斥。然而，随着时间推移，令英国人始料未及的是，十数年后，接受西式教育成长起来的新一代缅甸知识分子，由于深受"民主""自由"等观念影响，反而走到了英国统治阶层的对立面，他们开始在佛教旗号的掩护下，建立了一些从事反英宣传的社会团体。① 综上，英国殖民统治期间，缅甸民众的民族主义意识从无到有，并逐渐成熟，这为随后到来的萨耶山起义、仁安羌石油工人大罢工等积蓄了强大的社会能量。

（三）参与政治生活

僧侣群体也对缅甸政局发展构成独特影响。由于僧侣群体主要受信众供养过活，一旦信众生活困难，势必间接导致僧侣们食不果腹，所以他们对民间的疾苦可谓感同身受，进而在一些案例中，愤怒的僧侣们往往冲锋在前，直接参与到国家政治生活中去。以萨耶山起义为例，萨耶山本人就曾经出家，在切身感受到民众对英国殖民统治（尤其是对印度齐智人经济盘剥）的不满后，萨耶山开始在全国各大寺院间游走，广泛召集各地抗英力量，最终形成了一呼百应之势。再以"袈裟革命"② 为例，2007 年 8 月由于不满政府大幅度提高燃油价格，缅甸爆发了大规模市民反政府游行，

---

① 如 20 世纪 90 年代，一些在伦敦取得律师资格的缅甸人回国后，以青年佛教协会为载体，就缅甸的地位等问题与英国人展开周旋。参见 U. Htin Aung, *A history of Burma*, New York：Columbia University Press, 1967, pp. 276 – 283.

② 由于缅甸僧侣多着藏红色袈裟，所以这场以僧侣群体为主力的街头政治也被称为"藏红色革命"。

随后僧侣群体成为街头政治的主力，9月底仰光游行人数达到10万，其中僧侣就有2万—3万人。目前，缅甸僧侣作为一个拥有30多万成员、独立于其他社会阶层的统一社群，对政局发展的影响力不容小觑！

余论　四股力量各自的优缺点及相互关系

从四股力量各自的优缺点看以下以几点。第一，虽然巩发党2015年大选败选，但在未来缅甸政局发展的过程中，军方影响料将延续，因为军方手握兵权，在各级议会中拥有25%非经选举的固有席位，且民盟执政后在修改宪法等诸多问题上，也不得不与巩发党保持既斗争又合作的微妙关系。第二，在与政府军的斗争中，各民地武力量虽然总能保持一定实力，但其彼此间政治诉求不尽相同，导致力量分散，较难真正统一为抗衡政府军的强大力量。第三，民盟胜选为缅甸政坛带来了清新气息，但民盟也存在下列主要问题：民盟不掌握兵权；民盟成员以知识分子居多，缺乏实际的治国理政经验；2010年后昂山素季在很多问题上做出了妥协，锋芒不复当年，难免被一些支持者认为这是她的自我背叛；昂山素季个人影响力过大，这对民盟的长远发展也是不利的。第四，僧侣群体历来是缅甸社会重要的"稳压器"，在协调政府与民众关系方面助益良多，但2012年佛教徒与穆斯林之间的激烈冲突，也一度点燃了缅甸国内"文明冲突"的火苗。

从当前四股力量的相互关系看：第一，军方是维护缅甸联邦统一的忠实力量，巩发党也是未来与民盟竞争国家政权的一个有力对手；第二，民地武看似是缅甸社会动荡的主要导因，但正是由于民地武的存在，早前军方的一些做法才更具其"合理性"，军方在面对"手无寸铁"的民盟时也不得不有所顾忌；第三，1988年民盟兴起，在某种意义上为缅甸带来了长达20年的国内和平，在缅甸政治转型的过程中，民盟成为缅甸与西方关系正常化的一座"桥梁",并在一定程度上解决了早前军方和巩发党对基层民众吸引力较薄弱的问题;第四,佛教可谓缅甸国民精神的重要象征,对缅甸政局发展构成独特影响,昂山素季也曾宣称"我想建立一个符合佛教精神的政府"。①

上述四股力量合力之下,未来缅甸政局发展较理想的状态是什么?本文认为:巩发党、民盟或其他党派无论何者成为执政党,都应较好地处理与其他党派的关系,避免社会分裂,集中精力消除民族隔阂、促进民族和解、增进国家认同,使边疆与本部共享缅甸社会、经济、文化发展的成果,并继续鼓励僧侣群体发挥好社会"稳压器"的作用。如此,未来缅甸社会稳定可期,经济腾飞在望,笔者对缅经济发展与合作的前景也将更加值得期待!

---

① 大东:《昂山素季:我想建立一个符合佛教精神的政府》,http://fo.ifeng.com/a/20150601/41097223_0.shtml,2015年6月10日发表,2016年3月11日引用。

非物质文化遗产南音的空间
扩散及其文化区演变①

李蕊蕊　赵　伟　郑　彤　李子蓉

（泉州师范学院资源与环境科学学院）

摘　要：中华民族优秀的音乐文化遗产南音发源于泉州，流传于闽南地区。数百年来，随着华侨的足迹传播至东南亚及港澳台地区。从文化地理学的角度，利用文化扩散的思维剖析南音文化形成的过程与机理，探索不同时期和地区南音文化的扩散类型、传播路径、文化融合特点以及文化区演变。结果表明：南音文化的扩散方式主要是迁移扩散，并受多种因素影响。南音文化对传播当地的戏曲发展及文化融合起着不可忽视的作用，在传播中发展是当代南音文化传播的重要特征，未来对南音着重在保护与继承上，避免这一文化瑰宝的流失。

关键词：文化扩散；文化融合；文化区；南音文化

---

①　本文受福建省中青年教师教育科研项目（JAT160420，JAS160456），泉州市社科联课题（2016H12），泉州师范学院预研基金（2016YYKJ09，2016YYSK30）资助。

一　引言

现今非物质文化遗产备受全球的关注，对其保护应先从研究文化历史发展、文化扩散融合和文化的传承情况出发。泉州是"一带一路"的核心区域，南音正是通过海上丝绸之路传播出去。南音是泉州非物质文化遗产的代表，对其保护与传承是当今首要任务。国内外学者对于南音文化的研究大部分集中在史学、乐学、语言学、宗教学等角度，探索南音的艺术价值、历史价值和文学价值，并且较为成熟。在文化的空间扩散上，国内目前存在的研究成果主要有妈祖文化、[1]武术文化、[2]开疆文化、[3]杨家将文化[4]等方面的地域扩散研究。对于南音文化的扩散与融合研究尚且薄弱，本文着重研究南音文化的空间扩散及其文化区的演变，意在分析总结其文化扩散的过程与机制，探讨南音在传播区的扩散方式，并讨论南音文化发展存在的问题和发展对策。

二　南音文化的起源与发展

文化是人地关系的具体形态，"人—文化系统—环境"共同构成地域文化系统。在一定的地域内，自然环境要素是文化系统形成与发展的基底，社会文化环境是文化系统演进的动力。[5]南音文化在形成与传播中依靠的是人与环境，地理环境在一定程度上影响着人的性格、心理与情感，而这些会通过音乐表达出来。[6]在文化的发展过程中，文化与自然环境相互作用，文化塑造了地理景观，同时景观又巩固着文化。国内外的学者对于南音文化的形成历史持有不同的观点，有的学者认为南音起源于唐宋，发展于元明，成熟于清代；部分学者认为南音在五代形成萌芽，在宋元得到发展，完善于明朝。[7]笔者在本文中的表述比较认同第一个说法。唐代时期闽南地区经济发展迅速，大规模的农民起义和"安史之乱"并未波及此地区。由于闽南地区地处东南沿海，相对于北方形成一个较为封闭的地区，在西晋末年发生的永嘉之乱中，大批平民与贵族、官宦和地主为避免战乱，从北方移入此地区。北宋、南宋时期发生的二次中原文化的迁移，不仅带来了生产技术，也带来了乐器、乐谱和乐工，丰富多彩的中原文化给闽南地区注入了新的活力。[7]南迁中原文化和闽南地区的民间音乐互相渗透、融合，并在闽南地区扎根、发展。

南音又称"南管""南乐""南曲"，其形成和发展与中国古代诗、词、曲的关系十分密切。词在宋代非常流行，现代传唱的《恨冤家》《长相思》等曲目中常运用的词汇都源自宋词。再者，其大谱绝大部分是唐人所创作的乐章，而歌腔是来自明代后期时的泉州南戏。南音本身的特点体现在其外在表现形式，由"指""谱""曲"三大部分组成。"指"，是一种有词、有谱、有指法的较为完整的套曲，每套有一定的故事情节。"谱"即器乐曲，其内容为描述四季景色、花鸟昆虫或骏马奔驰等情景，是一种标题音乐。"曲"是福建南音中很受欢迎的一部分，内容除了部分描写春夏秋冬、风花雪月等自然景观外，绝大部分以第一人称抒发内心情感，表现一种强烈的人文精神以及理想、愿望。[8]

三　南音文化的扩散与融合

文化扩散可以分为两类，即扩展扩散和迁移扩散。扩展扩散是指某文化现象出现后，通过其居民，从该地向四周不断地传递，其占据的空间也就越来越大，这种现象的特点是空间上的连续性。而迁移扩散是指某种文化现象与拥有这种文化现象的人或集团紧密联系，不同于扩展扩散的是，此类扩散方式呈现空间上不连续性，将文化保持得原汁原味。[5]

南音文化的扩散方式主要是迁移扩散。戏曲文化的扩散大致包括戏曲艺人巡演、商贾蓄养戏班、官府带戏班和移民四种方式。[9][10]南音是流行于民间的传统音乐，其扩散主要依靠商贾、艺人、移民。其所到之处包括福建泉州、厦门、漳州，向海外传播至香港、澳门、台湾等地，在东南亚地区的传播已涉及菲律宾、新加坡、马来西亚、印度尼西亚等国家。笔者针对不同时期南音文化的扩散与融合做出以下四点分析与总结。

（一）清朝以前南音文化的发展

南音是由唐代时北方的人口南迁带来的中原文化与闽南地区的民间音乐融合而成。宋时，词曲的流行在内容上为南音提供了丰富的范本，并与唐代的乐章相结合形成南音的雏形。元代，泉州作为当时对外贸易的港口之一，其经济贸易随着海上交通工具的改进逐步发达起来，成为"涨海声中万国商"的东方第一大港，作为中国海上丝绸之路的起点，[11]吸收外来文化迅速，在文化艺术尤其是音乐方面也得到空前盛世的发展。西方的各种文化在此聚集、又融合，再对外传播，南音的形成与发展也受到当时西方文化的影响。南音文化与西方文化交融之后随着对外贸易远赴海外，开启了泉州南音的海外传播之路。

（二）清朝时期南音文化的扩散

清朝南音文化的扩散可分为以下两个部分。

1. 南音在福建省以及台湾地区的传播

明末清初，南音从晋江地区传入厦门，扩散类型为迁移扩散。由于厦门是沿海港口之一，经济、文化发展迅速，成为当时的商贸新城，因此吸引大批内地的各类人才，其中也包括文人与南音界精英，他们在此扎根、寻求生存并迅速地推动了南音艺术的发展。至清朝初年，厦门已是一派"曲管林立，高手云集"的繁荣景象。早年的曲管有金华阁（建于1836

年，是已知的厦门地区最早的南音会馆）、安同阁、同华阁、文安阁、集源堂、锦华阁、集安堂等。[12] 厦门南音的迅速发展离不开历代先贤名师，最具有代表性的人物首当林祥玉先生和林霁秋先生，他们分别著有《南音指谱》和《泉南指谱重编》，对南音的发展起了指导性的作用。

"龙溪（漳州）地近于泉，其心好交合，与泉人通，虽至俳优之戏，必操泉音。"这句话源自明代何乔远的《闽书》，句中的"操泉音"指的便是包括南音在内的泉州戏曲。南音在漳州的流传历史最为悠久的当属长泰县，其在历史上曾隶属泉州府，空间上的连续性使得因南音在漳州的文化扩散类型为扩展扩散。清代乾隆年间（1736—1795）漳浦的《六鳌志》中曾记载：当地的风火院其实是南音曲馆，每逢神之寿诞，或婚丧喜庆，人们便聚集在元帅庙唱南曲。南音在漳州的传播与各类宗教活动联系密切，主要依靠艺人传唱、巡演。

明末，郑成功收复台湾后，大批闽南人移民至台湾，同时带去大量的闽南文化，包括后来成为台湾最具代表性的民间音乐之一的南音，其在台湾的扩散类型为迁移扩散。南音在台湾称为南管、五音、郎君唱及郎君乐。[13] 随着移民的脚步，南音踏遍台湾全省，已知确实存在过的馆阁有103 个，其分布的广泛和台湾的移民史、开发史有着密不可分的联系。

2. 南音在海外的传播

南音在海外的传播区主要集中在东南亚地区，由于晚清时期，中国政局动荡，而西方殖民者在东南亚不断拓宽他们的殖民地，大量的劳动力需求，加上福建省地少人多、生活困苦，大批闽南人便踏上了异乡谋生之路。南音在东南亚最广泛的传播区是菲律宾，而菲律宾早在宋朝时期就与泉州建立了密切的商贸往来，所以大批泉州商人陆陆续续移居菲律宾。背井离乡在外经商，华侨在政治上、生活上受到不公平待遇，乡音离耳，于是聚集在一起成立了南音社团，共唱南曲，其中于 1817 年成立的菲律宾金兰郎君社是东南亚最早的南音社团。菲律宾众多的南音社团为更好地传承南音艺术，纷纷聘请家乡著名的南音乐师到菲律宾传授技艺。泉州南门外溜石村的南音名艺人朱的伯曾赴菲律宾任教多年，在侨胞中享有很高的声誉。南音在菲律宾的迁移扩散在海外形成一个较大的扩散圈，对南音在海外的进一步传播提供了方向。19 世纪末，由新加坡华侨成立的弦管社团"横云阁"盛极一时；1887 年在马来西亚成立的"仁和公所"是马来西亚最早的南音社团；印度尼西亚曾经也成立了许多南音社团，如泗水的"寄傲圣道社"曾名噪一时。此外，南音的传播涉及缅甸、泰国，华侨用自己的方式表达对家乡的思念，通过成立南音社团发展家乡事业，增进侨居国家与家乡的交流。

（三）民国时期南音的文化扩散与融合

1. 南音在国内的文化扩散与融合

《晋江市志》中有记载，泉州南音在青阳、蚶江、石狮等地相继延师设馆。抗日战争时期，部分资深南音人还谱写了有关抗日救国的词曲，开展爱国宣传活动。从某一方面来说，南音在此时已完成了创新，其不再局限于传统的乐曲上，而是响应时代做出质的改变。南音与泉州戏曲的融合以木偶戏中的布袋戏为典型代表，其唱腔虽为傀儡调，却以南音为主唱腔。

漳州长泰的南音活动十分频繁，在迎神赛会上的南曲清唱还加入了化装上棚仔沿街行走演唱。华安县新圩乡的林氏家族，每三年便选一批男童到"南馆"学习，在祭祖时唱南音；流行于南靖县民间的"马艺"歌舞，表演中演唱的也是南音。龙溪县和澄海县在 1949 年前的南音活动也约有

100 处。南音活动在各类宗教活动和民俗活动中，对其传承和传播起到积极作用。流行于漳浦、龙海、云霄等地区的竹马戏也是在南音基础上发展起来的，从古代开始，结合南音、民间歌谣与小调综合创作，至今吸收了京戏、四平戏的曲调，因此，南音文化在竹马戏中的重要性也是其他戏曲不可逾越的。

20 世纪 30 年代，以许启章、黄韵山为代表的厦门南音先贤与大批南音高手为厦门的南音事业做出巨大的贡献。他们受邀请赴香港灌制了南音唱片，这些唱片成为中国最早的南音有声资料，行销欧亚各国，引起国际乐坛极大的反响。在不断的艺术实践中，厦门南乐形成了自己独特的风格，其润腔中一般不收音，有时反而将声音逐渐放开，视歇气为禁忌，并且在收韵、插字、叫音方面与泉州南音有不同的艺术手法。[14]抗日战争结束后，厦门南音走上了专业化道路，以演唱南音为主的营业性茶座、咖啡座非常受欢迎，这标志着厦门南音的发展将南音艺术推上一个新的商业起点。

据吕锤宽的《泉州弦管（南管）研究》一书中介绍："民初全盛时期，台湾的南管社团有六十余馆。"台南、鹿港、台北等地区活动频繁，其中当属台北的闽南乐府最为活跃。日据时期至抗日战争期间是台湾南管的全盛时期，由于都市经济带来的艺旦文化以及日本贵族对南管的礼遇，加上闽台之间南管乐人的密切交流以及滞台闽南船员的积极参与，使得南管活动更加兴盛。[12]抗日战争爆发后，台湾南管活动也由于战争的威胁衰微。文化融合上，流传于台湾、厦门等闽南语系地区的梨园戏，是宋元时期南戏的一个分支，说梨园戏与福建南音联系最为紧密是不为过的。除了锣鼓帮和南音关系不大外，梨园戏的丝弦曲牌和唱腔都以南音为基础，只是其更注重戏曲的故事情节和人物的刻画。综上所述，南音对传播区的戏曲文化的发展起着重要的作用，在历史长河中彼此取其精华，去其糟粕，得到进一步融合。

2. 南音在国外的文化扩散与融合

菲律宾在 1931 年成立了南乐研究社，除了教授南乐技艺外，华侨还不断扩大组织推动社会福利工作。南乐社团在菲律宾联系各阶层同胞，发扬弦管艺术、促进中菲友谊。逢国内外的天灾人祸，社团亦能出资赈济，南乐在艺术上已升级到慈善救人的层面。马来西亚多数的南音社团成立于民国时期，如沁兰阁、云林阁、同安金厦会馆等，其局限在公共场所的演奏活动中。与马来西亚南音社团不同的是，新加坡在 1939 年成立的云庐音乐社，经常在抗日筹款活动中演唱南音，引起日本人的憎恨因而被英国殖民当局施压，被迫解散。

东南亚地区的民俗活动与南音也结下了不解之缘，如婚丧喜庆演戏酬神。酬神中的戏曲演出为闽南地区流行的木偶戏、高甲戏、布袋戏等，演出的曲调取决于华人来自的地区，如泉州地区的用南音，而漳州地区的用旧京调，现用芗剧曲调。[15] 由此，南音文化在海外的文化融合体现在当地宗教民俗活动中，至今犹存。

（四）新中国成立后南音的文化区演变

文化区，指某种文化特征或具有文化特征的人的群体在空间上的分布，文化区大体可分为形式文化区、功能文化区和乡土文化区，南音文化区是典型的形式文化区[16]。南音文化区主要分为以下三大区域。

1. 南音的厦漳泉文化区

南音社团在福建的分布（见图 1）集中在厦、漳、泉地区，泉州的南音社团现存 232 个，这些团体多为民间南音爱好者自行组织。由于泉州城区改造步伐加大，南音社团与乡村乐社相比，生存环境脆弱。石狮、晋江、南安、惠安作为南音悠久的文化区，很好地传承了南音文化，保存了南音的原汁原味，将其融入日常生活中。除了举办各种南音艺术活动外，他们与东南亚国家联系密切，共同探讨南音文化，完成了文化的共享。

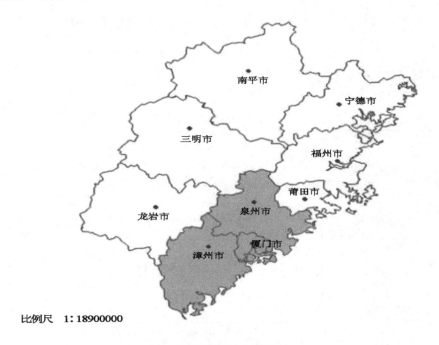

比例尺　1：18900000

图1　福建省南音社团分布

中华人民共和国成立后，厦门南乐研究会成立，经济恢复往来，人们投身于各种活动中，街头巷尾到处都能听到弦管声。在此期间，政府的文化部门也给予了南音高度支持，厦门南乐团参加了全国各地的音乐汇演。南音的创新时代在这个时期也体现得淋漓尽致。除了吴深根先生谱写的南曲，即农民在旧社会所受的压迫以及对新社会的向往外，在"文化大革命"期间，为了求得南乐的延续，老艺术家们还谱写了毛泽东诗词、语录等，南音在当时赢得社会极大的认可。1978年，南音得以复苏，之后走上了国际舞台。厦门南音现主要分布在厦门城区以及同安各乡镇农村，包括集美、马巷、欧厝、东园、丙州等。厦门南音经历了繁盛、衰微、再复苏，其丰富的文化整合特点为南音的研究提供了有力的参考。

近年来，南音在漳州地区的主要活动范围在东山县和芗城区，这里汇聚了南音爱好者，使得南音文化在漳州不仅仅在局限于宗教活动，也成为人们休闲爱好活动。在芗城区的中山公园内，每逢周末，南曲便不绝于耳。未来随着厦、漳、泉同城一体化，南音社团（见表1）势必随着经济发展更好地传承南音文化。

表1   福建南音社团分布及数量

地 区		南音社团数(个)
泉州	泉州市区	56
	南安	33
	晋江	48
	石狮	24
	惠安	16
	安溪	22
	永春	11
	德化	22
厦门	思明区	7
	湖里区	2
	翔安区	17
漳 州		11

数据来源：福建南音网。[17]

2. 南音的港澳台文化区

香港地处亚欧大陆东南部，历来是沟通东亚、东南亚、西太平洋以及大洋洲各国的重要港口，也是中国大陆对外经济贸易往来的门户。独特的自然环境造就了其经济，吸引了内地大批的人口迁入，尤其是福建省和广东省。南音在香港的主力是香港福建体育会，自1956年复会以来，南音组织也成为该会的主要部门，他们与泉州、厦门、台湾以及东南亚地区交流密切。

澳门伴随着其殖民地的色彩在历史长河中不断显现它的地理、经济优势，20世纪80年代，澳门先后成立了四个主导产业，分别是金融业、旅游博彩业、出口加工业、建筑地产业，大量的就业机会吸引了闽南人陆续移居澳门。南音在澳门依附于1987年成立的晋江同乡会南音曲艺社，他们在80年代曾组团参加泉州元宵节的南音大会唱，与此同时积极参加各地南音演唱比赛，在重要节日中演唱南音。香港、澳门的南音社团（见图2）活动频繁，与内地联系密切，这对促进港澳同胞团结内地起了不可忽视的作用。

台湾目前尚存的南音社团只剩26个（见表2），主要分布在台北、高雄、基隆、台南以及鹿港。20世纪40—60年代，台湾南管复苏。台北的南声国乐社、永春同乡会以及闽南乐府是当时南音活动的聚集地，在此完成了南音艺术成员的一个演变，馆员不再局限于男性，而是加入了从良艺旦和良家妇女，为南管活动注入了新的血液。70年代至90年代，台湾南管除了参加广播电台的演出，政府还将南管艺术带入高等院校中，让学生来感受本土文化。台湾南管经历了日据时的全盛期到中日战争的没落期，再到光复后的复苏期，最后到70年代的转型期四个阶段，完成了南管的文化整合，将南音文化推向国际。

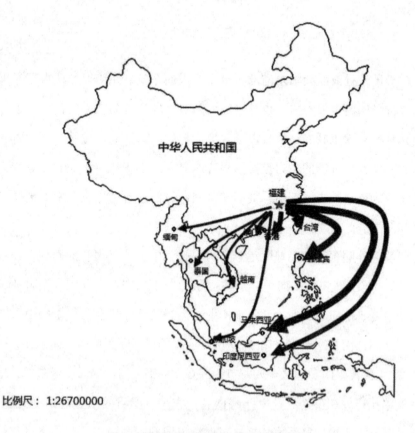

比例尺：1:26700000

图2 南音社团在海外的传播及分布

表2 港澳台南音社团

地区	台湾	香港	澳门
南音社团数(个)	26	4	2

数据来源：福建南音网。[17]

3. 南音的海外文化区

南音社团在海外的分布中（见表3），菲律宾目前尚有活动的南音社团 23 个，分布在马尼拉华人区等，其在 20 世纪 80—90 年代与泉州、厦门南音界交流颇多，在菲弦友十分重视南音的发展。由于泉州南音长期以来是师承传授，南音资料多以手抄本为主，在菲的南音社团积极收集、整理、出版南音曲谱，十分注重对南音的历史考证，并进行深入研究，对传承和发展南音做出了巨大的贡献。

表3 东南亚地区南音社团

地区	菲律宾	新加坡	马来西亚	印度尼西亚
南音社团数(个)	23	9	3	1

数据来源：福建南音网。[17]

"湘灵音乐社"是新加坡现今主要的弦管团体，20世纪70年代，该社社长丁马成先生曾决心改革南音、重振南音。社内人员技艺高超，常活跃于广播电台，曾参加过泉州、厦门甚至国际的南音演唱比赛，并赢得崇高的荣誉。马来西亚的南音社团也积极参加各种南音演唱比赛，多次主办国际级的南音大会奏。印度尼西亚的"雅泉艺术学校"是爱国华侨倪秀荣先生与福建泉州艺术学校联合创办了一所以中华民间文化艺术为特色的学校，该校的创办意在扩大中华传统艺术教育在国外的影响力。弘扬中国优秀文化遗产，进行南音艺术交流，增进友谊是东南亚南乐联谊会的宗旨，他们传播南音文化，团结同胞，对文化、经济、社会的发展起到积极的推动作用。

四 南音文化的扩散整合以及文化区演变的机制分析

南音文化的扩散整合以及文化区演变的机制主要从以下三个方面来分析。

（一）人口迁移是南音文化扩散的主要方式

根据人口迁移的目的不同，将其分为主动和被动的文化迁移扩散。被动的文化迁移扩散是源于军事、政治上的目的，这种迁移为日后文化在传播地区的扎根与发展打下坚实的基础。中原的战乱迫使人口由北方迁入南方从而引起文化的融合，第一次是永嘉之乱；第二次南迁发生于五代时期；第三次是北宋的靖康之变以及宋室南渡。南音集萃了唐以来的中原乐之遗韵，又吸收了宋词元曲，并与闽南民间音乐交融而成，是多种文化发展的产物。[11]主动的文化迁移扩散指艺人和商贸的迁移，他们具有明确的文化传播目的。在厦、漳、泉地区的南音艺人为了传播文化，在各地区游走、参与宗教盛会，将南音赋予宗教色彩，融入地域文化。华侨在海外谋生，由于在生活上遭受不公平的待遇，共同的处境、共同的文化和崇拜让他们聚集在一起，所以南音在海外的文化扩散方向广泛，不受限制，随着华侨的经济联系形成一个新的文化区。南音的文化整合度不高，主要依赖于传播地区的创新，在传统的南音元素上注入反映时代变化的理念。

（二）南音的文化区演变是地域空间与时间相互作用的产物

南音的文化区演变从闽南地区到港、澳、台直至东南亚地区，顺应地域的转变和时代的蜕变。南音文化在闽南地区延续其自身的文化元素，艺人在此区内行走，相同的气候特征、宗教信仰和民俗风情使得南音文化根深蒂固。闽南籍侨胞迁移至港澳台及东南亚地区，共同的血缘、历史、语言让南音与浓浓的乡愁捆绑在一起，闽南人浓厚的地方观念具有较强的凝聚力和排他意识，这是地域空间的产物，是南音能传播地源远流长的物质基础。南音在不同传播区的形成过程和最终的文化区构成展现强烈的时代特征，笔者总结了清朝前、清朝时期、民国时期和新中国成立后四个阶段南音文化的发展，发现南音人在严峻的政治背景下对南音实行了创新，顺应时代，使得南音在时代的风雨中得以生存。

（三）南音文化的空间扩散因素的系统分析

文化的扩散方式分为扩展扩散和迁移扩散，而影响文化扩散的因素颇多，王康弘等提出了环境约束、区域引力、空间距离、地形摩擦、文化惯性和文化革新等6个因素。[9]作者根据南音文化在不同空间中的扩散，从环境特点出发分析三个因素。首先，南音起源于泉州，闽南地区在很长一段时间内处于较为闭塞的环境中，因此闽南人民形成团结、打拼的精神特点，而在这样的环境中文化的空间扩散也较为困难。伴随着港口的开放和人们出海经商，闽南人在海外形成自己的交流圈，其不服输、敢拼的性格让他们将文化带到所迁之地并加以宣传，以巩固自己在异国他乡的地位。其次，闽南地区尤其是泉州和厦门在宋元作为当时的对外港口，经济发展迅速，陶瓷、茶叶、香料等成为海上丝绸之路的输出产品，也吸引了来自东南亚与西欧国家的商人。在交换商品的同时，文化的交融也进一步得到显现，间接获得了文化的革新。最后，一切文化的空间扩散离不开空间的可达性，空间距离的缩短在某一方面促进了可达性的提高。泉州人自古以来靠海生存，其精湛的造船技术在宋、元得到全国乃至海外国家的高度认可。港口的开放、海上丝绸之路的开辟、交通工具的不断改善使得空间距离缩短，海外的可达性大大地提高，保证了南音文化迁移扩散的顺利展开。

五　结论与讨论

（一）结论

南音文化是南迁的中原文化与闽南音乐的结合，融合了不同的地域文化，形成独具一格的唱腔。南音从闽南地区传播扩散到港澳台以及东南亚地区，其扩散类型主要是迁移扩散，依靠移民与商贾、艺人的传播。在扩散过程中受到传播区的地域文化影响，南音文化与当地文化紧密联系在一起，如宗教文化、民俗风情等，并完成了文化融合。南音为了在时代中生存，南音人做出响应时代的微小改革，使其在传播区域扎根与发展，在时代中逐渐成熟并完成了文化区的演变。

（二）讨论

当今时代，南音文化的生存环境又步入艰难。从南音自身来看，传统南音的可视性较差，较比于梨园戏、木偶戏的形象生动，南音较为单调，不受年轻人喜爱。曲目陈旧，"指""谱"局限于古代词曲或典故，与现代的潮流文化格格不入，群众疲于古典文化，不能引起共鸣。南音运用的闽南方言虽委婉动听，但对于不懂闽南语的人来说无异于"天外来音"，这在很大程度上限制了爱好南音的群体。[7] 由于南音资金困难，收入少，因此在南音的研究、演出上经费不足。

南音若要得到更好的发展，就必须进行自身的改革和创新。笔者的建议有以下三点。首先，随着文化的全球化，西方文化大量涌入并受到年轻人的追捧，而文化的传承必须依靠当代年轻力量，因此南音作为艺术文化要服务于社会，也就是顺应时代的要求，其内容不能再受限制，应注入时代的元素，将传统联系现代，创作出新的作品。其次，南音的传授方式在很长一段时间内都是"口传心授"，这会造成文化的缺失、变味和单一，印度尼西亚在这方面为我们做了一个很好的示范——开办南音艺术学校，让资深南音人走进课堂，将南音文化作为专业性的研究，把文化更好地传承下来。最后，作为国家非物质文化遗产，社会、政府要对南音文化引起重视，面对很多南音历史资料的流失，政府需投入人力、物力、财力来研究、发展，社会各阶层更应携手拯救南音文化，保护中华民族的文化瑰宝，将它发扬光大。

参考文献

［1］高红：《妈祖文化与地理环境》，《人文地理》1997 年第 3 期。

［2］刘学谦：《武术在文化扩散中传播和发展》，《北京体育大学学报》1997 年第 4 期。

［3］朱竑司、司徒尚纪：《开疆文化在海南的地域扩散与整合》，《地理学报》2001 年第 1 期。

［4］李爱军、司徒尚纪：《杨家将文化的起源、扩散的地名分布》，《热带地理》2008 年第 2 期。

［5］赵荣、王恩涌、张小林：《人文地理学》，高等教育出版社 2006 年版。

［6］方嘉雯：《基于文化地理学视角的秦腔文化起源与扩散》，《人文地理》2013 年第 3 期。

［7］俞建芬：《中华民族音乐的活化石——福建南音》，《音乐探索》2004 年第 3 期。

［8］曾家阳：《泉州南音琵琶教程》，厦门大学出版社 2006 年版。

［9］王康弘、耿侃：《文化信息的空间扩散分析》，《人文地理》1998 年第 3 期。

［10］冯光珏：《戏曲声腔的传播》，《武汉音乐学院学报》1999 年第 3 期。

［11］黄莹：《论泉州南音的海洋性文化特征》，《民族民间音乐研究》2010 年第 1 期。

［12］郑长铃、王珊：《南音》，浙江人民出版社 2006 年版。

［13］王珊：《泉州南音》，福建人民出版社 2009 年版。

［14］ 周晓凡：《民国时期南音的传播》，《重庆科技学院学报》2010年第 19 期。

［15］ 吴少静：《近代东南亚华人对闽南音乐的继承与传播》，《泉州师范学院学报》2004 年第 5 期。

［16］ 吴康：《戏曲文化的空间扩散及其文化区演变——以国家非物质文化遗产淮剧为例》，《地理研究》2009 年第 5 期。

［17］《南音社团》，福建南音网，http：//www.fjnanyin.com/college.asp。

"一带一路"背景下福建与东盟
贸易实证研究

廖 萌

（福建社会科学院华侨华人研究所）

摘 要：东盟是福建传统的经贸合作伙伴，随着中国－东盟自由贸易区（CAFTA）建成，福建自贸区和"海丝"核心区建设的全面展开，福建与东盟的经贸合作进入了黄金时期。文章根据 2005—2014 年福建与东盟双边贸易数据，运用贸易结合度和引力模型对福建与东盟的贸易现状和潜力进行实证分析。研究表明：福建与东盟贸易联系紧密，互为双方重要的出口市场。东盟在福建对外贸易中的地位越来越重要，2011 年后福建在贸易方面对东盟的依赖程度逐年增加。从贸易引力模型的实证分析来看，福建与东盟传统贸易伙伴马来西亚、印度尼西亚等国的贸易潜力较小，需寻找新的贸易增长点；与文莱、老挝等国的贸易潜力较大，需充分挖掘其潜力。

关键词：贸易潜力；贸易结合度；引力模型；福建；东盟

一 文献回顾

福建是海上丝绸之路的重要发祥地，而东盟是海上丝绸之路的重要节点地区。近年来，很多专家学者对福建与东盟的经贸合作情况做了深入研究。刘义圣、王春丽在分析福建与东盟产业同构性和产品结构互补性的基础上，得出福建与东盟由传统的产业间贸易开始向产业内贸易过渡。① 全毅、刘京华认为，福建与东盟经贸合作存在产业结构相似，出口产品雷同，在国际市场上竞争激烈，相互投资规模较小等问题。② 吴崇伯提出，深化福建与东盟的经贸合作的政策建议，包括建立福建－东盟合作机制、扩大对东盟出口、加大福建与东盟港口和资源合作力度等。③ 唐帆、陶红军总结出，福建与东盟贸易合作的优势，即贸易互补优势、海西经济区区域优势、闽籍华商资源优势和农产品竞争优势。④福建社会科学院课题组归纳出，福建与东盟贸易呈现出外资企业和民营企业成为贸易主体，贸易方式为一般贸易、机电产品为双方最大宗贸易商品，服务贸易合作不断深化等特点。⑤ 刘京华通过竞争优势指数、显示比较优势指数和显示比较优势差异度指数，考察了福建与东盟之间贸易结构的互补性与竞争性。⑥ 从以上文献可以看出，福建与东盟经贸的研究大多集中于 2010 年以前，主要从中国—东盟自贸区、产业结构、产品结构等视角研究福建与东盟经贸合作的现状、特点、存在的问题及其对策建议。多采取理论分析的方法，实证的研究较为少见，运用引力模型分析福建与东盟的贸易潜力更是凤毛麟角。

---

① 刘义圣、王春丽：《福建—东盟产业同构性与产业内贸易可能性初探》，《亚太经济》2006年第 2 期。

② 全毅、刘京华：《福建与东盟经贸合作的现状与前景》，《福建论坛》（人文社会科学版）2008 年第 8 期。

③ 吴崇伯：《福建与东盟经贸合作及深化合作的政策建议》，《郑州航空工业管理学院学报》2008 年第 3 期。

④ 唐帆、陶红军：《CAFTA 条件下福建对东盟贸易竞争力分析——以东盟四国（菲律宾、泰国、马来西亚、新加坡）为例》，《福建农林大学学报》（哲学社会科学版）2009 年第 12 期。

⑤ 福建社科院课题组：《福建与东盟贸易现状与发展趋势研究》，《亚太经济》2010 年第 6 期。

⑥ 刘京华：《CAFTA 框架下中国福建省与东盟对外贸易结构的互补性与竞争性分析》，《东南亚纵横》2014 年第 8 期。

引力模型是由经济学家 Tin Bergen[①] 和 Poyhonen[②] 最早运用到国际贸易领域的。经过多年的发展，引力模型的理论和实证得到较大发展，众多专家学者应用其来分析区域间贸易现状及潜力。单文婷、杨捷运用引力模型对中国与东盟贸易进行实证分析，认为中国与印尼、老挝、泰国贸易存在不足，有很大的贸易潜力。[③] 范爱军、曹庆林用引力模型分析中国对东盟地区的贸易流量，指出中国与东盟国家出口潜力未充分发挥，出口商品结构相似，竞争占主要部分。[④] 金缀桥、杨逢珉运用引力模型对中韩双边贸易进行分析，认为虽然中韩贸易结合度和综合贸易互补性出现了微弱递减的趋势，但是中韩两国双边贸易规模大，增长快，中韩双边贸易潜力呈现出递增态势。[⑤] 庄赟、魏昊运用引力模型分析福建与台湾的贸易状况和潜力，认为福建和台湾两地间的贸易发展水平低于其经济发展规模应有的水平，还有提升的空间。[⑥] 高志刚、刘伟通过构建引力模型对中国与中亚五国贸易潜力进行实证分析及前景展望，结果表明，双方经济发展水平、交通运输成本、关税水平和上合组织等因素是影响出口及双边贸易的主要因素，其中双方经济发展水平、上合组织对出口及双边贸易总量有积极的影响，而距离及关税税率水平对出口和双边贸易总量起到一定的阻碍作用。[⑦] 谭秀杰、周茂荣利用引力模型研究了"海上

① J. Tin Bergen，"Shaping the World Economy"，New York：*Twentieth Century Fund*，1962.

② P. A. Poyhonen. Tentative Model of the Volume of Trade between Countries，Weltwirtschaftliches Archiv，1963：90.

③ 单文婷、杨捷：《引力模型在中国与东盟贸易中的实证分析》，《亚太经济》2006 年第 3 期。

④ 范爱军、曹庆林：《中国对东盟地区的贸易流量分析——基于引力模型的研究》，《亚太经济》2008 年第 3 期。

⑤ 金缀桥、杨逢珉：《中韩双边贸易现状及潜力的实证研究》，《世界经济研究》2015 年第 1 期。

⑥ 庄赟、魏昊：《新时期福建与台湾贸易状况及潜力预测》，《福建论坛》（人文社会科学版）2015 年第 12 期。

⑦ 高志刚、刘伟：《"一带"背景下中国与中亚五国贸易潜力测算及前景展望》，《山东大学学报》（哲学社会科学版）2015 年第 5 期。

丝绸之路"主要沿线国家间的贸易潜力，研究表明，"海上丝绸之路"的贸易效率在不断提升，中国对"海上丝绸之路"的出口仍有很大潜力。[①] 综上所述，许多专家用引力模型对不同国家和地区之间的贸易现状和贸易潜力进行了大量的实证研究，为本文的研究提供了必要的参考。然而，运用引力模型来分析福建与东盟双边贸易潜力的研究文献尚不多。福建与东盟双边贸易的现状如何？未来双边贸易潜力有多大？本文将在此方面进行探索。

二 福建与东盟贸易现状

福建与东盟各国地缘相近、人缘相亲，加之交通便捷、经济互补性强，东盟各国长期以来是福建进出口贸易、引进外资及实施"走出去"战略的重要地区。目前，福建与东盟贸易的现状主要如下三点。

（一）福建与东盟双边贸易规模大、增长快

据统计，2005—2013年，福建与东盟双边贸易发展较快，贸易总额从46.55亿美元增长至250.83亿美元，增长了4.39倍，年均增长率为20.24%。从表1和图1可以看出，2005—2014年，福建对东盟的进出口贸易均呈现增长态势，尤其是2010年CAFTA建成，福建与东盟的贸易额呈现井喷式增长，增幅由2009年的11.02%跃升到2010年的41.12%。由表1和图1可以看出，2005—2014年福建对东盟的出口额和进口额分别从24.28亿美元和22.27亿美元上升为167.32亿美元和83.51亿美元，分别增长了5.89倍和2.75倍，增长显著。

---

① 谭秀杰、周茂荣：《21世纪"海上丝绸之路"贸易潜力及其影响因素——基于随机前沿引力模型的实证研究》，《国际贸易问题》2015年第2期。

表 1　　　　　　　　　　　2005—2014 年福建对东盟进出口情况

年份	进出口总额 （亿美元）	比上年 增长（%）	出口额 （亿美元）	比上年 增长（%）	进口额 （亿美元）	比上年 增长（%）
2005	46.55	11.76	24.28	22.7	22.27	1.8
2006	54.12	16.26	29.8	22.7	24.32	9.3
2007	70.74	30.71	41.28	38.6	29.46	21.1
2008	84.24	19.08	52.18	26.4	32.06	8.8
2009	93.52	11.02	60.09	15.1	33.43	4.3
2010	131.98	41.12	83.07	38.3	48.91	46.3
2011	183.23	38.83	116.21	39.9	67.02	36.9
2012	215.42	17.56	142.11	22.3	73.31	9.5
2013	242.81	12.73	163.17	14.8	79.64	8.6
2014	250.83	3.3	167.32	2.6	83.51	4.9

数据来源：福建省统计局《2005—2014 年福建省国民经济和社会发展统计公报》。

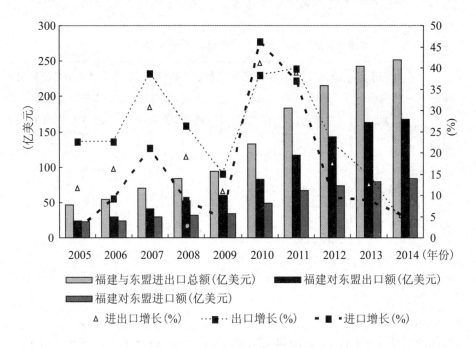

图 1　2005—2014 年福建与东盟贸易及增长情况

2015 年福建省与东盟进出口贸易总额达到 247. 17 亿美元，其中出口 170. 00 亿美元，逆势增长 1. 57%，高于福建省出口增幅。① 截至 2015 年年底，东盟已是福建第二大贸易伙伴、第四大外资来源地和第二大对外投资目的地。据最新统计数据显示，2016 年第一季度，福建对东盟进出口 372. 1 亿元，同比增长 9. 9%，其中 3 月份以 46. 9% 的强势增长，使东盟超越美国成为福建最大贸易伙伴。②

（二）东盟在福建对外贸易中的地位越来越重要

从表 2 和图 2 可知，2005—2013 年福建与东盟双边进、出口额和贸易总额都有显著的增长，特别是东盟作为贸易伙伴国在福建对外贸易中的地位上升较快，如表 2 和图 2 所示，福建与东盟贸易额占福建外贸总额的比重从 2005 年的 8. 56% 增长到 2013 年的 14. 34%，增长了 5. 78%。福建与东盟贸易额占东盟外贸总额比重逐渐增长，其年平均值为 0. 61%。

表 2　　　　　福建与东盟贸易额占福建（东盟）贸易总额的比重

年份	福建与东盟贸易额（亿美元）	福建外贸总额（亿美元）	东盟贸易总额（亿美元）	福建与东盟贸易额占福建外贸总额的比重(%)	福建东盟贸易额占东盟贸易总额的比重(%)
2005	46. 55	544. 11	12593. 04	8. 56	0. 37
2006	54. 12	626. 59	14575. 02	8. 64	0. 37
2007	70. 74	744. 51	16400. 36	9. 50	0. 43
2008	84. 24	848. 21	19285. 02	9. 93	0. 44

① 王大可：《福建借"海丝"演绎新故事》，《人民日报·海外版》2016 年 4 月 29 日第 5 版。
② 龙敏：《福建省委书记尤权率团访东南亚三国》，2016 年 4 月 17 日，中国新闻网（ht-tp：//www. chinanews. com/gn/2016/04 – 17/7837312. shtml）。

续　表

年份	福建与东盟贸易额（亿美元）	福建外贸总额（亿美元）	东盟贸易总额（亿美元）	福建与东盟贸易额占福建外贸总额的比重（%）	福建东盟贸易额占东盟贸易总额的比重（%）
2009	93.52	796.49	15407.38	11.74	0.61
2010	131.98	1087.80	20031.63	12.13	0.66
2011	183.23	1435.22	23897.86	12.77	0.77
2012	215.42	1559.38	24747.04	13.81	0.87
2013	242.81	1693.22	25192.24	14.34	0.96

数据来源：《福建统计年鉴 2015 年》。

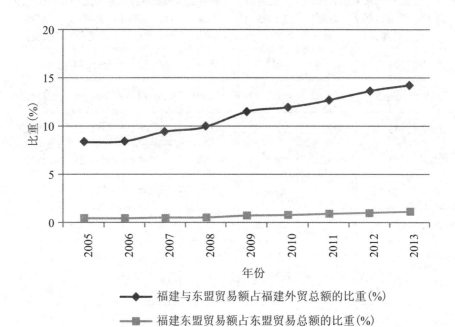

图 2　福建与东盟贸易额占福建（东盟）贸易总额的比重

（三）福建与东盟贸易结合度逐渐增强

贸易结合度是一个比较综合性的指标，用来衡量两国在贸易方面的相互依存度。贸易结合度是指一国对某一贸易伙伴国的出口占该国出口总额的比重，与该贸易伙伴国进口总额占世界进口总额的比重之比。其数值越大，表明两国在贸易方面的联系越紧密。贸易结合度的计算公式如下：

$$TCD_{pq} = (X_{pq}/X_p)/(M_q/M_W)$$

其中，TCD_{pq}表示 p 国对 q 国的贸易结合度，X_{pq}表示 p 国对 q 国的出口额，X_p表示 p 国出口总额；M_q表示 q 国进口总额；M_W表示世界进口总额。如果$TCD_{pq} > 1$，表明 pq 两国在贸易方面的联系紧密，如果$TCD_{pq} < 1$，表明 pq 两国在贸易方面的联系松散。

表3   2005—2013 年福建与东盟贸易情况

年份	福建对东盟出口额（亿美元）	福建出口总额（亿美元）	东盟进口总额（亿美元）	世界进口总额（亿美元）	东盟对福建出口额（亿美元）	东盟出口总额（亿美元）	福建进口总额（亿美元）
2005	24.28	348.42	6027.30	108700	22.27	6565.74	195.69
2006	29.8	412.62	6877.12	124610	24.32	7697.90	213.97
2007	41.28	499.40	7749.23	143300	29.46	8651.13	245.10
2008	52.18	569.92	9387.64	165720	32.06	9897.38	278.29
2009	60.09	533.19	7269.51	127810	33.43	8137.87	263.30
2010	83.07	714.93	9531.13	155100	48.91	10500.50	372.87
2011	116.21	928.38	11530.26	185040	67.02	12367.60	506.85
2012	142.11	978.33	12224.26	186110	73.31	12522.78	581.05
2013	163.17	1064.74	12458.50	188900	79.64	12733.74	628.47

数据来源：世界贸易组织数据库、《福建省统计年鉴 2015 年》、国研网统计数据库等。

把表 3 的相关数据代入贸易结合度计算公式，可以计算出福建与东盟贸易结合度指数，如表 4 所示。

表 4　　　　　　　　　　　福建与东盟贸易结合度指数

年份	2005	2006	2007	2008	2009	2010	2011	2012	2013
TCD_{fa}	1.26	1.31	1.53	1.62	1.98	1.89	2.01	2.21	2.32
TCD_{af}	1.88	1.84	1.99	1.93	1.99	1.94	1.98	1.88	1.88

通过表 4 我们可以得出以下三个结论。一是 2005—2013 年，福建对东盟和东盟对福建的贸易结合度指数均大于 1，近年来这一指数接近甚至超过 2，这表明福建与东盟贸易联系紧密，互为双方重要的出口市场。二是 2010 年以前福建对东盟的贸易结合度指数均小于东盟对福建的贸易结合度指数，说明东盟在贸易方面对福建的依赖程度更高，2011 年后福建对东盟的贸易结合度指数大于东盟对福建的贸易结合度指数，且差距越来越大，说明近年来福建在贸易方面对东盟的依赖程度逐年增加。这与东盟是福建第二大贸易伙伴、第四大外资来源地和第二大对外投资目的地这一现实情况相符，三是 2005—2013 年虽然东盟对福建出口额和世界进口总额均逐年增加，但东盟对福建的贸易结合度指数呈现先增大后减少的现象，主要原因是东盟出口总额和福建进口总额增加较多的缘故，说明福建与东盟贸易逐渐趋于平衡。

三　福建与东盟双边贸易发展潜力的实证分析

（一）模型构建

引力模型的思想源自牛顿的万有引力定律：任何两个物体之间的作用（引力）的大小与它们的质量成正比，与它们之间的距离平方成反比。经济学家在此基础上做了发展、延伸，提出了一个比较完整且简便的经济学模型——引力模型。这个模型认为两个经济体之间的单项贸易流量与它们各自的经济规模（一般用 GDP 来表示）成正比，与它们之间的距离成反比。这个模型在以后很多学者的实证分析方面得到了成功的印证。引力模型的基本形式为：

$$T_{ij} = A(Y_i Y_j / D_{ij})$$

其中，T_{ij} 是国家 i 对国家 j 的出口额；Y_i 是国家 i 的 GDP；Y_j 是国家 j 的 GDP；D_{ij} 是国家 i 和国家 j 的距离；A 是比例常数。

由于引力模型需要的数据具有可获得性强、可信度高等特点，贸易引力模型的应用越来越广泛，成为国际贸易流量的主要实证研究工具。引力模型经过多年的发展和完善，研究者可依据自己的重点，按照影响双边贸易流量的主要因素设置不同的解释变量，来分析这些因素的影响方向和影响大小，并对贸易潜力进行测算。目前，最常见、最普遍的贸易引力模型为：

$$T_{ij} = \beta_0 (Y_i Y_j)^{\beta_1} (PCY_i PCY_j)^{\beta_2} d_{ij}^{\beta_3} \varepsilon_{ij}$$

两边取对数，引力模型便转化为以下基本形式：

$$\ln T_{ij} = \beta_0 + \beta_1 \ln(Y_i Y_j) + \beta_2 \ln(PCY_i PCY_j) + \beta_3 \ln d_{ij} + \varepsilon_{ij} \tag{1}$$

为了更好地研究影响福建与东盟贸易量的主要因素，本文在以上公式的基础上引入新的解释变量福建与东盟各国外商直接投资流量 FDI，得到扩展的贸易引力模型方程：

$$\ln T_{ij} = \beta_0 + \beta_1 \ln(Y_i Y_j) + \beta_2 \ln(PCY_i PCY_j) + \beta_3 \ln d_{ij} + \beta_4 \ln FDI + \varepsilon_{ij} \tag{2}$$

（二）样本和数据

1967 年《曼谷宣言》的发表，标志着东盟的成立。截至目前，东盟成员国有马来西亚、印度尼西亚、泰国、菲律宾、新加坡、文莱、越南、老挝、缅甸和柬埔寨。样本采用面板数据,主要选取2005—2012年①福建与东盟10国的相关数据进行分析,样本容量为80。引力模型中解释变量含义、预期符号、理论说明和数据来源等参看表5。

表5　　　　　　　解释变量含义、符号、理论说明和数据来源

解释变量	变量含义	预期符号	理论说明	数据来源
T_{ij}	出口地区 i 对进口地区 j 的出口额(万美元)	—	—	《福建省对外经贸年鉴》 2006—2013 年
Y_i	出口地区 i 的 GDP(亿元)	+	出口国的经济规模,反映出口国潜在的供给能力,与双边贸易流量呈正相关	《福建统计年鉴:2015》
Y_j	进口地区 j 的 GDP(亿美元)	+	进口国的经济规模,反映进口国潜在的需求能力,与双边贸易流量呈正相关	世界银行 WDI 数据库
PCY_i	出口地区 i 的人均 GDP(元)	+	代表出口国或地区的经济发展水平,反映了该国或地区的出口能力,与双边贸易流量呈正相关	《福建统计年鉴:2015》
PCY_j	进口地区 j 的人均 GDP(美元)	+	代表进口国或地区的经济发展水平,随着人均收入增长,对进口需求的数量和反映规模经济的差异产品的进口品种都会提高	世界银行 WDI 数据库

---

① 2014年起福建停止发布《福建省对外经贸年鉴》,把相关数据全部并到《福建统计年鉴》,故从2013年起,福建与文莱、缅甸、柬埔寨、印尼、老挝、越南等国家的进出口数据缺失。

解释变量	变量含义	预期符号	理论说明	数据来源
d_{ij}	出口地区 i 与进口地区 j 的距离（km）	—	代表运输成本的高低，是阻碍贸易的重要因素，通常距离越大，运输成本越高，与双边贸易流量成反比	网站：www.indo.com 中的"距离计算器"（Distance Calculator）
FDI	外商直接投资（百万美元）	+	贸易和投资相互促进，投资增强，贸易合作亦加强	《福建统计年鉴》，UNCTAD, World Investment Report 2012

（三）福建与东盟双边贸易流量分析

根据上文阐述的引力模型，运用计量经济学 Statal 软件，用 2005—2012 年福建与东盟的面板数据对式（2）进行随机效用模型回归，回归的结果如表 6 所示。

表 6　　　　　福建与东盟双边贸易引力模型的实证结果

变量	回归系数	P 值	Z 值	标准差
C	10.65469	0.172	1.36	7.808289
$\ln(Y_iY_j)$	1.281921	0.000	5.30	0.2416469
$\ln(PCY_iPCY_j)$	0.152944	0.477	0.71	0.2148937
$\ln d_{ij}$	−1.866278	0.075	−1.78	1.047039
$\ln FDI$	0.5046539	0.004	2.90	0.1741106

从回归结果看，各解释变量系数、符号与预期基本吻合，将表6的回归结果代入式（2）得到福建与东盟双边贸易额的最终回归方程：

$$\ln T_{ij} = 10.65 + 1.28\ln(Y_i Y_j) + 0.15\ln(PCY_i PCY_j) - 1.86\ln d_{ij} + 0.5\ln FDI$$

从最终回归方程我们可以得到以下四个结论。一是福建与东盟各国GDP对双边贸易有显著的影响，回归系数达到1.28，即在控制其他变量的前提下，福建与东盟各国的GDP每增加1%，双边贸易额将增加1.28%。二是福建与东盟各国人均GDP对双边贸易影响不显著，主要是东盟部分国家虽然GDP总量很小，但由于人口较少，使得人均GDP较大，这样对回归的结果有一定的影响。三是福建与东盟各国的距离对双边贸易有显著的负影响，距离每增加1%，双边贸易流量减少1.86%。空间上的距离我们无法更改，但福建和东盟可以大力发展跨境电商等，弱化空间距离的消极影响。四是福建与东盟各国的外资对双边贸易有显著正影响，投资与贸易相互促进，因此应加大福建与东盟各国"引进来"与"走出去"的步伐。

（四）福建与东盟的贸易潜力

贸易引力模型的另一个重要应用是估算国家间双边贸易的潜力，即用实际贸易流量与用引力模型模拟的理论贸易流量相比较以估算国家间双边贸易发展的潜力。当比值大于1时，表明国家间双边贸易处于"潜力再造型"状态，此时要拓展新的贸易增长点方可使双边贸易上一个新台阶；当比值等于1时，表明双边贸易处于最优状态；当比值小于1时，表明双边贸易处于"潜力巨大型"状态，此时国家间的贸易还有很大的市场空间可以开掘，市场还未处于饱和状态，比值越低，则表明可挖掘的潜在市场空间越大。本文选取2012年福建与东盟各国的相关数据代入回归方程来测算福建与东盟的贸易潜力（见表7）。

表7　　　　　　　　　　　　福建与东盟的贸易潜力（2012 年）　　　　　　　单位:万美元

国家	文莱	缅甸	柬埔寨	印度尼西亚	老挝	马来西亚	菲律宾	新加坡	泰国	越南
实际值 P_1	13803	14970	11715	205730	1267	304237	350049	188186	154446	176727
预测值 P_2	28877	15354	13750	174643	2569	262499	307870	183955	141175	185248
P_1/P_2	0.478	0.975	0.852	1.178	0.493	1.159	1.137	1.023	1.094	0.954

从表 7 可以看出，福建与东盟各国的贸易潜力不尽相同。其中，双边贸易属于"潜力再造型"的国家有马来西亚、印度尼西亚、新加坡、泰国、菲律宾，说明福建与东盟这几个国家的贸易联系较为密切，这与福建在东盟贸易前三大伙伴为马来西亚、菲律宾、印度尼西亚的实际情况相吻合。我们应保持好现有的积极因素，巩固和继续发展福建与其的贸易关系。属于"潜力巨大型"的国家有文莱、缅甸、柬埔寨、越南、老挝。说明现阶段福建与这几个国家的贸易存在不足，有较大的增长空间。尤其是文莱和老挝两国的 P_1/P_2 值均小于 0.5，说明福建应积极拓展与文莱和老挝的贸易往来。

四　结论及建议

综上所述，东盟是福建的传统贸易伙伴，双方在经贸合作上具有诸多优势。随着中国－东盟自贸区建设加快推进，福建与东盟双边贸易呈现出规模大、增长快，东盟在福建对外贸易中的地位越来越重要，福建与东盟贸易结合度逐渐增强等特点。从贸易引力模型的实证分析来看，影响福建与东盟双边贸易流量的因素有双方 GDP 规模、人均 GDP 大小、距离、*FDI* 等，其中福建与东盟各国的距离是阻碍双边贸易的最显著的因素，说明今后应加强福建与东盟的基础设施建设，缓解距离对双边贸易的影响。从贸易潜力来看，福建在维持好与马来西亚、印度尼西亚、新加坡、泰国、菲律宾等国传统贸易的基础上，争取利用"海丝"核心区建设和福建自贸区建设的机会，寻找新的贸易增长点，激发出双边贸易活力，同时注重开拓文莱、缅甸、柬埔寨、越南、老挝等东盟其他国家的市场，充分挖掘其潜力。根据以上实证分析，现提出以下五点建议来促进福建与东盟双边贸易进一步发展。

1. 加强互联互通，弱化福建与东盟的空间距离

福建应进一步加强与东盟国家在港口码头、物流园区、集散基地和配送中心等建设管理方面的合作，加快建设厦门东南国际航运中心，集中力量推进重点港区建设，着力打造国际集装箱干线港、区域性邮轮母港；增开至东盟各国的国际航线，构筑便捷高效的航空网络；推进跨境光缆等通信网络设施建设，搭建面向东盟国家的跨境电子商务及物流信息共享平台，促进福建与东盟各国信息互联互通、货物通关和人员往来便利化。

2. 促进双向投资，发挥福建华侨华人的优势

华侨是福建的一大优势，作为中国著名侨乡，福建旅居世界各地的闽籍华侨华人有 1200 多万人，其中 80% 集中在东南亚；东盟国家 2000 多万华侨华人中，有近 1000 万人祖籍福建。[1] 充分发挥东盟各国华侨华人的桥梁和纽带作用，借助他们的人脉、资本、技术等优势，邀请他们来福建投资，争取建立若干个侨商总部，推动建立福建与东盟政府机构、闽籍华侨

---

① 尤权：《福建省委书记：打造"21 世纪海上丝绸之路"重要枢纽》，《求是》2014 年第 17 期。

华人社团和行业商协会之间的常态化沟通协调机制,加快推进"中国—东盟海上合作基金"项目建设,坚持依靠华侨华人力量、深化官方与民间合作相结合,促进双向投资。

3. 产业结构互补,进一步扩大双方经贸合作

东盟各国与福建贸易互补,特点各异。工业方面,福建产业基础完备、产品性价比高,建材、船舶、汽配、纺织服装、鞋类等产品出口优势明显,东盟提供庞大市场的同时也是福建资源型、原料型产品、高科技零部件的重要来源地;农业方面,相对于东盟优质水稻、棕榈油、橡胶和热带水果等,福建深加工的水产品、蔬菜以及柑橘等具有互补优势;服务业方面,福建在建筑、海运服务等方面竞争力较强,而东盟则在航空运输、金融、酒店、会展、旅游服务方面独具特色。根据比较优势原理,结构互补性就是进一步扩大经贸合作的直接驱动力。因此,双方应充分利用这种贸易互补性,加强合作交流。

4. 持续积极支持企业实施"走出去"战略

福建应努力争取国家商务部在境外投资项目审批、信息及融资方面给予企业更多的支持和指导。推动境外园区建设,鼓励以民营企业为主体在境外投资建设纺织服装等传统优势产品生产基地,打造商贸物流、原材料生产及初加工基地,带动成套设备、原材料、半成品出口。

5. 加快推动福建自贸区对东盟贸易自由化

福建应争取国家支持,在海关、检验检疫、认证认可、标准计量、统计信息等方面与东盟国家和地区开展合作试点,探索建立与东盟国家和地区口岸部门查验结果互认机制,探索互联互通监管合作新模式,简化东盟

货物进口原产地证书提交需求，提高贸易便利化水平。加大与东盟渔业合作力度。支持渔业企业组建现代化远洋捕捞船队，建设远洋渔业生产基地、境外水产养殖基地。进一步完善全国唯一的海产品交易所"中国—东盟海产品交易所"（位于福州马尾）和全国最大的水产品批发中心"海峡水产品交易中心"（位于福州马尾），对中国 – 东盟海产品交易所进境海产品采取"统一申报、集中查验、分批核放"模式，加快发展海产品现货、期货以及场外衍生品交易，推进跨境贸易与投资人民币结算业务，促进中国 – 东盟水产品交易所海产品内销便利化。

基于全球视野的"海丝"文化再认识

林丽珍

（泉州市泉州学研究所）

摘　要： 海上丝绸之路从历史走来，具有深厚的文化底蕴。在"一带一路"的伟大愿景下，关系到"海丝"沿线众多国家的利益和未来，需要我们立足全球视野对"海丝"文化进行再认识，思考其内涵，了解其价值功能，探索繁荣"海丝"文化的路径。

关键词： 全球视野；"海丝"文化；内涵；意义；建设路径

海上丝绸之路是古代中国与外国交通贸易的海上通道，它不但是一条商业贸易通道，还是一座中国和世界各国间政治往来、文化交流的桥梁。"一带一路"将海上丝绸之路冠以"21世纪"，就为其附加了新的意义和内涵。在古代，海上丝绸之路的形成是一种自发状态，是一些当地居民基于生存的需要出海寻找生路；而现代意义的海上丝绸之路，是一种国家战略，是一种更大范围、更高层次的文化、经济交往。重视发掘和拓宽"新海丝"中的文化内涵，秉持开放包容的"海丝"精神，了解"新海丝"文化建设的意义，探索在全球视野下建设新"海丝"文化的路径,以期建立"海丝"沿线众多国家更大范围、更高层次的文化交往。

一 全球视野下的"海丝"文化内涵再认识

新时期,人们通过海上丝绸之路进行的活动内容非常广博,包括海上航线的拓展、航海技术的演进、外贸港口的兴建、远洋货物的贩运、对外贸易的管理、华侨的往来、宗教的传播等。"海丝"文化正是在沿线各族群海洋文化的繁衍和交流的过程中不断形成和发展的。中外的物质、政治、宗教文化通过海上丝绸之路相互交流。综观新时期全球视野下的"海丝"文化,不是封闭的,而是开放、包容的,秉持的是共商、共建、共享原则,不是中国"独家演奏",而是"海丝"沿线众多国家的"合唱"。"海丝"文化是一种海洋性浓重,具有本土性与世界性、主体性与多元性,不断融合东西方文化的世界文化,其内涵构成主要包括海洋文化、商贸文化、港口文化、华侨文化、宗教文化等,下面分别予以论述。

(一) 海洋文化

进入21世纪,各国以海洋为纽带,更加密切地展开市场、文化、技术等方面的交流,一个更加注重海洋合作与发展的新时代已经到来。人类根据对海洋的认识、开发和利用,创造出来的一种缘于海洋而生成的精神、行为、社会和物质的文化既是海洋文化。"海丝"文化以海洋为背景、以大海为舞台,持久地展开文化的交流和传播,可见海洋文化必然是"海丝"文化内涵的主要构成之一。

(二) 商贸文化

21世纪,中国提出建设海上丝绸之路,是为了适应经济全球化的新形势，扩大与"海丝"沿线国家的利益汇合点，与相关国家和地区打造经济融合、文化包容，实现地区各国共同发展共同繁荣的利益和命运共同体。因此通过海上丝绸之路进行商业贸易活动，形成的反映商贸背景、过程、环境、心理和结果，体现商贸精神的一种文化，即商贸文化，是"海丝"文化内涵主要构成之一。

（三）港口文化

海上丝绸之路离不开港口，因港口而兴商品贸易，从而实现文化交流；商品贸易和文化交流造就了港口，推动了港口的发展与兴盛。历史上许多重要港口都为海上丝绸之路做出了重大贡献。21 世纪，港口仍将发挥其在海上丝绸之路中的重要作用。在长期的海内外商业贸易与人文交流中，因港口而形成的反映港口建设、体现港口不同人群之间精神文化的碰撞与交流不同文化、凝聚港口人精神意识的丰富港口文化、与海洋文化、商贸文化等相辅相成。港口文化无疑是"海丝"文化内涵的又一重要构成部分。

（四）华侨文化

"以侨为桥"是新时期建设海上丝绸之路的重要路径。通过海上丝绸之路出国、侨居海外的华侨，将中国文化与侨居国文化进行交流，相互结合的产物即华侨文化。华侨文化是海外华侨在长期的艰苦奋斗中形成的独特文化，是海外华侨的思维方式、价值取向、理想人格、伦理观念、审美情趣等精神因素以及行为方式、生活方式的集中体现。华侨文化一部分在内地，另一部分在海外，具有跨地域性质，其文化特质具有相对独立性的一面。毫无疑问，华侨文化是"海丝"文化内涵的重要组成部分。

（五）宗教文化

"21世纪海上丝绸之路"沿线国家宗教信仰多样，在进行全方位交流时，各国宗教文化的差异不可回避。习近平总书记提出："民心相通是'一带一路'建设的重要内容，也是关键基础。"要做到民心相通，必须尊重佛教、道教、基督教、印度教、伊斯兰教等各种宗教文化，了解其文化差异和宗教禁忌。可见，宗教文化是"海丝"文化内涵的重要组成部分。

二 全球视野下"海丝"文化的价值功能

在2015年11月26日《人民日报》07版的《文化是'一带一路'建设的重要力量》一文中，习近平同志指出："一项没有文化支撑的事业难以持续长久。"文化是"一带一路"建设的重要力量。"海丝"文化不仅是中国的，更是世界的。"海丝"文化不仅是各美其美，更是美美与共。"海丝"文化在两千多年的发展过程中已深入"海丝"沿线国家的日常生活中，并在促进经济合作、塑造政治形态、取得文化认同、借鉴先进文明、交流道德信仰等方面都发挥过历史性的功能和价值，有些至今仍然产生以下三个重要的积极作用。

（一）稳定社会秩序、培养建设海洋意识的价值与功能

海洋信仰与民间习俗为代表的"海丝"文化深藏于地方社会，占据着"海丝"沿线国家的信仰世界和意识形态，成为具有内在发展逻辑的地方精神力量。在当下的现代化建设和海洋社会建设中，应充分发挥"海丝"文化特有的多元功效，维护"海丝"沿线国家社会秩序与稳定，并将"海丝"文化转化为可持续利用的文化资本。同时从长远来看，还应发挥"海丝"文化的社会整合功能，建构"海丝"沿线国家内在柔和协调机制，化

解矛盾和斗争。

中国虽然拥有辽阔的海岸线，但大陆农耕文化仍处于主导地位，海洋意识较为薄弱。因此，弘扬"海丝"文化，对培养海洋环保意识、海洋权益意识、海洋可持续发展意识、海洋强国意识，建构现代国民海洋意识，具有不可替代的促进作用，是一项关乎国家前途的长期任务。

（二）加强经济合作、促进和平外交的价值和功能

通过平等交流，互通有无、互惠互利，达到双赢的"海丝"文化充分展示了历代中国人民都是爱好和平的。用全球的视野重新审视"海丝"文化的外交功能和价值，可以促进中国与"海丝"沿线国家加强经济合作，实现经济和文化发展共赢，从而达到确立互信。以互信化解纷争，树立我国敢担责、可信赖的大国风范，促使"海丝"沿线国家可持续发展，从而促进"海丝"沿线国家同我国保持友好交往，达到促进和平外交的价值和功能。

伴随着海上丝绸之路的发展，不断有濒海民众走向海洋，在异国他乡谋生致富，海外华侨遍布世界各地。华侨在海外形成的跨国界的、多民族共有的特殊"亲情"和文化理念，并通过族群交往、海上贸易联系、文化交流、海洋交通网络等形成你中有我，我中有你的互相依存的内在力量和内部逻辑。这种跨国界、跨民族的友好民间交往，成为中国发展同"海丝"沿线国家和平外交的特殊的海洋管道。

（三）推进两岸文化交流、促进祖国统一的价值和功能

海上丝绸之路是由包含台湾人在内的两岸人民共同开辟的，在"21世纪的海上丝绸之路"建设中，海峡两岸有着更多共同的利益，也具备共同建设的传统优势资源。"海丝"文化是中国传统文化中的重要组成部分，

也是两岸共同的文化之根。海峡两岸的中华儿女应相互携手，深入研究"海丝"文化，从中获得有益的启示，共同推进两岸文化交流，繁荣"海丝"文化，重振中华文化的辉煌。

从海峡两岸移民到"海丝"沿线国家和地区的华侨华人也是海峡两岸共有的。他们在当地化之后，有的进入当地政坛，有的成为商业巨子，有的则在文化交融等方面做出突出贡献，但他们对故土仍怀有浓浓的乡情，在两岸文化交流存在一些阻碍时，充分调动海外华侨华人的爱国情绪，往往可以为海峡两岸的互动提供一个良好的平台，为海峡两岸的文化交流产生积极影响，也为海峡两岸的和平发展和统一创造条件。

三 立足全球视野下繁荣"海丝"文化的若干思考

海上丝绸之路是人类历史上少有的由东西方多个国家、地区和人民共同发起开拓的一条沟通东西方的海上交通航线，同时更是一条世所罕见的推动东西方文明接触与交流对话的海上文化大通道。新时期繁荣"海丝"文化，应当切实运用好传统"海丝"文化的丰富内涵，重新构建21世纪新"海丝"文化的版图，力求用全球化的视野，现代化的理念繁荣"海丝"文化。对此，笔者提出以下七点建议。

（一）在全球视野中不断深化"海丝"文化的内涵、价值和功能

海上丝绸之路催生出了彼此相互欣赏的文化认同感，这些都是见证了中外各方参与开拓"海丝"文化的重要依据，也是历史上多元文化包容共生的深刻反映。"21世纪海上丝绸之路"战略中，"海丝"沿线国家族群繁多，文化差异大，要达成一致的文化价值观不能一蹴而就，需要根据新的条件，重视从更为宽阔的视野来认识传统"海丝"沿线文化的内涵和现代价值，进行理论创新和探索，深化"海丝"文化的内容，从而推动"新海丝""开放

包容"文化认同的建构，力求在全球视野下繁荣"海丝"文化。

（二）在全球视野下分层次、分目标地进行文化合作和学术交流

"海丝"沿线国家数量众多，各国政治情况复杂，发展阶段各不相同，深化与"海丝"沿线国家的文化交流合作和学术交流，不能单纯追求规模和品牌，而需要确确实实地根据不同国家的发展阶段以及对21世纪"海丝"文化战略的接受程度，分层次、分目标地进行文化合作和学术交流。"海丝"文化战略，为民间文化交流搭建了新的国际交流平台，沿线诸多的文化要素有待利用，文化企业"走出去，请进来"的效益日益凸显。我们应密切同"海丝"国家之间的民间文化往来，加强与"海丝"国家（地区）、友好城市的学术交流、艺术交流和人员往来；调整政策思维为官方主导、整合官民力量共同发展"海丝"文化，在文化保存、文化宣传、经济文化共建等方面实现取长补短、携手发展。同时，发挥华侨众多的优势，加强与居住国（城市）的经济文化交流，引领我们在与"海丝"沿线国家建立互联互通、患难与共关系的内在动力。

具体建议如下：联合成立古代"海上丝绸之路"研究中心，对"海上丝绸之路"沿岸的重要城市内的"海丝"遗迹等进行联合研究、保护、申遗；在这些城市间轮流定期举办"海上丝绸之路"文化节。文化节期间可以举办海上"丝绸之路"文化国际学术论坛，扩大海上"丝绸之路"文化影响，提升这些城市的国际地位；合理开发和利用海上"丝绸之路"沿岸城市的文化遗存，以此作为各城市的一个城市名片，借由政府推广、开展城市间旅游交流活动。

（三）在全球视野下培养、引进人才，建立新型"海丝"智库联盟

"海上丝绸之路"是一个整体，是由沿岸许多的国家和城市共同组成

的，彼此之间应该强化互相协作，探讨建立联席会议制度，共同建立"海丝"智库联盟。通过招聘、培训等渠道，着重培养文物学、历史学、考古学、古建筑学、博物馆学、管理学以及其他相关学科和专题研究领域中的科学研究工作者，鼓励多学科交叉、综合性研究，充分发挥文化系统人才的群体优势，培养一批学科带头人和科研骨干，以更高层次的学术成果、更高水平的业务活动，作为城市之间合作的基础，开展一系列活动。

（四）在全球视野下创造条件，焕发民众参与的主动性和积极性

充分调动社会各界及海外侨胞繁荣"海丝"文化的意识和热情，广泛发动社会各界及海外侨胞关心、关注和支持"海丝"文化建设；充分理解和尊重民众意愿，合理利用民间特色"海丝"文化资源，鼓励和引导社会各界力量参与"海丝"文化的挖掘和传播，树立社会公众对"海丝"文化的认同感和自豪感，树立先进的"海丝"文化发展理念和意识，突出社会公众的"海丝"文化主体地位，形成推进"海丝"文化建设的强大合力。

（五）在全球视野下，依托海上文化走廊来统领"海丝"文化建设

海上丝绸之路实际上是一条沟通中国与丝路沿途国家的海上文化走廊，具有明显的走廊特征。新时期，作为具有共同历史的文化共同体，共建"海上文化走廊"，无疑可以成为推动中国与"海丝"沿途国家建立伙伴关系的一把关键钥匙。因此，有必要采取一种"海上文化走廊"的新视角来统领"海丝"的文化工程建设，与"海丝"沿途各国在挖掘、保护和传承"海丝"文化各领域展开广泛的合作，使得"海上文化走廊"重新成为联系中国与"海丝"沿途国家和人民的文化纽带，从而为21世纪"海丝"文化战略开展创造有利条件，这也是时代赋予"海丝"文化的重要内容与使命。

（六）在全球视野下，加强"海丝"文化宣传，树立"海丝"文化品牌

依托"海丝"文化的功能作用，坚持文化引领，以"海丝"文化为内核，找准"海丝"文化遗存与城市现代化建设的结合点，把历史和现实、传统和现代、经济和文化有机地结合起来，科学制订总体文化规划。加大文化建设力度，加大资金投入（包括政府的和民间的），确定"海丝"文化建设的各期目标，加大对"海丝"文化资源的发掘、传承和开发，复兴"海丝"文化活力，经常在公众媒体上宣传"海丝"文化。做好"海丝"申报世界遗产工作组织，做好各类"海丝"文化宣传品的编辑、出版和管理工作，推出一批反映"海丝"文化的系列丛书、电视专题片，全面准确地向公众展示"海丝"文化的历史、文化、艺术价值及"海丝"文化发展理念，使"海丝"文化真正融入国家"一带一路"战略大局，打造"海丝"文化品牌。

（七）在全球视野下，推动"海丝"国家联盟组织建设，发展"海丝"文化产业

在全球视野下，推动建设"海丝"旅游联盟组织，实现联盟国家和城市"海丝"旅游景点信息互推，在介绍联盟的"海丝"旅游景点媒体上，加大相关城市的"海丝"旅游信息介绍。贯彻好、落实好《国务院关于加快发展对外文化贸易的意见》有关政策，政府可以通过购买服务的形式采购优秀"海丝"文化作品和研究成果；优先扶持有关文化旅游衍生品和创意产品的开发；适当放宽"海丝"有关文化出口重点企业的认定标准，同时推动与"海丝"沿线国家、城市在茶文化、雕艺文化、陶瓷文化、香道文化等文化创意产业方面的交流合作，策划生成一批"海丝"文化产业项目，提升"海丝"文化产业水平。

参考文献

[1] 陈耕：《关于海丝学学科建设的思考》，第二届"海丝"文化国际青年学者联盟论坛，山东泰安，2016 年 5 月。

[2] 颜朝辉、朱红文、郑忠实：《海丝文化与当代中国和平崛起》，《龙岩师专学报》2004 年第 5 期。

[3] 中国致公党福州市委员会课题组：《进一步加强福州面向东盟的海丝文化软实力建设》，《福建省社会主义学院学报》2015 年第 5 期。

[4] 蔡晓君、陈彬强：《泉州建设闽南海丝文化信息资源中心的思考》，《长春师范大学学报》2016 年第 4 期。

[5] 郝时远：《文化是"一带一路"建设的重要力量》，《人民日报》2015 年 11 月 26 日第 7 版。

[6] 陈惠平：《"海上丝绸之路"的文化特质及其当代意义》，《中共福建省委党校学报》2005 年第 2 期。

"海丝"战略背景下深化闽台文化交流研究

刘凌斌

（福建社会科学院现代台湾研究所）

摘　要："21 世纪海上丝绸之路"宏观战略的实施，为福建提供了重大发展机遇，也为闽台文化交流提供了新的前景与思路。改革开放 30 多年来，闽台文化交流在曲折中不断向前推进，取得了显著的成效，形成蓬勃发展的良好局面，但由于受到某些主客观因素的影响与制约，仍然存在不少亟待解决的问题。当前两岸关系处在新的重要节点上，福建应继续发挥对台"先行先试"的政策优势，牢牢把握国家加快推进"海丝"战略的历史机遇，不断完善与创新交流机制，提升交流层次与实效，搭建文化交流新载体，加大文化产业合作力度，努力开拓闽台文化交流的新局面，为促进闽台深度融合与两岸关系和平发展，助推"21 世纪海上丝绸之路"核心区建设做出贡献。

关键词："21 世纪海上丝绸之路"；闽台文化交流；闽台关系；文化认同

一　前言

在当前世界多极化、经济全球化、文化多样化、社会信息化、合作与竞争并存的时代背景下，中央提出的"一带一路"发展战略是指引中国与沿线国家实现更大范围、更高水平、更深层次区域合作的顶层战略设计和实践平台。福建地处我国东南沿海，与宝岛台湾隔海相望，是古代海上丝绸之路的重要起点和发祥地。绵延千年的海外交流史上，泉州港、福州港、漳州港都对"海丝"发挥了重要作用。中央"一带一路"尤其是重大战略的实施，为福建提供了重大发展机遇。2015 年 3 月 28 日，国家发展改革委、外交部、商务部联合发布了《推动共建丝绸之路经济带和"21 世纪海上丝绸之路"的愿景与行动》，明确将福建定位为"21 世纪海上丝绸之路核心区"，与新疆分列"一带一路"两大核心区。当前，在国家"一带一路"战略引领下，福建再次"扬帆起航"，将从丰厚的历史积淀中汲取营养，主动顺应时代发展要求，充分发挥区位、文化、产业、基础设施等优势，着力平台建设和机制探索，全方位推进和海上丝绸之路沿线国家的交流合作，全力打造"21 世纪海上丝绸之路"核心区。

古代海上丝绸之路不仅是东、西方互通有无的"商贸之路"，也是中华文化与沿线各国各民族文化交流的"文化之路"。"21 世纪海上丝绸之路"不仅仅是古代海上丝绸之路经济带的当代重现，它包含的文化交流的意义丝毫不弱于经贸往来。因此，建设"21 世纪海上丝绸之路"不仅是一个经济命题，也是一个文化命题，必将担负起新的促进中外文化交流的文化使命。从这个意义上说，"21 世纪海上丝绸之路"的宏观战略为两岸文化交流提供了新的前景与思路，两岸围绕着它而进行文化交流，有助于促进两岸文化交流实现深度融合。①

改革开放 30 多年来，作为两岸文化交流的排头兵和主力军，闽、台文化交流在曲折中不断向前推进，取得了显著的成效，形成蓬勃发展的良好

---

① 陈舒劼、刘小新：《两岸文化交流的瓶颈和障碍》，《现代台湾研究》2016 年第 1 期。

局面，但由于受到某些主客观因素的影响与制约，仍然存在不少亟待解决的问题。2015 年 11 月 17 日，经福建省人民政府授权，福建省发改委、省外办、省商务厅联合发布《福建省"21 世纪海上丝绸之路"核心区建设方案》，明确了福建省"21 世纪海上丝绸之路核心区"建设的四大功能定位、重点合作方向、主要任务等；在八项主要工作任务中，明确提出"推动闽台携手拓展国际合作，深化闽台经贸合作，扩大人文交流交往"。[①] 其中，充分发挥福建对台优势，加强闽、台文化交流无疑是今后深化闽台交流合作的重点领域。当前两岸关系处在新的重要节点上，充分利用福建省大力推进"21 世纪海上丝绸之路核心区"建设的契机，进一步深化闽台文化交流，不仅有利于增进闽台民众的亲情乡谊和民族感情，增进两地同胞的思想沟通和情感交融，而且有利于注入两岸文化交流的新动力，提升台湾同胞对中华民族、中华文化的认同，必将对深化两岸关系和平发展产生积极的影响，为建设"21 世纪海上丝绸之路"做出积极的贡献。

二　闽台文化交流的现状与成效

近年来，随着两岸关系步入和平发展新时期，闽台文化交流借着两岸关系改善的东风而得以全面深化，成效显著，在领域、形式、规模、内涵、影响等方面都取得重大突破，呈现出前所未有的蓬勃发展局面，成为现阶段闽台交流合作乃至两岸交流互动的亮点。具体说有以下四点。

[①] 王永珍：《福建"21 世纪海上丝绸之路"核心区建设方案出炉》，《福建日报》2015 年 11 月 17 日第 1 版；王永珍：《发挥优势，全力推进"21 世纪海上丝绸之路"核心区建设——省发改委有关负责人就〈福建省"21 世纪海上丝绸之路"核心区建设方案〉答记者问》，《福建日报》2015 年 11 月 17 日第 2 版。

（一）交流领域不断拓展，形式日趋多元

目前，闽、台文化交流的领域十分广泛，已涵盖新闻、出版、科技、教育、体育、影视、文学、美术、音乐、民俗、宗教、民间信仰、文化产业和非物质文化遗产等。在交流形式上，闽、台双方在延续信众进香、金身巡游、文艺演出、文化节庆、学术研讨和文化参访等传统交流形式的基础上，不断创新交流形式，拓展交流内涵，推动闽、台文化交流朝多元化、深层次发展。有闽、台两地轮流举办大型文化节庆活动，如从2010年开始，闽、台四座著名的保生大帝宫庙轮流举办"海峡两岸保生慈济文化节"。有闽、台联合申报国家非物质文化遗产，例如，2008年，福建省古田县与台湾方面合作申报"陈靖姑信俗"为国家非物质文化遗产获得成功，开创了两岸联手申报国家非物质文化遗产的先河。有闽、台民间艺术剧团共同创作演出传统剧目，例如2008年厦门歌仔戏剧团与台湾唐美云歌仔戏剧团联合创作的大型歌仔戏《蝴蝶之恋》，被喻为"两岸歌仔戏艺文结合的里程碑"，闽、台木偶戏艺人共同创作和演出反映妈祖生平事迹的木偶剧《海峡女神》。有闽、台电视媒体合作拍摄影视作品，例如，2009年厦门广电集团与台湾民视合作拍摄以保生大帝信仰为题材的神话电视剧《神医大道公》，首开两岸主流媒体合作拍摄电视剧的先河。同时，闽、台双方在流行文化（音乐、影视、娱乐节目）、创意文化（创客文化）、互联网文化方面的交流日趋热络，年轻人在其中扮演了重要角色。

（二）交流活动的举办层级、规模与影响不断提升

近年来，闽、台文化交流形成良好的发展态势，无论在参与人数、参与范围、活动规模，还是在主办规格、交流广度上均不断提升。主要表现在：交流活动的次数从少数到频繁并朝常态化发展；交流规模不断扩大，

从零散自发到大型组团；参与人数大幅增加，从成百上千到成千上万；交流的主体也由社会精英为主扩展为普通民众与专家学者、文艺人士、高僧大德、政商名流共同参与，涵盖老、中、青、少多个年龄层，遍布多种职业人群及闽台各个县市；交流活动的举办层级与影响力也不断提升。2010年，借着妈祖信俗申遗成功的契机，"湄洲妈祖文化旅游节"正式升格为国家级节庆活动。海峡论坛、两岸民间艺术节、两岸开漳圣王文化节、闽台对渡文化节暨蚶江海上泼水节等交流活动分别得到国台办、文化部等中央部门以及各地方政府的大力扶持，并被列入对台交流重点项目。每项活动举行之时都吸引了成千上万甚至数万名台湾各界人士尤其是基层民众的踊跃参与，在两岸交流方面也发挥着越来越正面积极的影响。

（三）交流活动的品牌效应日益凸显

在官方主导下，福建各地广泛调动各方面力量，主动搭建平台，举办了一系列主题鲜明、形式多样、内容丰富、精彩纷呈的闽台文化交流活动，精心打造了一大批对台交流的品牌项目。已经成功举行16届的湄洲妈祖文化旅游节，已举办23届的东山关帝文化旅游节、保生慈济文化节、开漳圣王文化节、陈靖姑民俗文化旅游节、陈元龙文化节、郑成功文化节、两岸民间艺术节、海峡两岸民俗文化节、两马同春闹元宵、闽台佛教文化交流周、海峡两岸（厦门）文化产业博览交易会，以及2009年开始创办、整合多项文化交流和基层交流活动的海峡论坛等大型文化交流活动，经过多年的成功运作与经营，在两岸的影响日趋扩大，品牌效应日益凸显，在两岸民众之中树立了良好的口碑，得到各方的认可与好评，成为闽台文化交流乃至两岸文化交流的知名品牌与重要平台。

（四）入岛交流日趋热络，形成双向互动格局

近年来，福建更加注重"走出去"，对于赴台举办文化交流活动更加

积极，全省各地精心组织了一大批颇具地方文化特色的文化精品项目赴台湾岛内和澎湖、金门、马祖交流、表演与展览，深受台湾民众好评。2009年，福建组织入岛开展了3批"福建文化宝岛行"大型文化交流系列活动，共涉及10个艺术院团和单位近500人，向岛内民众全面展示了闽台民间艺术的风采，受到台湾各界的关注与好评。福建非物质文化精品展、两岸客家族谱展等大型展览相继在台湾成功举办；"妈祖之光"、"客家之歌"和"土楼神韵"等大型综艺晚会陆续赴台演出并引起岛内民众强烈反响。再以各方关注度最高、影响最广、最受台湾信众欢迎的"福建祖庙金身巡游台湾活动"为例，据不完全统计，2008年迄今，福建各地共组织举办了16次金身巡游台湾活动，仅2010年就举办了6次，巡游活动越来越频繁，举办次数超过1995—2007年的总和（15次）；涉及的神灵越来越多，妈祖、关帝、保生大帝、临水夫人、开漳圣王、广泽尊王、保仪尊王、清水祖师、定光古佛等主要神灵都参与其中；巡游的范围地区越来越广，从台湾本岛扩大到了澎湖、金门、马祖等离岛，[①] 在闽、台交流交往乃至两岸关系发展中扮演了日益重要的角色。

三 闽台文化交流存在的主要问题

文化交流是心与心的对话，需要如春风化雨般的细腻和绵长。尽管现阶段闽台文化交流的发展势头良好，成效显著，但由于受到某些主客观因素的影响与制约，目前闽台文化交流仍然存在不少亟待解决的问题，主要表现在以下四点。

（一）交流缺乏统筹安排与长远规划

近年来，福建各地、各部门越来越重视做好对台工作，对闽、台文化

---

① 范正义、林国平：《闽台庙际往来中的巡游现象研究》，《闽台文化交流》2012年第3期。

交流投入了大量人力、物力、财力支持，各种类型的交流项目不断增加，但由于缺乏统筹安排和长远规划，各地各部门往往各自为战，没有形成合力。各个交流项目缺乏必要的协调与整合。一些地方一拥而上，盲目举办交流活动，出现了不少的短期行为，有的出现急功近利，"为交流而交流"现象，一定程度上削减了闽、台文化交流的效果。

（二）交流"重规模，轻内容"

有些闽台文化交流活动过分追求规模，重视参加交流的人数、团体数目多寡，追求"新闻效应"，而对交流主题、交流内容则重视不够。部分闽台文化交流项目千篇一律，交流内容较为单一，未能因地制宜办出地方特色，致使两岸民众聚在一起，只是为参加活动而参加活动，缺乏深入交流，出现了重参观游览、轻交流互动等状况，交流效果自然大打折扣。

（三）交流"重官方，轻民间"

在推进闽、台文化交流中主要倚重公权力的运用，绝大多数交流活动都是从大陆对台工作的大局出发，由政府部门或具有官方背景的社团举办，忽视了能深入并长久地影响台湾民众对大陆的感性认知和认同度的民间社会力量，使得部分活动可能因政策、人事或经费的变动而停办，缺乏可持续性。单纯由民间力量发起的闽、台文化交流很少，尤其缺乏两地民间社团自发举办的闽台文化交流活动。

（四）交流"多来少往，重北轻南"

从交流的互动性看，闽台文化交流呈现"多来少往"的不平衡状况，交流的主阵地在福建，台湾民众来福建的次数和规模相对于福建民众到台湾的次数和规模要多得多、大得多。从交流对象看，仍有 2/3 的台湾民众没有来过大陆，来过大陆的也以台湾北部的政界、商界和学界青年精英、高校学生为主，来自中南部基层的台湾民众少之又少，相对于中老年群体，台湾青少年来福建交流的仍然偏少。从交流形式看，长期以来主要以文化寻根、宗亲交流、宗教（民间信仰）交流、学术交流、观光旅游和求学交流为主，未能与时俱进地推出一些符合时代特征、民众喜闻乐见的交流新形式，尤其缺乏由两岸民众共同组织策划的交流项目。

四 "海丝"战略背景下深化闽台文化交流的路径思考

闽台文化交流既有历史的渊源，又有现实的需求。在国家加快推进"21 世纪海上丝绸之路"建设的新形势下，福建应继续发挥对台"先行先试"的政策优势，牢牢把握中央实施"海丝"战略的历史机遇，努力破解交流瓶颈，创新交流机制，拓宽交流渠道，搭建交流载体，提升交流层次，努力开拓闽、台文化交流的新局面，为促进闽、台深度融合与两岸关系和平发展，助推"21 世纪海上丝绸之路"核心区建设做出贡献。

（一）完善与创新交流机制

加强闽、台文化交流组织领导，建议设立由福建省委、省政府统一领导的对台文化交流联席制度，统筹福建涉台、文化、广电、出版、民族宗教、教育、体育等相关部门力量，有效整合广播影视、报刊、互联网等媒体资源，拓宽社会团体、民间组织参与闽、台文化交流合作的渠道。建立高效、快捷的交流审批机制，适当下放福建大型文化交流团组入岛交流审批权，继续简化赴台审批手续，减少审批流程，缩短审批期限，提高行政效率，为闽、台文化交流提供良好的环境。建立健全文化人才培养与交流机制，鼓励闽、台有条件的专业院校参与文化人才的培养工作，在两岸日益扩大的教育交流与合作中培养人才，鼓励闽、台文化业者互相切磋，开展联合创作、合作研究、巡回演出等各种交流与合作，从文化交流中发现和培训人才，通过加强闽、台两地人才流动来促进两岸文化的传承与发展。

（二）提升交流层次与实效

闽、台文化交流既要遍地开花，又要有拳头产品；既要保障基层民间交流积极性，又要保证重点项目推动；既要发挥独特的民俗文化优势，又要有鲜明的福建特色。要进一步整合资源，结合地方特色，着力打造福建对台文化交流的拳头产品，发挥特色文化品牌项目作用，提升现有重点交流项目的品牌效应。要继续加大资金和政策支持力度，办好海峡民间艺术节、两岸文化产业博览会、"海丝"国际艺术节，以及湄洲妈祖文化旅游节、东山关帝文化旅游节、保生慈济文化节、陈靖姑文化节等大型文化交流活动，加强内容策划，创新交流形式，提升交流品质，进一步增强上述品牌项目的亲和力、感召力、凝聚力，更好发挥这些平台在基层交流中的作用。推动闽台双方携手合作，深度挖掘"海丝"文化遗产，大力宣传推广"海丝"文化；要精心策划，筹办"海上丝绸之路"国际合作论坛、"海上丝绸之路"影视节、"海上丝绸之路"文化艺术节等一批宣传推广"海丝"文化的重点项目，吸引更多台湾元素（人力、物力、资金、创意等）参与其中，鼓励闽台双方围绕深化"海丝"文化交流，共建"21世纪海上丝绸之路"展开交流合作。

（三）搭建文化交流新载体

福建现有的闽南文化生态保护实验区、客家文化生态保护实验区、朱子文化生态保护实验区、湄洲妈祖文化生态保护实验区等，历史文化特色鲜明、与台湾民众关系密切,易于引起台湾同胞共鸣与参与。要加大领导和政策支持力度,增加资金投入,加快推进上述文化生态保护区建设,尽快在两岸形成品牌效应。要加快筹建多个弘扬闽台历史文化,集研究、收藏、保存、展示和交流功能为一体的博物馆、纪念馆和文化园区,将其打造成对台文化交流的重要载体。建议仿照中国闽台缘博物馆的规模,在龙岩创建"中国客家族缘博物馆",在厦门或漳州创建"闽台族谱博物馆"。深挖当地的"海丝"文化资源,在泉州、福州和漳州(月港)分别建设"海丝文化公园"。在福州王审知纪念馆的基础上,建设"闽王王审知文化公园";在漳州开漳圣王纪念馆的基础上,建设"开漳圣王陈元光文化公园",在厦门郑成功纪念馆的基础上,建设"郑成功文化公园";在莆田建设"妈祖文化公园",在厦门建设"保生大帝文化公园",力争将上述文化公园建成集纪念馆、名人故居、文化遗迹、相关旅游服务设施以及研究机构为一体的闽、台文化交流的重要场所。

(四)加大文化产业合作力度

加强闽台电视台、广播电台和影视制作公司等传媒机构的合作,联合制作一些反映两岸历史文化、"海丝"文化的电视纪录片或新闻访谈节目,合作拍摄一批以闽、台历史文化、"海丝"文化为题材的电影、电视剧和动漫作品,尤其可考虑更多地联合推出一些台湾民众喜闻乐见的闽南语纪录片和闽南语影视、动漫作品,并争取在两岸主流媒体放映。推动闽、台文史学界、出版社共组写作班底,撰写有关两岸历史文化、"海丝"文化的专著,积极寻求出版合作的契机。积极推动闽台艺术交流项目的商业合作,建立健全市场营销机制,加强闽、台两地在剧本创作、舞台表演、广告宣传、人才培养、市场营销等方面合作,实现优势互补,共同创作出传统文化底蕴和时代气息兼具的曲艺精品,共同推向两岸市场。推广创客文化的理念，推动闽、台文化业者共同设计、研发、生产和销售具有浓厚文化底蕴的文创产品，以创造更大的商机和经济效益。推动闽、台文化旅游产业合作，整合现有的文化观光资源。共同推出跨越海峡的以闽台历史文化、"海丝"文化为主题的短途旅游或者深度旅游线路，共同开发民俗文化体验、民间信仰寻根、民间艺术欣赏、"海丝"遗址巡礼等多种类型的旅游产品，共同面向海内外游客推介行销，以带动闽、台文化旅游资源的开发和文化旅游产业的发展，为两地创造可观的旅游观光效益。

参考文献

［1］陈舒劼、刘小新：《两岸文化交流的瓶颈和障碍》，《现代台湾研究》2016 年第 1 期。

［2］王永珍：《福建"21 世纪海上丝绸之路"核心区建设方案出炉》，《福建日报》2015 年 11 月 17 日第 1 版。

［3］王永珍：《发挥优势，全力推进"21 世纪海上丝绸之路"核心区建设——省发改委有关负责人就〈福建省"21 世纪海上丝绸之路"核心区建设方案〉答记者问》，《福建日报》2015 年 11 月 17 日第 2 版。

［4］范正义、林国平：《闽台庙际往来中的巡游现象研究》，《闽台文化交流》2012 年第 3 期。

［5］林华东主编：《海上丝绸之路新探索——"第一届海丝文化国际青年学者论坛"论文集》，中国社会科学出版社 2016 年版。

［6］黎昕主编：《闽台文化交流与合作研究》，中国书籍出版社 2016年版。

论宋代福建海商之崛起①

刘文波

　　摘　要：宋代是我国海外贸易发展十分活跃的时代。居于东南沿海的福建，作为两宋时期重要的经济区域和海外贸易的重镇，福建海商在宋代海外贸易进程中扮演的角色和作用日显突出，逐渐崛起为国内沿海商人的代表。本文结合宋代福建社会经济环境、地理交通条件、社会习俗影响三方面因素，来探讨福建海商相较于其他区域的海商而言，更有条件在宋代这一特殊的历史时期有着特殊的表现。

　　关键词：宋代；福建海商；崛起缘由

　　宋代是我国封建社会经济高度发展、繁荣的时代。海外贸易的空前活跃是其时代特征之一，被誉为"与元代并处于中国古代海外贸易发展历史曲线的最高段"②，更为海外学者视为"世界伟大海洋贸易史上的第一个时

---

　　①　基金项目：福建省教育厅社科规划项目（JA132368）。
　　②　黄纯艳：《宋代海外贸易》，社会科学文献出版社 2003 年版，第 18 页。

期"①。居于东南沿海的福建，作为海洋中国的巨镇，在宋代海外贸易版图中占有重要的一席。宋人苏轼言："唯福建一路，多以海商为业。"② 日本学者斯波义信先生认为：宋代以来，称为闽商、闽贾、闽船的福建商人们的活动，开始为社会所注目。③

福建海商在宋代的崛起，是有其时代背景，并对当时福建乃至全国的海外贸易产生了巨大的影响。学术界于此有专论者有日本学者斯波义信《宋代福建商人的活动及其社会经济背景》④，但大多论者的涉及是从不同角度加以阐述，其中有台湾学者李东华《泉州与我国中古的海上交通：九世纪—十五世纪初》⑤、香港学者苏基朗《中国经济史的空间与制度：宋元闽南个案的启示》⑥、郑学檬先生《宋代福建海外贸易的发展对社会经济结构变化的影响》⑦、胡沧泽先生《宋代福建海外贸易的兴起及其对社会生活的影响》⑧、葛金芳先生《两宋东南沿海地区海洋发展路向论略》⑨、黄纯艳先生《宋代海外贸易》⑩。此外，尚有众多论著所及限于篇幅在此不能一一介绍。这些论著对于本论题的深入研究奠定了基础、提供了启示。

日本学者桑原骘藏先生曾认为：自公元 8 世纪开始，到 15 世纪欧人来

---

① 马润潮：《宋代的商业和城市》，中国文化大学出版部 1985 年版，第 3 页。

② （宋）苏轼：《论高丽进奉状》，张春林编：《苏轼全集·下》，中国文史出版社 1999 版，第 805 页。

③ ［日］斯波义信：《宋代福建商人的活动及其社会经济背景》，《中国社会经济史研究》1983 年第 1 期。

④ 同上。

⑤ 李东华：《泉州与我国中古的海上交通：九世纪—十五世纪初》，台湾学生书局 1986 年版。

⑥ 苏基朗：《中国经济史的空间与制度：宋元闽南个案的启示》，《历史研究》2003 年第 1 期。

⑦ 郑学檬：《宋代福建海外贸易的发展对社会经济结构变化的影响》，《中国社会经济史研究》1986 年第 2 期。

⑧ 胡沧泽：《宋代福建海外贸易的兴起及其对社会生活的影响》，《中国社会经济史研究》1985 年第 1 期。

⑨ 葛金芳：《两宋东南沿海地区海洋发展路向论略》，《湖北大学学报》（哲学社会科学版）2003 年第 3 期。

⑩ 黄纯艳：《宋代海外贸易》，社会科学文献出版社 2003 年版。

航东洋，这 800 年间为阿拉伯人在世界通商贸易舞台上最活跃的时代。①
然而，唐中叶以来，中国随着东南沿海地区的开发、社会经济的发展，逐
渐介入海外贸易，影响也随之扩大。唐末五代以来，中国对外海上交通兴
起，李东华先生认为：在黄巢之乱以前，掌握中外海上贸易者多为阿拉伯
人，黄巢入广州杀蕃商 12 万人，后来外商视为畏途，国人遂起而代之②。
延之宋代，伴随着海外贸易的空前繁荣，中国民间海商的活动极其活跃，
福建路作为两宋时期重要的经济区域和海外贸易的重镇，福建海商在其中
所扮演的角色和作用自然不能被忽略。

其实，两宋时期，福建境内"住蕃"的外商为数不少，"胡贾航海踵
至，富者赀累巨万，列居城南"③，在泉州形成"蕃人巷"。影响较大的有
"居泉之城南，自是舶舟多至其国矣"的南毗国罗巴智力干父子④；有"乔
寓泉南，轻财乐施，作丛冢于泉州城外之东南隅，以掩胡贾之遗骸"的阿
拉伯人施那帏⑤；有"自就蕃造船一只""贩乳香直三十万"投泉州而被
宋廷授予"承信郎"的蒲罗辛⑥。尤以蒲寿庚最具影响，其"擅蕃舶利三
十年"，成为宋元交替之际的一代风云人物。这些居于福建境内的蕃商及
其后裔为两宋时期发展同海外的交通贸易联系发挥了极大的作用，但不应
忽略的事实是，宋代福建海商在交通海外诸国的贸易联系中所发挥的作用
及活跃程度与之相比也毫不逊色。

---

① ［日］桑原骘藏著：《中国阿拉伯海上交通史》，冯攸译，商务印书馆 1930 年版，第
2—3 页。
② 李东华：《九世纪—十五世纪初泉州与我国中古的海上交通》，台湾学生书局 1986 年版，
第 91 页。
③ 乾隆《泉州府志》卷 75《拾遗上》，《中国地方志集成·福建府县志》第三册，上海书店
出版社 2000 版，第 658 页。
④ （元）脱脱：《宋史》卷 489《南毗国传》，中华书局 1977 年版，第 14093 页。
⑤ （宋）赵汝适：《诸蕃志》卷上《大食国》，杨博文校释，中华书局 1996 版，第 89—91 页。
⑥ （清）徐松：《宋会要辑稿》蕃夷七之四六，刘琳等校点，上海古籍出版社 2014 年版，第
9965 页。

元祐之前，福建未有市舶机构之设置，当时"泉人贾海外者，往复必使诣广东，否则没其货。海道回远，窃还家者过半，岁抵罪者众"①。给福建与海外联系带来了极大的不便，但有关这一时期福建海商与海外诸国贸易联系之记载仍屡见于史籍，及至元祐二年（1087）福建市舶置于泉州始，福建与海外贸易联系乃空前发展。从蔡襄到赵汝适，历任泉州的地方官员在其著作中都留下了福建与海外联系的一笔，"暇日阅诸蕃图""询诸贾胡，俾列其国名"达 58 处②，这些国家不仅涵盖高丽、日本、南洋诸国，还远及阿拉伯、东非，说明福建与海外诸国联系之频繁。与此同时，福建海商的活动也非常活跃。

阅诸史籍，当时在南洋各主要国家中即可历寻福建海商的足迹。宋代林之奇称："泉之征舶通互市于海外者，其国以十数，三佛齐其一也。"③邻近中国的占城、交趾，联系则更为密切，如泉州纲首陈应祥等到占城，"蕃首称欲遣使、副恭赍乳香、象牙等前诣大宋进贡。今应祥等船五只，除自贩物货外，各为分载乳香、象牙等并使、副人等前来"④。

而福建海商联系最为密切者则数日本、高丽等国，尤以高丽为首。苏轼在《论高丽进奏状》中言："自二圣嗣位，高丽数年不至，淮、浙、京东吏民有息肩之喜，惟福建一路，多以海商为业，其间凶险之人，犹敢交通引惹，以希厚利。……福建狡商专擅交通高丽，高丽引惹牟利，如徐戬（泉州商）者甚众。"⑤ 根据文献记载，日本学者斯波义信⑥、中国台湾学

---

① （元）马端临：《文献通考》卷 62《职官考》，中华书局 2011 年版，第 1868—1869 页。
② （宋）赵汝适：《诸蕃志较注》，杨博文校注，中华书局 1956 年版，序第 1 页。
③ （宋）林之奇：《拙斋文集》旧抄本，《宋集珍本丛刊》第 44 册，线装书局 2004 年版，第 715—716 页。
④ （清）徐松：《宋会要辑稿》蕃夷七，刘琳等校点，上海古籍出版社 2014 年版，第 9968 页。
⑤ （宋）苏轼：《论高丽进奉状》，张春林编《苏轼全集·下》，中国文史出版社 1999 年版，第 805 页。
⑥ ［日］斯波义信：《宋代福建商人的活动及其社会经济背景》，《中国社会经济史研究》1983 年第 1 期。

者李东华①、大陆学者陈高华②或列表或详举资料，统计其中商人之籍贯，有籍可考者竟以福建一路居多。故李东华先生更认为可以"泉州商人掌握宋丽（高丽）贸易之事"来说明泉州对外交通之盛③。福建海商在穿梭于海外诸国、奔波于远洋贸易之时，与国内沿海、沿江乃至内陆地区的贸易联系也是十分活跃，其中不乏由此致富不赀者，《淮海集》载有："林昭庆泉州晋江人也，少跅弛，以气自任，尝与乡里数人相结为贾，自闽粤航海道，直抵山东，往来海中者数十年，资用甚饶。"④ 因此，两宋时期，福建海商不仅在国内与"吴商越贾"齐名，更被时人视为可与当时来宋外商"海贾"相提并论的国内沿海商人代表。

福建海商在两宋时期已崛起为国内沿海商人的代表，在国内地区间贸易、与海外诸国远洋贩易中具有重要影响的地位，这已为宋人所认可，也为现代学者的不断深入研究所确证。然而，我们要真正地认识福建海商之所以能在此历史阶段有如此的表现，仅仅靠上述资料，描述其与各地、各国的贸易联系过程而完整再现福建海商的崛起历程，总会给人留下意犹未尽之感觉。正如《透视中国东南——文化经济的整合研究》所言："东南的特殊环境与历史条件不仅促使该地区海商的孕育，而且规定了该地区海商的发展道路。"⑤ 因此，本文拟结合福建当时社会经济环境、地理交通条件、社会习俗影响，冀以深入了解福建海商这一特殊群

---

① 李东华：《九世纪—十五世纪初泉州与我国中古的海上交通》，台湾学生书局 1986 年版，第 74—83 页。

② 陈高华：《北宋时期前往高丽贸易的泉州舶商——兼论泉州市舶司的设置》，《海交史研究》1980 年第 2 期。

③ 李东华：《九世纪—十五世纪初泉州与我国中古的海上交通》，台湾学生书局 1986 年版，第 74 页。

④ （宋）秦观：《淮海集》卷 33《庆禅师塔铭》，宋绍熙重修干道高邮军学本，线装书局 2004 年版，第 373 页。

⑤ 陈支平、詹石窗主编：《透视中国东南——文化经济的整合研究》，厦门大学出版社 2003 年版，第 385 页。

体在两宋时期的突出表现之缘由。

（一）社会经济环境

福建僻处东南一隅，原为蛮芜荒远之地，但从唐代开始，福建地区渐次开发。隋时，福建境内仅置闽州，辖县四：闽县、建安、南安、龙溪。唐初则由闽州逐步分出建州（武德四年，621 年）、漳州（垂拱二年，686 年）、武荣州（圣利二年，699 年；景云二年改称泉州）及汀州（开元二十四年，736 年）共辖二十三县。唐中叶以来，中原动荡，北人南来，福建地区的社会经济就得到了进一步的开发，从大历四年（769年）至咸通五年（864 年），福建地区就增设了九场三镇，即指大同、桃源（又名桃林）、武德、感德、归德、小溪、梅溪、武平、上杭九场，永贞、黄连、归化三镇，以上场镇大多分布于内陆山区。五代时期，王氏治闽，闽中山区更是"草莱尽辟""至数千里无旷土"①，许多地区已发展到相当程度而设县，唐之永贞、黄连、归化三镇及大同、桃林、武德、归德、感德、小溪、梅溪七场相继在这一时期升为罗源、建宁、泰宁、同安、永春、长泰、德化、宁德、安溪、永泰十县，地方行政区域的扩增体现了福建社会经济开发的深入，这也为宋时福建地区社会经济的全面发展奠定了基础，北宋初期，又增设惠安、崇安、光泽、瓯宁、政和、上杭、武平、清流八县，同时分辖福州、建州、泉州、南剑州、汀州、漳州和兴化、邵武二军，共八州军，升置为路，成为两宋时期经济版图中的重要一域。

行政区域的扩增与人口的增长息息相关。尽管史籍文献有关户口数的记载不甚确切，但依据历代数字记载进行统计，仍可说明：唐末五代以

---

① 《王审知德政碑》［天祐三年（906），立于闽县］，《闽国史汇》，暨南大学出版社2000年版，第368—371页。

来，福建人口之急剧增加。据梁方仲先生之统计①：

年　度	户　数	口　数
元和(806—820)	74467	315740
太平兴国五年至端拱二年(980—989)	467815	
元丰三年(1080)	992087	2043032
崇宁元年(1102)	1061759	
绍兴三十二年(1162)	1390566	2808851
嘉定十六年(1223)	1599214	3230578

　　人口的增加一方面为农业经济的发展提供了劳动力，促进了农业经济的发展，另一方面却也加重了对耕地的压力。在这样的情况下，福建农业经济在两宋时期呈现出两大特征：一方面是精耕细作水平的提高，一方面是经济作物种植的发展。两宋时期，人们在面对耕地不足的情况下，如何提高单位面积产量是一大问题。当时，福建地方官吏面对此难题，一方面大力推广农耕技术，兴修水利，据冀朝鼎先生《中国历史上基本经济地带与灌溉事业》一书统计，宋代福建兴修的水利达402处，列全国第一。另一方面即充分发挥"人力尽"之优势，提倡精耕细作、多种经营，最大程度地提高单位面积产出，经济作物的种植则使人们能够从中获取更多的经济利益。其中，棉花、甘蔗、茶叶、水果成为全国闻名的产品，不少农人借以为生，同时也给农人带来了极大的经济效益，如蔡襄《荔枝谱》就

---

① 梁方仲：《中国历代户口、田地、田赋统计》，上海人民出版社1980年版，第132—164页。

说："故商人贩益广，而乡人种益多，一岁之出，不知几千万亿。"①

由此可见，可耕地资源的不足与人口的压力促使福建农业经济走向精耕细作和经济作物的多种经营，使福建农业生产达到了一个较高的水平，亦有助于福建工商经济之发展。

两宋时期福建境内的手工业生产也得到较快发展。福建矿产资源丰富、经济作物多样化，为手工业生产的发展创造了有利条件。当时，矿冶、纺织、陶瓷等产业得到了空前的发展，同时也成为福建对外贸易输出的主要商品生产行业。

福建矿产资源丰富，金、银、铜、铁、铅、锡齐备，矿场分布广泛，八州军中有七个遍设矿场，成为全国重要的矿冶之地。据《宋会要辑稿》记载统计：元丰年间，福建银岁课额6.9万两，占全国岁额的32%，列各路之首；铅岁课额109.55万斤，占全国岁额的11.9%，居全国第二；金岁课额151两，占全国岁额的1.4%，居全国第三；铜岁课额38.05万斤，占全国2.6%，居全国第三；② 铁在全国也居于中上水平，宋政府将四大铸钱监之一的丰国监设于建州。铁器、铜钱也成为福建海商外销商品的主要产品之一，"商贾通贩于浙间，皆生铁也。庆历三年，发运使杨吉乞，下福建严行戒法，除民间打造农器锅釜等外，不许私贩下海。两浙发运使奏，当路州军自来不产铁，并是泉福等州转海兴贩……"③ 而铜钱外销更受欢迎，"福建之钱聚而泄于泉之番舶"④ "泉州商人夜以小舟载铜钱

① （宋）蔡襄：《荔枝谱》，《蔡襄全集》卷30，陈庆元等校注，福建人民出版社1999年版，第678页。

② 《宋会要辑稿》食货三三，参见陈衍德《宋代福建矿冶业》，《福建论坛》1983年第2期。

③ （宋）梁克家：《淳熙三山志》卷41《物产》，《景印文渊阁四库全书》，台湾商务印书馆1986年版，第484册，第586页。

④ （宋）包恢：《敝帚稿略》卷1《禁铜钱申省状》，《景印文渊阁四库全书》，台湾商务印书馆1986年版，第1178册，第712—714页。

十余万缗入洋"①，成为海商贩易的重要商品之一。

纺织业方面，在唐代就具有相当水平，福建泉、建、闽出产的绢、紵被列入贡品八等之列。经五代之发展，宋代福建路已成为全国重要丝绸产地之一，而元代泉州的丝织业尤为发达，13 世纪来华的摩洛哥旅行家伊本·拔都他更称："刺桐城……出产绸缎，较汉沙（今杭州）及汗八里（今北京）二城所产为优。"② 泉州在丝织业的地位也被视为"刺桐城在中国宋时为丝业中心，与杭州并称一时之盛"③。1975 年 10 月福州南宋黄升墓出土的 300 余件服饰与匹料中有 2 件极为罕见的丝织品，即印有泉州南外宗正司记号"宗正纺染金丝绢官记"④，则为宋代泉州丝织业的发展提供了实物佐证。

陶瓷业方面，福建在唐代就有一定基础，至宋代发展到一个新的阶段。宋代福建瓷器以黑瓷、青白瓷闻名，窑址则以建窑、德化窑、泉州窑最为著名。据考古发现，福建是全国发现宋元窑址最多的省份，单以泉州为例，德化有 42 处、永春 10 余处、南安 30 余处、安溪 20 余处、晋江 20处、同安（今厦门地区）10 余处⑤。福建瓷器通过泉州港销往世界各地，《云麓漫钞》《诸蕃志》《真腊风土记》《岛夷志略》均记载了宋代福建瓷器在世界各地的行销情况，甚至远在北非的埃及福斯塔特所发现的 1.2 万多件中国瓷器中就有宋代福建的青瓷、德化窑白瓷，东非的坦桑尼亚基尔

---

① （宋）李心传：《建炎以来系年要录》卷 150"绍兴十三年十二月丙午"调，《景印文渊阁四库全书》，台湾商务印书馆 1986 年版，第 327 册，第 100 页。

② 张星烺编注，朱杰勤校订：《中西交通史料汇编》第 2 册，中华书局 1977 年年版，第 75 页。

③ 张星烺编注，朱杰勤校订：《中西交通史料汇编》第 2 册，中华书局 1977 年年版，第76—77 页。

④ 黄天柱、杨启成：《福州市北郊南宋墓清理简报》，《文物》1977 年第 7 期。

⑤ 资料来源：《德化县文物志》（1996 年）、《晋江地区陶瓷史料选编》（1976 年）；另参见叶文程《古泉州地区陶瓷生产与海上"陶瓷之路"的形成》，《泉州港与海上丝绸之路》（二），中国社会科学出版社 2003 年版。

瓦也发现有德化窑的白釉瓷。①

此外，制茶、造船、造纸印刷等行业在国内经济中也享有重要的地位。制茶业方面，福建以建茶闻名，五代蔡宽夫《诗话》即言："自建茶出，天下所产皆不复可数。"② 至宋时，周绛《茶苑总录》亦说："天下之茶建为最，建之茶北苑又为最。"元丰年间，年产已不下 300 万斤，至大观年间，仅岁贡就达 21.6 万斤；造船业方面，福建造船质量上乘，全国闻名；造纸印刷业方面，福建在宋时已成为全国三大印书中心之一，建阳麻沙有"图书之府"之称，其所印书籍行销四方③。

农业手工经济的蓬勃发展，自然带动了区内商品经济的发展。当时，城市经济繁荣，福州"江海通津，帆樯荡漾"④，泉州是"城内画舫八十，生齿无虑五十万"⑤ "番货远物并异宝奇玩之所渊薮；殊方异域，富商巨贾之所窟宅，号为天下最"⑥。乡村墟市遍布境内各地，"乔木村墟十里秋，渔盐微利竞蝇头。……竹木客喧山市散，柳阴人醉酒旗收"⑦。交易十分活跃。

基于上述条件，福建经济发展的深度和广度上都得到了质的提升，这对于福建海商发展同其他地区乃至海外各国的贸易联系，不仅提供了可靠的物质条件，更营造了良好的商业环境。

---

① ［日］三杉隆敏：《探索海上丝绸之路的中国瓷器》，《中国古外销陶瓷研究资料》第三辑，第 92—109 页。

② 厦门大学历史研究所、中国社会经济史研究室编著：《福建经济发展简史》，厦门大学出版社 1989 年版，167 页。

③ 同上书，172 页。

④ 《王审知德政碑》（天祐三年，立于闽县），《闽国史汇》，暨南大学出版社 2000 年版，第 368—371 页。

⑤ （宋）王象之：《舆地纪胜》卷 130《泉州》，中国古代地理总志丛刊本，中华书局 1992 年版，第 3759 页。

⑥ （元）吴澄：《吴文正公集》卷 16《送姜曼卿赴泉州路录事序》，《景印文渊阁四库全书》，台湾商务印书馆，1986 年版，第 1197 册，第 299 页。

⑦ （明）黄仲昭：《八闽通志》卷 14《地理坊市》，福建省地方志编纂委员会主编：《八闽通志》上册，福建人民出版社 1990 年版，第 279 页。

（二）地理交通条件

福建地处我国东南沿海，三面环山，一面临海，境内山岭叠嶂，溪流纵横，河谷与盆地交错分布，素有"东南山国"之称。正缘于福建山多，再加上武夷山横亘于西，仙霞岭阻碍于北，造成了福建与内地交通的隔阂，天然形成面向海之封闭地形。陆上交通，无论是境内，还是与中原各地都十分不便，突显了海路交通在福建历史上的地位。因此，福建人民走出大陆，交通四海是有着极其悠久的历史，《山海经》里即载有 3000 年前的商周时代中原人民就有"闽在海中"的说法，这为福建发展海上交通联系提供了良好的地理条件。但是，福建海上交通的发展却是与境内外经济联系的加强和交通技术条件的改善分不开的。

僻处东南一隅的福建，与中原相距甚远，因此直到春秋战国时期，越国出现后，始与中原有所接触，但由于地形之阻隔，福建与赣、浙交通之不便，故虽于秦汉时即有郡县之设置，开发仍极为缓慢，到三国孙权立国江东以后，才有进一步的发展。隋唐之际，国家重新完成了统一，福建地区社会经济的发展也迎来了一个新的时期，尤其是五代王闽割据福建，广大山区得到了开发，至两宋时期，福建社会经济迎来了繁荣时期，由沿海地区到内陆地区都有了长足的发展。据前所引：五代到北宋初年所增设的十八个县，除同安、宁德、惠安等少数几个县分布于沿海，其余十几个县皆处于内陆，就可说明这一时期福建广大内陆地区社会经济的发展。众所周知，福建广大内陆地区都是位于山区丘陵地带，交通不便，社会经济较沿海地区普遍落后。而内陆地区因社会经济的发展而设县，既说明了中央对地方管辖范围的扩大，也体现了福建境内经济往来的加强和交通联系的改善。

交通正如经济的动脉一样，修路建桥是社会经济发展的必然要求，也是社会经济发达的产物。福建境内山岭纵横，河流交错，历史上有着"闽道更比蜀道难"的说法，疏通河道，尤其是修建桥梁至关重要。因此，真正标志着福建境内交通联系的改善则体现在宋代福建桥梁的建设上。据统计，宋代福建建成桥梁大小共有 646 座[①]，有着"闽中桥梁甲天下"之盛誉。境内工商经济和对外贸易最为发达的泉州，在桥梁建设上最具代表性。据《泉州府志》记载，晋江、南安、惠安、同安、安溪五县历代建桥共 275 座，标明宋代修建的有 106 座，总长度达万丈以上（约五六十里），其中绍兴年间达到高峰，仅绍兴三十二年就修建了 25 座[②]。因此，泉州工商经济的发达促进了桥梁建设，而桥梁建设的发展又极大地推动了泉州商品经济和对外交通的发展。如：洛阳桥的建成"当惠安属邑与莆田、三山（福州）、京国孔道"，往来其上，"肩毂相踵"；安平桥处安海与水头之间，这里"方舟而济者日以千计"，建成后，"舆马安行商旅通"；顺济桥则是"下通两粤，上达江浙""维桥之东，海舶所凑"[③]，经济流通得到大大的改善。

其实，随着社会经济的发展，两宋时期的福建，无论是境内，还是与境外，经济往来日益密切，交通联系也日益发展。唐代福建与境外的交通联系仍十分不便，据《淳熙三山志》载："西路旧无车道抵中国，缘江乘舟，戛荡而溯，凡四百六十二里，始接邮道"，元和年间，"观察使陆庶，为州二年，而江吏籍沦溺者百数，乃铲峰湮谷，停舟续流，跨木引绳，抵延平富沙，以通京师"[④]。开辟了陆路驿道。此后，黄巢入闽，开通了福建著名的出省通道仙霞岭路，福建的陆上交通才得以改善，与境外的联系得

---

① 福建公路局编辑组编：《福建公路史》第一册，福建科技出版社 1987 年版，第 13 页。
② 乾隆《泉州府志》卷 10《桥渡》，参见李意标、黄国汤《南宋泉州桥梁建筑》，《福建论坛》（文史哲版）1985 年第 3 期。
③ 同上。
④ （宋）梁克家：《淳熙三山志》卷 5《驿铺》，《景印文渊阁四库全书》，台湾商务印书馆 1986 年版，第 484 册，第 155 页。

到了加强。其实，古时福建出省主要通道，除仙霞岭路外，还有出闽北杉关、分水关至江西境内两条通道。宋代随着闽西北社会经济的进一步开发，福建与境外的交通条件也日益改善。据乾隆版《光泽县志》载，光泽于太平兴国六年设县，县西经杉关通江西南城、黎川两县，县北云际关通江西铅山，县西北铁牛关通江西资溪；雍正版《崇安县志》载，崇安于淳化五年设县，县北分水关通江西铅山，县西桐木关经江西烟埠亦通铅山；康熙版《武平县志》载，武平于淳化五年设县，县西湖界隘（今筠门岭）通江西会昌，县南悬绳隘通广东平远，县南大坝水道通广东蕉岭①。以上所举光泽、崇安、武平三县，都是北宋初年增设的县治，即可说明闽西北社会经济的发展极大地改善了福建与周边路份的交通条件，再辅以宋代发达的驿传制度，福建陆上交通较前代已有了很大的改善。

陆路交通得到改善的同时，在海路交通方面，宋代航海技术取得了显著的进步。我国造船航海历史悠久，福建地区自古即有制造海船的传统，当时"漳、泉、福、兴化，凡滨海之民所造舟船，乃自备财力，兴贩牟利而已"②，海舶更是泉、福二州土产之一，素有海舟以福建为上之称。福建海船的形状是船头、尾尖高，当中平阔，冲波逆浪，都无畏惧，名曰丫乌船。据《宣和奉使高丽图经》描写更为详尽："长十余丈，深三丈，阔二丈五尺，可载二千斛粟。其制皆以全木巨枋挽叠而成。上平如衡，下侧如刃，贵其可以破浪而行也。其中分为三处，前一仓不安艎板，唯于底安灶与水柜，正当两樯之间也。……船首两颊柱，中有车辆，上绾绳索，其大如椽，长五百尺，下垂叮石，石两旁夹以二木钩……遇行则卷其轮而收之。后有正柂，大小二等，随水浅深更易。当桥之后，从上

---

① 唐文基：《福建古代经济史》，福建教育出版社 1995 年版，第 308—309 页。

② （清）徐松：《宋会要辑稿》刑法二，刘琳等校点，上海古籍出版社 2014 年版，第 14 册，第 8365 页。

插下二棹，谓之三副柁，唯入洋则用之。……每舟十橹……大樯高十丈，头樯高八丈。"① 这种二千料的尖底海船，在 1973 年泉州后渚港出土的宋代海船即此种类型。相较于广东、两浙海船，福建海船更适合于深海远洋航行。

宋代航海技术最大的进步则数指南针运用于航海。在此之前，航海舟师只能识地理，夜则观星、昼则观日，这不利于全天候航海，更不能进行深海远洋航行。指南针的运用正弥补了这一不足，如《宣和奉使高丽图经》所载"是夜，洋中不可住维，视星斗前迈，若晦暝，则用指南浮针，以揆南北"②。指南针的运用是航海技术上的一次革命性变化，使得海商能够充分利用既有的航海知识，拓展海外贸易，更使处于特殊地理位置的福建拥有得天独厚的优势。我国沿海有极规律的季候风，冬季吹东北风，夏季则吹反向之西南风。指南针的运用就为已掌握季风规律的海商提供了精确的方向指示器，观风向之变化，调整帆篷之方向以顺风势航行。去高丽、日本即乘夏季西南季风，如《宣和奉使高丽图经》所说："舟行皆乘夏后南风""去日以南风，归日以西风"，回航则乘东北信风；去东南亚一带则是冬汛北风发舶，夏汛南风回舶。李东华先生认为：泉州位于我国海岸线之转折处，遂可兼营两地之贸易，冬季一方面有华商、蕃商往南海贸易，一方面有赴东北亚贸易者返来；夏季一方面有南海商客入港，一方面又有赴东北亚者出海，一年中几无淡季可言③。这从宋代泉州一年祈风两次，而广州仅言于五月祈"回舶风"即可得到印证。这就使得福建在拓展海外贸易中相较于其他地区而言，无疑居于更有利的地位。

---

① （宋）徐兢：《宣和奉使高丽图经》卷 34《客舟》，朴庆辉标注，吉林文史出版社 1986 年版，第 70—71 页。

② （宋）徐兢：《宣和奉使高丽图经》卷 34《半洋焦》，朴庆辉标注，吉林文史出版社 1986年版，第 73 页。

③ 李东华：《九世纪—十五世纪初泉州与我国中古的海上交通》，台湾学生书局 1986 年版，第 110—111 页。

陆路交通条件的改善和航海技术的进步，使福建境内外地区、与海外国家的经济联系得到了加强，而宋代福建境内港口地位的提升则为福建海商之崛起提供了平台。

福建负山面海，沿海港湾众多。隋唐以来，福建海外贸易兴起，已成为外商来贩的重要地区。五代王氏治闽，"招徕海中蛮夷商贾"，在黄歧半岛开辟了甘棠港作为福州的外港①，遂使福州成为对外贸易的重要港口。

泉州港在对外贸易史上的地位则更为重要，公元 9 世纪中叶在阿拉伯地理学家伊本·胡达兹比赫《道程及郡国志》一书中就将其列为唐代四大贸易港之一。王闽时代，"招宝侍郎"王延彬知泉州，泉州港更是得到了较快的发展，以致北宋初年泉州港未有市舶司之设置，仍在对外贸易中享有很大的影响地位，《宋会要辑稿》载："太平兴国初，京师置榷易院，乃诏诸蕃国香药、宝货至广州、交趾、泉州、两浙，非出于官库者，不得私相交易。"② 太平兴国七年闰十二月"诏，闻在京及诸州府人民或少药物食用，今以下项香药止禁榷广南、漳泉等州舶船上，不得侵越州府界，紊乱条法。"③ 随着福建社会经济的发展、境内外交通条件的改善，泉州港对外联系越来越广泛，如前所述"福建专擅交通高丽"，在海外贸易中的影响越来越大，以致元丰五年二月，勃泥（今加里曼丹）王"复遣使贡方物，其使乞从泉州乘海舶归国，从之"④。因此，在泉州设置市舶司已成为迫切问题，熙宁五年"诏发运使薛向曰：东南之利，舶商居其一。

---

① 《王审知德政碑》（天祐三年，立于闽县），《闽国史汇》，暨南大学出版社 2000 年版，第368—371 页。

② （清）徐松辑：《宋会要辑稿》职官四四之一，刘琳等校点，上海古籍出版社 2014 年版，第 11 册，第 6785—6786 页。

③ （清）徐松辑：《宋会要辑稿》职官四四之二，刘琳等校点，上海古籍出版社 2014 年版，第 7 册，第 4203 页。

④ （明）张燮：《东西洋考》卷 3《大泥》，谢方点校，中华书局 1981 年版，第 55—56 页。

比言者请置司泉州，其创法讲求之"①。元祐二年，北宋政府"诏泉州增置市舶司"②。

泉州市舶司的设置，确立了泉州港在海外贸易中的地位，并进一步促进了福建海外贸易的发展。当时的泉州"土疆差广，齿笈至繁。……厘肆杂四方之俗，航海皆异国之商"③。时至南宋，泉州港的地位稳步上升，逐渐超越两浙，并有凌驾广州之趋势。这从宋室南渡前二年（宣和七年，1125）赐予三路市舶司的度牒数目即可反应此种趋势，宣和七年"三月十八日诏，降给空名度牒，广南、福建路各五百道，两浙路三百道，付逐路市舶司充折博本钱，仍每月具博贸并抽解到数目，申尚书省"④。宋室南渡定都于杭州，明州离行在太近，宋廷患有不利，加上两浙舶司收入时已无多，促成两浙路舶司之永久罢废。其后，又先后罢杭州市舶务（绍熙元年），温州、秀州、江阴军之市舶务（庆元元年），仅留明州市舶务。而且，宋室南渡后，泉州距行在更近。因此，正是宋室南迁，国家中心转移至东南沿海，形成朱熹所称"岂非天旋地转，闽浙反为天下之中"之形势，使得泉州超越两浙、凌驾广州居于海外交通枢纽的地位。《梦粱录》记载，两浙海商"若欲船泛外国买卖，则是泉州即可放洋"，又"若商贾止到台、温、泉、福买卖，未尝过七洲、昆仑等大洋。若有出洋，即从泉州港至岱屿门，便可放洋过海，泛往外国也"⑤。南宋泉州港已成为海商进行海外贸易的主要门户。

---

① （元）脱脱：《宋史》卷186《食货志》，中华书局1977年版，第13册，第4560页。
② （清）徐松辑：《宋会要辑稿》职官四四之八，刘琳等校点，上海古籍出版社2014年版，第7册，第4207页。
③ （宋）郑侠：《西塘集》卷7《代太守谢泉州到任》，陈衍校注，中华书局1991年版，第89—90页。
④ （清）徐松辑：《宋会要辑稿》职官四四之十一，刘琳等校点，上海古籍出版社2014年版，第7册，第4223—4225页。
⑤ （宋）吴自牧：《梦粱录》卷12，浙江人民出版社1980年版，第112页。

在境内外交通条件改善、经济联系加强和航海技术进步的基础上，福建海商依托渐居于海外交通枢纽的泉州港，相较于其他地区的海商而言，无疑居于更为有利的位置，具备了崛起为与"外商海贾"相提并论的国内沿海商人代表之有利条件。

（三）社会习俗影响

宋代是我国封建社会高度发展时期，蓬勃发展的商品经济给社会带来了激烈的冲击。这一时期，无论是中央朝廷、还是地方政府，尤其是在民间，传统的"义利""重本抑末"观念都发生了深刻的变化，这对宋代海外贸易的发展，乃至福建海商的崛起均产生了深远的影响。

商者为国致财的道理早已为宋人所认识。北宋初年，国家财政较为宽裕，海舶之利在国家财政收入中居于微弱的比例。这时，朝廷并不重视海外贸易，在太平兴国、雍熙初年就屡有"禁海贾"诏令之颁布，而在开宝年间仅设广州市舶司独自负责海外贸易之事即可说明。但是，随着国家财政境况的变化、海舶收入的增益，宋廷的态度也发生了明显的转变。宋代对外贸易政策有了可喜的变化，逐渐确立了招徕外蕃、准许国人赴海外贸易的政策。如"雍熙四年五月遣内侍八人赍敕书、金帛，分四纲，各往海南诸蕃国勾招进奉，博买香药、犀、牙、真珠、龙脑。每纲赍空名诏书三道，于所至处赐之"[①]。熙宁年间，新法推行，外贸政策更加宽松，甚至铜钱出口的禁令也废除了；另一针对高丽贸易之禁令，也于元丰八年解除，"诸商贾由海道贩诸蕃，惟不得至辽国及登、莱州，即诸蕃愿附船入贡或商贩者，听"[②]，这对海外贸易的发展产生了重大的影响。时至南宋，偏居

---

① （清）徐松辑：《宋会要辑稿》职官四四之二，刘琳等校点，上海古籍出版社2014年版，第11册，第6785—6786页。

② （宋）苏轼：《苏东坡全集》卷28《乞禁商旅遇外国状》。

东南，战事繁多，财政日艰，海舶收入已成为南宋财政的重要来源。高宗也不得不承认："市舶之利最厚，若措施合宜，所得动以百万计，岂不胜取之于民。朕所以留意于此，庶几可以少宽民力尔。"①

随着宋廷态度的转变，也逐渐加强了对海外贸易的管理。宋政府在各主要港口设置市舶司，专门掌管海外贸易事宜；并"置来远驿，与应用家事什物等，并定犒设馈送则例，及以置使臣一员，监市舶务门，兼充接引干当来远驿"②，负责外商的接待。并于元丰三年颁布"市舶条法"，修订了一系列条例，不断规范海外贸易的管理。同时，出台一系列奖惩优渥政策，鼓励市舶官吏招徕外商海贾、刺激蕃舶纲首发展海外贸易，以增加海舶收入，规定"诸市舶纲首能招诱舶舟，抽解货物，累价及五万贯、十万贯者，补官有差"。当时，"般载乳香"至泉州"贩值三十万缗"的阿拉伯商人蒲罗辛，以及"贩值收息九十八万缗"的福建纲首蔡景芳都被宋廷授予"承信郎"一职③。

地处东南沿海的福建，海舶收入必然成为地方财政的重要来源，因此，作为地方政府，无论是迎合中央朝廷的需要，还是出于自身的考虑，发展海外贸易、增加海舶收入必然是其任内重要之行为。当时出任福建的地方官员，大多能够贯彻执行中央有关市舶之政策法令，同时针对地方的特殊情况采取一些特殊的举措，保证海外贸易的顺利进行。

古时，人们局限于航海知识和技术水平，经常将航海的安全寄托于神灵的保佑。宋代福建沿海一带，民间就十分盛行祈风敬神习俗，九日山祈风石刻群即是祈风敬神习俗的遗迹。南宋太守真德秀《祈风文》即言：

---

① （清）徐松辑：《宋会要辑稿》职官四四之二〇，刘琳等校点，上海古籍出版社 2014 年版，第 7 册，第 4225 页。

② （清）徐松辑松辑：《宋会要辑稿》职官四四之一〇，刘琳等校点，上海古籍出版社 2014 年版，第 7 册，第 4208 页。

③ （清）徐松辑松辑：《宋会要辑稿》职官四四之一九，刘琳等校点，上海古籍出版社 2014 年版，第 16 册，第 9829 页。

"舶之至时与不时者,风也。而能使风之从律而不愆者,神也。是以国有典祀,俾守土之臣一岁而再祷焉。……神其大彰厥灵,俾波涛晏清,舳舻安行,顺风扬,一日千里,毕至而无梗焉。是则吏与民之大愿也。谨顿首以请。"[①] 祈风之地泉州九日山所供奉的"通远善利广福王"被奉为官方神祇。祭海则是与祈风意义相近的一种祭祀海神仪式。这种仪式宋代就已开始,泉州真武庙在府治东南石头山上,宋时建,为郡守望祭海神之所。庆元二年,又在泉州城南郊建顺济宫,祀奉"天妃"。"天妃"据传原是湄洲女子林默娘,人称"神女",行善济人,"以其变化累著于海中"而被奉为海神。

祈风祭海仪式所进行的造神活动,明显带有很大的迷信色彩。可是,这种信仰却广植于沿海各地尤其是民间海商心中,成为一种普遍习俗,足以反映安全航海、发展贸易已成为上至统治者、下至普通大众的共同愿望。举行这种仪典,无疑有利于海外贸易的发展。

宋代朝廷的招徕优渥政策,地方官员的祈风敬神活动,均体现了商品经济发展所带来观念上的转变。其实,在普通大众中,尤其是地处沿海的福建路人民,所谓的"农本商末""耻于言利"之说已不再具有说服力,而"贵末贱农""嗜利轻义"的观念不仅不足为怪,且为当时社会所崇尚,形成一时之风气。由于地处特殊的地理位置和经济形势,经商博利成为福建人民谋生的出路。沿海地区"泉州人稠山谷瘠,虽欲就耕无地辟,州南有海浩无穷,每岁造舟通异域"[②]。故有刘克庄描述之现象,"闽人务本亦知书,若不耕樵必业儒。惟有桐城南郭外,朝为原宪暮陶朱。海贾归来富不赀,以身殉货绝堪悲。似闻近日鸡林相,只博黄

---

① (宋)真德秀:《西山真文忠公集》卷50《祈风文》,商务印书馆1937年版,第965页。
② (宋)王象之:《舆地纪胜》卷130《福建路》,中国古代地理总志丛刊本,中华书局1992年版,第3753页。

金不博诗"①。而且，随着商品经济的发展，人们追求利益已成为自然的欲求所在。在这样的情况下，享有丰厚利润的海外贸易必然为人们所向往。林昭庆"往来海中者数十年，资用甚饶"②，更有阿拉伯商人蒲罗辛与福建纲首蔡景芳因经营海外贸易而被宋廷授予"承信郎"一职③，这些人的成功也成为人们趋利的榜样。因此，即使有着"海贾归来富不赀，以身殉货绝堪悲"④ 的风险，人们却"但知贪利，何惮而不为者"⑤，出于这种"轻生射利"求富于海外的欲望与热情，当时，即使身仅"少或十贯"本钱的小商人亦同乘出海，或"以钱附搭其船，转相结托，以买番货而归，少或十贯，多或百贯，常获数倍之货"⑥。

正是基于福建特殊的地理位置和经济形势，福建人民由谋生所迫到求富趋利使然，这是商品经济发展的反映，也是人们观念、习俗演变形成的过程。在此过程中，中央政府的奖励政策，地方政府的造神活动，既迎合了它的发展需要，又推动了它的发展进程，也才真正形成推动海外贸易发展、促使福建海商崛起之原动力所在。

结语

福建海商作为一个群体在两宋时期的出现颇为引人注目，过往史籍的描述、当代学者的求证都说明了福建海商在这一时期的突出表现。其崛起

① （宋）刘克庄：《后村先生全集》卷 12《泉州南廓诗》，《景印文渊阁四库全书》，集部，第 1180 册，台湾商务印书馆 1986 年版，第 123 页。

② （宋）秦观：《淮海集》卷 33《庆禅师塔铭》，宋绍熙重修干道高邮军学本，线装书局 2004 年版，第 373 页。

③ （宋）徐松：《宋会要辑稿》蕃夷七之四六，刘琳等校点，上海古籍出版社 2014 年版，第 16 册，第 9965 页。

④ （宋）刘克庄：《后村先生全集》卷 12《泉州南廓二首》，《景印文渊阁四库全书》，集部，第 1180 册，台湾商务印书馆 1986 年版，第 123 页。

⑤ （宋）包恢：《敝帚稿略》卷 1《禁铜钱申省状》，《景印文渊阁四库全书》，第 1178 册，台湾商务印书馆 1986 年版，第 712—714 页。

⑥ 同上。

为国内沿海商人的代表则是不争的事实。就福建海商之崛起而言，是与其所处特殊的地理环境与时代背景分不开的。①两宋时期封建社会经济高度发展，对外贸易达到了一个新的高度，为福建海商的崛起营造了一个良好的大环境；②福建社会经济的发展在面对人口的压力时，既彰显了其不足的一面，却也能充分挖掘其潜在的能量，农业经济的精耕细作和经济作物的多种经营就是其中表现之一，它促进了产业分工和商品交换的发展，推动了手工行业和商品经济的繁荣，从而为海外贸易的发展提供了可靠的物质条件、营造了良好的商业氛围；③交通条件的完善，在陆路交通方面改善了地理险远的不足，在航海技术方面发挥了地理优势，加强了与各地、与海外的经济联系，而泉州港地位的上升则为福建海商交通海外提供了一个更大的表演舞台；④社会习俗的转变，无论是中央政府出台的政策、地方官员开展的活动，还是普通民众进行的行为，在商品经济发展的影响下，都有求富趋利的倾向，反映了传统观念的转变，也形成了促使福建海商崛起，推动海外贸易发展之原动力。基于以上各方面因素的综合作用所形成的合力才是促成福建海商崛起的真正原因，离开了哪一方都难以成立。其实，福建海商之崛起相对于以上四个因素而言，既可断定为结果，也可认为是原因之一，因为福建海商崛起的过程必然对当时社会经济、海外贸易、社会习俗诸方面因素产生反作用而促使其发展变化。因此，以上几方面，无论是原因，还是结果，它们都是相辅相成、相互作用而共同发展，最终形成两宋时期福建海外贸易兴盛、福建海商崛起的局面。

杨崖湾古城与丝绸之路东段北线的关系探究[①]

刘永胜

（西北师范大学历史文化学院）

摘　要：在甘肃省白银市平川区黄峤乡通往海原县的屈吴山下，有一座古城，当地人叫它杨崖湾古城。但这座古城建于何时？它是一座驿城、还是军城或者县城？当地人和历史学家尚无定论。2014 年 7 月，白银市举办"丝绸之路上的白银"学术研讨会，会后笔者有幸亲往考察此城。回校后查阅居延汉简里程简及悬泉置汉简有关驿站的记载，并且拜读西北师范大学李并成研究员《汉代河西走廊东段交通路线考》和刘再聪教授的《居延里程简所记高平至媪围间线路的考古补正》两篇文章，结合古城出土的汉代文物及此城的规制大小，推断得出杨崖湾古城是西汉、东汉时期的一座驿城，它处于丝绸之路东段北线的重要节点上，同时笔者也试着补正恢复了从媪围到高平居延里程简所缺的一些丝路驿站。通过考证，证明从媪围城到鹯阴城、杨崖湾

---

①　基金项目：本文系 2015 年度国家人文社会科学研究基金西部项目"丝绸之路东段线路历史地理考察研究"（项目编号 15XZS009）阶段性研究成果。

古城、甘盐池、西安州、峡口、高平之间确实有一条丝绸之路存在。文中有不妥之处，祈望方家指正。

关键词：杨崖湾古城；鹯阴城；高平；居延里程简

在甘肃省白银市平川区黄峤乡政府往东 1500 米处，有一座古城，当地人叫它杨崖湾古城。它处于靖远县和平川区通往海原县和会宁县两条古道的交汇点上。杨崖湾古城遗址的平面呈长方形，南北宽 100 米，东西长 130 米，占地 1.3 万平方米。据村民回忆，20 世纪 70 年代，城址形态基本完整，开南北两个城门，北门在北城墙中间偏东部位，南门在南城墙的东南角，后来在村民平田整地时毁坏，现在已经无处找寻。2000 年 4 月，黄峤乡双铺村杨崖湾社的一位社员灌溉农田时，在城堡遗址不远处发现了两个保存较为完整的灰陶罐。罐高 43 厘米，口径 22 厘米，腹径 50 厘米，腹部和肩部皆饰绳纹，属于西汉中后期的器物。从出土的陶罐、采集的陶片来看，均为汉代遗物。在北城墙中间的墙底部发现有 10—13 厘米厚的灰层堆积，并且叠压着马、羊、猪等家畜的骨骸。同时，在夯层中还夹杂着灰陶片。此城文化遗存单一，突出为汉代遗物。从其所处的地理位置来看，应该为一座驿城。杨崖湾古城遗址文化层较浅，采集到的文物标本大多为两汉时期的文物，在其之上没有其他时代的文化层。所以，可以确定，这座古城在汉代以后逐渐被弃用了。

关于杨崖湾古城到底是一座军城，还是一座县城、一座驿城？仁者见仁，智者见智。但是，从此城的规模、形制、出土的文物以及所处的位置来看，笔者认为它应该是西汉、东汉时期的一座驿城（即置），证据分为以下三部分。

一　从杨崖湾古城所处的位置和居延汉简里程简的记载推测，它应该是一座汉代的驿城

杨崖湾古城距离它西面的鹯阴城约90里。鹯阴城是西汉时期修筑的一座县城，它守护着鹯阴渡口，是丝路东段北线上的一座重要站点。沿着这条丝路古道有许多烽火台，在空间上杨崖湾古城与鹯阴城是连接长安至河西走廊的交通线上的两个重要节点，它们也是丝绸之路东段北线上的两个重要站点，是秦汉时期"以河为塞"抵御匈奴的最前沿的战略要冲。鹯阴城临河而筑，属于秦朝"自榆中并河以东，属之阴山，以为四十四县，城河上为塞"[①]的河塞之一。西汉驱逐匈奴后而设置鹯阴县。而杨崖湾古城位于鹯阴城的东南方向，两城相距90多里路，这个距离与汉简记载的两个驿站之间的间隔距离基本相符，并且此城处于由固原（古高平）至海源县、鹯阴城、媪围古城之间道路的节点上，所以，它是一座汉代驿城。

杨崖湾古城处于一个交通汇合点上，由此城向东走，会到达海原县的干盐池、西安州（今宁夏海原）、峡口（今固原须弥山口），再到高平（今固原）、平凉等地，这是丝路东段北线的重要线路；从杨崖湾古城向东南走，经过平川区的种田乡、复兴乡，可以到达会宁县的刘寨子乡、土门岘乡、新塬乡、大沟乡、平头川乡、老君坡乡，继续向东南行走可以到达静宁县的界石铺。近年来，在这些乡镇内均发现了汉代的一些文物和生活遗迹、汉墓等。比如，在刘寨乡后沟村南川社的马鞍子梁汉墓群、平头川乡万弃村万弃汉墓群、古堆坪汉墓群等。这些乡镇也处于鹯阴城和固原、平凉、长安的直线距离上，是一条捷径。从鹯阴渡过黄河后，向西北走可以到达景泰县的尾泉、中泉、赵家水、古浪县的大靖镇。杨崖湾古城是处于由高平城（今固原城）至鹯阴县和由静宁县、会宁县进入鹯阴县的交汇

点，在这个交汇点上建一座驿站，是最符合行程实际需要的，所以，杨崖湾古城是一座驿城。

据 1974 年发掘于破城子的居延里程简（E. P. T59：582）记载：

> 长安至茂陵七十里　月氏至乌氏五十里
>
> 茂陵至置卅五里乌氏至泾阳五十里
>
> 置至好止七十五里泾阳至平林置六十里
>
> 好止至义置七十五里平林置至高平八十里
>
> ……
>
> 媪围至居延置九十里删丹至日勒八十七里
>
> 居延置至觻里九十里日勒至钧耆置五十里
>
> 觻里置僤次九十里钧耆置至屋兰五十里
>
> 僤次至小张掖六十里屋兰至垔池五十里①

此简虽然中间有缺，但仍然记载了汉代长安至垔池的地名及里程，是当时东西交通及丝路东段北线的重要文献证明。该简里程刚好缺高平（今固原）至媪围（景泰芦阳城）这一段路程所经过的驿站。

严耕望在《唐代交通图考》中对从固原过海原县盐池、西安州等地的线路有详细明确的论证，但同时他也说："原州（固原）至会州（今白银平川牙沟水一带）中途所经不详。"② 至于从会州至会宁关（今靖远县北滩乡北城滩古城一带）、乌兰关（景泰县五佛乡一带）之间的路程则限于资料缺乏而没有提及。

在西汉时期，从长安至高平、再到鹯阴城、媪围古城，确实有一条丝路古道存在。

---

① 甘肃文物考古研究所编：《居延汉简》，文物出版社 1990 年版，第 396 页。

② 严耕望：《唐代交通图考》卷二《河陇碛西区》，上海古籍出版社 2007 年版，第 412 页。

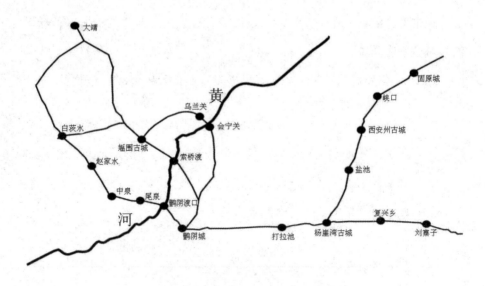

图 1 靖远平川一带至固原丝绸之路简图

由居延里程简推测，该条路线的出发点是长安。从长安一带西行，到陇县，沿着泾河到平凉市的泾川县，再到崆峒区、高平（今固原）、峡口、西安州、盐池、杨崖湾古城、鹯阴城，再到媪围古城、古浪县大靖镇、武威（见图 1）。

据《史记·始皇本纪》记载："二十七年（前 220），始皇巡陇西、北地，出鸡头山，过回中。"应劭注曰："回中在安定高平。"《资治通鉴》颜师古注曰："回中在安定高平，有险阻，萧关在其北。"① 唐初编写的《括地志》记载："回中在原州平高县，有险阻，秦置宫于此。"由此来看，回中应该在今宁夏固原境内。据《汉书·武帝纪》记载："元鼎五年（前 121），冬十月，行幸雍，祠五畤。遂逾陇，登崆峒，西临祖厉河而还。"② 祖厉河名沿用至今，河水流经今会宁县、靖远县等地，在今靖远县城西汇入黄河。汉武帝出巡安定郡，为以后长安至凉州道路的形成奠定了基础。

---

① 《史记·始皇本纪》，中华书局 1997 年版，第 241 页。
② 《汉书》卷六《武帝纪》，中华书局 1997 年版，第 185 页，

班彪在《北征赋》中也写道："踥高平而周览，望山谷之嵯峨。"班彪的目的地是武威，当时从长安出发，经高平到达武威，再到敦煌悬泉置的路线确实已经开通。从汉简记载的驿站之间的里程来看，杨崖湾古城距离鹯阴城 95 里，鹯阴城距离媪围古城 100 里，这与居延汉简记载的两个驿站之间的里程基本相符合。杨崖湾古城向东距离海源县盐池也是 65 里，盐池距离西安州古城 90 里，西安州古城距离西峡口 90 多里，西峡口距离高平城 90 多里，这与居延里程简记载的各个驿站相隔的距离差不多。所以，杨崖湾古城是西汉、东汉时期的一个驿站。

丝绸之路自汉代开辟以后，在历朝历代都有新的开拓与变化，丝绸之路其实是一个网状结构。据考证，从宁夏回族自治区的固原、海源县到杨崖湾古城、鹯阴城、媪围城的这一段丝路北线至少有八条以上的通道，但是这些通道都要经过杨崖湾古城。下面把这段丝路的八条支线列出来，以便清楚地看到它们与杨崖湾古城的关系。

第一条支线是从海原县经过杨崖湾古城、打拉池、毛卜拉、大湾、吊沟、响泉、鹯阴城、黄湾。在此从鹯阴渡渡过黄河，到达景泰县的尾泉、中泉、赵家水、白茨水（居延置）。

第二条支线是从杨崖湾古城至打拉池，再到红沟、小水、东湾乡杨梢沟、法泉寺、红柳泉、长滩、陡城、黄湾，从鹯阴渡渡过黄河，到达景泰县的中泉、赵家水、白茨水；或者由法泉寺走到靖远县城、过虎豹口、吴家川、石岘子、谢家窑、尾泉、中泉、赵家水。

第三条支线是从海原县到杨崖湾、打拉池、红沟、沿着杨梢沟到达法泉寺、靖远县城、虎豹口、独石村、中堡村、北湾镇天字村红罗寺、古城村、四龙镇、皋兰县、兰州金城关、十里店、安宁堡、沙井驿、永登县。

第四条支线是从海原县过靖远县兴堡子川、北滩乡、永新乡、双龙乡、从北城滩下面的会宁关渡口渡过黄河，到达景泰县的五佛乡（唐代的乌兰关），再到吊沟古城、媪围古城。

第五条支线是从海原县的盐池翻越屈吴山，到达杨崖湾古城、打拉池，然后沿着黄家洼山到靖远县的兴堡子川，经平川区水泉镇的沙流水、三角城、裴家堡、石门乡的小口子，在此从索桥渡过黄河，到达媪围古城。

第六条支线是从杨崖湾到达打拉池、鹯阴城、黄湾村、再走到水泉镇的沙流水、裴家堡、小口子、从索桥渡过黄河，到达媪围古城。

第七条支线是从杨崖湾古城到打拉池、红沟、杨梢沟、法泉寺、靖远县城、虎豹口、北湾镇天字村红罗寺、四龙镇、白银区武川乡、景泰县的赵家水、古浪县大靖镇。

第八条支线是从平凉市到静宁县界石铺、再到会宁县土门乡、刘寨子乡、平川区种田乡、复兴乡、再到杨崖湾古城、鹯阴城、从鹯阴渡或者索桥渡渡过黄河到达景泰县，进入河西走廊。

从以上各条线路的走向来看，这些丝路支线都要经过杨崖湾古城，它是一条从海原县进入平川区和靖远县的必经之地，所以在此处修建一座驿站再也恰当不过了。杨崖湾古城处于由海原县和会宁县进入平川区的交汇点上，从海原县和会宁县翻越屈吴山后，必须经过此城，所以在杨崖湾建一座驿站显得十分必要。这座驿站与敦煌悬泉置的作用与地位一样重要，建筑形制也很相似。如果对它进行挖掘，一定能出土许多有价值的文物。前些年由于政府不重视，盗掘非常严重，曾经盗掘出许多汉代文物，包括两枚汉简，现在都不知所终。

从宏观上来说，丝绸之路由敦煌往东至长安有三条主线，即北线、中线、南线。北线指从长安到陇县、泾川县、平凉市崆峒区、固原、海原县、平川区（含靖远县）、景泰县、古浪、武威；中线指从泾川县到平凉市崆峒区、静宁县、会宁县郭城驿、定西、榆中、兰州、永登县、武威；南线指从长安到宝鸡市凤翔、天水市张家川、陇西、临洮县、临夏回族自治州永靖县或者积石山县，过黄河后进入青海省的民和县、平安县、乐都县、西宁市，由西宁市过大斗拔谷至张掖，或者由西宁向西行走进入柴达木盆地，在到达新疆的若羌县、和田地区。"这三条线路中，北线最是捷径，居延汉简所记载的这条线路是目前所能见到的有关长安至敦煌西行线路中最早、最详细的一条路线，时间当在西汉昭宣时期，最迟也不晚于汉成帝时期。"① "媪围是汉县，属武威郡，位于今景泰县境内，县城大致在今芦阳镇附近。"② 高平也是西汉设立的县，属于安定郡，治所在今天的固原。据《汉书·地理志》记载，安定郡有县二十一，包括高平、祖厉县、鹑阴县（西汉叫鹯阴县）等。西汉的鹯阴县、祖厉县等县城主要在今天靖远县、平川区一带。

媪围城至鹯阴城、杨崖湾古城，再到高平城有线路可通，这条线路应该就是丝路东段北线。新出土的敦煌悬泉置汉简中也有1枚里程简，详细记载了从苍松至渊泉的线路，但同样是每一栏内容连贯，相互间各自独立。这枚汉简记载了去各地的路程：

> 61 张掖千二百七十五一，冥安二百一七，武威千七百二，安定
> 高平三千一百五十一……（A）③

此简牍所记路程的出发点是悬泉置。从记载顺序来看，武威下来是安定郡高平县，据此可以认为，当时有一条从悬泉置通武威直达高平的线路。同样，从居延置过武威也有直达高平的线路。另外，还有1枚简牍，也记载了与此相关的路程的走向：

---

① 何双全：《两汉时期西北邮政蠡测》，《西北史研究》（第二辑），甘肃文化出版社2002年版，第603页。

② 李并成：《河西走廊历史地理》，甘肃人民出版社1995年出版，第48页；刘再聪《媪围古城今何在》，《丝绸之路》1997年第1期。

③ 胡平生、张德芳：《敦煌悬泉汉简释粹》，上海古籍出版社2001年版，第59页。

221　　□府，一旨御使，一旨左冯翊府，一旨武威府、一旨京兆尹府、一旨安定、一旨赵相府、一旨金城、一旨南河尹府、一旨□□，一旨护羌、一旨鱼泽、一旨□□，一旨渊泉、一旨宜禾护蓬、一旨宜禾、一旨□曹护蓬，一旨定（？）汉尉。

"这里提到了安定郡，安定郡治即高平。同时，简文中也提到了武威，而且排在了'安定'的前面。可见，从媪围至高平是有线路存在的。"① 悬泉简中的确切纪年开始于汉武帝元鼎六年（前111），止于东汉安帝永初元年（107），由于纪年简仅占少数，因而可以认为，居延汉简、悬泉置汉简反映的应当是西汉、东汉两个朝代的事情。所以，这条从西安至武威，经过固原、海原县、平川区杨崖湾古城、靖远县、景泰县等地的丝路北线确实存在，并且它最为便捷，而杨崖湾古城就位于这条线路的重要节点上。据《宁夏·固原风物志》（云南人民出版社2002年版）记载："丝路东段的走向，一般认为有南、北、中三条线路。南路从长安出发沿着渭水西行，于陕甘边境翻越陇山（此山南北走向，从宁夏南部延伸到陕甘边境，在宁夏境内的部分称六盘山，南段称陇山，古代通称陇山），到达天水、陇西、临洮；中路从长安出发，沿着泾河西北行，到泾川县、平凉崆峒区、在宁夏隆德县东北翻越六盘山，至静宁界石铺、会宁县郭城驿、定西巉口、榆中甘草店、夏官营、兰州城关区，这条线路大体相当于今天西兰公路的路线，这条线路在元代以后才较多地使用；北路是元代以前丝路东段的重要通道，其走向一般认为是从长安出发，沿着泾河西北行，（也有人说可以沿着渭河西行，越过陇山，到达祖厉河，然后渡过黄河西行）到达泾川县、平凉崆峒区、宁夏固原城、海原县、平川区杨崖湾、鹯阴县、

① 刘再聪：《居延里程简所记高平至媪围间线路的考古补正》，开拓与守护："丝绸之路上的白银"学术研讨会文章，2014年。

然后从鹯阴渡渡过黄河，到景泰县。"丝路的这条北线到达宁夏后，走向到底如何？从何处越过陇山？有好多种说法，据鲁人勇的《塞上丝绸之路》一书认为，这条丝路北道在宁夏回族自治区随着时代的变迁，有着不同的走向，其中最主要的线路有三条。一是"鸡头道"，其具体走向一是从咸阳或者长安出发，经过北地郡（今甘肃宁县），上鸡头山（《固原风物志》第106页）。二是经过高平（今固原市）翻越陇山的路线（《固原风物志》），鲁人勇认为，这条线路是丝路东段北道经宁夏到杨崖湾古城、靖远县、景泰县的主要通道，此道秦汉时期大多采用，秦皇、汉武北巡均走此道。丝路东段北线的第三条是灵州道。唐末宋初，经常走灵州道，因为那时原州（固原市）一带均为吐蕃占领，经过高平至鹯阴县的路线不通畅，所以，灵州（吴忠市西北）就成为丝路东段北线的主要通道了。

二　杨崖湾古城周围以及附近丝路沿线的考古发现，对此线路的证明

在从杨崖湾古城所经过的这条丝路东段北线沿途，发现了许多汉墓群、古城以及烽火台。这些汉代遗迹的发现证明，在汉代，这条丝路非常繁盛。

（一）这段丝路沿线汉代古墓的发掘情况

1. 平川区共和镇、黄峤乡、种田乡汉墓群

在平川区共和镇的毛不拉村、二矿滩，黄峤乡的双铺村、庙沟、杨崖湾，种田乡的屈家庄等地方，都发现有较多的汉墓群遗存，并且大多数是木椁墓，墓葬集中，属于汉墓群。其中，毛卜拉村的一座汉墓被当地人称为"北山王墓"，其墓道、墓室皆为方木搭建，墓室内非常宽敞。墓椁内

有块方木上面竖写着"北山王"字样,字体为隶书,因此,人们把这座墓称为"北山王墓"。从它的墓道构造形态和有隶书字体判断,是汉墓无疑。

在黄峤乡郎山村庙沟也发现了砖室墓,共有11座,墓顶是11座连着的山包。如果山包下面都是古墓,那么其墓葬规模绝不亚于平川区水泉镇的黄湾汉墓群。由此可见,在杨崖湾古城附近,汉代时期有大批人群活动。

2. 共和镇老庄汉墓群

它位于共和镇老庄村西北大约200米处,该村西北被农田、果园所包围,面积大约3000平方米。该墓群于1978年7月,被当地农民平田整地时发现。已经挖掘出的墓葬为长方形土坑木椁墓,分两层,外层为圆木桩并排竖立,内层用方木接榫连接,上面平铺方木榫椁盖。墓穴中清理出五铢钱22枚,陶器8件,小铜器若干件。从墓内的骨骸和出土器物判断,该墓为汉代夫妇合葬墓,其墓制形制与黄湾汉墓群完全相同。2013年,在老庄村东坟山开山平田时,又发现了两座汉代砖室墓,两墓相距仅2000米,两墓的部分墓砖都有同一个墓签标记,但是已经模糊得不可辨认,这应该是一片家族墓。根据研究推测,被确定为东汉墓葬,这是在平川区内首次发现的砖室墓。

3. 黄湾汉墓群

黄湾汉墓群位于平川区水泉镇黄湾中村东南的黄土梁上。1976年夏天,当地农民在平田整地时所发现。2012年,当地村民在建房取土时又发现了四座古墓,白银市文物局对其进行了抢救性挖掘,并且回填。现在墓群周围土地连片,渠道纵横,房舍错落。墓葬分布在新建的水渠以西的土山梁上,占地面积10万平方米。墓葬形制为长方形土坑木椁墓,墓穴密集，交错重叠，大小不一。小的长宽大约 2 米，大的长宽 4—7 米；木棺椁以双棺椁为主，木棺为长方体，多为合葬。双棺椁墓外棺椁以圆木桩并排竖立，内层方木榫接平榫平放叠起，中间架方木横梁，梁头没有燕尾槽接榫，上面平铺方木接椁榫盖，外围用圆木桩平摆。墓葬规制特点为汉代墓，从墓中出土有陶器、木猪、木头虎枕、铜器、西汉五铢钱、新莽钱币、铜镜、琉璃器，并且出土虎钮铜印 1 枚、耳当、女性口含玉石蝉、玉石鼻塞 2 枚，还有木虎、木猪、绸缎等物品，均为汉代器物。

（二）杨崖湾古城丝路沿线发现的汉代古城、烽火台遗址

1. 沿着这段丝路附近有许多汉代古城，比如鹯阴城、祖厉城、杨崖湾古城、媪围古城、西安州古城等

鹯阴城距离杨崖湾古城 90 里，经考证，确为汉代古城，它防守着鹯阴渡；祖厉城在靖远县城以西五里处的红嘴子村，它防守的是虎豹口渡口。

媪围城遗址在景泰县大沙沟，它向东距离索桥渡 20 里，距离鹯阴城 120 里。

居延置遗址位于景泰县白茨水，它距离媪围城 90 里。

海原县西安州古城位于海原县城西北部，有城址遗存，并且发掘出一些五铢钱，证明它是汉代城址。此城周长 4.6 公里，东西两面开门，南北无门，它距离杨崖湾古城 90 里路。

干盐池堡子，位于海原县盐池镇，据清康熙《重纂靖远卫志》记载："宋定戎堡，明代干盐池堡。东至西安州 50 里，西距杨崖湾 90 里，至打拉池 120 里。"《明修乾盐池碑记》："地本咸隰川，池液浸晒，便收甘卤。池南有宋元符二年建定戎堡。"据清康熙《重纂靖远卫志》记载："乾盐池堡，在卫东 120 里，城周五里有奇，成化修复，驻右千户所。北原盐池，

李吉甫云河池。"这与《元和郡县志》"西去州 120 里"的记载相符合。乾（干）盐池位于汉唐时期丝绸之路原州与会州之间，它是丝绸之路东段北线，西去武威、张掖的必经之站。

打拉池古城，它距离鹯阴城 60 里，位于共和镇政府东北 400 米处，在此地有新旧两个城池。据《宋史·李宪传》与《续资治通鉴长编》卷三一八记载："元丰四年（1081）李宪总兵东上平夏，入于高川石峡，进至屈吴山，营打罗城，与夏人遇，败之。"《宋史·郭成传》记载："泾原衿辖郭成奉命筑绥戎、怀戎（今平川区打拉池）二堡。"北宋政和元年（1111）六月，熙河第八将兼怀戎堡事武骑尉张安泰撰《建怀戎堡碑记》曰："崇宁元年（1102）壬午岁，承朝旨筑打绳川。熙河帅姚雄驻兵会州（今靖远县城），行打绳川，赐名怀戎堡。"这些记载说明打拉池旧城遗址是北宋时期所筑。又据《明史》与康熙《靖远县志》记载："正统二年（1437），于古会州置靖虏卫，下属千户所五，百户所五十""打拉池是卫属九堡之一，驻中所千总戍守。"可见，明代的打拉池是靖虏卫中千户所。据明《建设打拉池堡碑记》记载："城东距离西安州八十里，西去靖远县城七十里。"又据《打拉池县丞志》记载："打拉池城堡周长三里二分，东至郎山二十里，至干盐池五十里，至海城一百四十里，至固原三百四十里……至靖远七十里。"可见，打拉池新城遗址是明代所筑。所以，这两座打拉池古城遗址不是汉代的古城遗址，而杨崖湾古城是汉代所筑，在汉代，杨崖湾古城作用很大，当时代替了打拉池城的地位和作用，起着驿站作用。

2. 这段丝路沿线遗留的烽火台遗址

在平川区和靖远县丝路沿线一带，有许多汉代烽火台遗址。目前，已经确认为是汉代的烽火台有：打拉池东山烽火台、马饮水沙河口烽火台、郎山台烽火台、双铺墩墩梁烽火台、姚家沟烽火台、旧庄子烽火台、崖窑山烽火台、常家崖烽火台、墩底子烽火台等十座烽火台（见图2）。从打拉池，经过杨崖湾古城，过种田乡到会宁县刘寨子乡，沿途都有烽火台，并且沿途能够找到汉代遗存的灰陶残片。据宋代张安泰所撰龙凤山的一座庙宇碑记记载，打拉池周边就有"秦汉障燧"的记载。清朝末年，打拉池举人陈大安撰写的《方土拾墨》记载："将军堡北有汉置烽火台。"这个将军堡应该是指黄峤乡马饮水村王进宝家的家堡，将军堡北部的沙河口是古代通往海原县、会宁县的必经之路。在沙河口西侧山头的烽火台上，发现许多汉代的灰陶残片，烽火台东面与郎山台、西面与打拉池的东山烽火台遥相呼应。在鹯阴城旁边，也有一座烽火台。沿着打拉池向西走，过红沟后沿着杨梢沟到达靖远县东湾乡，抵达黄河边，这一路也有许多烽火台。这些烽火台的形制与汉代烽火台很相似，说明在汉代时期，这条路也很繁忙，这条路在宋代也是通往会州（今甘肃会宁）的主要通道。

打拉池东山烽火台

马饮水沙河口烽火台

郎山台烽火台

双铺墩墩梁烽火台

图2　平川区和靖远县丝路沿线汉代烽火台遗址

（三）从这段丝路沿线发现的汉代文化遗存反映的历史信息以及出
土文物反映的情况来看，杨崖湾古城确实是汉代的一座驿城

根据杨崖湾古城及其附近的汉墓群、烽火台、古城遗址出土的文物来看，在西汉、东汉时期，这一地区的经济非常繁荣，政治、文化、生活水平都很先进，这些信息说明这一地区是汉代丝绸之路的重要通道。从鹯阴城与杨崖湾古城的位置来判断，两城相距 100 里，鹯阴城临河而筑，守护着鹯阴渡口，沿途皆有烽火台，所以杨崖湾古城应该是一座驿城。在空间上这座城是连接河西走廊到高平、平凉、长安的一个重要站点，它是丝路东段北线上的一个重要驿站。杨崖湾古城也是秦汉时期"以河为塞"，抵御匈奴的前沿战略要冲，是军队和行人的集结地、供给站和修养站。从古城附近出土的汉半两、汉五铢钱和新莽时期的货泉、货布来判断，在平川、靖远区域内，汉代的文化遗存从时间上至少包含了西汉、新莽时期、东汉三个历史时期近400 年的历史，也能反映出此地那时经济的繁荣经济交流的频繁。从黄湾汉墓群出土的玉器、琉璃耳珰、玉蝉以及从鹯阴城和杨崖湾古城附近墓葬出土的玉器、铜镜来看，这条丝路的商贸往来甚为繁荣，这里曾经是丝路东段北线的重要节点和商贸集散地。在靖远县北滩乡出土的波斯鎏金银盘更说明这条丝路上东、西贸易的繁盛。

在杨崖湾附近的汉墓群曾经出土过一个鎏金带扣，做工精细，造型和结构与现代制作的带扣同出一辙，实属难得。在北滩乡的北城滩汉墓群，1976 年文物部门清理了两座汉墓，是砖拱墓，内有木棺。"在一号墓出土了一些陶仓、井、博山炉、瓶子、五铢钱；二号墓中出土有釉陶灶、案子、钟、博山炉、灰陶罐、五铢钱等随葬品。据专家考证，这两座墓葬均为东汉初期墓葬。"① 在

---

① 定西地区文化局编：《定西地区文物概况》，1976 年铅印本，第 12 页。

北城滩汉墓群附近，还发现了一些唐代的墓葬和城堡遗址。在靖远县石门乡路庄村庙岕山新石器时代遗址同时也发现了汉代砖墓遗址。这也证明索桥渡在汉代时期也已经开通了。索桥渡口遗址在石门乡小口子村西面，过黄河后大约走 20 里路就到达景泰县的大沙沟，接着到达汉代的媪围古城，媪围古城距离杨崖湾古城 180 里。

另外，在靖远县城西面 2 里路处的罗家湾，1986 年修建小学时，也发现了几座汉墓，出土有陶罐、五铢钱、均为汉代遗物。罗家湾属于靖远县乌兰镇宏嘴子村，它的旁边就是西汉的祖厉城，它距离杨崖湾古城 90 里，祖厉城守护着丝路重要渡口虎豹口。

杨崖湾古城一带的汉墓大多是木椁墓，少数是砖拱墓。木椁墓在西汉至东汉时期在这一带比较流行，说明这里那时植被好，森林茂盛。木椁墓中双木椁墓制比较普遍，反映出本区域内有一定身份和地位的人比较多，这也从侧面反映出汉廷在这里对屯垦戍边很重视，那时在这里生活的人很多，经济很繁荣，商贸交往频繁。大量的铁剑、铁锉、铁犁、弩机、箭镞的出土，反映出这一带经常处于紧张的战争状态。据史书记载，西汉时期匈奴进攻、东汉羌人叛乱，在这里时有发生。在一些墓葬中出土有私人印章、六博棋，反映出在战事停息，休养生息时人们生活的安逸与平静。铜质博山炉、大量漆器、双木椁双棺墓葬的普遍存在，在棺木上有鎏金柿蒂形棺花，这些信息显示出这里居民在当时的生活很富庶。

固原市 1981 年在城市西郊北魏墓出土 1 枚波斯萨珊王朝俾路支时代的银币；1983 年在固原南部发掘北周李贤夫妇墓葬，出土了波斯王朝鎏金银壶 1 把，产于阿富汗的青金石戒指 1 枚，产于伊朗的碧玉色琉璃碗 1 只。至今，在固原至少发现了北魏、北周至隋唐时期的两个粟特人家族的 6 个墓葬，这说明粟特人是沿着这条丝路迁徙来的。

以上遗留的历史信息证明，经过杨崖湾古城的这条丝路是多么繁忙和兴盛！

三 杨崖湾古城丝路沿线的一些古寺庙

有寺庙、道观的地方，往往就是有人类居住、活动的地方。寺庙一般建在有水源的交通要道旁边或者村庄旁边，在寺庙附近有村庄、站点、旅店以及城池等，它们能从侧面反映出道路的兴衰。在从西汉的鹯阴城、祖厉城至杨崖湾古城的丝路沿线上，有许多寺庙、道观遗址。

红山寺

红山寺位于打拉池村附近，据寺内石碑记载："寺始建于北魏，明弘治年间扩建，修大雄宝殿，万历十二年（1584）再次扩建。乾隆二年（1734）创修寺前木头建筑。道光二年（1822）再修。1936 年为红军会师指挥部。"它距离杨崖湾古城 20 里。

接引寺

接引寺位于靖远县糜滩乡下滩村，建于北魏时期。寺庙对面过黄河就是杨梢沟、红沟、小水、杨崖湾古城。接引寺下面不远处是一个渡口，从杨梢沟出来的人走到三合村，从这个渡口过黄河，然后进入景泰县境内。它距离杨崖湾古城 110 里。

法泉寺石窟

法泉寺石窟位于靖远县东湾乡杨梢沟的沟口，寺内山崖有清泉流出。它向西距离靖远县城 15 里，据寺内碑文记载，石窟为北魏建造，宋至明各朝均有维修。据《重纂靖远卫志》卷一《礼部》记载：法泉水系列包括法泉水、杨梢沟儿水、朵儿水、泖狐水、磨合水等。杨梢沟内沿途有许多泉水，适于驼队和行人饮用。法泉寺东距杨崖湾古城90多里。

北武当

北武当位于平川区水泉镇黄湾村，建在黄河东岸的山梁上，在山头上建有真武庙。北武当寺院旁边的鹯阴渡是由陕西、平凉、固原、杨崖湾、打拉池、鹯阴城去河西走廊的重要渡口。此庙始建于汉武帝太初年间（前104—前101），当时往来、戍守、生活在鹯阴渡一带的人们为了祈求平安，就在渡口旁边的山上修建了此庙，供奉玄武大帝。西夏时期，鹯阴渡改名"迭烈逊"，意为边防要略。宋朝时，为避讳，改玄武为真武。在历史上，不同宗教的民族在这里你来我往、时据时退，真武庙也时兴时衰。但这里是丝路北线的一个重要渡口，则毫无疑义。

景泰县五佛寺石窟

景泰县五佛寺石窟又称沿寺（盐寺）石窟，位于景泰县东北五佛乡境内，距离县城50里。因它沿着黄河建造，寺内又有五尊大佛而得名。又因在历史上这里汉族人与少数民族的人经常互换咸盐而得名"盐寺"。石窟开凿于北魏时期，唐宋明清时期曾经重修，民国时期改名为五佛寺、千佛寺。距离寺庙前100米处有砖木结构的飞檐叠壁的古庙宇——观河楼，它临河而建，登楼俯瞰，滔滔黄河尽收眼底。唐代的乌兰关就设于此处。它距离杨崖湾古城180里。

寺儿湾石窟

寺儿湾石窟原名红罗寺，它东距靖远县城40里，位于靖远县北湾镇天字村东面，距离杨崖湾古城 120 里。窟开凿于唐代，原来有六座较大的石窟，其中五个石窟毁于 20 世纪 70 年代，现在仅存一大一小两个石窟。寺前面左前方有一块残碑《古刹石碑记》，从碑文中还能看到寺庙的维修和创建将军殿、伽蓝山门以及僧房的记录述。末尾两行题有："靖远掌印守备徐应和癸丑之岁孟夏之月。"据考证，此阁楼为清康熙十二年（1673）增建，嘉庆丙辰年（1796）重修。

须弥山石窟

须弥山石窟为全国十大石窟之一，坐落在固原市西北的六盘山余脉。出固原城，沿着清水河谷的川道向北行走 110 里，即可抵达须弥山石窟。此窟初创于十六国时期的后秦和北魏，兴盛于北周和唐代，其艺术成就可与山西云冈石窟、河南龙门石窟的造像相媲美。石窟开凿于整个须弥山东麓，地当丝绸之路必经之地——石门关（古称"石门峡"）北侧。作为丝路沿线的文化景观，石窟延续了 1500 余年，是这条丝路北线孕育了须弥山石窟。明代以后，尤其是近代以来，陆上丝路的衰落逐渐使这里趋于闭塞，再加上历代文献对这里记载较少，所以它几乎被湮没无闻。此窟的开凿有深刻的历史根源：一是途经固原的丝路畅通，中西文化的融汇；二是源于北魏时期统治阶级的信仰及其崇佛的社会环境；三是北周政权奠基人宇文泰对原州（今固原）的着意经营；四是唐代原州（今固原）政治、军事、经济文化的繁荣和发展。石峡口是从固原到河西的必经之地，它距离西安州 90 里，距离杨崖湾古城 160 里。

以上寺庙都位于丝路沿线的重要站点上，这也说明这条丝路当时很繁盛。

结论

由上面丝路沿线的汉代城堡、驿站、烽火台、墓葬、寺庙的遗迹，我们可以得出以下两大结论。

第一，杨崖湾古城处于由媪围古城至高平城线路的重要节点上，它是汉代的一座重要驿站（置）。

从间隔的里程来看，媪围至索桥渡 20 里，索桥渡至三角城 60 里，三角城至鹯阴城 70 里，鹯阴城至杨崖湾古城 90 里，杨崖湾至西安州 90 里，西安州至海原县城 90 里，海原县城至石峡口 90 里，石峡口至固原城 90 里。这些站点之间的间隔距离大致与居延汉简里程简记载的各个驿站之间的距离大体一致。所以，在从海原县翻越屈吴山之后到达的杨崖湾修建一座驿站，以便于人们休息、住宿，是非常恰当的。

从媪围至高平之间的站点，笔者现在以考古资料为主将该条线路所经的大致站区（经过的大致区域）按照居延汉简记载的走向串联如下：第一站区，固原、西安州、盐池，第二站区：杨崖湾、打拉池、老庄、毛卜拉，响泉；第三站区，鹯阴城、黄湾鹯阴渡；第四站区，红沟、杨梢沟、法泉寺；第五站区，三角城、索桥渡；第六站区，北滩乡、永新、双龙乡仁和仁义渡口；第七站区：媪围古城、居延置。

这里应该清楚，丝绸之路是一个网状线路，行人根据自己的负载量及行程安排，然后根据自己的具体情况选择走不同的路线。在经过今靖远县及平川区的这条丝路，从西安州过来的行人必须经过杨崖湾和打拉池，然后再选择走不同的路线到达景泰县。所以，杨崖湾古城在这条线路上极其重要。

第二，从古代设置驿站的一些规制和地理常识来看，杨崖湾古城也应该是一座驿站。

清初顾祖禹云："大都邮驿之设，以京师为向背而夺其径易之路，示以划一之途，亦制驭疆索者也。"① 他主要强调交通主要以通向都城为目的地，而且道路要径直、便捷。南朝范晔论道："立屯田于膏腴之野，列邮置于要害之路。驰命走驿，不绝于时月；胡商贩客，日款于塞下。"② 这里则主要讲邮置站点的设置必须放在重要的交通要道上。

杨崖湾古城正好符合以上两个特点，它无疑是西汉、东汉时期的一座"置"，到东汉以后逐渐废弃。推断依据有以下四条。

其一，杨崖湾有汉代古城遗址，并且与敦煌的悬泉置规模、造型一样，在古城附近发现有汉代墓葬、烽火台。有汉代古城遗址是判断它是汉代邮置站点的重要依据，如果没有这座古城遗址，则必须考虑是否还有其他人类活动遗迹。杨崖湾古城比鹯阴城遗址规模小得多，它不符合汉代县城的规模。

其二，杨崖湾古城具备提供人马往来所需的基本地理条件，如水源问题、粮食问题等。

对西北地区而言，水源是设置驿站首先要考虑的问题，而杨崖湾一带有屈吴山的泉水，法泉寺、杨梢沟一带也有泉水，在鹯阴城、鹯阴渡、三角城、石门乡小口子索桥渡一带都有大量的泉眼，这很适于路人饮用，至今惠及乡民。

其三，驿站一般设置于交通要道或者交通线附近，杨崖湾古城也处于这种位置。

古往今来，信息传播首要追求的是安全、快捷，因此，邮置的线路不一定必须与交通主线完全重合，但一般不会相距太远。杨崖湾

---

① （清）顾祖禹：《读史方舆纪要》卷113《云南方舆纪要·序》，上海书店出版社1998年版，第5026页。

② （南朝宋）范晔：《后汉书》卷88《西域传》，中华书局1997年版，第2931页。

古城、鹯阴城、西安州古城、媪围城都处于交通要道处或交通主线附近。

其四，杨崖湾古城恰好居于两站的中间位置（媪围古城到高平之间）。法泉寺附近至今没有发现汉代或汉代以前的遗址或遗物，但它居于杨崖湾古城与鹯阴城之间，而且有互通的记载，法泉寺也有通往西安州的道路。据明朝开城（在今固原境内）景云寺碑记记载："宋崇宁五年（1106），尝钦赐度牒五百纸至会州大红山岔法泉禅寺，遣僧党真巴赴西安隶下景云而给之。"可见，法泉寺与固原之间有道路可通，杨梢沟的沙河即通道，经过打拉池、杨崖湾就到达固原。

以上四个特征及条件，杨崖湾古城都具备，所以，它是汉代的一座驿站确定无疑。

最后补充一点，汉代的"置"是官方设立的机构，它主要供军队、官员路过居住休息，而普通百姓及商人则不让住，他们只能住在沿途的村庄里，如打拉池一带的老庄、小水村、毛卜拉、大湾等村落。另外，杨崖湾这座驿站在西汉、东汉沿用了将近400年，以后才逐渐废弃。唐宋以后，在打拉池又新筑了怀戎堡，供防戍和行人居住、休息，它逐渐代替了杨崖湾古城的作用。

通过以上分析论证，笔者认为杨崖湾古城是汉代设置的一座驿站，我们可以据此把居延汉简"媪围至高平"残缺的一段驿站恢复如下：由媪围古城至小口子索桥渡（或鹯阴渡）、鹯阴城、杨崖湾古城、干盐池、西安州古城、石峡口（须弥山石窟）、高平（今固原城）。

参考文献

[1] 严耕望：《唐代交通图考》，上海古籍出版社 2007 年版。

[2]（汉）司马迁：《史记》，中华书局 1997 年版。

［3］（汉）班固：《汉书》，中华书局 1997 年版。

［4］（南朝宋）范晔：《后汉书》，中华书局 1997 年版。

［5］（清）顾祖禹：《读史方舆纪要》，上海古籍出版社 1998 年版。

［6］李并成：《河西走廊历史地理》，甘肃人民出版社 1995 年版。

［7］胡平生、张德芳：《敦煌悬泉汉简释粹》，上海古籍出版社 2001
　　年版。

海上丝绸之路——移民之路

陆　芸

（福建社会科学院海上丝绸之路研究中心）

　　摘　要： 海上丝绸之路是古代中国与外国交通贸易的海上通道，它不仅仅是一条贸易通道，还是文化交流的桥梁，也是一条移民之路，既有中国人移民海外，也有外国人移民中国。总体来说，中国历代政府不鼓励、不支持中国人移民海外，对于外来移民持较开放的态度。

　　关键词： 海上丝绸之路；移民；化外人；国籍

　　海上丝绸之路是古代中国与外国交通贸易的海上通道，它不仅仅是一条贸易通道，还是文化交流的桥梁，也是一条移民之路，既有中国人移民海外，也有外国人移民中国。一般来说，"移民是指迁离了原来的居住地而在其他地方定居或居住了较长时间的人口"①。因为本文探讨的是海上丝绸之路与中外移民的关系，所以重点在中国的沿海地区，内陆、西北等内地、边疆的移民暂不在讨论范围内。此外，笔者想就海上丝绸之路做些说

---

　　①　葛剑雄、吴松弟、曹树基：《中国移民史》第一卷，福建人民出版社1997年版，第10页。

明，笔者认为海上丝绸之路不仅是中国的，它更是世界的。在 2000 多年海上丝绸之路的发展史上，中国人、希腊人、罗马人、埃及人、印度人、波斯人、阿拉伯人、葡萄牙人、西班牙人等在经营海上交通和东西方贸易上都产生过重要的作用。虽然中国的海上丝绸之路到鸦片战争爆发后（1840）就结束了，但世界范围内的海上丝绸之路一直延续着。因为中国大规模的海外移民发生在 1840 年后，所以在本文中，海上丝绸之路的下限没有采用 1840 年就结束的说法。

华侨是那些移居国外、依然保留中国国籍的人。在晚清以前，中国的海外移民都是华侨。1909 年的《大清国籍条例》是中国的第一部具有法律效力的国籍法，它的诞生与当时因为缺乏国籍法而导致中国社会出现复杂、混乱的国籍问题有着密切联系。国籍法本是西方文明的产物，1842 年《普鲁士国籍法》是世界上第一部专门的国籍法。鸦片战争以后，大量华人出国，户籍（原籍）与国籍的矛盾在他们身上凸显。为此，清政府颁布了《大清国籍条例》。《大清国籍条例》确立的血统主义原则为中华民国国籍法所继承，但后来引发的双重国籍问题使中华人民共和国在 1955 年与印度尼西亚签订了《关于双重国籍问题的条约》，取消华侨的双重国籍，华侨必须选择一种国籍。20 世纪 80 年代中国政府宣布中国不承认双重国籍。本文采用"中国海外移民"来代替华侨的称呼。

一　中国海外移民的历史和历代中国政府对海外移民的态度

海上丝绸之路的形成和发展与人类的航海事业密切相关，也与海外贸易的发展和繁荣有着紧密的联系。中国的海外移民有着悠久的历史，"徐福东渡"是中国史籍中最早记载的海外移民事件。总的来说，可以将中国的海外移民分为四个阶段：第一阶段是 7 世纪以前；第二阶段是唐、宋、元时期；第三阶段是明、清时期（1840 年以前），第四阶段是鸦片战争以后的近现代海外移民。

公元前 2 世纪—公元 2 世纪，随着造船水平和航海水平的提高和发展，东、西方之间才逐渐形成了一条海上交往的通道。当时船只只能沿着海岸线航行。东南亚各国是中国首先开展海上交通的地区。中国的航海人员，被贬（遣）者、被流放者（罪犯）、逃避战乱者等是当时中国流入东南亚各国的主要组成人员，他们人数比较少。此外，宗教因素是中国与东南亚早期交往过程中重要的因素之一，当时一些中国佛教僧人取道海路途经东南亚前往印度、尼泊尔，有些僧人学成回国，如法显，有些没有回国，就留居在了东南亚、南亚。总体而言，7 世纪以前，中国的海外移民主要流入了东南亚国家，他们人数较少，没有形成规模。

唐代建立后，造船和航海技术得到了进一步的提高，而且国内经济也得到了发展，其时的经济中心，逐渐南移，出现了广州、泉州、扬州、明州（宁波）四大港口，中国的对外贸易进入了一个持续发展时期。在《新唐书·地理志》中记载了"广州通海夷道"，详细说明了从广州出发，中国同东南亚、南亚和阿拉伯半岛的海上航路、航程。当时一些中国人到东南亚航海、经商时，也因种种因素留居当地，他们被称为"唐人"。到了宋代，海外贸易有了更大发展，宋廷先后在广州、杭州、宁波、泉州等地设立市舶司，专门管理海外贸易。朱彧在《萍洲可谈》卷二中记载道："北人过海外，是岁不还者，谓之住蕃。"[①] 有些中国人在国外留居十年不归，阇婆国（今印尼爪哇）有福建建溪大商人毛旭；[②] 泉州人王元懋随海船到占城（今越南南部），国王将女儿嫁给他，他在越南经商 10 年，积累

---

①（宋）朱彧：《萍洲可谈》卷二，王云五主编《四库全书珍本别辑》，台湾商务印书馆 1975 年版，第 2 页。

②（元）脱脱《宋史》卷489《外国五》："今主舶大商毛旭者，建溪人，数往来本国，因假其乡导来朝贡。"中华书局 1977 年版，第 14092 页。

了巨大的财富，后又从事海洋贸易。① 元代是中国历史上疆域最广阔的朝代，它横跨欧亚大陆，使盛于汉唐、衰于两宋的陆上丝绸之路得以恢复与发展，同时，海上交通贸易也出现了繁荣景象，我们可以在马可·波罗、伊本·白图泰等游记中略见一斑。周达观在《真腊风土记》描述了有中国水手逃逸到真腊（今柬埔寨）。② 汪大渊在《岛夷志略》记载泉州的吴宅人到古里地闷（帝汶岛）贸易；龙牙门（今新加坡）有中国人居住；元代出征爪哇的士兵中有些人留在了勾栏山（位于加里曼丹岛西南的格兰岛）。③ 因此，唐、宋、元时期，海外贸易的发展是中国人留居东南亚国家的主要原因，此外，因为朝代更替流亡国外的也不在少数，如宋末元初一些宋朝官员、士兵因为战乱，不愿做元廷的臣子而流亡东南亚的一些国家。

明代建立后，实行严厉的海禁，规定"禁濒海民私通海外诸国"④ "申严交通外番之禁"。⑤ 对违反规定者，"必置以重法"⑥。朝贡贸易成为明代前期唯一合法的海外贸易形式，永乐年间郑和率领的船队先后拜访了东南亚、南亚、西亚 30 多个的国家，最远曾经到达非洲东岸和红海沿岸，船队带去了丝绸、陶瓷、钱币等，输入了香料、宝石、珍奇异兽等。郑和的随员马欢曾在《瀛涯胜览》中描述东南亚的爪哇（今印度尼西亚爪哇岛）、

---

① （宋）洪迈：《夷坚三志》己·第6，《王元懋巨恶》，"泉州人王元懋，少时祗役僧寺，其师教以南番诸国书，尽能晓习。尝碎海舶诣占城，国王嘉其兼通蕃汉书，延为馆客，乃嫁以女……"转引自李金明、廖大珂《中国古代海外贸易史》，广西人民出版社1995年版，第88页。

② （元）周达观著，夏鼎校注：《真腊风土记校注》，中华书局2000年版，第180页。

③ （元）汪大渊著，苏继顾校释：《岛夷志略校释》，中华书局1981年版，第209、213、248页。

④ 《明实录·明太祖实录》卷139，影印台湾"中央研究院"历史语言研究所校1962年勘本，上海书店1982年版，第2197页。

⑤ 《明实录·明太祖实录》卷205，影印台湾"中央研究院"历史语言研究所校1962年勘本，上海书店1982年版，第3067页。

⑥ 《明实录·明太祖实录》卷231，影印台湾"中央研究院"历史语言研究所校1962年勘本，上海书店1982年版，第3374页。

旧港（今印度尼西亚苏门答腊岛巨港）有中国人留居。① 明代中叶以后，由于私人海外贸易的发展，下海通番的中国人越来越多。随着 15 世纪末 16 世纪初新航路的开辟，以及葡萄牙人、西班牙人、荷兰人陆续来到亚洲，明政府再次实行海禁，1525 年（嘉靖四年），下令"浙、福二省巡按官，查海舡但双桅者，即捕之，所载虽非番物，以番物论，俱发戍边卫。官吏军民知而故纵者，俱调发烟瘴"。② 这条严厉的法令严禁中国航海者、贸易者出海，对知而不报者也有处罚。但海禁并不能阻止走私贸易，出现了海禁越严、走私越烈、海盗越多的局面。1567 年（隆庆元年）明朝统治者同意在福建漳州府海澄县月港部分开放海禁，月港成为我国东南沿海的外贸中心。

1571 年（隆庆五年），西班牙殖民者占领了菲律宾的马尼拉，吸引中国商船前来贸易，从此开启了长达两个半世纪的马尼拉大帆船贸易。当时在菲律宾有大量的中国商人，顾炎武在《天下郡国利病书》中说道："漳泉民贩吕宋者，或折阅破产，及犯压冬禁不得归，流寓夷土，筑庐舍，操佣贾杂作为生活，或娶妇长子孙者有之，人口以数万计。"③ 1603 年（万历三十年）马尼拉发生屠杀当地华人的恶劣事件，明政府派福建巡抚徐学聚到吕宋，"移檄吕宋，数以擅杀罪，令送死者妻子归，竟不能讨也"④。明政府仅是口头上对西班牙殖民者发出了警告，没有实际的具体惩戒措施，仅将死亡的中国人送回国安葬，这种大事化小、息事宁人的态度助长了西班牙殖民者的嚣张气焰。1639 年（崇祯十二年）马尼拉再次发生屠杀中国移民的恶劣事件。类似事件的一再发生，明朝

---

① （明）马欢著，万明校：《瀛涯胜览》，海洋出版社 2005 年版，第 18—28 页。

② 《明实录·明世宗实录》卷 54，影印台湾"中央研究院"历史语言研究所 1962 年校勘本，上海书店 1982 年版，第 1333 页。

③ （清）顾炎武：《天下郡国利病书》，《续修四库全书》，上海古籍出版社 2002 年版，第 293 页。

④ （清）张廷玉等撰：《明史》列传第二百十一《外国四》，中华书局 1974 年版，第 8373 页。

政府对于中国海外移民没有采取保护措施，与明朝统治者认为出洋谋生者是异类、贱民有关，没有将海外移民视为本国公民，所以任由中国海外移民遭人宰割、欺负。

清代，自 1656 年（顺治十三年）起到 1685 年（康熙二十四年）执行了闭关锁国的政策，这与为了切断郑成功海上抗清力量与内地的联系有关。在收复台湾后，清政府就宣布开放海禁，但严格规定船只的大小，海船仅许用双桅，梁头不得超过 1 丈 8 尺，载重不得超过 500 石，船上舵工水手不得超过 28 名。以后又禁止华商赴南洋吕宋（今属于菲律宾）、噶喇吧（今属于印度尼西亚）等处贸易；出海的人员，三年之内准其回籍，三年不归，不准再回原籍。到 1757 年（乾隆二十二年），只保留了广州一个对外通商口岸。清代海外移民的一大特点是反清人士大量流亡东南亚，如郑成功部将杨彦迪、陈士川等率领 3000 余人逃亡安南（今越南）、真腊（今柬埔寨）。另一大特点是海外移民中出现了"公司"。例如，1777 年（乾隆四十二年）罗芳伯在婆罗洲（今加里曼丹岛）建立的"兰芳公司"，又名"兰芳大统制""兰芳共和国"。"兰芳公司"由一位头人（又称"大哥"）、二位副头人和尾哥等负责处理公司各项事务，"兰芳公司"具有一定的独立性，不服从他国管理。"兰芳公司"存在 111 年，直到 1885 年（光绪十一年），被荷兰殖民者打败。

鸦片战争后，清政府被迫开放五口通商，这些口岸是当时中国向外移民的窗口。1846 年（道光二十六年）英国商人德滴（Tait）在厦门开设了德记洋行，它专门从事中国劳工贩卖的生意，被中国人称为"大德记卖人行"；1860 年（咸丰十年）《北京条约》签订后，香港、广州、汕头、厦门等地纷纷建立招工场所，大批契约华工被贩卖到世界各地。除东南亚国家外，美国、古巴、秘鲁等美洲国家也成为契约华工的流入地，据不完全统计，1847—1874 年，27 年时间从中国掠往拉美的契约苦力达 50 万人。1904 年（光绪三十年），英国与清政府签订《保工章程条约》，在烟台、秦皇岛等地招了 50000 名华工去南非。中华民国建立后，临时大总统孙中山颁布了《大总统令外交部妥筹禁绝贩卖诸仔及保护华侨办法文》和《大总统令广东都督严行禁止贩卖猪仔文》，宣布了"苦力贸易"的结束。此后自由移民成为主流，当时绝大多数中国的海外移民流入东南亚，少数流入欧洲，第一次世界大战期间，有 20 万华工前往欧洲从事战时劳工服务，后来有些人就留居在欧洲。

综上所述，中国的海外移民第一阶段是 7 世纪以前，东南亚是当时中国移民的主要流入地，宗教因素是中国与东南亚早期交往过程中重要的因素之一。第二阶段是唐、宋、元时期，海外贸易的发展是中国人留居东南亚国家的主要原因。此外，因为朝代更替流亡国外的中国人也不在少数。第三阶段是明清时期（1840 年以前），虽然明清政府对海外贸易采取了种种限制措施，从而严控海外移民，但比起前两个时期，这一阶段中国海外移民人数有了明显的增长，而且海外居住地域也相对增多，中国海外移民已比较广泛地分布在印度尼西亚、马来西亚、泰国、菲律宾、柬埔寨、越南等东南亚国家。第四阶段是鸦片战争以后的近现代海外移民，鸦片战争后大规模海外移民主体是契约华工，他们主要来自闽、粤两省，主要流向了东南亚，少部分流向了美洲和澳洲（澳大利亚和新西兰）。这一时期中国海外移民表现出强烈的分籍迁移的趋向，同一迁出地的中国移民往往流入同一迁入地。原籍珠江三角洲地区和潭江流域的移民主要流向美国、加拿大、印度尼西亚、马来西亚和新加坡；原籍潮州地区的移民主要流向泰国、越南、柬埔寨和印度尼西亚；原籍兴梅客家地区（包括今梅州、惠州、河源、深圳等四部分）的移民主要流向印度尼西亚、马来西亚、新加坡和越南；原籍福建晋江地区的移民主要

流向菲律宾、印度尼西亚、新加坡和马来西亚；原籍福建莆田地区的移民主要流向新加坡、马来西亚和印度尼西亚……①

二 中国历代政府对外来移民的管理

很早就有外国人移居中国，早期一些外国佛教僧人取道海上丝绸之路来到中国，如昙摩耶舍、求那跋陀罗、菩提达摩、拘那罗陀等。这些外国僧人有的在中国建立了佛教寺院，如昙摩耶舍在广州创立了王园寺（今光孝寺），菩提达摩在广州建立了西来寺（今华林寺）；有的外来僧人在中国致力于翻译佛教经典，真谛在广州光孝寺待了 12 年，翻译了佛经 50 部；这些外国僧人有的就老死在中国了。到了唐代，外国人移居中国者不在少数，当时唐朝的长安（今陕西西安）、扬州、广州、泉州等地有许多外国商人，史载唐朝 1/3 的州郡有外国人的足迹。唐朝有了专门针对"化外人"的法律条款。《唐律疏议》卷六《名例六》下有"化外人相犯条"，规定"诸化外人同类自相犯者，各依本俗法；异类相犯者，以法律论"②。长孙无忌在疏议中解释道："化外人，谓蕃夷之国别立君长者，各有风俗，制法不同。其有同类自相犯者，须问本国之制，依其俗法断之。异类相犯者，若高丽之与百济相犯之类，皆以国家法律论定刑名。"③ 以唐代著名的港口——广州为例，有一些外国人在广州购置田宅，与中国妇女通婚，曾任广州刺史、岭南节度使的卢钧下令外国人与广州本地居民需分开居住，不得相犯。

先是土人与蛮僚杂居，婚娶相通。吏或挠之，相诱为乱。钧至立

---

① 葛剑雄、吴松弟、曹树基：《中国移民史》第六卷，福建人民出版社 1997 年版，第 533 页。
② （唐）长孙无忌等撰：《唐律疏议》，商务印书馆 1960 年版，第 116 页。
③ 同上。

法，俾华蛮异处，婚娶不通，蛮人不得立田宅。由是徼外肃清，而不相犯。[①]

唐末，黄巢起义时，在广州除杀中国人外，还杀死了众多的穆斯林、基督教徒、犹太教徒等，据记载有 12 万人之多。[②] 宋代，广州、泉州等沿海港口城市有蕃坊，北宋朱彧在《萍洲可谈》中记载道：

> 广州蕃坊，海外诸国人聚居。置蕃长一人，管勾蕃坊公事，专切招邀蕃商入贡用，蕃官为之，巾袍履笏如华人。蕃人有罪，诣广州鞠实，送蕃坊行遣。缚之木梯上，以藤杖挞之，自踵至顶，每藤杖三下折大杖一下。盖蕃人不衣裤裤，喜地坐，以杖臀为苦，反不畏杖脊。徒以上罪广州决断。蕃人衣装与华异，饮食与华同。或云其先波巡尝事瞿昙氏，受戒勿食诸肉，至今蕃人但不食猪肉而已。又曰汝必欲食，当自杀自食，意谓使其割己肉自啖，至今蕃人非手刃六畜则不食，若鱼鳖则不问生死皆食。[③]

宋代蕃坊设有蕃长，他的主要职责管理蕃坊的事务，招徕外国商人前来广州贸易。这里提到蕃人犯罪，以藤杖鞭打，笔者认为这是蕃客之间的犯罪，不是蕃客与中国人之间的犯罪。宋代在对待外国商人上，大体沿袭唐代的法律规定。以中国首部刊版印行的法典《宋刑统》为例，在卷十二《户婚律》下，有"死商财物诸蕃人及波斯附"，说明宋代注意保护蕃商的利益，在蕃商死后，其财产由父母、嫡妻、子女、近亲等继承。"死商财物诸蕃人及波斯附"有"伏请依诸商客例"的记载，说明了宋代政府尊重

---

① （后晋）刘昫等撰：《旧唐书》卷 177《卢钧传》，中华书局 1975 年版，第 4592 页。

② 张星烺编注，朱杰勤校订：《中西交通史料汇编》第二册，中华书局 1977 年版，第 207—208 页。

③ （宋）朱彧：《萍洲可谈》卷二，王云五主编《四库全书珍本别辑》，台湾商务印书馆 1975 年版，第 2 页。

蕃商所在国法律。

唐、宋时期有中外通婚的现象出现。蒲亚里是大食进奉使，他在南宋绍兴元年（1131）进贡了大象牙 209 株，大犀 35 株，后来在广州娶了右武大夫的妹妹，便在广州，不思做生意，引起朝廷的注意。宋高宗甚至发文劝诱蒲亚里归国，继续从事海外贸易。①《萍洲可谈》卷二曾经记载了一个故事，涉及外国人娶中国妇女，外国丈夫死后遗产的分配问题。

> 元祐间广州蕃坊刘姓人娶宗女，官至左班殿直。刘死，宗女无子，其家争分财产，遣人挝登闻院鼓，朝廷方悟宗女嫁夷种。因禁止。三代须一代有官，乃得娶宗女。

这位刘姓人来自广州蕃坊，应该是位蕃商或蕃人，是否为穆斯林不得而知。他不仅做了官（左班殿直是正九品官），还娶了一位宗女为妻。刘死后，因为宗女没有子女，引发了财产的争执。假如刘姓人是位穆斯林，这种可能性很大。按照伊斯兰继承法，亡夫无子女而有父母，那么宗女作为配偶，可继承遗产的 1/4，剩下的 3/4 由刘的父母继承；如果亡夫无子女也无父母，而有兄弟姐妹，那么宗女可继承遗产的 2/3，剩下的 1/3 由刘的兄弟姐妹继承。而如果按照宋代"户绝法"，夫亡妻在，妻子是第一继承人，具体体现在寡妻有权决定立嗣，她可以收养同宗昭穆相当者为子，也可以收养异姓 3 岁以下小儿，继养子与亲子有相同的继承权，可继承全部遗产。宗女可以通过立幼子，实际掌握全部遗产的管理权和使用权，只有当继养子长大成人后，这些权利才会移交给继养子。两相比较，宗女应该会选择立幼子的方法来确保自己的权利，刘家人则相反，所以笔者认为刘家人很大可能会选择了伊斯兰教的继承法来决定遗产的安排，因

---

① （清）徐松：《宋会要辑稿·蕃夷四之九三》，中华书局 1997 年版，第 7760 页。《宋会要辑稿·职官四四之一八》，第 3373 页。

为这样，他们可以获得一部分的遗产继承，这些人有可能是刘的父母，也有可能是刘的兄弟姐妹。从"遣人挝登闻院鼓"来说，笔者推测刘家人和宗女在遗产分配上起了争执，各方都想让自己的利益最大化，而宋代继承法和伊斯兰教继承法的差异为他们的争执各自提供了法律依据。不知此事最后的结果如何。

宋廷在政和四年（1114）专门颁布了一条法令：

> 政和四年五月十八日，诏诸国蕃客至中国居住已经五世，其财产依海行无合承分人及不经遗嘱者，并依户绝法，仍入市舶司拘管。[①]

将这条法令与上述《萍洲可谈》的故事结合来看，说明当时外国人在华与中国妇女的通婚应该已不是个例，宋朝政府提高了宗女嫁给外国人的门槛："三代须一代有官"几乎阻止了宗女外嫁，家族需在中国居住至少满三代，一代做官。笔者所见到的宋代蕃客资料中，符合此条件的只有宋末泉州的蒲寿晟、蒲寿庚兄弟。蕃客如果在中国居住已经满五世，"五世蕃客"与祖先原籍所在国的联系应已不多甚至完全中断，原籍所在国即使有亲戚，那也是远亲了。中国传统观念认为，五世亲尽，宋廷将"五世蕃客"视为非侨居性质的"归化人"，适用中国法律。笔者认为这在法律上是不存在障碍的，因为即使按照伊斯兰教的继承法，遗产的继承人主要死者的血亲、姻亲和死者生前监护的人，主要有丈夫、妻子、父亲、祖父、母亲、祖母、女儿、孙女、同胞兄弟、同胞姐妹、异母姐妹、异父兄弟和异母兄弟。这些人都是在三世内。

元代是建立在各种民族移民的基础上的，所以元政府对外来移民的接纳、包容是远超以前朝代的。当时元政府将国民分为四等：一等为蒙古

---

① （清）徐松：《宋会要辑稿·职官四四之九》，中华书局1997年版，第3368页。

人；二等为色目人；三等为汉人；四等为南人。色目人有 31 个种族，其中最主要的成分是回回。从中央到地方，从行省到下属各路、府、州、县，都有大量回回人担任官职，在管理市舶的官员中，回回人占据了重要地位，如蒲寿庚、沙不丁、马合谋但的等。元代开国后不久，就颁布诏书："（至元十五年八月）诏行中书省唆都、蒲寿庚等曰：'诸蕃国列居东南岛屿者，皆有慕义之心，可因蕃舶诸人宣布朕意。诚能来朝，朕将宠礼之。其往来互市，各从所欲。'"①

如果将上述这段文字与明初的"怀柔远人"的政策做一比较，可以发现两者的相似处。元朝政府认为东南亚各国的人民因为向往中国而来，鼓励外国商人来中国做生意。明朝初期，明政府广泛派遣使者前往各国，宣布政权更迭，欢迎各国商人来华贸易。与元朝政府不同的是，明初政府将朝贡贸易作为了唯一合法的贸易方式，政府主导、直接管理了海外贸易。

> 太祖高皇帝时，诸蕃国遣使来朝一皆遇之以诚，其以土物来市易者，悉听其便。或有不知避忌而误干宪条，皆宽宥之，以怀远人。今四海一家，正当广示无外，诸国有输诚来贡者听。②

明代郑和下西洋（1405—1433）将朝贡贸易发展到了极致，郑和船队每到一个国家，向各国国王颁赐银印、冠服等，鼓励他们遣使入华朝贡。永乐六年（1408）渤泥（今加里曼丹岛北部）国王麻那惹加那乃率其王妃、子女、弟妹、臣子等 150 人来华，因病不幸去世，葬在南京安德门外的乌龟山。永乐九年满剌加（今马六甲）国王率妻子、陪臣 540 余人来华，以后的满剌加国王也来过中国。永乐十五年（1417）苏禄

---

① （明）宋濂：《元史》卷 10《世祖本纪》，中华书局 1976 年版，第 204 页。
② 《明实录·明太宗实录》卷 12 上，影印台湾"中央研究院"历史语言研究所 1962 年校勘本，上海书店 1982 年版，第 205 页。

（今菲律宾苏禄群岛）国东王巴都葛叭答剌同西王、峒王率领家属、臣子340多人来华，返国途中，东王病逝，葬于山东德州，清朝雍正九年（1731）根据东王后裔入籍中国的请求，折奏清廷，题定以温、安二姓入籍德州。永乐十八年（1420）古麻剌朗（今菲律宾的棉兰老岛）国王干剌义亦敦率领妻子、儿子、臣子来中国，归国途中，因病在福州去世，葬在福州。所以，明代的外来移民中有外来国王的后裔，如山东德州的温姓、安姓；泉州的世姓（锡兰王裔后代）。也有外来使臣的后裔。在福州南门兜清真寺内有一块刻于明嘉靖二十八年的《重建清真寺记》，记载了古里国使臣葛卜满的后裔葛文明主持重建了清真寺，古里国即伊本·白图泰游记中的"卡里卡特"（Calicut），在今印度喀拉拉邦的科泽科德一带。

明、清时期中国外来移民的另一大特点是外国传教士和外国教民的进入。明末清初天主教传入中国，以罗明坚、利玛窦、汤若望等为首的教士们大都通过海路进入中国，他们在中国各地建立教堂，宣传教义、教规，信徒人数不断增长。这些外来传教士中有不少人死在中国，如利玛窦、汤若望。1842年，清政府与英国签订《南京条约》，开放广州、厦门、福州、宁波、上海口岸，准许英国人及其家眷在此居住并通商贸易。《中美望厦条约》（1844，道光二十四年）和《中法黄埔条约》（1844）的签订，规定在"五口通商口岸"可以建造教堂、医院和墓地。以后，来华的外国传教士、外国商人人数不断增多。此外，澳门在明代后期成为葡萄牙人的居留地，1887年（光绪十三年）根据中葡《和好通商条约》，澳门成为葡萄牙的殖民地。香港在鸦片战争后，经过三个不平等条约，成为英国的殖民地。这些条约的签订使中国的外来移民呈现更加多民族、多元化的特点。

三 结论

历史上，中国曾经的国都大都在内陆，相比沿海，中国历代统治者将更多精力放在西北、东北、西南等陆地边疆管理上，海洋经营一直未得到足够的重视。元代是个例外，它曾经动用战船经海上远征日本、占城、爪哇，但都以失败告终。这给明清统治者留下了一个警示，想通过海上征服他国是有风险的。此外，中国的历代统治者大都认为异国比不上中国，中国地大物博；异族有异心，为了自身的安全，不鼓励、不支持中国人移民海外。明代以前，中国历代政府并未对中国海外移民做出专门的规定，只是在对外贸易的相关规定中可以窥见一些蛛丝马迹。唐、宋、元时期的对外开放政策使海外贸易呈现繁荣景象，中国人留居国外不归者不在少数，他们大都因为经商、航海而留居国外，少数因为朝代更替而出走他国，或者因为战争而流落海外，经济、贸易因素是这一时期中国人留居东南亚国家的主要原因。明代严禁中国人到海外经商，实际从法律上禁止了中国人留居海外，即便这样，人口的压力，海外贸易的利润促使中国沿海的居民不顾朝廷禁令，在明、清时期持续移民海外。

相对来说，中国历代政府对外国人移民中国并未采取严格的限制措施，唐代外来移民的归化和华化，元代各民族的融合充分说明了当时中国政府宽大的胸襟，欢迎外国人来中国，也欢迎外国人留在中国。即使在明、清时期闭关锁国政策下，还有西方传教士的东来。所以总体来说，中国对于外来移民是开放的，虽然没有明文鼓励，但外来移民来了也不驱逐出境，清初由于礼仪之争引发的驱逐外国传教士是个案。中国历代政府对中、外移民的不同态度在于统治者认为中国是天朝大国，物产丰富，所以中国人无须跑到国外去，认为那些由于各种原因移居国外的中国人是贱民、异类，而外国人来中国，是慕华而来，是来中国做生意，所以怀柔以待。

世界上的其他国家则十分重视移民。以地中海沿岸的国家为例，地中海一些国家的统治者鼓励本国居民移民海外，早在公元前 4 世纪，埃及的亚历山大城就吸引了整个地中海和更远地区的参观者和永久居留者，当时亚历山大城的希腊人享有特殊的公民权。① 到罗马帝国时统治期埃及时候，最初罗马三个军团进驻埃及，其中一个军团在亚历山大城，后来，埃及的罗马军队减少到两个军团，这两个军团都迁到亚历山大城。② 亚历山大城之所以得到希腊人、罗马人的青睐，是因为它是一个重要的港口，是古代欧洲与东方贸易的中心和文化交流的枢纽。13 世纪初，威尼斯人占据了莫东、科莫尼、克里特岛和内格罗蓬特，这三个基地组成的三角构成了威尼斯海洋帝国的战略轴心。当时有 1 万威尼斯人定居在克里特岛，而威尼斯总人口从来没有超过 10 万人。③ 14—15 世纪，威尼斯开始了第二波殖民扩张，依靠强大的海军力量，用海上霸权维系各个殖民地，对各个殖民地进行剥削。这预示了欧洲将来的殖民活动。④ 新航路开辟后，西班牙人、葡萄牙人、荷兰人、英国人相继来到亚洲，他们在亚洲的做法与威尼斯人在地中海的做法如出一辙，以港口为中心建立殖民地，以贸易为纽带，将本国与东方乃至世界联系起来，把移民视为扎根当地社会的成功因素之一。荷兰在东方的海外帝国的创始人科恩认为："葡萄牙人之所以能够深深扎根亚洲社会，原因之一就是他们鼓励异族通婚。科恩将通婚看作（荷兰东印度）公司利益切入当地社会的一种途径。为此，他劝告董事会鼓励荷兰

① ［美］詹森·汤普森著，郭子林译：《埃及史：从原始到当下》，商务印书馆 2012 年版，第 102 页。

② 同上书，第 126 页。

③ ［英］罗杰·克劳利著，陆大鹏、张骋译：《财富之城——威尼斯海洋霸权》，社会科学文献出版社 2015 年版，第 153—156 页。

④ 同上书，第 283—307 页。

家庭和男女孤儿移民亚洲。公司也给予那些与亚洲人结婚的单身汉一些特权。"①

历史有某种延续性，从中、外政府对于海外移民的不同态度说明了这一点。中国历代政府对于本国人民移民海外采取的不鼓励乃至限制的政策，与外国政府鼓励本国人移民，甚至主动管理海外移民，形成了鲜明的反差。而移民与贸易是密不可分的，移民形成的商业网络是海外贸易得以顺利进行的有力保障，移民对于传播文化也发挥了重要的作用。今天，我们回顾海上丝绸之路与移民的历史，对于新时期中国的移民管理不无启示作用。随着经济全球化程度的加深，人才的跨国流动越发频繁，目前各国都十分重视移民带来的"移民红利"。自改革开放后，中国人持续移民美国、英国、澳大利亚等国家，且近年来此趋势有加速的现象；外国移民在中国呈逐步增长的态势，近十年年增长率为 3.9%，但占中国人口的比例很小。"21 世纪海上丝绸之路"的建设离不开国际人才的助力，沿线国家的华侨华人可以帮助促进所在国与中国的合作。我国也应适时探索建立技术移民的管理乃至立法，为引进国外智力创造条件，中国必须在世界各国的移民法竞争中占得一席之地。

---

① 范岱克：《1630 年代荷兰东印度公司在东亚经营亚洲贸易的制胜之道》，《海洋史研究》第七辑，社会科学文献出版社 2015 年版，第 221—222 页。

机遇与挑战:"21世纪海上丝绸之路"与太平洋岛国的抉择①

吕桂霞

(聊城大学太平洋岛国研究中心)

摘　要: "21世纪海上丝绸之路"是一条开放、合作、共赢的"发展之路",是我国与沿线各国之间开拓新的合作领域、深化互利合作的战略契合点。它的实施,不仅能够改善太平洋岛国的基础设施,推进我国与太平洋岛国的海洋产业合作,提升双方旅游合作空间,而且可以加强双方在非传统安全领域的全面合作,促进人文交流与技术合作,进而推动太平洋岛国区域一体化的进程。同时,不当开发与利用,也可能增加碳排放、破坏海床、引发过度捕捞,并对太平洋岛国的生活方式产生冲击,甚至某种冲突。

关键词: "21世纪海上丝绸之路";太平洋岛国;机遇;挑战

"21世纪海上丝绸之路"的战略构想既是我国建设海洋强国、维护海洋权益的必经之路,同时是我国与周边国家政治互信、经济融合、文化包

---

① 基金项目:国家社科基金重点项目"太平洋岛国研究"(编号15AZD043)的阶段性成果。

容的合作共赢之路，对于太平洋岛国而言，既是实现引入外资、发展经济、进一步融入国际社会的难得机遇，同时面临着海洋开发、旅游合作等一系列的挑战。

一 中国海洋战略与"21世纪海上丝绸之路"的构想

21世纪是海洋大发展的新时代，海洋开发管理与海权争夺日益紧张。伴随着经济发展逐步转向高度依赖海洋的外向型经济，中国对海洋资源和空间的依赖程度不断提高，海洋经济成为推动中国国民经济发展的助力器。依据《联合国海洋法公约》的有关规定我国拥有主权和管辖权的海洋面积达300多万平方公里，海岸线长度居世界第四位，大陆架面积位居世界第五，200海里专属经济区面积为世界第十位，但因历史原因，我国在黄海、东海和南海与相邻的8个国家均存在不同程度上的争议与纠纷。再加上美国为掣肘我国的崛起，实施"重返亚太"战略和"亚太再平衡"战略，对中国进行"战略遏制"，使得我国的海洋权益多有受损。

为了增强和保护我国的海洋权益，2002年党的十六大提出"实施海洋开发"的任务和要求，2003年党中央、国务院制定的《全国海洋经济发展规划纲要》第一次提出了"逐步把我国建设成为海洋强国"的目标，2012年国务院政府报告中明确提出"制定和实施海洋发展战略，促进海洋经济发展"。2012年11月，党的十八大又准确把握时代特征和世界潮流，深刻总结世界主要海洋国家和我国海洋事业发展历程，提出了"提高海洋资源开发能力，发展海洋经济，保护海洋生态环境，坚决维护国家海洋权益，建设海洋强国"的战略目标，积极构建具有中国特色的国家海洋战略，把海洋与党和国家的未来发展紧密联系起来。

2013年10月，习近平主席在出席亚太经济合作组织领导人非正式会议期间，在印度尼西亚国会发表演讲时提出中国愿同东盟国家加强海上合作，发展海洋合作伙伴关系，共同建设"海上丝绸之路"。习近平主席的讲话为"21 世纪海上丝绸之路"建设指明了前进方向。11 月，党的十八届三中全会通过的《中共中央关于全面深化改革若干重大问题的决定》和2013 年中央经济工作会议都把建设"21 世纪海上丝绸之路"作为重大战略提了出来。2014 年 3 月 5 日，国务院总理李克强所作《政府工作报告》中也提出"要抓紧规划建设丝绸之路经济带、21 世纪海上丝绸之路"。由此可见，"21 世纪海上丝绸之路"已经上升到中国对外开放的国家战略。这一战略是在新时期背景下，立足于中国历史和现实环境，秉承和平发展的外交方针，旨在加快中国经济全面发展的重要战略；由此可见，"21 世纪海上丝绸之路"是一条开放、合作、共赢的"发展之路"，是一条共同打造政治互信、经济融合、文化包容的命运共同体和利益共同体的"构建之路"，是对周边国家释放出和平发展的善意信号，是睦邻、安邻、富邻周边外交战略的具体体现，已成为我国与沿线各国之间开拓新的合作领域、深化互利合作的战略契合点。

2014 年 11 月，习近平主席访问斐济，在斐济《斐济时报》和《斐济太阳报》发表题为"永远做太平洋岛国人民的真诚朋友"的署名文章。在斐济为期两天的访问期间，习近平与斐济总理姆拜尼马拉马以及另外 7 个国家的领导人进行集体会晤，就发展双边友好合作交换意见，并一致同意建立相互尊重、共同发展的战略伙伴关系，并提议共建"21 世纪海上丝绸之路"。

在中国与太平洋岛国战略合作日益密切的大背景下，2015 年 3 月 28 日，国家发展改革委、外交部、商务部联合发布了《推动共建丝绸之路经济带和"21 世纪海上丝绸之路"的愿景与行动》，系统勾勒出"一带一路"路线图。根据这一愿景，"21 世纪海上丝绸之路"重点方向有两条，一是从中国沿海港口过南海到印度洋，延伸至欧洲；二是从中国沿海港口过南海到南太平洋。南太平洋地区正式成为"21世纪海上丝绸之路"的南线，从而为中国与太平洋岛国的友好合作，为太平洋岛国经济社会发展提供了巨大机遇。正如中国海洋局局长刘赐贵所言："中国提出建设"21世纪海上丝绸之路"，是为了适应经济全球化新形势，扩大与沿线国家的利益汇合点，与相关国家共同打造政治互信、经济融合、文化包容、互联互通的利益共同体和命运共同体，实现地区各国的共同发展、共同繁荣。"

二 "21世纪海上丝绸之路"与太平洋岛国的发展机遇

太平洋岛国包括美拉尼西亚、密克罗尼西亚和波利尼西亚三大族群、27个国家和地区，其中已经独立的国家有14个，即巴布亚新几内亚、所罗门群岛、斐济、萨摩亚、瓦努阿图、汤加、纽埃、库克群岛、密克罗尼西亚、马绍尔群岛、图瓦卢、瑙鲁、基里巴斯和帕劳，其中与中国建立外交关系的有8个国家。① 这一地区虽然人口相对较少，除巴布亚新几内亚、斐济和所罗门群岛人口分别达732.1万人（2013）、84.9万人（2014）和57万人（2014）外，多数国家人口不足20万人，人口最少的纽埃只有1311人（2014年，另有1.2万人居住在新西兰）。然而，太平洋岛国地区的自然资源十分丰富，特别是水产资源、矿产资源和旅游资源。其中，专属经济区占全球地表面积的8%和海洋面积的10%，金枪鱼产量占世界总产量的一半以上。更为重要的是，太平洋岛国地区战略地位十分重要，它连接太平洋和印度洋，扼守美洲至亚洲的太平洋运输线，占据北半球通往南半球乃至南极的国际海运航线，是世界东西、南北两大战略通道的交汇

---

① 自1975年始，斐济、萨摩亚、巴布亚新几内亚、瓦努阿图、库克群岛、汤加和纽埃七国先后与中国建交。中华人民共和国外交部，http://www.fmprc.gov.cn/web/gjhdq_676201/gj_676203/dyz_681240/。

处,是当前海上强国极为重视的战略要地。令人遗憾的是,太平洋岛国地区的经济普遍不太发达,绝大多数国家依然是发展中国家,经济形势脆弱,急需大国援助和庇护,所罗门群岛、基里巴斯、瓦努阿图和图瓦卢还被联合国大会和经济社会理事会列为最不发达的国家。①

我国建设"21世纪海上丝绸之路"的战略,以互联互通为抓手、以金融合作为前导,激发大市场活力,共享发展新成果,符合太平洋岛国发展经济、改善民生的根本利益。而且,"21世纪海上丝绸之路"并未设置门槛,任何有意参与合作的沿途国家,都可以将本国交通网络与海上丝路进行对接从而分享海上丝路互联互通的便利服务和优势互补的发展红利。太平洋岛国即使无力完成对接,只要有合作意愿,也能通过亚洲基础设施投资银行获得中国及其他合作伙伴国的资金和技术援助,从而有效提高参与国际合作的交通运输能力,实现自身经济转型提升。正如太平洋岛国论坛驻中国总代表大卫·莫里斯先生2016年2月在悉尼大学中国研究中心的演讲中所言,"海上丝绸之路为资源丰富但缺乏基础设施、资本和能力,但具有巨大发展潜能的地区提供一个建立更加全球经济一体化的机会""海上丝绸之路为南太平洋岛国提供了一个商业与发展双赢的机会"。具体表现为以下六点。

第一,"21世纪海上丝绸之路"能够极大地改善太平洋岛国的基础设施。众所周知,"21世纪海上丝绸之路"是以基础设施建设为切入点,以亚洲基础设施投资银行为支点,通过深水港、铁路网、公路网、内河航运的交通基础设施建设,将沿途各国有序纳入互联互通的合作框架。为了促进互联互通建设和经济一体化进程,2013年10月2日,习近平主席在雅加达同印度尼西亚总统苏西洛举行会谈时,倡议筹建亚洲基础设施投资银

---

① "Least Developed Countries: Country resolutions and reports", http://www.un.org/en/development/desa/policy/cdp/ldc2/ldc_ countries.shtml。

行，向包括东盟国家在内的本地区发展中国家基础设施建设提供资金支持。在得到苏西洛总统的积极回应，缅甸、印度、新加坡等更多国家积极参与后，诸国共同决定成立亚洲基础设施投资银行。2015 年 12 月 25 日，亚洲基础设施投资银行（简称"亚投行"）正式成立。亚投行的成立，将为包括太平洋岛国在内的发展中国家提供更多的资金支持和帮扶，借此，太平洋岛国的基础设施建设，包括机场、道路、桥梁、港口、信息网络、体育场所、办公大楼甚至居民住宅等都将从中获益，得到改善。

第二，"21 世纪海上丝绸之路"能够推进中国与太平洋岛国的海洋产业合作。中国与太平洋岛国在海洋渔业、海洋旅游、海水淡化、海洋可再生资源开发等领域有着巨大的合作空间。为了与太平洋岛国进行渔业合作开发，2002 年中国已与斐济签署《中斐部门间渔业合作谅解备忘录》。上海水产集团、辽宁金轮远洋渔业、山东荣成俚岛海科和永进水产公司等在积极与太平洋岛国开展捕捞合作的基础上，相继在斐济和所罗门群岛等建立远洋渔业综合保障基地；上海远洋渔业公司与斐济金洋公司、基里巴斯国家渔业公司三方组建基里巴斯合资公司项目，共同捕捞金枪鱼……双方的合作日益密切。正如大卫·莫里斯所言："太平洋国际领海是一个巨大的渔业养殖场，如果管理得当，未来可满足巨大的市场需求。当中国渔业向太平洋岛国缴纳捕鱼许可证费用的同时，也会为整个区域带来更多的附加值以及一个可持续发展的水产养殖业。"除海洋渔业的合作外，中国五矿集团还从国际海床协会获得开采权，这对于巴布亚新几内亚、汤加等岛屿国家来说是一个很好的发展经济的机会。

第三，"21 世纪海上丝绸之路"能够提升中国与太平洋岛国旅游合作的空间。太平洋岛国环境优美，拥有独特的自然和人文旅游资源，因而旅游业成为多数太平洋岛国的支柱产业，每年都吸引众多游客前往观光旅游。然而，由于路途遥远、交通不便等原因，我国每年赴太平洋岛国旅游的人数还很有限。以斐济为例，根据斐济统计局的记录，2008 年以前尚无中国公民前往斐济旅游的记载，但在 2009 年，随着斐济太平洋航空公司与香港国泰航空公司达成代码共享协议，2009 年即有 4087 人前往斐济，虽然所占比例极低，仅占该年度赴斐济旅游总数的 0.0075%（2009 年赴斐济旅游总人数为 54.2 万人），但毕竟开启了中国大陆游客赴斐济旅游的大门。然而，在中国提出"21 世纪海上丝绸之路"战略后，中国赴斐济旅游人数激增，2014 年即达 28.3 万人，2015 年则高达 40.1 万人，是 2009 年的 10 倍之多。① 有鉴于此，太平洋岛国应把与中国开展旅游合作放在重要位置，以吸引更多的中国游客前往太平洋岛国观光旅游，带动餐饮、旅馆等相关产业的发展。

第四，"21 世纪海上丝绸之路"能够加强中国与太平洋岛国在非传统安全领域的全面合作。近年来，海盗、海上恐怖主义、海上跨国犯罪、海洋灾害和气候变化等非传统安全问题日益凸显，太平洋岛国在应对上述问题方面具有广泛的共同利益诉求。以气候变化为例，太平洋岛国地处太平洋板块、美洲板块与南极洲板块三大板块交汇处，地震与火山活动频发，又因位于赤道附近，每年还要受到热带飓风的侵扰，属于联合国《濒危物种公约》认定的"生态脆弱区"，生态环境非常脆弱，极易受各种原生及次生环境问题的影响，是全球环境"重灾区"之一。而为沿线国家提供海上公共服务和产品，共同应对非传统安全挑战，是"21 世纪海上丝绸之路"建设的另一重要目标。

第五，"21 世纪海上丝绸之路"能够促进中国与太平洋岛国的人文交流与技术合作。2006 年温家宝总理访问太平洋岛国以来，中国大大加强了与太平洋岛国的联系，正式倡议建立"中国—太平洋岛国经济发展合作论

---

① Fiji Bureau of Statistics，http：//www. statsfiji. gov. fj/index. php/migration – a – tourism/10 – migration – statistics/migration – a – tourism/115 – visitor – arrivals – statistics.

坛"，以促进中国与太平洋岛国在环保、旅游、立法、教育、农渔业和卫生领域的合作。与此同时，中国政府开始向太平洋岛国的学生提供奖学金，并针对农业、渔业以及其他重要的经济发展领域对相关管理人员进行培训。中国实施"21世纪海上丝绸之路"之后，不仅会加大这一方面的资金投入，而且涉及的领域与范围也将逐步扩大，这对于中国与太平洋岛国的合作而言，意义重大。譬如，2014年习近平主席在访问斐济时即表示，"中国将继续加强重视与太平洋岛国的合作，投入只会增加，不会减少"，在未来5年，中国还将向太平洋岛国提供2000个奖学金和5000个培训名额，[①] 中国与太平洋岛国人文交流与技术合作的空间巨大。

第六，"21世纪海上丝绸之路"还将推动太平洋岛国的区域一体化。太平洋岛国除巴布亚新几内亚、所罗门群岛、斐济和瓦努阿图国土面积较大，分别有46.28万平方公里、2.85万平方公里、1.83万平方公里和1.22万平方公里，萨摩亚有2934平方公里外，其余岛国面积都在1000平方公里以下，图瓦卢和瑙鲁的面积分别仅有26平方公里和24平方公里。不仅如此，太平洋岛国经济并不发达，都属于发展中国家，所罗门群岛、基里巴斯、瓦努阿图和图瓦卢还被联合国大会和经济社会理事会列为最不发达的国家。在这种情况下，"如果一对一的合作，多数南太平洋岛国与中国在国家实力方面将呈现大失衡的现象，从而失去优势……如果太平洋岛国能够联合起来作为一个整体区域出现，那么将可以采取更好的战略，追求更高的利益"[②]。因此，融入中国"21世纪海上丝绸之路"战略的需要，将会极大地推动太平洋岛国的区域一体化进程，使之在区域一体化的道路上走得更快、更远。

---

① 孙伟伦：《习近平以千万新元援助结束斐济访问》，联合早报网，http：//www.zaobao.com/realtime/world/story20141123-415754，2014年11月23日。

② 参见2016年2月太平洋岛国论坛驻中国总代表大卫·莫里斯在悉尼大学的演讲。

三　太平洋岛国面临的挑战

在充分评估"21世纪海上丝绸之路"给太平洋岛国提供巨大机遇的同时，我们也应该清醒地认识到，"21世纪海上丝绸之路"的实施也使得太平洋岛国面临着极大的挑战，可谓机遇与风险并存。这些挑战主要表现为以下四点。

第一，基础设施建设的加快，有可能导致碳排放的增加，从而引起气候变化。纵观历史，我们发现世界各国在经济发展尤其是基础设施建设的过程中，都会或多或少地增加碳排放，甚至在不同程度上引发气候灾难。最为典型的应该是19世纪的英国，伴随着工业革命的推进，英国在享受工业化成果的同时也造就了"举世有名"的"雾都"伦敦。同样，美国这个最大的发达国家和中国这个最大的发展中国家，在经济高速发展的同时不可避免增加了碳排放，并引发了某些气候问题。"21世纪海上丝绸之路"在利用中国资金和技术，给太平洋岛国带来经济社会发展、扩大就业、更加便捷生活的同时会遇到类似的问题。双方应大力加强协商，注重绿色发展，实现合作共赢，共享"21世纪海上丝绸之路"的发展成果。

第二，海洋产业的开发，有可能破坏海床和引发过度捕捞。海洋资源的开发，虽然既有利于中国，也给太平洋岛国的经济社会发展带来巨大机遇，但是，如果开发不当或者过度开发，有可能会导致海床的破坏，这是太平洋岛国融入"21世纪海上丝绸之路"战略时应该注意问题之一；其二，在太平洋岛国进行远洋渔业捕捞时，如果不进行合理规划，不制订严格的计划，没有一个严密的机制予以保证，很可能会出现导致捕获的海洋生物破坏生态系统平衡，海洋中生存的某些生物种群不足以繁殖并补充种群数量的现象，进而影响太平洋岛国海洋生物的多样性，使整个海洋系统生态退化。

第三，"21世纪海上丝绸之路"的实施，有可能会对太平洋岛国的生活方式产生影响。太平洋岛国具有得天独厚的自然条件，气候适宜，物产丰富，不仅盛产椰子、香蕉、菠萝、面包果等热带作物，而且四面环海，渔业资源十分丰富，因此岛国人民无须每天进行紧张的生产劳动，甚至仅仅依靠自然，也能自由自在地生存。加上岛国人民心态非常淡定，并不十分看重财富的积累，因此形成了较为悠闲的"慢生活"方式。这种生活方式在太平洋岛国融入"21世纪海上丝绸之路"时，可能面临着极大的挑战，因为"21世纪海上丝绸之路"在促进岛国经济发展，给岛国民众带来更多工作机会和收入的同时要求他们按照规范的程序、严格的时间去进行生产，这对于已经习惯于悠闲生活、不太受纪律约束的民众而言，无疑是一个很大的挑战。

第四，中国与太平洋岛国旅游合作的扩大，有可能会因文化传统的不同引发某些冲突。随着"21世纪海上丝绸之路"的推进，预计将有越来越多的中国人赴太平洋岛国观光旅游，但是若国人不了解当地的风俗习惯，可能会闹出许多笑话甚至引发冲突。我们知道，太平洋岛国远离欧亚大陆，以前又多是英国、法国、德国、美国和日本等国的殖民地，在长期发展过程中，形成了与中华文明迥异的文明，许多岛国都保持着一些十分独特的传统。譬如，在斐济的某些村庄，有一些特殊的规矩。譬如不能戴帽子，也不能摸小孩子的头等，否则会引起一些不必要的麻烦。同时，前往斐济旅游的人们不能戴太阳镜、不能穿短裤和超短裙、女子不能穿肚兜和裸露着肩膀的衣服，，等。又如，在萨摩亚，萨摩亚人见到重要客人时不仅要举行传统的"卡瓦"仪式，而且要亲脸，行"亲脸礼"，若初到萨摩亚的中国客人不了解这一风俗，在萨摩亚人习惯性地伸头欲行"亲脸礼"时不知所措，甚至把头扭开，将极大伤害萨摩亚人的感情。因此，为了避免这些麻烦或冲突的发生，中国人在赴太平洋岛国旅游之前，必须事先了解旅游目的地风土人情，尤其是各国的禁忌，以防触发不必要的冲突。

通过以上对"21 世纪海上丝绸之路"对太平洋岛国影响的剖析，我们应深刻地认识到，我们在太平洋岛国推进"21 世纪海上丝绸之路"战略时，一方面要秉承"创新、协调、绿色、开放、共享"的五大发展理念，充分利用太平洋岛国的资源优势、战略优势和经济发展的迫切需求，实现中国与太平洋岛国的优势互补，合作共赢；另一方面，也要牢记太平洋岛国论坛 16 位领导人提倡的原则——可持续发展，经济增长，加强治理、法律、金融和管理系统；安全保障，稳定的人身安全、自然及政治环境，等等，与太平洋岛国携手共建"21 世纪海上丝绸之路"，打造亚太命运共同体。

蝴蝶是怎样起飞的

——"海丝"文化脉动中的梁祝爱情传说之演进

马东盈

（山东新泰市民间文艺家协会）

摘　要：梁山伯与祝英台的"爱情传说"，因其化蝶结局被称为"蝴蝶爱情"。本文借助最新发现的《梁山伯祝英台墓记》《处士桑君妻张氏贞节记》石刻及其相关文献，对"蝴蝶爱情"作了追本溯源，指出梁祝爱情传说的主题演进轨迹，契合了"海丝"文化的脉动。宁波是"海丝"文化的重要节点，也是梁祝传说的起源地。唐代梁祝传说由此跨越海洋，流播朝鲜半岛，大体保留了梁祝传说的本来面貌。而随着大运河的水路交通，在明代又波及孔孟之乡的济宁地区。作为梁祝传说的两处传承地，宁波和济宁流传的文本体现了不同的主题取向，在宋代至明清时期发生了忠贞节孝的主题变奏，而现代传播中又以至美爱情的面目得以华丽延续。

关键词：梁祝传说；蝴蝶爱情；忠孝节义；非物质文化遗产

梁山伯与祝英台的"爱情传说"，是一个历久弥新的话题。根据文献记载，梁祝爱情传说源于东晋时期，经过民间口耳相传，逐渐成为世界民间文学史上的经典。如果取一个最大公约数的描述，梁祝爱情传说是这样的：祝员外的女儿祝英台聪明伶俐，爱好诗文，女扮男装外出求学，路上认识了同去求学的梁山伯，两人结拜为兄弟。以后，两人同窗读书，同床而息，梁山伯始终不知英台是个女子。三年后英台回家，山伯相送，英台暗示山伯，两人可结百年之好，可惜山伯未能解悟。山伯到祝家拜访，方知英台是女子。山伯来迟，英台已被许给了马家。山伯得知实情，悔恨交加，回家后一病不起，离开人世。英台只得嫁给马家，成亲那日经过山伯墓时扫祭，山伯坟墓崩裂，英台纵身投入墓穴。山伯墓合拢如旧，墓地上飞起了两只硕大的彩蝶。这就是生不能共枕，死也要同穴的笃情男女——梁山伯与祝英台的精魂。[1]

梁祝传说的核心情节主要有：化装求学、路遇结拜、三年同窗、十八相送、祝庄访友、祭坟化蝶。而化蝶的结局，是梁祝爱情传说最闪光的情节，梁祝爱情也因为被称为"蝴蝶爱情"。"蝴蝶爱情"的前世今生，经历了1600多年的起源与演变历程。那么，蝴蝶是怎样起飞的？

梁祝爱情传说的主题演进轨迹，契合了"海丝"文化的脉动。唐代的梁祝传说从其起源地宁波——这一"海丝"文化的重要节点，跨越海洋，流播朝鲜半岛，大体保留了梁祝传说的本来面貌。而随着大运河的水路交通，在明代又波及孔孟之乡的济宁地区。作为国家非物质文化遗产——梁祝传说的两处传承地，宁波和济宁流传的文本体现了不同的主题取向。"蝴蝶爱情"的前世今生，也就是梁祝爱情传说的起源与演变，在"海丝"文化脉动中的有清晰的呈现。

一 蝴蝶爱情的追本溯源

追溯梁祝爱情传说的源头，要从东晋时代的义妇故事说起。

梁祝爱情传说比较早的记载是明清之际的徐树丕《识小录》所记《金

楼子》及《会稽异闻》。《识小录》卷三《梁山伯》云："按，梁祝事异矣，《金楼子》及《会稽异闻》皆载之。夫女为男饰，乖矣。然始终不乱，终能不变，精诚之极，至于神异。宇宙间何所不有，未可以为诞。"《金楼子》是梁元帝萧绎（505—554）之作。萧绎诗文"轻靡绮艳"，梁祝"爱情"传说被他写入书中应该说是完全可能的。《金楼子》在明代已经湮晦、散亡[2]，今存者是不完全的《说郛》摘录本及《永乐大典》辑录本，这件事因而缺载。《会稽异闻》不可考，古今书目皆不载，作者及内容无法得知，但从书名看，其中所载是发生在"会稽"（今浙江省宁绍平原）的奇闻逸事。徐树丕，字武子，号活埋庵道人，明清之际长洲（今江苏苏州市吴中区和相城区）人，诸生，明亡后隐居不出。著有《识小录》《活埋庵集》等。看来他曾经见及两书，为我们留下了这段记载。①

唐中宗李显（656—710）时代的梁载言所撰《十道四蕃志》有梁祝的记载。南宋孝宗乾道年间（1165—1173）张津《乾道四明图经》曾有引录："义妇冢，即梁山伯、祝英台同葬之地也。在县西十里接待院之后，有庙存焉。旧记谓二人少尝同学，比及三年，而山伯初不知英台之为女也。其朴质如此。按《十道四蕃志》云'义妇祝英台与梁山伯同冢'，即其事也。"[3]

钱南扬先生等许多学者已经指出，梁祝爱情传说的原型就是东晋时代的义妇故事。[4]复旦大学中文系教授查屏球先生十几年前发现的高丽本《十抄诗》所载《梁山伯祝英台传》为讨论梁祝爱情传说提供了颠覆性的材料[5]，是梁祝文化研究中的一个重大发现。自现代学者开始探讨这一论题开始的许多猜测，均因这篇文献的发现得以改写。高丽本《十抄诗》所载《梁山伯祝英台传》表明，梁祝爱情传说里的"蝴蝶"至迟在唐代已经

---

① 在这段文字之前，是徐树丕对梁祝故事的叙述，情节比较完备，不可能是上引两书的转述，显然是宋代李茂诚碑文的复述。

在越州（今浙江宁波）起飞了。

学者指出：新罗时代是唐诗传至新罗的滥觞期。新罗真平王四十三年（621）初与唐交往，接受唐文化，又遣子弟留学长安，文化交流频繁。到中唐时，新罗遣留学生至唐，归国后出仕官职。中唐诗人钱起、李益等又作送客归新罗类诗，可知其间友谊敦睦。如此众多新罗文人入唐学诗文，回国之时将其所学传于本国，故唐人之作传诵于新罗人之口。[6]韩国奎章阁藏本《十抄诗》和《夹注名贤十抄诗》木刻本、手抄本是高丽朝初期出现的是一部唐人七律诗选集，成书年代约在918—1200年，相当于中国五代十国到南宋时期。全书抄录了中晚唐时期白居易等30位诗人（包括4位新罗人）的七律作品，每人取十首，共300首，许多诗是《全唐诗》所未收入的，[7]其中包括罗邺的《蛱蝶》一诗。

罗邺（825—?），晚唐余杭（今浙江杭州市余杭区）人。有文名，尤长律诗，以七言见长。屡次下第。光化年间（898—901）追赐进士及第，赠官补阙。《新唐书·艺文志》著录诗集一卷，《全唐诗》卷六五四收其诗。有"诗虎"之称。《十抄诗》收入罗邺诗10首，没有编入《全唐诗》者9首，《蛱蝶·七律》用"梁祝化蝶"的典故入诗：

> 草色花光小院明，短墙飞过势便轻。
>
> 红枝嫋嫋如无力，粉翅高高别有情。
>
> 俗说义妻衣化状，书称傲吏梦彰名。
>
> 四时羡尔寻芳去，长傍佳人襟袖行。

罗邺《蛱蝶》诗"俗说义妻衣化状"，"俗说"是指民间流传。"义妻"，祝英台因诚信守义，被谢安奏封"义妇"。"衣化状"，表明了祝英台衣裙化为蝴蝶状。当时梁祝故事在社会上"俗传"，罗邺作为余杭人，处在梁祝故事产生和流传地域，应该是对传说耳熟能详的。他触景生情，信手拈来，对梁祝爱情以诗相咏，这是再自然不过的事了。值得一提的是，《十抄诗》所录罗邺《蛱蝶》诗"俗说义妻衣化妆"句下注也引录了梁载言所撰《十道四蕃志》的文字："《十道志》'明州有梁山伯冢'注：'义妇竺英台同冢。'"

"俗说义妻衣化妆"句下另有一条长注，节引《梁山伯祝英台传》：

大唐异事多祚瑞，有一贤才身姓梁。

常闻博学身荣贵，每见书生赴选场。

在家散袓终无益，正好寻师入学堂。云云。

一自独行无伴侣，孤村荒野意阳惶。

又遇未来时稍暖，婆娑树下雨风凉。

忽见一人随后至，唇红齿白好儿郎。云云。

便导英台身姓祝，山伯称名仆姓梁。

各言抛舍离乡井，寻师愿到孔丘堂。

二人结义为兄弟，死生终始不相忘。

不经旬日参夫子，一览诗书数百张。

山伯有才过二陆，英台明德胜三张。

山伯不知她是女，英台不怕丈夫郎。

一夜英台魂梦散，分明梦里见爷娘。

惊觉起来静悄悄，欲从先归睹父娘。

英台说向梁兄道：儿家住处有林塘，

兄若后归回王步，莫嫌情旧到儿庄。云云。

归舍未逾三五日，其时山伯也思乡。

拜辞夫子登岐路，渡水穿山到祝庄。云云。

英台缓步徐行出，一对罗襦绣凤凰。

兰麝满身香馥郁，千娇万态世无双。

山伯见之情似醉，终辨英台是女郎。

带病偶题诗一绝，黄泉共汝作夫妻。云云。

因兹深染相思病，当时身死五魂飏。

葬在越州东大路，托梦英台到寝堂。

英台跪拜哀哀哭，殷勤酹酒向坟堂。

祭曰：

君既为奴身已死，妾今相忆到坟旁。

君若无灵教妾退，有灵需遣冢开张。

言讫冢堂面破裂，英台透入也身亡。

乡人惊动纷纷散，亲情随后援衣裳。

片片化为蝴蝶子，身变尘灰事可伤。云云。[①]

《梁山伯祝英台传》编者作注时可能考虑到文字太长，故省去了一些句子，因而注释文中出现六处"云云"省略语。

首句"大唐异事多祚瑞，有一贤才身姓梁"，查屏球先生认为是唐代诗人之作，因称其时代为"大唐"："本诗首言'大唐'，似是唐人语气，据此以其为唐人诗，似亦可备一说，只是尚须作进一步考验。"[8]言下之意，诗中所咏梁祝事发生在"大唐"时代。然而，称唐代为大唐，并非仅仅唐代人才有此举。[②] 梁祝事均被记载为晋代之事，而无唐代之说。《全唐

---

① （高丽）释子山夹注，查屏球整理：《夹注名贤十抄诗》，上海古籍出版社 2005 年版，第 176—177 页。并据张鹏《〈夹注名贤十抄诗〉补正》更正个别讹误，张伯伟主编《域外汉籍研究集刊》（第四辑），中华书局 2008 年版，第 101 页。

② 试举几例：宋人赵福元《沁园春》词："听金童宣敕，琼胎掇送，大唐进士，圣宋仙翁。"元人王处一《苏幕遮·示李梁张三人》词："大唐僧，九度老。万种难辛，一志终须到。东进佛经弘释教。相契如来，证果真常道。"元人王冕《题墨梅送宋太守之山东运使》（七古）："大唐丞相宋广平，文章事业昭汗青。"

诗》收录新罗诗作有四首，即金真德《太平颂》、金地藏《送童子下山》、王巨仁《愤怨诗》，以及无名氏《高丽镜文》。唐初，新罗受高句丽和百济夹击，向中国求救，唐太宗两度出兵击败高句丽。唐高宗永徽元年（650），新罗女王金真德（？—653）又在唐军支持下大破百济，乃作《太平颂》，亲自刺绣织锦，遣使呈献长安，极力颂扬大唐恩威，表达其拥戴之忱："大唐开洪业，巍巍皇猷昌。"① 笔者以为这首《梁山伯祝英台传》是高丽人的汉诗，因称中土为"大唐"。进一步说，这首诗是晚唐时期高丽人写的一首作品。

"山伯有才过二陆，英台明德胜三张"，二陆、三张俱为西晋时期的文坛才俊、太康体诗风的代表。二陆指西晋文学家陆机（261—303）、陆云（262—303）兄弟。三张指西晋文学家张载与弟张协、张亢、张载②。这种类比似乎也可以说明，作者是把二人的时代锁定在晋代。"葬在越州东大路"，则所述梁祝之墓在越州，即今浙江宁波。

与罗邺同时代的张读（834 或 835—882 后）传奇小说集《宣室志》③，见于清人翟灏《通俗编》转引："英台，上虞祝氏女，伪为男装游学，与会稽梁山伯者同肄业，山伯，字处仁。祝先归，二年，山伯访之，方知其为女子，怅然如有所失。告其父母求聘，而祝已字马氏子矣。山伯后为鄞令，病死，葬鄮城西。祝适马氏，舟过墓所，风涛不能进。问知有山伯墓，祝登号恸，地忽自裂陷，祝氏遂并埋焉。晋丞相谢安奏表其墓曰义妇冢。"[9]这里记载了梁祝传说的基本情节。

宜兴地区流传的梁祝传说现有文字记载，只是在唐代的面貌不甚明

---

① 明代高棅编《唐诗品汇》认为此诗"高古雄浑，可与初唐诸作相颉颃"。有人推测此诗为新罗文人强首（？—692）代笔，或重金购于华人。

② "三张"中，载、协相近，亢则略逊一筹。《文心雕龙》说："孟阳、景阳，才绮而相埒。"一说"三张"指华与张载、张协二人，张亢不在其内。

③ 《宣室志》11 卷，有《稗海》本，10 卷，附补遗 1 卷。《丛书集成》本即用此本排印。1983 年中华书局出版张永钦、侯志明点校本，与李冗《独异志》合刊，亦以《稗海》本为底本。

朗。唐人李蟾写于咸通八年（867）的《题善权寺石壁》："李丞相留题并序：常州离墨山善权寺，始自齐武帝赎祝英台产之所建，至会昌以例毁废。唐咸通八年，凤翔府节度使李蟾闻奏天廷，自舍俸资重新建立……"①这里只能看出梁祝传说的流传，其内容不甚了了。然而通过后世流传的情况，似可确定，其面目仍然保留了原初的化蝶情节。宋代永嘉学派创始人薛季宣（1134—1173）《游祝陵善权洞》一诗，反映了梁祝魂魄精灵化蝶的传说：

> 万古英台面，云泉响佩环。
>
> 练衣归洞府，香雨落人间。
>
> 蝶舞凝山魂，花开想玉颜。
>
> 几如禅观适，游内戏澄湾。
>
> 左右蜗蛮战，晨昏燕蝠争。
>
> 九星宁曲照，三洞独何营。
>
> 世事嗟兴丧，人情见死生。
>
> 阿谁能种玉，还尔石田耕。[10]

薛季宣蝶舞句，写梁山伯与祝英台化蝶之后，一年一度重游故地。诗人见到蝴蝶纷飞，以为是这对艳侣之魂。

北宋咸淳四年（1268）常州知州史能之主纂《重修毗陵志》卷二十五《观寺·宜兴》载："广教禅院，在善卷山，齐建元二年以祝英台故宅建。唐会昌中废，地为海陵钟离简之所得。至大和中，李司空蟾于此借榻肆业，后第进士，咸通间赎以私财重建，刻奏疏于石。崇宁中傅待制楫家以

---

① （明）释方策辑：《善权寺古今文录》卷六《唐诗》，题下署"邑人丞相李蟾"，国家图书馆藏清钞本十卷；北京图书馆古籍出版编辑组辑：《北京图书馆古籍珍本丛刊·集部·总集类》第118 册，书目文献出版社 1987 年，第 723 页。

恩请为坟刹，宣和改为崇道观，建炎元年诏复为院。"同书卷第二十七
《古迹·宜兴》载："祝陵，在善权山岩前，有巨石刻云'祝英台读书
处'，号'碧鲜庵'。昔有诗云：'蝴蝶满园飞不见，碧鲜空有读书坛。'
俗传英台本女子，幼与梁山伯共学，后化为蝶。其说类诞，然考《寺记》，
谓齐武帝赎英台旧产建，意必有人，第恐非女子耳。今此地善酿，陈克有
'祝陵沽酒清若空'之句。"抛开基于史事考证的因素，梁祝传说化蝶情节
的面目，比较明确。

二　忠贞节孝的主题变奏：宋代

中国梁祝文化研究会会长周静书先生指出：北宋时期，海上贸易兴
盛，与高丽王朝开展频繁的商贸和密切的文化交流，到 12 世纪中叶达到高
潮。明州（宁波）是宋朝与高丽之间交往的最主要口岸。1117 年，宋廷特
地在明州建造高丽使馆，办理去高丽的准许证，接待高丽使者。值得注意
的是，宋代正是宁波官府和民间十分推崇梁山伯勤政为民和梁祝爱情的时
代，徽宗大观年间（1107—1110）明州（今浙江宁波）知事李茂诚，虔诚
修缮庙宇，立《义忠王庙记》碑颂扬。民间更兴盛祭祀梁祝，传颂梁祝故
事，对高丽使节、文人及民间来往人士产生很大影响，至今传世的南宋明
州地图上，可以看到"梁山伯祝英台义冢"的标志，也可以看到"高丽使
馆"的标志，这是两者在历史上同现的客观印记。[11]

著录于清康熙《鄞县志》的李茂诚《义忠王庙记》，也是较为完整地
叙述梁祝传说的重要文献：

> 神讳处仁，字山伯，姓梁氏，会稽人也。神母梦日贯怀，孕十二
> 月，时东晋穆帝永和壬子三月一日，分端而生。幼聪慧有奇，长就
> 学，笃好坟典。尝从名师，过钱塘，道逢一子，容止端伟，负笈担
> 簦。渡航相与坐而问曰："子为谁?"曰："姓祝，名贞，字信斋。"

曰："奚自?"曰："上虞之乡。"曰："奚适?"曰："师氏在迩。"从
容与之讨论旨奥,怡然自得。神乃曰："家山相连,予不敏,攀鱼附
翼,望不为异。"于是乐然同往。肄业三年,祝思亲而先返。后二年,
山伯亦归省。之上虞,访信斋,举无识者。一叟笑曰："我知之矣。
善属文,其祝氏九娘英台乎?"踵门引见,诗酒而别。山伯怅然,始
知其为女子也。退而慕其清白,告父母求姻,奈何已许鄮城廓头马氏,
弗克。神喟然叹曰："生当封侯,死当庙食,区区何足论也?"后简文
帝举贤,郡以神应召,诏为鄮令。婴疾弗瘳,嘱侍人曰："鄮西清道
源九陇墟为葬之地也。"瞑目而殂。宁康癸酉八月十六日辰时也。郡
人不日为之茔焉。又明年乙亥暮春丙子,祝适马氏,乘流西来,波涛
勃兴,舟航萦回莫进。骇问篙师。指曰："无他,乃山伯梁令之新冢,
得非怪欤?"英台遂临冢奠,哀恸,地裂而埋葬焉。从者惊引其裙,
风烈若云飞,至董溪西屿而坠之。马氏言官开椁,巨蛇护冢,不果。
郡以事异闻于朝,丞相谢安奏请封义妇冢,勒石江左。

至安帝丁酉秋,孙恩寇会稽,及鄮,妖党弃碑于江。太尉刘裕讨
之,神乃梦裕以助,夜果烽燧荧煌,兵甲隐见,贼遁入海。裕嘉奏
闻,帝以神助显雄,褒封"义忠神圣王",令有司立庙焉。越有梁王
祠,西屿有前后二黄君会稽庙。民间凡旱涝疫疠,商旅不测,祷之
辄应。

宋大观元年季春,诏集《九域图志》及《十道四蕃志》,事实可
考。夫记者,纪也,以纪其传不朽云尔。为之词曰："生同师道,人
正其伦。死同窀穸,天合其姻。神功于国,膏泽于民。谥文谥忠,以
祀以禋,名辉不朽,日新又新。"[12]

这篇文献的可靠性曾经遭到了一些学者的质疑。因为与此前文献相比
较,"增加"了太多的信息。而这些信息有何依据?如果不是向壁虚构,

就要有一些前代记述的蛛丝马迹，很遗憾，这方面的痕迹实在太少。这些质疑当然是发生在高丽本《十抄诗》所载《梁山伯祝英台传》进入梁祝研究者的视野之前。然而，即使有了《梁山伯祝英台传》的前提，可能为《义忠王庙记》提供文献的素材，一篇如此完整的文献，为什么"化蝶"那个闪光的结尾消失了呢？以至于让后来的学者感到遗憾："梁祝传说发展到此已基本成型，只是还没有'化蝶'的结尾。"

原华东师范大学中文系教授罗永麟先生（1913—2012）通过对宁波《义忠王庙记》的分析，提出自宋代开始，梁祝爱情传说在后来的演变中分为两路，一路是蝴蝶继续翩翩起舞，使梁祝爱情传说更加摇曳多姿；一路是基于传统礼教的规范化需要，蝴蝶从传说里飞走了。[13]要而言之，梁祝传说演变的两条不同道路，体现出了不同的追求。爱情一路毫无疑问是占据了主流和上风，并以蝴蝶双飞为主要标志。礼教一路处于下风，如果不是以鸳鸯等具有蝴蝶作用的物什出现，就是有意删略了这个闪光的结尾。宁波因为梁祝文化遗存的丰富，而占据了绝对优势，翩翩起飞的蝴蝶在唐代已经出现。然而，耐人寻味的是，为什么宁波此后长期没有蝴蝶的影子，反而宜兴的蝴蝶持续飞舞？一篇宁波《义忠王庙记》给出了答案。正是这篇宋代文献的出现，让我们认识到，一个"被忠义"的梁祝故事，驱逐了起飞的蝴蝶，是再自然不过的了。这也是长期以来梁祝爱情传说的加减法：礼教的内容被加进去，爱情的元素就被缩减了。①

上引薛季宣《游祝陵善权洞》一诗，固然保留了化蝶的美好情节，也决定了传说的主题。然而，薛季宣的身份也使得我们倍感兴趣。薛季宣

---

① 刘锡诚：《梁祝的嬗变与文化的传播》，《湖北民族学院学报》2005 年第 1 期。此文刘先生有增补版。见氏著《非物质文化遗产：理论与实践》，学苑出版社 2009 年版。文末述"写作背景"并可参看。

（1134—1173），字士龙，号艮斋，学者称常州先生，南宋永嘉（今浙江温州）人。为学重事功，晚与朱熹（1130—1200）、吕祖谦（1137—1181），交往商榷，强调"步步着实"，注重研究田赋、兵制、水利等，开永嘉学派先声。著有《书古文训义》《浪语集》《诗性情说》等。梁祝化蝶的爱情传说，进入了儒学主流文化的视野，并得到肯定，这大概也是梁祝传说进入孔孟之乡并得到充分认可的滥觞。

明人陆容（1436—1497）记述说："梁山伯、祝英台事，自幼闻之，以其无稽，不之道也。近览《宁波志》，梁、祝皆东晋人。梁家会稽，祝家上虞，尝同学。祝先归，梁后过上虞，寻访之，始知为女。归乃告父母，欲娶之。而祝已许马氏子矣，梁怅然若有所失。后三年，梁为鄞令，病死，遗言葬清道山下。又明年，祝适马氏，过其处，风涛大作，舟不能进。乃造梁冢，失声哀恸。忽地裂，祝投而死焉。马氏闻其事于朝，丞相谢安请封为义妇。和帝时，梁复显灵异，效劳于国，封为义忠，有司立庙于鄞云。吴中有花蝴蝶，橘蠹所化也。妇孺以梁山伯、祝英台呼之耳。"[14]

明人徐树丕《识小录》对梁祝故事的叙述，显然也是来自李茂诚的碑文："梁山伯，祝英台，皆东晋人。梁家会稽，祝家上虞，同学于杭者三年，情好甚密。祝先归。梁后过上虞寻访，始知为女子。归告父母，欲娶之。而祝已许马氏子矣。梁怅然不乐，誓不复娶。后三年，梁为鄞令，病死，遗言葬清道山下。又明年，祝为父所逼，适马氏，累欲求死。会过梁葬处，风波大作，舟不能进。祝乃造梁冢，失声哀恸。冢忽裂，祝投而死焉。冢复自合。马氏闻其事于朝，太傅谢安请赠为义妇。和帝时，梁复显灵异助战伐。有司立庙于鄞县。庙前桔二株相抱。有花蝴蝶，桔蠹所化也，妇孺以梁称之。"这段文字情节比较完备，但不可能是上引两书的转述，显然是宋代李茂诚碑文的复述。

三 忠贞节孝的主题变奏：明清

明正德十一年（1516）刻立于今山东济宁的《梁山伯祝英台墓记》碑提供了梁祝传说具有文本断代标尺意义的一个版本，也显示了梁祝传说在孔孟之乡的接受，为讨论古老的传说开辟了新的空间。[①]

《梁山伯祝英台墓记》最早由郑亦桥录文，发表于《文物参考资料》1957 年第 9 期。2003 年 10 月墓碑出土后，又分别有出自不同研究者之手的录文公开。录文为学界提供了难得的信息，但均有不同程度的缺漏或错讹。今将碑文重新校释如后：

> 梁山伯祝英台墓碑记
>
> 丁酉贡士前知都昌县事古邾赵廷麟撰
>
> 文林郎知邹县事古卫杨環书
>
> 亚圣五十七世袭翰林院五经博士孟元额
>
> 外纪二氏出处弗详。迩来访诸故老，传闻：在昔济宁九曲村祝君者，其家巨富，乡人呼为员外。见世之有子读书者，往往致贵，显耀门闾，独予无子，不贵其贵，而贵里胥之繁科，其如富何？膝下一女，名英台者，聪慧殊常。闻父咨叹不已，卒然变笄易服，冒为子弟，出试家人不认识，出试乡邻不认识。上白于亲毕，竟读书，丕振门风以谢亲忧。时值暮春，景物鲜明，从者负笈，过吴桥数十里柳荫

---

① 以梁祝墓碑为中心展开的梁祝传说研究，对于修墓主要参与人崔文奎、孟元（孟子第 57 世孙）的生平史料缺乏必要的挖掘梳理，使墓碑的解读出现了困难，从而湮没了墓碑的重要价值。马东盈《崔文奎重修梁祝墓碑的发现与研究（之一）》（"2013 中国西南人类学论坛"论文，重庆），回顾了《梁山伯祝英台墓记》碑著录、发现与研究的过程，并公布了个人从事田野调查、文献考索发现的墓碑主要当事人崔文奎的谱牒、石刻、方志、文人别集材料。这些材料基本没有进入梁祝研究者的视野，是讨论《梁山伯祝英台墓记》碑的基础文献。其中特别重要的是崔文奎所撰《处士桑君妻张氏贞节记》，为分析解读《梁山伯祝英台墓记》提供了广阔的空间。

暂驻，不约而会邹邑西居梁大公之子，名山伯，动问契合，同诣峄山先生授业。昼则同窗，夜则同寝，三年衣不解，可谓笃信好学者。一日，英台思旷定省，言告归宁。倏经半载，山伯亦如英台之请，往拜其门。英台肃整女仪出见，有类木兰将军者。山伯别来不一载，疾终于家，葬于吴桥迤东。西庄富室马郎亲迎至期，英台苦思：山伯君子，吾尝心许为婚，第无父母之命，媒妁之言，以成室家之好。更适他姓，是异初心也。与其忘初而爱生，孰若舍生而取义，悲伤而死？少间，愁烟满室，飞鸟哀鸣，闻者惊骇。马郎旋车空归。乡党士妇，谓其令节，从葬山伯之墓，以遂生前之愿，天理人情之正也。越此岁久，松楸华表，为之寂然。俾一时之节义，为万世之湮没，仁人君子所不堪。矧惟我朝祖宗以来，端本源以正人心，崇节义以励天下。又得家相以之佐理，斯世斯民何其幸欤？时南京工部右侍郎前督察院右副都御史，奉敕总督粮储新泰崔公讳文奎，道经顾兹废圮，其心拳拳，施于不报之地，乃托阴阳训术鲍恭乾。昔有功于张秋，升以俸禄；近有功于阙里，书以奏名，授命兹托，岂无用其心哉！载度载谋，四界竖以石，周围缭以垣，阜其冢，妥神有祠，出入有扉，守神祠有役。昔之不治者，今皆治之；昔之无有者，今皆有之。始于十年乙亥冬，终于今岁丙子春。恭乾将复公命，请廷麟具其事之本末，岁月先后，文诸石。不得已而言曰："上帝降衷，不啻于人。惟人昏淫，丧厥贞耳。独英台得天地之正气，萃扶舆之倩淑，真情隐于方寸，群居不移所守，生则名乎道义，没则吁天而逝。其心皎若日星，其节凛若秋霜，推之可以为忠，可以为孝，可以表俗，有关世教之大，不可泯也。"噫！垂节义于千载之上，挽节义于千载之下。伊谁力欤？忠臣力也，忠臣谁欤？崔公谓也。不然，太史尝以忠臣、烈女同传，并皆记之。

正德十一年丙子秋八月吉日立

捲里社　林户符孜

石匠　梁珪

碑是正德十一年所立。梁祝墓的主修者崔文奎（1451—1536），字应宿，号松溪，明代新泰苗庄（今山东新泰市龙廷镇苗庄）人。成化十三年（1477）举人，二十年进士，授刑部主事。弘治十一年（1498），升任河南按察司副使。十六年，转任山西布使司左参政。正德初年，其母其父先后辞世，崔文奎回乡守孝。服阕，诏起复，因宦官刘瑾和焦芳浊乱朝政，辞以疾病，未就。正德五年（1510），刘瑾伏诛。七年，任南京都察院右副都御史总督粮储。十年，任南京工部右侍郎。十一年，崔文奎"修河"之际，重修济宁梁祝之墓，并树《梁山伯祝英台墓记》碑以记其事。嘉靖元年（1522），崔文奎任南京工部尚书。因与权臣张璁、桂萼意见不合，多次请辞。嘉靖四年，辞官归里。赐五时朝服，晋阶为从一品。回到故乡后，崔文奎优游山林，兼事农稼，兴修学校，教育子弟。嘉靖十一年，崔文奎生日，嘉靖帝还特命臣下制寿联并颁"表率卿相"匾额。卒谥康简。新泰城敕建司空坊旌表褒扬。崔文奎历事四朝，位列六卿，刚正不阿，"守身清约，精于吏事，居官所至有声"[15]"清洁恺厚，天下推为长者"[16]。著有《康简公文集》①。

梁祝墓碑高1.8米，宽0.8米，厚0.24米，"出土的墓碑碑额刻有'梁山伯祝英台墓记'八个篆字，碑文831字，记载了祝英台女扮男装，与梁山伯同在邹县（今山东邹城）峄山读书学习三载，后二人因思恋而死，合葬在泗河西马坡的史情"②。全文分两部分，分别记载生平和颂扬义节。

---

①　崔守业辑本，收入民国二十一年（1932）《新泰崔氏族谱》。

②　毛公强、刘增力：《梁山伯祝英台墓记碑再现孔孟之乡》，中新社济宁2003年10月27日电。碑的大小及字数统计，各种报道及文章略有差异。

墓碑的撰文者赵廷麟，明代邹县（今山东邹城）人。成化十三年（1477）举人。任都昌（今属江西）知县。墓碑的书写者杨璟，明代渭源（今属甘肃）人。正德十二年（1517）任邹县知县。

特别值得关注者，是墓碑的篆额者孟元。孟元（1477—1533），字长伯，孟子第 57 世孙。父孟希文生四子，孟元为长子。明弘治三年（1490），孟元袭封翰林院五经博士①。是年，孟元详细考证孟氏历代世系，刻石立于孟庙。此但见记载，未见原石。弘治九年（1496），孟元奏请孝宗敕命有司重修孟庙。这是孟庙规模最大的一次重修，也是确定孟庙建制的一次重修，历时 13 个月，于弘治十年（1497）告竣。[17]御史郭本撰《亚圣五十七代孙世袭翰林院五经博士长伯孟公墓志铭》述孟元生平："长伯公，讳元，为亚圣五十七代孙，初授翰博讳希文字士焕之冢嗣也。父子相继为名贤，一时缙绅之士与之交游者皆雅重之。……其平居嘉言懿行，又有不可尽述者，姑举其大者言之。祖庙之增葺，碑石之修建，皆可为宗子法。"②

"阴阳训术鲍恭乾"也需留意。阴阳训术是县衙门设官，设一员，但属于"未入流"之员，即"从九品"之外的官员品级。《明史》卷七十二《职官志一》："阴阳学。……县，训术一人。亦洪武十七年置，设官不给禄。"阴阳训术专以卜择时日，实际上也往往参与河道治理、城池修建等。鲍恭乾生平不甚明确，但下文说到他"昔有功于张秋，升以俸禄；近有功于阙里，书以奏名"，可以略加钩稽。

"昔有功于张秋"，应是鲍恭乾参与了张秋治河之役而有所建树。"南

---

① （清）张廷玉等《明史》卷七十三《职官二·衍圣公附五经博士》："翰林院世袭五经博士，（正八品）孔氏二人，颜氏一人，曾氏一人，仲氏一人，孟氏一人（景泰三年，授孟子裔孙希文），周氏一人……"

② （清）雍正《三迁志》卷十《志铭》，第 24 页 b 面—25 页 a 面。刘培桂编著《孟子林庙历代石刻集》收录此文（齐鲁书社 2005 年版，第 204 页），错误不少，其中铭文部分缺漏讹误 10 余字，不一一指出。

有苏杭，北有临张"，这是对京杭大运河沿岸四处著名商埠的表述，其中"临"为今山东临清，"张"即今山东阳谷县张秋镇，明清之际伴随着运河漕运的繁盛而迅速发展起来，成为当时运河沿岸的一处重要口岸。现在还有乾隆皇帝的晾衣台。150 年前，黄河改道从这里切断运河，张秋镇从此交通闭塞，渐渐衰落。① 阴阳训术鲍恭乾虽然是"设官不给禄"的未入流之官，但因其有贡献，而"升以俸禄"。"近有功于阙里"，应是鲍恭乾参与了孔子故里曲阜的营建之役，有所建树，因此"书以奏名"，他的名字上奏到皇帝那里去了。

崔文奎重修梁祝墓的动因，与其所处的时代背景、个人的人生遭际有直接的关系。个人遭际，首先是仕途沉浮的直接刺激，让他深切地感受到"忠""奸"的利害之分。崔文奎的母亲刘茂华，是进入地方表彰名单的节烈女子。妹妹崔氏也是一位"节妇"。明天启《新泰县志》卷之六《人物·节烈·节妇·国朝》载："崔氏，封君荣女，康简公之妹，为生员刘源妻。夫早卒，年二十九，无子，女誓不再醮。躬自纺绩，居五十余年，寿八十。"

《梁山伯祝英台墓记》碑文的主题，体现了贞节之行的重要，并体现出"三纲合一"的特点。新发现的崔文奎史料及其所撰《处士桑君妻张氏贞节记》，为分析解读《梁山伯祝英台墓记》提供了丰富的空间，对于济宁梁祝碑研究有非常重要的价值。② 录文如下：

> 天地之间有大经，决不可废者，犹如屋庐以为居，菽粟以为食，布帛以为衣，一日无之，则人事尽失。其故何哉？无屋庐，则风雨震

---

① 参看（清）顾祖禹《读史方舆纪要》卷一百二十九《川渎六·漕河》，商务印书馆 1937 年 3 月版，第 5016—5018 页。

② （明）崔文奎：《处士桑君妻张氏贞节记》，载民国二十一年（1932）《新泰崔氏族谱》卷一《康简公文集》，第 34 页 a—36 页 b。文末注明："此碑在县城外西北方距城半里许地内存立。"这说明，此碑在 1932 年尚存。桑氏家谱资料待访。

凌矣；无菽粟，则道殣相望矣；无布帛，则寒冻切身矣。三者犹难阙一，而况于大经乎？大经者何？三纲之谓也。是故臣有二心者，为不忠；子悖其父者，为不孝；妇事二夫者，为失节。其所系于人道，不既重且大，而犹不可阙者乎？一日，亲友郑生德、李生儒谓余曰："有节妇张氏者，乃本县前任府知事张君淮女，幼而聪慧，长而贞淑。成化乙酉，年方十六，即许嫁于同邑前任知县桑君鲁孙泰为妻。比合卺时，泰年二十岁。明年，张生一女，方五月而泰即病故。于时，张哭不绝口，几至灭性。以后孝养舅姑，抚存幼女，宗族邻里，礼仪隆杀，咸有节序，内外称之，无有间言。及泰服已阕，或谓张曰：'夫虽死而有子所守，犹云可也。今无子矣，而独守一女，余生将托之谁乎？'张曰：'人之所以异物者，以其有节行。节行一亏，则纲常坠矣。名虽为人，而实物之不若也。吾宁死于沟壑，亦不肯事二姓。'说者赧然而退。自是贫苦益甚，节行益坚。俟女桑氏年十六，则以礼娉前任知县郑君维清之孙聪为婿。而聪亦循谨朴实，桑氏尤勤绩纺，张唯依女以度余生。至正德戊寅九月，张疾革，知其不起，乃呼女桑氏至前而言曰：'吾生不幸，而早丧所天，谨守寒帏，静伴孤灯。今已五十四年矣。扪心自省，俯仰无愧。生不得与汝父同堂，而处死则得与汝父同穴而葬。吾之事毕矣，虽死亦瞑目也。'言讫而逝。昔泰死时，张年方十七，今则逾七十矣。"生等俱与张有亲姻之旧，望纪其素，以显扬节行于无穷，庶张之芳名得以不朽也。余久已稔闻此事，未尝不击节叹赏，思欲纪之而未暇。今奚敢以不文辞？呜呼！纲常之道具于人心，与生俱生者也，然不惑于众口之喧哗，不蔽于物欲之牵引，不为饥寒困苦之所屈挠，而能顺受其正者，几何人哉？若张一念节行之正，愈久愈坚，而愈不变，非知之素明，守之素定者，岂能然乎？兹可以正风俗，可以贯金石，可以通神明，可以耀古今。虽烈丈夫之为，恐有未能也。使以张此心之真，推之以事其亲，则必能为孝子矣；推之以事其君，则必能为忠臣矣。何所往而不得天理人伦之正哉？虽然，张之节行如此，夫岂无自而然乎？良由我朝列圣相承，以及圣天子在上，咸以纲常之道化成天下，涵育熏陶之久，是以有张氏之辈，挺然而出于流俗之中也。然秉彝好德，人心所同，不特亲族悦之，乡党荣之，士大夫欢羡之而已。至于邑侯秦君隆、贰尹惠君良、判簿史君廷辅、幕王君環，莫不以世教所系，各助以贞珉工役之费，与夫儒学教谕陈君奇、司训张君恺、薛君华，重以为风化所关，各先后赞成之，然又不特歆动于一时而已，虽百世之下，有闻张氏之风者，亦莫不为之兴起，而纲常赖以不坠焉。予故次第其梗概，俾刻诸贞珉，以为世劝云。

赐进士出身、通议大夫、南京工部右侍郎、前都察院右副都御史奉敕总理粮储、邑人崔文奎撰文

正德十四年岁次己卯仲秋月　吉旦

张氏其人，是明宣德年间广平知府张怀（碑作"张淮"）之女。明天启《新泰县志》卷之六《人物·节烈·节妇·国朝》载："张氏，（广平府）知事怀女，为（密云县）知县桑鲁孙（桑）泰之妻。氏年十七，（桑）泰病卒，孝养翁姑、抚存幼女，苦节七十余年。详见康简公《墓表》。"清康熙二十二年（1683）《新泰县志》卷之九《人物·节妇·明》因袭这一记述，清乾隆《新泰县志》卷十七《人物·下·列女·贞节·明》略同。因感于"世教所系""风化所关"而参与立碑事宜的新泰县官方人员有：知县（邑侯）秦隆、县丞（贰尹）惠良、主簿（判簿）史廷辅、幕僚王環、儒学教谕陈奇、儒学训导（司训）张恺、薛华。而清康熙二十二年《新泰县志》卷首之图则有明确的标示，说明当时此碑是受到时人重视的。

崔文奎重修梁祝墓碑文本与《处士桑君妻张氏贞节记》碑文本比较，会让我们对该碑蕴含的意义有更清晰的理解，对该碑的价值有更准确的认识。其共同点有如下三个方面。

一是"贞节"乃天地之大经。

《梁山伯祝英台墓碑记》：

> 西庄富室马郎亲迎至期，英台苦思：山伯君子，吾尝心许为婚，并无父母之命，媒妁之言，以成室家之好。更适他姓，是异初心也。与其忘初而爱生，孰若舍生而取义，悲伤而死？少阕，愁烟满室，飞鸟哀鸣，闻者惊骇。马郎旋车空归。

《处士桑君妻张氏贞节记》：

> 天地之间有大经，决不可废者，犹如屋庐以为居，菽粟以为食，布帛以为衣，一日无之，则人事尽失。其故何哉？无屋庐，则风雨震凌矣；无菽粟，则道殣相望矣；无布帛，则寒冻切身矣。三者犹难阙一，而况于大经乎？大经者何？三纲之谓也。是故臣有二心者，为不忠；子悖其父者，为不孝；妇事二夫者，为失节。其所系于人道，不既重且大，而犹不可阙者乎？

二是"节行"乃天理人情之正。

《梁山伯祝英台墓碑记》：

> 乡党士妇，谓其令节，从葬山伯之墓，以遂生前之愿，天理人情之正也。越此岁久，松楸华表，为之寂然。俾一时之节义，为万世之湮没，仁人君子所不堪。

《处士桑君妻张氏贞节记》：

呜呼！纲常之道具于人心，与生俱生者也，然不惑于众口之喧喙，不蔽于物欲之牵引，不为饥寒困苦之所屈挠，而能顺受其正者，几何人哉？若张一念节行之正，愈久愈坚，而愈不变，非知之素明，守之素定者，岂能然乎？兹可以正风俗，可以贯金石，可以通神明，可以耀古今。虽烈丈夫之为，恐有未能也。使以张此心之真，推之以事其亲，则必能为孝子矣；推之以事其君，则必能为忠臣矣。何所往而不得天理人伦之正哉？

三是节行渊源追溯。

《梁山伯祝英台墓碑记》：

矧惟我朝祖宗以来，端本源以正人心，崇节义以励天下。又得家相以之佐理，斯世斯民何其幸欤？

上帝降哀，不啬于人。惟人昏淫，丧厥贞耳。独英台得天地之正气，萃扶舆之倩淑，其心皎若日星，其节凛若秋霜，推之可以为忠，可以为孝，可以表于千载之上，挽节义于千载之下。伊谁力欤？忠臣力也，忠臣谁欤？崔公谓也。不然，太史尝以忠臣、烈女同传，并皆记之。

《处士桑君妻张氏贞节记》：

虽然，张之节行如此，夫岂无自而然乎？良由我朝列圣相承，以及圣天子在上，咸以纲常之道化成天下，涵育薰陶之久，是以有张氏之辈，挺然而出于流俗之中也。然秉彝好德，人心所同，不特亲族悦之、乡党荣之，士大夫欢羡之而已。至于邑侯秦君隆、贰尹惠君良、判簿史君廷辅、幕王君環，莫不以世教所系，各助以贞珉工役之费，与夫儒学教谕陈君奇、司训张君恺、薛君华，重以为风化所关，各先后赞成之，然又不特歆动于一时而已，虽百世之下，有闻张氏之风者，亦莫不为之兴起，而纲常赖以不坠焉。予故次第其梗概，俾刻诸贞珉，以为世劝云。

崔文奎重修梁祝墓碑文本，提供了梁祝爱情传说的一个新版本，与其他梁祝文本比较，也饶有兴味，可以看作一个承前启后的文本。所谓承前，是与《义忠王庙记》之比较，著录于清康熙《鄞县志》的宋徽宗大观年间知明州（今浙江宁波）事李茂诚的《义忠王庙记》，一度被认为是较为完整的叙述梁祝传说的重要文献。这篇文献的细节周详，其中的要点值得关注，尤其是祝英台名、字的设定，契合了这篇文献的主题诉求，梁山伯的褒封，也与主题接榫：

> 东晋穆帝永和壬子三月一日，分瑞而生。
>
> 姓祝，名贞，字信斋
>
> 生当封侯，死当庙食，区区何足论也
>
> 英台遂临冢奠，哀恸，地裂而埋葬焉。从者惊引其裙，风烈若云飞，至董溪西屿而坠之。
>
> 褒封"义忠神圣王"

宋大观元年（1107）季春，诏集《九域图志》及《十道四蕃志》，事实可考。

同时，回过头来看，既然能有如此完整的记述，为何没有化蝶的结尾？所谓孤证不立，我们同样注意到山东济宁出土的《梁山伯祝英台墓记》，同样没有这个闪光的结尾。这使得我们思索，两篇记文的作者，在写作之际，根据需要使用了加减法。加减法的基本原则，就是忠孝节义的正统观念，也就是当时处于统治地位的主流意识形态。显然，崔文奎重修梁祝墓碑文本，继承了《义忠王庙记》的话语传统。

崔文奎重修梁祝墓碑文本对冯梦龙的文本又发生了直接影响。明人冯梦龙（1574—1646）纂辑《古今小说》收录一篇题为《李秀卿义结黄贞女》的作品，入话部分强调说："暇日攀今吊古，从来几个男儿，履危临难有神机，不被他人算计？男子尽多慌错，妇人反有权奇。若还智量胜蛾眉，便戴头巾何愧？""如今单说那一种奇奇怪怪，蹊蹊跷跷，没阳道的假男子，戴头巾的真女人，可钦可爱，可笑可歌。正是：说处裙钗添喜色，话时男子减精神。"这个文本提到了"木兰女子"："据唐人小说，有个木兰女子，是河南睢阳人氏。因父亲被有司点做边庭戍卒，木兰可怜父亲多病，扮女为男，代替其役。头顶兜鍪，身披铁铠，手执戈矛，腰悬弓矢，击柝提铃，餐风宿草，受了百般辛苦。如此十年，役满而归，依旧是个童身。边廷上万千军士，没一人看得出她是女子。后人有诗赞云：缇萦救父古今稀，代父从戎事更奇。全孝全忠又全节，男儿几个不亏移？"这与崔文奎重修梁祝墓碑文本提到的木兰将军契合。碑云："英台肃整女仪出见，有类木兰将军者"。更值得关注的是关于祝英台：

> 又有个女子，叫做祝英台，常州义兴人氏，自小通书好学。闻余杭文风最盛，欲往游学。其哥嫂止之曰："古者男女七岁不同席，不共食。你今一十六岁，却出外游学，男女不分，岂不笑话！"英台道："奴家自有良策。"乃裹巾束带，扮作男子模样，走到哥嫂面前，哥嫂亦不能辨认。英台临行时，正是夏初天气，榴花盛开，乃手摘一枝，插于花台之上，对天祷告道："奴家祝英台出外游学，若完名全节，此枝生根长叶，年年花发；若有不肖之事，玷辱门风，此枝枯萎。"祷毕出门，自称祝九舍人。遇个朋友，是个苏州人氏，叫做梁山伯，与他同馆读书，甚相爱重，结为兄弟。日则同食，夜则同卧，如此三年。英台衣不解带，山伯屡次疑惑盘问，都被英台将言语支吾过了。读了三年书，学问成就，相别回家，约梁山伯："二个月内，可来见访。"英台归时，仍是初夏，那花台上所插榴枝，花叶并茂，哥嫂方

信了。同乡三十里外，有个安乐村，那村中有个马氏，大富之家，闻得祝娘贤慧，寻媒与他哥哥议亲。哥哥一口许下，纳彩问名都过了，约定来年二月娶亲。原来英台有心于山伯，要等他来访时，露其机括。谁知山伯有事，稽迟在家。英台只恐哥嫂疑心，不敢推阻。山伯直到十月，方才动身，过了六个月了。到得祝家庄，问祝九舍人时，庄客说道："本庄只有祝九娘，并没有祝九舍人。"山伯心疑，传了名刺进去。只见丫鬟出来，"请梁兄到中堂相见。"山伯走进中堂，那祝英台红妆翠袖，别是一般妆束了。山伯大惊！方知假扮男子，自愧愚鲁，不能辨识。寒温已罢，便谈及婚姻之事。英台将哥嫂做主，已许马氏为辞。山伯自恨来迟，懊悔不迭。分别回去，遂成相思之病。奄奄不起，至岁底身亡。嘱付父母："可葬我于安乐村路口。"父母依言葬之。明年，英台出嫁马家，行至安乐村路口，忽然狂风四起，天昏地暗，舆人都不能行。英台举眼观看，但见梁山伯飘然而来，说道："吾为思贤妹，一病而亡，今葬于此地。贤妹不忘旧谊，可出轿一顾。"英台果然走出轿来。忽然一声响亮，地下裂开丈余，英台从裂中跳下。众人扯其衣服，如蝉脱一般，其衣片片而飞。顷刻天清地明，那地裂处，只如一线之细。歇轿处，正是梁山伯坟墓。乃知生为兄弟，死作夫妻。再看那飞的衣服碎片，变成两般花蝴蝶。传说是二人精灵所化，红者为梁山伯，黑者为祝英台。其种到处有之，至今犹呼其名为梁山伯、祝英台也。

后人有诗赞云："三载书帏共起眠，活姻缘作死姻缘。非关山伯无分晓，还是英台志节坚。"

冯梦龙的作品是梁祝墓碑之后的一个重要文本。有学者指出：试装这个情节首见于冯梦龙的小说。现在有了崔文奎重修梁祝墓碑文本，我们发现这个细节的出处了。碑云："膝下一女，名英台者，聪慧殊常。

闻父咨叹不已，卒然变笄易服，冒为子弟，出试家人不认识，出试乡邻不认识。"

崔文奎重修梁祝墓碑文本中，"柳荫"这个地名的出现也值得注意。高丽本《十抄诗》所见《梁山伯祝英台传》"又遇未来时稍暖，婆娑树下雨风凉"，未言何种树。梁祝相遇柳荫之下，首见于这个墓碑文本。据统计，直接题为《柳荫记》的地方戏曲有川剧、京剧、黄梅戏。清初的民歌《梁山伯歌》也提到"柳荫"这个地名。

曾有学者指出，梁祝墓碑记录了一个爱情悲剧。其实，在崔文奎的观念中，若以长远的眼光看，本来无所谓悲剧。"悲剧说"的基本逻辑是"爱情悲剧"，固然不否认在原初的传播中、在当时乃至后来更加广泛的演绎与改编过程中，梁祝传说的"爱情"主题越来越突出。但至少在崔文奎的视野中，恐怕更是一个值得表彰的"忠""孝""节""义"的奇女子故事。这就是后来孔庙也有梁祝读书处的根源。明末清初张岱（1597—1679）《陶庵梦忆》云："……至曲阜，谒孔庙，宫墙上有楼耸出，匾曰：梁山伯祝英台读书处。骇异之。"

这里自然不能不提及峄山的"梁祝读书洞""梁祝泉"等多处梁祝"遗迹"。清同治三年（1864）《峄山志》（手抄本）记述："梁祝读书洞，在至圣祠右。相传梁山伯、祝英台读书于此。万历十六年，知县王自谨于洞口大石南面勒'梁祝读书洞'五字。考之邹志，并未详明，唯云梁祝墓在邹城西六十里、马坡村西南隅、吴桥之侧""梁祝泉，在梁祝读书洞右。泉侧石上刻'梁祝泉'三字。"《峄山志》载录了闫东山、陈云琴、颜崇东等题咏峄山梁祝遗迹的诗词。例如，闫东山《题梁祝洞词并序》云：

> 峄山梁祝洞见于文集者不一。……又按《广舆记》，宜兴善卷洞
> 中，亦有祝英台读书处，究之若假若真，无须深辨，聊题一词，以俟

博识者：

  学同生，坟同死，梁祝足千古。笑问山灵，此事见真否？至今裙屐留装，雌雄莫辨，惹争羡，呆男痴女。究无据，何为清道山边，高封义忠墓；善卷洞中，亦有读书处？要信化蝶香魂，那分南北，便江浙，总教团聚。

  陈云琴七绝《万寿宫梁祝像》云："信是荣情两未终，闲花野草尽成空。人心到此偏酸眼，小像一双万寿宫。"颜崇东五律《万寿宫梁祝像》云："江陵烟水阔，此陵白云封。好事凭工手，无端绘冶容。青灯常照读，黄土尚留踪。昔日相思恨，唯余对冷松。"

  邹城是孟子故里，梁祝传说的主题，在民间流传中的变化，逐渐与孔孟之道发生背离，官方话语开始对此排斥。前述《峄山志》序中甚至说："梁祝像有污山景。"

四　华丽延续的至美爱情

  上引明人冯梦龙的作品，与崔文奎重修墓碑文本的一个重大区别，是保留了化蝶的情节，这正是冯氏对这一传说结局的书写选择。冯梦龙撰《情史》也强调了化蝶的情节结局："梁山伯、祝英台皆东晋人。梁家会稽，祝家上虞，尝同学。祝先归，梁后过上虞寻访之，始知为女。归乃告父母，欲娶之，而祝已许马氏子矣。梁怅然若有所失。后三年，梁为鄞令，病且死，遗言葬清道山下。又明年，祝适马氏，过其处，风涛大作，舟不能进。祝乃造梁冢，失声哀恸。忽地裂，祝投而死。马氏闻其事于朝，丞相谢安请封为义妇。和帝时，梁得显灵异效劳，封为义忠。有事立庙于鄞云。见《宁波志》。吴中有花蝴蝶，橘蠹所化。妇孺呼黄色者为梁山伯，黑色者为祝英台。俗传祝死后，其家就梁冢焚衣，衣于火中化成二蝶。盖好事者为之也。"[18]

　　清光绪《宜兴荆溪县新志》收录清代宜兴人、道光岁贡邵金彪撰《祝英台小传》把传奇再加上神异的色彩，化蝶的结局得到更为细致的展现：

　　　　碧鲜坛：本祝英台读书宅，在碧鲜岩。

　　　　邵金彪《祝英台小传》云：祝英台，小字九娘，上虞富家女。生无兄弟，才貌双绝。父母欲为择偶，英台曰："儿出外求学，得贤士事之耳。"因易男装，改称九官。遇会稽梁山伯亦游学，遂与偕至宜兴善权寺之碧鲜岩，筑庵读书，同居同宿。三年，而梁不知为女子。临别梁，约曰："某月日可相访，将告母，以妹妻君。"实则以身许之也。梁家贫，羞涩畏行，遂至衍期。父母以英台字马氏子。后梁为鄞令，过祝家询九官。家童曰："吾家但有九娘，无九官。"梁惊语，以同学之谊乞一见。英台罗扇遮面，出身一揖而已。梁悔念而卒，遗言葬清道山下。明年，英台将归马氏，命舟子迂道过其处。至则风涛大作，舟遂停泊。英台乃造梁墓前，失声恸哭，地忽开裂，坠入茔中。绣裙绮襦，化蝶飞去。丞相谢安闻其事于朝，请封为义妇冢，此东晋永和时事也。齐和帝时，梁复显灵异，助战有功，有司为立庙于鄞，合祀梁祝。其读书宅称碧鲜庵。齐建元间，改为善权寺。今寺后有石刻，大书"祝英台读书处"。寺前里许，村名祝陵。山中杜鹃花发时，辄有大蝶双飞不散，俗传是两人之精魂。今称大彩蝶尚谓"祝英台"云。[19]

　　清末民初况周颐（1859—1926）《餐樱庑随笔》继续化蝶结局直接坐实，代表了善良愿望的一面：

　　　　《常昭合志稿·物产志》："虫豸之属曰蝶。"注云："大而具五色者，俗呼梁山伯。曰蜻蜓，"注云："黑而小者，俗名为祝英台，即北方之黑琉璃。"按《山堂肆考》:"俗传大蝶必成双,乃梁山伯、祝英台之魂,又曰韩凭夫妇之魂。"《四明志》:"吴中有蝴蝶,橘蠹所化也。妇孺以梁山伯、祝英台呼之。"今土人呼黑而有缧彩者曰梁山伯,纯黄色者曰祝英台。是谓梁、祝皆化蝶也。《常昭志》以蝶与蜻蜓分隶梁、祝,与旧说异,不知所本。①

现代文化传播中的梁祝爱情,以越剧《梁山伯与祝英台》为突出代表。有学者指出:"这部戏的演出是成功的,它给予每个观众以深刻的印象,且为群众所欢迎。……我们觉得这出戏的中心思想,应该强调封建社会的制度和吃人的礼教,才使纯洁青年男女的正常恋爱,竟演成极悲惨的结局。在这方面这个戏固然已尽力描写,但是不是已够深刻明确,还值得考虑、研究。"[20]香港电影邵氏兄弟有限公司1963年出品的电影《梁山伯与祝英台》(The Love Eterne)以现代传播手段重新演绎了这个传说,也产生了广泛影响。钱穆先生指出:"又在三十年前,大陆以地方剧制为电影,有《梁山伯与祝英台》一片,以绍兴调演出,轰动香港及南洋各地。香港某电影公司改以黄梅调拍摄,来台放映,备受欢迎。两大学老教授,一看此片七次,一看八次。片中一女名演员来台,万人空巷迎候。看此影片七次之老人,亲持旗列队伍中。今距此影片开始放映已近三十年,仍然在台重映。即此一小节,可见一民族一社会,有其传统心情在,不知不觉,牢固而不可拔,深沉而不可见,而实为其文化之大本大源之所在。非发掘到此,非体悟到此,又何得轻言文化之改革。"[21]不过,著名学者刘锡诚先生深刻地指出:随着旅游事业在地方经济中地位的提升,地域文化的发掘得到了执政者们的重视;随着民间文

① 况周颐:《餐樱庑随笔》一九七《梁祝分属蝶与蜻蜓》,《民国笔记小说大观》第一辑,山西古籍出版社1995年版,第144页。

化保护工程与申报世界文化遗产的推进，梁山伯与祝英台传说和史迹，重新被重视起来，各地也千方百计挖掘出一些有关史迹和失传已久的传说片断，使我们的梁祝传说文化重新放射出光辉，这当然是值得庆贺的好事。但这些多数以重新编写方式出现的传说，多半是由地方文化人根据自己头脑里多年来接受的影响（如来自社会政治的、戏曲电影的）和意愿（包括某些功利目的）而编写的，追求的是传说的合理化、完整化、模式化、意识形态化。有的传说文本一开头甚至出现了"东晋的时候……""相传西晋年间……"之类的老百姓在茶余饭后讲故事时绝对不会采用的时间观念。一看就让人知道作者想达要到什么目的，而这，并不是传说具有的可信性的内涵。[22]

参考文献

[1] 贺学君：《中国四大传说》之《小引》"梁山伯与祝英台"，浙江教育出版社 1995 年 3 月版。

[2] （清）永瑢等：《四库全书总目》卷一百一十七，中华书局 1965 年 6 月影印本，第 1009—1010 页。

[3] （南宋）张津：《乾道四明图经》卷二《冢墓六》，成文出版社有有限公司 1983 年 3 月影印本，第 4977 页。

[4] 钱南扬：《祝英台故事叙论》，《民俗周刊》1930 年第 2 期。

[5] 查屏球：《新见最早的〈梁山伯与祝英台传〉——兼论梁祝故事在唐宋流行》，西北大学文学院编《中国古代文学研究高层论坛论文集》，中华书局 2004 年版，第 72—85 页。

[6] 柳晟俊：《朝鲜朝后期以来清代诗学研究概况》，《中国韵文学刊》2005 年第 2 期。

[7] 金程宇：《韩国本〈十抄诗〉中唐人佚诗辑考》，《沈阳师范学院

学报》（社会科学版）2002 年第 5 期。

[8] 查屏球：《新补〈全唐诗〉102 首——高丽本〈十抄诗〉中所存
唐人佚诗考》，傅璇琮主编《唐代文学研究》第 10 辑，广西师范
大学出版社 2004 年版。

[9] （清）翟灏编：《通俗编》卷三十七"梁山伯访友"，清乾隆十年
六无不宜斋刻本，第 11 页。

[10] （宋）薛季宣：《游竹（祝）陵善权洞二首》（其一），《艮斋先
生薛常州浪语集》卷四，清钞本第 3 页。

[11] 周静书：《高丽古籍中的〈蛱蝶〉诗和梁祝传说》，中国梁祝文
化网，http：//www.chinaliangzhu.com，2008 年 1 月 8 日。

[12] （清）汪源泽修，闻性道纂：《鄞县志》，上海图书馆藏刻本，
第 60 页。

[13] 罗永麟：《论中国四大民间故事》，中国民间文艺出版社 1986 年
版，第 64—84 页。

[14] （明）陆容：《菽园杂记》十一，收入明邓士龙编《国朝典故》
卷之八十三，北京大学 2005 年版。

[15] 中央研究院历史语研究所编：《明世宗实录》卷一百八十五，
1965 年版，第 3914 页。

[16] （清）顺治十六年杨继芳修，牟适纂：《新泰县志》卷三十五
《人物志·乡贤明》"崔文奎"，日本内阁文库藏原刻本，第
10 页。

[17] 《孟子故里文化典藏丛书》之五《孟庙孟府孟林》，中国文史出
版社 2010 年版。

[18] （明）冯梦龙：《情史类略》卷十《情灵类》"以下同死"之
"祝英台"，江苏古籍出版社 1993 年 3 月版，第 328—329 页。

［19］光绪《宜兴荆溪县新志》卷九《古迹志·遗址考》"碧鲜坛"，清光绪八年刻本，第 14 页。

［20］莞公：《梁祝故事的发生和演变》，《人民文学》1953 年第 2 期。

［21］钱穆：《现代中国学术论衡》之《略论中国音乐》（三），生活·读书·新知三联书店 2001 年版，第 296 页。

［22］刘锡诚：《非物质文化遗产：理论与实践》，学苑出版社 2009 年版，第 345—367 页。

"一带一路"国际经济与政治在英国《金融时报》中的呈现

孟兰娟　严　玲

（中国传媒大学外国语学院）

摘　要：本文通过对英国《金融时报》2015 年度的"一带一路"报道话语进行分析，总结该报对中国"一带一路"战略相关国家和地区的经济和政治事务报道如何予以呈现，以及这些国家和地区在"一带一路"问题上起到的国际角色和态度。研究结果表明，不论是在商业还是政治和外交方面，美国在亚洲乃至世界的影响力都在"减弱"；日本的角色正在变得微乎其微，而印度正成为"一带一路"战略意义攸关的亚洲大国；中国与非洲在"一带一路"方面合作目前仅停留在中国对非投资和相关的政治目标层面；中国在中亚正取得绝对的经济主导地位，而俄罗斯与中国的合作带有很大的抗衡西方的政治内涵。对英国媒体的"一带一路"报道进行研究将有助于理解英国对于中国"一带一路"倡议的理解、反馈以及关注的重心，有助于充实国内现有的研究，并为制定相关的政策和理论提供依据。

关键词：英国《金融时报》；"一带一路"；国际政治；媒介呈现

自中国国家领导人正式提出中国将与周边国家共同建设"丝绸之路经济带"和"21世纪海上丝绸之路"的战略构想后，经过不断的政策发展、充实和完善，"一带一路"已成为今后相当长时期内中国开展内政外交的一个大策略。① "一带一路"连接欧洲文明、东亚文明、印度文明、伊斯兰文明，是一个以经贸合作为基石，以政治外交为推进，以文化交流为纽带的综合战略。② 该倡议的顺利实施不仅需要有高瞻远瞩的顶层设计，更需要依据国际社会及具体对象国的认知和反馈，调整制定细化的针对性的政策措施。

目前，国内学界对"一带一路"政策的国际认知和反馈研究主要有国外智库研究、媒体舆情研究以及实地考察这样几种形式，研究对象涵盖"一带一路"沿线及政策相关的各主要国家。其中，英国虽不是"一带一路"沿线国家，但至今很多重要的亚洲国家，如印度、巴基斯坦、新加坡、马来西亚等都是英联邦的成员国，英国在中东和非洲也有很深厚的影响力。作为西方率先成为亚投行创始成员的国家，英国在"一带一路"倡议面前态度积极，不仅财政大臣奥斯本率团访问中国，并广泛寻求与中国在金融、教育、媒体等方面的合作。③

根据国内智库零点研究咨询集团对美、英、印、新、日、俄六国20家重点媒体的监测结果显示，2015年度英国媒体对"一带一路"的报道量排在各国之首④，但该智库没有发布以各国媒体为单位的研究报告。笔者认为，英国作为位列美国之后的传媒大国，其新闻报道还对"一带一路"相

---

① 参见《中国三部门发布推动共建"一带一路"的愿景与行动》，2015年3月，新华网，http：//news. xinhuanet. com/2015 - 03/28/c_ 1114794876. htm。

② 王志民：《"一带一路"战略的地缘经济政治分析》，《唯实》2015年第4期。

③ 宿景祥：《"一带一路"年鉴：一路向西，与英国干杯》，2015年10月，澎湃网，http：//www. thepaper. cn/newsDetail_ forward_ 1388040_ 1。

④ 《上半年，外媒这样报道一带一路》，2015年9月，零点研究咨询集团，http：//www. horizon - china. com/page/4097。

关议题的国际议程设置发挥着重要作用。因此，对英国媒体的"一带一路"报道进行研究将有助于理解英国对于中国"一带一路"倡议的理解、反馈以及关注的重心，有助于充实国内现有的研究，并为制定相关的政策和理论提供依据。

笔者通过调研发现，在英国最有影响力的四大报纸中，《每日电讯报》、《泰晤士报》和《卫报》对中国"一带一路"话题关注度不高，各报的报道量相加不到 10 篇，而以经济和金融报道见长的《金融时报》则对这一话题进行了持续的报道。笔者通过《金融时报》的英文官网对 2015 年度的相关文章进行搜集，共得到 45 篇非评论类文章，再以国家和地区名为关键字对文章内容进行检索分析。

某一国家或地区名在报道中出现的次数越多，说明这一国家和地区在《金融时报》的"一带一路"议题方面受关注度程度越高。报纸对这些国家和地区"一带一路"相关经济和政治事务的报道角度和口吻，也可用来窥探报社乃至英国社会对"一带一路"相关国际经济和政治问题的看法和态度。以下将对《金融时报》中出现的与中国"一带一路"倡议相关的主要国家和地区予以梳理，并总结这些国家和地区在中国"一带一路"相关的经济和政治事务上与中国的关系如何，以及扮演了何种角色（见表 1）。

表 1　　《金融时报》"一带一路"报道中的国家/地区名高频词汇

国家/地区名	出现次数
美　国	107
俄罗斯	88
印　度	84
英　国	67

国家/地区名	出现次数
非　洲	62
巴基斯坦	41
日　本	38
斯里兰卡	32
哈萨克斯坦	28
中　亚	23

一　美国：影响力正在减弱的中国对手

尽管在这 45 篇有关"一带一路"的报道中仅有 2 篇文章是以美国为报道主题的，但"美国"作为第一高频关键字段出现在所有文章中。美国的做法、意见、态度，美国主导的倡议、机构、标准乃至美元和美元区都成为国际事务和活动报道的标杆和参照物。例如，《620 亿美元：中国打造新丝绸之路》[①] 一文在报道 50 多个国家加入由中国发起的亚投行时，用"不顾美国反对"这样的句式描述这些国家的举动。而《莫迪访华签署 220 亿美元大单》[②] 一文在提到中、印两国签署的气候变化共识时，将这一共识与 2014 年 11 月中、美两国签署的气候协议作比。

在报道"一带一路"倡议实施过程中的中美关系时，中国及中国主导

---

① Gabriel Wildau, "China Backs up Silk Road Ambitions with ＄62bn Capital Injection", *Financial Times*, April 20, 2015.

② Victor Mallet & Lucy Hornby, "India and China sign ＄22bn in Deals During Modi Visit", *Financial Times*, May 17, 2015.

的项目、机构等更多地被描述为美方的"对手（rival）"、"挑战（chal-lenge）"或"替代品（alternative）"。例如，由中国领导人提出的"一带一路"倡议被认为是美方领头的跨太平洋伙伴关系协定（TPP）的战略对手①。又如，人民币是一种可行的美元替代品。② 亚投行被称作亚洲开发银行及其他美国主导的金融机构的竞争对手③。加上中国和其他金砖经济体联合成立的新开发银行，极可能形成对布雷顿森林国际金融体系自 1944 年建立以来面临的最大挑战。④

此外，这些报道多次使用类似"美国影响力减弱"这样的词汇来评价"一带一路"倡议框架下中美角力的结果。例如，习近平访问巴基斯坦凸显了美国在巴基斯坦的影响力的"衰弱（wane）"。⑤《TPP 计划恐陷入深度僵局》一文称，如果国会不支持奥巴马通过 TPP 贸易协定，在中国的亚投行和连接欧洲的"一带一路"计划面前会显现出美国影响力的"减退（dwindle）"。⑥ 中国对新丝绸之路计划 620 亿美元的大手笔投资，加深美国商界和外交界对美国影响力"不断减弱（diminishing）"的不安。中国改革政策性银行，增加外币放贷也与美国关闭其进出口银行形成鲜明对比，让世人觉得华盛顿正从国际经济的领导地位"后退（step back）"。⑦

---

① Shawn Donnan, "White House Declares Truce with China Over AIIB", *Financial Times*, September 27, 2015.

② Henny Sender, "Beijing's Aspirations and Clout on Show at Rival Chinese 'Davos'", *Financial Times*, April 2, 2015.

③ Tom Mitchell, "China – led AIIB Attracts Rush of Applicants", *Financial Times*, April, 2015.

④ Shawn Donnan, "White House Declares Truce with China Over AIIB", *Financial Times*, September 27., 2015.

⑤ Farhan Bokhari, "Xi Jinping Lands in Pakistan Bearing $45bn in Investment Pledges", *Financial Times*, April 21, 2015.

⑥ Shawn Donna, "US Looks to Reassure Partners After Trade Rebuff", *Financial Times*, June 15, 2015.

⑦ Gabriel Wildau, "China Backs up Silk Road Ambitions with $62bn Capital Injection", *Financial Times*, April 20, 2015.

在报道"一带一路"议题相关的中美事务和中美关系时,《金融时报》对中国使用了较多的中性或积极词汇,对美国则使用了一些消极词汇。例如,有文章称如果对 TPP 跨太平洋伙伴关系至关重要的"贸易促进权"法案不能通过,则奥巴马政府"鼓吹(vaunt)"的重返亚太战略就会进一步瓦解。① 英国不顾华盛顿反对加入中国发起的亚投行,意味着中国对美外交的"重大突破(coup)"。② 尽管记者对中国加大铁路投资以提振经济的做法存在疑虑,但与造成股市泡沫的美国量化宽松政策相比,中国版的财政刺激能带来更"有效(efficient)"的列车服务,因此该政策在一定层面上是"可行(sound)"的。③

二 英国:步入与中国战略合作的新时代

2015 年 10 月中国国家主席十年来首次访问英国,受到英方超高规格的接待。伦敦铺上"最红的红毯",期望加强与中国的经济合作。④ 作为分析对象的《金融时报》这 55 篇文章中,有 4 篇以英国为主要报道对象,其中 3 篇发表在习近平主席出访英国期间,另外 1 篇是有关 9 月份英国财政大臣奥斯本访问中国的。其中一篇报道中写道,习近平主席宣告同英国构建"全球全面战略伙伴关系",卡梅伦首相也宣告中英关系进入"新时代"。⑤

---

① Tom Mitchell, "China – led AIIB Attracts Rush of Applicants", *Financial Times*, April 1, 2015.

② Charles Clover, "Investment Bank Launch Signals Asia's Push to Deepen Co – Operation – Infra-structure", *Financial Times*, June 30, 2015.

③ Henny Sender, "China Targets Railways to Put its Economy Right Back on Track", *Financial Times*, October 8, 2015.

④ Jonathan Wheatley, "China Applies to Join EBRD to Build Ties with Europe", *Financial Times*, October 26, 2015.

⑤ Daniel Thomas & Jamil Anderlini, "Xi Declares 'Strategic Partnership' with UK", *Financial Times*, October 21, 2015.

英国对中国"一带一路"倡议的支持，首先体现在作为美国传统盟友的英国在 2015 年 3 月申请成为由中国主导的亚投行的创始成员国之一。《金融时报》这样写道英国加入亚投行带来的示范效应，"让华盛顿方面越来越慌乱的是，韩国、澳大利亚、法国、德国等纷纷重新站队，使得亚投行成了进行国际联盟的一个导火索"①。与此同时，中国也主动加强与欧洲的联系，如正式申请加入欧洲复兴开发银行。习近平访英期间与卡梅伦交谈了此项议题，并受到英国的欢迎。②

　　中、英两国之间的紧密合作更多还体现在双方签订的诸多双边贸易的大单。习近平主席的出访为英国带来了约 400 亿英镑的投资，包括与英国卫星集团国际海事卫星组织（Inmarsat）签订协议，让其为中国及"一带一路"沿途地区提供卫星通信；投资英国欣克利角核电项目等。③此外，在英国财相奥斯本 2015 年 9 月访问中国期间，英国财政部宣布了中国新疆华凌工贸集团对英格兰北部三个大型房地产项目的投资，奥斯本也希望英国能赢得乌鲁木齐乃至新疆地区的一些建设合同。④

　　但对于中、英之间的商贸以及外交合作，也存在一些质疑的声音。例如，《奥斯本希望习变"北方动力力计划"为英国的丝绸之路》一文在描述英国财政大臣寻求与中国合作时使用了"追逐（woo）"一词，并说他带领北部的商业和政治领导人物来中国"推销（pitch）"北方动力计划，"招

　　① Henny Sender，"Japan Expected to Join Asian Infrastructure Investment Bank"，*Financial Times*，March 30，2015.

　　② Jonathan Wheatley，"China Applies to Join EBRD to Build Ties with Europe"，*Financial Times*，october 26，2015.

　　③ Daniel Thomas，"China and Inmarsat Agree Deal for New Silk Road"，*Financial Times*，october 22，2015.

　　④ George Parker，"Lucy Hornby & Geoff Dyer，Osborne Seeks Trade in China's Restive Xinjiang Region"，*Financial Times*，September 23，2015.

引（lure）"中国投资。① 还有人怀疑，英国公司能否在存在敏感安全问题的新疆赢得建设合同，以及建议奥斯本不要放弃在中国谈论人权问题的机会。② 但整体上信任和合作的声音仍然占大多数。

三　东亚和南亚：中印关系战略意义重大

在《金融时报》的"一带一路"报道中，印度是出现次数最多的亚洲国家，这当然与印度总理莫迪 2015 年 5 月出访中国并签下 220 亿美元商业大单③有关，但更多源于中国在南亚影响力的上升让印度感到一定程度的威胁。伴随中国国家主席习近平 2014 年 9 月对印度洋三国的访问，印度总理莫迪很快做出外交回应，在 2015 年 3 月出访毛里求斯、塞舌尔和斯里兰卡三国，向这些国家提供更多的财政和军事援助，以期修复长期被忽视的印度洋区域的地区合作。④ 但印度与中国关系中也有诸多合作的成分。例如，印度在一定程度上充当起了斡旋中国与日美关系的中间人的角色，任命私人银行家卡马斯担任由中国主导的新开发银行——俗称"金砖银行"的行长，而该行被某些学者认为是国际货币组织的某种克隆机构。⑤

在《金融时报》看来，中国与另一亚洲国家巴基斯坦的经济合作和外交关系的开展在一定程度上也是对印度的利益制衡。中/巴两国是拥有深厚传统友谊的。习近平主席 2015 年 4 月的出访给巴基斯坦带来了 450 亿美

---

① Andrew Bounds, "Osborne Hopes Xi Can Turn Northern Powerhouse into a UK Silk Road", *Financial Times*, October 20, 2015.

② George Parker, "Lucy Hornby & Geoff Dyer, Osborne Seeks Trade in China's Restive Xinjiang Region", *Financial Times*, September 23, 2015.

③ Victor Mallet & Lucy Hornby, "India and China Sign ＄22bn in Deals During Modi Visit", *Financial Times*, May 17, 2015.

④ James Crabtree & Tom Mitchell, "Modi launches Charm Offensive in Indian Ocean Backyard", *Financial Times*, March 10, 2015.

⑤ Victor Mallet & James Crabtree, "India's KV Kamath to Head New Brics Bank", *Financial Times*, May 11, 2015.

元的投资承诺，并使其成为北京"丝绸之路经济带"的第一个试验场。①
中国计划修建的穿过巴基斯坦的道路和输油管道等都对中国有着重要战略
意义。② 中国计划出售 30—40 架 J–31 隐形战机给巴基斯坦，也有助于抗
衡其在南亚的主要对手印度。③

与对印度浓墨重彩的报道相比，《金融时报》对另一亚洲巨人日本的
关注度相对较低，将日本作为主要报道对象的文章只有 1 篇，总体报道内
容也多与日本加入亚投行有关。日本在加入亚投行问题上犹豫不决，尽管
一直在表达加入的意愿④，但没有转化为最终的行动。日本虽仍是亚洲地
区有重大影响力的投资国，但其在非洲基础设施领域的公共投资仅为中国
的 1/9。⑤ 还有文章这样描述参加博鳌亚洲论坛的日本代表团：老人居多，
有的坐轮椅、有的拄拐杖，说话声音虚弱。与年轻得多的中国代表团相
比，似乎预示着两国地位的变迁：一个已经过气，一个刚刚登场。⑥

此外，亚洲的斯里兰卡也是"一带一路"报道中出现频次较高的国
家。报道集中在两个事件上。一个是 2014 年 9 月，中国一艘军用潜艇停靠
在斯里兰卡首都科伦坡港口；几天之后，习近平出访斯里兰卡，宣传"21
世纪海上丝绸之路"，中方的举动加剧了印度对中国对其进行军事包围的
担忧。⑦ 另外一个就是 2015 年年初，斯里兰卡新任总统西里塞纳击败与中

① Farhan Bokhari, "Xi Jinping lands in Pakistan Bearing ＄45bn in Investment Pledges", *Financial Times*, April 21, 2015.

② Charles Clover, etc., "Road to a New Empire", *Financial Times*, October 13, 2015.

③ Farhan Bokhari, "Xi Jinping Lands in Pakistan Bearing ＄45bn in Investment Pledges", *Financial Times*, April 21, 2015.

④ Henny Sender, "Japan Expected to Join Asian Infrastructure Investment Bank", *Financial Times*, March 30, 2015.

⑤ Steve Johnson, "China by Far the Largest Investor in African Infrastructure", *Financial Times*, December 30, 2015.

⑥ Henny Sender, "Beijing's Aspirations and Clout on Show at Rival Chinese 'Davos'", *Financial Times*, April 2, 2015.

⑦ James Crabtree & Tom Mitchell, "Modi Launches Charm Offensive in Lndian Ocean Backyard", *Financial Times*, March 10, 2015.

国合作关系密切的前任政府当选，暂停可能存在腐败问题的中国出资修建的科伦坡港口项目。① 处于世界上最繁忙的海上航道中间的斯里兰卡是中、美、印争夺海上主导权的必争之地，《金融时报》也援引分析人士的话，指出中国可能会将斯里兰卡、孟加拉、巴基斯坦等国的港口用作海军后勤设施，必要时用于控制海上航道，即所谓的"珍珠链"策略。②

四　非洲：吸纳中国投资金额大，但结构有待优化

《金融时报》中所有有关"一带一路"的文章在谈及非洲时都在说同一个话题，就是中国对非洲投资问题。总部位于美国的 AidData 的研究显示，2000—2013 年，中国向非洲提供了近 950 亿美元的援助和其他官方资金。中国进出口银行在 2013 年还曾承诺未来十年为非洲提供 1 万亿美元融资。③ 中国不论是在投资总额还是在基础设施投资占比方面，非洲都排在榜单首位。

但《金融时报》同时提到，中国对非洲投资存在私人领域投资占比过低和投资机构可信度不足的问题。例如，有政府背景的开发融资占到非洲基础设施融资总额的 80%，其中又以中国为最高。大多数西方开发融资机构希望与私人投资者以及同行进行合作，但中方不喜欢这种方式。④ 还有一些中国商人虽有意在非洲投资，但他们十分在意政策层面的东西，关心是否可以从银行申请到"一带一路"专项贷款。⑤ 在一项针对 126 个中低收入国家的调查中，当这些国家的官员被问到投资机构提供的建议的有

① James Crabtree, "Sri Lanka: Test for Triumphalism", *Financial Times*, January 7, 2015.
② Charles Clover, etc., "Road to a New Empire", *Financial Times*, October 13, 2015.
③ Steve Johnson, "China by Far the Largest Investor in African Infrastructure", *Financial Times*, November 30, 2015.
④ Ibid..
⑤ Lucy Hornby, "China's 'One Belt One Road' Plan Greeted with Caution", *Financial Times*, November 20, 2015.

用性时，中国国家开发银行和中国进出口银行在 86 家金融机构中排名分别为第 75 位和第 59 位；中国在这些国家"设定议程的影响力"方面排名同样较低。[①]

中国对非洲的大宗投资还存在其他方面的争议。例如，中国意在非洲扩大政治影响力的举动被指带有明确的政治内涵；人们担心国有企业进行投资时政策是否透明，以及是否存在腐败问题；从中国输入的大量劳动力也会造成当地人的不满。[②]《金融时报》建议，在石油和大宗商品价格大幅下跌，中国对非洲出口总值缩水的现实面前，中国需要调整对非洲的贸易策略，如在非洲采购更多高附加价值产品等，这样可以帮助减少中国贸易顺差带来的政治方面的争议。

五 俄罗斯和中亚：在与中国的妥协和合作中共进

哈萨克斯坦、吉尔吉斯斯坦、塔吉克斯坦、土库曼斯坦、乌兹别克斯坦等中亚五国同为前苏联国家，不仅在政治、文化上与俄罗斯很接近，经济上对俄罗斯也十分依赖。"一带一路"计划中的"一带"指的就是连接中亚、俄罗斯和欧洲的陆地贸易线路。习近平主席就是在 2013 年访问哈萨克斯坦时第一次提出"丝绸之路经济带"的概念。随着中国同中亚五国的贸易额在 2000 年后大幅增长，中国已经取代俄罗斯成为中亚的主要贸易伙伴国和投资国。[③]因此，《金融时报》分析认为，与其说"一带一路"是一项具体计划，不如说是要把中国在中亚的经济参与正式化。而中国的计

① Shawn Donna, "China's Aid Splurge Fails to Bridge Credibility Gap in Africa", *Financial Times*, October 28, 2015.

② Ibid..

③ Kathrin Hille, "Great Game Echoes in Summit Halls for Putin's Pursuit of China Ties", *Financial Times*, July 6, 2015.

划在很大程度上触及了俄罗斯在中亚的利益。①

《金融时报》总结道：俄罗斯对中国"一带一路"倡议的态度经历了从"怀疑"到"合作"的转变。在丝绸之路战略宣布之初，俄罗斯官员将其视作对俄罗斯提出的地区一体化项目——欧亚经济联盟的挑战。② 但随着俄罗斯对中国的依赖日益增强，两国间的合作势在必行。在 2015 年 5 月习近平与普京举行的会谈中，双方已经承诺寻求中俄两个计划的对接，并将上合组织作为落实这一目标的平台。2015 年的上合组织峰会在俄罗斯城市乌法举行就是普京在外交方面的一次胜利，说明西方的制裁并没有把俄罗斯从国际政治舞台上孤立出去。俄罗斯同时希望中国能在有关欧亚安全问题的讨论中拥有一定的国际话语权，这样上合组织将帮助俄罗斯获得一些对抗西方的筹码。③

《金融时报》分析，虽然俄罗斯在反复权衡之后决定的中亚策略是将中亚的经济主导地位让给中国，而保持自身在该地区的军事和安全实力，但这一策略并不可行。因为随着中国在中亚经济利益的增加，很难完全置身于地区安全事务以外。例如，虽然中国主观上不愿意在军事上介入该地区，但中国对吉尔吉斯斯坦和塔吉克斯坦的经济项目已经包含一些军事援助的成分。④ 此外，北京的战略专家们还希望通过经济发展使中亚、阿富汗和巴基斯坦的激进伊斯兰主义丧失吸引力。但批评者指出，由于中国在当地的经济政策缺乏文化敏感性，以及造福汉人但忽视当地人的经济利益，所以恐怕无益于缓解新疆的紧张态势。⑤

---

① Jack Farchy, "China's Great Game: in Russia's Backyard", *Financial Times*, October 14, 2015.

② Ibid. .

③ Kathrin Hille, "Great Game Echoes in Summit Halls for Putin's Pursuit of China Ties", *Financial Times*, July 6, 2015.

④ Jack Farchy, "China's Great Game: in Russia's Backyard", *Financial Times*, October 14, 2015.

⑤ Charles Clover, etc. , "Road to a New Empire", *Financial Times*, october 13, 2015.

以上研究结果表明，英国《金融时报》在中国的"一带一路"政策报道方面整体上持积极和正面的口吻，但也对政策实施、推进过程中可能存在的一些问题表达了忧虑和担心。《金融时报》对中国"一带一路"在全球范围内的经济和金融合作看好，但对可能包含的政治和军事目的，以及可能存在的人权问题持批判态度。在"一带一路"相关各国的角色和态度方面，《金融时报》认为不论是在商业还是政治和外交方面，美国在亚洲乃至世界的影响力都在"减弱"；日本的角色正在变得微乎其微，而印度正成为"一带一路"战略意义攸关的亚洲大国；中国与非洲在"一带一路"方面合作目前仅停留在中国对非投资和相关的政治目标层面；中国在中亚正取得绝对的经济主导地位，而俄罗斯与中国的合作带有很大的抗衡西方的政治内涵。

中法两国在清代海上丝绸之路中的商贸与文化互动[①]

——以法国儒尔丹公司商船"海后号"两次赴华为线索

沈　洋　顾宇辉

（中国航海博物馆）

摘　要： 路易十四在位期间（1643—1715），法国市场对中国丝绸与其他商品存在着巨大的需求，中法两国宫廷通过天主教耶稣会有着甚为密切的联络。法籍耶稣会士为发展对华传教事业，积极鼓动法国王室与民间富商派遣商船赴华贸易，其中以白晋（Joachim Bouvet）最为著名。笔者以17—18世纪之交的法国儒尔丹公司商船"海后号"两航广州为中心线索，对该商船两次赴华的缘由与经过、法兰西王国与清帝国在中欧海上丝绸之路中的商贸往来、宗教交流与文化互动进行考察与分析。

关键词： 清代海上丝绸之路；"海后号"[②]；皇家东印度公司；耶稣会士；白晋；儒尔丹公司

---

① 基金项目：本义系中国海洋发展研究会重大项目"中国在推进海洋战略过程中的法制完善研究"（编号：CAMAZDA201501）的阶段性成果。

② 海后即安菲特里忒（Amphitrite），希腊神话中的 50 位海洋仙女（Nereide）之一，她既是海洋动物的保护神，也是海王波塞冬的妻子。法国儒尔丹公司两次赴华的商船"l'Amphitrite"可译为"海后号"或"安菲特里忒"号，本文采用前一种译法。

2013 年 9—10 月，中国国家主席习近平先后提出复兴"丝绸之路经济带"与建设"21 世纪海上丝绸之路"的倡议。"21 世纪海上丝绸之路"借用"海上丝绸之路"的历史符号，以开放、包容、互利、共赢为基本特征，赋予其全新的时代生命与内涵，为中国学界更为全面深入研究古代"海上丝绸之路"提供了强劲的动力。

2000 多年前，欧亚大陆的先民探索出多条连接亚欧非几大文明的贸易与人文交流通道，后人称其为"丝绸之路"。历史上的海陆丝绸之路是中国同中亚、南亚、西亚、东南亚与欧洲经贸和文化交流的重要通途。千百年来，"和平合作、开放包容、互学互鉴、互利共赢"的丝路精神薪火相传，推动了人类文明进步，是促进沿线各国繁荣发展的重要纽带，是东西方合作交流的象征，是世界各国共有的历史文化遗产。① 在欧洲殖民者东来之前，海陆丝绸之路扮演着东西方文化交流的主渠道的角色，中欧海上丝绸之路不仅是中法两国的商贸路线，也是中法两国文化与宗教相互交流的友好通途，中法两国人民身处其中，皆为"海丝"贸易与人文交流的受惠者。

一 中法两国海上贸易与文化交往的开展与深化

中法两国地处欧亚大陆的东西两端，相隔万水千山，因而交往十分困难。直至 13 世纪，法国人才隐约地知道东方有一个以出产丝绸和瓷器而闻名于世的文明古国。1248 年，法王路易九世（"圣路易"②）发动第七次十字军东征，率军抵达塞浦路斯，他想联合蒙古夹击埃及的穆斯林，

---

① 国家发展改革委、外交部、商务部：《推动共建海上丝绸之路经济带和"21 世纪海上丝绸之路"的愿景与行动》，2015 年 3 月。

② 路易九世（Louis Ⅸ）是法国卡佩王朝的第九任国王（1226—1270 年在位），被奉为中世纪欧洲君主的楷模。路易九世执政时期，法国政治稳定，经济繁荣，因此，13 世纪在法国被称为"圣路易的黄金世纪"。

于是派遣圣方济各修士安德烈·德·朗久木（André de Longjumeau）为首的使团，沿里海南岸和东岸到达大汗大营所在地准噶尔，时值蒙古贵由大汗（元定宗）去世，新汗未立，朗久木受到摄政的皇后海迷失的接见。海迷失接收法国国书后，回以言辞傲慢的复书，要求法国归顺蒙古，并缴纳贡赋。朗久木未得要领，无功而归。1252 年，路易九世派遣圣方济各修士威廉·德·卢布鲁克（William de Rubrouck）率使团出使钦察汗国，经过长途跋涉，卢伯鲁克使团于 1254 年（元宪宗四年）4 月抵达和林（今蒙古国哈尔和林），受到元宪宗蒙哥的接见。卢布鲁克在和林住了四个月，在那里见到了许多在钦察汗国宫廷里服务的法国人、俄国人、日耳曼人，他于同年 8 月 18 日离开和林返国，带回了元宪宗给路易九世的复信。回到法国后，卢布鲁克将他在中国的所见所闻写成《东方行记》上报给路易九世。《东方行记》比《马可·波罗游记》早了半个世纪，使当时的法国人对东方的中国有了一鳞半爪的了解。据该书所述，中国是一个东临大海、人口众多的国家，欧洲人所传的"丝人国"（Seres）就是中国。中国手工艺匠的技术是世界上其他地方都无法超越的，他们能生产高质量的丝绸，会用稻米酿造出美酒。[1] 卢布鲁克回到欧洲后，遇见了同为圣方济各会士的英国哲学家罗吉尔·培根（Kogr Baeon，1214—1293），后者在其哲学著作中引述了卢布鲁克关于中国情况的描述。

随着新航路的开辟，远隔重洋的不同国家加入世界贸易的体系之中。美洲的白银、非洲的劳动力、中国的丝绸茶叶以欧洲为中转站，形成了"大三角贸易"，17—18 世纪的中国成为世界贸易中心之一。1600—1628 年，英国、荷兰、葡萄牙等西欧国家相继成立东印度公

---

① 杨元华：《中法关系史》，上海人民出版社 2006 年版，第 2 页。

司，大力拓展在亚洲地区的政治与经济利益。法国人在东亚地区殖民活动比葡萄牙人、西班牙人、荷兰人与英国人晚了很多。1609 年，法国就有人提出仿照荷兰和英国，通过组织东印度公司来开展对华贸易，但迟迟没有得到落实。直到 1660 年，第一批法国商船队才抵达广州进行贸易。1664 年，法国政府组建皇家东印度公司（La Compagnie royale des Indes orientales），获得为期 50 年的从好望角东部到麦哲伦海峡，包括东印度与南海区域的贸易垄断权。① 在公司的运作资金中，王室的投入占了很大的比重，所以，"看上去公司拥有很大的自主权，但实际上公司是没有自由的，它始终被控制在国王和海军大臣手里"②。公司建立伊始，路易十四就直接干预公司的商业活动，要求先开展在马达加斯加岛的殖民计划，公司的印度商贸活动不得不推迟数年才开始。1669 年，让 - 巴蒂斯特·科尔贝（Jean - Baptiste Colbert，1619—1683）被路易十四任命为海军国务大臣（Le Secrétaire d'État de la Marine），在路易十四与科尔贝的大力推动下，法国皇家海军迅速壮大。法国皇家东印度公司在印度、日本及中国等地同其他欧洲国家展开商业竞争，同时试图使法国的政治、宗教与文化影响力渗透进亚洲（见图 1）。1688 年"大同盟战争"（La Guerre de la Grande Alliance，1688—1697）爆发后，法国与荷兰、英国在印度洋的军事冲突严重恶化了公司的财务状况，公司无力再往中国派船开展贸易。

---

① 康波：《法国东印度公司与中法贸易》，《学习与探索》2009 年第 6 期，第 235 页。

② Jules Sottas，*Une escadre française aux Indes en 1690：Histoire de la Compagnie Royale des Indes Orientales 1664 – 1719*. Paris：Librairie Plon，1905，p. 13.

图1　法国东印度公司旗与纹章（1664—1795）

法国人在亚洲的扩张是采用通商与传教双管齐下的策略。17世纪20年代，法国传教士就开始在安南（今越南北部）活动，一位名叫亚历山大·德·罗德斯（Alexandre de Rhodes）的传教士曾在广南传教，但不为越南国王接纳。1649年，他回到欧洲，奔走于教皇与权贵之间，宣扬在安南设立教会组织之必要，这一举动遭到已在亚洲站稳脚跟的葡萄牙耶稣会的强烈抵制。皇家东印度公司成立以后，多次派人前往安南、广南（今越南南部）活动，策划在会安设立商社侨行，以图叩开对华贸易与传教之门。经过一番艰苦努力，17世纪70年代中期，法国传教士获准在广南居住，建立教堂，法国人在安南与广南的势力渐趋稳固。17世纪，定期往返的商船能够为传教士的往返和书信的传递提供诸多便利，对天主教教务的发展助益颇多，而且当时从事远洋贸易的商人或公司皆视效力于传教事业为一大要务。1660年，法国鲁昂大商人费马内（Lucas Fermanel）出资创建的"航行中国、东京与交趾支那及附近岛屿公司"（又名"第一中国公司"）所颁布的章程的序言中，阐明了公司建立的主要目的，即"在中华帝国、东京和交趾支那王国及毗邻岛屿宣扬教义和发展贸易"。章程第 13 条还指出，该公司是为了"便于教皇陛下任命的主教大人们前往上述地区宣扬主的荣光并使当地民众皈依之"，因此，公司"将无偿搭载他们及他们率领的传教士、仆佣和随从及其携带的衣物和食物到他们想要去的东京、交趾支那或中国的一个或数个港口"①。并为此而建造了一艘商船，但该船未及出航亚洲就遭遇暴风沉没，公司也很快倒闭。②

在西欧诸国特别是英国对华贸易规模日益扩大之时，法国对华贸易水平一直处于不温不火的状态。对于这种明显的反差，魏源在《海国图志》中曾做出这样的论述："欧罗巴各国，皆以贩海为业，如英吉利、米利坚、吕宋之属，每岁商船至中国，多者百余艘，少亦三四十艘。所贩鬻者，多绵花洋布粗重之物，至如洋米、胡椒、苏木、海参之类，皆从东南洋转贩，并非西产。独佛郎西商船最少，多则三四艘，少则一二艘。入口之货，皆羽毛、大听钟、表诸珍贵之物。盖其国物产丰盈，制作精巧。葡萄酒、大呢、绸缎之类，售之欧罗巴各国，即已利市十倍，不必远涉数万里而谋生。其航海而东来也，意在于耀声名，不专于权子母。国势既殊，用意迥别，其情势可揣而知也。"③ 意思是说法国人与中国开展互市贸易，除了牟利之外，还试图通过宣扬天主教义与法兰西文化，将法国影响力渗入中国（见图 2）。

---

① Henri Cordier, *Histoire générale de la Chine et de ses relations avec les pays étrangers*, III, Paris：Librairie Paul Geuthner, 1920, p. 305.

② 张雁梁：《中法外交关系史考》，史哲研究会 1950 年版，第 5—8 页。

③ 魏源：《海国图志》卷四十二《大西洋·佛兰西国总记下》，中州古籍出版社 1999 年版，第 304—305 页。

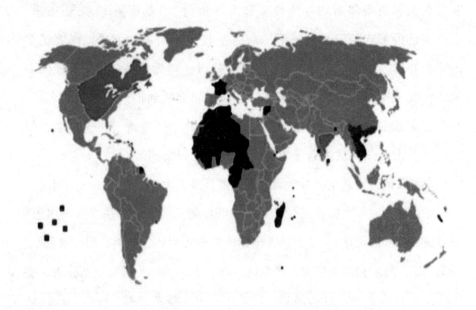

图 2　17—19 世纪法国海外殖民势力范围

二　法兰西王国对中国丝绸的巨大市场需求

中国是最早发明蚕丝的国家，出产的丝绸享誉世界。法国人将产自江南的生丝称为"南京丝"（La Soie Nankinoise），其品质较法国南方诸省和意大利出产的生丝更为优良，是生产白丝花边以及比绫、绸、缎更名贵的纱罗必需的原材料。法国学者雷纳尔（Guillaume Thomas Raynal，1713—1796）称："中国丝光亮洁白，无与伦比，是唯一适合织造纱罗的材料。我们曾想方设法使用自己的丝料去替代中国丝，不过却总是徒劳无功。"①在地理大发现之前，中国的丝绸早已远销西欧，但受到生产力水平发展的限制，欧洲人消费中国丝绸的数量十分有限。

---

① Guillaume Thomas Raynal, *Histoire Philosophique et Politique des établissements et du Commerce des Européens Dans les Deux Indes*, Tome I. Genève：Jean‑Leonard Pellet, 1781, pp. 178‑179.

15 世纪以后，葡萄牙人和西班牙人的海外殖民活动使得美洲的白银源源不断地流入欧洲，欧洲人的购买力骤然大增。明末清初，欧洲市场的中国丝绸主要由葡、西两国商人供应，当时中欧"海上丝绸之路"航线主要有两条：一条是由葡萄牙人控制的印度洋航线；另一条是由西班牙人主导的中国—菲律宾—墨西哥—西班牙航线。葡萄牙人与西班牙人开辟的新航线，与早已存在于亚洲海域的海上丝绸之路相连接，从而将海上丝绸之路从区域性的海上航线延伸为全球性的贸易网络。到了 17 世纪初叶，荷兰印度公司在东亚贸易中迅速崛起，荷兰人与英国人联手，以武力打破了葡萄牙人和西班牙人对中国丝绸贸易的垄断。据统计，1620 年以前，荷兰人在欧洲销售的中国生丝约为 7.2 万磅，此后，荷兰人开辟了波斯生丝的供应渠道，在远东获得的中国丝绸更多地用于日本贸易，贩往欧洲的逐渐减少，到 1631 年仅为 1 万磅。①

　　路易十四统治时期的法国国力渐趋强盛，宫廷男女服饰以刺绣、折裥、蝴蝶结装饰，贵妇人的高跟鞋鞋面也以中国丝绸、织锦为面料，上面绣有各种精美图案。巴黎的贵妇人视中国刺绣服装为时髦，这些服装往往绣着象征吉祥如意的龙、凤和麒麟图案。贵妇们穿着中国刺绣的服饰，披着中国刺绣的披肩和围巾，口袋里放着中国刺绣的手帕，甚至请中国刺绣工匠精心绣织丝绸名片，把自己打扮成中国传统的大家闺秀，自诩"东方美人"而大肆炫耀。② 法国人对丝织品的仿制有着很高的热情，一方面，成功的仿制可以取代和抵制中国丝织品的输入，另一方面丝织品生产有厚利可图。精明的东印度公司大班、船长和商人及时捕捉到了商机，在广州大量采购适销对路的商品，还经常根据贵族豪门的要求，带着丝织品样品前往广州订制，即外国人提供欧风图样，由广州工匠依样织造，做出来的

①　刘迎胜：《丝绸之路》，江苏人民出版社 2015 年版，第 572 页。
②　李庆新：《海上丝绸之路》，五洲传播出版社 2006 年版，第 113 页。

图案和花色与样品几无差异。法国人惊叹道:"广州人勤劳肯干,精力充沛,灵巧聪明。尽管他们很少有发明创造的精神劲儿,但他们却能够以惊人的才能模仿欧洲人向他们展示的工艺品,他们能够熟练地仿制出提供给他们的任何图样。"① 这种加工方式很好地迎合了法国纺织品市场的需求,为法商所倚重。17 世纪初,法国宫廷刺绣匠师瓦尔利特等人创建了刺绣协会,专门向宫廷刺绣师提供具有东方风格的刺绣图案和样式。1772 年到 1780 年,法国纺织厂每年消费 10—12 万利弗尔的中国生丝。除了生丝原材料外,中国种类繁多,品质优良的纺织品更是引起了法国人的追捧,巴黎海关和王家制造厂总监雅克·萨瓦利(Jacques Savary Des Brûlons, 1657—1716)不无夸张地说:"(中国)丝绸是如此的丰富,以至于大部分人,甚至仆佣们,都是披绫罗着锦缎。"② 不过,中国丝绸的蜂拥而入使欧洲纺织业面临严重的危机,以致当时的法国丝织业主一再要求政府采取保护措施,立法阻止中国丝绸流入法国,但是由于中国丝绸深受贵族社会与城乡富裕阶层的喜爱,中国丝织品依然源源不断地输入欧洲市场。

三 法国商船"海后号"两次赴华的缘起与过程

1692 年(康熙三十年)3 月,康熙帝颁布容教令:"查得西洋人仰慕圣化,由万里航海而来,现今治理历法,用兵之际力造军器火炮,差阿罗素,诚心效力,克成其事,劳绩甚多,各有居住。西洋人并无为恶作乱之处,又并非左道惑众、异端生事,喇嘛僧道等寺庙尚容人烧香行走,西洋人并无违法之事,反行禁止,似属不宜,相应将各处天主堂俱照旧存留,

---

① Delaporte, *Le voyageur Français*, Tome V, Paris: Vincent, 1767, p. 14.
② Jacques Savary Des Bruslons, *Dictionnaire universel de commerce*, Tome I, Partie II. Genève: les héritiers Cramer et les frères Philibert, 1744, p. 813.

凡进香供奉之人仍许照常行走，不必禁止。"① 由于清廷在全国范围内允许传教与自由信教，康熙帝的西学老师、法籍耶稣会士白晋（Joachim Bouvet，1656—1730）据此认为，这道敕令标志着耶稣会士在中国不懈传播福音达到的巅峰，它是一个"基督中国"时代的开端，康熙帝的皈依已变得极为可能。

法国皇家东印度公司成立后，规定所有法籍传教士皆可免费乘船。② 然而，无论是当时的民间商人还是官方性质的东印度公司，在当时都不具备派遣商船前往中国的人力和物力条件，其对传教的支持亦成为空谈。因此，法籍传教士只有搭乘其他欧洲国家的贸易船只辗转赴华，整个旅程往往要耗费数年时间。1693 年（康熙三十一年），康熙帝命白晋以特使身份出使法国，招徕法国学者前往中国宫廷。白晋受命携带皇家礼品从北京启程，辗转返法花了三年多时间，他深感法国至中国的海上航线急需早日开通。1697 年（康熙三十五年），白晋向路易十四陈述派遣商船直航中国的重要性。在他撰写的《呈奏国王的中国皇帝之传记》（Histoire de l'Empereur de la Chine présentée au Roi，亦译作《康熙帝传》）③ 中，白晋认为，康熙帝与路易十四非常相像，是一位专制的、聪明的、人道的统治者，一位卓越的行政官、英勇的战士、充满激情的猎人，一位才华横溢的智者，也是一位期望皈依基督教

---

① 《抄写得西洋堂内康熙三十一年碑文》，见冯明珠主编《康熙大帝与太阳王路易十四特展》，台北故宫博物院 2011 年版，第 128—129 页。

② Règlement touchant la marine de la compagnie des Indes. Paris: De l'Imprimerie Royale，1734，p. 38.

③ 白晋的这份呈交给路易十四的秘密报告有五个版本与四个中译本：1697 年巴黎第 1 版，1698 年巴黎第 2 版，1699 年海牙第 3 版，1710 年荷兰文版，1710 年意大利文版。中译本有马绪祥译《康熙帝传》（《清史资料》第 1 辑，中华书局 1980 年版）；赵晨译，刘耀武校《康熙皇帝》（黑龙江人民出版社 1981 年版）；春林等编《康熙帝传》（珠海出版社 1995 年版）以及杨保筠译，白晋著《康熙》（黑龙江人民出版社 1981 年版）。

的皇帝，耶稣会士的保护者（见图3）。① 白晋向路易十四保证："一旦建立了贸易关系，在主的庇佑下，我们的船只今后将每年运送一批新的传教士到远东；同时在吾王的支持下，每年将搭载许多勤勉的中国人到耶稣基督的国度。"②

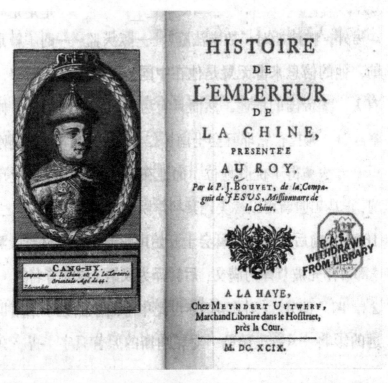

图3　白晋著《呈奏国王的中国皇帝之传记》（康熙帝传）封面③

白晋十分卖力地游说法国皇家东印度公司对华海上通航，但后者深陷债务危机，对派船远航中国有心无力。白晋转而奏请路易十四派遣"御

---

① Joachim Bouvert, *Histoire de l'empereur de la Chine*, La Haye: Meyndert Uytwerf, 1699, pp. 168 – 169.

② Ibid..

③ 贝阿特丽丝·迪迪耶、孟华主编：《交互的镜像：中国与法国》，上海远东出版社 2015 年版，第31页。

船"开展对华商贸活动以及运送传教士赴华,但法国宫廷对白晋的"中国皇帝钦差"身份有怀疑,路易十四的大臣们更是担心法王的御船在中国被视为"贡船",倘若法方使节沦为"贡使",则有损法国尊严,故未采纳白晋的建议。于是,白晋鼓动他的好友、玻璃制造商让·儒尔丹(Jean Jourdan de Grouée)组建私人贸易公司派遣商船赴华,并向其许诺:"通过向皇帝和权贵们进献礼物,可以在宁波或广州建立一个常设机构,并使船上装载的货物得以免税。"① 热衷于经商和航海的让·儒尔丹对白晋言听计从,他争取到了六位商人的支持,为远航中国的行动筹集到了足够的资金。1698 年 1 月 4 日,儒尔丹公司与法国东印度公司签订合作协议,东印度公司授予儒尔丹在广州和宁波开展贸易的特许状,儒尔丹公司需向东印度公司支付中国商品销售利润的 5% 作为对华贸易特权转让费。② 儒尔丹公司的商船不能在中法两国途中任何港口经商,船上必须有两名皇家东印度公司的监察员,并由儒尔丹提供经费。③ 法国政府向儒尔丹公司出售"海后号"(l'Amphitrite)快速三桅帆船,该船当时正停泊在法国西部的罗什福尔港(Rochefort)。1698 年 2 月 8 日,路易十四向"海后号"船长舍瓦利耶·德·拉罗克(Chevalier de la Roque)颁发敕令。敕令指出,这艘船是经法国国王的批准驶往中国的,但它不是国王的御船,而是一艘普通的商船。④ 敕令还要求该船返航后,必须准确全面地向国王禀报搜集到的一切中国情报。

1698 年(康熙三十七年)3 月 7 日,"海后号"商船从拉罗谢尔港

---

① Paul Pelliot, "L'Origine des Relations de la France avec la Chine: Le Premier Voyage de l'Amphitrite en Chine", *Journal des Savants*, 1929, p. 263.

② 严错:《十八世纪法国对华贸易初探》,《法国研究》2012 年第 2 期,第 68 页。

③ 耿昇:《从法国安菲特利特号远航中国看 17 至 18 世纪的海上丝绸之路》,《西北第二民族学院学报》2001 年第 2 期,第 5 页。

④ Paul Pelliot, "L'Origine des Relations de la France avec la Chine. Le Premier Voyage de l'Amphitrite en Chine", *Journal des Savants*, 1929, p. 117.

起航，免费搭载了白晋、翟敬臣、南光国、利圣学等 11 名耶稣会神职人员，① 以及数名法国海军军官。该船原计划赴宁波贸易，但由于该船在横穿印度洋时偏离预定航线，沿途耽搁过多时间，在季风结束前抵达宁波已无可能。白晋与船长拉罗克、公司首席大班贝纳克商量后决定改赴广州。11 月 2 日，在海上航行了 8 个月的"海后号"抵达广州黄埔港。到港之后，船长拉罗克宣布"海后号"为法国国王的"御船"。11 月 4 日，作为大清钦差与法国特使，白晋身着清朝钦差官服，携带儒尔丹公司的礼物，拜见了两广总督石琳，随后船员们参加了一系列官方仪式与活动。白晋所到之处，广州地方官员对他毕恭毕敬，不敢有丝毫的怠慢，他借机为儒尔丹公司争取到了几项优惠：一是粤海关监督黑申为"海后号"派出内河引水；二是保证该船在通过任何一地的海关时都不会受到检查；三是免去该船的一切税银。② 该船在广州待了 15 个月之久，于 1700 年 1 月 26 日起锚返航。耶稣会士洪若翰作为康熙帝的代表，监运康熙皇帝回赠给路易十四的"御礼"返法，这批"御礼"包括丝织品、瓷器与茶叶。洪若翰还承担着康熙帝命他返法招徕新的传教士的任务。8 月 3 日，该船抵达法国圣路易港（St. Louis）。随船带回的中国商品在法国市场大受欢迎，获利颇多。1700 年 10 月，儒尔丹公司与皇家东印度公司签订合同，组建"中国公司"，并决定派遣"圣法兰西号"（Saint France）与"总理号"（Premier Ministre）赴华。由于西班牙王位继承战

---

① "海后号"上载有白晋、翟敬臣（Charles Dolzé）、南光国（louis Pernon）、利圣学（Charles de Broissia）、马若瑟（Joseph - Henrg - Marie de Prémare）、雷孝思（Jean - Baptiste Régis）、巴多明（Dominique Parrenin）、颜理伯（Philibert Geneix）等 8 名神甫与卫嘉禄（Charles de Belleville）修士，加上在好望角遇到的赴印度的孟正气（Jean Domenge）和卜纳爵（Ignace - Gabriel Baborier）2 名神甫转乘该船，此行共有 11 名法籍神职人员随船赴华。

② 据白晋在给耶稣会同事的书信中说，广州地方官员免除了船上所有货物的税银，约值 1 万埃居（约合 6000 两白银），实际上不需要这么多。粤海关原征西洋一等船"船钞"为 3500 两，1698 年改按东洋船标准，为 1400 两，实际缴纳数为 1120 两。由于白晋的康熙帝钦差身份，"海后号"享受了全免税银的特殊待遇，总计免税 7100 两，这是一笔不小的数目。

争的爆发，这两艘商船远航中国的计划在颇费周折之后才被批准，并于 1704 年先后来华。

1701 年（康熙四十年），"海后号"在安德烈·弗罗热·德·拉里戈迪埃尔（André Froger de la Rigaudière）船长指挥下，装载献给康熙皇帝的礼品，再度抵达广州进行贸易，随船搭载洪若翰等耶稣会传教士，该船在广州再次获得免征关税的待遇。1703 年 8 月 17 日，"海后号"回到布雷斯特港。1719 年 5 月，儒尔丹公司与东印度公司合并，随后于 1728 年（雍正六年）在广州设立商馆。此后，法国对华贸易迅速发展，至 18 世纪中叶，法国对华贸易额接近荷兰与英国。

四 "海后号"商船赴华对中法两国商贸往来的影响

从 1698 年"海后号"首航广州到 1840 年中英鸦片战争爆发前，经过百余年的发展，法国对华贸易虽然规模有限，但保持了一定的连续性。中国生丝的输入为法国本土纺织产业提供了优良的原材料，促进了其发展。法国直接与华通商，不再需要向英国、荷兰等国高价进口国内所需的中国商品，避免了现金流入竞争国。从中国运回法国的货物中，以茶叶、生丝、瓷器为主，其中茶叶占 1/3 以上，但法国市场每年只能消费其中的一小部分，其余的则转销至其他欧洲国家。长期生活在澳门和广州的法国翻译官兼领事约瑟夫·德·吉涅（Chrétien – Louis – Joseph de Guignes，1721—1800）指出："（法国）对华贸易只需要两三艘七八百吨的船只即可。采购更多的货物则会超出销路范围，法国市场无法消化。"① 这就迫使英国东印度公司经常刻意在广州买断茶叶货源，防止法国人走私茶叶入英国而导致英政府税收减少。1730—1731 年，英国东印

---

① Jules Sottas, "Une escadre française aux Indes en 1690", *histoire de la Compagnie Royale des Indes Orientales*, 1664—1719, 1905, p. 213.

度公司董事部训令公司大班"买断今年广州的所有绿茶,尽可能阻止法国人及荷兰人取得任何绿茶,以免其走私运入英格兰"。① 据统计,1736年(乾隆元年)抵达广州进行贸易的外国商船为12艘,其中英国5艘、法国3艘、荷兰2艘、丹麦1艘、瑞典1艘;1753年赴广州贸易的外国商船27艘,其中英国10艘、荷兰6艘、法国5艘、瑞典3艘、丹麦2艘。② 然而,1756年(乾隆二十一年)"七年战争"爆发后,法国在海上不敌英国,海外殖民地被英国夺去不少,对华贸易也随之一蹶不振。到了1769年(乾隆三十七年),法国"永久印度公司"③ 的垄断特权被政府撤销后,随着私商加入中法贸易,法国对华贸易一度出现上升的势头,少数年份有八、九艘商船来华贸易,但这种状况并不稳定。正如美国学者斯塔夫里阿诺斯在《全球通史:1500后的世界》一书所指出的,"18世纪的标志是英国和法国之间争夺殖民地霸权的斗争。这两个帝国在17—18世纪的相互争斗以英国压倒性的胜利而告终。其原因就在于法国更感兴趣的不是海外殖民地,而是欧洲霸权"。面对在亚洲商贸机会大量丧失的现实,法国人悲叹道:"我们的地位岌岌可危,高枕无忧已成过去。大量的人口和广袤的土地几乎都臣服于英国,我们的船只有携带现金前往当地采购时才能够在印度的港口靠岸。"④ 1776年(乾隆四十一年),刚即位不久的路易十六试图挽回对华贸易的颓势,他下令在广州设立领事馆,并任命商人傅格林为首任领事,但已无力回天(见图4)。直至1840年中英鸦片战争爆发前,法国每年对华贸易未能超过英国的水平。

---

① [美]马士著,中国海关史研究中心组译:《东印度公司对华贸易编年史》第1卷,中山大学出版社1991年版,第197页。

② 杨元华:《中法关系史》,上海人民出版社2006年版,第9页。

③ 该公司于1719年成立,是"皇家东印度公司"的继承者。

④ Jean – Antoine Chaptal, *De l'industrie française*. Paris: Antoine Augustin Renouard, 1819, p. 130.

图 4　法兰西王国商船旗（Pavillon de la marine marchande，1790 年前使用）

五　"海后号"商船赴华对中法两国文化交流的影响

17—18 世纪之交的欧洲与中国的交往已相当密切，由于当时法国在欧洲诸国中的政治、经济、军事与文化强势地位，中法两国间的商贸交往与文化互动也比其他西方国家要频繁、密集。波旁王朝统治下的法国是天主教耶稣会向中国派遣传教士人数最多的国家，路易十四与康熙皇帝之间通过法籍耶稣会士的往来穿梭有着相当密切的交流。耶稣会士们既向路易十四报告康熙皇帝及中国的情况，也向康熙皇帝与清廷官员宣扬基督教义、传授科学知识与介绍欧洲的风土人情。由于法国耶稣会来华较晚，根基不牢，在华传教活动受到葡萄牙耶稣会的抵制与排挤，因此法籍耶稣会士选择了走上层路线，采取为清廷提供"西学"服务和取悦皇帝的策略来换取中国上层对法国耶稣会的传教支持。白晋充分利用康熙遣他作为"钦差"返法招募传教士的机会，结交法国宫廷与上流社会。凭借白晋等耶稣会士在中法两国宫廷之间来回奔走联络，法籍传教士获得了康熙帝与清廷上层的极大好感与充分信任。

1700 年 11 月 3 日，就在"海后号"首航广州之后不久，耶稣会总会长任命法籍耶稣会士张诚①为所有在中国的法国耶稣会士的第一任会长，耶稣会在华法国传教区正式成立。张诚、白晋还成为康熙帝的数学老师，他们主持和参与了中国全国地图——《皇舆全览图》的绘制工作。"海后号"两航广州之后的三年时间里，即有 18 名法籍耶稣会士乘坐法国籍商船赴华，从事传教活动，在广州的法商们也随之享受到了当地官员的礼遇以及对华贸易的优惠。

据统计，从 1687 年（康熙二十六年）洪若翰、张诚、白晋、李明和刘应等 5 位"国王数学家"赴华到 1773 年（乾隆三十八年）耶稣会解散，共有 88 名法籍耶稣会士来到中国（见图 5）。法籍耶稣会士的大量入华壮大了法国耶稣会的力量，为法国耶稣会士摆脱葡萄牙耶稣会的影响并获得组织上的独立创造了条件。

---

① 张诚，本名 Jean - François Gerbillon，法籍耶稣会士。他于 1685 年被路易十四派遣入华传教，1687 年（康熙二十六年）抵达宁波，次年至北京，由葡萄牙耶稣会士徐日升引荐给康熙皇帝，并与白晋同在清朝宫廷供职。1687 年，张诚与徐日升以清朝三品官员的身份参与中俄《尼布楚条约》谈判，周旋于中俄之间，在谈判中起了很大的作用。1690 年，张诚作为康熙帝的数学老师，为他讲授欧几里得几何学及西欧哲学。1696 年，跟随康熙帝亲征噶尔丹。1707 年（康熙四十六年）卒于北京。张诚将近代国家疆域的概念介绍给康熙，从而使中国绘制出《皇舆全览图》。他与洪若翰进献药物治愈康熙皇帝的疟疾使法国耶稣会士得到空前的恩宠。张诚曾任在华耶稣会第一任会长，在罗马教廷与清廷的"中国礼仪之争"中，他主张尊重中国教徒的传统习俗，不赞同罗马教宗禁止中国教徒祭祖、祭孔与禁止使用"天""上帝"指称"天主"的谕令。

图5　法籍耶稣会士张诚墓碑（北京正福寺墓地，碑文称法国为"拂郎济亚"）①

六　结语

法国商船"海后号"的两次赴华，拉开了中法两国直接商贸往来的序幕，随船带回的中国商品在法国及欧洲市场大受欢迎，获利颇多，推动了中法两国间的商贸与文化交流，直接促进了清代海上丝绸之路的发展。由于法籍耶稣会士白晋在"海后号"赴华过程中起到了关键作用，几乎包办了法中双方的所有交涉事宜，还擅自将儒尔丹公司的商船改为法王路易十四的"御船"，不仅为耶稣会在华传教创造有利条件，也为法籍传教士营造了较其他基督教国家更为有利的传教环境。

---

①　贝阿特丽丝·迪迪耶、孟华主编：《交互的镜像：中国与法国》，上海远东出版社2015年版，第27页。

"21 世纪海上丝绸之路"战略实施中的海外话语权建设

王 蕾

（中国社会科学院当代中国研究所）

摘 要：在"21 世纪海上丝绸之路"战略实施中，海外话语权的合理有效建设有助于提升我国的核心竞争力和影响力，是增强中国文化软实力的重要组成部分。本文从"21 世纪海上丝绸之路"海外话语体系建设的实际情况、价值、内涵、方式等多方面做了研究。

关键词："海丝"之路；话语权；战略

在"21 世纪海上丝绸之路"战略实施中，海外话语权的合理有效建设有助于提升我国的核心竞争力和影响力，是增强中国文化软实力的重要组成部分。"21 世纪海上丝绸之路"沿线各国文化各异，民族宗教复杂，经济发展水平差异显著，各国人民利益诉求不一。针对千差万别的情况，深入细致地做好海外话语权的建设工作必不可少。

一 话语体系建设：互联互通的双向推动力

随着"两个一百年"奋斗目标的全面推进，习近平总书记就"弘扬中

华民族优秀文化传统""对外文化交流""意识形态工作""提升文化软实
力"等问题发表了系列重要讲话，习近平总书记的这一系列重要讲话，为
"新海丝之路"文化话语体系指明了前进方向、提供了基本遵循。国际话
语权与国家政治、经济、军事、文化、科技实力密切相关，是一个长期建
设的过程。在新丝路建设的进程中，对中国理念、中国立场作出深刻而系
统，浅显而通俗的权威表述，在"海丝"文化的推广中坚守舆论阵地刻不
容缓，而且只能由中国自己来做。

　　"21 世纪海上丝绸之路"的建设是一个长期的系统工程，推进民心相
通是基础性的重要组成部分。在此过程中，多元多样的思想文化异常活
跃，我们需要向世界和沿线各国人民说明"新海丝之路"是一条什么样的
路？"海丝"文明是一种什么样的文明？中国提出"新海丝之路"的理念
和思路是什么？要增强沿线国家民众对"海丝之路"的认知度，要体现
"海丝之路"的国际影响力，要发掘"海丝之路"内在的文化价值魅力，
都需要提高中国的国际话语权。打造"21 世纪海上丝绸之路"文化话语体
系，淡化争端，缩小分歧，使"海丝"沿线国家更加关注交流与合作，有
助于树立中国良好的国家形象。在"海丝之路"事务中以顺应世界发展潮
流的理念构建核心话语、广泛设置丰富的正面舆论议题、培养影响舆论发
展内容和方向的能力，这是中国作为"21 世纪海丝之路"首倡国的必要之
责，也是"海丝之路"建设的题中应有之义。对此，笔者认为可从以下三
处着手。

（一）以顺应世界发展潮流的理念构建核心话语

　　一国提出的、能为其他国家接受的核心话语越多，那么这个国家的国
际话语权也就越强，具体体现了一国的文化软实力。"21 世纪海上丝绸之
路"作为人文交流的纽带，首要取得的是沿线各国在文化价值观的认同

感。因此，中国需要拥有自己的话语权，以自己的话语来表达自己的理念和观点，赢得世界的共识，取得民众的认同。

2013年10月3日习近平总书记首次提出共同建设"21世纪海上丝绸之路"的倡议，几年来，在"海丝"沿线国家，最受关注的核心话语就是习近平总书记在国内外各种场合的多次重要论述中提出的"一带一路"倡议、"海上丝绸之路"、"人类命运共同体"、"亲诚惠容"、"互联互通"、推动共建"丝绸之路经济带"和"21世纪海上丝绸之路"的愿景与行动等理念以及"亚投行""丝路基金"等核心建设框架。

习近平总书记的这些演讲和文章具有国际视野，符合国际话语规范，广受国际媒体重视传播，充分说明中国在创造"海丝"话语、提升话语吸引力、把握话语权方面走向理念自觉。核心话语是国家综合实力达到一定程度后的自我表达，也是对原有国际话语体系的调整。这些中国"海丝"文化的核心话语以顺应世界发展潮流的理念，构建了"海丝"文化话语体系的总布局、总路线，破除了"零和博弈"的观念，引起了国际媒体极大的反响和各国政府的关注。从这个意义上来说，作为新的国家开放战略，"21世纪海丝之路"对当前的中国来说实际上是一种文化战略提升。通过核心理念推动与相关国家的人文交流，实现国际话语权的突围，进而提升中国在国际事务处理中的地位，也成为更深层次的文化战略问题。

(二) 广泛设置正面舆论议题

"21世纪海上丝绸之路"核心话语表达的成功，最关键的原因是顺应了地区和全球合作潮流，契合沿线国家和地区发展需要。议题设置理论是美国传播学者麦克姆斯、唐纳德·肖最早提出的。他们认为，虽然大众传播媒介不能直接决定人们怎样思考，但是它可以为人们确定哪些问题是最重要的。大众媒介只要对某些问题予以重视，为公众安排议事日程，那么就能影响公众舆论。因此，当大众传播媒介大量、集中报道某个问题或事件，受众也就会关注、谈论这些问题或事件。

几年来，"新海丝之路"建设取得了有目共睹的成就，因此引起沿线国家的广泛共鸣。但是，"海丝之路"定位于共商、共建、共享的和平发展、共同发展，要沿线国家真正参与进来，形成与各自国家发展战略的积极对接，尚有诸多的议题。

要加强"海丝"沿线各国的舆情研判。可以预见，在当前西方为主的国际话语权制约下，必然会产生形形色色的负面议题和偏见表达，中国面临一定的国际话语困境制约。对此，要增强政治敏锐性、政治鉴别力和政治定力。对于一些争论较大的问题，需要通过舆论说明，需要让沿线民众知情的，中国一定要主动设置相关议题。在深入分析研究的基础上切实搞清源头本质，对别有用心的负面议题找出破绽软肋，站在维护"海丝"文化核心话语的高度，积极回应沿线各国民众的关切，开展有准备的正面交锋，讲清楚历史和事实的真相。

（三）培养影响舆论发展内容和方向的能力

"21 世纪海上丝绸之路"提出以来，大多数国家对实现倡议提出的核心目标表现出积极的响应态度和参与意识。随着建设的推进，许多报社、电台、网络加强这方面的报道力度，但也不可否认，海上丝绸之路沿线地缘政治复杂，大部分国家都是前欧洲殖民地，各国各地区文化各异，民族宗教复杂，经济发展水平差异显著，贫富差距和国情差异导致民众利益诉求不一。由于多种原因，印度、东南亚的一些国家对中国崛起充满担忧，在政治与外交上的信任还不是很充分。在此背景下，媒体极容易进行舆论操作，发布危言耸听的言论。一些国家的防务专家观察中国的一举一动，也有可能进行过度解读，不断制造出形形色色的"海丝"威胁论的论调。

二 "21世纪海上丝绸之路"文化话语体系的动力机制与建构特征

（一）在倡议实施中不断加深文化价值观的内涵和理论创新

"21世纪海丝之路"建设沿线国家族群繁多，文化差异性较大，文化价值观的一致不能一蹴而就，必须根据新的条件不断丰富深化内容，进行内涵和理论的创新和探索。在战略实施的动态过程中，文化话语体系的建设是一个综合、长期、系统的过程，以全方位的文化合作和交流为基础，旨在全面清晰地阐释人类命运共同体意识、中国梦的深刻含义，增强综合国力中的软实力因子。具体来说，有以下两点工作要做。

首先，对社会主义的基本理念、价值体系和基本制度建立高度的文化自觉和文化自信，抓好自身核心价值观体系的建设，夯实海外话语权建设的基础。中国是一个社会主义国家，西方媒体长期对社会主义国家的妖魔化报道，使沿线各国的民众极容易产生排斥心理。因此，作为"21世纪海上丝绸之路"倡议的首倡者，面对不同政治制度、不同宗教信仰、不同社会状况的沿线各国，在坚持社会主义的基本理念、价值体系和基本制度的基础上，在战略实施中取得话语权，是一项艰巨任务。但是，中国的社会主义国家性质是客观存在的，坚持社会主义国家的立场和身份，参与国际事务也是必然的，道路自信、理论自信、制度自信应该源自中国对中国特色社会主义道路的自信、对马克思主义旗帜的自信、对社会主义制度的自信。

2014年年底，曾经进行了一场关于"一带一路"倡议是不是"马歇尔计划"的大辩论。中国商务部和外交部借各个场合对中国的官方观点加以澄清，外交部王毅部长说，"一带一路"倡议不是美国"二战"后用资金援助欧洲复兴的"马歇尔计划"。它"诞生于全球化时代，它是开放合作的产物，而不是地缘政治的工具，更不能用过时的冷战思维去看待"。国内学术机构和主要媒体也撰文正面回应，说明"马歇尔计划"是在冷战大背景下，美国对付苏联为首的东方阵营的举措，有着浓厚的意识形态气息。当今世界正由单极向多极化发展，中国提出的"一带一路"战略与马歇尔计划有本质区别。

其次，密切关注沿线国家所共同面临的各种重大理论和现实问题，关注国际话语结构新动态，克服话语僵化，适时调整提炼出具有普遍意义的话语，形成富有针对性的集中宣传回应。对沿线国家共同面临的各种重大理论和现实问题加以关注，这是塑造丝路共同体身份的题中之义。"一带一路"倡议的提出和建设，不是大国崛起，是文明的共同复兴。"海丝"话语体系只有适应发展需要，遵循共商、共建、共享原则，符合有关各方共同利益，才能扎实推进民心相通，也在无形中提升中国的国际话语存在。在此过程中，可以借鉴西方文明的一套话语体系和规则。2015 年 3月，中国外交部长王毅在中国发展高层论坛发表演讲时，就使用了"公共产品"这一话语阐释"一带一路"构想的利益共同体意识，表明亚投行和丝路基金的开放性。

（二）尊重沿线国家和地区的宗教文化和本土文化，发掘、创造沿线国家和国家新的共通文化要素

具体来讲有以下三点。

1. 尊重沿线国家和地区的宗教文化和本土文化

"21 世纪海上丝绸之路"沿线国家宗教信仰多样，民心相通是"新海丝之路"建设的重要内容，也是关键基础，"海丝"文化建设的重要土壤，

就是充满文化活力的民间交往和交流。在进行全方位交流时，各国各地区宗教文化的差异不可回避，要做到民心互通，必须尊重伊斯兰教、基督教、各国各地区本土信仰等宗教文化，特别是要对相关人员进行培训，了解文化差异和宗教禁忌。在"海丝"沿线各国文明古老渊源深厚，既散布着佛教、天主教、基督教（指基督新教）、伊斯兰教。印度教等宗教文化，也散布着崇拜者众多的道教文化、妈祖文化以及区域性的民间共同信仰。这些宗教文化在"海丝"文化区域中的政治、经济、文化和国际关系诸方面有着不可替代的深刻影响力。新丝路的推进无法回避和沿线的宗教、宗教徒打交道。"海丝"文化话语权建设中宗教内容较难把握，也是被西方媒体大做文章，重点视为"海丝之路"存在重大风险的领域。总的来说，在充分了解宗教社会，加强宗教文化沟通的基础上，本着尊重、交融、合作的原则，多着眼文化交融点，是可以和谐共生的。

2. 发掘、创造"21世纪海上丝绸之路"沿线国家新的共通文化要素

文化随时代而常新，薪火因添续而长传。发掘、创造"21世纪海上丝绸之路"沿线国家新的共通文化要素十分重要。"海上丝绸之路"相关的文物考察、资料梳理、理论研究等基础工作需要进一步深入。在沿线国家中，已经存在歪曲郑和下西洋郑和的航海之旅等历史事件，认为郑和是军事远征，代表了明王朝的扩张主义。这是解构"海丝"文化共同精神符号，消解"海丝之路"战略文化基础的声音。因此，还原"海上丝绸之路"真实历史的创造性成果，有利于填补知识断层，强有力地驳斥此类声音，提升中国的海外话语权和影响力。

3. 注重影视、展览、网络资源等应用，特别关注语言的适用问题

目前，不少沿线国家对中国发展道路抱有疑虑，担心中国倡导"新

海丝之路"另有企图，影响到他们切身相关的就业等个人利益。特别是一些普通民众在不明真相的情况下，对新丝路推进有很多担忧。这些担忧有的十分具体，如对中国高铁技术成熟度的担忧，认为中国高铁起步较晚、运行时间较短，还没有得到世界公认。破除这些疑虑需要多途径地扩大宣传。

（三）寻找亮点，讲好"海丝之路"的新故事

"海丝"文化话语体系的建设是一个系统工程，既要有抽象表达的核心理念，也要有符合各国民众习惯的具体表述，以达到良好的话语传播效果。笔者认为，对此可讲好以下三个"故事"。

1. 讲好古代"海丝之路"的故事

古代"海丝之路"留下许多象征融合、友谊与对话的故事。国家文物局确定的江苏南京市海丝遗产点——明代浡泥国王墓环境幽静、林木苍翠，是南京唯一一座外国国王墓。浡泥国地处今日文莱达鲁萨兰苏丹国，浡泥的含义是"生活在和平之邦的海上贸易者"。郑和下西洋时得到了浡泥国王麻那惹加那的友谊和信任。1408年，麻那惹加那携王后他系邪、王子、随从大臣一行150多人，以及大量特产，泛海来访中国，受到明成祖的盛情款待。浡泥国王在南京游览月余，染疾病逝于南京，年仅28岁，遗嘱希望托葬中华。明成祖为此专门辍朝3天以示悼念，并派专人为其举办葬礼。在安葬时，太子和其他亲王均派遣了代表参加祭礼，按明代藩王规制礼葬这位异邦君主。葬礼结束后，麻那惹加那的其他家属由中官张谦护送回国。浡泥国王麻那惹加那的故事成为明永乐年间中国与南海、印度洋各国友好关系的例证。

2. 讲好"海丝之路"上华侨华人的故事

19世纪中叶，伴随着清廷的对外开放，我国东南沿海民众出现了一股

"下南洋"的移民潮，这是跨越文化、跨越国界的人类文化传播行为，更是"海丝"文化记忆的重要组成部分。海外华人普遍对"21世纪海上丝绸之路"倡议感到振奋，华侨华人群体具有联结中国与沿线各国的文化桥梁和纽带作用。

3. 讲好"海丝"沿线地区在"21世纪海上丝绸之路"战略推进中获得新发展的故事

随着"21世纪海上丝绸之路"倡议的展开，中国在世界上发挥的作用越来越大，外界对丝路的关注程度也与日俱增。要用外界容易接受的语言，把"21世纪海上丝绸之路"战略推进中获得新发展的故事讲好。

要讲好中国"海丝"沿线城镇新发展的故事，更要讲好沿线国家在新丝路战略建设中共同建设、合作发展故事。自中国发布愿景与行动的纲领性文件，60多个国家和国际组织表达积极参与的态度，中国同很多国家达成了合作协议，亚洲基础设施投资银行协定已经签署，丝路基金开始实施具体项目，一批多边或双边大项目合作正稳步推进，给当地带来变化，如中埃苏伊士经贸合作区。

三 对建设"21世纪海上丝绸之路"文化话语体系的建议

1. 以扎实的学术研究为基础，做好基层工作

在重视沿线各国各地区传承古丝路文化文明、再现共同历史记忆的同时，更要介绍新中国的历史和在各方面取得的成就。讲好古老"海丝之路"故事，也讲好新中国成立后的"海丝"故事，特别是今日中国与"海丝"沿线各国经贸投资、文化交流和人文往来盛况，在历史和现实的时空交错中，展现"21世纪海上丝绸之路"战略背景下中国改革开放的活力和

希望。向沿线国家传播和推介新中国的建设成就和治理理念，传播好当代的中国声音，这需要以扎实的学术研究为基础。

在此过程中，一是对社会主义中国的形象和中国共产党的形象、中国和平发展的战略进行有效的海外舆论引导和建设，不应淡化处理，更不应因为问题敏感不易说清楚而采取回避态度。国际敌对势力阻挠"21世纪海上丝绸之路"建设的图谋客观存在，其重要的手段之一就是利用强势的话语权进行反历史虚无主义的宣传，发出诸如"朝贡体系复活""海丝红色浪潮"等噪声，传播关于中国的负面新闻，必须及时廓清事实，针锋相对的进行"21世纪海上丝绸之路"和平本质的正面宣传。事实上，中华人民共和国成立以来，中国经济社会发展取得的巨大成就，从一个积贫积弱、满目疮痍的半殖民地半封建社会发展成为政治清明、社会和谐、经济总量世界第二的新兴大国，这在一定程度上改变了原有的国际秩序和西方发展观念，为当代世界的发展提供了新的契机。68年来，中国共产党领导中国人民在伟大实践中确立了中国特色社会主义道路、理论和制度，创造了举世瞩目的成就，引起世界聚焦中国。我们有底气遵循历史主线，在事实的基础上介绍成就。中华人民共和国的前30年是被国际话语丑化、攻击的重点对象，对此，我们应拿出理论研究成果，深入浅出地做出理直气壮的回应。在前后30年的关系问题上，阐释前30年是中国谋求民族独立、军工和完整产业链基础的原始积累时期。后30年是民族独立、军工、完整产业链基础原始积累已经完成，成为世界重要的一级融入世界市场追求高速发展的时期。两个时期任务不一样，路线也不一样。二是注重"新海丝之路"建设信息的国际化，积极参与国际组织和沿线各国的文化活动。联合国、世贸组织等政府间国际组织是各成员国展示形象、阐释政策、扩大国际影响力的重要舞台。增加在联合国教科文组织官网、世界遗产组织官网等信息推送，如联合国教科文组织发布关于在"21世纪海上丝绸之路"

极其重要地位的新闻稿，以及丝绸之路项目平台上泉州网页的设立都取得良好效果，还应进一步协调增加。2015 年，泉州成为美国印第安纳波里斯儿童博物馆"带我去体验中国"体验展的代表城市，展馆设计以泉州为原型布展。这项展览时间长达三年半，较好地展示了泉州的"海丝"文化形象。

2. 分层次、分目标地进行文化合作和文化交流

如前所述，在"21 世纪海上丝绸之路"战略实施中，文化话语体系的合理有效建设有助于提升中国的核心竞争力和影响力，是增强中国文化软实力的重要组成部分。针对"海丝"沿线复杂的国家间关系，千差万别的文化宗教情况，关于"21 世纪海上丝绸之路"战略五花八门的论调，需要"破"，更需要"立"，做好文化话语体系内涵的建设工作必不可少。

一是加强信息实体全方位合作。"海丝"文化话语权建设的难点之一在于改变传统的"宣传思维"，变单向的信息传输为双向的互动，尽量实现话语传播内容和形式的"在地化"。值得注意的是，在媒体传播合作平台上，沿线国家的媒体与国内主流媒体如人民日报社、新华社等有深度合作，阵容强大，投入巨大。但这显然是不足以应对"海丝"文化话语权建设的需求，也很容易被沿线国家受众误认为是官方的政治宣传。推动沿线国家媒体与中国地方媒体之间的交往合作，关于"海丝之路"的报道更为多元、更为深入全面，自然也就更吸引受众。2015 年，为庆祝中泰建交 40 周年，"走访东方海上丝绸之路"活动在泰国东部举行，活动行程从泰柬边境的沙缴府开始，主要依次访问了沙缴、尖竹汶、罗勇和北柳等地。活动由中国驻泰国大使馆与泰中文化促进委员会共同举办，目的在于重温中泰友好源远流长的历史、在"海丝战略"背景

下把握并发展好两国现有的务实合作，引起了当地媒体的关注，效果良好。

二是加大力度支持沿线国家孔子学院和华文教育事业的发展，采用汉语语言教学等方式传播"海丝话语"。"21 世纪海上丝绸之路"倡议提出后受到了国际社会的广泛关注，新丝路倡议已经成为沿线国家的最流行的话语。"新海丝之路"概念带动了"海丝"沿线国家民众对中国机遇向往，出现了"汉语热"和中国文化热，"海丝"文化的传播需要既熟悉当地文化又会讲中文的双语人才，应支持在有条件的沿线国家开展汉语教学，因地制宜地编制汉语教学课本音频，网络资源，增加"海丝"文化内容，宣传"海丝话语"体系。特别不能忽视对新生代华侨华人的汉语教学。例如，欧洲福建发展联盟在各地侨社推广华文教育，深受当地华人华侨的欢迎。另外，展会从文化交流的视角，展示"海丝之路"文明轨迹及沿线各国的风土民情，表现各国往来交流的和谐关系，也是传播"海丝话语"的较好手段。

3. 拓宽领域，细化企业的文化管理机制

世界文化要"引进来"，中华文化要"走出去"，企业是新丝路倡议的具体执行主体，也是"海丝"文化话语的传播者。近年来，中国与非洲、东南亚等许多"海丝"沿线国家，在东盟等框架下已有一系列较为成熟的文化合作机制，"21 世纪海上丝绸之路"的文化建设也在推进中。随着新丝路建设的深入，中国企业特别是国有企业在沿线国家的国际直接投资领域、范围和规模还将不断扩大。由于经济利益、价值观、文化理念、生活方式、宗教等观念的差异，对企业在应对"海丝"沿线国家时的有效文化管理提到日程上。

参考文献

[1] 李向阳：《论海上丝绸之路的多元化合作机制》，《世界经济与政治》2013 年第 11 期。

[2] 金玲：《"一带一路"中国的马歇尔计划?》，《国际问题研究》2015 年第 1 期。

[3]〔美〕萨缪尔·亨廷顿：《文明的冲突与世界秩序的重建》（修订版），周琪、刘绯、张立平等译，新华出版社 2010 年版。

[4] 王义桅：《世界是通的：一带一路的逻辑》，商务印书馆 2016 年版。

[5] 王毅：《"一带一路"构想是中国向世界提供的公共产品》，中国外交部网站。

[6] 王秋彬、崔庭赫：《关于加强"一带一路"国际话语权构建的思考》，《公共外交季刊》2015 年第 4 期。

[7] 《丝路故事：平民女子变身"锡兰公主"》，《人民日报》2014 年 10 月 21 日。

[8] 《华尔街日报》网站，2014 年 11 月 18 日。

[9] 《构建以合作共赢为核心的新型国际关系》，中国外交部网站，2015 年 3 月 28 日，http：//www.fmprc.gov.cn/web/wjbz_ 673089/zyjh_

673099/t1247689.shtml。

[10] Ferguson，Niall，*Civilization：The West and the Rest*，New York：Allen Lane，2011.

元朝的运河工程、海外贸易与
国家经济区域整合

王明前

（厦门大学马克思主义学院）

摘　要：元朝为维护多民族王朝版图的统一局面，通过大力建设各种运河工程，发展海外贸易，在积极恢复原金朝、南宋、西夏、大理政权统治区域各自农业水平的基础上，促进各地区经济的整合。

关键词：元朝；运河；海外贸易；经济区域整合

史学界对元朝经济史的研究已经取得较大成绩，诸多综合性元朝经济史著作，尝试分区域地论述元朝各经济区域单元的经济成就。[①] 笔者注意到，元朝为维护多民族王朝版图的统一局面，通过大力建设各种运河工程，发展海外贸易，在积极恢复原金朝、南宋、西夏、大理政权统治区域各自农业水平的基础上，促进各地区经济的整合。

[①]　相关研究参见李幹《元代民族经济史》，民族出版社 2010 年版；吴宏歧《元代农业地理》，西安地图出版社 1997 年版；陈高华、史卫民《中国经济通史（元）》，经济日报出版社 2007 年版。李著和吴著均分地理单元叙述元朝经济表现，同时前者对宏观经济政策的研究也十分精彩。

一　元朝的运河工程与海外贸易

随着国家的统一进程，元朝逐步成为一个以农耕为主要生产方式的中原王朝。元朝疆域为历代王朝之最，"北逾阴山，西极流沙，东尽辽左，南越海表。盖汉东西九千三百二里，南北一万三千三百六十八里，唐东西九千五百一十一里，南北一万六千九百一十八里，元东南所至不下汉、唐，而西北则过之，有难以里数限者矣"①。统一后，元朝重视通过沟通各经济区域之间的联系，以促进各经济区域的整合。

为促进国家经济统一体的形成，元朝对沟通各经济区域经济交流，特别是南北航运的运河的增修、疏浚十分关注。为加强对运河漕运的管理，元朝于中统四年（1263）九月，立"漕运河渠司"②。

首先元朝十分重视对腹里地区运河河道的治理。世祖至元二十六年（1289）二月，世祖诏令："浚沧州御河。"③ 至元二十八年，都水使者"请凿渠邵西导白浮诸水，经都城中，东入潞河，则江淮之舟既达广济渠，可直泊于都城之汇。帝亟欲其成，又不欲役其细民，敕四怯薛人及诸府人专其役，度其高深，画地分赋之，刻日使毕工。月赤察儿率其属，著役者服，操畚锸，即所赋以倡。趋者云集，依刻而渠成，赐名曰通惠河，公私便之"④。至元二十九年八月，世祖"用郭守敬言，浚通州至大都漕河十有四"⑤。成宗即位后，立即着手疏浚运河以利漕运。至元三十一年（1294）八月，成宗一面令段贞、范文虎"监浚通惠河"，一面"令军士复浚浙西太湖淀山湖沟港，立新河运粮千户所。"⑥ 至治元年（1321）三月，英宗

---

① （明）宋濂：《元史》卷五十六，中华书局1976年版，第1345页。
② （明）宋濂：《元史》卷五，中华书局1976年版，第94页。
③ （明）宋濂：《元史》卷十五，中华书局1976年版，第319页。
④ （明）宋濂：《元史》卷一百一十九，中华书局1976年版，第2950页。
⑤ （明）宋濂：《元史》卷十七，中华书局1976年版，第365页。
⑥ （明）宋濂：《元史》卷十八，中华书局1976年版，第386页。

"发民丁疏小直沽白河"。① 至治元年，惠山海牙"迁都水监，疏会通河，堤滦、漆二水，又修京东闸"。② 泰定三年（1326）十月，泰定帝"发卒四千治通州道"。③ 泰定四年（1327）三月，泰定帝诏令"浚会通河，筑漷州护仓堤"。④ 天历二年（1329）四月，文宗诏令"浚漷州漕运河"。⑤ 八月，又"发诸卫军浚通惠河"。⑥ 至正二年（1342）正月，顺帝诏令"开京师金口河"。⑦ 至正十一年（1351）六月，顺帝"发卒一千，从直沽至通州，疏浚河道"。⑧

其次，元朝对漕粮来源地江南地区的运河系统也很重视。大德十年（1306）正月，成宗诏令："浚吴吴江等处漕河。"⑨ 至治三年（1323）十二月，泰定帝也孙铁木儿诏令："浚镇江路漕河及练湖。"⑩ 鉴于自古"镇江运河全借练湖之水为上源，官司漕运，供亿京师，及商贾贩载，农民来往，其舟楫莫不由此"，至治四年（1324），英宗令江浙行省参政董中奉督役，计划"自镇江在城程公坝，至常州武进县吕城坝河长百三十一里一百四十六步，拟开河面阔五丈，底阔三丈，深四尺，与见有水二尺，可积深六尺"，具体施工"分运河作三坝依元料深阔丈尺开浚"。全部工程"增筑堤堰及旧有土基，共增阔一丈二尺，平面至高底滩脚，增筑共量斜高二丈五尺。依中堰西石达东旧堤卧羊滩修筑，如旧堤高阔已及所料之上者，遇有崩缺，修筑令完。中堰西石□达至五百婆堤西上增高土一尺，有缺亦补

① （明）宋濂：《元史》卷二十七，中华书局 1976 年版，第 611 页。
② （明）宋濂：《元史》卷一百四十五，中华书局 1976 年版，第 3447 页。
③ （明）宋濂：《元史》卷三十，中华书局 1976 年版，第 674 页。
④ 同上书，第 676 页。
⑤ （明）宋濂：《元史》卷三十三，中华书局 1976 年版，第 732 页。
⑥ 同上书，第 738 页。
⑦ （明）宋濂：《元史》卷四十，中华书局 1976 年版，第 863 页。
⑧ （明）宋濂：《元史》卷四十二，中华书局 1976 年版，第 891 页。
⑨ （明）宋濂：《元史》卷二十一，中华书局 1976 年版，第 467 页。
⑩ （明）宋濂：《元史》卷二十九，中华书局 1976 年版，第 641 页。

之。五百婆堤至马林桥堤水势稍缓，不须修治，其堤底间有渗漏者，窒塞之。"①

此外，元朝还对运河沿线的河道加以维护。世祖至元十三年（1276）正月，元朝"穿济州漕渠"，② 以利漕运。至元十九年，张君佐"修胶西闸坝，以通漕运"。③ 至元二十四年（1287）三月，世祖"命都水监开汶、泗水以达京师"。④ 至元二十五年（1288）二月，世祖"改济州漕运司为都漕运司，并领济之南北漕。京畿都漕运司唯治京畿"。⑤ 同月诏令："浚沧州盐运渠。"⑥

元朝对其他经济区域的运河工程也有建设。例如在淮北，宪宗蒙哥五年（1255），镇亳州的万户张柔"以涡水北隘浅不可舟，军既病涉，曹、濮、魏、博粟皆不至，乃筑甬路自亳抵汴，堤百二十里，流深而不能筑，复为桥十五，或广八十尺，横以二堡戍之"。⑦

发达的对外贸易特别是海外贸易是元朝经济国际化的重要标志，对国家经济统一体的形成具有重要的外部环境意义。元朝在未统一前，就十分重视对外贸易，通过边境互市与南宋开展贸易。中统元年（1260）七月，世祖"立互市于颍州、涟水、光化军"。⑧ 中统二年（1261）八月，世祖下诏赦免入宿州（今属安徽）贸易的南宋私商 75 人，"还其货，听榷场贸易"。⑨ 中统四年（1263），礼部尚书月乃合建言："光、颍等处立榷场，岁可得铁一百三万七千余斤，铸农器二十万事，用易粟四万石输官，不唯

---

① （明）宋濂：《元史》卷六十五，中华书局 1976 年版，第 1633 页。
② （明）宋濂：《元史》卷九，中华书局 1976 年版，第 178 页。
③ （明）宋濂：《元史》卷一百五十一，中华书局 1976 年版，第 3582 页。
④ （明）宋濂：《元史》卷十四，中华书局 1976 年版，第 297 页。
⑤ （明）宋濂：《元史》卷十五，中华书局 1976 年版，第 308 页。
⑥ 同上书，第 309 页。
⑦ （明）宋濂：《元史》卷三，中华书局 1976 年版，第 48 页。
⑧ （明）宋濂：《元史》卷四，中华书局 1976 年版，第 67 页。
⑨ 同上书，第 74 页。

官民两便,因可以镇服南方。"①

统一后,元朝大力发展海外贸易。至元十五年(1278)十一月,世祖"诏谕沿海官司通日本国人市舶"。② 至元二十六年(1289)三月,尚书省建议:"宜招集乃颜及胜纳合儿流散户为军,自泉州至杭州立海站十五,站置船五艘、水军二百,专运番夷贡物及商贩奇货,且防御海道为便。"世祖钦准,③ 至治二年(1322)三月,英宗"复置市舶提举司于泉州、庆元、广东三路"。④

二 元朝各经济区域的经济发展及区域整合

以大都为中心的腹里地区是元朝政治中心地带。元朝在腹里地区设立中书省,通过重农政策和经营漕运对腹里地区做重点经略。

大德六年(1302)四月,成宗诏令:"修卢沟上流石径山河堤。"⑤ 至治二年(1322)五月,英宗诏令:"修滹沱河堤。"⑥ 泰定二年(1325)九月,泰定帝诏令:"浚河间阵玉带河。"⑦ 至正十三年(1353),中书右丞相脱脱领大司农事,"西至西山,东至迁民镇,南至保定、河间,北至檀、顺州,皆引水利,立法佃种,岁乃大稔"。⑧ 元朝十分重视水利事业。史言:"元有天下,内立都水监,外设各处河渠司,以兴举水利修理河堤为务。"⑨ 为保障以大都为中心的政治核心区腹里地区的经济安全,元朝花费巨大精力整修和维护腹里地区的水利设施。

---

① (明)宋濂:《元史》卷一百三十四,中华书局1976年版,第3245页。
② (明)宋濂:《元史》卷十,中华书局1976年版,第206页。
③ (明)宋濂:《元史》卷十五,中华书局1976年版,第320页。
④ (明)宋濂:《元史》卷二十八,中华书局1976年版,第621页。
⑤ (明)宋濂:《元史》卷二十,中华书局1976年版,第441页。
⑥ (明)宋濂:《元史》卷二十八,中华书局1976年版,第622页。
⑦ (明)宋濂:《元史》卷二十九,中华书局1976年版,第660页。
⑧ (明)宋濂:《元史》卷一百三十八,中华书局1976年版,第3346页。
⑨ (明)宋濂:《元史》卷六十四,中华书局1976年版,第1588页。

中统三年（1262）八月，"郭守敬请开玉泉水以通漕运。广济河渠司王允中请开邢洺等处漳滏澧河达泉以溉民田，并从之"。① 至元元年（1264）二月，世祖"发北京都元帅阿海所领均疏双塔漕渠"。② 至元三年（1266）十二月，世祖诏令："凿金口，引卢沟水以漕西山木石。"③ 至元十六年（1279）六月，世祖诏令："以通州水路浅，舟运甚艰，命枢密院发兵五千，仍令食禄诸官雇役千人开浚，以五十日讫工。"④ 至元十七年（1280）二月，世祖诏令："发侍卫军三千浚通州运粮河。"⑤

世祖时代腹里地区最重要的水利工程是通惠河工程。该工程具有漕运与灌溉双重功能。至元二十八年（1291），领都水监事郭守敬建言："疏凿通州至大都河，改引浑水溉田，于旧闸河踪迹导清水。上自昌平县白浮村引神山泉，西折南转，过双塔、榆河、一亩、玉泉诸水，至西水门入都城，南汇为积水潭，东南出文明门，东至通州高丽庄入白河，总长一百六十里一百四步。塞清水口二十处，闸坝十处，共二十座，节水以通漕运，诚为便益。"工程起于至元二十九年（1292）春，次年秋告竣。⑥ 另有会通河工程，"起东昌路须城县安山之西南，由寿张西北至东昌，又西北至于临清，以逾于御河"，长二百五十余里，于至元二十六年（1289）建成。⑦ 至元二十八年（1291），高源领都水监事，"开通惠河，由文明门东七十里，与会通河接，置闸七、桥十二，人蒙其利"⑧，使两个工程联为一体。

---

① （明）宋濂：《元史》卷五，中华书局1976年版，第86页。
② 同上书，第96页。
③ （明）宋濂：《元史》卷六，中华书局1976年版，第113页。
④ 《元史》卷十，中华书局1976年版，第211页。
⑤ 同上书，第222页。
⑥ （明）宋濂：《元史》卷六十四，中华书局1976年版，第1588—1589页。
⑦ 同上书，第1608页。
⑧ （明）宋濂：《元史》卷一百七十，中华书局1976年版，第4002页。

世祖后的历任皇帝也十分重视对腹里地区水利工程的维护。皇庆二年（1313）正月，仁宗"发卒浚漷州漕河"。① 皇庆四年（1315）十一月，仁宗"复浚扬州运河"。② 至大三年（1310）二月，武宗诏令"浚会通河"。③ 至正十四年（1354）四月，顺帝"命各卫军人修白浮、瓮山等处堤堰"。④

但是，元朝腹里地区的经济基础不足以支持庞大的中央政府运转，因此来自江南的钱粮供应成为维持中央政府的重要经济保障。除运河漕运外，元朝适时开辟海运以资补充。元朝设立海道运粮万户府，"掌每岁海道运粮供给大都"。⑤ 史言："元都于燕，去江南极远，而百司庶府之繁，卫士编民之众，无不仰给于江南。自丞相伯颜献海运之言，而江南之粮分为春夏二运。盖至于京师者一岁多至三百万余石，民无挽输之劳，国有储蓄之富。"至元十九年（1282），伯颜"追忆海道载宋图籍之事，以为海运可行，于是请于朝廷，命上海总管罗璧、朱清、张瑄等，造平底海船六十艘，运粮四万六千余石，从海道至京师。然创行海洋，沿山求山奥，风信失时，明年始至直沽"。这次海运试航的低下效率使朝廷仍然主要经营运河漕运，但至元二十五年（1288），"内外分置漕运司二。其在外者于河西务置司，领接运海道粮事"，说明元朝仍然把海运作为备用方式。直到至大四年（1311），海运之议又起。史言："时江东宁国、池、饶、建康等处运粮，率令海船从扬子江逆流而上。江水湍急，又多石矶，走沙涨浅，粮船俱坏，岁岁有之。又湖广、江西之粮运至真州泊入海船，船大底小，亦非江中所宜。于是以嘉兴、松江秋粮，并江淮、江浙财赋府岁办粮充运。

① （明）宋濂：《元史》卷二十五，中华书局1976年版，第567页。
② （明）宋濂：《元史》卷二十六，中华书局1976年版，第581页。
③ （明）宋濂：《元史》卷二十三，中华书局1976年版，第522页。
④ （明）宋濂：《元史》卷四十三，中华书局1976年版，第915页。
⑤ （明）宋濂：《元史》卷九十一，中华书局1976年版，第2315页。

海漕之利，盖至事博矣。"尽管海道艰险，"然视河漕之费，则其所得盖多矣"。海运无疑成为元朝漕运的重要手段。①

至元二十五年（1288）十月，尚书右丞相兼总制院使、宣政院使桑哥"请明年海道漕运江南米须及百万石。又言：安山至临清，为渠二百六十五里。若开浚之，为工三百万，当用钞三万锭、米四万石、盐五万斤。其陆运夫万三千户复罢为民，其赋入及刍粟之估为钞二万八千锭，费略相当，然渠成亦万世之利。请以今冬备粮费，来春浚之。制可"②。至元二十六年（1289）正月，"沿海万户府言：山东宣慰使乐实所运江南米，陆负至淮安，易闸者七，然后入海，岁止二十万石。若由江阴入江至直沽仓，民无陆负之苦，且米石省运估八贯有奇，请罢胶莱海道运粮万户府，而以漕事责臣，当岁运三千万石。诏许之"③。因此，在实际操作中，漕运完全采海运而弃水运并不稳妥，两者并用为实际选择。至元二十八年（1291）正月，世祖诏令："罢江淮漕运司，并于海船万户府，由海道漕运。"④ 至治三年（1323）二月，英宗以"海漕粮至直沽，遣使祀海神天妃"⑤。至正十五年（1355）六月，江浙行省请求酌减海运以宽纾民力。他们抱怨称："至正十五年税课等钞，内除诏书已免税粮等钞，较之年例，海运粮并所支钞不敷，乞减海运，以苏民力。"⑥

原金朝统治区，除以大都为中心的今河北外，还有河南、山东、关中等几个经济区以及金朝的发祥地东北。元朝设置行中书省、河南行省、陕西行省、辽阳行省加以经略。以汴梁（今开封）为中心的河南经济区为例，在金中都（今北京）失守后一度曾经成为金朝的中心经济区。金

---

① （明）宋濂：《元史》卷九十三，中华书局1976年版，第2364—2366页。
② （明）宋濂：《元史》卷十五，中华书局1976年版，第316页。
③ 同上书，第319页。
④ （明）宋濂：《元史》卷十六，中华书局1976年版，第343页。
⑤ （明）宋濂：《元史》卷二十八，中华书局1976年版，第628页。
⑥ （明）宋濂：《元史》卷四十四，中华书局1976年版，第925页。

朝灭亡后，元朝着力恢复河南经济区的农业经济。地方志载：河南北部怀孟路孟州、温县，"土壤腴润，其民纯质"。① 谭澄中统元年（1260）任怀孟路总管，"令民凿唐温渠，引沁水以溉田，民用不饥。教之种植，地无遗利"。② 卫辉路，"地饶俗淳，勤于耕种"。③ 河南中部郑州，"人和重本，勤于耕织"。④ 皇庆年间（1312—1313），卜天璋任归德知府，"劝农兴学，复河渠，河患遂弭"。⑤ 许义夫任河南东部夏邑县尹，"每亲诣乡社，教民稼穑。见民勤谨者，出己俸赏之，怠惰者罚之。三年之间，境内丰足"。⑥

元朝在黄河流域兴建的最重要的水利工程是广济渠工程。该工程"在怀孟路，引沁水以达于河。"中统三年（1262）建成，"所修石堰，长一百余步，阔三十余步，高一丈三尺。石斗门桥，高二丈，长十步，阔六步。渠四道，长阔不一，计六百七十七里，经济源、河内、河阳、温、武陟五县，村坊计四百六十三处，渠成甚益于民"。⑦ 河南北部怀孟路孟州，劝农官杨端仁等"奉诏旨复开枋口，引水溉济源、武涉、河内、河阳、温五县民田。亦云广济渠"。⑧ 中统二年（1261）六月，怀孟广济渠提举王允中、大使杨端仁主持"凿沁河渠成，溉田四百六十余所"。⑨ 此外，至元元年（1264）四月，世祖"以彰德、洺磁路引漳、滏、洹水灌田，致御河浅涩，盐运不通，塞分渠以复水势"。⑩

① （元）孛兰肹等撰，赵万里校辑：《元一统志》卷一，中华书局1966年版，第82页。
② （明）宋濂：《元史》卷一百九十一，中华书局1976年版，第4356页。
③ （元）孛兰肹等撰，赵万里校辑：《元一统志》卷一，中华书局1966年版，第90页。
④ （元）孛兰肹等撰，赵万里校辑：《元一统志》卷三，中华书局1966年版，第233页。
⑤ （明）宋濂：《元史》卷一百九十一，中华书局1976年版，第4361页。
⑥ （明）宋濂：《元史》卷一百九十二，中华书局1976年版，第4374页。
⑦ （明）宋濂：《元史》卷六十五，中华书局1976年版，第1626页。
⑧ （元）孛兰肹等撰，赵万里校辑：《元一统志》卷一，中华书局1966年版，第79页。
⑨ （明）宋濂：《元史》卷四，中华书局1976年版，第71页。
⑩ （明）宋濂：《元史》卷五，中华书局1976年版，第96页。

顺帝时期，元朝对黄河水利工程进行了一次大规模经营。至正四年（1344）十一月，顺帝"议修黄河淮河堤堰"。① 至正十年（1350）十二月，顺帝诏令"以大司农秃鲁等兼领都水监，集河防正官议黄河便益事"。② 至正十一年（1351）四月，顺帝任命秃鲁为工部尚书兼总治河防使，"发汴梁、大名十有三路民十五万人、庐州等戍十有八翼军二万人供役，一切从事大小军民，咸禀节度，便宜兴缮。是月二十二日鸠工，七月疏凿成，八月决水故河，九月舟楫通行，十一月水土工毕，黄河于是回复故道，南汇于淮，又东入于海"。③

元朝统一后，设立江浙行省、江西行省、湖广行省、四川行省统治原南宋统治区。原长江以南地区，在南宋统治时期，曾经取得过显著的经济成就。元朝统一后，南方经济继续得到发展，成为元朝经济重心区，也是供应腹里政治中心区的财粮来源。例如原南宋政治中心区浙江，农业经济持续繁荣。嘉兴东北盘龙浦"盛夏大雨则泛滥"，到至元七年（1230），太史叶清臣"按漕本路遂建议浚为新渠道，直流速，其患遂弭"。④ 至元甲申，县尹顾泳重修海盐县东太平塘。⑤ 大德二年（1298）二月，成宗"立浙西都水庸田司，专主水利"。⑥ 世祖末期，江浙行省右丞董士选镇浙江。"浙多湖泊，广蓄泄以艺水旱，率为豪民占以种艺，水无所居积，故数有水旱，士选与彻里力开复之。"⑦ 大德丁未（1297），四明县县丞卢廷信重

---

① （明）宋濂：《元史》卷四十，中华书局 1976 年版，第 871 页。
② （明）宋濂：《元史》卷四十二，中华书局 1976 年版，第 889 页。
③ （明）宋濂：《元史》卷六十六，中华书局 1976 年版，第 1648 页。
④ （元）单庆修，徐硕纂：《至元嘉禾志》卷五，中华书局编辑部：《宋元方志丛刊》第五辑，中华书局 1990 年版，第 4444 页。
⑤ 同上书，第 4447 页。
⑥ （明）宋濂：《元史》卷十九，中华书局 1976 年版，第 417 页。
⑦ （明）宋濂：《元史》卷一百五十六，中华书局 1976 年版，第 3677 页。

修四明县云龙碶，又名荻埭碶。① 皇庆元年（1312），县尹王思义修完南宋宝庆年间（1225—1227）开筑之育王碶。② 延祐六年（1319），知州马称德重修进林碶。③ 至元三十年（1293），经历韩从事重修常浦碶。④ 至元三十年，县尹丁济修云胜碶。⑤ 延祐庚申（1314），知州马称德"开浚新河，易闸为堰"，即广平堰。⑥ 延祐七年（1320），知州马称德"因民请置堰高三尺砌三层横长三十丈阔六尺"，是为戚家溪堰。⑦ 延祐七年（1320），知州马称德"因修考到等碶并修完备防积水源"，是为和尚堰。⑧ 泰定元年（1324）十二月，泰定帝以"盐官州海水溢，屡坏隄障，侵城郭，遣使祀海神，仍与有司视形势所便，还请叠石为塘"。⑨ 泰定四年（1327），都水少监张仲仁治理海宁州沿海水患，"沿海三十余里下石囤四十四万三千三百有奇，木柜四百七十余"，至文宗即位时，"水势始平"。⑩ 仁宗拜康里脱脱为江浙行省左丞相。"（康里脱脱）下车，进父老问民利病，咸谓杭城故有便河通于江浒，埋废已久，若疏凿以通舟楫，物价必平。僚佐或难之，脱脱曰：'吾陛辞之日，密旨许以便宜行事。民以为便，行之可也。'俄有旨禁勿兴土功，脱脱曰：'敬天莫先勤民，民蒙其利则灾沴自弭，土功何尤。不一月而成。'"⑪ 至正元年（1341），泰不华被顺帝任命为绍兴路总管，"革吏弊，除没官牛租，令民自实田以均赋役。行乡饮酒礼，教民兴

---

① （元）王元恭修，王厚孙、徐亮纂：《至正四明续志》卷四，中华书局编辑部：《宋元方志丛刊》第七辑，中华书局 1990 年版，第 6492 页。

② 同上。

③ 同上书，第 6493 页。

④ 同上。

⑤ 同上。

⑥ 同上。

⑦ 同上书，第 6494 页。

⑧ 同上。

⑨ （明）宋濂：《元史》卷二十九，中华书局 1976 年版，第 652 页。

⑩ （明）宋濂：《元史》卷六十二，中华书局 1976 年版，第 1492 页。

⑪ （明）宋濂：《元史》卷一百三十八，中华书局 1976 年版，第 3325 页。

让，越俗大化"。① 浙江各地如海盐州，"擅湖海鱼盐之利，号泽国秔稻之乡"；崇德州"俗淳永，慕文儒，勤农务。"②

元朝在西北地区设立甘肃行省。在原西夏统治区的宁夏府路，农业经济很早就得到了恢复。世祖授朵儿赤为中兴路新民总管，"录其子弟之壮者垦田，塞黄河九口，开其三流，凡三载，赋额增倍"。③ 至元元年（1264），张文谦以中书左丞行中兴等路，"浚唐来汉延二渠，溉田十数万顷，人蒙其利"。④ 至元八年（1271），袁裕任西夏行省中兴等路新民安抚副使兼巡行劝农副使，"请于朝，计丁给地，立三屯，使耕以自养。官民便之。又言：西夏羌、浑杂居，驱良莫辨，宜验已有从良书者，则为良民。从之，得八千余人，官给牛具，使力田为农"。⑤ 元朝对宁夏的水利工程进行了整修。至元三年（1266）五月，世祖下诏"浚西夏中兴汉延唐来等渠"。⑥ 在甘肃，大德六年（1302）六月，成宗诏"命甘肃行省修阿合潭、曲尤壕以通漕运"。⑦ 兰州，"尚武务农，民俗质朴而力于耕"。⑧

元朝统一云南后，在原大理国统治区设立云南行省。赛典赤主政，"教民播种，为陂池以备水旱"。⑨ 昆明在元朝时因兴修水利农业得到发展。史言："张立道为大理等处劝农使，求泉源所出，泄其水，得地万余顷，皆为良田。"⑩ 至元八年（1271），张立道任大理等处巡行劝农使，"求（昆明池）泉源所自出，役丁夫二千人治之，泄其水，得壤地万余顷，皆

---

① （明）宋濂：《元史》卷一百四十三，中华书局1976年版，第3424页。
② （元）孛兰肹等撰，赵万里校辑：《元一统志》卷八，中华书局1966年版，第580页。
③ （明）宋濂：《元史》卷一百三十四，中华书局1976年版，第3255页。
④ （明）宋濂：《元史》卷一百五十七，中华书局1976年版，第3697页。
⑤ （明）宋濂：《元史》卷一百七十，中华书局1976年版，第3999页。
⑥ （明）宋濂：《元史》卷六，中华书局1976年版，第110页。
⑦ （明）宋濂：《元史》卷二十一，中华书局1976年版，第453页。
⑧ （元）孛兰肹等撰，赵万里校辑：《元一统志》卷四，中华书局1966年版，第470页。
⑨ （明）宋濂：《元史》卷一百二十五，中华书局1976年版，第3065页。
⑩ （明）宋濂：《元史》卷六十一，中华书局1976年版，第1458页。

为良田。爨、僰之人，虽知蚕桑而未得其法，立道始教之饲养，收利十倍于旧，云南之人由是益富庶”。① 至元十一年（1274），信苴日任大理总管，“置郡县，署守令，行赋役，施政化，与中州等”。② 世祖时，脱力世官平定亦奚不薛地，“籍其民五百余户为农”。③ 云南在大理国时期，具备一定的农业基础。史载“诸夷多水田，谓五亩为一双”，④ 经过一个多世纪的开发，云南农业得到了进一步发展。丽江路军民宣抚司辖下通安州（今四川会理），“地土肥饶，人资富强”。⑤ 东川路（今云南东川），“野无荒闲，人皆力耕，地富饶”。⑥ 建昌路（今四川西昌），“谷粟丰盈，民足衣食，牛羊盐马氈布通商殖货”“土广人稀，田地膏腴”。乌撒乌蒙宣抚司（今云南昭通），“泉甘土肥，宜育马羊”。⑦ 大理以西百里之品甸（今云南泸水），“川泽土壤不减云南，而民种莳为不及尔。甸中有池，名曰青湖，灌溉之利达于云南之野”。⑧ 大理路赵州（今云南大理），“神庄江贯于其中，溉田千顷，以故百姓富庶，少旱虐之灾”。⑨ 金齿百夷（今云南西双版纳），“地多桑柘，四时皆蚕”。⑩

元朝在岭北地区设立岭北行省。岭北农耕经济也得到初步发展。至元二十四年（1287）八月，亦集乃路屯田总管忽都鲁“请浚管内河渠，从之”。⑪ 至元二十五年（1288）四月，世祖诏令：“浚怯烈河以溉寇温脑儿

① （明）宋濂：《元史》卷一百六十七，中华书局 1976 年版，第 3928 页。
② （明）宋濂：《元史》卷一百六十六，中华书局 1976 年版，第 3911 页。
③ （明）宋濂：《元史》卷一百三十三，中华书局 1976 年版，第 3229 页。
④ （元）李京：《云南志略辑校》，王叔武校注，云南民族出版社 1986 年，第 100 页。
⑤ （元）孛兰肹等撰，赵万里校辑：《元一统志》卷七，中华书局 1966 年版，第 561 页。
⑥ 同上书，第 563 页。
⑦ 同上书，第 568 页。
⑧ （元）郭松年：《大理行记校注》，王叔武校注，云南民族出版社 1986 年，第 11 页。
⑨ 同上书，第 14 页。
⑩ （元）李京：《云南志略辑校》，王叔武校注，云南民族出版社 1986 年，第 93 页。
⑪ （明）宋濂：《元史》卷十四，中华书局 1976 年版，第 300 页。

黄土山民田。"①

综上所述，元朝为维护多民族王朝版图的统一局面，通过大力建设各种运河工程，发展海外贸易，在积极恢复原金朝、南宋、西夏、大理政权统治区域各自农业水平的基础上，促进各地区经济的整合。

---

① （明）宋濂：《元史》卷十五，中华书局1976年版，第311页。

"跨文化体系"与"跨体系文化"①

——"闽南海丝文化圈"与台湾布袋戏的创新发展

王　伟

（泉州师范学院文学与传播学院）

摘　要： 本文在文化记忆场的分析框架中系统勘探闽台布袋戏的历史传承、发展现状与未来走向，试图揭示其在全球本土化浪潮下跨界传播的"不变之质"与"变化之象"。具有文化隐喻象征的台湾现代布袋戏，无论是从现实型的历史再现到超现实的审美想象，还是从江湖地形的精心绘制到异度空间的锐意创造，抑或从身体美学的视觉展览到文化身份的形上表述，无不契合本地民众的情感心理结构与价值伦理取向，因而在时空流转的文化环流中显影求新思变、别具一格的闽南美学风范，重构闽南民系族群在兹念兹的历史记忆场域，因而被大众媒体塑造为全球推广的地方意象。在推动"新海丝人文交流"的时代情境中，闽台布袋戏返本开新、与时俱变的成功经验，或许能为两岸共同探索传统地方戏曲的现代转型与全

---

①　基金项目：福建省社会科学规划项目（FJ2016C120）；福建省中青年教师教育科研项目（JAS150472）；泉州市社会科学规划项目（2015E13）；泉州师范学院国家级和各部委项目预研基金（2016YYSK17）。

球传播提供有益参照。

关键词：现代性；闽南戏曲；闽派美学；传播策略；文化生态

一 情怀与情结：泛金光化的"阳刚美学"①

在台湾地区新闻主管部门举办的"寻找台湾意象"的活动当中，布袋戏以 13 万余票的惊人佳绩，不仅远远超过所谓的"本土剧种"歌仔戏的得票率，还一举击败了玉山、台北 101 大楼等强劲对手拔得头筹，"成为'台湾意象'识别系统"②。然而，在台湾布袋戏发展史的传统论述框架当中，却一直存在着"原生"与"衍生"、"传统布袋戏"（古典锣鼓布袋戏）与"金光布袋戏"的二元划分，似乎二者界限森严、壁垒分明。在我们看来，诚如台湾知名布袋戏专家吴明德先生在《台湾布袋戏表演艺术之美》所言，台湾布袋戏整体的发展趋向是往"金光戏"加速倾斜，走的是一条"泛金光化"的不归之路，其基于历时性传承发展所归纳出的共时性传播特征而指出，"北管布袋戏是南管布袋戏的'金光化'表现，内台（戏院）剑侠布袋戏又是北管布袋戏的'金光化'表现，以致黄俊雄的电视布袋戏、黄文择的霹雳布袋戏，基本上也是往更'金光化'的风格去表现"③。在其看来，压箱底的古册戏中就蕴含着机巧善变、紧俏风流的"金光意识"，"日据"时期的布袋戏被追认为"第一次金光转型"，"光复"之后出现的"剑侠戏"被指认为"第二次金光转型"，而家学深厚、天赋

---

① 如果说"哭腔"盛行的歌仔戏更多表现为女性的"阴柔美学"，那么"武戏"泛滥的台湾布袋戏则为"阳刚美学"典型的代表。歌仔戏的家族传承大体是母女一系，布袋戏则体现为父子相继，如许王父子、黄俊雄父子等布袋戏世家。相映成趣的是，前者的观众大多以女性为主，后者的受众则以男性居多。

② 吉路：《借艺扬"台湾意象"》，《北京档案》2006 年第 5 期。

③ 吴明德：《台湾布袋戏表演艺术之美》，台湾学生书局 2005 年版，第 59 页。

异禀的黄俊雄所掀起的电视布袋戏的"史艳文风暴"①则属于"第三次转型",至于黄强华昆仲继承其父发扬光大的"霹雳布袋戏"②被界定为"第四次金光转型"。正是在此基础上,我们不妨大胆地将台湾布袋戏发展史上历时出现但又互有叠加的显现"武打"底色的布袋戏表演形态("剑侠戏""少林戏"、狭义"金光戏"或曰"金刚戏"、电视布袋戏、霹雳布袋戏)视作广义的"金光戏"序列(或曰"泛金光戏"),一并探讨其共同反映的社会审美期待与公共历史记忆。

现代西方精神分析学说及其本土美学实践者往往认为,人类在其最为基层的生理层面存有两种互为经纬的原始本能,即建设性的"爱的本能"和破坏性的"攻击本能",只是由于主体理性以合乎人类普遍道德为名长期对之刻意压抑,使其堕于幽暗之处而在日常生活中被层层遮蔽。但是,诚如笔者在多年前写的《东方武侠的视听盛宴——试论后现代视阈下的江湖世界》③一文中对武侠故事体现的文化症候进行的美学诊断,现实规范与书写伦理的强行抹除与刻意消解,并不意味着心灵深处的平静与释然,实际或许恰好相反,内心隐秘的生命欲求往往因为外部弹压而更加炽烈。是以,"英雄与美人比翼齐飞,情爱与暴力相得益彰"④的经典叙述模式,慨然奏响台湾布袋戏之"风雷掌中动,世浪翻袖中"的华彩乐章。一方面,以商业利润之最大化追求为根本原则,以消费欲望之外在化扩张为内在动力的"武戏"及其衍生序列,堪为侠骨柔情、搜奇猎艳的"造梦工

---

① 1970年3月2日,年仅38岁的黄俊雄走进"台视"制播《云中大儒侠》,掀起了"史艳文风暴"的布袋戏收看狂潮,从而为台湾地区民众盖上了难以磨灭的"布袋戏烙印",并使布袋戏再度成为台湾人民的集体记忆之一。

② "霹雳布袋戏"以1984年上档的《霹雳城》为最初创始,因之后的每出剧名皆冠有"霹雳"二字而得名。若以《霹雳金光》《霹雳眼》《霹雳至尊》三部作品开始,到2015年推出的《霹雳狼烟之九轮燎原》,"霹雳系列"已播出2000余集。

③ 鉴于研究对象及其体现的美学精神与艺术旨趣上具有共同点与相通性,本文对于台湾霹雳布袋戏的审美阐释,依然延续了该篇论文运用的分析视点、致思方式与论述框架。

④ 王伟:《台湾电影的现代性书写》,《集美大学学报》2011年第3期。

程"，在外文绮交、内义脉注的剧情架构上，极大满足消费主体"窥视欲"的生产与再生产。另一方面，终日困扰于柴米油盐之庸常生活的观看群体，在"刀光剑影、飞檐走壁、腾云驾雾、千变万化、掌动山岳、特技百出"①的视听轰炸中眼界大开，从锣鼓喧天中隐约感受到冲破观念形态藩篱的力量与冲动，进而将"权情困扰、善恶纠葛"的诡谲故事视为来不及实现却看得见的梦。进而言之，在过去与现在不断穿越、几番往来的观众，以审美游戏的自由方式卷入出虚入实、虚实相生的戏剧仪式；其间其时，灵魂深处，没有名目的原始生命诉求宛如火山岩浆喷薄而出、尽情宣泄，潜藏于心、难以名状的怀旧乡愁得以转移升华。由之而来，被抛来这一闭锁世界中的孤独闭锁的单子个体，在"尽得其情的快意恩仇"与"缠绵悱恻之乱世情缘"的饕餮盛宴中，将伴随现代性转型大潮而来的恐惧与战栗、紊乱与失衡、感伤与怠懒，暂时搁置一边而得以忘忧。正是在此意义上，《霹雳月刊》的前总编魏培贤先生，不无得意地将引人瞩目与侧目的布袋戏比作"小孩的安徒生，少年的情人，成人世界的忘忧草"②。

从大历史、长时段的文化考古意义上讲，任何一部文本（不管是拙劣的作品还是优秀的佳作），其都折射了"讲述故事的年代"③的浮光掠影。数十年来，"泛金光化"的布袋戏及其人事两非、荤腥不忌的衍生序列，在总体上依旧遵循民间观念形态的人性表达，并且借由高亢激昂、沸腾热血的江湖主题和老少咸宜、雅俗同赏的审美趣味，满足日渐分殊、渐次隔膜之不同阶层主体的情感共同体想象。例如，早在 20 世纪 50 年代的"内台"表演时期，享誉台湾的一代布袋戏大师李天禄，就凭借其拿手好戏《清宫三百年》中的洪熙官一角想象岭南乃至华夏历史，在"一口说尽千

---

① 王馨婉：《台湾霹雳布袋戏的主题研究》，硕士学位论文，南京师范大学，2015 年，第 1 页。
② 魏培贤：《金光再现、生命回春》，《中国时报》1997 年 5 月 15 日第 26 版。
③ 戴锦华：《个人写作与青春叙事》，《电影艺术》1996 年第 3 期。

古事"的开阖转换中重新测绘亦真亦幻的江湖地图。其运用一身绝技与满腔热情倾力打造一系列有血有肉、栩栩如生的民间英雄形象,绘影绘声、浓墨重彩地渲染其惊天动地、可歌可泣的光辉业绩。顶天立地、正气浩然的真正英雄豪杰,终将超越一己偏私,走向理性成熟,并心悦诚服地接受锄强扶弱、匡扶正义的使命召唤。在险象环生、漫长波折的成长过程中,终将被命名为"英雄"的武术家们(似乎多为男性)渐渐不是好勇斗狠、以力服人的格斗者,亦不仅仅是冤冤相报、以暴易暴之复仇行动的执行者,也非间或充任边缘族群、弱势群体的庇护者,而是成为埋藏在观众心底之另一个隐匿不彰、若无实有的英雄情结。职是之故,其一面被万千戏迷殷殷惦念而奉为史诗美学的英雄图腾,另一方面亦成为某些人眼中难以容忍、急于抹除的一种文化禁忌。

二 "物"与"非物":民间狂欢的边界拓展

凭借后现代文化论述而影响两岸学界的西马大家弗雷德里克·杰姆逊(Fredric Jameson,中文名为"詹明信")有言,"第三世界的文本,甚至那些好像是关于个人和利比多趋力(Libido)的文本,总是以民族寓言的形式来投射一种政治:关于个人命运的故事包含着第三世界的大众文化和社会受到冲击的寓言"①。在我们看来,这一为华语学界反复征引的拗口名言,用以勘探台湾"泛金光化"布袋戏(特别是其精神承继者霹雳布袋戏)似乎无比贴切。命运多舛、踵事增华的台湾布袋戏在一度遭遇禁播而又重返荧幕并且大放光彩、更胜往日的时候②,正是整个社会处在扰攘多事、何去何从的十字路口。若从整体文化图景上看,后

---

① [美]詹明信:《晚期资本主义的文化逻辑》,张旭东等译,生活·读书·新知三联书店2013年版,第429页。

② 1974年,台湾当局开始禁止闽南语的电视布袋戏,而这一政策直到1982年之后才逐步解禁。

现代式的美学狂欢以雷霆万钧之势重估一切民俗价值，反思赓续已久的宗法传统与裁判是非的权威话语，试图一一分解从前居之不疑的叙事模式与现实存在，从而生发对主流阐释系统与原有认知框架的另类解析，而建筑在古典伦理之上的精神家园亦在此解构狂潮中走向荒芜。缘此，一方面如前所言，植根已久的偶像膜拜不仅成为一种与生俱来、根深蒂固的审美集体意识，亦演化为共同文化记忆的深层心理结构，因而带着文化健忘症的狂热群体又转而呼唤新质偶像的重新降生；另一方面，历史主义的文化幽灵虽然仍在上空徘徊不去，但是伴随现代性所携问题深入社会肌理，目睹乱云飞渡、潮起潮落的普罗大众，对如走马灯的公共人物之朝令暮改的文宣口号早已心生厌倦，迫切渴望向民族根须找寻精神寄托的文化资源。易而言之，在凸显出来的历史迷局与美学乱象中，岛内民众希望借着其时文艺生态的松动契机，通过与偶像进行精神层面的交往对话来显影内心图像，进而实现对阳刚之美的重新发现与对未来世界的美好想象。所以，这是一个在心灵层面需要英雄、召唤英雄，但又在现实层面解构英雄、消费英雄的有趣时代。

黄氏家族通力铆上、合力打造的既环环相扣又独立成章的霹雳布袋戏，与其说是以"宏大直逼三国、细腻堪比红楼"的讲述方式揭露起伏跌宕的外部风云与幽微难测的潜意识闷域，毋宁说其将原本淡出时代场景的英雄偶像重新置放在耀眼明亮的媒介聚光灯下，使得意味绵长的历史缺席变成形象直观的现实在场。这种记忆历史与摹写现实的双重铭刻活动，既将创作主体的生命体验间接嵌入行将弥合的历史语境而非文本语境，又与接受主体的审美期待视域融合无间，从而把万千庶民从悸动彷徨的虚无之所拉了回来。因此，"无论是负笈海外、学贯中西的自由精英群落，抑或是宅兹本地、目不识丁的民间草根阶层，无论是血气方刚、未经世事的青少年学生，还是历尽浮沉、阅尽沧桑的主流保守人士"①，大抵不由自主地被这股汹涌澎湃的大潮裹胁进去。上述图景正是虚构与回忆相互借镜、想象与印象合二为一的文化复古表征。曾几何时，霹雳布袋戏里专属某位英雄人物的特定旋律响起之时，又有多少人不由得热血沸腾、心潮澎湃。如果回溯历史语境追索布袋戏让观众入戏并趋之若鹜的基本元素，其答案或许就在于历史无意识的深层激荡，英雄主义美学的当下回归。

正所谓，"去圣已邈，宝变为石"。随着前现代的农耕文明向现代的工业文明乃至后现代的消费文化加速过渡与多态共存，尚未与传统揖别的普罗大众，其生活越来越受到现代科层机构与跨国金融资本的重重制约。因之，孺慕英雄、向往崇高的史诗时代渐次退隐，平庸卑微、一地鸡毛的散文化时代终于莅临，个体与群体逐渐整合进一个时尚消费与消费时尚的总体潮流当中。在"去历史化"与"再历史化"的众声喧哗中，民俗曲艺的现实根基面临来势汹汹的强力挑战与前所未有的严峻考验，民间伦理更是遭受货币符号的无情挤兑与交换逻辑的僭越摧毁。正是在乡贤远去、偶像不在之现实势道的剧烈冲击下，霹雳世界中具备高超人际关系处理能力、为达目的可以不择手段的素还真，代替自带"好人"光环、正直而又悲情的史艳文（集"忠、孝、节、义"于一身的大儒侠形象），成为台湾电视布袋戏的新一代主角。与之相应而生的是，涕泪飘零的孤胆英豪与知情守礼的武侠群像，渐次不再构成布袋戏表现的重点对象，而折冲樽俎的拉帮结派与缜密长远的谋略运用，果不其然地成为布袋戏着力展示的剧情重心。缘此，在《霹雳至尊》第12集当中，"一线生"才会语重心长地对素还真说："当今的武林，目前的社会，非是个人与个人之争，而是组织与组织之斗。手段、智慧、财力、人力、武力、物力要互相配合。"②

---

① 王伟：《海丝寻梦：闽南戏曲的光影之忆》，《民族艺术研究》2015年第3期。
② 陈龙廷：《发现布袋戏：文化生态·表演文本·方法论》，春晖出版社2010年版，第432页。

话说回来，在民间文化自身因商品化混淆变形的此时此刻，处于过去不可返归、未来难于展望之状态中的人们，亦不会满足纷至沓来、内化于心的消费欲求。其在重新审视虚有其表、日渐孱弱之民间美学的同时，间或将目光投向满是怪谭奇遇、幻魅想象的偶像世界，希冀借助蕴含其间葱郁奇诡、亦幻亦真的艺术想象，实现"对族群原初文明的缅怀与追忆"①，并以之抗衡或曰疏离难以直面的世俗常规。由此观之，在多重现代性的历史情境中，宗元汇通、自成体系的现代布袋戏作为历尽劫波、熬过严冬重新绽放的，犹自散发出自民间的诗意芬芳，深具文化缅怀与重构记忆的美学功效。实而言之，生存在虚拟时空之中的布袋戏主人公无所不能、本事通天，既有狂野不羁、另类激进的理想者，又有多难自持、自成一格的悟道者，更有迷茫漂泊、辗转难安的求索者，最大程度上符合庶民阶层的精神旨趣与情感认同，成为喜新又恋旧之升斗小民体悟现实人生、追忆似水流年、重燃往日激情的影像迷药。是以，张致恓惶、忧伤躁郁的本地俚俗众生，在如梦似幻、华丽苍凉的视觉奇观中恣意翻滚、悠游梦幻，在魅影重重、迷离扑朔的戏影空间中反刍熔浆般的炙热与极致处的惨淡，在上天入地、神游万仞的出神状态中感受身心一体、人偶齐一的愉悦狂喜，在虚拟与现实、此岸与彼岸的时空错位中进行想象性的相互抚慰并进入形而上的审美体验。

三 "小戏"的"大道"：掌中天地的文化转译

"表面上看似完全幻想的世界，有时并非完全与现实无关。②"如前所述，台湾现代布袋戏以寓言方式表意现实，缘此对之理解的主要参数显然

---

① 齐燕敏：《精神上的返乡——论台湾电影中的怀旧情愫》，《剑南文学·经典阅读》2014年第2期。

② 陈龙廷：《听布袋戏：一个台湾口头文学研究》，春晖出版社2005年版，第2页。

是当下台湾地区的社会情势及其文化实践的后现代性。下面我们就在文化诗学层面上简要分析霹雳布袋戏既合乎"常情"又悖乎"常理"的魔幻写实色彩。

就近而言，霹雳布袋戏作为台湾布袋戏跨界创新的重要成果，乃是与"内台"时期"金光戏"的通俗演义是一脉相承、有迹可访。远而论之，其在全球本土化的时代语境中异军突起、攻城拔寨，体现了东方戏剧传统在中西文化互学互鉴中的涅槃重生或曰创新复兴。俱往矣，云林黄氏第四代（黄强华、黄文铎这对性格与专长互补的兄弟）对武侠题材的"戏拟"、玄幻元素的挪用，一举超越前辈诸贤（包括其祖父黄海岱、其父亲黄俊雄）而又与时俱进的精髓所在，显然不在于其直指人心的剧情编排与俚俗亲民的方言修辞，也不在于其通过疾徐有序、张弛有度的情节安排而将简陋故事复杂化、平面人物立体化的技巧精进，更不在于运用"可动关节人形"之高度拟真技术来再现一幅气势磅礴、风云变幻的史诗景观。也就是说，其艺术成就不局限在技巧层面的创作难度，表演美学的异乎寻常，而在于注入"破字为先、立在其中"的现代性文化元素，重构一个勾连传统、类比现实的异度空间。正是在这一为世人开启隐含人性的美学创新上，"震天轰霹雳、卷地起风涛"的霹雳布袋戏，才能消融此前为人所诟病的武戏过多过滥、"人物快入快出"的艺术悬置感，突出戏剧人物在极端情境中进行抉择的复杂性与对话性，因而成功负载了霹雳文化特有的一份悖论式的艺术表达、一处纠结的叙述逻辑或曰情感结构。

在其用心虚拟的霹雳世界中，一再熄灭又一再燃起的恩怨情仇让试图金盆洗手、远离是非的剧中人无处躲藏、无法回避，可谓人在江湖自然身不由己。由此推之，在江湖路上行行复行行、努力谋生活的武林人士，何其脆弱又何其荒诞！互为吊诡的是，生命之间的两相凝视转化为彼此熟视，进而沦为相互轻视乃至互相敌视。君不见，在打打杀杀、躲躲藏藏中过日子的江湖中人，似乎形成在谈笑间、在发怒时将敌手灰飞烟灭的行为习惯。是以，在波谲云诡、互相倾轧的至尊争霸战中，尔虞我诈的权谋机变及其所外显的生死决斗，成为深陷情天欲海不能自拔之各类人物或维系自身生存或发泄剩余精力或宣泄生命快感之必不可少的日常活动。而那些早已渡过"情"（亲情、友情、爱情乃至天下情）与"理"（天理、公理、物理）纠葛挣扎的侠客豪杰，也只能感喟理想化的桃源世界终究敌不过现实世界的残酷与无情。一言以蔽之，这是人性的极度异化，难道不是吗？在杀机重重、用尽权谋的霹雳世界中，人性之美一文不名、惨遭践踏，非人之举大行其道、司空见惯。

不唯如此，在投影功利现实的霹雳世界中，闯入其间的工具理性如同野草一般迅速蔓生并将主体意识窒息。于此酷烈的生存环境之中，戏偶之间的相互角力与争权夺利，亦顺理成章地成为武林事件的台前助力与幕后推力。若非如此，身怀绝技、出手不凡的一代侠客何以大显身手？藏之名山的传世绝学、幻术法宝何以闪光绽放？整个霹雳世界就是波澜不惊的一潭静水，遑论建立乌托邦理想的雄图霸业。在此，现代布袋戏建构的霹雳世界，乃是运用"暴力美学作为其叙述的根本指向，以彻底改写人的欲望、精神、历史和文化的内在结构，反思社会发展与道德沦丧交织这种历史进程的二律背反"①。按照此项逻辑规则，魂兮归来、出生入死的某些侠客早就视温情脉脉的伦理面纱为可有可无的繁文缛节，该找人牺牲时毫不迟疑，该反戈一击时绝不手软。若以局外人的后见之明而斗胆试问剧中人，若剥离凝定其间直接而又实在的利益关系，所剩为何？本应超脱、笑看风云的道上中人，却为无所不在、无孔不入的交换逻辑所暗中操纵，主动变成利益宰制下的打手与权力驱使下的木偶。例如在《霹雳眼》当中，

---

① 王伟：《东方武侠的视听盛宴——试论后现代视阈下的江湖世界》，《宁波广播电视大学学报》2005 年第 3 期。

欧阳世家建立在拟血缘关系之上（"十六义子"）的庞大组织，究其实际不过是为了成就欧阳上智一己之利而聚合凝就。进而言之，欧阳世家只不过将其当成一种为己所用的关系资源，并以功利主义的手段操作这层人与人之间的关系。由此可见，创作者对"人"（主体）被物化为工具（客体）的社会现实有着敏于常人、异于常理的洞察与思考，并站在文化批判的历史视景中一再提醒世人对跨域资本主导下的现代行为逻辑保持应有警惕。在我们看来，其面对滚滚红尘的"情、缘、恩、愁"，努力叩击人物角色担纲的世俗命定，执着地向众音纷陈、喧哗不已的存在发问，并在"自语"与"他语"、"出戏"与"入戏"之间反复辩证，弥足珍贵、发人深省。

依稀记得德国唯意志主义美学家叔本华（Arthur Schopenhaue）有言，人生就像来回晃动的机械钟摆，于空虚与痛苦两端之间徘徊往复，欲望未获满足就痛苦不已，一朝满足便堕入空虚；法国精神分析学家雅克·拉康（Jacques Lacan）认为，"欲望的客体永远难以达成"[①]，因为人们想要的不是欲望的对象本身，而是关于欲望的不断幻想。在笔者看来，"霹雳系列"借助戏偶这一媒介的灵活操纵，开启"身体向度"的深刻思考以及另类风景的再生，显现出不同于民间素朴美学之后现代身体美学的超理性意涵，正是对充满荒诞意味之人类生存困境的最好诠释。进而思之，霹雳布袋戏借由一系列深陷欲望黑洞的痴男怨女群像，透视生命伦理与经济伦理、政治伦理的张力结构，并自觉与自决地转向对审美伦理的历史反思、对生命意义的诗性追问以及主体之间的对话抗辩，从而有别于同属"武戏序列"的"剑侠戏""金光戏"乃至早期电视布袋戏的暴力展示与媚俗表演。再进一步而论，以虚纪实、似假又真的霹雳布袋戏，其审美意义在于有力穿

---

① ［斯洛文尼亚］齐泽克著，季广茂译：《斜目而视：透过通俗文化看拉康》，浙江大学出版社 2011 年版，第 1 页。

透观念形态的精神幔帐与现实表象的迷雾环绕，逆向折射审美现代性的时代风范与文化远景。

四　看头与噱头：霹雳世界的美学隐喻

有道是，"玄幻对于东方影视的意义，几乎等同于科幻之于美国影视的意义"①。承前所述，霹雳布袋戏并非只是停留在昏天黑地的打斗与无休无止的争斗，其还在超历史性的跨时空言说中彻底清算东方武侠话语系统中的堂皇叙事（儒家伦理包裹下的江湖道义），从而在前现代传统与后现代文化的汇通与整流中，演绎文明活力、凝聚民间想象。显然，如果将"正义"与"邪恶"之间的二元对立推向极端，简单地将武林恩怨抽象归结为争权夺利的自相残杀，或具象图解为诸如代表正义力量的"东南派"②与代表邪恶势力的"西北派"之纠缠不清的循环斗争，最后以永恒正义的最终恢复来建构故事与编织剧情，那是安于俗套、创造力匮乏的二流民间说唱者，终将会在出场人物"一山更比一山高"③的升级打斗中引起"戏粉"的审美疲劳。因此，其生也晚的黄氏昆仲作为后来与后继者，要想在大众传媒对民俗曲艺的收编运动中站稳脚跟，超越包括父祖、叔伯在内的众多前辈高手，就不能迷恋"为打而打"、以武服人的暴力美学，而必须从人性的制高点审视大千世界、从世界的最深处剖析人性繁复，创造出一个意蕴丰富、人偶合一的审美空间，以促使耽溺其间、欲罢不能的追剧粉

---

① 《承包 95 后暑假的玄幻剧是怎样一门生意?》，全媒派，http://news.qq.com/original/dujiabianyi/xuanhuanju.html。

② 早期金光布袋戏的剧情发展大都因袭两个派别的二元对立模式，"排戏先生"吴天来后来干脆舍弃现实世界的具体地理名称，而直接使用"东南派"与"西北派"的方向指称来建构戏剧的对立关系。

③ 其常用的剧情模式就是"徒弟请师父""师父请师祖"的一直延续下去。

丝"矛盾地思考矛盾本身"①,并借此反观正与邪、自身与他者、个体与社会的辩证关系,进而在超越理性的狂欢仪式中参与重新诠释人类存在的古老命题。

我们发现,霹雳布袋戏的人物性格鲜明而又丰富,并非仅是从属于情节运转的叙事要素,而是与当下台湾的人事生态形成饶有趣味的互文关系。细而观之,所谓正派人物缺点不少、瑕疵很多,如同现实人物一样相互之间也互有心结、缠斗不休。例如,"疏楼龙宿"为了获取《红尘剑谱》挖空心思、挑拨离间,也曾与反派"嗜血者"联手对抗中原正道;甚至连卓尔不群、超凡脱俗的主要英雄人物(如"刀狂剑痴"叶小钗等人),也常因爱受累、为情所困,在需要果断决策的关键时候优柔寡断、畏首畏尾,以至断送满手好牌乃至性命堪忧。与之相对照的是,那些为主流世界所不齿的边缘人物,甚至是十恶不赦、怙恶不悛的"恶人",也并非薄情寡义到全无人性。例如,《霹雳劫之阇城血印》中代表黑暗势力的反派角色"嗜血者西蒙"虽然生性冷漠、为人残忍,"却唯独对自己的儿子疼爱有加,父子情深让人为之动容"②。

若从上述非脸谱化的圆形人物出发进而联系其表征的美学伦理与生成土壤,我们不禁要入戏反问,在似有所本的霹雳世界当中,孰为律法正义?当中规则由谁来定?其间标准"为何"与"何为"?《霹雳剑魂》当中欧阳上智与叶小钗一番看似强词夺理但却不无道理的深情辩白,就很能说明问题。有鉴于这段对话信息丰富、意味深长,我们在此似乎不宜也不应过多省略,故而不厌其烦、费心摘录如下,以便整体把握、接续分析。

① 王伟:《从读者中心说到主体间性论——后现代转向中的接受理论》,《荆楚理工学院学报》2013年第5期。
② 石含璧:《从霹雳布袋戏的成功看传统艺术的创新与商业运作》,《大众文艺》2011年第13期。

素还真对你所说的话，为什么你全部接受，我说素还真的不是，你却听不下去，我已不在乎被批评得如何，但我想帮助的，只有你。当初素还真率领众人围杀一名四肢皆残、毫无权势的人，你说是仁慈吗？在我与他争斗当中，本来就要死一个，方能罢休。这点我不怪他心狠手辣，也不怪他在我崩溃之后，如何得到处抹黑我、污蔑我，将我的儿子冷剑白狐逼得走投无路，连我的女儿仇魂怨女投奔他，也难逃被杀的命运。这就是不容批评的清香白莲的素还真。……他以《文武卷》《风云录》自编自导，煽动武林高手自相残杀，我只好出面扼阻，这就是如今大家在津津乐道的素还真智逼欧阳上智。如果我真有罪，我问你，叶小钗，我犯了什么罪？当初我被所有人痛恨，只有你在我的身边，如今你也变得跟世人同样，没自己的思想，一味追随英明的素还真吗？①

这段颇为经典的话自然而然地指涉权力话语的精神内面与问题核心。其通过一连串咄咄逼人的追问以及对事件抽丝剥茧的解读，无论是剧中人还是局外人（观众）才恍然大悟、如梦初醒。原来故事并非如此简单。故事应该理解为，一些人物或门派，他们先发制人地绘制霹雳世界"正宗/异端"的阶序等级，明里暗里地让身处其间的人不得不、不敢不选边站。但是上述自封自居、相互吹捧的"正道势力"，总是觉得不言自明的圈内论证到底缺乏有力支撑，所以他们出于寻求合法性的内部压力与扩张势力的外部诉求，左右开弓、双管齐下。其一方面不遗余力地编著经典教条、制定游戏准则（如前文提及的《文武卷》《风云录》诸如此类等），加紧建构一套自圆其说、完整精致的话语系统，同时调用多方资源开辟宣传渠道操控舆论，美化乃至"圣化"自我为世界正义的现实化身与维护秩序的

---

① 陈龙廷：《台湾布袋戏发展史》，前卫出版社 2007 年版，第 246 页。

仁人志士;另一方面,其别有用心、棋先一着地使用自身掌控的话语优先权与道德诠释权,以自我划定的参照框架对陌路对手进行深度描写,强行为其贴上各式各样、贬义色彩的分类标签,通过言语命名而将他人他者化、妖魔化,使对方莫名其妙地背负与生俱来、百口莫辩的江湖原罪,无论做何尝试都不能解套、难以翻身,人为塑造黑白两道判若鸿沟、正邪两派势同水火的武林秩序。

目击惊心动魄、凄艳苍凉的霹雳世界,宛如被凉水浇背、忐忑不安的观众即使不做过多解读,也不难看出"没有赤裸裸的现实,只有不断被解释的现实"的权力假面。戏中人物的所作所为映现知识与权力的共谋关系,其不仅将无端无过的他者作为替罪羔羊敬献到武林权力的祭坛之上,并在悍然型塑"自我眼中之他者形象"的同时隐然塑造"他者眼中的自我形象"。令人颇感遗憾的是,毕生笼罩在话语霸权之文化阴霾里的"属下(另类)",由于远离中心与身处边缘,"无法表述自己,必须被别人表述"①(They cannot represent themselves; they must be represented),显然无力实现自我身份的良性改写与正向转化,因而只能以自我放逐的无奈姿态臣服于外部话语的强加设计,并且据此塑造自我和进行自我强化。重轭之下,终以身殉;世间酸楚,莫此为甚。随着权力话语的不断繁衍与飞散播撒,上述"非此即彼"而非"亦此亦彼"的所谓武林规矩,约定俗成而悄然变为厘定是非的普遍真理,成为一种经由交往而产生的言语共识(武林公意与江湖民情)。若是按照上述可以化约为"非友即敌"的粗粝信条,在霹雳世界设定的逻辑秩序中,铲除异己的攻讦杀伐、腥风血雨的门户争斗引发的互相损耗、尸陈累累,也就不再那么触目惊心、引人非议。简而言之,从霹雳世界显露的"政治权力角斗场"与"世道情缘风月场",民

---

① 〔美〕爱德华·W.萨义德著,王宇根译:《东方学》,生活·读书·新知三联书店1999年版,第28页。

众似可瞥见匪懈追求的江湖公道是如何不可思议地消弭于话语操作，进而感受"受到语言控制的主体是如何在权力网络中被建构"①。

五 迟到的记忆："如何闽南"与"怎样世界"

"文化并不是一简单的历过，并不是一平静的流水账，而是一种行动，一种不断更新开始而又从来不能确定其目标的行动。"② 霹雳布袋戏作为神话感性与技术理性的有机结合体，既有传统性、地方性的民俗遗风，又有产业化、全球化的现代新质，并在交投错综的现代性美学话语中包孕后现代性的消费文化因子。如果说在传统戏曲产业化的时代脉动当中，台湾霹雳集团豪情万丈、雄心勃勃地以"东方迪斯尼"为其产业发展目标，似乎有点言过其实、夸大其词。但是平心而论，霹雳布袋戏融合中华传统美学风范与现代审美文化质素，在转变自身的区域文化特性的同时建构出新的复合型本土性，的确可以视为"台湾文化创意产业中最成功的典范之一"③。或许在这座高原之上造就的产业高峰之侧，传统地方戏曲再往商业向度上发展，既是难以接受，也是毫无选择，因为"'霹雳'所呈现的不是传统布袋戏的传承，而是以文化产业的运作机制，建构其娱乐王国的文本，包装着迷人的梦幻想象，不断地吸引消费。以多元化的文化触角，深入社会民心，吸取各种流行元素，抓住时代脉动，做出'品牌效应'，从而将文化的精神传递给下一代"④。

若联想起台湾"中央研究院"院士、哈佛大学东亚语言与文明系教授

---

① 杨俊蕾：《从权利、性别到整体的人——20世纪欧美女权主义文论述要》，《外国文学》2002年第5期。
② ［德］恩斯特·卡西尔著，关之尹译：《人文科学的逻辑》，上海译文出版社2004年版，第173页。
③ 林银焕、胡新地：《台湾霹雳布袋戏与两岸文化创意产业》，《艺术·生活》2011年第6期。
④ 刘燕玲：《布袋戏的"霹雳"奇迹》，《中华文化画报》2007年第8期。

王德威先生那句"没有了热闹，哪来的门道"① 之不无吊诡的至理名言，似乎也就不难理解在芸芸大众眼中，全面拥抱世俗的现代布袋戏就是既有门道又有热闹的双重诱惑。既然如此，在后现代文化消费的大潮席卷之下，霹雳布袋戏以猎奇艳异的艺术风格与沉实厚重的思想意涵，一度颇为牢靠地占据目标受众群之日常生活的体验空间，以致在闽南戏曲文化圈中"接受者众、影响面广"②，也就具有现实的可能性与美学的合理性。

附：致谢语

本文研究承蒙福建省社会科学规划项目（FJ2016C120）、福建省中青年教师教育科研项目（JAS150472）、泉州市社会科学规划项目（2015E13）、泉州师范学院国家级和各部委项目预研基金（2016YYSK17）资助，依托平台为泉州师院"中国社会科学院文化研究中心闽南文化研究基地"。

---

① 王德威：《如此繁华》，上海书店出版社 2006 年版，第 60 页。
② 王伟、由海月：《闽南意象：海峡两岸布袋戏史论研究》，《南方论刊》2013 年第 10 期。

心系中华①

——琉球闽人家谱、闽人宗亲会与中华文化之传承

吴巍巍　　吴泽宇

（海峡两岸文化发展协同创新中心；福建师范大学闽台区域研究中心）

　　摘　要：琉球（今日本冲绳地区）在历史上与福建的关系极为密切。福建人最早开辟了中琉航路，并在这条航线上不断进行着人员、经济和文化等层面的互通往来。明朝洪武年间，明政府派遣大批闽人移居琉球，帮助琉球社会发展和进步。这些入琉的闽人在琉球社会定居后，逐渐融入琉球社会的大家庭中，带去了中国优秀的文化因子，成为中琉友好关系的先驱。时至今日，琉球闽人的后裔不断繁衍生息，一代一代传承不已。琉球闽人在长期的历史发展过程中，注意保存和保护家族文化，留下了不少家谱文献资料。这些家谱资料成为今天琉球闽人后裔前往福建寻根谒祖的文化纽带。同时，琉球闽人后裔还自发组织了多个宗亲会，联结桑梓、维系情谊，以宗亲会为载体前往福建进行家族文化交流活动。这些都深刻表明琉球与福建紧密至深的文化亲缘关系，以及琉球民众朴素自觉地对中华文

　　① 基金项目：国家社科基金课题"明清中琉交往中的中国涉外传统制度研究"（编号：10BZS023）、教育部人文社会科学重大课题攻关项目"钓鱼岛及其附属岛屿主权归属史料编年"（13JZD042）。

化的向往和持守的精神与情感。

关键词：琉球闽人；家谱；宗亲会；中华文化

琉球闽人，是一个特殊的社会群体。明朝初年，朱元璋遣使诏谕四海，海外诸国慑于中国的声威，倾心中国的富庶和文明，仰慕中国文化的魅力，纷纷称臣纳贡，远在太平洋中的岛国琉球也不例外。1372年（洪武五年）明朝使臣杨载对琉球招谕后，琉球中山王察度就派其弟泰期随杨载入明朝贡，中国与琉球的宗藩关系从此建立起来，一晃就是500余年。

时至今日，琉球闽人依然保持自己的宗亲会。福建沿海各地与琉球闽人相关的家谱、家族依然存在。福州城门林浦的林氏是琉球闽人林氏的发祥地，琉球林氏的后人已成功地回到林浦寻根祭祖。琉球闽人的郑氏、梁氏，也在长乐找到自己的祖祠。另有琉球闽人王姓、阮姓、毛姓，都在漳州地区找到祖庙。继之，两地的闽人时常走动，开展了一系列的家族文化交流活动。琉球闽人后代，也希望能在当地寻找到能证实琉球闽人是从他们的祖居地迁徙到琉球的。在21世纪的今天，在以文化多样性为基础的开放社会，琉球闽人家族组织积极整合族群凝聚力，建立族群共同生活，在增进与福建祖居地乡亲密切联系中发挥了独特作用。在日本政府妄图于冲绳地区大力抹去中国文化影响的当下，琉球闽人后裔这种自发的出于对祖根文化溯源追寻的真挚的实践活动，更应当值得我们重视和支持。

一 闽人移居琉球

明洪武二十五年（1392），明太祖"赐闽人三十六姓善操舟者，令往来朝贡"①，三十六姓亦有三十六户之说，如《殊域周咨录》载："上

---

① （清）龙文彬：《明会要》第77卷，中华书局1956年版，第1503页。

赐王闽人之善操舟者三十六户，以使贡使、行人往来。"据家谱资料记载，闽人三十六姓到了琉球后，琉球国王大喜，"即令三十六姓择土以居之，号其地曰唐营（俗称久米村），亦称营中，至大清康熙年间改名为唐荣"①。

有关琉球闽人的姓氏尚无完整的史料记载。查阅琉球闽人家谱，涉及的族姓仅有以下 15 姓，家谱中关于其姓氏源流有着详细的记载（见表1）。

表1　　　　　琉球闽人家谱（15姓）中关于其姓氏源流的记载

姓　氏	源　流
王　姓	元祖讳立思，号肖国，原是福建漳州府龙溪县人也,万历十九年奉圣旨始迁中山,以补三十六姓②
魏　姓	元祖安宪公以来,科第蝉联,簪缨世胄,乃至于士哲始奉王命入唐荣,补三十六姓之缺③
金　姓	始祖讳瑛,号庭光,原系浙江之人也。元末南游闽山,竟于闽省居住,未几正逢鼎革,至洪武二十五年壬申,瑛公膺敕选同三十六姓抵中山。子孙绵延满于唐荣,遂为球阳之乔木也④
阮　姓	原是福建漳州府龙溪县人也,明万历十九年辛卯奉敕始到中山。蒙国王隆礼,且赐宅于唐荣⑤
红　姓	红氏之先闽人也,盖洪永间迁中山同三十六姓居唐荣,以备出使之选⑥

---

① 那霸市企画部市史编集室：《久米村系家谱》，那霸市史编集委员会 1980 年版，第 295 页。
② 同上书,第1页。
③ 同上书,第23页。
④ 同上书,第52页。
⑤ 同上书,第175页。
⑥ 同上书,第196页。

续　表

姓　氏	源　流
蔡　姓	始祖讳崇,号升亭,行二。官爵勋庸,生卒年月,封祖等俱不传。福建泉州府南安县人,乃宋朝鼎甲端明殿大学士忠惠公讳襄字君谟六世孙也。明洪武二十五年,敕赐闽人三十六姓,自择土宅以居,因号其地曰"唐荣"(俗称久米村)①
周　姓	历年久远,子姓凋谢,以故本国官裔中拔其习熟汉语精通学文者补之,俾无缺。元祖讳文郁②
曾　姓	以曾为氏焉。夫志美,固虞氏京阿波根实基之曽孙,具志宫城亲云上实常之长子也,曷为迁唐荣③
孙　姓	元祖讳良秀,父石桥市右门入道(卫脱力),名道金,原是日本京界之人也。万历三十三年乙巳迁居中山④
陈　姓	陈氏之先闽人也,盖永乐年间迁中山,同三十六姓唐荣,以备出使之选⑤
程　姓	程氏盖为河南夫子之后焉。国相程复公,自饶迁闽,复入于海,枝分派衍非一日矣⑥
郑　姓	郑氏之先出于闽长乐,明洪武二十五年以太祖皇帝赐三十六姓,长史讳义才奉命始抵中山,宅于唐荣,子孙绵延⑦
毛　姓	吾元祖擎台讳国鼎,乃福建漳州龙溪之人,聚族唐荣⑧

---

① 那霸市企画部市史编集室:《久米村系家谱》,那霸市史编集委员会 1980 年版,第 246 页。
② 同上书,第 378 页。
③ 同上书,第 386 页。
④ 同上书,第 413 页。
⑤ 同上书,第 479 页。
⑥ 同上书,第 541 页。
⑦ 同上书,第 571 页
⑧ 同上书,第 705 页。

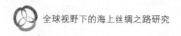

姓 氏	源 流
梁 姓	有始祖讳添者,于洪武来自长乐,而奉迁于琉球,数传藩衍。湘祖等四十五公,每有出驶驾海如昨。开载甚明①
林 姓	元祖讳瀜芾,座安筑登之童,名喜真户,号清岩,小禄郡双牛宫城村人也②

从上述家谱姓氏源流我们可以看出,王、金、阮、红、蔡、陈、程、郑、毛、梁十姓是明原赐三十六姓,而后宅于唐荣。这一时期的琉球闽人在中琉朝贡贸易体制中起着主导作用。随着琉球对外贸易的衰退,加之"或老而返国,或留而无嗣",③ 抑或"因进贡潜居内地,遂成家业年久不还本国者"。久米村呈衰弱之势,1579 年谢杰使琉球时,描述,"三十六姓今所存者,仅七姓"。由于"历年久远,子姓凋谢,以故本国官裔中拔其习熟汉语,精通学文者补之,俾无缺贡使之选"④。为了进一步发展琉球来明的朝贡贸易,先后补周、曾、孙、魏、林五姓,余下的姓氏目前无从考证。

移居久米村的琉球闽人起初多为自幼学习汉语、精通熟悉汉语,擅长写文章之人,主要从事进贡事务。三十六姓子孙,随着所受教育以及环境的改变,部分转向政治、文教方面发展,但主要从事的还是朝贡相关事务,在明清朝贡体制中扮演着重要的角色。总之,闽人三十六姓及其后裔对琉球社会的发展做出了不可磨灭的贡献,同时推动了中华文化对琉球的传播。

---

① 那霸市企画部市史编集室:《久米村系家谱》,那霸市史编集委员会 1980 年版,第 752 页。
② 同上书,第 917 页。
③ [古琉球]蔡铎、蔡温:《中山世谱》卷 3,冲绳县教育委员会发行,1986 年,第 44 页。
④ 那霸市企画部市史编集室:《久米村系家谱》,那霸市史编集委员会 1980 年版,第 704 页。

二 琉球闽人家谱与中华文化之传承

（一）琉球闽人家谱概述

琉球闽人家谱编修历史悠久，琉球家谱的编撰始于 1689 年（康熙二十八年），由王府设立"系图座"，命士族编纂家谱后有之。球阳载："始授御系图奉行职，而始今群臣各修家谱，已誊写二部，以备上览。其一部藏御系图座，一部押御朱印以为颁赐，各为传家之宝。"① 1712 年（康熙五十一年）"始定五年一次清缮诸士家谱，每年凑补为例，将其家谱分以为五，一年誊录，其一以备，圣览至于五年清缮"。

琉球闽人编纂家谱之初，受中国宋明以来的文化影响深远，多以家谱与方志、国史并称，强调"家之有谱，犹国之有史"，族谱比拟国史，"欲著世系、辨昭穆"，宗族血统必须分明，同时为了以尊祖敬宗，与这一时期的中国家谱编纂的目的相同。家谱有规范的谱例，与中国同一时期家谱的编纂体例有着众多相同之处。基本上是以汉字书写的，而且都用清朝年号，这也不难看出汉文化对其有着一定的影响。从内容上看，琉球闽人家谱编纂深受中国家谱的影响，与中国的家谱几乎相同，少有创新，一定程度上也反映了中华文化对其影响颇大。

（二）婚姻习俗

家谱中记载了琉球闽人的婚姻习俗。琉球闽人家谱中关于蔡温之子蔡翼结婚事宜有着详细的记载。雍正六年（1728）三月十六日，尚敬王为尚宽氏与蔡翼定下婚约。为了讲究门当户对，以蔡温家"甚狭之故，改赐家

---

① 高津孝、陈捷：《琉球王国汉文献集成》第八册，《球阳》卷八，复旦大学出版社 2013 年版，第 221 页。

宅"，新宅建成后"雍正十二年甲寅正月初九日，奏允本年十月恭行婚礼，此日奏立媒氏首里大阿母志良礼，婚礼司尚氏浦添亲方，朝夷、富滨亲云上武氏崇贺等。三月十七日，尚氏思真鹤金，按司加那志蒙赐南风，原间切津嘉山按司加那志。命而立焉：八月初三择吉行纳采礼（俗叫ミハキ御酒），十三日行纳吉礼（俗叫中入御笼饭），二十六日行纳币礼（俗叫大御笼饭），九月初九日大美御赐于赐米五石，二十二日行请期礼（俗叫カタリ御笼饭），十月初四日行合卺礼（俗叫御祢引），明日凤玉行归见舅姑之礼，又明日行全庆礼（俗叫三日御祝仪）。初九日，翼乃室闪氏蒙，大美御殿行婿见礼（俗叫御婿入），时赐翼枕原二束、扇子一匣，赐室尚氏茶色绫一端、赤苎布一端。十七日，圣上、国母、王妃来为贺婚礼事幸于敝宅，时赐母叶氏御花一饰、御玉贯一双。二十三日，蒙闻得大君御殿初召翼及室尚氏，时赐翼上纸一束及扇子一匣。翌年正月十八日行拜祠礼"①。我们不难看出，琉球的婚俗大致如下：订婚—纳采—纳吉—纳币—请期—合卺—全庆—婿见—拜祠。这与中国古代传统婚姻习俗"六礼（纳采、问名、纳吉、纳征、请期、亲迎）"相似。

（三）继承制度

家谱中记载了琉球闽人的继承制度。久米村原是由闽人三十六姓及其子孙发展而成，为维持宗族命脉，重视父系血脉血缘的系统，久米村人基本上以嫡长子继承制为主，与中国古代继承制度相似。但子孙并非一直繁衍绵延，无子嗣时，可以立侄子为养子，如果没有则弟弟继承。1686年只剩下蔡、郑、林、梁、金五姓，红、陈二姓流民，万历年间（1573—1619）赐姓的阮、王二姓，以及万历以后编入的郑、毛二氏。细究家谱，

---

① 那霸市企画部市史编集室：《久米村系家谱》，那霸市史编集委员会1980年版，第366页。

发现异姓养子例不少。红氏原姓紫，应是被红氏收为养子。红氏有子孙给梁氏当养子，而梁氏又有给蔡氏和陈氏当养子的例子。

（四）家谱中的著作

琉球闽人撰写的文章与著作不少。例如，程顺则撰写的《琉球国创建关帝庙记》《琉球新建圣庙记》《庙学纪略》《新建启圣公祠记》，蔡文溥的《中山学校序》，蔡温的《重修南北炮台记》等，行文流畅，风格独异，词句精美，令人读来朗朗上口。这些记叙的流传反映了当时的琉球社会崇尚汉文，同时说明了汉文学在琉球已为相当多的人所掌握、欣赏。琉球闽人撰写的文章也有许多被收录在琉球闽人家谱中。琉球闽人家谱的传世，就是琉球闽人的杰作，他们将中国谱牒的编写方式传入琉球。中国的谱牒是记述氏族世家的书籍，自古有之。《史记·太史公自序》就载有"维三代尚矣，年纪不可考，盖取之谱牒旧闻"。明清时期，民间对修纂族谱十分重视，这一修撰谱牒的风气就是由琉球闽人三十六姓传入琉球的。同样，中国史书的编写方法，也是琉球闽人的杰作。雍正二年（1724），其时担任琉球国师的闽人后裔——蔡温主持了《中山世谱》的编撰工作。他在首卷序中说，"臣温在册使徐公处获《琉球沿革草志》及《使录》等书，悉曲读之"，由此可见，琉球史书不仅在内容上吸收了中国作者的成果，而且在体制上也完全采用了中国史书的某些方法。例如，《中山世谱》就是以编年体的形式撰写的。

（五）教育方面

由于中国文化通过各种途径传播到琉球，闽人移居琉球传播儒家文化是一个重要的原因。加上历年来琉球王府派遣琉球学生到中国学习，耳濡目染，儒学在琉球急速地发展起来。例如，《金氏家谱》"金正华"条就记述了琉球建孔庙的事。"康熙十一年壬子创建孔子庙。时同蔡彬喜友名亲云上,督修庙地,四周石墙及庙堂事。自正月起工至癸丑年冬告成。按,中山自明初通中国,虽知尊圣人、重文教,然而未尝行释奠礼。至于万历三十八年庚戌,故总理唐荣司紫金大夫蔡坚奉使入贡,登孔子庙见车服礼器而心向往之,于是图圣像以归。每当春秋二仲上丁之期约,唐荣士大夫轮流家而祀之。然未遑立庙。至于康熙十年辛亥,总理唐荣司紫金大夫金正春始以立庙请国王,于是允其请,卜地于泉崎桥头鼎建圣庙。中山之有文庙者于是乎始矣。"① 孔庙的兴建,说明儒学在琉球具有十分重要的影响。尤其对琉球社会的思想观念、传统意识都有刻骨铭心的影响,以致我们今天仍然可以看到琉球古国的儒学遗风,在繁华的街区旁依然矗立着高高的孔子塑像,说明千百年来,儒学在琉球地区根深蒂固、源远流长。

三　琉球闽人宗亲会与中华文化之传承

改革开放后,随着日本和中国的经贸往来日益频繁,冲绳县的闽人三十六姓后裔的宗族活动也出现了新的内容,他们定期组织族内成员前往中国福建寻根祭祖、修订族谱、建立宗族新的社会联系。1987 年,由冲绳历史学家高良仓吉教授率领的日本专家代表,携带琉球闽人家谱来闽寻根,在时任福建省政府副秘书长、省旅游局长南江先生的主持下,委托福州地方志编纂办公室的林伟功为总查证人,负责全省"闽人三十六姓"寻根工作。1992 年是闽人三十六姓移居 600 周年,在久米村遗址,举办了闽人三十六姓发祥地的纪念碑揭幕仪式。为此,日本历史学者与福建地方志研究人员、姓氏源流研究会的工作者根据文献记载和家谱资料,开展日本冲绳闽人家族与福建宗族谱系的考证工作。几年来,经过多方合作与努力,基

---

① 那霸市企画部市史编集室:《久米村系家谱》,那霸市史编集委员会 1980 年版,第 59 页。

本完成在福州地区的蔡、林、金、梁等姓，莆田的陈姓，泉州的蔡姓，漳州的毛、阮、王、陈等姓氏宗祖地的查证，但是寻找与琉球闽人家谱对接的工作十分迷茫，见不到一点的希望。从此以后，琉球闽人后裔各姓团体踏上了前往福建的寻根之旅。例如，1987 年和 1993 年，"阮氏我华会"和"王氏槐王会"先后前来福建寻根。下面分别介绍五个琉球闽人宗余会的来闽寻根活动。

（一）冲绳久米"林姓会"

琉球林氏在福州的祖祠位于林浦又名濂浦，在福州南台岛的东北端，距福州市区 11 公里，隶属福州仓山区城门镇，下辖狮山、濂江、绍岐和福濂 4 个自然村落。琉球《林氏家谱·序》记载，"考林氏素为闽之望族，枝分派衍，蕃于闽邦久矣。我始迁祖讳喜公者，生于闽邑，至洪武二十五年（1392）壬申，奉命初抵中山，则所谓三十六姓之一姓也。自喜公迁于唐荣（营），子孙绵延，遂为中山乔木，故其子孙曾为朝贡之司，奉命拜受长史、传升大夫者有之。或为指南之职，航梯万里，屡往中华及西南诸国者又有之；或效远祖和靖公爱梅，遂逢梅木之灵者，又有之矣"。[1]

林姓始祖是林浦出生的林喜，"原是福建福州府闽县林浦之人也。明洪永间，奉命同闽人三十六姓始迁中山，以敷文教"[2]。其后裔现在日本冲绳已经繁衍 20 多代。经过 600 多年的历史变迁，这些林姓后裔子孙基本上经历了"琉球本土化"和"日本化"两个阶段，早已经不是一般意义上的华人或华侨了。冲绳久米"林姓会"成员曾于 20 世纪 90 年代两度拜访林浦，进行寻根问祖之行。通过交流可知，他们已经衍化出除大宗为"名嘉山"外，有仪间、金城、新垣、岛袋、平安座、栋等多个姓氏，现有人口

---

① 那霸市企画部市史编集室：《久米村系家谱》，那霸市史编集委员会 1980 年版，第 917 页。
② 同上书，第 918 页。

2000 余人。琉球王国时期，久米林姓子孙多数承担王府对中外交事务，其中的通事官林茂、林英、林荣、林乔、林国用和林茂盛等人多次出使中国。林浦的林氏宗祠香火依旧，琉球林氏后裔延绵不断地来此进香。他们谒祖寻根，毋庸置疑，这种血脉之亲、思乡之情，将两地的林氏族亲紧紧地连在一起。岁月不能抹去历史的记忆，可以想见，林姓的琉球闽人将世代相传，福州林浦是他们永远的圣地。

（二）冲绳"梁氏吴江会"

琉球梁代其先人是明朝福建省福州府长乐县江田村人梁嵩，他于永乐年间（1403—1424）奉命移居琉球。琉球梁氏家谱载："有始祖讳添者，于洪武来自长乐而奉迁于琉球。"[①] 如今梁氏在冲绳尚存 1400 余人。据《吴江梁氏总世系图》记载，公元前 770 年周平王时代，末子庸受封于夏阳的梁山，称为梁伯，其后子孙冠名梁姓，并分散各地。福建福州一支，始自晋朝安帝年间（397—418）前来福州长乐并定居下来。明朝永乐年间，江田村梁嵩，受明政府派遣前往琉球国，并世代居住久米村归化为琉球人。

冲绳梁氏大宗家龟岛家的祖坟在那霸市牧志一带，墓主是琉球梁氏第四代。据说，琉球梁氏早先三代都是年老返乡，到第四代才开始归化琉球国。从墓碑文的内容看，墓主是久米村总役。此后，梁氏后裔亦担任琉球王国的各种官职，诸如正议大夫、长史、都通事等，在琉球国有着举足轻重的政治地位。梁氏吴江会在组织祭祖等宗族活动，加强族内的凝聚力，开拓新的社会资源方面起重要作用。由于历史渊源的关系，琉球闽人后裔仍保持着中国传统的文化和习俗。例如，正月迎新，清明祭祖，重阳敬

---

① 那霸市企画部市史编集室：《久米村系家谱》，那霸市史编集委员会印刷，1980 年，第752 页。

老，孔庙祭典等习俗一直流传至今。梁氏吴江会通过组织这些传统活动，使宗亲组织的作用显得越来越重要，使宗亲之间更加团结，更具凝聚力。

（三）冲绳"阮氏我华会"

琉球阮氏其发源地是漳州角美镇埭头村阮氏宗祠"世德堂"。《阮氏家谱》记载："元祖讳国，原是福建漳州府龙溪县人，明万历三十五年（1607）九月二十八日奉旨为三十六姓，补抵中山，赐宅唐荣，食采地俸禄，是唐荣有阮氏自国始矣。"[①] 如今冲绳的阮氏后裔尚有 3500 多人。

冲绳"阮氏我华会"的"我华"两字，其意思就是"我是中华人"。阮氏一族如今在冲绳地区已传续了十几世，影响不小。"阮氏我华会"每年都举行许多的活动，会员之间相互扶助有利于福利保障，会员子弟在中国留学，还会被赠予支援金。如今的世德堂也是冲绳的"阮氏我华会"捐资重建的。1987—1988 年，日本冲绳"阮氏我华会"曾两次回乡寻根谒祖。他们根据族谱记载，几经辗转，终于发现漳州龙海角美埭头村"世德堂"就是他们的祖祠。可惜的是"世德堂"已作为粮食仓库在使用，两边的护厝也被私人占用。"阮氏我华会"为恢复祖祠的修建与使用，慷慨捐资 3.5 万美元，用于重建阮氏宗祠。2010 年冲绳梁氏吴江会成员跨越 400 年的历史长河前来福建寻根祭祖，引起冲绳和福建媒体的极大关注。琉球闽人后裔，这支来自岛国，散发着古老神秘气息的族群，经历了颠沛流离、血与火的洗礼，经过时世变迁的荡涤，不但没有衰微零落，反而显示了顽强的生命力。其宗族组织在 21 世纪的今天，在以文化多样性为基础的开放社会，发挥了整合族群凝聚力，建立族群共同生活，增进与福建祖居地乡亲密切联系的独特作用。

---

① 那霸市企画部市史编集室：《久米村系家谱》，那霸市史编集委员会 1980 年版，第 155 页。

（四）冲绳"王氏槐王会"

琉球王氏其先祖是明朝万历十九年（1591）从福建漳州龙溪前来琉球的王立思。家谱载："元祖通事讳立思，号肖国，嘉靖三十年辛亥三月初三日生，万历二十八年庚子十二月初二日卒于闽柔远驿，享年五十。嗣后尸棺其弟王立威带回故土，立思原是福建漳州府龙溪县人也，于万历十九年奉圣旨始迁中山，以补三十六姓，因此先王赐宅于唐荣以居之。"① 其会员人数不详，其大为宗家国场，支系有 11 支——知名、大田、上运天、小渡、新崎、仲宗根、名嘉真、久高、山田、伊计、宫城，分布在那霸市、嘉手纳町、系满市、首里市、丰见城村、冲绳市、具志川市、石川市、与那城村、宜野湾市、西原町、金武町、宜野座村及离岛、日本本土的兵库县神户市。1987 年，闽琉双方确立宗亲关系后，双方的往来频繁。1988 年漳州王深渊、王龙根代表王氏全体向那霸王氏发去了新年贺卡；那霸王氏访问团多次回到故乡探访，如 2003 年重阳节回到漳州，由王天甫等人接待并且全程陪同，其间王作民先生的夫人因病去世，那霸族亲已经离开漳州，通过导游得知这个噩耗，遂委托导游向王作民带回悼文和慰问金，回国后收到王作民的来信，信中表达了对那霸族亲送来的悼文及慰问金的感谢之情。王作民曾在 1992 年前往那霸访问，在这 17 年间双方共会面 6 次。漳州王氏族亲还赠送了访问团众多的书画作品，如王作民先生的著作《谈古说今话漳州》及书法字画等。

（五）冲绳"毛氏久米国鼎会"

琉球毛氏其先祖也是明朝万历年间（1573—1619）补姓加入闽人三十

---

① 那霸市企画部市史编集室：《久米村系家谱》，那霸市史编集委员会 1980 年版，第 942 页。

六姓的。家谱记载："吾元祖擎台讳国鼎，乃福建漳州龙溪之人，聚族唐荣。"[①] 1987 年 7 月 27 日至 8 月 3 日，琉球毛氏宗亲会派出代表，偕同琉球闽人王氏、阮氏来往祖居地福建漳州龙海县角美镇满美社访问。当时来的有冲绳县立图书馆的主管、冲绳电影中心的代表、摄影旅行社的人员，共计八人，他们来的福建漳州，寻根问祖，找到祖庙，焚香敬拜。1987 年 10 月 2 日至 9 日，琉球闽人毛氏 10 人、阮氏 10 人、蔡氏 2 人、陈氏 1 人、林氏 2 人、王氏 1 人，以及相关人员总计 32 人一行，沿着前次访祖的路线，前往漳州各个宗族的祖庙，顶礼膜拜。引起轰动，当地政府还用警车开道，以壮声势。1998 年 9 月 28 日至 10 月 5 日，以毛氏后人吉川朝雄为团长的毛氏宗亲代表团一路风尘来到福建漳州龙海市（于 1993 年撤县改市）的满美社祭祖。尽管道路崎岖，大家分乘几辆车兴致勃勃地前往祖庙。庙前广场有百余人，大家鼓掌欢迎来自冲绳的毛氏乡亲。彩旗招展、鞭炮声声，琉球毛氏乡亲得到最为隆重的欢迎。他们在祖庙将新修纂的《毛氏家谱》敬献给福建的亲人，其场面乡亲融融、血溶于水。琉球毛氏后人对漳州祖庙的拜祭，增强了他们的乡愁，他们永远不会忘记，他们心目中的那块圣地。

四　结语

琉球闽人透过家谱的文字记载、口传、清明祭的祭祀仪礼来记忆祖先，凝聚团结。不论是真实或想象，祖籍地一向是表现地域性、民族性或社会性认同的重要元素。载有祖籍地的家谱有时可以成为获得民族地位和政治地位的重要武器。家谱对琉球闽人来说，不仅是身份与对琉球社会贡献的证明，更是与祖国大陆交流的重要媒介。

---

① 那霸市企画部市史编集室：《久米村系家谱》，那霸市史编集委员会 1980 年版，第 705 页。

　　琉球闽人历经历史沧桑，大起大落。他们与琉球王朝的命运紧紧联系在一起，有着无限的快乐和凄楚的苦痛。他们呕心沥血，为琉球社会的进步与繁荣立下了汗马功劳。闽人在琉球逐渐地琉化，中华文化不断为琉球国所吸收、融合，移植于琉球，当琉球人和中国移民双向的转化达到一致时，这种融合就达到最佳的状态。他们与当地琉球人通婚，繁衍子孙后代，向琉球人传播中华文文化，以致从语言到文字，从生活习俗到文化教育，都在双向的交流中融为一体，他们既向琉球社会引进了先进的中国文化，也使自己接受了这一融合之后的文化。琉球人与中国移民相处，仿效中华文化，他们向慕中国的文学艺术，崇尚中国的时尚风俗，从政治体制到教育体制、从生产技术到科学文化，都受到中国文化的熏陶。闽人后裔已完全融入琉球社会，但是他们依然记住故土——中国、记住自己的血管中流淌着祖先的血。

全球化背景下的离岸文化中心与
"一带一路"建设中的国际文化
产业合作模式创新[①]

伍 庆

（广州市社会科学院国际问题研究所）

摘 要： 全球化推动国际文化产业合作不断增强，可以分为降低成本、规避限制、扩展市场等不同类型。在"一带一路"建设中，中国与沿线国家的文化合作蓬勃发展，在合作形式、合作主体、合作内容、合作方向、合作对象等方面呈现出新的趋势，迫切需要探索国际文化产业合作模式的创新。离岸文化中心作为国际文化合作的新模式逐渐兴起，在内容和形式上都具有鲜明的特征。建设有中国特色的离岸文化中心，从文化资源利用、文化市场开发、文化产业增值、文化交流中介、文化融合创新等方面对于加强与沿线国家的文化合作创新，推动"一带一路"的落实，都有着积极的意义。

关键词： "一带一路"；离岸文化中心；国际文化合作创新

---

① 2016 年度国家社科基金项目"全球化背景下离岸文化中心与中国文化软实力研究"（批准号：16BKS066）；广州市社会科学界联合会 2016 年"羊城青年学人"研究项目（编号：16QNXR02）。

在全球化的推动下，国际经济合作在农业、制造、建设、科技等领域的合作已经有很多成功的经验与成熟的模式。但是，文化产业由于不同文化差异的障碍影响，国际合作的难度相对较大，国际文化贸易面临着许多挑战，更不必说文化产品生产层面开展国际合作。当前关于文化合作的研究，关注的主要还是交流互访等传统形式，产业层面的合作相对较少，这与"一带一路"建设的需求有较大的差距，迫切需要针对全球化趋势下国际文化产业合作的新要求，探索创新推动中国与沿线国家合作的创新模式。

一　全球化背景下文化产业国际合作的模式

在全球化的推动下，国际经济合作在农业、制造、建设、科技等领域的合作已经有很多成功的经验与成熟的模式。由于文化背景的差异，普通民众理解和接受异国语言文字的文化商品会有一定障碍。因此文化产品在国际市场上对其他国家受众的吸引力会有所降低甚至难以接受，被称为"文化折扣"[①]，这使得文化商品的跨国传播比普通商品的跨国贸易受到更多的限制。同样地，由于不同文化差异的障碍影响，文化产业的国际合作难度相对更大。

全球化背景下跨文化消费的需求不断增加，文化商品的国际贸易也在迅速增长，为文化产业国际合作提供了强大的动力。随着各级教育的普及与民众知识水平的不断提高，大众进行跨文化消费的经济能力和鉴赏能力也在不断提升。同时，在全球化的进程中，不同国家之间经济往来更加密切，交流与接触渠道也日益增多，尤其在媒体的推动下，地理上遥远的异国变成了心理上亲近的邻居。对外来文化商品的需求日益增加，也推动了

---

① C. Hoskins and R. Mirus, "Reasons for the U. S. Dominance of the International Trade in Television Programmes," *Media*, *Culture and Society*. Vol. 10, No. 4, October 1988, pp. 499 – 504.

文化贸易的迅速增长和文化产业跨国分工与合作的日益深化。文化用品的制造尽管在统计分类上也属于文化产业，但是其属性仍然具有实物商品生产的特征，其全球化分工的规律与一般商品几无二致。但是，文化商品的内容生产与实物商品生产有着较大的差异，因此分析文化产业最核心的内容生产的国际分工与合作，有着特殊的意义。根据产业合作的目的，国际文化产业合作的模式主要有以下三种类型，分别论述。

（一）降低成本型的文化产业合作模式

产业的国际分工与合作，最基本的目的就是根据资源禀赋优势，将生产环节配置到成本相对较低的国家中，从而有效降低生产的成本。文化产品的生产制作流程越来越复杂，价值链条越来越长，所需的人力、技术投入越来越多，使得跨国分工，将部分生产制作环节转移到成本较低的国家和地区，成为降低生产成本的有效方式之一。在文化产业的国际合作中，最基本的合作模式就是追逐成本降低的类型。

在传统文化产品的个体创作，或者作坊式生产模式中，文化内容的生产难以实现分工。但是，随着文化产品产业化生产模式的普及，以及技术含量不断增加，文化内容的生产也逐步实现了国际分工以降低成本，动漫产品生产中的服务外包就是典型。现代的动漫产品是文化艺术和技术生产方式的结合，尤其是长篇动画电视和大型动画电影大量运用计算机图形技术，不再是艺术家个体能够完成的。动漫产品的生产环节众多，动漫制作企业根据成本将大量后期环节分配到不同的国家和地区，日本和韩国就是先从大规模承接外包加工业务逐步成长为动漫大国。中国凭借较低的劳动力成本优势，逐渐在动漫产品的国际服务外包中占据一定的优势，这已成为中国参与国际文化产业分工合作的重要内容之一。

与此相类似，现代电影作为投入巨大的文化产品，后期制作日益复杂，涉及环节众多，电影制作中除了导演、演员、编剧、制片等决定影片生产内容的一小部分核心人员以外，幕后还有大量的工作人员，甚至包括了众多连字幕都上不了的汽车司机、水工、木工、烟火布景工人以及大量群众演员，等等。由于电影产业化程度的不断加深，各个价值链条的分工协作已经非常纯熟，部分环节向世界各国成本更低的地方转移，有效降低生产成本而交易成本并不会增加太多，因此，许多大型制片商都采取联合制片的模式，将部分环节放到人工、技术等制作成本相对较低的国家。许多国家还由此以鼓励合拍的方式制定优惠措施，吸引电影制作中的相关环节转移到本国来，以通过参与全球化分工为本地带来更多的就业机会和经济利益。[①] 新西兰是一个典型的成功例子，通过吸引《魔戒》系列电影到本国拍摄为当地带来大量的就业机会。

文化产业中降低成本型的国际合作主要是因为当前随着技术的进步，文化产业生产过程中的技术含量不断提高，同时，产业的链条也越来越长，因此，其中部分环节可以独立出来，交给具有比较优势的国家来完成。这样，实际上对文化产品的内容基本不涉及，不同国家文化差异的因素也对文化产品的生产几乎没有影响。

（二）规避限制型的文化产业合作模式

出于保护文化传统，维护文化多样性的目的，很多国家都对外国文化产品进入本国市场有着较多的限制，并大力扶持本国文化产业。例如有的国家对本国制作的电影提供资助，有的在市场开放时给予本国制作电影优惠待遇，而对进口外国电影实行配额制。电影的投入成本高，一些国家自己的票房市场相对较小，电影工业实力也还不够强大，因此，

---

① 刘军：《世界电影的国际化合作现状及中国电影产业的国际化政策分析》，《中国电影新百年：合作与发展》，中国电影出版社 2006 年版，第 162—185 页。

积极采取产业合作的方式，尤其以欧洲国家为典型。欧洲国家的电影业为了应对电视的挑战和好莱坞电影席卷全球的浪潮，通过国际合作制片来集合创作人才、投资以及技术资源来完成拍摄，以此不断扩大国际放映市场。同时，合作制片也成为保护各国特殊文化特性、阻止外来节目（主要是好莱坞节目）影响的战略措施。各国通过签订国家和地区间的双边合作制片协议，对合作拍片提供各种政治经济便利，同时，给予合作伙伴在拍片贷款、税收减免和放映发行等方面的各种优惠。在这样的条件下，许多电影制片商，为了进入该国的电影市场，尽量规避限制，在制作过程中积极开展与该国电影相关环节的国际合作，以取得与国产电影相当的待遇。

除了市场进入的规制，许多国家都出台了扶持本国电影作品和产业发展的政策和办法，以"欧洲意象"基金制定的对"欧洲电影"的补助认定基准为例，这个基准突显了计点制度以及制片人为主导的概念。计点制是将电影制作中有关"国民身份"的几个重要方面计点加总，以决定某一部电影是否符合各国国产电影片或欧洲电影片的补助条件。例如，在电影长片的计点标准中，共 11 项指标，导演、编剧、第一演员分别计 3 点，第二演员计 2 点，其他 7 项包括作曲、第三演员、摄影、录音及混音、剪辑、艺术指导与服装设计、摄影棚内外之拍摄地点、后制地点等各计 1 点。在所有 19 点中，至少满足 15 点才符合欧洲电影认定资格①。当然，不管哪一种类型的影片，申请的电影导演都必须是欧盟成员国的合法公民或永久居民。除了欧盟对"欧洲电影"的定义，法国、加拿大、新西兰、澳大利亚和英国等国电影辅助制度中关于电影定义的标准，主要采取分项计分的形式，只是具体计分的内容和标准有所不同。

---

① 刘立行：《国家电影制度》，正中书局 2009 年版，第 286 页。

很多国家认识到文化产业对国家文化安全的重要影响，因此设立标准对本国的文化产品进行保护，对外来文化产品进行限制。由于国际化的程度不断加深，很多文化产品不再是纯粹的本国或者外国，因此，在文化产业的发展中，出现了规避限制的国际文化产业合作。这种类型的国际文化产业合作，主要是以政策驱动为动力。当然，这对于文化产业相对弱势的国家来说，外国文化企业吸收本国文化产业生产环节参与产品制作，对于提升本国文化生产者的水平，增加国际经验，还是有积极的作用。

（三）扩展市场型的文化产业合作模式

外来的文化商品对本国观众而言，存在一定的陌生感，因此会有文化折扣的现象出现。大型跨国文化企业为了扩大文化产品的市场，尽量降低文化折扣，也积极采取产业合作的方式，来吸引不同国家的观众。很多电影善于利用跨国的故事情节来丰富内容，由此也出现了不同国家间因为故事剧情或者拍摄对象所需而开展的共同投资拍摄行为，这类影片由于剧情发展涉及了不同国家和地区而导致"本色共同制片"（natural co - production）行为，在合作方式上大多由双方共同投资、共同组成主创班底，增加国际化的情节。在此基础上，有的电影为了扩大在不同国家观众市场中的影响，而采取国际合作的方式。在电影中出现本国观众熟悉的明星，可以有效地降低观众的陌生感，提升票房的号召力。因此，有些国际合作的电影，在选择角色时，非常注重与影片的目标市场相契合，争取最大程度地降低目标市场可能的陌生感或抵触，以利于拓展观众市场。例如，中韩合拍电影《神话》中，邀请金喜善加盟，并与成龙合唱主题曲，相互扩大了在中韩观众中的知名度和亲切感。

扩展市场型的国际文化产业合作，有时候并不需要太多生产领域的实质性合作，而仅仅以增加多国文化元素的方式扩大影响。许多美国大片为了开拓亚洲市场,往往会从中国、日本或韩国选取女明星作为配角甚至女主角,最大限度地培育东亚地区观众的好感。为了打开中国市场,越来越多的外国电影加入了大量的中国元素。例如,在中国取景,邀请中国的演员加盟,即使在其中的角色并不重要,也可以成为一个话题而吸引观众的注意。例如,范冰冰出现在《X战警:逆转未来》中,只有几个镜头说了两句台词,但是成功地引起了中国观众的广泛关注和讨论,对扩大中国票房可谓功不可没。

总的来看,降低成本型的文化产业合作,主要是技术层面,规避限制型的文化产业合作,更多地是在资本层面、技术和资本层面的最大便利性在于不需要考虑到语言和文化差异的障碍。但是,当要扩展市场而进入内容层面,无法不面对这个问题。这也是当前国际文化产业合作大多数仍停留在技术和资本层面,能够实现内容层面的合作非常少。即使在内容层面的合作,也很多是停留在浅层次的制造影响来吸引关注,而能够真正深入挖掘内涵,实现文化融合创新的作品更是少之又少。

二 "一带一路"建设中与沿线国家文化合作的新趋势

建设"丝绸之路经济带"和"21世纪海上丝绸之路"(以下简称"一带一路")的战略构想,是我国根据全球形势深刻变化,统筹国内国际两个大局做出的重大战略决策。在"一带一路"的建设进程中,应当坚持文化先行,通过进一步深化与沿线国家的文化交流与合作,促进区域合作,实现共同发展。在"一带一路"建设中,全方位、多层次、宽领域的文化对外开放格局正在形成,我国对外文化合作正在呈现出新的趋势,具体来讲有以下五个趋势。

(一)合作形式:从文化交流到产业合作

当前文化领域的国际合作中更多的是文化交流,包括国际艺术节、文化节活动等，还不是真正从产业层面开展的合作，对市场盈利效果的考虑并不多，主要目的是推动不同国家民众之间的相互了解。文化开放与合作是"一带一路"建设的重点领域，也正在转变思路扩展内容，从传统较为单一的文化交流活动，向文化交流与文化贸易并重转变。在"一带一路"框架下，需要开展更多文化产业领域的合作，将双方的优势资源相结合，共同生产出优秀文化产品推向国际市场，满足各国民众跨文化消费不断增长的需求。

（二）合作主体：文化企业的主体作用突出

在之前的文化产业合作中，政府扮演着非常积极的角色，很多交流合作的费用由政府买单。积极推动文化交流与合作固然是政府应该承担的职责，一方面确实有着积极的作用，但是另一方面也造成企业的积极性相对受到制约，市场机制的作用没有得到充分发挥，长期来看可能会造成持续发展的动力不足。未来将进一步鼓励社会资本进入文化领域，充分发挥文化企业的主体作用，更多考虑发挥市场因素的积极作用，遵循文化产业发展的规律推进国际文化产业合作，推动和保证文化产业合作的可持续发展。

（三）合作内容：从文化产品贸易延伸到文化资源要素整合

在"一带一路"建设中，对外开放的内容正逐步从简单的商品贸易，向资源、资本、人才等要素的全方位开放，更加积极地利用国外的文化产业链。在实物商品领域中，我们已经成为"世界工厂"，充分发挥比较优势，利用着世界各地丰富的优势资源；在文化贸易之中，也正在从简单的文化商品贸易，进一步拓展到内容、版权、服务、资本、人才等文化资源要素的利用与合作。这要求我们统筹利用好国内国际两种资源，更加注重市场对资源配置作用，在文化生产和贸易中，更加积极地利用世界范围内不同国家和民族的优秀文化资源。

（四）合作方向：在引进来的同时注重走出去

"一带一路"建设将会重新构建面向全球的贸易、投资和生产布局，在引进来的同时，我们也积极地实施"走出去"战略。不仅是商品要走出去，文化正成为"走出去"战略的重要内容。随着中国经济和国际地位的迅速增长，中国的国际影响日益扩大，也引发了世界各国民众对中国文化的热情，许多国家的民众都表现出对中国文化的强烈兴趣。建设"一带一路"将进一步提升我国的国际影响力，增强中华文化的吸引力，其他国家对我国文化产品和服务的需求也将不断增长。这也是加快推动国际文化产业合作，更加积极推动中国文化产品走出去的重要历史机遇。

（五）合作对象：加强与发展中国家的合作

"一带一路"沿线很多发展中国家经济发展水平较低，基础设施普遍落后，加强与发展中国家的开放与合作是"一带一路"倡议的重要内容，不仅仅将商品输出到发展中国家，更重要的是帮助发展中国家营造自身"造血"机制，消除增长瓶颈，形成共谋发展的良性格局。从文化领域的合作来看，发达国家在核心文化产品和服务贸易领域占据绝对优势，我国文化企业和文化工作者与发达国家的交流比较频繁，合作也较多。这也是通过与发达国家知名文化企业合作取长补短，积极学习文化发展先进经验的需要。但同时要看到，文化产业各个环节在世界各国之间分工与合作日益密切，在"一带一路"背景下未来的文化开放合作格局中，我们要进一步加强与沿线发展中国家的文化交流、合作与贸易，通过技术指导、联合制作、服务外包等形式积极推动国际分工与合作的层次更加深入，帮助发展中国家共同开发利用丰富的文化资源，形成多样化的文化产品推向世界。

在"一带一路"建设的新形势要求下，积极推进与沿线国家的文化交流与合作，迫切需要思考和探索文化产业合作模式的创新，以更加有效地实现文化产业合作、文化融合创新的效果。

三　文化全球化中的离岸文化中心与国际文化产业合作模式创新

在传统的国际文化合作模式中，从文化资源层面出发的考虑较少。无论是哪种模式的文化产业合作，比较常见的是利用自己熟悉的本国文化资源开展文化产品生产，销往国际市场。著名文化社会学家英格利斯认为文化全球化的重要特征就是"去地域化"，本土不再是文化从属特定地方的主要决定因素，文化现象可以移植或生根于距其发源地千里之外的地方①。与金融全球化带动离岸金融中心兴起相类似，伴随着全球化的深化，文化的消费、生产和传播国际化程度不断提高，为开发利用本地乃至本国以外的文化资源生产文化产品，再投向国际市场的"离岸文化中心"创造了条件。

（一）离岸文化中心作为国际文化产业合作的创新模式

离岸文化中心作为国际文化产业合作的新模式，最重要的特征就是开发利用非本地或本国的异文化资源。离岸文化中心利用国外文化资源的程度不同，相应也有不同的形态，也反映了国际文化产业合作的深度。具体平讲，它有以下三种形态。

第一，离岸文化中心的初级形态。只是单纯地利用国外文化元素，主

---

① ［英］戴维·英格利斯撰，张秋月、周雷亚译：《文化与日常生活》，中央编译出版社2010年版，第152页。

要面向国内市场生产具有异国色彩的文化产品。与离岸金融业务的兴起相类似，由于地缘因素，相邻国家之间经贸往来更加紧密，文化交流和互动也更加频繁，文化产品生产者也会顺应国内市场跨文化消费的需求，开发利用外国文化资源，生产具有异国文化元素的文化产品。例如日本与中国在文化上有着千丝万缕的联系，在历史上，日本也曾积极学习、借鉴中国文化，中国的文化元素在日本得到广泛传播，文化创作者和厂商由此开发利用中国丰富的文化资源如三国文化元素生产了多种文化产品，包括小说、漫画、动画、游戏等，推向中国国内也受到欢迎。

第二，离岸文化中心的中级形态。出现了面向特定国际市场，利用国外文化资源生产的文化产品，并以外销为主。因为地理相近，以及移民聚集、交通便利、市场相通等特殊因素，有些地方与特定国家或地区的文化联系更加紧密，开发利用国外文化资源相对容易，凭借发达的文化产业，主动针对国外市场生产和输出文化产品，从而形成了面向特定国际市场的离岸文化中心。美国迈阿密所在的佛罗里达曾经是西班牙的殖民地，由于历史原因聚集了很多来自拉美国家的移民，成为一座极具拉丁风情的城市，与拉美地区的经贸联系也比较密切，逐渐聚集了大量以西班牙语为工具主要面向拉美地区市场的文化企业，并发展成为主要面向拉丁美洲市场的文化娱乐产业的制作和传播基地，被称为"美东好莱坞"或"拉美好莱坞"。①

第三，离岸文化中心的高级形态。不再局限在合作开发特定国家的市场或资源，而是能够统筹开发全球不同国家的文化资源生产文化产品，并能满足多个不同国家市场的需求。由于文化产品的可复制和传播便利的特性，许多大型跨国公司作为文化商品的生产者，极力推

---

① 〔澳〕托比·米勒和乔治·尤迪克著，蒋淑贞、冯建三译：《文化政策》，巨流图书公司2006年版，第124页。

动文化产品销往全球各个国家的市场。他们的资源动员和要素组织能力强大，能够同时跨越多种语言和文化的障碍，具备面向全球市场的文化生产、传播和营销能力，因此能够在全世界范围内开发利用不同国家的文化资源，并销往多个国家市场，形成了面向全球市场的离岸文化生产。其文化产品的海外市场往往超过国内市场，而海外市场也更加多元化而不是依赖于特定国家或地区。例如，美国好莱坞的影视制作公司积极开发利用世界各国的文化资源和元素，制作了大量的电影电视、流行音乐等文化商品，作为对外贸易的重要内容销往世界各国。好莱坞的文化厂商在继承吸收其他国家文化资源的同时，也注入了大量美国元素，形成一种融合性的文化产品，从而在国际文化市场上形成一种独特的优势。

（二）离岸文化中心合作模式的形式特征

离岸文化中心作为国际文化产业合作的新模式，从形式来看具有"离岸"的特征，其资源和市场"两头在外"。这与加工贸易有相似之处，都是吸收和利用非本地、非本国的资源，生产出面向外地、外国市场需求的产品并实现对外输出，将国际资源开发和国际市场开拓相结合。

离岸文化中心处理的是外来的文化资源，面向的是国际文化市场（或者同时面向国内市场，但是海外市场所占比重更大）。但是，离岸文化中心并不是简单接受国外的订单，而是针对国际市场的需求主动策划创作文化产品，并根据实际需要吸收和利用外来文化资源，在开发利用国际文化资源和市场上更具有主动性，同时掌握着价值增值和利润分配的主动权。因此，离岸文化中心要求具备强大的文化生产能力，包括国际文化资源开发和文化市场推广的能力，才有可能实现国际文化产业合作。

（三）离岸文化中心合作模式的内容特征

离岸文化中心的合作模式，从内容来看具有"跨文化"特征，真正涉及了文化内容层面的合作，体现在产品生产环节利用文化资源和产品销售环节开发国际市场中都需要跨越文化差异。一般的跨文化贸易主要是以本国文化资源为基础，生产创作满足本国市场需求的文化产品，同时推向国外市场，仅仅是产品销售阶段的"跨文化"。离岸文化中心的特殊性在于，不仅目标市场面向国外，更重要的是其利用的文化资源也来自国外，在产品销售阶段和生产阶段都需要"跨文化"，对于开发利用国际文化资源的要求相对较高。

文化资源的多样性决定了离岸文化中心需要克服的困难，包括语言的理解障碍、沟通中受众文化心理的差异等，这些因素都会导致利用国际文化资源和开发国际文化市场中的文化折扣问题。如果能够克服文化沟通中的障碍因素，在开发国际文化资源时，结合自己的文化特点，形成各具特色的文化产品，反过来又是离岸文化中心的成功之道。因此，离岸文化中心生产者并不仅仅是简单地翻译国外文化资源，而要根据自己的优势和特长进行改编和再创作，使得各国丰富的文化资源能够传播到更多的国家和地区，并以多样化的表现形式保持着生机和活力。

总之，离岸文化中心的内涵就是吸收和利用非本地、非本国的文化资源，生产出面向外地、外国市场需求的文化产品并实现对外传播输出。这种新的文化产业合作模式，在未来"一带一路"框架下对推进文化产业合作有着非常积极的作用。我们可以将离岸文化中心看作资源开发和市场开拓相结合的国际文化产业合作新模式。在"一带一路"建设中，离岸文化中心作为文化产业合作创新模式，对与中国发展文化产业，促进文化"走出去",密切与广大沿线国家的文化合作与交流,有着非常重要的意义。

四 建设离岸文化中心推进与"一带一路"沿线国家的国际文化产业合作模式创新

在"一带一路"建设背景下,中国与世界文化的交流合作将会更加密切。学习国际先进经验,建设离岸文化中心加强国际合作,主动发掘和利用世界各国的优秀文化资源,特别是广大发展中国家的文化资源,生产出优秀的文化产品推向国际市场,对进一步发展跨文化贸易,提升文化开放水平,促进文化对外交流合作,推进"一带一路"建设有着积极的作用。具体说来,离岸文化中心有以下五个方面的作用。

(一) 从文化资源利用的角度,帮助沿线国家共同创作特色文化产品

在建设"一带一路"中,我们要进一步加强与发展中国家的合作,帮助发展中国家开发利用其丰富的资源,在自然资源领域已经开展了很多合作,但是在文化领域受到的关注还不够。事实上,文化资源的所有者,无论是个人、城市甚至国家,都面临着如何将优秀的文化资源转化为受众欢迎的文化产品并为更多人所知晓的难题。很多沿线国家尽管有着丰富文化资源,但是由于语言使用人群相对少,文化产业不发达,本身并不具备足够的生产、制作和传播的能力将资源转化为文化产品。通过离岸文化中心的合作方式,借助更有实力的文化生产者,以及更为广泛流行的语言和媒介,可以超越相对狭窄的地域局限,传播到更广阔的范围。因此,中国与沿线国家开展离岸文化中心模式的国际文化产业合作,以开放促合作,可以帮助沿线国家共同开发具有鲜明特色的文化产品。在这方面已经有一些成功的案例。例如,在中国文化部和柬埔寨文化部共同支持下,由云南文

投集团投资与柬埔寨索玛集团有限公司合作打造，2008 年中国奥运会闭幕式创作团队创作的《吴哥的微笑》，是一台以吴哥窟的历史、风情为主题，反映柬埔寨历史文化的大型歌舞剧，全剧选取吴哥最具代表性的文化意象和元素，利用现代手法加以表现。该剧自 2010 年公演以来，受到广大游客观众好评。因此，充分发挥中国文化产业在理念、技术、人才方面的优势，与广大沿线国家合作共同开发文化资源，生产特色文化产品，向国内以及国际市场实现更广泛范围的传播，这也是建设"一带一路"实现共同发展的重要内容。

（二）从文化市场开拓的角度，增强我国文化产品国际吸引力

由于中国文化产业走出去的时间还比较短，很多国家民众对中国文化产品的熟悉程度还不够，培育国际市场需要有一个过程。国际文化产业合作的一个重要目的就是开拓国际文化市场，离岸文化中心的模式，有利于融入更多国外文化元素，增强文化产品国际吸引力。当前我国文化贸易逆差仍然巨大，尤其是对外输出的文化商品和服务中，硬件设备多，核心文化内容产品少，展示传统文化的产品多，反映现实的产品少，很多产品都是基于国内市场和文化情境开发，在国内销售之后再推向世界，国际市场的针对性不强。与世界文化产业大国相比，我们输出文化产品的创作和生产与国际市场衔接不够，对国外文化资源的掌握和文化要素的利用仍不足，有时甚至过于执着所谓"原汁原味"的本土文化，没有针对国际市场需求进行适当的变通和改造。这也是我们在推动文化"走出去"过程中，虽然费力但是成效仍然有限的重要原因之一。通过离岸文化中心大力开展国际文化产业合作，培育一批具有国际竞争力的外向型文化企业，鼓励文化生产者更加深入地了解各国消费者的文化心理特点，把握世界不同国家文化市场的需求开展文化生产，有利于文化

生产者更加全面发掘利用国内国外两种资源，将各国文化元素包括中国文化元素以各种不同的方式组合创新，创作出既有中国特色元素又受国际市场欢迎的文化产品，更广泛地推动多种形式的中国文化产品走向世界。

（三）从文化产业增值的角度，培育跨文化题材策划和生产能力

中国文化产业已经具备一定的基础，文化产业的链条较长，在某些领域具有相当的优势。例如，动漫产业每年动画生产分钟数已经位居全球第二，但是与文化产业发达国家相比，整体策划设计的能力不高、文化产业的增值能力不够，特别是策划跨文化题材的能力较弱，往往既不能开拓国际市场，又被国内观众所诟病。建设离岸文化中心，与沿线国家合作在共同开发文化资源，可以充分发挥我国文化产业的优势，培育和增强文化产业中跨文化题材的策划和生产的能力，大力发展增值程度较高的环节。建设离岸文化中心开发国际文化资源和市场，必须解决文化折扣的难题。以我国目前文化产业的国际竞争力，还不具备大规模全面策划开发国际文化资源的能力，只能结合自身的优势，先在一些文化折扣相对较低的艺术形式方面寻求突破，如动漫网游、数字出版、纪录片、杂技剧、木偶戏等领域开展合作，发挥策划和生产能力强的优势，与沿线国家的文化资源相结合，形成互利互惠的分工，生产具有特色文化产品。在积累经验提升能力之后，再将逐步向更多领域拓展。

（四）从文化交流中介的角度，提升中文在文化交流合作领域中的
　　　地位

不同语言的沟通问题是文化交流和贸易中需要解决的重要障碍之一，如果以一种更为通用的语言作为中介，可以大大降低交易的成本，如现

实中，英语凭借学习使用人数众多发挥着重要的中介功能。在未来多元文化的交流中，中文应该发挥更加积极的文化交流和贸易中介作用。随着中国经济崛起和文化影响不断增强，世界各国许多民众都希望更直接地了解中国，因此引发了世界范围内的学习汉语需求的持续升温，"汉语热"在很多地方成为普遍现象。建设离岸文化中心，以中文为工具加强与其他文化的交流，与沿线国家合作生产更多结合当地文化元素的产品，可以为学习中文的外国友人提供更丰富的文化产品，鼓励和帮助更多人更加便利地学习中文，吸引更多人学习中文和中国文化。同时，有助于推动中文成为不同文化之间交流的重要中介，提升中文在国际文化交流和传播中的地位，让不同国家的中文使用者能够更广泛地相互了解与沟通。尤其是在"一带一路"建设中，有利于推动中文成为沿线国家之间跨文化贸易的中介，使得更多小语种的文化产品也能够借助中文的中介作用为更多人所认识，这也是中国建设文化强国、促进国际文化交流与合作的责任。

（五）从文化融合创新的角度，推动不同文化在交流融合中创新

文化总是在开放、交流与碰撞中融合创新，文化的创新不仅需要对自己传统文化的继承与发扬，也需要对异国文化、域外文化的学习和借鉴。由于历史和体制原因，文化领域吸收利用外来资源，相对经济领域而言还有更多的提升空间，也更需要我们主动鉴别甄选和吸收利用。在建设"一带一路"的进程中，我们与沿线国家之间的文化开放与交流更加频繁，必然会有更多的世界各地文化商品和文化资源竞相进入中国。通过建设离岸文化中心，以开放的心态学习、借鉴和吸收各国文化的精华，更加主动引入高品质的优秀文化产品和资源，可以丰富国内文化消费市场。同时，将世界优秀文化资源与我们自身的文化生产优势相结合，

创作出新的文化产品，也是实现文化融合与创新，提升与丰富自身文化的重要手段，可以带动我国文化产品更具国际化水平，推动中华文化在融合中不断创新发展。

面对"一带一路"建设的历史重任，我们应积极建设离岸文化中心，拓展文化产业合作的领域和内容，丰富文化产业合作的形式和渠道，为共同推动"一带一路"的落实做出积极的贡献。

欧亚经济联盟和"丝绸之路经济带":
欧亚一体化方案比较分析

——基于俄罗斯外交文件的视角

邢媛媛

(中国社会科学院世界历史研究所)

摘　要: 中国倡导的"丝绸之路经济带"和俄罗斯主导推进的欧亚经济联盟,对未来中亚地区政治经济格局乃至全球格局都具有重要战略意义。但是,通过对俄罗斯外交文件的细致分析可以看出,欧亚经济联盟作为地缘政治概念首先在其外交定位方面与其说是欧亚,不如说是欧洲。欧亚经济联盟在经济上定位于欧洲与东方贸易往来的方便纽带,在地缘政治意义上则被视为与欧盟互补竞争能力的手段。"丝绸之路经济带"与欧亚经济联盟既有共性,又有个性,二者如能实现有效对接合作,定能给中国及欧亚经济联盟成员国经济增长注入新的动力。

关键词: 丝绸之路经济带;欧亚经济联盟;对接合作;跨太平洋伙伴关系

2013 年 9 月 7 日，习近平主席访问中亚期间提出用创新的合作模式共同建设"丝绸之路经济带"的倡议，同年 10 月 3 日，习主席在出席亚太经合组织 APEC 领导人非正式会晤期间在印度尼西亚国会演讲时提出共同建设"21 世纪海上丝绸之路"。"一带一路"的提出，引起国际社会的广泛关注，得到有关国家和地区的热烈响应。2014 年 5 月 20 日，俄罗斯总统普京在上海公开表示支持中国倡议的"丝绸之路经济带"建设。2015 年 1 月 1 日欧亚经济联盟正式成立后，中国外交部也公开表示支持欧亚经济联盟，并表示愿意与欧亚经济联盟发展合作。2015 年 5 月 8 日，中国与俄罗斯在莫斯科发表了《中俄关于丝绸之路经济带建设和欧亚经济联盟建设对接合作的联合声明》，这标志着"丝绸之路经济带"建设与欧亚经济联盟正式开始从战略层面对接，中俄双方将共同努力，确保地区经济持续稳定增长，加强区域经济合作，维护地区和平与发展。中国倡导的"丝绸之路经济带"建设与俄罗斯倡导的欧亚经济联盟建设始终是中俄两国专家学者关注的两个重要问题。普京总统和习近平主席发起的关于欧亚经济联盟与"丝绸之路经济带"结合可能性以及由俄罗斯和中国提出的两项最新欧亚一体化方案的讨论，也意味着投射在欧亚地缘政治空间的中、俄双方方案的竞争。

一　欧亚经济联盟及其地位

欧亚经济联盟的创建发起人是俄罗斯、哈萨克斯坦和白俄罗斯的领导人，三方于 2014 年签署了欧亚经济联盟创建合约，该合约于 2015 年 1 月 1 日生效。2014 年年底亚美尼亚加入该条约，2015 年吉尔吉斯斯坦也加入签署条约。欧亚经济联盟的出现以于 2010 年创制的合作与一体化规格的成员国监察制度为基础，如创建于 2010 年的海关联盟和存在于 2001 年至 2014

年间的欧亚经济区。① 正是在 2011 年欧亚经济区峰会上，俄罗斯总理普京表示，俄罗斯、哈萨克斯坦和白俄罗斯三国将要开始实施措施创立欧亚经济联盟，该行动将以海关联盟和与 2012 年 1 月 1 日生效的条约为基础，该生效条约即规定了在俄罗斯、哈萨克斯坦和白俄罗斯三国领土上创立共同市场，也就是欧亚经济区。2010 年秋天在独联体总体框架下海关联盟克服困难团结各方经济利益取得了初步进展，其成果是一些没有加入海关联盟的国家，如乌克兰、摩尔多瓦、亚美尼亚、塔吉克斯坦、吉尔吉斯斯坦，都签署了独联体框架下的自由贸易带条约，这就预示着近年来欧亚经济联盟成员数量扩充的潜能无限。俄罗斯联邦视即将在独联体区域出现的新一体化联盟暨欧亚经济联盟为最大地缘政治成就，肩以重任的普京总理在 2011 年秋季《消息报》刊载的他的文章中预言，在"后苏联地区"将出现新的一体化格局。

普京在文章中不仅指出与独联体国家一体化的后苏联特征，还指出了欧亚地缘政治新方案：欧亚经济联盟"能够成为当今社会一极，并扮演着欧洲与动态的亚太地区之间的有效纽带的角色"（普京，2011）。虽然如此，在媒体关于欧亚经济联盟的报道中"欧亚"这一概念作为后苏联国家一体化的完美公式而被理解，对独联体国家那些为否认共同的苏联过去而制造政治资本的民族精英来说不那么具有挑衅性。但是通过对普京文章的细致分析可以看出，欧亚经济联盟作为地缘政治概念首先在其外交定位方面与其说是欧亚，不如说是欧洲。重点在于，第一，在欧盟与亚太地区连接处监管问题上加强与欧盟对话立场；第二，重点标记作为俄罗斯首要影响地带的后苏联领域，尤其是在于苏联国家拓宽联系方面欧盟的作用带

---

① 左凤荣：《欧亚联盟：普京地缘政治谋划的核心》，《当代世界》，2015 年第 5 期。

（欧盟能源外交、"东部伙伴关系"项目等）。① 如此一来，欧亚经济联盟在经济上定位于欧洲与东方贸易往来的方便纽带，在地缘政治意义上则被视为与欧盟互补竞争能力的手段。至少，提议说出了"我们大陆上最大的两个联盟，即欧盟和正在形成的欧亚联盟，在自由贸易和调节系统兼容性的基础上相互作用，能够将这些原则推广到自大西洋至太平洋的整个区域"（普京，2011）——再次指向俄罗斯关于建立从里斯本到符拉迪沃斯托克（海参崴）的大欧洲精英话语。文章陈述中同样包含了俄罗斯作为区域强国的现实定位，但这要在能够成为世界一极的跨国经济联盟的牵动下才能实现。②

普京一贯强调欧亚经济联盟对俄罗斯重要性的思想。2012 年 5 月，普京就任俄罗斯总统，在《关于实践俄罗斯联邦外交方针的策略》这一命令中他强调："在新的总统任期中俄罗斯联邦对外政策的关键方向是发展多边相互作用，促进独联体区域的一体化进程，同时在海关联盟和俄白哈三国同一经济区的基础上加深欧亚一体化，并在 2015 年 1 月 1 日前夕建立开放性的欧亚经济联盟，以待他国加入。我们首先考虑的则是欧亚经济区和独联体成员，与此同时还要促进新型结构的国际定位"（俄罗斯联邦总统令，2012）。需要注意的是完成这一过程的速度问题，欧亚经济联盟以这样的速度成为俄罗斯对外政策的优先事项，其产生的具体时期也被指出，同时通过和后苏联国家独联体的关系划分出了俄罗斯在国际舞台上的重要利益空间。欧亚经济联盟这一欧亚组成概念更明显地成为一种惯例。在接

---

① Александрова К. *Китайский конгломерат CITIC вложит $ 113 млрд в проект «Один пояс, один путь»*//РЖД – партнер. М.，2015. 24 июня. http://www.rzd – partner.ru/news/investitsii/kitaiskii – konglomerat – citic – vlozhit – – 113 – mlrd – v – proekt – – odin – poias – – odin – put/.

② Видение и действие，направленные на продвижение совместного строительства «Экономического пояса Шелкового пути» и «Морского Шелкового пути XXI ве – ка»//Сайт Посольства КНР в РФ. – М.，2015. Март. http://ru.china – embassy.org/rus/ztbd/aa11/t1257296.htm（Режим доступа：12.09.2015）.

下来的 2013 年政府官方文件《俄罗斯联邦对外政策观点》中出现了俄罗斯作为"大欧洲"组成部分这一思想体系。例如，第 56 条中写道："俄罗斯作为欧洲文明不可缺少的组成部分，在与欧盟的关系中基本任务是推动创建自大西洋至太平洋的统一经济人文领域"（《俄罗斯联邦对外政策观点》，2013）。欧亚观念在行文中完全未被提及，"欧亚"一词仅在独联体政治经济结构下出现的名称中才会采用。随着独联体框架下的相互作用，这些政治经济结构作为局部方针被发展，而根据这份文件的第 54 条能够直接得出这样的结论：俄罗斯完全不是"欧亚文明"，而很明确是欧洲文明，"与欧洲—大西洋地区国家的关系发展具有优先性特点，除地理、经济、历史之外，深厚的共同文明根源使这些国家与俄罗斯紧密相连"（《俄罗斯联邦对外政策观点》，2013）。与此同时，这份战略性文件的第三项描述了俄罗斯在现代国际经济关系体系中的定位，在俄罗斯政府关键行动方针中指出了采取措施"巩固俄罗斯联邦在保障欧洲与亚太地区贸易经济往来的关键运输线地位，包括通过扩大参与创建洲际货运路线的方法"（《俄罗斯联邦对外政策观点》，2013）。因此，2013 年俄罗斯提出申请作为国际经济关系的主要过境国和在欧洲和亚太地区之间国家成功定位的受惠国。[1]"欧洲和亚太地区之间"这一表达透露出了对俄罗斯"欧亚体"实用性功能性理解——毕竟在官方文件中另一种情况下也会出现"已位于欧洲又位于亚太地区的国家"或"欧亚国家"这样的表达。因此，欧亚经济联盟的欧亚部分或亚洲部分也就是哈萨克斯坦，或许还有其他中亚国家，这些欧亚经济联盟的成员却不会像俄罗斯一样视自身为欧洲的一部分。"欧亚"一词在欧盟对外政策观念中仅用于一种语境——俄罗斯作为欧亚一体化方案的

---

① Концепция внешней политики Российской Федерации(12 февраля 2013 г.) /Министерство иностранных дел Российской Федерации. – 2013. – 18 февраля. http://archive. mid. ru/bdomp/ns – osndoc. nsf/e2f289bea62097f9c325787a, 0034c255/c32577ca0017434944257b160051bf7f! OpenDocument.

动力，这一方案作为后苏联领域的政治手段被发表（但不是在亚太地区也非欧亚地区）。根据这份文件，俄罗斯从文明上讲是欧洲国家并将自身定位在与欧洲—大西洋国家的关系发展上。

二　欧亚一体化进程中的关键性因素

如果认为欧亚经济联盟与其他一体化方案对接的主题在 2013—2014 年的俄乌危机到来之前在政府和学界流转，那么可以仅仅是为了联合对抗与欧盟的竞争。事实上，"欧亚"（евразийство）这一术语（以前流行在历史学家、民族学家古米廖夫作品的崇拜者中间）在俄语政治话语中出现并非是俄罗斯政客的创造，而是哈萨克斯坦总统纳扎尔巴耶夫的首创。[①] 他于 1994 年在莫斯科国立大学所做的演讲中向后苏联国家提出"欧亚方案"和"欧亚哲学"。自此以后"欧亚文明"这一观念在哈萨克斯坦对自己的国家而言成为政治和媒体话语中最常被提及的概念。

接下来谈及理解欧亚经济联盟的语境，要指出的是：即使在普京公开发表外交文件之后，无论是白俄罗斯总统卢卡申科还是哈萨克斯坦总统纳扎尔巴耶夫都没有提及：相对于欧洲和俄罗斯而言，中国是作为欧亚经济联盟国家吸引中心的不二选择。在对一体化方案中"欧亚"这一术语的被普遍赞同的情况下，俄罗斯并没有考虑对亚洲整体特别是中国对外政策的重新定位。但是，2011 年纳扎尔巴耶夫在自己的文章中指出，欧亚同盟并没有责任抵御所谓的"中国经济扩张"，因为中国是所有欧亚经济联盟国家的战略伙伴（欧亚经济联盟国家在当时分别是俄罗斯、白俄罗斯和哈萨

---

① Глаголев В. С. *Евразийское измерение России: Внешнеполитические и социокультурные задачи//Цивилизационная миссия России. XI Панаринские чтения: Сборник статей/ Отв. ред. В. Н. Расторгуев. – Пушкино: Центр стратегической конъюнктуры*, 2014. – 316 с. – С. 128 – 133.

克斯坦)。① 这是重要的一点,因为间接提及了在俄罗斯领导人文章和俄罗斯外交政策文件中未涉及的主题,即俄罗斯与中国就对亚洲苏联国家影响力展开的竞争。通过承认"中国因素"作为欧亚关键经济参赛者的必要性的方式,纳扎尔巴耶夫首次在行文中公开补充了俄罗斯对在欧盟与亚太地区国家之间扮演"独立媒介"这一角色的追求。关税同盟与欧亚经济联盟和中国之间的伙伴关系显露无遗,可见,这种伙伴关系也是欧亚方案中不可分割的一部分。在纳扎尔巴耶夫的文章中,"欧亚体"不仅是政治和哲学概念,还是有效的经济概念,因为它能使得所有欧亚经济联盟成员国因联结效用而获利。② 他强调欧亚联盟应当成为"联结欧洲 - 大西洋和亚洲发展地区的一环,联通欧盟、东亚、东南亚、南亚动态经济体的桥梁。"他同样提醒到,当今要从西欧到中国北部的国际汽车运输走廊方案正在实施,沿这条线路将会建成整套现代物流交通系统,这一系统"将保证缩短欧洲和中国市场之间的交货时间至原来的 2/7 甚至更短,未来跨欧亚高速铁路的建设也颇有前景,也保证了欧盟同一经济区与中国、日本、印度之间互利合作的扩大"(纳扎尔巴耶夫,2011)。

俄罗斯与哈萨克斯坦对于欧亚经济联盟内一体化的期望的相似性对于联盟活力具有正面意义,但是事实上正是这种在直达运输上获取利益的需求立场的相似性构成了欧亚经济联盟内部各参与国之间的竞争。作为一种既针对内部的、俄罗斯的消费者又针对外部消费者的观点,对欧亚这一观念的思想理解越不充分;作为欧盟和亚太地区纽带的参与国的

① Назарбаев Н. А. Выступление Президента РК в Московском государственном университете им. М. В. Ломоносова//Президент Н. А. Назарбаев и современный Казахстан. Н. А. Назарбаев и внешняя политика Казахстана: Сборник документов и материалов: В 3 т. /Отв. ред. Б. К. Султанов. Алматы: КИСИ при Президенте РК, 2010. Т. 3. С. 214 – 215.

② Жакеев М. *Си Цзиньпин предложил возродить легендарный Шелковый путь как новую модель сотрудничества в Евразии*//Информ. кз. Алматы, 2013. 7 сентября. http: //www. inform. kz/eng/article/2587565.

经济吸引力越具有实惠性，欧亚经济联盟参与者的离心潜力就会越高。这些参与国自认为自己是这一纽带关系中的重要部分，或者他们仅仅在欧亚大陆较为发达的地区之间直达运输关税领域中看到参与欧亚经济联盟的益处。[①]

有俄国学者认为，2013 年 9 月习近平主席到哈萨克斯坦访问欧亚概念的创造者、哈萨克斯坦总统哈扎尔巴耶夫并非偶然。习近平主席在纳扎尔巴耶夫大学的演讲中提议中亚各国应团结一致，共建联通亚洲与欧洲的"丝绸之路"。习近平呼吁亚洲国家共建"丝绸之路经济带"，扩大欧亚国家发展领域。同时也指出了具体任务：巩固经贸联系，加强经济合作，建造大型基础设施项目，首要的就是交通网。他将从太平洋到波罗的海的交通干线视为首要任务，提议从优化联结东亚、南亚、西亚各国的跨界道路网开始，以保障互利发展和共同未来。同时，习近平还指出了可能的投资合作（很显然，没有这方面的合作，中亚任何一个国家都没有能力承建这种水平的项目），也指出必须考虑贸易简化的相应纲要，旨在消除中国与地区其他国家间的阻碍，降低消费（扎科耶夫，2013），也就是在发起创建关税同盟和欧亚经济联盟时俄罗斯为自己树立的那些目标。

因此，在俄罗斯欧亚一体化中，除了以坚持民主价值的欧盟为代表的西方竞争者，在亚洲中国异军突起成为新的竞赛伙伴，首先最具代表性的就是其以文化历史根源（古丝绸之路）和交通部分为重点的经济项目。当时，习近平主席带着丝绸之路经济带方案访问中亚，包含着中亚地区的后苏联国家（既有加入和计划加入欧亚经济联盟的国家，又有计划不加入关税同盟和欧亚经济联盟的乌兹别克斯坦和土库曼）、中国西北地区（新疆

---

① Власов А. В., Диденко О. В. Проблемы развития таможенных услуг и транспортно - логистических систем в условиях глобализации мировой экономики（на приме - ре стран Таможенного союза）//Ученые записки Российской академии предпринимательства. 2014. № 40. С. 122 – 130.

乌鲁木齐自治区)和中国邻国(蒙古、巴基斯坦、阿富汗、伊朗)。但俄方认为,即使像"丝绸之路经济带"这样的纯粹经济方案也包含着欧亚经济联盟的思想。毕竟在俄罗斯的大力影响下,正是欧亚经济联盟本应成为一体化联盟和欧洲与亚太地区独一无二的直通运输带。

对于我国领导人计划的地缘政治构想规模优势,俄罗斯在紧锣密鼓筹备2014年冬奥会期间并未作过多评价,但俄方仍旧认为俄罗斯在欧洲和亚洲之间唯一固有的牢固的运输走廊中自己发挥着"主要作用",或是这一项目的"大股东":有着货流安全的保障,有可预见的政治系统,还有较为重要的是有完备的铁路交通基础设施,包括通往亚太地区国家的交通干线西伯利亚干线和贝加尔—阿穆尔铁路干线。在这种情况下乌克兰加入欧亚经济联盟具有很大的可能性,也是必要的符合其利益需求的补充。同时这一补充能够保证货流经过俄罗斯深入欧洲心脏和亚太地区,使得俄罗斯—乌克兰工业集成更具效益和竞争力。欧亚经济联盟的成员资格也应参与其他的益处,因为保护海关关税政策和统一的劳动力市场能够刺激进口替代产业的发展,保障居民就业,而交通基础设施的现代化和经过俄罗斯的货流运输的强化能促使欧亚经济联盟国家出口结构多元化。

习近平主席在阿斯塔纳发表演讲和乌克兰危机之前,俄罗斯就发出了参与地缘政治方案的暗示:2013年,习近平总书记访问俄罗斯期间提出了要重建将俄罗斯联系在一起的伟大的茶叶之路,从中国的城市武汉经过蒙古国到俄罗斯,其终点是港口城市圣彼得堡。另据了解,中国计划建立跨洲交通走廊,很重要的是要借助联结中国与欧洲的高速交通干线的项目的实施,仅是部分计划的BC线路经过俄罗斯联邦(中国方案)。根据这些计划,从北京到伦敦的线路会经过中国北部地区到西伯利亚干线,再经西伯利亚干线到莫斯科、基辅和欧洲各国直到拉芒什海峡下的隧道,方案的第二个版本是经哈萨克斯坦到俄罗斯之后再重复方案一中的路线;第二条线路，中亚运输走廊在 2013 年之前计划从中国新疆乌鲁木齐自治区经哈萨克斯坦、乌兹别克斯坦、土库曼斯坦、伊朗、高加索地区、土耳其然后同样到达欧盟国家；第三条线路计划从中国西部经缅甸、孟加拉、印度、巴基斯坦到伊朗之后再到欧盟。泛亚线路从中国东南部城市昆明出发，之后有两条分支经过越南、缅甸到泰国再到新加坡具有世界意义的港口。还有一条蒙古路线，按照计划为南北走向，将中国省份与西伯利亚干线和俄罗斯远东地区联结在一起。唯一一条引起人们对其可行性表示怀疑的路线是始于中国东北经俄罗斯远东地区到白令海峡，再到阿拉斯加州、加拿大和美国。此外，在"丝绸之路经济带"项目出现之前就已经明确中国高速公路计划的所有方案在实际实施过程中都没有不可逾越的技术障碍。① 中国高速公路建设已达到很高水平，包括在恶劣的地理和气候条件下。2013 年中国建设高速公路里程 13000 公里，计划到 2025 年增加公路长度将近 2 倍达到 25000 公里。2013 年之前，中国已将大规模跨境物流运输方案纳入计划，并于同年对方案的两个分支在俄罗斯（茶路）和中亚（丝绸之路经济带）做了细致展示。2014 年，由于欧亚地区地缘政治情况的改变，中国从俄罗斯在合并克里米亚和乌克兰危机之后遇到的挑战中获取了能源政治的最大利益。俄罗斯总统于 2014 年 5 月访问中国签订的战略性协议，使俄罗斯在贴近中方利益的条件下向中国供应能源。能源交易被认为是俄罗斯外交政策的一个新载体，一些俄罗斯鉴定专家在其中看到了对东方的重新定位，欧亚经济联盟方案被解释为当前面向亚洲的"外交政治王牌"。同样，中国也将欧亚经济联盟看作重要合作伙伴，这一合作地位能够使其向积极系统的有中亚国家参与的经济方案转变。

因此，除了与独联体国家 20 年的有效双边战略关系话题在上海合作组

---

① 李永全：《和而不同：丝绸之路经济带与欧亚经济联盟》，《俄罗斯东欧中亚研究》2015 年第 4 期。

织框架下成功的区域政治,中国以大型经济方案登上世界舞台。依托于对中国领先地位的承认,中国经济更主要针对亚洲经济一体化和整个欧亚大陆贸易一体化。为了证实推动"新丝绸之路"这一观念的意图,2014 年 1月,习近平主席宣布国家将投入 400 亿美元作为"丝绸之路"基金,使得在中亚地区的项目优先得以实施。这成为后苏联国家新方针可靠性的标志。但在制裁和油价下跌的情况下,俄罗斯经济的逐渐衰弱使这些国家感受到了经济上的压力。在一些国际论坛中,中国关于自身在亚洲、欧洲、俄罗斯、美国的方案的声明引起了诸多兴趣。2015 年 3 月,所有感兴趣的国家都获得了了解最终的"新丝绸之路学说"的机会。当时,"习近平主席在访问中亚、东南亚各国期间一次提出共同打造'丝绸之路经济带'和'21 世纪海上丝绸之路'的伟大倡议,就是之后被命名的'一带一路'"(观点,2015)。报道称,"丝绸之路经济带"的三条基本路线分别是:第一条,从中国经中亚和俄罗斯再到欧洲(至波罗的海);第二条,从中国经中亚、西亚至波斯湾和地中海;第三条,从中国到东南亚、南亚,再到印度洋。"21 世纪海上丝绸之路"的基本方向是沿以下几条路线,即从中国沿海港口经中国南部海域到印度洋再到欧洲,以及同样从中国沿海各港口出发经中国南部海域—太平洋南部水域。① 这一观点中也历数了重要的国际经济合作走廊:中国、蒙古和俄罗斯之间;中国、中亚和西亚之间;中国和印度支那半岛之间;还有中国—巴基斯坦和孟加拉国—中国—印度—缅甸,"都与'一带一路'建设紧密相连"。项目包含的区域地缘政治规模和特点在文件的以下条款中详尽地传达出来:"'一带一路'方案涵盖亚洲、欧洲和非洲,一方面开始于经济蓬勃发展的东亚发展中地区,另一

---

① 媒体中越来越常出现关于中国与泰国之间谈判的报道,谈判内容围绕着经泰国领土在安达曼海和泰国湾之间建设水道这一议题,使得在货物运输中避开由美国人控制的马六甲海峡水域,同时能缩短航程。

方面包含经济发达的欧洲地区，在中心部分是拥有巨大发展前景的广阔土地"（观点，2015）。"拥有巨大发展前景的广阔土地"，从中国的观点来看，是整个欧亚经济联盟，特别是俄罗斯。这就吻合了全球化中国方案和后苏联地区结合的坐标空间。

中国方案是一体化的和欧亚的这一事实具体在一篇名为"合作优先地位"的文章中被描述，文章中还有一些内容诸如加强丝绸之路经济带各民族之间的友谊，"用'一带一路'沿途信用评定较高的国家的政府、企业、金融机构去支持其以人民币的形式在中国领土内债券分配"，联合疫苗接种，资本流动，统一金融监督，联合跨境标准和认证，农业项目和消除贫困的斗争……这些数据对于欧亚地区在现代化过程中人口稠密的贫困国家来说具有极大的意义。中国正在消除这种问题，并提出了要尊重每个民族的传统，不妨碍其发展道路。

与此相反，正像早在2011年俄罗斯领导层推测的那样，欧亚联盟与西方政治价值和欧洲发展动力紧密相连，它应当"作为大欧洲的不可分割的一部分建立在普遍的一体化原则之上，包含自由、民主、市场规则的统一价值"（普京，2011）。现今，在意识到乌克兰危机的持久性和地缘政治形势的变化以及"俄罗斯价值与目标"官方演说的变换之后，这种欧亚经济一体化构建的补充需要官方深化和概念发展（格拉戈列夫，2014）。特别是在中国一体化方案中提出了对不同文明的包容性，尊重每个国家发展模式和道路选择的原则，求同存异。考虑到伊斯兰因素在世界范围内有怎样的影响以及穆斯林民族和地区在中国欧亚方案中取得怎样的地位，这种方法就去除了效忠西方价值观和参与他们尚未明确的对话的必要性。

在有关吸引中国所有地区参与到一体化进程的文件部分中，俄罗斯在下述行文中提到："必须利用内蒙古自治区与俄罗斯和蒙古毗邻的地区优势，完善铁路通道和联系着黑龙江省和俄罗斯之间的地区铁路网，同样要完善的是俄罗斯远东地区与黑龙江、吉林、辽宁三省在水陆运输领域的合作, 促进莫斯科与北京之间的高速运输走廊的转变, 创建面向北方的重要开放窗口"。在这一篇中同样还有涉及俄罗斯的板块: 必须加快长江中上游地区和俄罗斯联邦伏尔加联邦区之间的合作; 推动欧亚铁路运输走廊和海关检查站协调机制的建设, 打造"中国—欧洲"集装箱专列品牌(需要指出的是, 这里的专列品牌并不是"中国—俄罗斯—欧洲", 而明确指的是"中国—欧洲", 因为俄罗斯这一过境运输国家不会自命为欧亚运输品牌的"协同创始人")。在略微提及长江中上游地区和俄罗斯伏尔加河流域地区的合作潜能之后, 中方观点更加明确了一体化进程方案目标的实质: 建造海外与内陆的联结走廊, 同样还有中国中东西部地区的联结走廊; 支持郑州、西安和其他内陆城市的航空口岸和国际陆港的建设, 加强内陆口岸和沿海关税检查站的合作, 并制定跨境电子商务试验项目; 优化海关特殊监管区域布局, 建立加工业产量贸易新模式, 加深与"一带一路"沿线国家的工业合作。确切地说, 为了克服俄罗斯地区的发展不平衡, 取得俄罗斯制造业而非采掘工业在欧亚经济联盟国家市场中的优先权, 对内陆陆路和河运网的现代化进行的投资, 等等。

在《观点》"中国的积极行动"一章中"优化政治举措"这一小节里, 俄罗斯细致描述了一体化工具。其中显示, 中国政府在同一规章之下实现内部资源分配, 加大政策支持, 推动建设亚洲基础设施投资银行, 促使丝绸之路基金创建过程集约化, 强化中国—欧亚经济合作基金投资潜力, 推动银行卡非现金结算跨境业务和跨境支付服务的发展, 积极推动贸易和投资便利化和区域一体化清关改革。从未来长远的角度看, 欧亚经济联盟给人不安又有征兆性的感觉, 在丝绸之路经济带一体化方案如此活跃的背景下, 在中方文件中一次也未提及关税同盟(虽然统一海关的功能性意义多次引发关注)和欧亚经济联盟(当时也有不少公认的值得一提的国际组织、咨询机构和次区域联盟）。对于俄罗斯最重要的欧亚经济联盟和海关联盟甚至没有进入中国打算支持的举措的常备选项中。据报道，作为不同地区的项目平台已经成功举办了一系列以"一带一路"为首的共同主题的峰会、论坛、研讨会、展会。因此，除了与俄罗斯联邦关系的双边格式，一体化方案对接的问题主要在金砖国家、上海合作组织和其他适合中方而不是首先突出俄方的机制的基础上得到解决。①

三 欧亚一体化进程中的战略价值

俄方学者认为，欧亚经济联盟和"丝绸之路经济带"的兼容性潜力依然比较薄弱，基础设施项目中没有一个能让俄罗斯感兴趣并与中国项目对接的，而俄罗斯并不准备自己融资。2015 年 6 月，中国国有公司中信允诺对"一带一路"项目投资 1130 亿美元，自新加坡至土库曼斯坦的基础设施项目明确确定的项目数量和地域有 300 个。中信创建了 200 亿元人民币初始资本的基金，计划用于海外中国公司的并购、公私伙伴关系和融资，而总体上中国想要在 10 年内与参与倡议国家的贸易水平达到 2.5 万亿美元（亚历山大罗夫娜，2015）。能够保障"丝绸之路经济带"基础设施项目在欧亚实施的额外机会的是 2015 年 12 月 25 日建立的总部设在北京的亚洲基础设施投资银行，在其中，中国拥有着决定性的表决权（一票否决权）。

在贷款或者共同投资实施中俄签订的交通项目（如现今探讨的莫斯科—喀山高速公路的建设，这条公路之后可能一直延长到北京）的同时，中国将为此出售自己的技术、商品和服务。由俄罗斯当局和中亚各国领导人设想的在欧亚经济联盟框架下的进口替代政策前景在这一实例中似乎值得怀疑。在俄罗斯处于经济危机状态不可能保持欧亚经济联盟国家发展动

① 李兴：《"丝绸之路经济带"与欧亚经济联盟：比较分析与关系前景》，《中国高校社会科学》2015 年第 6 期。

力地位的情况下，在中国准备对这些国家经济投入巨大资金的背景下（中国与哈萨克斯坦以及白俄罗斯之间的双边经济项目已经开始），很难预测俄罗斯对于欧亚联盟国家影响力的保持。这条道路可能会导致欧亚经济联盟内关系不平衡而不是必须达成共同的政策。

很明显，尤其是在全球一体化进程的背景下，俄罗斯这一盟友及其战略后方的削弱对中国没有益处，更不是中国的目标。欧亚经济联盟俄罗斯项目的发展和中国搭建与欧洲之间的大陆桥的同时，中国在世界范围内地缘政治的竞争者美国从 2009 年发起了一项国际协议的谈判，协议名为《跨太平洋伙伴关系协议》（TPP）。该协议不仅能够促进美国在亚洲的利益进程，还能够在经济和军事上遏制中国。它的成员是美国和 12 个太平洋国家和地区，包括意大利、新西兰、日本、中国台湾、文莱、马来西亚和新加坡，能够从海上封锁中国，包括贸易和能源开采方面，同时包括邻近的传统上对中国持警戒态度的越南。因此，在中国与邻国领土争端（越南、印度、日本、韩国）和与台湾地区矛盾恶化的情况下，美国和其盟国的阻碍可能会威胁到中国的安全和十分重要的利益。跨太平洋伙伴关系中的经济成分旨在遏制中国在亚太地区的经济扩张。

在跨太平洋伙伴关系建立的同时，美国发起讨论与欧盟共建"跨大西洋贸易带"，将欧元区国家经济体与美国纳入共同市场。前几轮谈判都没有成功，但是美国在这一项目上工作非常紧凑细致。因此，美国跨洋经济方案的两个分支分别是抑制中国对欧洲和亚太地区的影响力传播与对中国经济施加压力。在这种地缘政治压力的情况下，受到"丝绸之路经济带"庇护的欧亚一体化方案的发展对于中国与其说是借助欧亚经济联盟对企图压制俄罗斯的行为的回应，不如说是在全球范围内与美国就欧洲与亚洲市场展开的多级战略竞争。但中国的目的并不是要消除俄罗斯在欧亚经济联盟中的一系列计划，而是要对其产生某种影响，尤其涉及基础设施建设、建立贸易路线和为自己的公司取得优惠条件的时候。因此，对俄罗斯官员来说，欧亚经济联盟是否能够自动融入"丝绸之路经济带"，只存在于官方的政治举措和话语中。

参考文献

［1］ *Визит Си Цзиньпиня в МГИМО.* 22 *марта* 2013 *г.* //Youtube. 2013. 2 мая. http：//www. youtube. com/watch？ v = 3 jw1 US3TksY&feature = youtu. be.

［2］ *Китайские проекты высокоскоростных магистралей* //ChinaLogist. 2015. http：//chinalogist. ru/book/infographics/iz – publikaciy/kitayskie – proektyvysokoskorostnyhmagistraley.

［3］ Лукашенко А. *О судьбах нашей интеграции* //Известия. М. , 2011. 17 октября. http：//izvestia. ru/news/504081.

［4］ Назарбаев Н. А. *Евразийский союз：от идеи к истории будущего*//Известия. М. , 2011. 25 октября. http：//izvestia. ru/news/504908.

［5］ Путин В. В. *Новый интеграционный проект для Евразии – будущее, которое рождается сегодня* //Известия. ру. 2012. 1 января. http：//izvestia. ru/news/502761#ixzz3f30COcUN.

［6］ Указ Президента РФ《О мерах по реализации внешнеполитического курса РФ》от 2012 г. http：//base. garant. ru/70170934/#help.

海上丝绸之路的历史、现实与未来

许尔君

（甘肃省社会科学院政治学研究所）

摘　要："21世纪海上丝绸之路"是2013年10月习近平主席访问东盟成员国时提出的战略构想。共建"21世纪海上丝绸之路"的战略构想，是在新形势下继续高举和平、发展、合作、共赢的旗帜，坚定不移地致力于维护世界和平、促进共同发展，把中国梦与沿线各国人民的美好梦想对接起来，一起追逐梦想、实现梦想的战略选择。它将成为中国与东盟之间开拓新的合作领域、深化互利合作的战略契合点，有利于搁置争议、增进共识、合作共赢，推动构建和平稳定、繁荣共进的周边环境。本文拟按习近平总书记共建"21世纪海上丝绸之路"的战略构想，对我国海上丝绸之路的发展做一些探讨。

关键词：丝绸之路；历史现实；未来发展

一　引子

2013年的9月和10月，习近平总书记提出了"一带一路"战略构想，强调相关各国要打造互利共赢的"利益共同体"和共同发展繁荣的"命运共同体"。"一带一路"是"丝绸之路经济带"和"21世纪海上丝绸之路"的简称,贯穿欧亚大陆,东边连接亚太经济圈,西边进入欧洲经济圈。"丝绸之路经济带"和"21世纪海上丝绸之路"建设,意在致力增进沿线各国经济繁荣与区域经济合作,加强不同文明交流互鉴,促进世界和平发展,是造福世界各国人民的伟大事业。丝绸之路是中国古代经由中亚通往南亚、西亚、欧洲、北非的陆上贸易通道,海上丝绸之路则是打通中国与世界的海上贸易通道。"海上丝绸之路"为陆上丝绸之路的延伸,是指中国的对外贸易通道,反映了复杂的国际关系和文化交流合作。从本质上看,丝绸之路从来就不是一条固定的有形道路,更是代表一种文化和精神。"21世纪海上丝绸之路"包含两层含义:一是畅通由中国沿海港口经南海到印度洋,延伸至欧洲,以及由中国沿海港口过南海到南太平洋等方向的运输大通道;二是寻求在利益汇合点上进行"共商、共建、共享",共同建设一批海上枢纽港口。在此基础上,深入开展产业、能源资源、贸易投资等多领域的区域经济合作。建设"21世纪海上丝绸之路",是新时期我国深化改革开放的重大举措,务必从我国国家未来发展战略的高度来把握这条曾经的文明、和平与开放之路,并赋予其时代内涵与价值。建设"21世纪海上丝绸之路",是促进国内经济转型发展,扩大、优化对外开放格局的动力源之一,是深化全球发展区域化,建立国际经济政治新秩序的重大战略部署,同时是提升中华民族文化软实力,增强我国国际影响力的重要途径。建设"21世纪海上丝绸之路",特别要注意海上丝绸之路经贸功能、构建国际新秩序功能和文化软实力功能的发挥。"21世纪海上丝绸之路"战略的成功与否,很大程度上取决于沿线各国政府和民众的信任与配合。目前,东盟已成为我国第三大贸易伙伴。在中国-东盟自由贸易区的推动下,中国与东南亚国家间的经贸往来与文化交流正日趋频繁,不断深化。2013年,习近平主席在印度尼西亚国会发表演讲时表示,中国愿与东盟国家加强海上合作，发展好海洋合作伙伴关系。合作重点从构建海上互联互通、加强海洋经济和产业合作、推进海洋非传统安全领域的全面合作、拓展海洋人文领域合作等入手。这些着眼于共建"21世纪海上丝绸之路"的合作措施已成为主动创造合作、和平、和谐的对外合作环境的有力手段，将有力推动中国与东南亚国家增强互信、增进友谊，进而以点带线，以线带面，增进同沿边国家和地区的交往，串起连通东盟、南亚、西亚、北非、欧洲等各大经济板块的市场链，发展面向南海、太平洋和印度洋的战略合作经济带，发展以亚欧非经济贸易一体化打下坚实的基础。

二 海上丝绸之路的历史回顾

以中外和平、友好、平等的经济、文化、外交等交流为主要内容的海上丝绸之路，在中国有着悠久的历史，并产生了深广的影响。下面分为五个阶段进行论述。

（一）海上丝绸之路的形成期——秦汉时代

从史籍记载来看，中国与东南亚各国发生关系始于秦时代。在历史上，中国的南方成为南岛人种的发源地，到了先秦时代称他们为百越民族。百越民族是世界上分布最广的民族之一，他们拥有优秀的航海经验和冒险精神，足迹遍及太平洋和印度洋，史前时代起即开始了向远洋迁徙，在今马达加斯加、夏威夷、新西兰均有分布，其文化间接影响到印度洋沿岸及其岛屿。到了秦始皇统一岭南之后，他们发展得很快。当时番禺（今广州）地区已经拥有相当规模、技术水平很高的造船业。他们便利用所造的船只，进行海路西探，到达了东南亚诸国及印度。从1983年6月广州南越王墓中出土的希腊风格银器皿以及南越国宫殿遗迹发掘出来的石制希腊式梁柱看，秦末海上的丝绸之路已经诞生，岭南地区向西方输出丝绸以换取各种物资，并且有希腊工匠来到中国参与了南越王宫殿的建造。据《汉书·地理志》记载，早在秦汉时期，中国先民便从广东的徐闻、合浦（今属广西）港口出发，前往南海活动，进行开发。由徐闻、合浦至南海诸岛及东南亚各国皆有航海纪程和针路可达，南海诸岛中的许多岛屿最早就是由中国先民发现、命名和开发的。《汉书·地理志》所载的海上交通路线，实为早期的"海上丝绸之路"，当时海船载运的"杂缯"，即各种丝绸。到了西汉中晚期和东汉的时候，海上丝绸之路就已真正形成并开始发展。西汉时期，南方南越国与印度半岛之间的海路已经开通。汉武帝平定南越后，由汉廷派出担任海外贸易的译使和应募者，携带黄金、杂缯（丝织品），由日南（今越南中部）、徐闻（今属广东）、合浦（今属广西）三个地方出航，途经东南亚的暹罗湾（今泰国湾）、横越孟加拉湾，到达印度半岛东南部的黄支国和已程不国（今斯里兰卡）后返航。汉武帝时期开辟的航线，标志着海上丝绸之路的发端。东汉时（特别是后期），航船已使用风帆，据载，中国商人由海路到达广州进行贸易，运送丝绸、瓷器经海路由马六甲经苏门答腊到达印度，并且采购香料、染料运回中国，印度商人再把丝绸、瓷器经过红海运往埃及的开罗港或经波斯湾进入两河流域到达安条克（位于今土耳其南部），再由希腊、罗马商人从埃及的亚历山大、加沙等港口经地中海运往希腊、罗马两大帝国的大小城邦。随着汉代种桑养蚕和纺织业的发展，丝织品成为这一时期的主要输出品。这标志着横贯亚非欧三大州的、真正意义上的海上丝绸之路已经形成。此后，远至印度、罗马帝国的外国商人、使节，都沿着这条航路，往来沿海地区，进入中国内地。

（二）海上丝绸之路的发展期——六朝时期

六朝（东吴、东晋、宋、齐、梁、陈）因所建的南方政权与北方对峙，更注重向海洋发展。造船、航海技术的进步以及航海经验的积累，也为海上丝绸之路发展提供了良好条件。据史书记载，这一时期，前来广州与我国通商的国家有大秦（在今地中海东岸）、天竺（在今南亚次大陆）、师子国（在今斯里兰卡）、罽宾（在今克什米尔）、占婆（在今越南中南部）、扶南（在今柬埔寨）、金邻（在今泰国）、顿逊（在今马来半岛）、狼牙修（在今马来半岛）、盘盘（在今马来半岛）、丹丹（在今马来半岛）、诃罗单（在今爪哇岛）、乾陀利（在今苏门答腊岛）、婆利（在今印度尼西亚巴厘岛）等十余国。六朝时期，中外造船技术都有了明显进步。《太平御览》卷七百六十九引《南州异物志》记述了海外诸国的造船技术："外域人名船曰舶，大者长二十余丈，高去水三二丈，望之如阁道，载六七百人，物出万斛。"这些海舶的出现大大加快了航行速度。当时，在东南亚地区还出现了七帆船，如果顺风航行，一个多月就可抵达大秦（罗马）。六朝时期，中国南方亦制造出了载重千吨的大舶。《荆州记》云："湘州七郡，大盘艑之所出，皆受万斛。"东晋，占据广州的卢循农民起义军曾作八槽舰"起四层，高十余丈"。中外这些船舶载重量大，不仅速度快，而且较能抵御海上风浪的袭击，故能胜任远洋航行。商船已无须像汉代那样沿海岸线航行，而开始选择快捷的航线，即从广州启航经西沙群岛海域直达东南亚。晋代高僧、旅行家法显从印度附乘商船回国，其所著《佛国记》提到有商人云从耶婆提（爪哇或苏门答腊）"常行时正可五十日便到广州"。由此可知晋代从广州直趋东南亚的航线已经开辟。当时，海外贸易中进口商品都是珍宝奇货，这些舶来品多不在岭南地区消费，而要转运到内地销售。以丝货、陶瓷为主的出口商品，其主要产地也不在岭南，它们多由内地商人贩运而来。这就要求作为外贸港口的地区，经济发展，交通便利，以利于进出口商品在本地销售和转运。孙吴时交州刺史吕岱也曾遣宣化从事朱应、中郎康泰出使南海诸国。东晋、南朝的一些贵族，大都生活奢华，喜搜求异国珍宝，但由于偏安江南，与外域通商的西北陆路交通断绝，于是谋求海上通商之路。中国商使频繁往来于广州和海外诸国间，形成"商船远届，委输南海"的情景。输出的商品以丝或丝织物为大宗，柯斯马斯所著的《基督教诸国风土记》一书提到，中国的丝绸等商品首先运到锡兰，然后再由波斯、阿拉伯、埃塞俄比亚等地商人转运到波湾斯和红海。

（三）海上丝绸之路的繁荣期——隋唐时期

隋唐时期，由于西域战火不断，陆上丝绸之路被战争所阻断，代之而兴的便是海上丝绸之路，由此中国经济重心南移，中国与西方的交通从以陆路为主转向以海路为主，海上丝绸之路进入大发展时期。隋统一后，加强了对南海的经营，南海、交趾为隋朝著名商业都会和外贸中心；义安（今广东潮州市）、合浦也是占有一定地位的对外交往港口。为了沟通江南经济地区、关中政治地区与燕、赵、辽东等军事地区的运输与经济发展，隋炀帝又推动了大运河的建造。大运河沟通了海上丝绸之路和陆上丝绸之路，同时又有了通往北京去的运河，它将中国重要水系连接起来，形成运输网络，带动沿岸城市的发展，兴起许多商业城市，促进各个地区的文化发展与民族融合。与此同时，隋朝又开展"丝绸外交"。大业六年（610）正月十五，隋炀帝在东都举行盛大庆典，邀请随他西巡入京的诸国使节、商人参加。按照隋炀帝的要求，东都皇城外的定鼎门大街被开辟成露天大戏场，5万名乐工在这里通宵达旦表演各种节目，持续了半个月。东都的市场被整饰一新，供各国商人参观。每一个店铺都重新进行了装潢，连卖菜的小商贩都要在店铺里铺上地毯。炀帝还命令用丝绸将路旁的树木缠起来，使整座城市显得绚丽多彩。唐朝经济发展，政治理念开放兼容，外贸管理体系较完善，法令规则配套，更有利于海上丝绸之路的拓展和畅通。

唐朝海上交通北通高丽、新罗、日本，南通东南亚、印度、波斯诸国。特别是出发于广州往西南航行的海上丝绸之路，经历90多个国家和地区，航期89天（不计沿途停留时间），全程共约14000公里，是8—9世纪世界最长的远洋航线。此外，广州也开辟直航菲律宾岛屿的航线。自唐玄宗开元二年（714）设市舶使后，市舶使（一般由岭南帅臣兼任）几乎包揽了全部的南海贸易，注重经济效益，为地方和中央开辟了可观的财政来源。另外地方豪族和地方官乃至平民也直接经营海外贸易，促使社会生活发生变化。出口商品仍以丝织品和陶瓷为大宗。此外还有铁、宝剑、马鞍、绥勒宾节（Silbinj，意为围巾、斗篷、披风）、貂皮、麝香、沉香、肉桂、高良姜等。进口商品除了象牙、犀角、珠玑、香料等占相当比重外，还有林林总总的各国特产。根据《新唐书·地理志》记载，唐时，我国东南沿海有一条从广州启航，沿东南方向航行至屯门山（今广东深圳南头），然后西行，经海南岛东部海面，越过西沙群岛，穿过马六甲海峡，进入印度洋；抵印度南部后，沿半岛西岸北上，再沿海岸线西行直达波斯湾，从波斯湾沿阿拉伯半岛西南行可到非洲东岸的海上航路，叫作"广州通海夷道"，这便是我国海上丝绸之路的最早叫法，这条海路也是8—9世纪间世界上最长的远洋航线。

（四）海上丝绸之路的鼎盛期——宋元时期

宋代的造船技术和航海技术明显提高，指南针广泛应用于航海，中国商船的远航能力大为加强。更重要的是宋代社会经济发展远超前代，私人海上贸易在政府鼓励下得到极大发展。元朝在经济上采用重商主义政策，鼓励海外贸易，海上丝绸之路发展进入鼎盛阶段。宋代海上丝绸之路是当时世界上最重要的商路，主要是从广州、泉州、宁波等港口出发，通往东南亚、南亚乃至西亚、东北非洲等地的南海航线；从明州（今浙江宁波）、杭州、登州等港口出发，通往日本、朝鲜和琉球等地的东海航线。宋时，造船业发达，以纲船为例，北宋真宗末年，纲船年产量达到 2916 艘。在船只维护方面，宋人还设计出了干船坞。与强大的造船业相配套，宋代海员有完整的航海术。他们已经熟练地掌握洋流季风的规律，利用它来出海或返航。两宋时期，朝廷十分重视海外贸易。宋太祖开宝四年（971），朝廷首先在广州设立市舶司。以后朝廷又陆续于杭州、明州、泉州、密州（今山东诸城）设立市舶司。宋太宗专门派人"各往南海诸番国"，以类似特许通行证的"空名诏书"的发放来招引海外商人来华贸易。宋高宗认为，"市舶之利最厚，若措置得当，所得动以百万计，岂不胜取之于民"？南宋时期"市舶之利，颇助国用"。宋代不断颁布和修订海外贸易管理措施。其中最重要的举措有两个：一是完善市舶司机构建制，并向全国推广；二是颁布了中国历史上第一部海洋贸易管理条例《广州市舶条》（1080），并成为宋代贸易管理的制度范本。元朝时，中国内外贸易非常活跃，商业的繁荣程度居世界领先地位。北方的最大商业城是大都（北京），南方的最大商业城市是杭州；最大的海外贸易中心在泉州，联结中西方的海上丝绸之路在元朝被正式开通。西方基督教士纷纷从海上丝绸之路来到中国。例如，元大都最初的总主教意大利人约翰·孟德高维奴，就是由海道而来，在中国布教 13 年。人们熟知的威尼斯人马可·波罗，虽由陆道来我国，但回国时则取道海路，他写的《马可·波罗游记》把我国情况介绍给西方，激起了欧洲人对东方的热烈向往，为以后新航路的开辟产生了巨大的影响。元朝政府对海外贸易实行开放、鼓励政策。元朝刚平定江南，就于当年（1279）派广东招讨使从广州启程出使俱蓝国（今印尼南岸奎隆）招徕贸易。不久，又在广州设市舶提举司，以通诸蕃贸易。元代海上丝路的航线，远达南洋群岛、印度洋、阿拉伯海、波斯湾，以至东非。蒙元帝国自窝阔台大汗起开始实施"站赤"（驿传）制度，主要基于政治军事需要，更是为加强中央对边远地区的控制。"盖以通达边情，布宣号令"，驿站分陆站、水站两种，以陆站为主。初建时全国驿站约1400余处，至元世祖时代（1260—1294），已超过万数。国家签发专为驿站服务的站户亦达30万户以上。驿站体系规模之大，在世界交通史上是罕见的。驿路不仅一度横贯欧亚，且帝及中亚、西亚的察合台汗国、伊利汗国，形成了空前庞大严密的欧亚交通网络体系。

（五）海上丝绸之路的衰落期——明清时期

15—18世纪是人类历史上发生重大变革的时代。欧洲人相继进行全球性海上扩张活动，特别是地理大发现，开启了大航海时代，开辟了世界性海洋贸易新时代。与古代海上丝绸之路相比较，明清时期海上丝绸之路发生了根本性的变化。明太祖洪武三年（1370），为了抵制蕃货，"罢太仓黄渡市舶司"。洪武七年（1374），撤销泉州、明州、广州三个市舶司。洪武十四年（1381），以"倭寇仍不稍敛足迹"为由，禁濒海民私通诸国。洪武二十三年（1390），再次发布"禁外藩交通令"。洪武二十七年（1394），下令一律禁止民间买卖及使用舶来的番香、番货等。洪武三十年（1397）再次发布命令禁止下海通番。明朝法律也规定了严酷的违反禁海令处罚办法："若奸豪势要及军民人等，擅造三桅以上违式大船，将带违禁货物下海，前往番国买卖，潜通海贼，同谋结聚，及为向导劫掠良民者，正犯比照已行律处斩，仍枭首示众，全家发边卫充军。其打造前项海船，卖与夷人图利者，比照将应禁军器下海者，因而走泄军情律，为首者处斩，为从者发边充军""敢有私下诸番互市者，必置之重法，凡番香、番货皆不许贩鬻，其现有者限以三月销尽"（《大明律》）。永乐二年（1404）永乐帝还下令禁民间海船，原有海船者悉改为平头船。从明太祖洪武元年（1368）发布第一个禁海令，到明穆宗隆庆元年（1567）废止海禁时止，其间接近200年之久。这段时代，正值葡萄牙、西班牙开始大航海的时候。1557年（隆庆十一年）葡萄牙人已经来到大明国门口，建立了澳门殖民地。清廷入关之后，清廷为了禁止和截断东南沿海的抗清势力与据守台湾郑成功郑经的联系，以巩固新朝的殖民统治，曾于顺治十二年（1655）、十三年（1656），康熙元年（1662）、五年（1666）、十四年（1675）五次颁布禁海令；并于顺治十七年（1660），康熙元年（1662）、十七年（1678）三次颁布"迁海令"，禁止人民出海贸易。1683年清军攻占台湾后，康熙接受东南沿海的官员请求，停止了清前期的海禁政策。但是康熙的开海禁是有限制的，其中最大的限制就是不许与西方贸易。康熙曾口谕大臣们："除东洋外不许与他国贸易""海外如西洋等国，千百年后中国恐受其累，此朕逆料之言。"而且此时日本的德川幕府为了防止中国产品对日本的冲击，对与清廷的贸易也采取严格的限制。因此，此时的海外贸易与明末相比，已经大为衰弱。到了乾隆以后，清廷开始实行全面的闭关锁国政策，一开始是四口通商，到后来只有广州开放对外通商，且由十三行垄断其进出贸易。自鸦片战争后，中国海权丧失，沦为西方列强的半殖民地，沿海口岸被迫开放，成为西方倾销商品的市场，掠夺中国资源和垄断中国丝、瓷、茶等商品的出口贸易。从此，海上丝绸之路一蹶不振，进入了衰落期，这种状况一直延续了整个民国时期，直至新中国成立前夕。

三　海上丝绸之路的现实必然

建设"21世纪海上丝绸之路"，是2013年10月习近平总书记访问东盟国家时提出来的，它致力于增进沿线各国经济繁荣与区域经济合作，加强不同文明交流互鉴，促进世界和平发展，是造福世界各国人民的伟大事业，它将成为一条连接和贯通中华文明与世界文明的心灵之路。

（一）"21世纪海上丝绸之路"形势分析

笔者认为，"21世纪海上丝绸之路"的形势主要有以下四点。

一是利于海洋的开发和利用。海洋已经成为推动全球经济社会发展的重要引擎。美国指出，海洋是地球上"最后的开辟疆域"，未来50年要从外层空间转向海洋；加拿大提出，发展海洋产业，提高贡献，扩大就业，占领国际市场；日本利用科技加速海洋开发和提高国际竞争能力；英国把发展海洋科学作为迎接跨世纪的一次革命。当今国际海洋竞争主要表现在：发现、开发利用海洋新能源；勘探开发新的海洋矿产资源；获取更多、更广的海洋食品；加速海洋新药物资源的开发利用；实现更安全、更便捷的海上航线与运输方式。而围绕海洋开发的高技术有：海洋生物技术，海洋生态系统模拟技术，海洋油气资源高效勘探开发技术，海洋环境观测和监测技术，海底勘测和深潜技术。世界海洋经济发展的前景也较看好，全球现代海洋产业总产值达1万亿美元，占世界GDP总值23万亿美元的4%。我国海洋开发历史悠久，2015年全国海洋生产总值64669亿元，比上年增长7.0%，海洋生产总值占国内生产总值的9.6%。建设"21世纪海上丝绸之路"，有助于中国与周边国家进一步加强海上务实合作，发展海洋合作伙伴关系，发挥各自优势，互通有无、优势互补，实现多元共生、包容共进、共用机遇、共迎挑战。

二是符合国际社会的根本利益。当今世界正发生复杂深刻的变化，国际金融危机深层次影响继续显现，世界经济缓慢复苏、发展分化，国际投资贸易格局和多边投资贸易规则酝酿深刻调整，各国面临的发展问题依然严峻。共建"21世纪海上丝绸之路"顺应世界多极化、经济全球化、文化多样化、社会信息化的潮流，秉持开放的区域合作精神，致力于维护全球自由贸易体系和开放型世界经济。共建"21世纪海上丝绸之路"旨在促进经济要素有序自由流动、资源高效配置和市场深度融合，推动沿线各国实现经济政策的协调、维护全球自由贸易体系和开放型世界经济，开展更大范围、更高水平、更深层次的区域合作，共同打造开放、包容、均衡、普惠的区域经济合作架构。建设"21 世纪海上丝绸之路"符合国际社会的根本利益，彰显人类社会共同理想和美好追求，是国际合作以及全球治理新模式的积极探索，将为世界和平发展增添新的正能量。

三是推动沿线各国发展战略对接。共建"21 世纪海上丝绸之路"致力于亚欧非大陆及附近海洋的互联互通，建立和加强沿线各国互联互通伙伴关系，构建全方位、多层次、复合型的互联互通网络，实现沿线各国多元、自主、平衡、可持续的发展。共建"21 世纪海上丝绸之路"的互联互通项目将推动沿线各国发展战略的对接与耦合，发掘区域内市场的潜力，促进投资和消费，创造需求和就业，增进沿线各国人民的人文交流与文明互鉴，让各国人民相逢相知、互信互敬，共享和谐、安宁、富裕的生活。特别是通过抓好信息、通关、质检等制度标准的对接，可协商建立沿线国家互认机制，加强与各国海关和签证机构的沟通与合作，建立国际安全合作机制，保证海路资源运输的安全，加强海上战略通道的保障能力，促进沿线国家共同开发、共同合作、共同发展；共建"21 世纪海上丝绸之路"可以海洋经济为突破口，推进各国海洋经济发展的体系建设，形成资源、技术、产品等为一体的合作模式，开拓港口、海运物流和临港产业等领域合作，探索产业园区双向投资。

四是利于中国充分发挥自身优势。海上丝绸之路既是一种经济策略，更显战略意义：以海上贸易为切入点，不断拓展中国的国家战略，有利于中国充分利用和发挥自身的优势和条件，积极参与周边地区的治理进程，引导地区治理的发展方向，利用自身经济发展成果与区域经济合作的经验，推动地区经济与社会发展，实现地区经济转型和经济治理。海上丝绸之路战略可提高中国的海洋能力，带动中国海上力量特别是中国海军的建设。海上丝绸之路战略从丝绸之路安全入手，弱化一些敏感问题，通过"一路一带"建立安全通道和信任措施，以双边和多边合作方式，可加快中国与周边地区的互联互通建设，加强环保和航道安全的建设。与此同时，"海上丝绸之路"战略蕴含的一些人文理念可起到淡化政治与安全分歧的作用，有助于缓解中国周边国家安全上的忧虑。"海上丝绸之路"战略可有效破解西方国家对华遏制战略，回击美国、印、澳、日等形成的一些海上战略，突破中国"向东走"外交战略的困境；它也是国家海洋强国战略实施的切入点。

（二）"21 世纪海上丝绸之路"创新内核

笔者认为，"21 世纪海上丝绸之路"的创新内核有以下四点。

一是勾画全球大战略。习近平总书记在访问中亚和东盟期间提出的"一带一路"战略构想，是我国面对全球政治经济形势新变化做出的一项重大战略决策，可说是世界地图上的宏大手笔。"一带一路"为"丝绸之路经济带"和"21 世纪海上丝绸之路"的简称，英文缩写 OBAOR（One Belt And One Road）。"一带"即指"丝绸之路经济带"，"一路"则指"21 世纪海上丝绸之路"。"丝绸之路经济带"有三条路线，即以欧亚大陆桥为主的北线，以石油天然气管道为主的中线，以跨国公路为主的南线。"丝绸之路经济带"东边牵着亚太经济圈，西边系着发达的欧洲经济圈，被认为是"世界上最长、最具有发展潜力的经济大走廊"。"21 世纪海上丝绸之路"除了路上通道外，特指海上路线，即自中国东南沿海港口，往南穿过南海，进入印度洋、波斯湾地区，远及东非、欧洲。统计资料显示，"一带一路"沿线总人口约 44 亿人，经济总量约 21 万亿美元，分别约占全球的 63% 和 29%，相当可观。具体来看，"丝绸之路经济带"的路线为：一条北线，北京—俄罗斯—德国—北欧；一条中线，北京—西安—乌鲁木齐—阿富汗—哈萨克斯坦—匈牙利—巴黎；一条南线，北京—南疆—巴基斯坦—伊朗—伊拉克—土耳其—意大利—西班牙。"海上丝绸之路"沿线国家包括东盟（十国），南亚（六国）的东帝汶、印度、巴基斯坦、孟加拉国、斯里兰卡、马尔代夫；西亚（八国）的伊朗、阿联酋、沙特阿拉伯、土耳其、科威特、伊拉克、阿曼、也门；东北非（七国）的埃及、坦桑尼亚、肯尼亚、苏丹、莫桑比克、埃塞俄比亚、索马里。"一带一路"将充分依靠中国与有关国家既有的双多边机制，借助既有的、行之有效的区域合作平台，为中国产能过剩的化解和工业能力的持续发展提供出路。同时，中国的这一战略符合亚太乃至亚欧所有沿线国家的战略利益，推动区域经济一体化乃至欧亚大陆经济融合，走互惠互利的发展共赢之路。"丝绸之路"经济带战略涵盖东南亚经济整合，涵盖东北亚经济整合，并最终融合在一起通向欧洲，形成欧亚大陆经济整合的大趋势。而"21世纪海上丝绸之路"经济带战略则是从海上联通欧亚非三个大陆，最终可以和丝绸之路经济带战略形成一个海上、陆地的闭环。

二是赋予海丝新内涵。海上丝绸之路是中国历史上以丝绸、瓷器、茶叶等商品为特征、连接中外海上贸易的交通线，由此建立起了源远流长的中外经济、贸易和人文联系。自秦汉以来的2000多年，海上丝绸之路始终是东、西方商贸流通、人员往来、文化交融的重要海上通道，对中国和沿线各国的经济社会发展产生了深远影响。"21世纪海上丝绸之路"，在传承古代海上丝绸之路和平友好、互利共赢价值理念的基础上，注入了新的时代内涵：交通方式上，从传统、单一的航海联系向立体的互联互通转变，包括航空、港口、高速公路、铁路、信息通信等；贸易内容上，以传统商品贸易为主向商品贸易、服务贸易、产业对接并举转变；覆盖范围上，将串起连通东盟、南亚、西亚、北非、欧洲等各大经济板块。建设"21世纪海上丝绸之路"，将重点畅通由中国沿海港口经南海到印度洋，延伸至欧洲，以及由中国沿海港口过南海到南太平洋等方向的运输大通道。共同建设一批海上枢纽港口，在此基础上，深入开展产业、能源资源、贸易投资等多领域合作，不断丰富合作内涵。建设"21 世纪海上丝绸之路"，对于形成全方位的对外开放新格局、促进我国与沿线国家的友谊、合作与共赢，具有重大而深远的意义。海上丝绸之路是国际空间结构、地缘政治结构、区域经济结构的大格局、大思路、大战略，是走向区域共同体、命运共同体、利益共同体、心灵共同体的理想构架。在经济新常态下，"21 世纪海上丝绸之路"既是中国高水平对外开放战略的重要组成部分，也是国内经济社会发展的重要战略。

三是贯通世界文明路。"海上丝绸之路"自古以来就是和平之旅、发展之旅、文明之旅和友谊之旅。从世界文化交流来看，中国、东盟和中东地区都曾经孕育了伟大的古代文明。"21 世纪海上丝绸之路"就是一条连接和贯通中华文明与世界文明的心灵之路，多文明的互联、互通、互鉴将是"21 世纪海上丝绸之路"的灵魂。"21 世纪海上丝绸之路"建设的出发点和落脚点就是要实现不同文明之间的多元共生、包容共进，造福于本地区人民和世界各国人民。"21 世纪海上丝绸之路"战略的实施必将促进三个地区之间的文化交流乃至世界文化的多元化发展。在经济全球化深入发展的大背景下，海上丝绸之路沿途各国利益交融、兴衰相伴、安危与共的趋势进一步得到强化。在越来越多的问题与困难面前，任何单一国家都难以独善其身。共建"21 世纪海上丝绸之路"，可以把各方的潜力挖掘出来，把大家的互补性结合起来，把不同国家的利益融汇起来，把不同文明的优秀基因融合起来，特别是把文化、文明的交流作为其重要使命与责任，扩大中国、东盟与中东地区间的青年、智库、议会、非政府组织、社会团体等友好交流，发掘古代丝绸之路深厚的文化底蕴，发挥人文交流潜力，使各国人民相逢相知、互信互敬，让亚欧非大陆上不同肤色、不同语言、不同信仰的人们携起手来，为"21世纪海上丝绸之路"发展提供更多智力支撑，增进人民了解和友谊，就能推动建立地区稳定和平的政治环境，促进地区经济合作，就能推动该地区成为你中有我、我中有你的命运共同体，进而沿着海上丝绸之路共同走向更加美好的明天。

四是搭建合作新机制。当前，我国已是世界第二大经济体，在新起点上科学谋划经济发展，对促进经济持续健康发展十分重要。实施"21世纪海上丝绸之路"策略，不仅有助于我国与"海上丝绸之路"沿线国家在港口航运、海洋能源、经济贸易、科技创新、生态环境、人文交流等领域开展全方位合作，而且可以从利用现有区域合作机制着手，把这些国家和地区串联起来，搭建战略平台，拓展我国经济发展战略空间，为实现中华民族伟大复兴的中国梦做出新贡献。实施"21世纪海上丝绸之路"策略有利于搭建亚太经合组织（APEC）平台，把陆上丝绸之路经济带和海上丝绸之路两大构想连接起来，将其作为推进区域一体化和互联互通的组成部分。有利于搭建中国-东盟自贸区合作平台，把海上丝绸之路议题列入中国东盟合作进程；有利于利用并整合现有功能性合作机制和项目，甚至可以把"一路一带"结合起来，使两大丝绸之路比翼齐飞；有利于积极推动"孟中印缅经济走廊"建设，并向北延伸经巴基斯坦、伊朗、土耳其进入欧洲，形成第三欧亚大陆桥。打通泛亚铁路网的东南亚走廊，将中国与越南、柬埔寨、马来西亚、新加坡乃至印度尼西亚连接起来，覆盖整个东盟国家；有利于设立区域金融机构，为新海上丝绸之路建设融资；有利于整合自贸区建设，推进各国贸易便利化，坚持国际标准和规则，完善和规范海关程序，实现通关便利化，在商品检验检疫、食品安全、质量标准、电子商务、法律法规透明度等领域开展贸易投资便利化合作；有利于扩大成员国之间贸易规模，改善贸易结构，提高高新技术产品等高附加值产品在各国贸易中的比重，提高服务贸易的比重，发展加工贸易和产业内贸易。

（三）"21 世纪海上丝绸之路"的必备要求

所谓"海上丝绸之路"，说得直白一点就是海上贸易之路。距今 2000 多年的丝绸之路，是古代中国与亚欧非国家互通有无的商贸大道，是促进东西方人文交流的友谊之路，曾为人类文明进步做出了重要贡献。今天建设"21 世纪海上丝绸之路"，对促进中国的改革开放以及海上丝绸之路所经地区及相关各国的经济发展、文化交流和政治稳定，都有着积极的作用。

笔者认为"21 世纪海上丝绸之路"的必备要求应该包括以下四点。

一是拉动经济增长的新引擎。"海上丝绸之路"是陆上"丝绸之路"的延伸，是古代中国海上交通贸易和文化交往的大动脉，是促进东西方人文交流的友谊之路，曾为人类文明进步做出了重要贡献。今天我们建设"21 世纪海上丝绸之路"，是促进经贸往来的客观需要，是推动文化交流的主要途径，是构建互利共赢的现实要求，这不仅有利于加快我国经济增长，而且能带动和提升沿线国家和地区的经济增长，进而成为拉动全球经济增长的新引擎和新动力。"丝绸之路经济带"和"21 世纪海上丝绸之路"一端是东亚东南亚产业链，另一端连接经济发达的欧洲和发展中国家集中的非洲，覆盖人口近 30 亿人，涉及经济总量约 23 万亿美元。建设"21 世纪海上丝绸之路"与中国此前提出的建立"中缅孟印经济走廊"和"中巴经济走廊"等战略构想连为一体，市场潜力巨大。作为亚洲新兴市场国家，中国和东盟是这一地区乃至世界经济持续增长的希望所在，在经历几年危机后欧盟经济正在恢复。中国经济在国际经济不景气的大环境之下，依然保持着稳定增长的态势。2015 年，中国经济增长率达到 6.9％ 的较高水平。"21 世纪海上丝绸之路"建设，将为亚欧经济发展提供机遇，成为拉动亚欧和世界经济增长的双引擎。

二是促进经贸往来的客观需要。海洋是各国经贸文化交流的天然纽带。海上丝绸之路这条海上大通道自古以来就一直以中国与世界其他地区和国家之间的经济交流和贸易往来为基础的。历史上的海上丝绸之路是在东亚直到非洲东海岸之间一系列港口组成的海上贸易网络,从唐后期到宋朝形成高度繁荣态势,促成了贸易交流与地理知识、航海科技的传播。在古代就是中国与南亚、东南亚各国和平友好往来的见证,也反映了中国在历史上的强大时期与周边国家睦邻友好,注重平等的经贸往来,与欧洲的殖民主义做法完全不同。从目前的部署来看,打造新海上丝绸之路首先以东盟及其成员国为依托,这就为该设想提供了坚实的经济基础。"21 世纪海上丝绸之路",不仅与中国两岸四地合作机制和中国—东盟自贸区高度重叠,而且沿线聚集着 4000 多万华侨华人,是海外华商经济最发达的地区,完全能够形成升级版的区域陆海合作新格局,造福地区各国、沿线人民和广大华商。通过建设"21 世纪海上丝绸之路",海上互联互通、港口城市合作机制以及海洋经济合作等途径,将把中国和东南亚国家临海港口城市串联起来,加快发展经贸往来,不仅能够拉动中国与东盟的发展,而且能够辐射南亚和中东,极大地拓展中国经济发展的战略空间,为中国经济的持续稳定发展提供战略支持。

三是推动文化交流的主要途径。丝绸之路是历史上形成的、连接欧亚大陆以及北非、东非等地区的商贸和文化交流线路的总称。从历史来看,海上丝绸之路不仅是经贸通道,也是中外文化交流和沟通的重要渠道。众所周知,海上丝绸之路不止向海外传播了中国的丝绸、中国古代的许多发明创造,如指南针、火药、造纸和活字印刷术等 4 大发明,以及中医学、中草药、瓷器等也主要是通过这条海路远播各国的。与此同时,许多外国的特产,如珍珠、宝石、象牙、犀角等各种珍稀矿产、药材和经济作物新品种，也通过海上丝绸之路传入中国。此外，海上丝绸之路也是中国与外国，特别是与东南亚各国之间人民往来的主要途径。2014年6月5日，国家主席习近平在中国—阿拉伯国家合作论坛第六届部长级会议上指出，"千百年来，丝绸之路承载的和平合作、开放包容、互学互鉴、互利共赢精神薪火相传，在文明交流互鉴史上写下了重要篇章"。丝绸之路推进了人类文明进步，成为促进沿线各国繁荣发展的重要纽带，东西方交流合作的象征，世界各国共有的历史文化遗产。今天在建设"21世纪海上丝绸之路"时，虽然经济贸易仍然是新海上丝绸之路的基础，但还必须把社会文化交流提升到足够的高度予以充分重视，使其成为一个重要的文化符号，象征和平、友谊、交往、繁荣的标志。在中国与东盟各国以及海上丝绸之路所经各国的互联互通中，人员及文化交流将成为经济合作能否得以巩固和发展的重要因素之一。

四是构建互利共赢的现实要求。海上丝绸之路的历史说明，中国自古以来就是一个开放的国度，中华民族具有海纳百川、包容和吸收人类一切优秀文明成果的宽广胸怀。同时证明，世界上不同的国家和人民，通过和平友好的合作与对话，实现互利共赢的包容性增长，是最佳的也是可行的选择。今天建设"21世纪海上丝绸之路"，涉及数十个国家和地区，合作范围极其广泛，必然要求具有全球视野和世界眼光。要吸引域外力量参与，在加强沿路各国经济、贸易合作的同时，不断拓展新渠道、新领域，以积极的姿态推动全球经济的大发展与大繁荣。并非一些西方学者所说的，中国试图通过重建海上丝绸之路来恢复历史上由中国主导、建立在朝贡制度基础上的"华夷秩序"，海上丝绸之路的建设将是一个多元、开放的合作进程。中国与有关各方将秉持相互尊重、多元包容的态度，通过平等协商和协作共同解决可能遇到的各种困难与问题，加快从产业合作到能源开发、从深海技术到现代海洋服务业，积极发展运输业、仓储业、船舶、货运代理、能源运输和能源开发，并循序渐进地逐步推进和落实各项目标。毫无疑问，在新的历史条件和背景下，海上丝绸之路建设符合相关各国维护地区稳定、谋求经济发展、扩大经济合作的利益需求和重要契机，推动构建更广阔领域的互利合作共赢关系，有利于打造稳定的合作环境，为地区的长久稳定与繁荣发展创造新的机遇。

（四）"21 世纪海上丝绸之路"面临的挑战

建设"21 世纪海上丝绸之路"虽对我国发展有其重要的现实意义和深远的意义，但是我们也必须清醒地认识到这是非常庞大、复杂、系统的工程，面临的国内因素和国际挑战不容忽视。

笔者认为"21 世纪海上丝绸之路"面临的挑战有以下四个方面。

一是西方国家对我国的牵制。以美国为代表的西方国家试图对我国进行牵制，美国视海上霸权为其全球霸权体系的重要支柱，并通过"岛链战略"长期对中国进行海上牵制。政治层面，美国以"前沿部署外交"为手段，加强对"战略摇摆国家"的争取，使美国外交影响力不断向亚洲大陆蔓延。经济领域，美国以推进"跨太平洋战略伙伴关系协议"（TPP）为主要手段，把中国排斥于美国主导的亚太区域贸易框架之外。安全领域，美国坚守其亚太同盟体系，认为中国提出的新亚洲安全观对"美国在亚洲的角色构成根本挑战"。由于美国的干预和影响，也渗透到了我国周边的大多数地区。中国建设海洋强国、推进"海上丝绸之路"的努力，难免遭遇美方反弹乃至反制。美国的"亚太再平衡战略"和"印度洋—太平洋构想"，客观上都是全面强化其在"海上丝绸之路"沿线国家的战略部署。从地理位置上讲美国与我国远隔万里，虽不是"丝绸之路"沿线国家，但凭借其同盟体系、军事实力等，对"丝绸之路"沿线的地区事务乃至一些国家的内政都拥有巨大影响力，且拥有可用来施加干扰的诸多资源。在美方看来，中国既是陆上大国，也是海上大国。不断崛起的中国势力将加速扩张，必然会将自身力量扩展至全球地缘政治的支点，覆盖整个欧亚大陆。中国发展"一带一路"不仅将对美 TPP 及"北南走廊"计划形成严重干扰和直接冲击，而且中国创设 400 亿美元"丝路基金"和 1000 亿美元"亚洲基础设施投资银行"，凸显了美国计划的空洞无力和投入不足。TPP 目的在于将东盟海洋空间划归自己的太平洋水域势力范围。美国太平洋司令部下属亚太安全研究中心学者莫汉·马利克甚至说出"中国对南海和东海的扩张性'主权诉求'，以及反介入和区域拒止军事战略的推行，对美国及其盟友以及地区伙伴的利益构成了挑战，对全球公域的安全也构成威胁。……考虑到美国海军面临预算缩减和责任增大间的失衡，中美紧张局势将会加剧"的话来。对此，我们只有加强顶层设计，科学有效统筹国际、国内两个大局，才能确保"21 世纪海上丝绸之路"积极向前推进。

二是地区冲突的常态化威胁。地区冲突和局部战争的常态化对建设"21 世纪海上丝绸之路"有一定的威胁。据瑞典斯德哥尔摩国际和平研究所（SIPRI）统计，21 世纪以来，平均每年发生 45 场局部战争和武装冲突，远多于冷战期间的年均 2.5 场和冷战结束后十年的年均 10.5 场。由于武装叛乱、领土争端、民族矛盾、宗教对立等问题具有内在的延续性，不可能在短期内销声匿迹。"一带一路"战略沿线经过的多个地缘政治破碎带，历史问题复杂、民族宗教矛盾尖锐，武装冲突频发。据英国著名智库"国际战略研究所"（IISS）2015 年 5 月发布的关于全球武装冲突的调查报告，2012 年全球爆发 38 起武装冲突，2013 年发生较大影响的局部战争和武装冲突 33 起，2014 年全球范围内的武装冲达到 42 起。冲突主要爆发区与"一带一路"战略沿线多有重合，其中又尤以西亚和北非地区为主。有关资料显示，2008 年 1 月至 11 月，中国通过索马里航线的 1265 艘船只，约 20% 的船只遭到海盗袭击；2009 年 2 月 14 日，一艘中国货船"新星号"在俄罗斯符拉迪沃斯托克（海参崴）附近海域被俄海军击沉；2011 年，缅甸糯康贩毒集团策划的"湄公河惨案"，致使 13 名中国籍船员被枪杀；2012 年，香港地区有 13 艘船舶遭海盗袭击；2013 年，在巴勒斯坦、缅甸、阿富汗和肯尼亚，就有不少中国公民因暴力冲突而丧生。地区武装冲突的爆发，可能全面打乱"一带一路"进程，并威胁我国投资项目和人员安全。此外，"一带一路"沿线地区和国家大多是恐怖主义多发区。南亚恐怖主义问题与种族、民族、宗教和领土争端等问题相互混杂、交织联动。加之多年来我国境外"东突""藏独""民运""法轮功"邪教组织等反华势力，都在千方百计地袭扰破坏我国的海外利益。据印度方面统计，目前在印活动的恐怖主义、分裂主义和极端主义组织大约有 176 个，巴基斯坦大约有 52 个极端组织。从中亚到地中海、从高加索到萨赫勒地区的广袤大地，已沦为恐怖分子和极端分子的活跃地。这对我国推进"一带一路"战略的影响不可小觑。为扫清"丝绸之路经济带"的政治障碍和经济影响，我们必须从内部和外部共同努力：从内部来讲，打击民族分裂主义，维护国家统一和民族团结，履行专政职能，贯彻处理民族关系的基本原则；从外部来讲，要坚持独立自主的和平外交政策。

三是区域性传统非传统挑战。"21 世纪海上丝绸之路"大致有两条线路：一条是途经东南亚（南海）—南亚（印度洋）直至西亚北非（西印度洋）和欧洲；另一条是途经东南亚（南海）南下进入南太平洋（澳、新等）。南线主要是澳大利亚和新西兰，政治安全形势相对稳定，但西线途经地区国家众多，民族林立，文化各异，国情不一，一些地区存在国家间矛盾，一些国家正经历转型阵痛，一些海域面临复杂的非传统安全威胁，对"海上丝绸之路"的安全、顺畅不利。其一，地区热点问题较为凸现。东南亚地区情况较好，东盟共同体建设稳步推进，但成员国之间差异性大，政治制度、宗教文化、经济发展水平各不相同，部分国家之间甚至存在领土纠纷，这些都不利于地区整合。即使在南海问题上，各国政策也不尽相同，越南、菲律宾是挑起争端的急先锋，通过外交、军事、法理等渠道，不断侵蚀中国的南海权益；马来西亚和文莱主张东盟用同一个声音说话，愿与中国沟通、磋商；印度尼西亚希望在争端解决中发挥更大作用。因此，各方对"21世纪海上丝绸之路"的态度冷热不一。在南亚，地缘政治格局的基本特征是印巴对峙，长期拖累区域一体化，牵涉"海上丝绸之路"和"两个走廊"（中印孟缅经济走廊和中巴经济走廊）建设。此外，西亚北非地区地缘政治博弈和民族、宗教矛盾也较复杂。其二，沿线国家存在"转型之困"。在东南亚，美国利用新媒体和非政府组织，扶持有关国家国内亲美派，持续推进"颜色革命"，并对中国与相关国家关系造成冲击。在南亚，巴基斯坦、阿富汗政治斗争、经济颓势、安全乱局短期难以结束；斯里兰卡若政府无法有效推进民族和解，则不排除两大民族间的对立再度升级的可能；孟加拉、马尔代夫和尼泊尔的政局走向也存在不稳定性。巴基斯坦虽坚定支持"21世纪海上丝绸之路"建设，但国内动荡局势至今没有完全扭转。在西亚北非，2010年以来，"茉莉花革命"从突尼斯席卷至整个阿拉伯世界，引发地缘政治格局、伊斯兰教派关系的动荡和重组，伊拉克、叙利亚等国内安全形势难见好转。许多中国企业（特别是民企）不愿意赴相关国家投资，这都影响"21世纪海上丝绸之路"建设。其三，海上通道安全构成威胁。沿线国家间或国家内部各种矛盾相互交织，催生了形形色色的暴力犯罪如恐怖主义、毒品贩卖和军火走私等，对海上通道和航行安全构成威胁。印度洋"是人员和货物非法活动的主要传导地带""军火、毒品和人口的贩卖走私在印度洋地区非常明显"。该海域

"涵盖从撒哈拉沙漠到印度尼西亚群岛的整个'伊斯兰之弧',既有索马里、也门这类'战争导火索',又有猖獗的全球恐怖主义、海盗和毒品走私网络"。特别是西印度洋地区也门、索马里等国内动荡,中东地区局势紧张,威胁该海域的咽喉要道,如霍尔木兹海峡。南海海域近年来海盗问题日益突出,仅东南亚海域2014年海盗袭击事件就有124起(索马里海盗11起),约占全球海盗袭击总量(245起)的50.6%。可见,航道安全是"21世纪海上丝绸之路"持续稳定发展的关键。

四是沿线国家战略对接问题。"21世纪海上丝绸之路"建设面临与沿线国家的战略对接难题。"一带一路"战略构想是以"政策沟通—道路联通—贸易畅通—资金流通—民心相通"为主要内容和合作形式。其战略目标是要建立一个政治互信、经济融合、文化包容的利益共同体、命运共同体和责任共同体。"一带一路"战略将实现我国与沿线国家战略对接、实现国家间战略协作,将实现中华民族振兴的战略构想与世界其他国家共同繁荣联系起来。但"21世纪海上丝绸之路"倡导的互联互通,不是狭义的建路搭桥,而是实现政策沟通、设施联通、贸易畅通、资金融通、民心相通的"全方位、立体化、网络状的大联通",其中以政策、制度、规则、民心等领域的软性联通为最难。"21世纪海上丝绸之路"沿线国家发展战略不一,很难用单一的对接战略开展合作,有时甚至需要"一国一策"。巴基斯坦、缅甸、泰国等国倚陆向海,有可能需要统筹推进陆海互联互通,甚至陆上互联互通更为重要。斯里兰卡、印度尼西亚这样的岛屿国家,则更重视港口经济和海上走廊建设。还有,一些国家对"21世纪海上丝绸之路"构想仍然是不甚了解,要使沿线国家与中国"21世纪海上丝绸之路"战略有效对接仍需要进一步加强政策沟通。

另外,沿线区域是国际战略和政治博弈的敏感区,地缘政治关系错综复杂，在大国争夺中，很多国家为了达到不同的诉求，通常会建立多种国际关系和实施多种战略对策，导致沿线国家利益诉求夹杂着大国利益和大国矛盾，加剧了达成一致性诉求的难度。同时，各国利益诉求与政治诉求、领土要求、国内民意紧密相关，使得建设"21世纪海上新丝路"成为各国利益平衡的砝码，可能导致建设之路举步维艰。

（五）习总书记海上丝绸之路的新要求

国家主席习近平在2013年9月和10月分别提出建设"新丝绸之路经济带"和"21世纪海上丝绸之路"的战略构想，强调相关各国要打造互利共赢的"利益共同体"和共同发展繁荣的"命运共同体"。这一跨越时空的宏伟构想，从历史深处走来，融通古今、连接中外，顺应和平、发展、合作、共赢的时代潮流，承载着丝绸之路沿途各国发展繁荣的梦想，赋予古老丝绸之路崭新的时代内涵。2013年9月7日，习近平在哈萨克斯坦纳扎尔巴耶夫大学发表演讲时表示"为了使各国经济联系更加紧密、相互合作更加深入、发展空间更加广阔，我们可以用创新的合作模式，共同建设'丝绸之路经济带'，以点带面，从线到片，逐步形成区域大合作"。2013年10月3日，他在印尼国会发表演讲时表示"中国愿同东盟国家加强海上合作，使用好中国政府设立的中国－东盟海上合作基金，发展好海洋合作伙伴关系，共同建设'21世纪海上丝绸之路'"。2013年12月，他在中央经济工作会议上指出："推进'丝绸之路经济带'建设，抓紧制定战略规划，加强基础设施互联互通建设。建设'21世纪海上丝绸之路'，加强海上通道互联互通建设，拉紧相互利益纽带。"2014年5月21日，他在亚信峰会上做主旨发言时指出："中国将同各国一道，加快推进'丝绸之路经济带'和'21世纪海上丝绸之路'建设，尽早启动亚洲基础设施投资银行，更加深入参与区域合作进程，推动亚洲发展和安全相互促进、相得益彰。"2014年6月5日，他在出席中阿合作论坛第六届部长级会议表示："希望双方弘扬丝绸之路精神，以共建'丝绸之路经济带'和'21世纪海上丝绸之路'为新机遇新起点，不断深化全面合作、共同发展的中阿战略合作关系。"2015年11月18日，他在菲律宾马尼拉出席亚太经合组织工商领导人峰会时发表的题为"发挥亚太引领作用，应对世界经济挑战"的主旨演讲中强调："通过'一带一路'建设，我们将开展更大范围、更高水平、更深层次的区域合作，共同打造开放、包容、均衡、普惠的区域合作架构。"2016年1月21日，他在伊朗《伊朗报》发表题为"共创中伊关系美好明天"署名文章中指出："互联互通是贯穿'一带一路'的血脉。实现互联互通，要以亚洲国家为重点方向，以交通基础设施为突破口。"① 国家主席习近平的"21世纪海上丝绸之路"构想以经济贸易合作为先导与基石，以政治外交合作为前提与推进手段，以促进文化交流、化解安全风险为重要目标，对于推进我国新一轮对外开放，深化区域合作、促进沿线国家共同发展繁荣、推动全球发展具有重大而深远的战略意义。

四 海上丝绸之路的未来发展路径

建设"21世纪海上丝绸之路"，是促进国内经济转型发展，扩大、优化对外开放格局的动力源之一，是深化全球发展区域化，建立国际经济政治新秩序的重大战略部署，同时是提升中华民族文化软实力，增强我国国际影响力的重要途径。[1]我们必须围绕"打造命运共同体，携手共建'21世纪海上丝绸之路'"这一主题，认真探讨海上丝绸之路的价值理念与时代内涵，共商深化交流合作、实现共赢发展的途径和办法，共同谱写海上

---

① 《习近平讲述"一带一路"》，党建网，2016年3月29日，http://www.wenming.cn/djw/sy/jjq/zxdjxx/201603/t20160329_ 3245059. shtml。

丝绸之路的新篇章！

笔者认为海上丝绸之路的未来发展路径有以下六条。

（一）广泛开展国际交流

海上丝绸之路是古代中国与世界其他地区进行经济文化交流的海上通道和重要枢纽。[2] 新时期习近平总书记提出构建"21 世纪海上丝绸之路"战略构想，对密切我国同亚欧非国家之间交流，统筹国内国际发展，维护周边环境，拓展对外开放空间，有着三个重大的意义。

一是树立"命运共同体"思想。当前，在快速发展的全球化进程推动下，各国联系日趋紧密，人类整体利益日益凸显，在这样一种世界形势面前，自我中心主义的发展模式正步入"死胡同"，取而代之的则是"命运共同体"。也就是说，在具有共同利益或整体利益的世界各国之间，存在着"荣损与共"、利益相连的"连带效应"。今天，海上丝绸之路沿线各国情感交融、利益交汇，是你中有我、我中有你的命运共同体。建设"21 世纪海上丝绸之路"，必须坚持和弘扬丝路精神，树立开放发展、合作发展、共赢发展的理念，向前展望、凝心聚力，使这条绵延 2000 年、跨越亚非欧，曾经创造无数财富、凝聚各国人民友谊的海上丝绸之路，重现昔日辉煌，增进人民福祉。

二是提升国际交流层次。海上丝绸之路沿线各国应积极拓展建设渠道，加强与国际高水平沟通，建立双方交流与合作机制，吸引更多内容丰富并符合海上丝绸之路意向的国外交流项目，让更多的国人走出国门、走出洲际，在国际范畴、平台上进行交流学习、考察研究，提升国人的国际化视野；同时，海上丝绸之路国际交流项目的管理制度和相关政策，用积极的政策鼓励和激发政党、企业家、民间组织等积极参加国际交流项目，特别是提升企业家、民间组织参加国际交流项目比例，以推动海上丝绸之路国际化进程的步伐。

三是举办一定规模活动。围绕共建"21 世纪海上丝绸之路",多提一些受国际社会广泛关注、反响积极的倡议。积极争取和策划组织双边或多边国际性会议和重大活动,提升国家的国际知名度和影响力,并通过国与国之间的交流,签署更多领域的合作协议。同时在理论研究、经验交流、业务培训、实际操作等方面开展全方位合作,为政府机构、社会资本、金融单位、项目业主等提供学习交流平台。

(二)加大推进国家合作

古代丝绸之路是一条繁荣的合作之路。相比 2000 年前的古代海上丝绸之路,"21 世纪海上丝绸之路"就成为沿线国家合作的良好平台。全新的合作呼唤全新的舞台,我们必须加强规划设计、具体推进、务实合作,让古老的海上丝绸之路带着全新的气息渐行渐近。具体说来有以下三点。

一是加强彼此沟通。"21 世纪海上丝绸之路"沿线各国的发展水平不同,利益诉求多元,加强政府间合作、进行彼此沟通交流对接是共建"21世纪海上丝绸之路"的重要保障。加强国家政府间的合作,积极构建多层次国家政府间宏微观沟通交流机制,才能深化利益融合,促进政治互信,达成合作新共识。彼此沟通要以高层互访为引领,加强政府间合作,着力推进双多边合作,积极构建多层次政府间宏微观交流机制和联动机制,加强决策层对话和协商,深化利益融合,促进政治互信,达成合作的新共识。沿线各国可就经济发展战略和对策进行充分交流对接,本着求同存异的理念,共同制订推进区域合作的规划和措施,及时协商解决合作中出现的问题,共同为务实合作及大型项目实施提供支持。

二是力促政治互信。"21 世纪海上丝绸之路"不仅是一条经济融合之路,更是一条政治互信之路。每一个合作构想从提出到实现,都需参与各方政治高层敞开大门，把握互信契合点，在相互理解和沟通基础上形成共识，进而力促政治互信携手前行，促使付诸行动并实现共赢；都需参与各方从"心"出发，回归本源，为海上丝绸之路合作架起相互信任、增进友谊桥梁；都需参与各方突出政治外交品牌影响力，完善领导人非正式会晤机制，本着"共商、共建、共享"原则，开展部长级磋商、地方负责人之间及民间交流、政商界的高端对话，就共建"21世纪海上丝绸之路"凝聚合作意识，将各国共建"海上丝绸之路"的最强音传向世界；都需参与各方围绕海上丝绸之路建设重点领域、自贸区升级建设，挖掘贸易潜力，扩大相互投资规模，在国际产能合作、产业园区合作、跨境经济合作等方面推动一批重大项目落地。

三是制定务实政策。推进"21世纪海上丝绸之路"既要看共建的具体实践效果，也要看一个国家政府政策对现实共建的重要支持作用。要以"和平、发展、合作、共赢"为主题，恪守联合国宪章的宗旨和原则，根据推动共建"21世纪海上丝绸之路"的愿景与行动，从铺就面向亚欧非海上丝绸之路，打造带动腹地发展战略支点，加强不同文明交流互鉴，促进世界和平发展，造福世界各国人民伟大事业，焕发新的生机活力，以新的形式使亚欧非各国联系更加紧密，互利合作迈向新的历史高度。制定推进国家合作的务实政策，为构筑"和平之海""和谐之海""合作之海""联通五洲四海"，促进沿线国家架起友谊的桥梁和谱写共同繁荣、共同发展的新篇章。

（三）不断深化文化融合

文化融合指具有的不同特质的文化通过相互间接触、交流沟通进而相互吸收、渗透、学习融为一体的过程。海上丝绸之路的历史，从某种意义上讲，就是中华文化与世界各国、各民族文化相互传播彼此碰撞深度融合和不断创新的历史。共建"21世纪海上丝绸之路"就是要"联通五洲四海",建设连接各大文化圈的海上大动脉。具体来讲,需要做好以下三点。

一是建立文化数据库。综合运用文献复制、网络搜集和人工调查等方法,收集整理从先秦时期海上交通到近代海港建设、海上交通的历史文献、文物、人物资料,并进行数字化转换和呈现,建设适用于多用途的海上丝绸之路历史文化大数据。以海上丝绸之路沿线国家和重要城市为节点,收集和整理节点所在区域社会的生产、消费、商业、知识、信仰、艺术、道德、法律、习俗、政治等相关数据。组建由相关专家和专业人士组成的数据团队,赴国内外实地考察、驻地搜集整理。通过数据库的建设,向世界展示出一项集文字、图片、视频资源于一体,采用数字化影像、数据光盘、网络下载、书籍著作等立体化的传播途径,形成以数据收集、处理、挖掘、分析、监控、服务为主的海上丝绸之路大数据。

二是搭建文化平台。搭建"21世纪海上丝绸之路"文化平台,一方面是积极响应国家"一带一路"和国家海洋经济可持续发展战略的重要举措;另一方面可依托世界现有的文化成熟产业基础,以打造"21世纪海上丝绸之路"文化交流为契机,全面搭建海上丝绸之路交流平台,必将有利于促进海丝沿线地区经济转型发展。我们要把当地的历史文化告诉世界,就必须在深入挖掘历史文化底蕴的基础上,从群众文化入手打造文化品牌,进而搭建起文化交流的桥梁。并且这个品牌化的文化要最能代表当地深厚的历史文化底蕴,最能让世界了解城市精髓、喜欢住地城市。而无形的品牌必须通过有形活动来彰显,特别是节庆活动等则是一种常用的城市营销载体。除此之外,还要最大限度地整合城市有形和无形的文化资源,通过文化创意来带动产业创意。

三是做好申遗工作。"海上丝绸之路"申遗是实现融入国家战略的重要举措和途径,有利于把各地特殊的区位优势、丰富的海洋资源与国家发展战略结合起来，培育新的竞争力，进一步提升各地在国家战略中的重要地位。海丝沿线要共同促进，妥善处理好开发与保护的关系，按照科学性、前瞻性、系统性的要求，做好谋划和规划工作；系统摸排调查资源情况，加强对重点文化遗址、遗存和非物质文化遗产的保护，优化文物保护区的生态环境和人文环境；以申遗为契机，带动相关产业发展，提高知名度和影响力，促进经济社会全面发展。要合力推进，文化部门要排出具体时间表，紧扣时间节点，加快推进申遗各项工作；相关部门要按照工作职责分工，积极主动配合，形成共同推进申遗工作的合力。同时深入抓好舆论宣传，使公众理解、认同申遗的重要价值，提升全社会保护文化遗产的意识，自觉支持申遗工作。

（四）积极拓宽贸易渠道

从古至今，东西方各国通过海上丝绸之路进行经贸交往，丰富彼此间的经济生活，分享人类创造的物质文明。新形势下，须通过贸易的桥梁纽带作用[3]，提高人民生活水平，改善国计民生，使人民过上高品质的生活。具体来讲，可从以下三个方面入手。

一是着力发展方式转变。当前，我国土地、资源、环境等约束日益强化，以牺牲资源和环境为代价的经济增长方式已难以为继。特别是近年来劳动力成本不断上升，"民工荒"现象频发，我国在改革开放初期以低廉的劳动力价格和土地价格形成的低成本竞争优势已经难以维持。此外，在越来越多产业领域，我国与新兴经济体和发展中国家的同质化竞争及与发达国家的高端竞争使对外贸易深入发展遇到越来越多的新挑战。为共建"21世纪海上丝绸之路"，我们必须转变对外贸易发展方式，由粗放型向集约型方式转变，用创新和科技等高端要素代替资源、环境、劳动力等传统低端要素，以生产要素的转变来提升我国对外贸易发展的资源环境适应能力，通过构筑对外贸易创新和可持续发展方式，不断推进对外贸易发展方式的转变。

二是促进对外贸易增长。对外贸易的增长使我国迅速、全面融入全球经济大循环体系，从而在世界范围内整合要素资源，提升全要素生产效率、自主创新能力和综合竞争优势；使我国逐步形成和完善"互利共赢、多元平衡、安全高效"的开放型经济体系，从而不断提升我国工业化水平及经济贸易发展环境的总体质量。作为经济增长的"三驾马车"之一，对外贸易增长仍是"21世纪海上丝绸之路"重要路径，加大政策扶持力度，努力扩大进出口。在强化风险分析、严守安全底线基础上，进一步扩大开放口岸，助推中欧非经贸健康发展，加大国外产品准入力度，帮助企业用足境外各类优惠原产地政策，推动企业"走出去"。打好技术公共服务与技术贸易措施"两张牌"，充分运用标准、计量、认证认可、风险预警通报和自贸区政策等各种技术手段，在扩大进出口特别是推动中国装备"走出去"、国际产能合作中发挥积极作用。

三是构建经贸服务体系。我国现行经贸服务体系在政策法律环境、促进体制、财政支持、促进方式等方面已不适应当前复杂多变的贸易环境，应根据共建"21世纪海上丝绸之路"服务要求，以构建符合市场经济要求的新型促进体系，推动我国服务贸易快速、健康和可持续地发展。加快构建和完善包括海陆空在内的综合立体交通体系和物流体系，为外贸发展提供快速便捷的交通运输服务。加强金融、海关、检验检疫、保险等部门职工业务培训，知识更新，提高工作效率和服务水平，为中外贸易商和投资商提供高效规范的服务；加大基础设施建设和法制教育，营造一个优美和谐的贸易环境。

（五）优化环境吸引投资

投资环境是经济加快发展的"生命线"，优化环境已成为吸引人才、资本、增强地区竞争力的重要措施。实践证明，哪里的经济发展环境好，那里的经济社会发展就充满生机和活力。

一是采取多元化的方式。为适应共建"21世纪海上丝绸之路"发展新常态，需推进利用外资方式多元化。把握国际资本流动趋势，配合国家对外开放重大战略，培育我国在产业配套、基础设施、人力资源、行政服务领域的全要素综合优势。通过软环境和硬环境相结合、制度改革和政策引导相结合，推动利用外资方式多元化，使中国利用外资比较优势逐步从劳动力成本优势向以人才、资本、技术、服务、品牌为核心的产业综合竞争优势转变。建立海外资本运作为平台，吸引外资以参股、并购等方式参与国有企业改组改造和兼并重组，优化配置存量企业资源。积极探索跨国并购模式，支持外商实施利润再投资和资本扩张计划，以资本公积、未分配利润、境内公司股权、已登记外债、储备基金等方式转增注册资本；完善政策法律环境，通过外资并购整合产业链，提升产业发展水平。

二是完善融资政策体系。在共建"21世纪海上丝绸之路"发展进程中，要借鉴沿线各国的做法，加快"21世纪海上丝绸之路"建设的相应对策。[4]政府通过制定符合市场经济规律的政策、制度，积极扶持中小企业，提高其竞争力，降低交易风险和成本，营造平等的竞争环境，充分发挥市场作用，引导和激励金融机构与中小企业进行交易。当前，我国各级政府须减少"指令、干预"，增加"指导、服务"，争取在政策上给予中小企业更多的支持，切实淡化非市场行为，更多利用市场化手段实施管理和提供服务。充分发挥市场机制的作用，借鉴国外融资体制，政府政策的作用关键在于通过提供政策性的担保、补贴或资金支持，降低金融机构对中小企业融资的风险和成本，同时让金融机构承担一定的风险。通过利用政策杠杆，发挥市场作用，实现市场交易各方互利共赢、风险共担、风险和利益相平衡。

三是注重引进资金质量。在共建"21世纪海上丝绸之路"进程中，我们需要的不单单是钱，更需要国际的先进标准、技术、管理等要素。如今的吸引投资与改革开放之初相比发生了巨大的变化，现在引资更要注重"选资"，需要有质量和高水平的外资。通过吸收海上丝绸之路沿线国的外资来推动国内经济调结构和补短板。引导外资投向中西部地区和沿边沿江等地带，以优化经济发展的区域结构；在产业结构和产品结构上，引领外资投向服务业、高新制造业等领域；引资要更加注重绿色、生态等理念；在技术、研发等国内经济发展的短板上引入外资。共建"21世纪海上丝绸之路"是国家发展的必由之路，我国要以构建引资国际化战略为重要方向，继续推进市场化改革举措的落实，为更高水平的吸引外资创造更大空间。

（六）统筹开放相互联动

"21世纪海上丝绸之路"是当前中国实施协同性、创新性、积极防御型战略理念和行动方案的重要载体[5]，其战略实施需要统筹协调和相互联动，以建构区域合作新格局与区域治理新机制。具体来讲要采取以下三项措施。

一是运用创新思维。"21世纪海上丝绸之路"作为一项全新的对外开放构想，不是原有开放领域的简单拓展，而是以创新的思维、先进的理念谋划我国对外开放的发展，推动中国改革开放不断取得新成就。对此，要有全球海洋定位的新思维，把"21世纪海上丝绸之路"看成我国现代化建设的重大工程和实现中华民族伟大复兴的根本性任务；要构建我国海陆统筹开放发展的区域支撑，扩大我国的对外贸易和深化合作，在扩大港口、海洋联系的同时构建有竞争力的产业体系和区域载体。从海上丝路的合作需求与全球海洋经济发展出发，统筹海陆一体的新的蓝色经济发展体系，充分利用我国与沿线国家已有的双边或多边合作机制，推动对外交流平台、国际合作平台、跨境服务平台建设。进一步优化营销网络平台，支持跨境电子商务等新型贸易方式和外贸综合服务企业的发展等。

二是推进互联互通。海上丝绸之路是联动的，联动性是丝绸之路活的灵魂。当今，从中国与世界的关系上来看，丝绸之路合作是中国实践以合作共赢为核心的新型国际关系的重要平台，其本身就是中国与世界深刻互联互通中的产物。从区域和世界地理空间关联的角度来看，丝绸之路连接泛欧亚大陆的经济通道，为推动泛亚欧区域经济合作创造条件，加强区域认同与战略捆绑，提升区域合作的战略效应与经济绩效，才能建构区域合作新格局与区域互联互通新机制。要坚持以市场为导向、企业为主体，加强境内外的联合联动，积极开展海、陆、控、铁多式联运，创新航班航线班列的互惠合作方式，对接国际陆港、空港、海港，大型物流园区、专业物流中心等重大项目，共同打造连接东中西、贯通亚欧的便捷物流大通道。

三是健全合作机制。"21世纪海上丝绸之路"沿线国家加强与中国合作是大势所趋，而合作确实能给双方带来实惠，双方关系本质上是互利共赢的。与现有的国际和地区经济合作机制相比较，中国提出的"21世纪海上丝绸之路"合作倡议，不仅表现为高度的开放性，而且突出表现为合作领域、合作制度、合作目标的多样性与多重性。中国坚持相互尊重、互不干涉内政的原则来处理同海上沿岸国家的关系，在这些地区不谋求势力范围，不搞排他性合作、不追求利益最大化。共建"21世纪海上丝绸之路"要从利用现有区域合作机制着手，把这些国家和地区串联起来，搭建战略平台，促进东西方的货物交换和文化科技交流[6]；沿线各节点城市应秉持"团结互信、平等互利、包容互鉴、合作共赢"的古丝绸之路精神，建立健全高层合作对话机制，形成既有积极协商又有有效对接，既有高层指导又有专家决策咨询的全方位、多层次、立体化合作机制。

参考文献

［1］张勇：《略论"21世纪海上丝绸之路"的国家发展战略意义》，《中国海洋大学学报》（社会科学版）2014年第9期。

［2］郑海麟：《建构"海上丝绸之路"的历史经验与战略思考》，《太平洋学报》2014年第1期。

［3］谭秀杰、周茂荣：《21世纪"海上丝绸之路"贸易潜力及其影响因素——基于随机前沿引力模型的实证研究》，《国际贸易问题》2015年第2期。

［4］陈万灵、吴旭梅：《海上丝绸之路沿线国家进口需求变化及其中国对策》，《国际经贸探索》2015年第4期。

［5］陈伟光：《论"21世纪海上丝绸之路"合作机制的联动》，《国际经贸探索》2015年第3期。

［6］全毅、汪洁、刘婉婷：《"21世纪海上丝绸之路"的战略构想与建设方略》，《国际贸易》2014年第8期。

明代山东与中朝海上往来述论

杨恩玉

（山东社会科学院历史研究所）

摘 要： 有明一代，中朝两国之间政府使节的海上往来一般经过山东沿海。两国之间的海上贸易更是从山东沿海出入。壬辰战争期间，中国对朝鲜战场输送军队和军用物资，主要从山东沿海出发，兵员和粮饷也主要来自山东。山东半岛与朝鲜半岛之间的海上通道，还是中朝之间文化交流的友谊桥梁。山东沿海地区是中朝海上交往最重要的基地，是由山东的地理、历史、文化、经济等多方面的因素决定的。

关键词： 明代；山东；中朝；海上往来

山东与朝鲜之间的海上交往源远流长，隋唐时期山东半岛就成为中朝之间海上往来的主要通道。在明代，虽然政府长期实施海禁政策，严禁臣民私自出海，但中国与朝鲜之间的政治、经济、文化交流仍然持续进行，明朝对朝鲜的无私援助进一步增强两国的友好关系。由于历史、地理等原因，山东沿海地区成为中朝海上往来的重要基地。

一 中朝政府使节海上往来

在明代之前，朝鲜半岛上的政权一直与中国历代政府保持藩属关系。中国的皇帝授予朝鲜君主封号，朝鲜君主继承王位需要由中国皇帝册封，并经常向中国皇帝朝贡。政府使节的往来，特别是朝鲜使节的朝贡，一直是两国之间往来的重要内容。

洪武元年（1368），朱元璋在应天府（今江苏南京）建立大明皇朝。洪武二十五年（1392），高丽权臣李成桂夺取政权，朝鲜开始进入李朝时代。明太祖朱元璋为了巩固新政权，废弃元朝以武力手段臣服周边国家的政策，积极推行和平友好的对外政策。为了防止子孙后代对外武力扩张，明太祖还将朝鲜、日本等邻国规定为"不征诸国"。

朱元璋登基后，就派遣使节赐给高丽国王玺书，要求高丽政府承认新建立的明朝，努力恢复两国之间的宗藩关系。不久，明朝又主动送还漂流到中国的高丽人。于是，高丽国王王颛上表祝贺明朝的建立，贡献高丽特产，并请求明朝廷的册封。明太祖派遣使臣册封王颛为高丽国王，颁赐给他金印、日历和锦绮，两国重建传统的宗藩关系。

在明代，由于国内外局势的变化和都城的变迁，中朝使节的往来路线有很大变化。对此大致可以分为六个时期：洪武元年至二十年（1368—1387），洪武二十年至永乐元年（1387—1403），永乐元年至永乐十九年（1403—1421），永乐十九年至天启元年（1421—1621），天启元年至崇祯元年（1621—1628），崇祯元年至明朝灭亡（1628—1644）[①]。

明朝初年，蒙元残余势力纳哈出盘踞辽东，直到洪武十九年（1386）才被征服。永乐元年（1403）明政府成功招抚东北地区的女真诸部，设立

---

① 参见孟宪尧、孟小泸《明代中朝使臣经行路线考》，《北华大学学报》（社会科学版）2012年第3期。

建州卫，统一东北地区。因此，在明初的 20 多年内，与朝鲜的陆路往来断绝，两国之间的交往主要通过海路，其中山东沿海成为两国之间海上往来的枢纽。为了使两国关系稳定发展，明太祖规定高丽国王，"朝贡道路，三年一聘，从海道来"①"自是贡献数至，元旦及圣节皆遣使朝贺，岁以为常"②。每年的元旦和皇帝的生日，高丽国王都派使臣前来祝贺，一年定期的朝贡就有两次。由于中国政府历来奉行厚往薄来的外交政策，每年朝鲜实际进贡的次数还不限于此。例如，洪武三年（1370）朝鲜就有三次使节前来朝贡，第一次的使臣有 39 人在海上遇难。对此明太祖非常怜悯，派人"往谕入贡毋数"，不久又规定朝鲜"宜遵古诸侯之礼，三年一聘"③。

明朝初年，朝鲜贡使有时横渡黄海，在长江口南岸的太仓港（今江苏太仓）登陆，再通过陆路到达京师。由于黄海海面风浪险恶，朝鲜使臣在海上经常发生遇难事故。洪武六年（1373），明太祖鉴于横渡黄海的航行风险较高，劝告朝鲜贡使以后不要从黄海来，而从登州（今山东烟台）登陆，然后来京朝贡。从此以后，朝鲜使臣的来往基本都通过山东沿海的登州和莱州进出。

由于当时山东的登州和莱州是中朝和中日之间海上往来主要通道。洪武九年（1376）五月，明朝廷"改登州为府，置蓬莱县。时上以登、莱二州皆濒大海，为高丽、日本往来要道，非建府治、增兵卫，不足以镇之。遂割莱州府文登、招远、莱阳三县益登州为府，置所属蓬莱县，复以青州府之昌邑、即墨、高密三县补莱州府"④。山东登州府的建置和政区的调整，充分显示出山东沿海的莱州和登州在对外交通方面的重要战略地位。

明朝初期，中朝两国使节的往来，基本从山东半岛的登州和莱州进

---

① 吴晗辑：《朝鲜李朝实录中的中国史料》第 1 册，中华书局 1980 年版，第 39 页。
② （清）张廷玉等：《明史》卷 320《外国传一·朝鲜传》，中华书局 1974 年版，第 8280 页。
③ 同上。
④ 《明太祖实录》卷 106，台北"中央研究院"历史语言研究所 1962 年校本，第 1768 页。

出，对此朝鲜史书有明确的记载。例如，洪武十三年（1380）二月，高丽使节"李茂方、裴彦至登州而还"①。

洪武十九年（1386），明朝平定盘踞辽东的蒙元残余势力后，高丽恢复了元代时通过陆路朝贡的线路。洪武二十一年（1388），高丽使节权近在《奉使录·序》中记述："逾鸭绿江，渡辽河，以北抵于燕。浮河而南，入淮泗，历徐兖之墟，溯江以达于京师。由淮而北，过齐鲁之东，以涉渤海。往还万余里。"② 由于海路有风波之险，虽然陆路交通速度慢，但安全性要高于海路，因此高丽使节前来朝贡开始走陆路。但他们归国时，却从山东沿海起航，渡过渤海，返回朝鲜。他们归国时经过山东沿海，在他们创作的诗篇中就得到体现。例如，权近路过山东半岛时，创作了《宿诸桥驿》《宿黄县龙山驿》《宿登州蓬莱驿咏怀古迹四绝》《登蓬莱阁》《九月初二日发船泊沙门岛待风》等诗篇③。诸桥驿在莱州，沙门岛即今庙岛群岛中的长岛。洪武年间（1368—1398），出使明朝的其他一些朝鲜使臣郑梦周、郑道传、李崇仁等，也都经过山东半岛，沿途也都创作了讴歌山东名胜古迹的诗篇。这些事例都明确说明，洪武年间朝鲜使节多将山东半岛的登州和莱州作为进出中国的港口。"从《朝鲜李朝实录》的记载看，洪武年间高丽王朝共有几十次使者泛海至登州。如民部尚书张子温、门下评理李茂方、郑燮周等人均不止一次往返于山东与朝鲜之间。"④

由于经过辽东的陆路曲折遥远、花费的时间较长，即使在明朝收复东北地区后和迁都北京之前，朝鲜贡使有时仍然取道经过山东沿海的海路。朝鲜太祖四年（洪武二十八年，1395）十月，"判司译院事张伯子洪涛收

① ［韩］金渭显编著：《高丽史中中韩关系史料汇编》，台北食货出版社 1983 年版，第 834 页。
② ［韩］权近：《奉使录》，林基中编《燕行录全集》第 1 卷，韩国东国大学出版部 2001 年版，第 156 页。
③ 同上书，第 203—205 页。
④ 朱亚非、张登德：《山东对外交往史》，山东人民出版社 2011 年版，第 191 页。

其父骨而回。伯尝奉使，病死登州，蒿葬其地。洪涛具状乞咨（明朝）礼部，赴京哀诉，回至登州，收骨还葬"；朝鲜太祖七年（洪武三十一年，1398）二月，"贺正使赵胖、副使李观至登州，被齐王阻回"①。贺正使是庆贺新年的，他们二月才到达登州，因为迟到所以被齐王朱榑拦阻和遣回。

从明成祖永乐元年（1403）至永乐十九年（1421）迁都北京期间，朝鲜向明朝朝贡，虽然经过汉城北上，渡过鸭绿江，通过陆路，但到达海州卫之后，转向南行，直奔旅顺，渡过渤海，在登州登陆，然后从陆路转往南京②。

明成祖迁都北京后，由于陆路较海路安全，并且路程大大缩短，中朝之间政府使节的往来，完全恢复了元代的陆路交通，即通过鸭绿江、辽东、山海关出入中国。

建州女真首领努尔哈赤征服东北的诸多部落后，于万历四十四年（1616）建立大金政权，史称后金。后金由于自身势力逐步强大而明朝的国力日益衰败，努尔哈赤的扩张野心膨胀，在万历四十六年（1618），向明朝发动进攻，占领抚顺等地，大肆掳掠人口和牲畜。万历四十七年（1619），明军反攻惨遭失败，后金步步进逼。天启元年（1621），努尔哈赤攻陷沈阳和辽阳，基本控制了辽东半岛。明朝与后金之间的战争导致中朝之间的陆路交通断绝。中朝之间政府使节的往来，被迫由陆路改为海路，山东登州再次成为中朝使节的出入口岸。"天启元年八月，改朝鲜贡道，自海至登州，直达京师""崇祯二年（1629），改每岁两贡为一贡。先是，辽路阻绝，贡使取道登、莱，已十余年矣。"③ 天启元年至崇祯二年前

---

① 吴晗辑：《朝鲜李朝实录中的中国史料》第 1 册，中华书局 1980 年版，第 132、145 页。

② 孟宪尧、孟小泸：《明代中朝使臣经行路线考》，《北华大学学报》（社会科学版）2012 年第 3 期。

③ （清）张廷玉等：《明史》卷 320《外国传一·朝鲜传》，第 8302、8306 页。

后只有 9 年，据后一条史料可知，由于后金的阻隔，中朝之间使臣的往来，早在天启元年之前已经改行海路，只是在天启元年八月才在朝鲜国王的请求下，正式由陆路改为海路，"改朝鲜贡道自海至登州直达京师，从朝鲜国王李珲之请也"①。在此之前，中朝使节已经改走海道，史书有明确的记载。天启元年夏四月，"朝鲜国进香陪臣李必荣等以辽道阻绝，乞舟东归，总督文球以扬州援辽水兵沙船给之，厚为资给"；天启元年六月，"翰林院编修刘鸿训、礼科都给事中杨道寅赍诏往朝鲜，归途阻绝，航海至登州，朝鲜以闻"②。文球是蓟辽总督，前一次朝鲜使臣的归国本来打算走陆路的，因为后金的阻隔，临时改走海路，可能没有经过登州。后一次明朝使臣的归国，则直接航行到登州登陆。朝鲜光海君十三年（天启元年）七月，出使明朝的使节"陈慰使状启：'天使及臣等一行，六月十六日登州到泊。'"③ 朝鲜称明朝为"天朝上国"，明朝的使臣就被称为"天使"。明朝使节刘鸿训等归国时，朝鲜使节也随同前来，并且也在登州登陆。这些事例都发生在天启元年八月朝鲜贡使正式改走登州海路之前。此后一直到崇祯元年，中朝使节的往来都从山东沿海出入。

在袁崇焕的提议下，将朝鲜朝贡的路线由登州线改为觉华线，即沿旅顺口、铁山嘴、羊岛、双岛、南汛口、北汛口、觉华岛、宁远卫，直达北京，是为了削弱盘踞皮岛的毛文龙的势力和及时掌握朝鲜的动向。有学者认为，朝鲜贡使由登州道改为觉华道发生在崇祯二年④。其实不然。史书记载："自袁崇焕督师，题改觉华，迁途冒险，其国屡请复故。至是（指崇祯二年）遣户曹判书郑斗源从登海来，移书登抚孙元化，属其陈请。元

① 《明熹宗实录》卷13，台北"中研院"历史语言研究所1962年校本，第680页。
② 《明熹宗实录》卷9、卷11，台北"中研院"历史语言研究所1962年校本，第27、550页。
③ 吴晗辑：《朝鲜李朝实录中的中国史料》第8册，第3135页。
④ 孟宪尧、孟小泸：《明代中朝使臣经行路线考》，《北华大学学报》（社会科学版）2012年第3期。

化委官伴送，仍疏闻。帝以水路既有成命，改途嫌于自便，不许。"① 崇祯
二年之前朝鲜已经"屡请复故"，说明朝鲜朝贡路线的改变发生在此之前，
其确切时间在袁崇焕督师辽东之时。袁崇焕本传记载："崇祯元年四月，
命以兵部尚书兼右副都御史，督师蓟辽，兼督登莱、天津军务。"② 据此可
知，由登州道改为觉华道应在崇祯元年。新航道危险性较高，朝鲜方面一
再请求恢复登州道。崇祯三年（1630）十月十七日，"（朝鲜）国王极言觉
华路险，所经铁山嘴诸处波涛汹急，绝无岛屿依泊。昨冬使臣尹安国已遭
覆没。若自平岛至登州，风便一日而达。乞上奏天朝改觉华之路仍由登
州"③。"铁山嘴"即今辽宁大连市旅顺口西南老铁山山脉入水处。以登州
为出入口岸的海路，不但安全性较高，而且路程较短，航行所需要的时间
较少，所以朝鲜屡次请求恢复登州海路，但"一直延宕到明亡，朝鲜始终
未能改道"④。

二　中朝海上贸易往来

中朝两国政府之间使节的频繁往来，促使两国之间的商品贸易兴盛起
来。这种国际贸易可以分为官方贸易、使臣的私自贸易和民间贸易三种
类型。

明朝初期为了抵抗蒙古骑兵的骚然，部队急需战马，因为朝鲜盛产马
匹，因而明朝从朝鲜购买了大量马匹。"据《明实录》不完全统计，仅从
洪武十七年到洪武二十八年，从朝鲜运到中国的马匹达 35000 多匹。"⑤ 最
初从朝鲜买进的马匹是从海路来到登州登陆的。洪武六年（1373），由于

①　（清）张廷玉等：《明史》卷 320《外国传一·朝鲜传》，第 8306 页。
②　（清）张廷玉等：《明史》卷 259《袁崇焕传》，第 6712—6713 页。
③　《崇祯长编》卷 39，台北"中研院"历史语言研究所 1962 年校本，第 15 页。
④　孟宪尧、孟小泸：《明代中朝使臣经行路线考》，《北华大学学报》（社会科学版）2012 年
第 3 期。
⑤　朱亚非、张登德：《山东对外交往史》，山东人民出版社 2011 年版，第 191 页。

在海上遭遇风暴船只覆没，从朝鲜买进的 100 匹马全部葬身海底。此后才改从辽东通过陆路运送，但有时购买马匹所用的布、绢来自山东。明宣宗宣德二年（1427）五月，户部上奏："永乐二十一年，敕朝鲜送马二万匹，令辽东都司以官贮大布四万、大绢六万酬其直。以布绢不足，因循至今。请令山东布政司运送辽东如数酬之。"宣宗帝说："远夷不可失信，复敢稽缓者罪之。"① 山东由于战船不足，有时从朝鲜购买战船补给。朝鲜仁祖九年（崇祯四年，1631）七月，"初，登州军门孙元化遣人赍银货求买战船，朝廷以虏警不能准副，至是乃以战船四十艘送之"②。

朝鲜则多次从明朝购买军用物资。洪武七年（1374），高丽使臣张子温上书明太祖，请求火药、器械、硫黄、焰硝等物品。这些军用物资明朝是严禁出口外国的。明太祖得知高丽政府要求这些东西是为了抗倭，就很痛快地答应了，责令有关部门置办 50 万斤硝、10 万斤硫黄送给高丽。万历三十三年（1605）十月二十九日，"朝鲜国王李昖奏乞买办硝黄、火药，下兵部覆议。准令进贡陪臣自备价值，每年一次，收买三千斤，仍照旧给与车辆，沿途递送"得到皇帝的批准③。天启七年（1627）三月十二日，朝鲜再次请求购买硝黄，明政府准许照常收买，"仍谕该国使臣加意谨防，勿得疏虞反以资敌，并移文登抚一体遵行"④。据此可以推断，为了运输的便利，以前的军需物资也都是从山东置办并从山东沿海出口朝鲜的。

朝鲜仁祖二年（天启四年，1624）五月，因为"久旱民饥"，朝鲜"贸米于登州"。当时朝鲜使臣向明朝提出："今闻登州三钱之银直米八斗，粟米则倍之。都督贸饷之银多在关西，以此贸米于登州，则可以救此大无之患，而兼且接活辽民矣。朝天使臣所乘船只，虚系登莱，每至经年，可

---

① 《明宣宗实录》卷 28，台北"中研院"历史语言研究所 1962 年校本，第 727 页。
② 吴晗辑：《朝鲜李朝实录中的中国史料》第 9 册，中华书局 1980 年版，第 3478 页。
③ 《明神宗实录》卷 414，台北"中研院"历史语言研究所 1962 年校本，第 7778 页。
④ 《明熹宗实录》卷 82，台北"中研院"历史语言研究所 1962 年校本，第 3984 页。

以其船一二次转运于使未还到之前矣。"① 为了救济朝鲜难民，明朝廷立即同意了朝鲜的请求。此后朝鲜经常到登州购买粮食，并且得到登州官员的大力协助。朝鲜仁祖三年（明天启五年）三月二十七日，"备边司请修谢贴于中朝都察院御史武之望，上许之。先是我国译官皮得忧等贸贩军粮于登州，遇风船败，借得渔船，泊于中原之境。登州开府都察院御史武之望调发船舶，定将护送。备边司启请优赏来人，修贴致谢"②。

中朝使臣往来频繁，为了牟取私利，往往携带一些物品在两国转售。特别是朝鲜的使臣，经常购买中国优良的丝织品带回本国。朝鲜太祖四年（洪武二十八年，1395）正月，"谏官张至和等劾判开城府事李居仁曰：'居仁当殿下即位之初，奉使上国，暗行贸易。还至莱州，为人所窃。勒令从事人金夫介、李仁吉等偿其段子'。"③ 由于中国丝织品的质量优于朝鲜，所以朝鲜使臣一般购买这类商品。他们进出中国的口岸，多是山东沿海的登州和莱州。洪武三年正月，"中书省言：'高丽贡使多赍私物入货，宜征税；又多携中国物出境，禁之便。'俱不许"④。朝鲜使臣利用出使的良机私自进行商品贸易，是相沿已久的惯例。明太祖的思想较之大臣要开明得多，既没有对朝鲜进口的货物征税，也没有禁止朝鲜使臣将中国的物品携带出境，这体现了他睦邻友好的对外政策。这一政策无疑进一步促进了中朝之间的贸易往来。

虽然明朝长期实施海禁政策，严禁人民出海。但仍有一些人冒险下海，到朝鲜和日本等地进行贸易。在古代，陆路运输较为安全，但速度较慢，运载量较小。海运的风险较大，但可以借助季风行驶，速度较快，运载量较大。由于海运的优势，中朝之间的贸易多走海路。两国之间"海上

---

① 吴晗辑：《朝鲜李朝实录中的中国史料》第 8 册，中华书局 1980 年版，第 3224 页。
② 同上书，第 3235 页。
③ 吴晗辑：《朝鲜李朝实录中的中国史料》第 1 册，中华书局 1980 年版，第 130 页。
④ （清）张廷玉等：《明史》卷 320《外国传一·朝鲜》，第 5544 页。

贸易依旧活跃，来自朝鲜的贡舶及商船停泊于天津、登州、太仓等港口"①。登州更是中朝贸易的主要转运站。

洪武十九年，明太祖对朝鲜贡使郑梦周说："你那里人，在前汉唐时节，到中国来，因做买卖，打细又好。匠人也买将去。近年以来，悄悄的做买卖，也不好意思。再来依旧悄悄的买卖呵，拿着不饶你。如今俺这里也拿些个布匹、绢子、段子等物往那耽罗地面买马呵，你那里休禁者。你那里人也明白将路引来做买卖呵，不问水路、旱路，放你做买卖，不问辽阳、山东、金城、太仓至陕西、四川做买卖，也不当。这话你每记者，到你那国王众宰相根（跟）前说知。"② 在海禁政策的制约下，中朝之间的贸易大大减少，但私人贸易并未中断。明朝严格限制本国商人出海贸易，但对朝鲜商人合法的来华贸易则听之任之。

在严厉的海禁政策下，山东沿海人民仍然私自违禁下海，到朝鲜西海岸捕鱼伐木、贩卖牟利。据明人许锁在《地方事宜议》中记载，早在嘉靖年间（1522—1566），即墨县田横岛一带的居民就"故畜坚舟，乘顺风不十日可抵高丽界，盗其松杉诸美材以归，则货诸边海居民。居民利其美材而价廉也，辄与之通贸易"③。在巨额利润的诱惑下，私自下海者越来越多。这些人前往朝鲜主要是由于朝鲜半岛上及其附近海域有丰富的动植物资源。而山东因为人口激增导致的过度开发，林木日趋稀少，海产品锐减。为了牟取暴利，有些人甚至在朝鲜抢劫财物畜产，运回山东出售。刘应节在《海岛悉平疏》中记述："朝鲜相去甚近，每劫其财物马匹，公然赴州县变卖。"④ 这些非法的贸易活动，体现了中朝之间的海上贸易在艰难环境下的顽强活力。

---

① 白新良：《中朝关系史》，世界知识出版社 2002 年版，第 109 页。
② 吴晗辑：《朝鲜李朝实录中的中国史料》第 1 册，中华书局 1980 年版，第 130 页。
③ （清）林溥修，周翕鐄纂：同治《即墨县志》卷 10《艺文》。
④ （清）岳浚等纂修：雍正《山东通志》卷 35 之 4《艺文》，山东图书馆 1988 年影印本。

在明朝开放海禁时，山东沿海与朝鲜之间的贸易更加活跃。山东巡抚梁梦龙在奏章中说："沿海大洋，奸人多有通番之弊，今欲海运粮食，乞安严禁商民不许私自下海，远贩大洋，贩卖货物……山东沿海一带，原有夷人通贡，土人乘便通番。"① 山东沿海人民的海外贸易对象，主要是隔海相望的朝鲜和日本，特别是距离山东更近的朝鲜。山东与朝鲜之间贸易的频繁有不少史料可以印证。万历三十五年（1607）八月二十五日，"朝鲜国王李昖发还漂海人民。称系旅顺官兵行山东查验收伍操练，如系私贩下海，别有情弊，究处以闻"②。《朝鲜李朝实录·仁祖大王实录三》记载：七年（崇祯二年，1629）八月，"济州漂流唐人十名到京，上命礼宾寺丰其馈饷，遂差人押赴中朝。唐人黄汝诚等言：'载米布等物前往椵岛，自黄河小口出，至小海洋中，狂风夜作，迷失海道。漂到一处登岸汲水，询知贵国旌义地方'"。《崇祯长编》记载："初，登州僻在海隅，素称荒阻，自万历戊午以来，辽人渡海，避处各岛及诸州县间。毛文龙号召为一军，岁饷八十万，皆从登州达皮岛中，而辽地一切参貂之属，潜市中土者，亦由登地内输，由是商旅之往来，云集登海上。登之繁富遂甲六郡。"③ 皮岛位居朝鲜半岛西海岸，万历四十六年（1618）辽东总兵毛文龙与后金战败，退守该岛。明政府主要从登州输送粮饷接济毛文龙。在政府军事运输的带动下，民间贸易活动迅速发展。对外贸易的繁荣促使本来经济落后的登州富裕起来。

山东沿海考古发掘的文物也证明中朝之间贸易的存续。蓬莱水城清淤时，"较多的景德镇瓷器和元末明初的朝鲜瓷器在登州港的同时出土，可以说明，明代的山东半岛登州一带仍是我国对朝鲜贸易的重要窗口"④。

---

① （清）施闰章修，杨奇烈纂：顺治《登州府志》卷21《艺文志下》。
② 《明神宗实录》卷437，台北"中研院"历史语言研究所1962年校本，第8280页。
③ 《崇祯长编》卷55，台北"中研院"历史语言研究所1962年校本，第3187—3188页。
④ 刘凤鸣：《山东半岛与古代中韩关系》，中华书局2010年版，第372页。

三 中朝海上军事运输线

自元朝末年以来，在抗击倭寇侵扰的斗争，中朝两国人民就互相支援、密切配合，共同捍卫两国的领土主权，保护人民的生命和财产。明朝初年，朝鲜政府击溃倭寇，夺下他们掠夺的中国人口，并护送到登州，受到明朝廷的赞赏，增强了两国人民的友谊。明太祖密切关注朝鲜的抗倭，多次劝告高丽国王提高军队作战能力，加强国防建设。因为当时的高丽政府进贡频繁，明太祖认为这样会加重百姓的负担，海上往来又容易发生海难，要求高丽三年一聘，贡献本国所产的东西就行，不要太奢华。因此当日本提出假道朝鲜进攻明朝时，朝鲜政府严词拒绝。这些事例都体现和加深了中朝政府和人民之间患难与共的友好关系。

万历二十年（1592）四月，日本执政者丰臣秀吉纠集16万军队大举入侵朝鲜，由于这一年是壬辰年，所以史称"壬辰战争"。朝鲜军队节节败退，日军长驱直入，汉城、开城、平壤等城镇相继沦陷。应朝鲜国王的邀请，明朝军队开赴朝鲜，支援朝鲜军民抗击日军。在长达7年的战争期间，山东的登州和莱州成为向朝鲜运送军队和军用物资的战略基地。

明朝援军在朝鲜连败日军，相继收复平壤、开城、汉城。但军队粮草短缺，将士饥乏，战马大批饿死。朝鲜由于遭受日军的烧杀抢掠，粮食和财物被洗劫一空，无法供应明军，甚至军民的生存都面临严重威胁。在这种严峻形势下，只好从中国国内向朝鲜输送粮草供应明朝援军。山东沿海地区距离朝鲜最近，海路运输最为便捷，因而成为向朝鲜战场运送兵员和粮草的转运站。为了就近供应朝鲜战场，在山东沿海岛屿扩大军屯。万历二十二年（1594），山东巡抚郑汝璧提出建议："东事兵兴，青、登、莱军屯之粟不足以供……开岛田以备军资，登州海北长山诸岛，土肥可耕，先年原有居民，后因辽兵潜住作耗，遂令民徙空地。宜以登州营卫之军，什伍而耕，如屯田法。造辽船十余只，以为利涉，酌地定军，官给牛种，责令总哨官督帅耕耘，遇警则船即为哨，所收粮食悉运城中，以充饷。"该建议得到朝廷的批准。万历二十三年（1595）十二月朝廷又"诏以山东长山岛开垦成熟田地，令原拨官军照旧耕种，其收获米豆另仓收贮，听抵军饷支销"①。山东沿海的军屯，为支援朝鲜战场的军粮做出了很大贡献。

壬辰战争初期，供应朝鲜战场的军粮主要征发自山东。万历二十一年（1593）二月，神宗敕谕东征将士："已令所司亟发银十五万两，赍赴军前，从宜犒赏优恤。仍一面行山东等处召商籴粟，方舟而下。"神宗还诏令户部："所有合用粮草，户部一面发银，或从山东海道召商，高价籴买，或就近输送，务使东征四五万人可够半年之用。"② 二十四年（1596）闰八月九日，蓟辽总督孙鑛建议："朝鲜设防，以粮饷为先，欲将东昌五仓米豆共一十万余发用。又本部原发防倭银一十二万两，以其半抵年例，余暂留为朝鲜遇警应援之助。"朝廷批示"如议行。"③ 由于山东半岛距离朝鲜最近，山东又是产粮大省，所以为解燃眉之急，起初主要从山东各地征发军粮，然后从登州运往朝鲜战场。

战争旷日持久后，山东的粮食不能满足明朝援军的需要，因而明朝廷下令从北方沿海各省调拨粮食，集中到沿海地区特别是山东的登州和莱州，然后从这里转运到朝鲜。例如，万历二十五年（1597）五月，明朝廷诏令户部采取紧急措施："请行山东发公帑三万金委官买籴，运至登、莱海口，令潍船运至旅顺，辽船运至朝鲜，又借临、德二仓米各二万，运至登、莱转运。"二十六年二月，明朝廷又令："山东、天津、辽东岁运各二

---

① 《明神宗实录》卷279、卷292，台北"中研院"历史语言研究所1962年校本，第5157、5410页。

② （明）陈子龙等选编：《明经世文编》卷394《东征敕谕》，中华书局1987年影印本，第4257页。

③ 《明神宗实录》卷301，台北"中研院"历史语言研究所1962年校本，第5646页。

十四万石；山东、天津则海运，辽东则水陆并运……务期速济，毋仍前推诿，以误军需。"同年秋，朝廷又多方征调军粮供应朝鲜战场："咨山东、保定各巡抚，悉照饷臣所议，将岁派粮饷，分授各海道转运。如山东登、莱粮少，移就济南粮多之所，而济南兑运水次改赴利津。"① 虽然军粮来自辽东、河北、山东三省，但主要仍是山东。

万历二十五年（1597）二月，朝廷讨论再次出兵援朝抗日，大学士张位、沈一贯建议："当通登莱入辽之海路，从此转饷以资军兴，渡军以讲水战，使往来之人不疲于陆……言者欲转浙直舟师，从海入辽，北海风高、少山屿、无栖泊所，不若从内地至登莱，驾登莱之舟以入辽，此安稳之计。""上然之，令下部议。"② 这就是说，登莱海道优于经过辽东半岛的海路，因而军队和粮饷多从这里转运朝鲜，对此有不少史料可以印证。万历二十五年三月，朝鲜战事吃紧，国王上疏求援，明神宗敕令："救援兵将立限催发。迟延以逗留论罪。兵行粮从，势不可缓……再从便发粮，由山东海运接济，毋得临期推诿误事。"③ 万历二十五年五月户部上奏："辽东所积米豆及朝鲜见报粮数止二十余万石，恐经用不足。请行山东发公帑三万金，委官买籴运至登莱海口，令淮船运至旅顺，辽船运至朝鲜。又借临（清）德（州）二仓米各二万石运至登莱转运。"神宗皇帝批复："事关军机，不许延误。"④ 万历二十五年十一月，"经略尚书邢玠以倭夷遁据釜山，拟调兵马十万于今冬进剿，计来岁用粮八十万石，以十万石取办朝鲜，七十万石酌派山东、辽东、天津三处"。朝廷诏令"督运接济"。⑤ 这些事例都足以证明，援助朝鲜战场的粮饷主要来自山东。

---

① 《明神宗实录》卷 310、卷 319、卷 325，台北"中研院"历史语言研究所 1962 年校本，第 5797、5939 页、6033 页。

② 《明神宗实录》卷 307，台北"中研院"历史语言研究所 1962 年校本，第 5740 页。

③ 《明神宗实录》卷 308，台北"中研院"历史语言研究所 1962 年校本，第 5761 页。

④ 《明神宗实录》卷 310，台北"中研院"历史语言研究所 1962 年校本，第 5797 页。

⑤ 《明神宗实录》卷 316，台北"中研院"历史语言研究所 1962 年校本，第 5897 页。

壬辰战争爆发后，为增援朝鲜和加强山东的海防，山东广招兵员来扩充军队，即"倭犯朝鲜，登莱一带议增兵将"①。战争期间山东的粮饷骤增，也反映出山东对援朝战争做出的努力。"先是山东闻倭警，当事张皇，多招徕，饷至四十五万"；万历"二十七年销兵，饷稍减，尚费二十六万九千余两"②。山东兵员和军饷的骤增，体现了山东为援助朝鲜战场所做出的贡献。

明朝支援朝鲜的军队和粮饷多从山东沿海地区转运的原因，当时的官员有明确的阐述。万历"二十五年，倭寇作，自登州运粮给朝鲜军。山东副使于仕廉复言：'饷辽莫如海运，海运莫如登、莱。盖登、莱渡金州六七百里，至旅顺口仅五百余里，顺风扬帆一二日可至。又有沙门（今山东长岛县西北庙岛）、鼍矶（今长岛县砣矶岛）、皇城（今长岛县北隍城岛）等岛居其中，天设水递，止宿避风。惟皇城至旅顺二百里差远，得便风不半日可度也。若天津至辽，则大洋无泊；淮安至胶州，虽仅三百里，而由胶（州）至登（州）千里而遥，礁碛难行。惟登、莱济辽，势便而事易。'时颇以其议为然。"③ 从海道的优劣和路途的远近而言，登州海道是支援朝鲜战场的最好选择。

明朝运往朝鲜的粮食不仅供应明朝援军，还救济了朝鲜军民。几十年后，朝鲜使臣来明朝进贡时感激涕零地说："壬丁年皇上发山东粮十万斛赈济小邦军兵，至今生齿不灭者，秋毫皆帝力也。小邦君臣上下敢不竭力遵依。"④ 救济朝鲜军民的十万斛粮食也来自山东。参加过援朝战争的明朝军官千万里在《东征时军兵赏赐粮米金银蜀帛总录》中记载了战争期间运往朝鲜的山东粮的数量：壬辰（万历二十年，1592），山东米五万石。癸

---

① 《明神宗实录》卷587，台北"中研院"历史语言研究所1962年校本，第11246页。
② 《明神宗实录》卷382，台北"中研院"历史语言研究所1962年校本，第7186页。
③ （清）张廷玉等：《明史》卷86《河渠志四·海运》，中华书局1974年校点本，第1412页。
④ 吴晗辑：《朝鲜李朝实录中的中国史料》第8册，中华书局1980年版，第3180页。

巳（万历二十一年，1593），山东米十万石。丁酉（万历二十五年，1597），山东米十七万石。戊戌（万历二十六年，1598），山东米十二万石①。五年期间输送到朝鲜的山东米共计五十四万石。有学者指出：朝鲜君臣和士人经常提到"山东粮"，这些"粮食应是来自中国各地，之所以都冠以'山东'二字，一是来自山东的粮食占了绝大部分，二是从全国其他地区征集的粮食也大多经山东海运运往朝鲜，故而'山东粮'成为中国粮的代名词"。②

在壬辰战争期间，山东总兵李承勋"统率舟师出讯于长山岛，以守登、莱之门户，备旅顺之应援，而并壮朝鲜之声势"③。朝鲜战事结束后，为防备日军卷土重来，在朝鲜国王的请求下，在明朝援军撤离朝鲜的同时，山东的李承勋所率部队进驻朝鲜。万历二十七年（1599）四月十四日，他在上书中说："登州原募南兵业已练成节制，乞计带往朝鲜，以充标卒。仍条陈数事：给月粮以抵安家，借沙船以便渡海，撤疲戍以补缺额，捐口粮以市锐器。"得到兵部的批准。④ 朝鲜遭受日军的蹂躏和长期战争的消耗、破坏，国困民艰，物资匮乏，这支驻朝军队克服缺衣少食、背井离乡的重重困难，在驻扎朝鲜的两年期间，协助朝鲜军民恢复经济、加强海防，为朝鲜的家园重建和国防建设做出了很大贡献。

明朝后期，由于后金的频繁进攻，辽东难民被迫逃到朝鲜，辽东总兵毛文龙率部退守皮岛。天启元年（1621）八月一日，经略熊廷弼上疏建议："三方建制，须联合朝鲜，宜得一智略臣前往该国，督发江上之师，就令权驻义州，招募逃附，则我兵与丽兵声势相倚，与登莱音息时通，斯

---

① （明）千万里：《思庵实纪》，转引自孙文良《明代"援朝逐倭"探微》，《社会科学辑刊》1994 年第 3 期。

② 刘晓东：《"山东粮"与明代抗倭援朝》，《东岳论丛》2016 年第 7 期。

③ 《明神宗实录》卷 318，台北"中研院"历史语言研究所 1962 年校本，第 5916 页。

④ 《明神宗实录》卷 333，台北"中研院"历史语言研究所 1962 年校本，第 6162—6163 页。

于援助有济。"南路监军梁之垣接受这一使命后，建议登莱军队随同前往，得到明熹宗的批准。① 山东再次成为援助朝鲜的中国难民和部队的粮饷以及兵员的供应地，粮饷源源不断从山东输送到朝鲜。天启二年（1622）十月四日，"登州通判王一宁奉委领海兵三千，解饷金五万，渡海接济毛文龙"。天启七年（1627）三月三日，明熹宗传谕毛文龙："饥军需饷甚急，著登抚那借青、登、莱三府仓储，乘风刻日开帆接济，其动支赃银以励戎士，速发火药以壮军声，委系目前急著俱上，紧传与登抚如议行。"② 为了救济难民和援助前线军队，天启七年（1627）三月十一日，登莱巡抚李嵩说："岁发东镇本色米二十万石以养兵。"另外，"更请额外量加合于登府就近地方岁买十万之外，再加买二万石"③。

在朝鲜遭到后金进攻、战事吃紧时，明政府派出军队前往救援，其中就包括山东的军队。天启七年三月二十一日，兵部尚书冯嘉会上疏说："逆奴攻鲜，毛帅急呼请援，岂容掷为孤注？除捣巢之师，听宁抚调度，今宜于南海口觉华岛精选水兵三千，令一健将统之，多载粮饷器械，先发直就毛帅，合兵一处，仍听相机进止。再发天津水兵续为后援，登莱兵亦宜精选三千刻期出洋，与毛帅会合，并力策应。"这一建议同样得到朝廷的批准。④ 天启七年四月二十一日，登莱巡抚李嵩上疏报告："内臣胡良辅等于四月十三日开洋东援，登镇官兵八千八十九名，计船八十一只，镇臣随四臣开洋去讫，游艇战舰衔尾东渡，而登府遂为之一空矣。"⑤ 天启七年五月十一日，兵部尚书王之臣覆巡抚登莱李嵩塘报："东江之师屡有斩馘，朝鲜恃此一枝得以无恙。今报奴集重兵围困云从等岛，势又可危。所幸登

① 《明熹宗实录》卷 27，台北"中研院"历史语言研究所 1962 年校本，第 1343 页。
② 《明熹宗实录》卷 82，台北"中研院"历史语言研究所 1962 年校本，第 3969 页。
③ 同上书，第 3988 页。
④ 同上书，第 4000—4001 页。
⑤ 《明熹宗实录》卷 83，台北"中研院"历史语言研究所 1962 年校本，第 4052 页。

莱运米三十余号，天津运军需八舡，大解倒悬之厄，少息庚癸之呼，而人多粮少，所需能几？查户部有应补饷银十万余两，今应急解登、津二镇，各再发米五万石，限日开洋。"① 为了援助毛文龙部和救济逃到朝鲜的中国难民，山东再次成了援助朝鲜兵员和粮饷的战略基地，发挥了至关重要的作用。

四　中朝文化交流的友谊桥梁

中国作为一个文明古国，对周边国家的经济、政治和文化产生了深远的影响。朝鲜人民非常仰慕中国的优秀文化，不断派人前来学习，一再向历代朝廷请求典籍。在长期的交往中，两国人民形成深厚的友谊。山东半岛与朝鲜半岛之间的海上通道，一直是中国向朝鲜传播文化的友谊桥梁。

中国的儒家思想、政治制度、文学艺术、饮食文化等都不断传往朝鲜，致使朝鲜成为汉文化圈的重要成员。明朝建立后不久，朝鲜当时的高丽政权就请求选派学生到明朝的太学学习，得到了明太祖的批准。这些学生学成归国后，成为传播中国文化的中流砥柱。

中朝两国政府为了彰显本国的文化水平之高，一般都精心选拔学识渊博、擅长诗赋的官员出使，因而两国的使臣对文化交流做出了卓越的贡献。来华的朝鲜使臣都具有很高的中国文化造诣，在中国古籍的启迪下，创作了大量诗篇。在洪武年间（1368—1398），朝鲜官员郑梦周两次受命出使明朝，在路过登州时创作的《登州仙祠》云："何处登临慰我思，之罘城下古仙祠。只嫌汲汲南归疾，未知坡翁海市诗。"《蓬莱阁》云："采药来还沧海深，秦皇东渡此登临。徐生诈计非难悟，自是君王有欲心。"② 这不仅体现出他对中国历史的熟稔，而且体现了他对中国的眷恋情思和对

---

① 《明熹宗实录》卷84，台北"中研院"历史语言研究所1962年校本，第4072页。
② ［韩］郑梦周：《郑梦周全集》卷1《赴南诗》，韩国东国大学出版社2001年版，第691页。

中国灿烂文化的无限景仰之情。如同郑梦周一样，来华的朝鲜使臣郑道传、权近、李崇仁等，在途经山东时也都创作出一些以当地古迹和景观为题材的诗篇，并且流传至今，成为中朝文化交流和友谊的历史见证。

出使朝鲜的明朝使臣，不仅其诗文受到朝鲜臣民的高度赏识，而且其文雅得体的举止礼仪、闲适洒脱的风度气质也备受朝鲜人民的仰慕。明熹宗天启元年（1621），山东长山（今山东淄博市周村区）人刘鸿训奉命出使朝鲜。朝鲜国王接见时，他举止得体、礼节规范，"肃敬将祀，周旋中规，东人动色，快睹凤凰"；他在朝鲜期间，"裁约享馈，章示规绳，是使卉服之长冠带而问诗书，穷岛之人喁嘈而赞仁义"①。明朝使臣待人接物的礼仪规矩成为朝鲜人效法的典范，他们的儒雅风范成为朝鲜人心驰神往的表率，他们的诗赋文章更是朝鲜人学习的范例，他们的人格道德被推崇备至。明朝使臣通常受邀在朝鲜参观游览，他们创作出更多的诗赋文章。朝鲜国王令官员将其编纂为《皇华集》，而且每年都进行编辑。刘鸿训在朝鲜创作的诗文，就被编集为一部《皇华集》，流传至今。这些《皇华集》刊印后，作为文学的范本广泛流传，朝鲜人争相传阅、诵读，直接促进了朝鲜文学的发展。

登州人戚继光担任总督登莱沿海兵马的都指挥使司时，整顿军队，加强海防，荡平了山东沿海的倭寇，进而奉命率军南下，剿灭了东南沿海的倭寇，成为抗倭名将和著名的民族英雄。他结合自己的实战经验，撰写了《纪效新书》和《练兵纪事》等军事理论著作。《纪效新书》很快传到朝鲜，受到朝鲜君臣的高度重视。朝鲜总督李如松对国王李昖说："戚将军《纪效新书》，乃御倭之法，所以全胜也。"李昖听说后派人给他详细讲解。他听后令宰相柳成龙依照书中讲述的练兵方法训练军队。柳成龙招募饥民

---

① （明）刘鸿训：《皇华集》，《四库未收书辑刊》第 21 册，北京出版社 1997 年影印本，第 793、816 页。

为兵，"旬日得数千人，教以戚氏三手练技之法，置把总哨官，部分演习，实如戚制。数月而成军容，上亲临习阵。此后督监军常宿卫扈从，国家赖之"。① 清朝康熙年间（1662—1722），朝鲜再次颁布戚继光的《纪效新书》和《练兵纪事》，让军官研习，还将这两部书在全国广泛发行。戚继光的军事理论著作，丰富了中朝文化交流的内容，并对朝鲜的军队建设做出了不可磨灭的贡献。

明朝的船只频繁到达朝鲜，朝鲜人民吸收和借鉴了中国先进的造船技术。山东沿海出土的韩国古船为此提供了极好的物证。2005 年山东蓬莱水城清淤时出土了 4 艘古船，其中韩国古船 2 只。"蓬莱 1 号韩国古船是中韩古代造船技术交流的产物，它既有韩国古船木栓连接船底板、木钉连接外板等典型传统技术，还采用中央底板补强材、水密舱壁、肋骨、桅座、铁钉连接、舱料等中国造船技术，是具有科研价值的，中韩造船史交流的珍贵文物。"②

自隋唐以来，山东沿海一直是中朝交往的主要通道。有明一代，中朝之间的海上往来频繁，由于地理和历史等方面的原因，山东沿海的登莱地区作为中朝海上交往的转运基地，为沟通中朝关系、加深中朝友谊发挥了重要作用。

---

① 吴晗辑：《朝鲜李朝实录中的中国史料》第 5 册，中华书局 1980 年版，第 1984—1985 页。
② 袁晓春：《蓬莱 3 艘古船发掘简报》，《海交史研究》2006 年第 2 期。

"21世纪海上丝绸之路"中国与印度洋区域国家间气候变化公约合作机制①

尹 仑

（云南省社会科学院民族文学研究所）

摘 要：建设"21世纪海上丝绸之路"是我国在新的历史时期的重大国际战略部署，而要推动"21世纪海上丝绸之路"的发展，我国应积极建立中国与印度洋区域国家在非传统安全问题区域的合作机制。气候变化是印度洋非传统安全问题的重要议题之一，中国和印度洋区域国家在国际气候公约的谈判中既同属发展中国家阵营，又都是新兴经济体、排放大国，有着共同和接近的利益与立场。随着发达国家与发展中国家在应对气候变化问题上的分歧日益加剧，中国应该加强与印度洋区域国家在国际气候变化公约谈判中的沟通和理解，积极构建非传统安全问题的"中国+印度洋区域国家"新型区域合作机制，维护彼此在发展过程中的国家利益，从而与印度洋区域各国建立亲诚惠容的新型外交关系。

关键词："21世纪海上丝绸之路"；气候变化；印度洋；非传统安全问题；区域合作机制

---

① 基金项目：环境保护部"生物多样性保护专项"项目"气候变化对传统知识的影响及其适应关系研究"课题（项目编号：1441Z00035）。

建设"21世纪海上丝绸之路"是我国在新的历史时期的重大国际战略部署。在当前新的国际政治、经济和军事形势下，中国的"21世纪海上丝绸之路"战略与印度洋息息相关，印度洋是"21世纪海上丝绸之路"的重要组成部分，中国要实现海洋强国梦并维护全球战略利益，就必须着眼和重视印度洋区域。当前，中国与印度洋区域的贸易额和直接投资都在迅速地增加，印度洋区域已经成为中国"走出去"的重要目的地，中国与这一看似遥远的地区有着不断增加的、千丝万缕的联系。①随着中国国力的提升以及与印度洋区域国家友好关系的加强，相关国家对中国"一带一路"战略给予了积极的回应。"21世纪海上丝绸之路"与印度洋研究分为传统安全和非传统安全两个领域，传统安全问题如维护航道安全、域内外国家间的竞争与合作、能源议题和打击海盗以及恐怖主义等。非传统安全问题主要包括应对气候变化、生态环境安全、文化与宗教冲突、灾害、信息安全、资源安全和疾病蔓延等。同时，在《推动共建丝绸之路经济带和"21世纪海上丝绸之路"的愿景与行动》中，我国政府提出了突出生态文明理念，加强生态环境、生物多样性和应对气候变化合作，共建绿色丝绸之路。

当前，国内学界对印度洋研究存在着两个方面的不足。一是战略性研究居于主导，对印度洋区域合作机制研究不足。仅靠战略性的研究不足以解读和应对该地区复杂的形势，对印度洋区域合作机制研究应该是各国实现在印度洋地区利益诉求的重点和切入点。二是缺乏对非传统安全问题的研究。印度洋研究还存在的一个显著特点就是"安全研究"。但是过多地偏重"安全研究"，有可能会放大和强调该地区的"对抗性"，甚至陷入一种"印度洋困境"。要对印度洋地区发展有准确的判断，必须开展对非传

---

① 胡娟：《SWOT分析视角下中国在印度洋地区的战略利益诉求》，《学术探索》2014年第6期。

统安全问题、文化、宗教冲突等问题的研究。[①] 因此，本文认为开展对中国与印度洋区域国家间非传统安全问题区域合作机制的探讨和研究，对确保我国"21 世纪海上丝绸之路"的建设，确保我国对外经贸利益和能源安全、联结和维护我国在亚洲和非洲的战略利益等，都显得十分必要而迫切，并有着重要的意义。

气候变化是"21 世纪海上丝绸之路"研究中非传统安全问题的重要议题之一。在上述背景下，中国应当以建立非传统安全问题的新型区域合作机制为契机和突破口，积极与印度洋区域国家间共同建立应对气候变化的"中国 + 印度洋区域国家"区域合作机制，在气候变化公约谈判中能够达成共识、形成统一立场，从而推进中国与印度洋区域国家间的利益共同点与合作，进一步实现"21 世纪海上丝绸之路"建设与我国海洋强国的战略部署，推动相关国家间友好往来，最终建立我国与印度洋区域国家亲诚惠容的新型外交关系。因此，本文以《联合国气候变化框架公约》为基础，对现有的中国与印度洋区域国家气候变化合作机制进行回顾和述评，分析现有合作机制的优势及其面临的挑战，提出建立"中国 + 印度洋区域国家"气候变化公约的新型合作机制。气候变化和印度洋区域都是当前全球关注的热点问题，基于跨学科的视角和思路，把二者结合在一起进行研究具有重要的学术意义和价值。

一 构建"中国 + 印度洋区域国家"气候变化公约合作机制的背景

1992 年 5 月 22 日，联合国政府间谈判委员会（IPCC）就气候变化问题达成了《联合国气候变化框架公约》（United Nations Framework Convention on Climate Change，UNFCCC，简称《气候公约》），于 1992 年 6 月 4 日

---

① 胡娟：《印度洋研究：议题与问题》，《云南民族大学学报》（哲学社会科学版）2014 年第 2 期。

在巴西里约热内卢举行的联合国环境与发展大会（UNCED）上通过，192个国家批准了该条约。《气候公约》明确规定了发达国家和发展中国家之间负有"共同但有区别的责任"（Common But Differentiated Responsibilities，CBDR），并于 1997 年 12 月在日本京都召开了第三次缔约方大会（COP 3），通过了《京都议定书》（Kyoto Protocol），首次为 39 个发达国家规定了 2012 年前减排目标。[①]《气候公约》和《议定书》成为当前针对全球气候变暖的重要国际政策框架和具有法律约束力的国际公约。

《气候公约》指出，历史上和目前全球温室气体排放的最大部分源自发达国家，发展中国家的人均排放仍相对较低，发展中国家在全球排放中所占的份额将会增加，以满足其经济和社会发展需要。《气候公约》明确提出，各缔约方应在公平的基础上，根据他们共同但有区别的责任和各自的能力，为人类当代和后代的利益保护气候系统，发达国家缔约方应率先采取行动应对气候变化及其不利影响。[②]

在这一背景下，中国作为发展中国家，在《气候公约》的谈判过程中持以下四个立场：其一，中国认为气候变化既是环境问题，也是发展问题，但归根到底是发展问题，《气候公约》缔约方国家应按"共同但有区别的责任"原则率先采取减排措施，发展中国家由于其历史排放少，当前人均温室气体排放水平比较低，其主要任务是实现可持续发展；其二，中国呼吁发达国家按《气候公约》规定，切实履行向发展中国家提供资金和技术的承诺，提高发展中国家应对气候变化的能力；其三，技术在应对气候变化中发挥着核心作用，中国认为应该加强国际技术合作与转让，使全球共享技术发展产生的惠益，同时建立国际技术合作基金，确保广大发展

---

① 张渊媛、薛达元：《气候公约的背景、履约进展、分歧与展望》，《中国人口·资源与环境》2014 年第 5 期。

② "United Nations. United Nations Framework Convention on Climate Change", New York, 9 May 1992.

中国家买得起、用得上先进的环境友好型技术；其四，中国认为发达国家应切实履行其率先采取减排温室气体行动，并向发展中国家提供资金和转让技术的承诺。①

中国认为，应该加强气候变化区域合作，任何区域性合作都应是对《气候公约》和《京都议定书》的有益补充，目的是为了充分调动各方面应对气候变化的积极性，推动务实的国际合作，中国将本着这种精神参与气候变化领域的区域合作。近年来，中国积极在应对气候变化领域开展南南合作，在清洁能源、农业抗旱技术、水资源利用和管理、森林可持续管理、粮食种植、适应气候变化能力建设、水土保持、气象信息服务等领域实施对外援助项目，帮助发展中国家提高应对气候变化能力。2005—2010年，中国已完成和正在实施的对亚洲、非洲、拉美、南太等地区发展中国家进行援助的应对气候变化相关项目共 115 个，总投资约 11.7 亿元人民币。②

当前，在国际气候公约谈判中，逐渐形成了发展中国家和发达国家两大阵营，并产生了基于各自利益的重大分歧。中国和印度洋区域国家在国际气候公约的谈判中既同属发展中国家阵营，又都是新兴经济体、排放大国，有着共同和接近的利益与立场。随着发达国家与发展中国家在应对气候变化问题上的分歧日益加剧，以及如何在 2020 年后形成有约束力的减排目标，中国和印度洋区域国家应该在《联合国气候变化框架公约》下，相互加强在国际气候变化公约谈判中的沟通和理解，积极构建应对气候变化的新型区域合作机制，维护彼此在发展过程中的国家利益。

---

① 中国国家发展和改革委员会：《中国应对气候变化国家方案》，2007 年 6 月。
② 国家发展和改革委员会应对气候变化司编著：《中华人民共和国气候变化第二次国家信息通报》，中国经济出版社 2013 年版，第 187 页。

二 构建"中国＋印度洋区域国家"气候变化公约合作机制的基础

目前，中国与印度洋区域国家在国际气候公约谈判进程中的合作还处于起步阶段。但是，中国与印度洋区域内的印度和南非已经在"基础四国"框架下开展了卓有成效的合作，同时中国与区域内其他国家也在"中国与 77 国集团"框架下保持了紧密的合作关系。随着中国持续推进"21世纪海上丝绸之路"的发展战略规划，应该以上述合作框架为基础，逐步构建和加强中国与印度洋区域国家在国际气候公约谈判进程中的合作机制。下面分两部分予以论述。

（一）中国与印度、南非在"基础四国"框架下的合作机制

在《气候公约》谈判进程中，印度制定了《印度应对气候变化国家方案》。印度强调将在《气候公约》的框架下以积极的、建设性的和前瞻性的姿态开展多边谈判，印度的目的是在《气候公约》的"共同但有区别的责任与差异的能力"原则下，构建有效、合作和平等的全球应对气候变化的方式。印度认为，发达国家应该承认对温室气体排放的累积责任，并履行对公约的承诺；同时，无论是在减缓还是适应气候变化领域，发达国家都应该进一步向发展中国家提供新的和额外的资金支持，以及气候友好型的技术。① 印度向《气候公约》提交了《印度气候变化第二次国家信息通报》。印度认为，由于发展中国家在应对气候变化方面存在着资金、技术和能力的多种需求，因此需要发达国家采取一系列行动来协助发展中国家。这一系列行动包括：其一，资金援助，在发展过程中应该推广新能源技术以减缓气候变化，如果新能源技术的高成本成为这一努力的障碍，那

---

① Ministry of Environment, Forest and Climate Change, Government of India, "India's National Action Plan on Climate Change", June. 2008.

么工业化国家应该资助发展中国家在推广这些技术过程中所产生的增量成本；其二，技术推广，在工业化国家尽快推广新能源技术；其三，合作技术发展，即发展中国家与工业化国家合作开展新能源技术的开发和使用；其四，知识共享，当前一些非经济因素阻碍着新能源技术的推广，因此应该在工业化国家和发展中国家之间进行政策、方法和经验的分享，以克服这些阻碍；其五，能力建设，由于气候变化是一个长期的挑战，创新能力建设将帮助发展中国家发展与有效使用新能源技术，以适应气候变化。①

南非在《气候公约》的谈判过程中制定了《长期减缓方案——南非的战略选择》。南非表示，将以积极和主动的态度参与到《气候公约》的多边谈判进程中，并认为虽然无碳排放量的约束可能会使得南非的经济增长良好，但它会导致世界范围内碳排放量的迅速增加，2050 年的排放量将比现在增加 4 倍，这是国际社会不能接受的。如果所有的国家，包括高排放的发展中国家，采用无碳排放量约束的发展模式，那么未来气候变化对南非的影响将是广泛的。在未来的发展过程中，即使南非不需要像发达国家那样采取严格的减排措施，但是南非与发展中世界的其他主要排放国，都需要承担应负的责任并且使减排措施得到具体的量化，以与各自国家的国情和发展水平相适应。② 在《南非气候变化第二次国家信息通报》中，南非认为自身在当前《气候公约》框架下应对气候变化存在着资金、技术、能力与研究等方面的限制和差距，需要加强国际多边谈判与合作。③ 2011年 12 月，在南非德班举行的《联合国气候变化框架公约》第 17 次缔约方大会上，南非进一步澄清了其在国际谈判中的七个立场。其一，气候变化

---

① Ministry of Environment, Forest and Climate Change, Government of India, "India Second National Communication to the United Nations Framework Convention on Climate Change", Apr. 2012.

② Department of Environment Affairs and Tourism, the Republic of South Africa, "Long Term Mitigation Scenarios – – Strategic Options for South Africa", Oct. 2007.

③ Department of Environment Affairs, the Republic of South Africa, "Second National Communication to the United Nations Framework Convention on Climate Change", Nov. 2011.

问题需要在可持续发展的范畴内处理。其二，任何未来的气候制度必须根据"共同但有区别的责任"的原则确立，必须是合理、有效、灵活和包容的。其三，这样的制度必须平衡发展中国家的稳定和可持续发展的目标，以及减缓和适应气候变化的应对措施，必须让发展中国家比发达国家更快和更清洁地实现经济与人类的发展目标，发展中国家将在他们各自的能力范围内对应对气候变化做出有意义的贡献。其四，在应对气候变化过程中，发达国家必须做得更多，必须承担绝对减排目标和约束。其五，更广泛的参与是必需的，应当包括世界历史上最大的排放国美国。其六，发展中国家愿意承诺可衡量、可报告和可核查的减排行动，技术与资金的支撑，以使得减排行动与可持续发展的目标相一致，这些减排行动将是可测量的减缓行动，但不同于发达国家的量化目标。其七，京都议定书的第二承诺期必须约定。① 近年来，南非成为《气候公约》国际谈判进程的重要角色，特别是在支持和促进发展中国家利益的问题上发挥了建设性的作用。国际社会非常重视南非的立场及其潜在的重要作用，认为南非在《气候公约》国际谈判中可以成为发达国家与发展中国家不同利益的连接点，可以成为发达国家与发展中国家不同立场的沟通桥梁。

2009 年 11 月，面对气候变化这个全球议题，中国、印度、巴西与南非四个最主要的发展中国家在国际气候公约谈判进程中逐步形成了相互合作的机制，以协调和统一彼此在这次气候大会谈判中的基本立场，"基础四国"合作机制正式开始。② 2009 年 12 月在哥本哈根气候大会上，"基础四国"一致认为，气候变化谈判应该在《联合国气候变化框架公约》《京

---

① Dr. Marie Parramon – Gurney, Mr. Andrew Gilder, "South Africa and the Durban Climate Change Negotiations. Institute for Global Dialogue", Apr. 2012.

② "基础四国"具体是指中国、印度、巴西、南非四国。其称呼源于各国英文的首字母缩写，巴西（Brazil）、南非（South Africa）、印度（India）、中国（China）四国首英文字母组成英文单词 BASIC（基础），也喻指中国、印度、巴西、南非为当今世界最重要的发展中国家。

都议定书》"巴厘路线图"的框架下进行，并就"单轨"与"双轨"等原则重申立场，随后"基础四国"联合迫使不正常的"丹麦文本"撤出了谈判程序，再次让发达国家看到了发展中国家"抱团反击"的中坚力量。在2010年坎昆气候大会上，"基础四国"支持成立新的气候基金，以兑现对发展中国家提供资金的短期承诺。2011年12月，"基础四国"进一步在德班气候大会期间共同发布一篇题为"公平获取可持续发展"的技术报告。

中国、印度和南非在"基础四国"框架下的合作表明了在不同的全球议题上，不同国家会因为共同的利益需求而重新"分化重组"成为新的国际利益集团。中国、印度和南非之间的合作可以为构建中国与印度洋区域国家间在国际气候公约谈判中的合作机制打下坚实基础。

（二）中国与印度洋区域其他国家在"77 国集团＋中国"框架下的
　　　合作

印度洋区域诸如巴基斯坦、坦桑尼亚、伊朗、斯里兰卡、马尔代夫、印度尼西亚和孟加拉国等在内的许多发展中国家都属于"77 国集团"。①在《气候公约》谈判中，这些国家从各自的国情与发展状况出发，都有着自己的立场。巴基斯坦认为，当前发展中国家在真正的和有意义的先进技术转移、金融资源和实施能力建设等方面依然进展缓慢，如果世界特别是发达国家希望达到《气候公约》的目标，那么就必须认真解决这些问题。②坦桑尼亚在《气候公约》谈判过程中积极参加各种论坛，尤其是在《京都

---

① 77 国集团是发展中国家在反对超级大国的控制、剥削、掠夺的斗争中，逐渐形成和发展起来的一个国际集团。1963 年在第 18 届联大讨论召开贸易和发展会议问题时，75 个发展中国家共同提出一个《联合宣言》，当时称为"75 国集团"。后来在 1964 年召开的第一届联合国贸易发展会议上 77 个发展中国家和地区发表了联合宣言，自此称为 77 国集团，1979 年成员国已增加到 120 个，但仍沿用了 77 国集团的名称。

② Ministry of Environment, Government of Islamic Republic of Pakistan, "Pakistan's Initial National al Communication on Climate Change", Nov. 2003.

议定书》的谈判过程中，坦桑尼亚曾经代表"77 国集团 + 中国"的发言，发挥了关键作用并最终导致了议定书的签订。坦桑尼亚在积极履行《气候公约》国际义务的同时，希望国际社会关注发展中国家在资金和技术领域所受的限制及其需要，在教育、能力建设和公众意识提高方面也需要国际社会的帮助。[①] 伊朗一直以来以积极的态度参与到《气候公约》的多边谈判中，发挥了重要的作用。在当任"77 国集团 + 中国"组织主席期间，伊朗曾经努力促使各方在《气候公约》的正式国际谈判中达成共识。伊朗认为发展中国家在适应气候变化方面存在着两方面的不利影响：首先是气候变化在降水与温度的变化、海平面的升高、水资源、农业与粮食安全、干旱、人类健康等领域带来的直接不利影响，其次是发达国家采取减少碳排放量的应对措施造成了对发展中国家经济的间接不利影响。尽管发展中国家在《京都议定书》中没有减排承诺，但是工业发达国家仍然通过直接和间接的政策与措施来保持对发展中国家产生潜在的影响。发展中国家需要进一步获取有效的清洁能源技术以降低能源消耗的强度，发达国家需要加强与发展中国家在这一领域的合作。[②] 印度尼西亚认为，应该加强《气候公约》多边国际谈判中的南南合作，特别是东南亚的区域性合作。这一合作的目标是在发展中国家间交换减缓和适应气候变化的政策影响的信息，并评估现有的技术标准。"南南合作"将包括国际论坛和"77 国集团"主要国家间的共同努力，以达到的经济和发展的目标，以及各自国家适应和减缓气候变化的举措。发展中国家应该继续在气候变化科学、经济和政策等领域开展研究和发展的合作，

---

① Vice President's Office, the United Republic of Tanzania, "Initial National Communication of Tanzania, Under The United Nations Framework Convention on Climate Change" (UNFCCC), March. 2003.

② Department of Environment, Government of Islamic Republic of Iran, "Iran's Initial National Communication on Climate Change", March. 2003.

通过南南合作开展对新能源和可再生能源技术的研究与开发。① 斯里兰卡在《气候公约》谈判进程中提出资金支持和技术转换的需求,希望发达国家为发展中国家提供更多的支持。②

在《气候公约》谈判开展的起始阶段,中国与发展中国家共同成立了"77 国集团＋中国"的合作机制,其宗旨是在气候谈判中实现"多样性中谋求统一"。2009 年 12 月,在哥本哈根举行的联合国气候变化会议中,"77 国集团＋中国"坚决反对丹麦提出的协议草案,认为这将对会议取得成功构成严重威胁。2013 年 11 月,"77 国集团和中国"在华沙气候大会上提出建立"损失和损害"国际机制来帮助发展中国家应对气候灾难,这也是快速资金援助的一种建议。这个机制包括如何评估受灾国家面临的风险,提供应对更极端灾害的技术手段,重建环境和社区等等。

当前,在中国经济迅速发展以及碳排放量日益增加的背景下,为了继续巩固和加强中国与"77 国集团"的共同的立场和利益,进一步在《气候公约》国际谈判中开展有效合作,中国应当在新的历史时期,在建设"21 世纪海上丝绸之路"的背景下,建立"中国＋印度洋区域国家"气候变化公约合作机制。

三 "中国＋印度洋区域国家"气候变化公约合作机制的建立

在国际气候公约谈判的进程中,形成了以美国、欧盟、加拿大、日本等国为代表的发达国家和以中国、印度、巴西、非洲国家等为代表的发展

---

① State Minister for the Environment, Republic of Indonesia, "Indonesia Second National Communication on Climate Change Convention Under The United Nations Framework Convention on Climate Change" (UNFCCC), Nov. 2010.

② Minister of Environment, The Democratic Socialist Republic of Sri Lanka, "National Climate Change Adaptation Strategy for Sri Lanka 2011 to 2016", Nov. 2010.

中国家两大阵营。发达国家之间和发展中国家为维护自身的国家利益，就有关应对气候变化的议题存在着分歧和争议，形成了对立的立场。但是，当前在新的政治和经济环境背景下，为了打破国际气候公约谈判中的僵局，各方政治势力正在洗牌和重组，形成新的利益集团和联盟，并开展合纵连横的政治博弈，这给中国与印度洋区域国家在这一领域的合作以及共同构建"中国+印度洋区域国家"气候谈判合作机制提供了机遇。对此，笔者提出以下两个建议。

（一）建立"中国+印度洋区域国家气候问题对话组"

在当前国际气候公约的谈判和博弈过程中，正在出现打破传统的发达国家与发展中国家两大阵营界限的趋势，如基础四国和美国共同主导产生的"哥本哈根协议"，欧盟、小岛屿国家联盟和哥斯达黎加共同提出的"LCA"（长期合作行动）提案，都体现出了在气候议题谈判中部分发达国家与部分发展中国家开始结盟和利益重组的策略。在这一趋势下，小岛国联盟、拉丁美洲、欧洲、东南亚和非洲等29个国家在哥本哈根气候谈判会议之中组成了"CATAGENA"（卡他戛纳）非正式对话组。这一对话组包括发达国家和发展中国家，目的在于促成气候变化公约谈判进程，并最终能够签署有约束力的国际法。"CATAGENA"（卡他戛纳）非正式对话组的成立和运作最值得中国与印度洋区域国家借鉴。

未来可以预见的是，中国与印度洋区域国家在应对气候变化问题和参与国际气候公约谈判中将共同面临着两个领域的挑战：首先，中国、印度和南非等国日益增长的碳排放量，特别是中国已经超过美国而成为世界碳排放量最大的国家，因此有必要调整产业结构，大力发展绿色和环保产业，积极减排，以解决碳排放量与经济发展之间的矛盾；其次，国际气候公约谈判和履约过程中将进一步削弱中国、印度和南非等新兴经济体国家通过压低资源、环境的成本和价格取得的传统产业优势，而按照含碳量计算纳税后的产品将不再具备价格低廉的国际市场竞争优势。

因此，在上述趋势和背景下，"中国＋印度洋区域国家"气候谈判合作机制的构建首先就要在区域各国之间组成气候问题的非正式对话组。具体而言，应当效仿"CATAGENA"（卡他戛纳）对话组的成立，由中国发起，组织印度洋区域国家召开对话组预备工作会议，正式成立"中国＋印度洋区域国家气候问题对话组"，为初步形成区域合作平台打下基础，最终形成区域气候问题对话与合作机制。"中国＋印度洋区域国家气候问题对话组"要就共同面对的挑战和问题展开有效和积极的讨论，同时积极打破当前国际气候公约谈判中延迟谈判的僵局和固守某集团利益，针对重要的焦点问题，如减缓、MRV（可测量、可报告、可核实）、资金和法律支持形式等议题上，澄清误解和分歧的原因并进行协调以寻找解决办法，评价中间立场，并提出建设性的意见和建议，从而有效地推动未来国际气候变化谈判的进程。

（二）形成"中国＋印度洋区域国家减排行动联盟"

当前，世界各国在谈判会议上都做出了减排的承诺和国家减排行动的方案，但是由于在减排问题上存在着巨大的分歧和利益冲突，国际气候公约谈判进展缓慢，二氧化碳总减排量与应当减少的总量之间差距日益加大，这将导致全球气温持续增高。

在这一威胁下，"中国＋印度洋区域国家"应当自愿组成减排行动的区域联盟，以《气候公约》和《京都议定书》的相关条约为依据，建立减排行动区域联盟，制定共同行动的纲领和准则，以集体的立场参与相关国际谈判，坚持"共同但有区别的责任"的原则，督促发达国家尽快积极兑现其关于技术转移和资金转让的承诺，以在国际层面成立快速启动资金，并建立长期和可持续的气候履约基金。同时，中国与印度洋区域国家需要在相关政策制定和产业发展领域加强交流与合作，共同进行气候变化的适应与减缓。

过去十几年来，中国与印度洋区域国家都制定了应对气候变化的国家行动计划，并在《气候公约》的框架下提交了国家信息通报，针对各自国内的产业发展，制订了减排计划，颁布了相关的法律与政策。同时，各国都积极参与相关国际谈判进程，为应对全球气候变化问题进行了不断的努力。为了加强中国与印度洋区域国家在减缓和应对气候变化领域的交流与合作，共同实现可持续发展的目标，未来中国与印度洋区域国家应当以现有的经验和措施为基础，逐步形成"中国+印度洋地区国家减排行动的区域联盟"。这一联盟的形成，将促使各国通过对话和合作机制在国际气候公约谈判中形成共同的立场和政策，在此基础上为全球气候变化问题的应对和解决做出有效的贡献。

四 "中国+印度洋区域国家"气候变化公约合作机制的意义

我国政府在《推动共建丝绸之路经济带和"21世纪海上丝绸之路"的愿景与行动》中，提出了突出生态文明理念，加强生态环境、生物多样性和应对气候变化合作，共建绿色丝绸之路。但是，当前针对"21世纪海上丝绸之路"关注的焦点和开展的相关研究，主要集中在航运、政治、经济等传统安全问题上，而气候与减排等非传统安全问题还没有得到应有的重视和相关的研究。

建立以气候和减排为核心的中国与印度洋地区国家间非传统安全问题合作机制，对于我国建设"21世纪海上丝绸之路"有以下三个重要意义。

（一）促进"海上丝绸之路新型国家间关系"的形成

长期以来，由于历史、文化和宗教等多方面的原因，使得海上丝绸之路沿线国家间形成了错综复杂的关系，如巴基斯坦与印度历史和领土问题的芥蒂、伊朗与阿拉伯国家间教派问题的矛盾、阿拉伯国家间恐怖主义的冲突、孟加拉国与印度水资源分配的问题、斯里兰卡和印度跨国种姓民族的纠葛等。同时，西方发达国家等不同国际政治势力的介入，更使得海上丝绸之路沿线国家间形成了愈发微妙的关系。

中国与大部分沿线国家建立了良好的外交关系，有些还提升到了全面战略合作伙伴的层面，为中国海上丝绸之路的建设打下了坚实的基础。但是，由于国际政治格局以及地缘政治利益的影响，沿线国家与中国的关系还存在着不稳定因素。首先，印度洋周边国家地缘政治受到国际政治局势的影响，如由于美国"亚太再平衡战略"和日本等势力的介入，使得缅甸、泰国、越南等东南亚国家与中国之间的关系面临潜在的挑战。其次，周边国家国内政治不稳定，各种政治势力的博弈与政府的更迭造成其对华关系的多变和投机性。

在涉及传统安全问题的国际关系上，由于长期以来形成的国际政治经济格局的影响，相关国家很难就业已形成的历史问题、政治矛盾和利益冲突达成谅解，而在双边和多边关系上形成突破。与此形成对比的是，由于在非传统安全问题领域正在形成新的国际利益格局，传统的国家间关系正在被打破，可以形成新的合作与联盟空间。这为中国与海上丝绸之路沿线国家成功建立新型国家间关系提供了新的契机和视角。

因此，中国应当以建立气候和减排合作机制为突破口，积极与印度洋地区国家间在非传统安全问题领域开展合作，扩大共同利益，形成统一立场，在此基础上逐步加强在政治、经济、资源等传统安全问题上的互信和理解，最终在促进中国与印度等国形成"海上丝绸之路新型国家间关系"。

（二）促进中国"海上丝绸之路印度洋战略"的制定

在新的国际政治、经济和军事形势下，中国无论是对外经贸还是能源安全都与印度洋息息相关。中国与印度洋地区的贸易额和直接投资正在迅速地增加，印度洋地区已经成为中国"走出去"的重要目的地，中国与这一看似遥远的地区有着不断增加的、千丝万缕的联系。[①] 虽然中国不是印度洋区域的国家，但是当前随着印度洋战略地位的提升和中国开放型经济的发展，特别是中国建设"21世纪海上丝绸之路"的提出，中国对印度洋的战略需求也在不断攀升，但是中国至今仍没有印度洋战略。[②] 与此形成鲜明对比的是，其他相关主要国家，如印度已经制定了明确的印度洋战略。[③]

中国的"21世纪海上丝绸之路"战略与印度洋息息相关，由于受到国际政治格局以及地缘政治利益的影响，海上丝绸之路还受到很多因素的制约，面临着潜在的不确定因素。因此，中国要推动"21世纪海上丝绸之路"，就必须着眼印度洋以实现战略突破，积极制定"海上丝绸之路印度洋战略"。中共十八大报告提出了我国建设海洋强国的目标，"海上丝绸之路印度洋战略"与非传统安全问题合作机制将为"21世纪海上丝绸之路"国家战略提供有效的保障，协助实现中国海洋强国的战略部署，维护中国在印度洋区域的国家利益。

---

① 胡娟：《SWOT分析视角下中国在印度洋地区的战略利益诉求》，《学术探索》2014年第6期，第26—31页。

② 胡娟：《印度洋研究：议题与问题》，《云南民族大学学报》（哲学社会科学版）2014年第2期，第5—9页。

③ 胡娟：《印度的印度洋战略及其对中国的影响》，《东南亚南亚研究》2012年第2期，第6—10页。

中国的和平崛起，特别是"21世纪海上丝绸之路"的提出，使得中国未来的"海上丝绸之路印度洋战略"不具备侵略性和排他性，而是促进区域各国间的合作与发展。未来，以中印气候和减排合作机制为基础，中国可以与巴基斯坦、坦桑尼亚、孟加拉国、泰国、斯里兰卡等其他海上丝绸之路沿线国家建立类似的相关合作机制，使气候变化、生态环境、水资源等非传统安全领域的合作机制成为中国"海上丝绸之路印度洋战略"的重要组成部分。

（三）维护中国在联合国气候公约谈判中的国家利益

　　中国与印度洋区域国家正处于经济的快速发展阶段，中国、印度和南非更被国际社会称为"新兴经济体"。但是，由于当前中国等新兴经济体国家温室气体排放总量占世界的比重正在逐步上升，在国际谈判中往往因此面临着巨大的压力。同时，中国与印度洋区域国家的首要关注目标依然是发展经济和消除贫困，发展带来的包括气候在内的环境问题，以及日益加剧的生态脆弱性挑战和威胁，都迫使中国与印度洋区域国家不断重新反思和应对气候变化减缓和适应的问题。由于资源和能力的局限性，中国与印度洋区域国家在应对气候变化策略方面，应当大力加强循环经济和绿色产业的发展，在可持续发展框架下协调和平衡应对气候变化和发展两者之间的关系和问题。这对中国与印度洋区域国家在联合国气候公约谈判进程中维护自身利益具有重要意义。

"文章草昧开初祖，天地崎岖老寓公"[①]

——沈光文台湾文学史地位再思考

翟 勇

（泉州师范学院文学与传播学院）

摘 要：沈光文创作主题狭窄，多是乡愁与穷困的反映，艺术水平与同期诗人徐孚远、郑经相比，尚有距离。其作品具有一定的史料价值，但是并不突出。至于作品中反映的遗民气节，前期寓居金、厦时反清，入台之后则更多地是对郑经的不满。而备受后人推崇的东吟诗社，"创建者"的冠冕戴在季麒光的头上应该更为合适，沈光文更多地承担的是诗社精神象征的作用。并且随着一年后季麒光的离台也湮没在历史的风尘中了，并没有产生强烈的回响。沈光文身后寂寞，名字与所剩不多的作品静静地躺在地方志中，无人问津。直到清末，出于政治的需要，沈光文才渐成台湾与大陆学者研究的热点。总之，沈光文是台湾文学史上一个重要的诗人，但是"台湾文学源头"的冠冕是不恰当的。

关键词：沈光文；台湾文学；地位

---

① 2015 年国家社会科学基金青年项目"万历至康熙年间闽台诗学嬗变研究"，课题号：15CZW028；福建省 2014 年社会科学青年博士项目"万历至康熙年间闽台诗学宗尚研究"，课题号：2014C006。

一　研究缘起

沈光文（1612—1688），字文开，号斯庵，浙江鄞县人，太学生。南明福王时授太常博士，并曾参预军务，晋升为工部郎，后投奔桂王，授太仆少卿。因飓风，漂泊至台湾，寓台 30 余年。主要著述有《台湾舆图考》《草本杂记》《流寓考》《台湾赋》《文开诗文集》等。

自 20 世纪初，沈光文渐渐成为海峡两岸学者研究的热点人物，成为"在二十世纪的文史研究界，这是超越政治意识形态，得到海峡两岸学者共同关注的少数明遗民诗人之一"①。连横《台湾通史》中云："台湾三百年间，以文学鸣海上者，代不数睹。郑氏之时，太仆寺卿沈光文始以诗鸣。"② 叶石涛认为："台湾有旧文学，是始于明太仆寺少卿沈光文（斯庵）一六五二年因台风漂流到台湾。沈光文是旧文学的播种者。"③ 龚显宗亦把沈光文看作台湾遗民文学、移民文学、乡愁文学、隐逸文学、乡土文学、民俗文学的首倡者。台湾的诗学、赋学、古文，也都始于沈光文。④ 戴光中将沈光文与明末清初浙东大家黄宗羲、朱舜水并列为三，其组织的东吟社给台湾文学灌注了"感天地泣鬼神"的"民族大义"。⑤

那么，沈光文的文学成就能否胜任上述评价？本文拟结合接受美学理论，重新审视沈光文在台湾文学史上的地位。不确之处，还望方家指正。

---

① 潘承玉：《神话的消解：诗史互证澄清一桩文化史公案》，《复旦学报》（社会科学版）2008 年第 2 期，第 131 页。

② 连横：《台湾通史》卷二十四《艺文志》，《中华现代学术名著丛书》，商务印书馆 2010年版，第 469 页。

③ 叶石涛：《走向台湾文学》，春晖出版社 2000 年版，第 170 页。

④ 见刘昭仁《海东文献初祖沈光文》，台北秀威资讯科技股份有限公司 2006 年出版，第 171 页。

⑤ 戴光中：《台湾文学的拓荒者——沈光文》，《宁波师范学院学报》1993 年第 1 期，第 34 页。

二　文学创作

据《全台诗》所编明郑 20 多年主要诗人作品，郑成功 1 首、王忠孝 17 首、徐孚远 24 首。近年来证实为郑经所作《东壁楼集》，收诗 480 首。反观沈光文诗文则大部分作于寓居金、厦时期，能够确定为作于台湾时期的作品虽然不像蔡承维认为所说"与台湾有关的竟只有《番妇》《释迦果》《番柑》《番橘》《椰子》《晓发目加湾即事》《发新港途中即事》《移居目加湾留别》等寥寥几首"①，但是居台所作比重确实较小。况且沈光文友人徐孚远、王忠孝等诗人仅比沈光文晚到台湾 5 年左右，因此仅凭来台较早就认定为"文学源头"明显是不科学的。至于季麒光所云"台湾无文也，斯庵来而始有文矣"② 的评价，无非是友人之间的吹捧之词，不可尽信。

至于文学创作，入台前寓居金、厦时期的诗歌与同时以徐孚远为首的"海外几社六子"相较，无论是从文学题材的开拓，还是艺术水准都还有一定距离。那么入台之后所作文学作品如何呢？首先来看辞赋创作。全祖望云沈光文有《台湾赋》《东海赋》《檨赋》《桐花赋》《芳草赋》等作品，可惜现仅存《台湾赋》一篇。《台湾赋》从题材上属于传统的都邑赋，主要描写了台湾的地理、历史、物产、气候，以及风土人情与时政评论。"这一体例基本上是承袭传统都邑赋的写法而来"，③ 但是沈光文《台湾赋》也有内容上的新异之处，如描写台湾原住民的生活状貌：

> 及言乎其俗也，滨海之家，大约捕鱼，依山之族，唯知逐鹿。伏

---

① 蔡承维：《〈沈光文全集及其研究资料汇〉的出版——重审沈氏在台湾文学史上的意义》，台湾文学研究工作室，1999 年。

② 季麒光撰，李祖基点校：《蓉洲诗文稿选辑》，香港人民出版社 2006 年版，第 98 页。

③ 涂敏华：《海洋文化语境中的台湾赋》，《湖南科技学院学报》2012 年第 10 期，第 63 页。

腊岁时，徒矜末节，冠婚丧祭，争好虚文。……贫者为盗而赤身，豺狼肆毒。娈童若女，傅粉涂金；少妇常耕，蓬头跣足。①

临海捕鱼、依山狩猎、傅粉涂金等，是对当时原住民生活的真实写照。自沈光文《台湾赋》之后，数量可观的《台湾赋》或《台湾形胜赋》相继涌现，如卓肇昌《台湾形胜赋》、林梦麟《台湾形胜赋》、陈辉《台海赋》、林谦光《台湾赋》、高拱乾《台湾赋》、王克捷《台湾赋》等。这些赋作继承沈光文传统都邑赋的写作方式，进一步叙说台湾的历史地理、风土人情等内容，也继续以好奇的目光打量着台湾原住民的生活："文身番族，黑齿蛮裔；烂满头之花草，掩塞耳之木环；披短衣而抽藤作带，蒙鸟羽而编贝为鬈。"② 客观来说，沈光文《台湾赋》确如台湾大学教授盛成所说："台湾之赋，始于沈公之《台湾赋》。"③

那么，沈光文最受后人重视的诗歌创作又如何呢？全祖望非常客气地评价云："太仆之诗，称情而出，不屑屑求工于词句之间，而要之原本忠孝，其所重原不本在诗。即以诗言，亦多关于旧史。"④ 换句话说，全祖望认为沈光文的诗歌价值主要在于史料价值。关于此点，容后分析。今人多认为沈光文诗歌"开创了台湾乡愁文学的先河""台湾之乡愁文学亦滥觞于他的诗作。"乡愁正是沈光文这一批入台人士共同面临的主要问题："台湾在历史的转折点上，同时接纳了移民与遗民。如果前者体验了空间的转换，后者则更见证时间的裂变。旧的山河犹待重返，新的土地也有待开

---

① 侯仲一编：《沈光文（斯菴）先生专集》，《近代中国史料丛刊续编》第七十四辑，文海出版社有限公司 1977 年版，第 94—99 页。

② 林谦光：《台湾赋》，《台湾爱国文鉴》，北京出版社 2000 年版，第 45 页。

③ 侯仲一编：《沈光文（斯菴）先生专集》，《近代中国史料丛刊续编》第七十四辑，文海出版社有限公司 1977 年版，第 36 页。

④ 同上书，第 68 页。

垦。回归与不归之间，一向存有微妙的紧张性。"① 除了乡愁，穷困亦是沈光文诗歌的主题之一，杜正胜云："最引人注目的不外客居潦倒的哀怨和梦回萦系的乡愁。"② 无论是寄居金门抑或流寓台湾，穷困与思乡确实成为沈光文诗歌的最主要的两大主题，但是这种主题自古比比皆是，无创新。那么艺术成就如何呢？以众人常举《思归》（其三）为例③：

> 我贵何妨知我希，秋山闲看倚荆扉。
>
> 涛声细细松间落，雪影摇摇荻上飞。
>
> 诗瘦自怜同骨瘦，身微却喜共名微。
>
> 家乡昔日太平事，晚稻香新紫蟹肥。④

如果从思想感情上来说，沈光文的诗歌到了晚年已经失去了锐气，只是个人生命经历漂泊之后的平静写照，以及对遥远故乡向往的一丝无奈与慰藉。诗平静自然，不失雅致，但是如果放在当时的诗歌环境中，达到此类艺术水准的诗歌应该不在少数。

反映穷困潦倒的诗歌，如《曾则通久病以诗问之》《卢司马惠朱薯赋谢》《谢王槐两司马见赠》《答曾则通次来韵》等今人常引之诗，全部作于入台之前，艺术价值也不高，倒是应该作于入台之后的《夕餐不给戏成》一诗，有着一种忧中取乐的洒脱：

> 难道夷齐饿一家，萧然群坐看晴霞。
>
> 炼成五色奚堪煮，醉羡中山不易赊。

---

① 王德威：《后移民写作》，麦田出版 2007 年版，第 4 页。

② 转引洪铭水《沈光文与台湾流寓文学的多角观点》，《明清时期的台湾传统文学论文集》，台北文津出版社有限公司 2002 年版，第 82 页。

③ 张宁《沈光文诗作中的遗民心态》（《福建师范大学学报》2007 年第 1 期）、张如安《论沈光文诗歌的乡愁书写》（《中共宁波市委党校学报》2012 年第 6 期）等都举例此诗。

④ 侯仲一编：《沈光文（斯庵）先生专集》，《近代中国史料丛刊续编》第七十四辑，文海出版社有限公司 1977 年，第 73 页。

秋到加餐凭素字，更深吸露饱空华。①

明朝待汲溪头水，扫叶烹来且吃茶。①

本到开饭时间，但是苦于囊中羞涩，无米下锅。饥饿中全家尽赏秋天晚霞的美景，苦中作乐。悲凉中带着一丝幽默与洒脱。

总之，沈光文的诗歌虽然不像朱景英说的那么不济——"颓唐之作，连篇累牍，殊费持择也"②，但是与同时代诗人相比"不如王忠孝之昂扬，亦无徐孚远之苍劲"。③

三　遗民气节

沈光文的遗民气节也是后人激赏的重要方面。范咸《明沈斯庵太仆墓诗》："虚馆饿无廪，浮家老不归。随身唯皂帽，毕志竟黄衣。沧海成高蹈，荒丘感式微。一抔荒草合，谁荐首山薇。"④ 台湾廪生董梦龙《台湾风土论》云："至于流寓之士，若沈公文开、王忠孝诸人，清风高节，亦可激励贪懦。"⑤ 但是沈光文的遗民精神在入台前后有一个明显的变化，入台前表现为对清朝的抗击、明朝的怀恋，入台之后正如洪调水所云："他虽然忠于明朝，诗中屡次表达了伯夷、叔齐不食周粟之志，但是这个原则何尝不可沿用到郑经王朝。这无疑成了他双重的痛苦。"⑥ 实际上道光年间

①　侯仲一编：《沈光文（斯庵）先生专集》，《近代中国史料丛刊续编》第七十四辑，文海出版社有限公司 1977 年，第 70—71 页。

②　朱景英：《海东札记》卷四《记丛琐》，《台湾文献丛刊第十九种》，台湾大通书局 1987 年版，第 86 页。

③　何绵山：《闽台文学论》，中国海洋出版社 2013 年版，167 页。

④　侯仲一编：《沈光文（斯庵）先生专集》，《近代中国史料丛刊续编》第七十四辑，文海出版社有限公司 1977 年版，第 192 页。

⑤　白麓六十七居鲁甫：《使署闲情》卷三杂著一，《台湾文献丛刊》第一二二种，台湾大通书局 1977 年，第 102 页。

⑥　洪铭水：《沈光文与台湾流寓文学的多角观点》，《明清时期的台湾传统文学论文集》，文津出版社有限公司 2002 年版，第 81 页。

（1821—1850）李瑶在《南疆绎史·摭遗·沈光文传》就一针见血地指出了沈光文后期遗民精神的改变："而斯庵则孤立海隅，初无作为，似宜附诸外臣之列，然推其心，则非甘于郑氏而已者。"①

众所周知，郑成功去世后，"子锦嗣，改父之臣与政，军亦日削。光文作赋讽之，几不测。乃变服为浮屠，逃入台北鄙，结茅罗汉门山中以居"②。因此，沈光文居台的绝大部分时间表现出的不满更多地指向郑经王朝，如《无题》一诗：

> 吾亦爱吾耳，如何欲乞怜。叩阍翻有路，投刺竟无缘。
> 道以孤高重，持当困苦坚。既来学避地，言色且从权。③

首联以上古大贤许由为喻，表达自己旷达于物外的心性。颔联讽刺了那些围在郑经身旁媚上的宵小嘴脸。颈联再次重申自己的孤高立场，尾联正话反说，展示自己高蹈独立之心。

又如《晓发目加湾即事》：

> 浓雾不为雨，乘朝向北行。此中有长恨，回首意难平。
> 冀作南山豹，新闻出谷莺。忽然开霁处，前路甚分明。④

本为赤心一片，却招来无端猜忌，惹来杀身之祸，不得不四处奔波。"回首"一路走来的艰辛与无助，更增加了对郑经政权的愤恨。无奈之中，远离是非之地，求得心情的豁然与平静。

---

① 侯仲一编：《沈光文（斯菴）先生专集》，《近代中国史料丛刊续编》第七十四辑，文海出版社有限公司1977年版，第19页。
② 赵尔巽等撰：《清史稿》卷五百列传二百八十七《遗逸二》，中华书局1998年版，第2477页。
③ 侯仲一编：《沈光文（斯菴）先生专集》，《近代中国史料丛刊续编》第七十四辑，文海出版社有限公司1977年版，第79页。
④ 同上书，第87页。

这种对郑氏政权的不满，在沈光文寓居金、厦时就已经开始显露端倪：

> 宁不怀乡国，并州说暂居。无枝空绕树，弹铗又歌鱼。
>
> 炼骨危疑集，盈头珍惜梳。感迫无限际，悔绝昔年裾。
>
> ——《隩草》（其一）①

戊戌年冬（1654）正是郑成功与张名振等联合起兵抗清刚刚兵败南京之际，反清大业受阻。对于郑氏政权，沈光文借用冯谖弹铗典故，表达自己的不满。个人的得失，促使沈光文不是考虑如何继续反清，而是如何归家，遗民气节、民族大义何在？

鲁迅在《半夏小集》中提到过一个尖锐的问题："明末有三种人值得注意，汉奸、逸民和烈士。逸民赢得清高的名誉，另一方面却放任他们的子侄参与新朝。"② 赵园在她最近的研究中则更认为，遗民虽以忠烈为名，但行事过犹不及。反思沈光文遗民气节研究，我们过多地强调了他不食周粟的坚贞一面，却没有看到"周粟"指的是清还是明郑。另外，沈光文入台是因为归家途中不幸遭遇台风，漂泊至此。被动地接受与主动的拥抱还是有差别的。

四　史料价值

季麒光云："斯庵学富情深，雄于词赋，浮沉寂寞于蛮烟瘴雨中者三十余年，凡登涉所至、耳目所及，无巨细皆有记载。其间如山水、如津梁、如佛宇、僧寮、禽鱼、果木，大者纪胜寻源，小者辨名别类；斯庵真有心人哉！"③ 确实，沈光文在其《台湾舆图考》《台湾赋》《桐花赋》《樵

---

① 侯仲一编：《沈光文（斯菴）先生专集》，《近代中国史料丛刊续编》第七十四辑，文海出版社有限公司 1977 年版，第 88 页。
② 鲁迅：《鲁迅全集》，人民文学出版社 1981 年版，第 264 页。
③ 季麒光撰、李祖基点校：《蓉洲诗文稿选辑》，香港人民出版社 2006 年版，第 98 页。

赋》等作品中记载了台湾的地理地貌、历史沿革、风俗物产，同时在一些诗歌中再现了台湾的风物民俗，如《番妇》："社里朝朝出，同群担负行。野花头插满，黑齿草涂成。赛胜缠红锦，新妆挂白珩。鹿脂搽抹惯，欲与麝兰争。"① 诗中对台湾早期原住民中的女性穿着打扮有着镜头式的描写。另外，一些诗歌还具体描画了当时台湾特有的水果，如《释迦果》《番橘》《椰子》《番柑》等。这些诗歌恰如袁韵所云"沈光文这类有关台湾地理风物的诗歌，真实地反映了17世纪下半叶台湾初辟时期的风物出产以及原住民的生活形态，具有弥足珍贵的诗史价值"②。这批文献的确具有全祖望所云"今之志台湾者，皆取资焉"③。但是关于文献史料价值，我们也不能刻意拔高。正如全祖望得出"海东文献，推为初祖"的前提是："前此诸公述作，多以兵火散佚，而公得保天年于承平之后。"④ 换句话说，沈光文所载文献资料固然重要，但是如果同时期其他人，如与沈光文同为流寓台湾之沈佺期、郭贞一等人的相关著作保留下来，那么沈光文"海东文献初祖"的地位是要重新思考的。何况在沈光文之前关于台湾地理、风情、物产的著作已经出现，如明代万历年间（1573—1619）大学者陈第所著《东番记》，为作者根据居住台湾将近一年的经验作成，记述了台湾西部沿岸的原住民生活习俗与地理风光。陈国强甚至说，"陈第是第一个接触高山族的学者""《东番记》是第一篇高山族的调查报告"。⑤ 另外，晚明漳州张燮《东西洋考》"鸡笼淡水"一条中，也记载了有关台湾高山族的资料。还有，沈光文的好友王忠孝、卢若腾等亦有诗文《岛上除夕》《东郊行》

① 侯仲一编：《沈光文（斯菴）先生专集》，《近代中国史料丛刊续编》第七十四辑，文海出版社有限公司1977年版，第82页。
② 袁韵：《论沈光文诗歌的诗史特征》，《台湾研究》2013年第5期，第61页。
③ 全祖望：《鲒埼亭集》卷二七《沈太仆传》，《清代诗文集汇编》第三零二册，上海古籍出版社2011年版，第594页。
④ 同上。
⑤ 陈国强：《陈第与台湾高山族研究》，《厦门大学学报》1992年第2期，第33—34页。

《东宁友人贻丹荔数十颗有作》《长蛇篇》等，描绘了台湾物产与风俗。甚至沈光文忘年交季麒光亦有《台湾郡志稿》《台湾杂纪》《山川考略》《东宁政事》等记述台湾山川地理、政治风貌的著作，只是被误认为已经亡佚，流传不广。因此，沈光文"海东文献初祖"的桂冠是建立在同乡史学大师全祖望目之所及的前提下提出来的，所以我们在肯定沈光文文献贡献的同时，亦不能抹杀他人贡献。

五　东吟诗社

沈光文在文学上另一备受后人推崇的是在生命晚期创建台湾第一个诗社——东吟诗社。例如，赖子清云："康熙二十三年，台湾初置府县，游宦寓公，簪缨毕集，沈太仆光文，出而倡设诗社，名曰'东吟'，一名'福台新咏'。"① 陈丹馨亦云："康熙二十四年乙丑岁梅月，太仆寺卿沈光文以七十四岁高龄成立东吟社，成为台湾诗社之嚆矢。"② 但是令人疑惑的是，台湾早期地方志在记载沈光文生平时，对倡建东吟诗社只字未提，尤其是沈光文尚在世时所作季麒光《沈文开传》、康熙二十五年（1686）蒋毓英作《台湾府志·沈文开列传》。这似乎说明沈光文在东吟诗社的创建上出力不多。另外，依据沈光文《东吟社序》所述，似乎亦可证明上述观点："何期癸甲之年，顿通声气。至止者人尽萧骚，落纸者文皆佳妙；使余四十余年拂抑未舒之气，郁结欲发之胸，勃勃焉不能自已。爰订同心，联为诗社。……初会，余以此间东山为首题。盖台湾之山，在东极高峻，不特人迹罕到，且从古至今，绝无有题咏之者，今愿与诸社翁共刃始之。……华苍崖以余马齿长，强属操觚；因不揣才竭，乃僭拟焉。颓然白

① 赖子清：《古今台湾诗文社》，《台湾文献》，台湾省文献会出版1959年版，第83页。
② 陈丹馨：《台湾光复前重要诗社作家作品研究》，《沈光文全集及其研究资料汇编》，台南县立文化中心，1998年，第448页。

发，混入于名贤英畏中，而且妄为举笔，亦多不知量已。"① 这则自述材料，只能说明沈光文确实参与了东吟诗社的活动，并为他人推重，但并不能说明是诗社的最初组织者。正如向丽频所云，"沈光文应是被动性地在人情的邀约下加入的，此因当时锐意文教的诸罗贤令季麒光，不断地接济沈光文粟肉等生活必需品，勤于拜访的盛情，令沈光文难以推却。……当时沈光文已届七十四岁高龄，是长久隐居在荒野穷乡中的前明遗老，如果没有其他人的敦请，实在很难想象沈光文有何身份、动力，主动去倡议并邀约满清官吏时贤成立诗社"②。因此，东吟诗社的创建者应该是季麒光。而季麒光创建东吟诗社的目的当然不是为了在台湾推行汉族文化，而是因为："从原本熟悉的文化生活被抽离、来台后形同被贬的失落感、亲眷被当成人质的不被信任感、生命安全受到威胁的不安全感，形成宦台官员的共同心理困境——'社会性寂寞'（social loneliness），也使当时在台的官员们对于团体的依附更加强烈。尤其必须重构熟悉的文化生活圈，以寻求彼此心灵上的相互支持，最恰当的方式即复制过去在中原的结社联吟活动，借着参与团体以寻求精神慰藉，拥有可以共同参与的社会支持组织，而'个人只有依附在类似工会、专业团体（professional associations）等组织中方不至有失落与疏离感。'"③ 因此，今人也理解为什么随着季麒光的离台、沈光文的去世，有"福台新咏萃群英，调绝音稀谁继声"④ 的疑问与感叹了。此后近 200 年台湾诗社组织形式后继乏力，直到嘉庆末年嘉义才出现另一文学社团——引心文社。而东吟诗社直至清末才在郑鹏云、丘逢甲等人笔下再次提起："东

---

① 侯仲一编：《沈光文（斯菴）先生专集》，《近代中国史料丛刊续编》第七十四辑，文海出版社有限公司 1977 年版，第 112 页。

② 向丽频：《清代台南诗文社研究》，《明清时期的台湾传统文学论文集》，文津出版社 2002 年版，第 172 页。

③ 王淑蕙：《从〈蓉洲诗文稿选辑·东宁政事集〉论季麒光宦台始末及与沈光文之交游》，《台湾古典文学研究辑刊》第五号，台湾花木兰文化出版社 2011 年版，第 !117—118 页。

④ 李宏健校注：《台湾先贤诗选》，暨南大学出版社 2014 年版，第 126 页。

瀛望埂百感哀，骚坛韵事话又开。名园宴会群英集，料有新诗继福台。"① "福台新咏今何在，还有钟声钵运长。"② 所以，东吟诗社在台湾文学史上产生影响的影响有限，其符号意义远大于文学意义。

六 传播与接受

文本的传播与接受主要采取评论、笺注、编选、年谱、传记、吟诵、唱和、刊刻、传抄等不同传播接受媒介形式，可分为完成理论阐述为主的学术研究、以作家创作借鉴为特点的文学创作、以阅读鉴赏为内容的大众阅览等三个层面。以此为标准关照，我们发现对沈光文的传播接受大部分以传记为媒介形式的人物历史记载。涉及诗歌的多是以"所著文、诗、赋"③ 甚多、"所著有《台湾赋》《东海赋》《檨赋》《桐花芳草赋》，及《花草果木杂记》"④ 等一笔带过，并且多为传抄。以其他传播形式媒介，直接涉及上述三个层面的很少。为更直观，我们列表如下⑤：

传播者	传播形式	呈现形式	时间
季麒光	传记	《蓉州文稿·沈文开传》："台湾无文也，斯庵来而始有文矣"	康熙二十三年（1685）
季麒光	评论	《题沈斯庵〈杂记诗〉》："今斯庵此诗，虽曰纪事纪物，而以海外之奇，备从前职方所未有，则是诗也即古国风矣"	康熙二十三年（1685）

① 李宏健校注：《台湾先贤诗选》，暨南大学出版社 2014 年版，第 126 页。

② 同上书，第 152 页。

③ 侯仲一编：《沈光文（斯菴）先生专集》，《近代中国史料丛刊续编》第七十四辑，文海出版社有限公司 1977 年版，第 9—10 页。

④ 同上书，第 11 页。

⑤ 20 世纪 50 年代之后的媒介形式不包含在内。

传播者	传播形式	呈现形式	时间
全祖望	编选	《鲒埼亭集·沈太仆传》:"予令访公集,竟得之以归,凡十卷,遂录入《甬上耆旧诗》。"收诗31首	乾隆十年(1745)
全祖望	评论	《明故太仆斯庵沈公诗集序》:"太仆之诗,称情而出,不屑屑求工于词句之间"	乾隆十年(1745)
范咸	编选	《重修台湾府志》卷二十三《艺文四·诗》,共收诗56题75首	乾隆十年(1745)
白麓六十七居鲁甫	编选	《使署闲情》卷一《诗一》,收诗8首	乾隆十二年(1747)
王必昌	编选	《重修台湾县志》卷十四《艺文二·诗》,收《野鹤》1首。《杂记》收《往宁靖亭修谒》1首	乾隆十七年(1752)
王瑛曾	编选	《重修凤山县志》卷十二《艺文志》,收26题47首	乾隆二十九年(1764)
余文仪	编选	《续修台湾府志》卷二十三《艺文四》,收诗31题45首	乾隆三十九年(1774)
邓传安	评论	《新建鹿港文开书院记》:"今虽未见斯庵诗集,而读府志所载诸诗文,慨然慕焉,固国故之彰彰者也"	道光四年(1824)
周玺	编选	《彰化县志》卷十二《艺文志》,收诗《番妇》1首,记在齐体物名下	道光十四年(1834)
卢德嘉	编选	《凤山县采访册》《艺文》,收《野菊》1首	道光二十年(1840)

从上表我们可以看出，20 世纪之前关于沈光文诗文的传播仅仅涉及有数的几次编选与简略评价。在大陆，自全祖望发现沈光文之后，哪怕是在他的家乡："今浙人士知先生名者亦甚少矣。"① 在台湾本土，光绪年间（1875—1908）丘逢甲在《诸罗杂咏》（其三）中亦感慨："飓风吹送海天来，遗老衣冠怅劫灰。古冢已平残集佚，更无人问沈文开。"② 200 年来沈光文已经被彻底地遗忘了。究之原因，林静助在总结台湾文学的经验时云："台湾的文学，传承自明郑时期沈光文等流寓文人，但是，台湾一直到 19 世纪中叶之前，蒙弊未开，移民都为垦殖而来，本土文化难以形成。"③ 即使把沈光文作为台湾旧文学播种者的叶石涛也不得不承认："沈光文的旧文学的播种，历经了明郑二十多年的统治，满清二百多年的演化之后，到了清末，台湾的旧文学才开花结果。"④ 沈光文的再次被注意应该开始于清末民初丘逢甲、林景仁、徐植夫、连横等台湾爱国诗人。相同的政治、社会环境，使他们有了想象中的共同心境。林景仁有《咏史三十首》（其一）《沈光文》："麒麟妖飓涌江中，书剑飘零任转蓬。闭户不知新莽腊，抱关能屈信陵雄。文章草昧开初祖，天地崎岖老寓公。何处汴京望乡国，青山一抹瘴云红！"⑤ 连氏不仅大力搜集沈光文佚诗入《台湾诗荟》，更是在《台湾通史》中云："台湾三百年间，以文学鸣海上者，代不数睹。郑氏之时，太仆寺卿沈光文始以诗鸣。一时避乱之士，眷怀故国，凭吊河山，抒写唱酬，语多激楚，君子伤焉。"之后赖子清、陈汉光、盛成等学者，或辑佚或考证，渐渐使沈光文研究成为台湾文学的显学。但是

　　① 葛虚存编著：《清代名人轶事》，山西古籍出版社 1997 年版，第 60 页。
　　② 丘逢甲：《丘逢甲集》，岳麓书社 2001 年版，第 51 页。
　　③ 林静助：《从当代华文文学的视角论台湾文学的历史经验——正视现代多区域、多元化、多视角的华文文化崛起》，《学术史视野中的华文文学——第十七届世界华文文学国际学术研讨会论文集》，海峡文艺出版社 2014 年，第 268 页。
　　④ 叶石涛：《走向台湾文学》，春晖出版社 2000 年版，第 170 页。
　　⑤ 李宏健校注：《台湾先贤诗选》，暨南大学出版社 2014 年版，第 20 页。

这个时期古典文学已经式微，沈光文对他们来说更多的是一个想象出来的文化符号，沈光文的诗文具体怎样他们反而不关注了。

七　结论

新历史主义学者对待历史虽然有"一切历史都是当代史""历史是一位任人打扮的小姑娘"的经典思考，但是我们仍然要透过历史的重重迷雾探索真实的存在，以便于在定位客体时避免模糊化、想象化处理，得出一个尽量真实的客体形象。具体到沈光文这一客体，我们发现沈光文所处的明末清初与丘逢甲、连横等所处的清末乙未（1895）割台时期，盛成等所处的国民党败退台湾时代，有着相同政治背景。他们需要一个文化上的图腾与纽带，而寓居台湾时间最早最长、文献保存相对完整的沈光文就成为最合适的人选，这种做法是可以理解的。但是评价一个人的历史地位，应该把当事者放在空间的横轴上与时间的纵轴上比较才能得出相对客观的评价。鉴于此，台湾文学的源头应该是徐孚远、沈光文、王忠孝、郑经等一批人，而非沈光文一个。

参考文献

[1] 潘承玉：《神话的消解：诗史互证澄清一桩文化史公案》，《复旦学报》（社会科学版）2008 年第 2 期。

[2] 连横：《台湾通史》卷二十四《艺文志》，《中华现代学术名著丛书》，商务印书馆 2010 年版。

[3] 叶石涛：《走向台湾文学》，春晖出版社 2000 年版。

[4] 戴光中：《台湾文学的拓荒者——沈光文》，《宁波师范学院学报》1993 年第 1 期。

[5] 蔡承维：《〈沈光文全集及其研究资料汇〉的出版——重审沈氏在

台湾文学史上的意义》，台湾文学研究工作室 1999 年版。

[6] 季麒光撰，李祖基点校：《蓉洲诗文稿选辑》，香港人民出版社 2006 年版。

[7] 涂敏华：《海洋文化语境中的台湾赋》，《湖南科技学院学报》2012 年第 10 期。

[8] 侯仲一编：《沈光文（斯菴）先生专集》，《近代中国史料丛刊续编》第七十四辑，文海出版社有限公司 1977 年版。

[9] 林谦光：《台湾赋》，《台湾爱国文鉴》，北京出版社 2000 年版。

[10] 王德威：《后移民写作》，麦田出版 2007 年版。

[11] 朱景英：《海东札记》卷四《记丛琐》，《台湾文献丛刊》第十九种，台湾大通书局 1987 年版。

[12] 何绵山：《闽台文学论》，中国海洋出版社 2013 年版。

[13] 白麓六十七居鲁甫：《使署闲情》卷三杂著一，《台湾文献丛刊》第一二二种，台湾大通书局 1977 年版。

[14] 洪铭水：《沈光文与台湾流寓文学的多角观点》，《明清时期的台湾传统文学论文集》，文津出版社有限公司 2002 年版。

[15] 赵尔巽等撰：《清史稿》卷五百列传二百八十七《遗逸二》，中华书局 1998 年版。

[16] 鲁迅：《鲁迅全集》，人民文学出版社 1981 年版。

[17] 袁韵：《论沈光文诗歌的诗史特征》，《台湾研究》2013 年第 5 期。

[18] （清）全祖望：《鲒埼亭集》卷二七·沈太仆传，《清代诗文集汇编》第三零二册，上海古籍出版社 2011 年版。

[19] 陈国强：《陈第与台湾高山族研究》，《厦门大学学报》1992 年 2 期。

［20］赖子清：《古今台湾诗文社》，《台湾文献》，台湾省文献会 1959 年版。

［21］陈丹馨：《台湾光复前重要诗社作家作品研究》，《沈光文全集及其研究资料汇编》，台南县立文化中心，1998 年。

［22］向丽频：《清代台南诗文社研究》，《明清时期的台湾传统文学论文集》，文津出版社 2002 年版。

［23］王淑蕙：《从〈蓉洲诗文稿选辑·东宁政事集〉论季麒光宦台始末及与沈光文之交游》，《台湾古典文学研究辑刊》第五号，台湾花木兰文化出版社 2011 年版。

［24］李宏健校注：《台湾先贤诗选》，暨南大学出版社 2014 年版。

［25］葛虚存编著：《清代名人轶事》，山西古籍出版社 1917 年版。

［25］丘逢甲：《丘逢甲集》，岳麓书社 2001 年版。

［26］林静助：《从当代华文文学的视角论台湾文学的历史经验——正视现代多区域、多元化、多视角的华文文化崛起》，《学术史视野中的华文文学——第十七届世界华文文学国际学术研讨会论文集》，海峡文艺出版社 2014 年版。

太平洋岛国对"一带一路"的
态度与对接路径[①]

赵少峰

（聊城大学太平洋岛国研究中心）

摘　要: 太平洋岛国属于"一带一路"南线沿线国家,在"一带一路"建设中,太平洋岛国的作用不容忽略。受历史、地理、政治等因素的影响,南太平地区的 14 个国家对中国的"一带一路"认知程度不同,态度表现各异。加强与太平洋岛国的对接,要借鉴交互式金融传播的方式,发挥"人际传播"的作用,打破某些国家出现的"沉默舆论",让太平洋岛国民众对"一带一路"等概念有正确的理解,消除对中国政策的误解。同时,要有充分的思想准备,预料到可能面临的项目准入阶段的政治阻力和投资运营阶段的政治风险;要切实结合当地发展实际,开展迎合当地民众需求和社会需要的双赢绿色项目。

关键词: "一带一路";太平洋岛国;认同;竞争;对接路径

---

①　本文为国家社科基金重点项目"太平洋岛国研究"（15AZD043）阶段性成果。

南太平洋地区有 14 个独立国家，它们分别是斐济、萨摩亚、巴布亚新几内亚、瓦努阿图、密克罗尼西亚、库克群岛、汤加、纽埃、图瓦卢、基里巴斯、瑙鲁、帕劳、所罗门群岛、马绍尔群岛。这些国家位于"一带一路"中"21 世纪海上丝绸之路"的南线。本文以太平洋岛国对"一带一路"的态度为主题，分析太平洋岛国对"一带一路"态度、认知现状，探讨影响对"一带一路"认识的因素，为我国加深与太平洋岛国的合作交流提供借鉴。

一 南太平洋地区八国对"一带一路"的认识与态度

南太平洋地区八国是指斐济、萨摩亚、巴布亚新几内亚、瓦努阿图、密克罗尼西亚、库克群岛、汤加、纽埃，他们与中国政府建立了正式外交关系，双方交往频繁，对"一带一路"的认知程度较高，态度较为明确，认为"一带一路"能够太平洋地区国家提供商机和市场。

2014 年 11 月，习近平同太平洋岛国领导人举行集体会晤。习近平强调，"国家不分大小、强弱、贫富，都是国际社会平等一员，应相互尊重，平等相待，真诚互助"[1]。习近平的讲话得到了太平洋岛国八国领导人的一致认可。密克罗尼西亚联邦总统莫里在讲话中特别感谢中国对小岛国关切的理解和支持。中国与美国等西方国家的政治援助和军事支持不同，中国与太平洋岛国的"战略伙伴关系"是建立在尊重各岛国自主选择符合本国国情的社会制度和发展道路之上的。中国支持岛国以自己的方式管理和决定地区事务，支持岛国平等参与国际事务、维护自身合法权益。

自 20 世纪 70 年代与中国建交以来，南太平洋地区八岛国重视与中国政府增强政治互信，发展经济合作。中国向太平洋岛国提供了援助资金和

---

① 新华社：《习近平同太平洋岛国领导人举行集体会晤并发表主旨讲话》，新华网，http：//news. xinhuanet. com/politics/2014－11/22/c_ 1113361879. htm。

医疗、技术等支持。中国政府与南太平地区八国加强治国理政交流,深化渔业、新能源、基础设施建设、经济技术等领域合作,促进人文交流。政府之间的互动和政治互信为中国倡导的"一带一路"奠定了坚实基础。双方之间经济贸易往来,密切了双方的关系(见表1)。由于太平洋岛国地处太平洋,远离世界贸易中心,中方倡导的"一带一路"和提供的援助能够促进岛国经济发展,极大地提升岛国的建设,有利于太平洋岛国吸引中国的游客。他们对"一带一路"倡议抱有极大的热情。

表1　　　　　　　中国与南太平洋地区八国之间的进出口额① (单位:万美元)

国　家	2013 年度		2014 年度		2015 年度	
	出口额	进口额	出口额	进口额	出口额	进口额
斐济	24450	5938	28725	5288	32675	2139
萨摩亚	5447	1	5587	19	6227	98
巴布亚新几内亚	55307	79769	63646	140323	98700	177465
瓦努阿图	38048	224	188024	692	7031	1201
密克罗尼西亚联邦	494	998	934	544	1211	134
库克群岛	1948	101	1942	170	1429	160
汤加王国	3848	3	2394	4	2701	2
纽埃	—	—	—	—	—	—

从表1可以看出,2013—2015年中国与太平洋岛国之间的贸易联系不

---

① 数据来源:《中国统计年鉴(2015年)》,http://www.stats.gov.cn/tjsj/ndsj/2015/index-ch.htm;《中国统计年鉴(2016年)》,http://www.stats.gov.cn/tjsj/ndsj/2016/indexch.htm.

断加强。特别是太平洋岛国从中国进口商品数额不断提升。

巴布亚新几内亚（以下简称"巴新"）是太平洋岛国地区面积最大、人口最多、最具发展潜力的国家。巴新是中国在太平洋岛国地区的重要合作伙伴，双方在农林渔业、基础设施建设、能源资源等领域进行了合作，开展了拉姆镍矿、中石化公司和巴新液化天然气等重点合作项目。2015 年 4 月，中国驻巴新大使李瑞佑向巴新总督奥吉奥介绍了中国政府倡导的"一带一路"倡议和愿景，得到了奥吉奥总督的肯定。

2015 年 4 月 15 日，太平洋岛国（深圳）投资贸易推介会在广州深圳举行，巴布亚新几内亚驻华大使克里斯多夫·梅罗向嘉宾推介巴新项目，重点是矿产资源。中巴企业都对"一带一路"战略实施充满期待①。

萨摩亚驻华大使托欧玛塔是一位"中国通"，在太平洋岛国（深圳）投资贸易推介会重点推介萨摩亚的旅游。他认为，比起旅游推广较为成功的斐济，萨摩亚目前缺乏的是先进的旅游推广理念和高端旅游设施的投资，这也是阻碍萨摩亚开发更多高端定制旅游产品的瓶颈②。他认为，"一带一路"倡议将会为萨摩亚旅游开发提供商机。

另外，其他岛国也积极推介本国企业。密克罗尼西亚联邦驻华大使阿基利诺·苏赛亚高度赞扬中国"一带一路"战略给引进中国投资带来的机遇，热情介绍密克罗尼西亚丰富的旅游、农业、渔业和能源资源和投资机会，希望深圳的酒店、餐饮业能到密发展。斐济蟹业有限公司带来一个投资规模约 300 万美元的蟹类产品项目。汤加带来了一个投资规模约 35 万美元的椰子油加工项目，等等。

2015 年 10 月，广东"一带一路"国际博览会（以下简称"海博会"）举办。南太平洋八岛国参加了海博会旅游展区，重点介绍美丽的南太平洋

---

① 《太平洋岛国推介尽显"不一样的精彩"》，《深圳特区报》2015 年 4 月 16 日 A7 版。
② 同上。

岛国风情。汤加副首相肖西·索瓦莱尼参加了本届海博会。他认为，中国是太平洋岛国重要的合作伙伴，参加海博会的目的就是要探索商机，加强太平洋岛国在中国市场的影响力。他希望推动与中国的合作，特别是在基础设施建设方面的合作。海博会能够让太平洋岛国为中国市场提供独特的产品①。密克罗尼西亚雅浦州州长托尼·甘吉彦参加了港口城市高层论坛。他指出，密克罗尼西亚是岛国，海洋运输、港口管理开发是该国非常重要的领域。他在接受采访时说道："我更进一步了解了海上丝绸之路的概念，希望将来我们和广东乃至中国有进一步的合作发展，包括开通更多的航线，实现互利共赢，这是非常有意义的事情。"他希望更多中国民众到密克罗尼西亚旅游②。

2015 年 12 月，由中国记者协会主办的太平洋岛国记者研修团到福建泉州考察，围绕"泉州在'一带一路'战略中的地位与作用"进行研讨。瓦努阿图、萨摩亚、库克群岛、巴布亚新几内亚、汤加、斐济等国家的记者，通过专题讲座、媒体实习、实地采访等方式，考察"一带一路"实施进展情况，亲身感受中国经济社会发展③。太平洋岛国新闻协会主席摩西斯谈到"一带一路"建设时表示，太平洋岛国希望纳入"一带一路"战略中，"南太平洋岛国盛产的有机农产品等可以带给中国人民，希望与中国政府有更多的沟通和合作"④。

虽然南太平洋地区八国看到了加入中国倡议的"一带一路"的机遇，但是他们对中国也有所担心和顾虑。例如，2015 年，库克群岛总理普特与

① 明永昌：《海博会旅游展区，八南太平洋岛国集体参展》，新加坡联合早报网，http://www. zaobao. com/realtime/china/story20151030 - 543334。

② 李强：《太平洋岛国嘉宾热议海博会和"一带一路"倡议》，南方网，http://news. southcn. com/china/content/2015 - 11/01/content_ 135992271. htm。

③ 殷斯麒：《太平洋岛国记者来泉：这里的海洋文化基因令人赞赏》，泉州晚报网，http://www. qzwb. com/gb/content/2015 - 12/05/content_ 5243090. htm。

④ 同上。

新西兰总理商谈库克群岛加入联合国一事，在库克群岛引起轩然大波。有些库克群岛人认为与新西兰关系改变之后，中国就会乘虚而入，这是库克群岛人民不能接受的①。新西兰对中国在太平洋岛国的援助活动表示了"质疑"和"指责"②。澳大利亚、新西兰等国家对中国涉入南太平洋地区表现出的"质疑"和顾虑是可以理解的。随着"一带一路"合作的不断加深，太平洋岛国出现的不同声音会逐渐减弱。

二 南太平洋地区六国对"一带一路"的认识与态度

南太平洋地区六国是指图瓦卢、基里巴斯、瑙鲁、帕劳、所罗门群岛、马绍尔群岛，这些国家与我国没有建立正式外交关系，双方之间的经贸往来数额少，对"一带一路"的认知程度非常低，政府或者主流媒体态度尚不明确。

这6个国家约70万人，陆地面积2.9万平方公里。人口最多和陆地面积最大的是所罗门群岛（54万人、2.8万平方公里），最小的是瑙鲁（不足1万人，21平方公里）。相比较而言，这6个国家的国土面积小，人口少，经济总量小、市场小，基础设施建设落后。由于国家资源有限，对外交通不便，成为国际市场被忽略的对象。这些岛国都被联合国定为世界上最不发达的国家。

这些国家除了拥有优美的环境和丰富的渔业资源，其他可利用资源较少。况且随着气候变化和海平面上升，自然灾害频发，人民的生活受到很大影响。图瓦卢、瑙鲁等国没有淡水资源，饮用水依靠进口水、雨水和淡化海水。由于这6个国家没有与中国建立正式外交关系，双方联系较少，

---

① "Cook Islands push for independence from NZ"，http：//www. stuff. co. nz/world/south – pacif-ic/68986939/cook – islands – push – for – independence – from – nz。

② 中国驻汤加大使馆：《"新舟"入驻汤加遭质疑 谁是"麻烦制造者"》，环球网，ht-tp：//mil. huanqiu. com/aerospace/2014 –07/5046598. html. 2014 – 7 – 3。

经贸往来数额较低，可参见表2。

表2　　　　　　中国与南太平洋地区六国之间的进出口额①　（单位：万美元）

国　家	2013 年度		2014 年度		2015 年度	
	出口额	进口额	出口额	进口额	出口额	进口额
瑙鲁	108	4	275	1	181	9
基里巴斯	1866	46	2062	290	4246	401
图瓦卢	753	0	464	0	1187	99
帕劳	319	1	1046	6	1903	1
所罗门群岛	3680	40452	4944	47383	8061	46011
马绍尔群岛	142245	7775	123692	4333	340316	2497

在2014年中国经济对外合作中，中国企业只在所罗门群岛开展了承包工程项目，完成额32万美元，在其他五国均无工程合作。

由于这六国受限于国内经济发展和改善民生的需要，加之中国台湾在当地的援助和"政治投资"，他们对中国倡议的"一带一路"了解较少，在他们的政府网站，没有查阅到关于"一带一路"或"一带一路"的报道。

尽管如此，从调研来看，他们对中国的市场经济和国际影响力有所了解，并有和中国扩大合作的意向。上海水产集团及所属的开创、蒂尔远洋渔业公司渔与基里巴斯有着长久的合作关系。2014年9月，基里巴斯渔业

---

① 数据来源：《中国统计年鉴（2015 年）》，http：//www. stats. gov. cn/tjsj/ndsj/2015/index-ch. htm；《中国统计年鉴（2016 年）》，http：//www. stats. gov. cn/tjsj/ndsj/2016/indexch. htm。

部长蒂尼安（Reiher Tinian）亲自到上海水产集团洽谈合作事宜①。在太平洋岛国（深圳）投资贸易推介会上，总部位于基里巴斯的商业造船企业Kiri 游艇环太平洋公司带来了投资规模 50 万美元的项目。帕劳推介的太平洋电视网络项目，期望引进深圳先进的通信技术创建一个渠道，使岛国之间可以通过这个网络平台实现资源共享②。

三 影响太平洋岛国对"一带一路"认识的主要因素

依据近两年的调研，总体而言，无论是建交八国还是未建交六国，太平洋岛国人民对"一带一路"、亚投行、"丝路基金"等概念了解依然较少。在官方层面，一些岛国的主要政治家和驻华官员对"一带一路"有所了解。但是，岛国多数政治家对什么是"一带一路"，"一带一路"能够为岛国做什么以及岛国怎样和"一带一路"国家进行合作还是把握不清楚。笔者认为，造成这种局面的出现源于以下五个方面的原因。

第一，"一带一路"还是一个新生事物。自"一带一路"（丝绸之路经济带和"21 世纪海上丝绸之路"）提出以来，仅仅过去了四年时间。国家对"21 世纪海上丝绸之路"的认识也在不断深化。太平洋岛国由过去的"21 世纪海上丝绸之路"的自然延伸演变为重要组成部分，这对认识太平洋岛国在"21 世纪海上丝绸之路"上的地位和作用有着重要指导意义。

第二，太平洋岛国的媒体受西方影响比较严重。岛国对大国提出的观念经常会出现质疑，这是很普遍的现象。中国提出的"一带一路"倡议，西方国家媒体上质疑的声音不断，也有抵触的态度，以致包括太平洋岛国论坛秘书长梅格·泰勒③（Meg Taylo）在一次谈到岛国地区形势的时候说，

---

① 《基里巴斯渔业部部长访问集团》，上海水产集团网站，http：//www.sfgc.com.cn/html/yyyy/kgjy/54512.html。
② 《太平洋岛国推介尽显"不一样的精彩"》，《深圳特区报》2015 年 4 月 16 日 A7 版。
③ 梅格·泰勒，女，巴布亚新几内亚人，2014 年 8 月当选太平洋岛国论坛秘书长。

岛国地区现在面临着两个最主要的挑战：一个是气候变化带来的挑战；一个是中国崛起对太平洋岛国地区带来的冲击①。这种认识是基于西方人的思维模式。岛国的一些媒体受到西方国家的援助，在某些观点和文字表述上自然受到西方媒体的影响。

第三，中国在太平洋岛国的宣传工作有待加强。南太平洋地区还有 6 个国家与中国没有建立外交关系，双方人员往来少、经贸数额低，加上彼此之间的政治"隔膜"，导致六岛国没有及时了解到中国政府的主张和倡议。太平洋岛国媒体、网络普遍不发达，对国际问题关注较少。岛国人民长期处于隔离状态，形成了独特的生活观念，并产生了慵懒的心态，没有感受到经济发展能够带来的幸福生活。2017 年 5 月在北京举办的"一带一路"国际合作高峰论坛，是加强"一带一路"宣传、深化伙伴关系、实现联动发展、合作共赢的重要契机。

第四，大国在这一地区的竞争日益激烈。澳大利亚、新西兰、美国、日本、韩国、印度等，都对太平洋岛国实施了不同程度的经济援助，甚至包括拉美地区的古巴等，也在加强与这一地区的联系。南太平洋地区岛国不想打破平衡状态，对中国的"一带一路"不会轻易在公共场合和媒体上公开表态。

第五，中国台湾地区在此区域活动的影响。台湾的"邦交国"有 21 个，其中有 6 个在太平洋岛国。蔡英文当局还是坚持她的"台独"立场，实质上"台独"立场没有松动，在"九二共识"这个问题上还不肯迈出步伐，在国际上她还坚定地"固邦"，有的时候也想跨越"一个中国"这个政策的界限，和我们的建交国发展往来，在国际多边组织里面要体现台湾的存在，搞违背"一个中国"原则的活动。与中国未建交的国家，虽然与

---

① 2017 年 3 月 13 日，中国—太平洋岛国论坛对话会特使杜起文在聊城大学太平洋岛国研究中心作学术报告中提到。

中国大陆经贸往来不断，看到了为岛国经济发展带来的新机遇，但是碍于台湾的援助，更不可能在此问题上表态。

四　岛国形势变化与中国—太平洋岛国对接路径

随着社会的发展，岛国的形势也在发生变化。过去很长一段时间，岛国发展受到西方国家的控制。当前，太平洋岛国谋求自主发展和联合自强的趋势不断增强，国际社会对岛国地区的重视程度在不断上升，太平洋岛国地区的传统格局正在发生变化，中国同岛国地区的关系以及中国对岛国的影响引起各方瞩目。太平洋岛国谋求自主发展和联合自强的趋势不断增强是岛国形势发展变化的内因，最根本的动力。太平洋岛国都制定了可持续发展战略，彰显了岛国的诉求：一是面临全球化的冲击，岛国非常希望得到更多的国际社会的帮助，以跟上时代发展的步伐，而不是被全球化的浪潮进一步边缘化；二是面对迅猛发展的国际科技革命浪潮，太平洋岛国希望借助东风使自己的经济得到跨越式的发展，而不是与科技进步擦肩而过；三是他们作为受气候变化、海平面上升影响最脆弱的群体，希望国际社会更多地听到他们的声音，了解他们的需要。

2015 年，太平洋岛国贸易与投资专员署驻华贸易专员大卫·莫里斯在演讲中指出，习近平主席提出的"一带一路"倡议对太平洋地区的发展大有裨益，"一带一路"建设包括交通设施的互联互通，通信网络的融合，为发展中国家提供了一个与中国市场融合的重大经济合作机会。由于地理原因，太平洋岛国远离主要市场，任何能促进空中、海上及通信联系的机会都弥足珍贵。太平洋地区有中国人民需要的东西，克服距离的挑战将会为双方带来益处[1]。南太平洋地区的国家与"21 世纪海上丝绸之路"沿线

---

① 大卫·莫里斯：《太平洋岛国真诚欢迎中国崛起》，环球时报网，http：//opinion. huanqiu. com/opinion_ world/2015 – 10/7763419. html。

的其他国家有明显的不同。要结合南太平洋地区国家的特殊性开展合作，政策推广和经济合作项目要有针对性和可操作性。对此，笔者以为可从以下七个方面予以展开。

第一，要与太平洋岛国建立政治互信。一些西方国家在南太平洋地区还在宣传"中国崛起论""中国威胁论"，甚至在言辞上污蔑中国的援助计划。要在太平洋岛国加大"世界命运共同体"理念的宣传，让岛国明白在新型大国关系框架下的中国崛起是"基于相互理解的双赢合作"，不但不会影响其他国家的发展，还会为太平洋地区的发展带来益处。要通过加强政府间合作，积极构建多层次政府间宏观政策沟通交流机制，促进政治互信，达成合作新共识。政治的互信可以推动经济合作，经济发展反过来促进政治互信。

中国要发挥澳大利亚、新西兰的纽带作用。太平洋岛国与澳、新均保持有良好关系。中国可以与澳大利亚和新西兰通过更加紧密的合作，来帮助太平洋岛国走上更加具有可持续性发展的道路。中国可以向岛国提供长期融资、基础设施建设，澳大利亚和新西兰则可以向岛国提供管理技术和公司治理上的帮助①。中国还可以向岛国输出自身成功的经验以及多年发展中总结的教训，并以高标准来帮助岛国建设基础设施、教育和医疗体系以及科技创新机制，这样才能够让"中国力量"更受到世界的欢迎。

第二，鼓励省市之间的对接，在经济合作中实现双赢。太平洋岛国拥有丰富的海洋、森林、矿产和旅游等资源，中国拥有市场、资金、技术等优势，双方合作具有很强的互补性。特别是中国南方的沿海城市，要加强与岛国的相互合作，有利于双方的共同发展。广东省深圳市与阿皮亚（萨摩亚首都）建立了"姐妹城市"关系，双方在人文、经贸、科技教育、旅

---

① 刘利刚：《"一带一路"应致力于共同繁荣》，FT 中文网，http://www.ftchinese.com/story/001060718。

游文化、海洋渔业以及基础设施建设等多个领域开展合作。要发挥各地自贸区的经济引领作用，扩大与太平洋岛国的合作。鼓励更多城市与太平洋岛国城市建立友好城市关系。

投资贸易合作是"一带一路"建设的重点内容。我国在太平洋地区的投资集中在澳大利亚和新西兰，在岛国上的投资很少。国家统计局公布的数据显示，太平岛国在我国的直接投资不多，2014 年共有库克群岛、斐济、瓦努阿图、萨摩亚 4 个国家进行了投资。萨摩亚直接投资 15.6383 亿美元，其他国家不足百万美元，斐济只有 7 万美元。事实上，太平洋岛国在海外的投资很大，海外投资是其国家外汇收入的重要来源。双方在贸易投资方面还有很大的发展空间。

第三，要重视岛国民生项目的建设。2014 年 11 月，中国提出建立亚洲基础设施投资银行（简称"亚投行"）和设立"丝路基金"的规划。习近平主席强调，要帮助有关沿线国家开展本国和区域间交通、电力、通信等基础设施规划，要高度重视和建设一批有利于沿线国家民生改善的项目①。在《推动共建丝绸之路经济带和一带一路的愿景与行动》中，将基础设施互联互通列入"一带一路"建设的优先领域。南太平洋地区的三个次区域资源和经济发展不平衡，要加以区别对待。除了斐济、巴布亚新几内亚、萨摩亚、库克群岛经济较好外，其他国家经济社会发展落后，基础设施建设不完善。有些岛国虽然是海洋国家，但是没有大型港口，国内道路设施落后，海上运输和空中运输不便利，物流发展缓慢，成为制约这些国家的瓶颈。有些国家没有淡水资源，本国没有电视台，电视节目依赖其他国家提供。中国要有针对性地面向基层民众广泛开展医疗巡诊、减贫开发等各类公益慈善活动，促进民众生活条件改善。为此，改善与太平洋岛

---

① 《习近平主持中共财经领导小组第八次会议》，人民网，http：//politics. people. com. cn/n/2014/1106/c70731 - 25989646. html。

国的关系，民生项目要作为首选，重点发展。

第四，以环境保护和应对气候变化为突破口，实现民心相通。环境优美是太平洋岛国引以为豪的。与太平洋岛国合作，一方面可以选择绿色项目，帮助岛国发展清洁能源，积极推动水电、核电、风电、太阳能等清洁、可再生能源合作，推进能源资源就地就近加工转化合作，形成能源资源合作上下游一体化产业链，以应对气候变化①；另一方面，要强化基础设施建设中的绿色低碳和运营管理，在建设中充分考虑对气候变化的影响。中国企业在投资贸易中要突出生态文明理念，加强生态环境、生物多样性保护。

民心相通是海上丝绸之路建设的社会根基，可以通过开展多领域多层次交流，为深化双多边合作奠定坚实的民意基础。例如，扩大接收太平洋岛国留学生规模，加强太平洋岛国旅游推介活动，举办中国—太平洋岛国文化交流年，向太平洋岛国提供医疗援助和应急医疗救助，促进科技人员交流，为太平洋岛国开设公共行政管理等交流学习班，发挥双方政党、立法机构、主要党派和政治组织的友好作用，等等。

第五，加大在太平洋岛国进行投资的中国企业扶持力度。政府要鼓励企业在岛国进行多领域投资，开展农林牧渔业、农机及农产品生产加工等领域深度合作，积极推进海水养殖、远洋渔业、水产品加工、海水淡化、海洋生物制药、海洋工程技术、环保产业和海上旅游等领域合作。企业前往岛国投资，政府应出面制定行业标准、产能输出标准、劳工服务标准、环境保护标准、绿色发展标准、节能减排标准、安全生产标准等。这些标准、规则的制订会促进企业更好的投资和在当地发展，会笼络当地民心。深圳市已成为中国与太平洋岛国经贸往来的重要窗口，深圳市联成远洋渔

---

① 日本已经在太平洋岛国开展了太阳能、氢能源的开发利用，实现了日本与太平洋岛国的双赢。

业公司十多年前就开始在岛国投资，发展了集"捕捞—养殖—种苗—加工"为一体的现代渔业。深圳市与萨摩亚首都阿皮亚、巴布亚新几内亚首都莫尔兹比港、瓦努阿图首都维拉港和密克罗尼西亚首都帕里基尔建立了友好城市关系，推动了城市之间的互动关系。

第六，建立互联互通机制。互联网能够摆脱空间制约，缩短双方之间的距离。顺应"互联网＋"时代的发展趋势，双方可以建立数据互联互通机制，互相链接对方网站，并在各自网站为对方组织的有关活动进行发布和宣传，推介企业项目。中国企业可以制作适合太平洋岛国民众需求的网站和购物平台，太平洋岛国企业和民众也可以在中国企业网站发布信息。政府部门可以委托相关协会搭建权威的经贸法律资讯平台，组织岛国和中国企业互访，推动企业"走出去"。通过互联网创新贸易方式，发展跨境电子商务等新的商业业态。岛国的机场、码头等基础设施总体上是落后的，特别是到目前尚未有直接飞往中国大陆的航班，要打破瓶颈阻隔，摆脱美国等国家的制约，实现与岛国的真正互联互通。

第七，发挥华侨、华人的宣传带动作用。太平洋岛国的华侨以及在太平洋岛国的华人成为双方沟通交流的有效方式。斐济华裔人口约 8000 人、汤加约 5000 人，萨摩亚、瑙鲁、图瓦卢等也都有华人。瑙鲁的商店基本上都是华人开的。香港联泰集团在太平洋岛国都有不同程度的投资，在帕劳、密克罗尼西亚、马绍尔群岛、基里巴斯等国家有石油、物流、渔业资源投资项目。华侨、华人将助力岛国对外交通以及信息基础建设，让岛国与中国的互联互通更加便利，从而带动岛国企业和产品"走出去"。发挥华侨、华人的宣传带动作用，发挥"人际传播"的作用，打破某些国家出现的"沉默舆论"，通过新媒体让太平洋岛国民众对"一带一路"、亚投行、"丝路基金"等概念有正确的理解，消除"中国挑战美国主导的国际秩序和国际金融体系"的误解。

五 结语

"一带一路"不是地缘政治工具,也不是针对美国的战略。"一带一路"通过经济的融合,让太平洋国家借助中国腾飞的基础,实现发展本国经济的愿望。中国建立与太平洋岛国的稳定关系,有利于扩大中国在南海地区的影响力,实现南海地区以及亚太地区的稳定。"一带一路"南线建设面临的困难是空前的,企业一定要做好前期投资可行性报告,包括可能面临的项目准入阶段的政治阻力和投资运营阶段的政治风险。可以坚信一点,随着"一带一路"建设的发展,中国与太平洋岛国之间的合作会越来越好。

华裔青少年对泉州"海丝"文化景观的感知与认同①

赵 伟 李蕊蕊 林子琪

摘 要：本文以菲律宾华裔青少年为研究对象，采用问卷调查法，访谈法、文本分析法等质性研究方法，探讨华裔青少年对泉州"海丝"文化景观的感知与认同。研究表明，华裔青少年对泉州"海丝"文化景观的感知认同程度不高，受到年龄、性别和成长环境等因素的影响。最后提出促进两地的相互交流，是提高华裔青少年有用感知与认同的建议。

关键词：感知；认同；"海丝"文化景观；乡愁；菲律宾华裔青少年

一 引言

泉州是著名的侨乡，还是"海上丝绸之路"重要起点，"海丝"是泉州亮丽的城市名片、独特的文化基因、深刻的文化情结。海外华人传统文化的深层心理结构中，对于祖籍地有一种"文化乡愁"的历史焦虑

---

① 福建省中青年教师教育科研项目（JAT160420，JAS160456），泉州市社科联课题(2016H12)，泉州师范学院预研基金（2016YYKJ09，2016YYSK30）

情绪。华人社会以血缘、地缘和业缘为文化黏合剂，对母族文化有着挥之不去的祖根意识和本土认同。研究华裔青少年对"海丝"文化景观的感知与认同，在一定程度上为泉州提升知名度，为华裔青少年提升族群意识与"乡愁"，为华裔青少年形成民族的自觉意识和自豪感提供一定的积极意义。

二 研究设计

（一）研究对象

2016 年 4 月 1 日，"中国寻根之旅——菲律宾华裔学生学中文夏令营"在福建泉州师范学院宣告开营，1149 名菲律宾华裔学生在泉州、厦门两地开启"寻根之旅"。"中国寻根之旅——菲律宾华裔青少年学中文夏令营活动"是由菲律宾商界传奇人物华裔陈永栽先生资助。据介绍，这是开营以来人数最多的一届。在夏令营生活中，这些菲律宾华裔学生将分散到华侨大学、集美大学、泉州师范学院、厦门外国语学校和泉州南少林武术学校这 5 所学校。从 2001 年开始，陈永栽博士连续 13 年共资助组织 9373 名菲律宾华裔学生回故乡福建参加为期 50 天的学习中文夏令营，其中 9 年，包括"非典"流行的 2003 年，他都亲自带队，为福建省乃至我国海外华裔青少年夏令营活动增添了亮色。[1]

研究对象选取了泉州菲律宾华裔青少年中文夏令营营员为研究对象。本次泉州的夏令营活动分成两支队伍，一支是由 102 名营员和 5 位带队老师组成的泉州师范学院 2016 年第 15 届菲律宾华裔青少年学中文夏令营活动队伍，另一支队伍是由泉州南少林武术学校接待的 182 名营员和 10 位带队老师。

（二）研究方法

第一，问卷调查法。对泉州师院菲律宾华裔学生学中文夏令营 102 名营员和 5 位带队老师，以及泉州国际南少林学校接待的 182 名营员和 10 位带队老师进行了调查（见图 1）。被调查的营员中文水平参差不齐，给问卷填写、数据资料收集带来了一定难度。

第二，访谈法。访谈的对象主要是带队老师以及中文水平较高的营员。访谈的方法主要是以聊天形式，同时辅助使用 QQ、微信等聊天工具进行间接访谈，以获得相关信息。

（三）调研过程

调查对象分别居住在泉州师院和南少林国际学校，人数众多，研究采用发放问卷的形式调查，分两天的时间对他们进行调查研究。首先调查了泉州师院的 102 名营员和 5 位老师，其次调查南少林国际学校 182 名营员和 10 位老师。具体调研过程：第一，联系两个团的团长，说明研究目的和简单的调研过程，请相关负责人安排，确定发放、填写问卷的时间地点；第二，在约定的时间和地点对访谈对象进行问卷调查，对其中的部分老师采用访谈的形式调研，调研的语言主要是闽南语，并做好相应的记录；第三，访谈结束后，给调查对象发放了小礼物，并合影留念。

三　实证研究

本次问卷发放了 284 份，收回问卷 256 份。在数据整理时，对原始数据做了标准化处理（百分比换算），回收率 90.14%，有效率 84.45%。

图1 与南少林学校带队老师合影

图2 庄团长向营员讲授中华文化

问卷分为三部分：其一，华裔青少年的基本情况、在家中通常使用的语言、学习华文的方式、对泉州的了解渠道；其二，华裔青少年对泉州"海丝"文化景观的感知包括对"海上丝绸之路"的了解程度、来泉州前了解哪些泉州或者"海上丝绸之路"的文化现象与景观、通过本次活动哪些景观留下深刻印象；其三，华裔青少年对泉州"海丝"文化景观的认同包括：对泉州或海上丝绸之路的看法是否改变、对学习或工作的影响、对泉州海上丝绸之路的感想体会或建议。

（一）菲律宾华裔青少年基本情况

调查者中菲律宾青少年中，男性占总人数的 34%，女性占总人数的 66%。参与此次中文夏令营的华裔青少年人数为 190 人，非华裔青少年参与人数为 69 人，占总人数的 26.64%。可见，泉州在非华裔青少年中占有一定的知名度。从各项指标来看，非华裔青少年与华裔青少年参加夏令营的群体结构差别不大。在老师选拔方面，均选取华裔老师来担任。

学生选拔条件：1. 学生通过考试的形式选拔，75 分及格为选拔标准，卷子是由英语和汉语组成的。2. 学生年龄选择从四年级到高中均可。3. 菲华教研协会给学生进行一定的培训。（营员 A 访谈，2016 年 5 月 19 日）

通过访谈营员，得知夏令营学生选拔要求还是比较严格的。学生群体中年龄最小 8 岁，最大 22 岁，平均年龄在 14 岁左右。年龄差悬殊，主要是以初中生为主，占了 93%（见表 1）。数据显示调查主体年龄分布较为集中，借助胡勇[2]的研究，猜想由于初中生有用感知很少，对"海丝"文化景观的感知程度较低，从而对问卷的数据造成一定的负面影响。

表1			样本数据及其与华裔、非华裔的对比		
指 标	居 民	样本量	占比(%)	华裔占比(%)	非华裔占比(%)
年 龄	15 岁以下	213	83	84	81
	16—19 岁	38	15	13	19
	20 岁以上	5	2	3	0
性 别	男	88	34	36	30
	女	168	66	64	70
教育水平	初一	34	14	15	9
	初二	204	79	76	85
	高中	14	5	6	6
	大专以上	5	2	3	0
职 业	学生	254	98	97	100
	老师	5	2	3	0

其次,在调查者的华裔青少年中,菲律宾华裔青少年中最多的是第三代华裔,占了47.37%;其他第二代、第四代、第五代甚至更多代的华裔分别占13.68%、12.11%、6.32%、20.52%(见图3)。

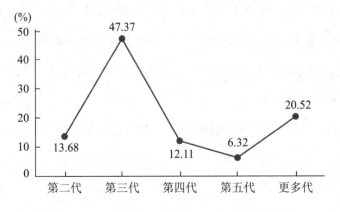

图3　华裔身份比重

问卷显示，有28%的营员祖籍是泉州，其中部分营员还能写下自己来自泉州的晋江、五店市、南安、洛江、金井、水头等地。这一部分华裔青少年基本都是第二代华裔。剩下29%祖籍地是福建省内其他地方（见图4）；4%祖籍地是福建省外；39%祖籍地是其他地方。除此之外，问卷中还反馈出有极少数人虽然知道自己来自晋江、南安等地，却不清楚晋江、南安是在泉州。可见，泉州在海外的知名度并不高，在青少年华裔的认知中，并没有祖籍地泉州的感知。

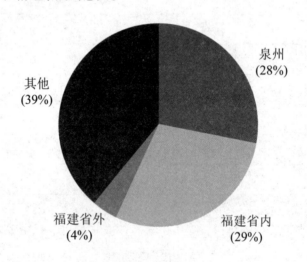

图4　华裔祖籍地分布比重

问及他们与国内亲戚是否有联系时，只有21.58%的人表示还有联系，78.42%的人表示已经没有联系了，只是知道自己的祖籍地是中国（见图5）。由此说明菲律宾华裔青少年对自己的祖籍地、对自己的族群、对自己的民族了解得少之又少。

至于菲律宾华裔青少年的家庭语言背景，得知常用语言中使用华语（汉语普通话）的是12.11%，闽南语、客家话的分别是17.89%、9.47%，英语的是49.47%，其他语言的是11.05%。由所占比看出，英语是他们使用最多的语言。虽然英语是他们使用最多的语言，但数据显示，这些华裔

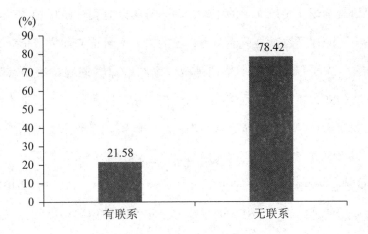

图5　国内有无联系的亲戚比例分布

青少年在来华之前有一定的华语或汉语方言的使用基础，而华语或汉语方言的使用比例仅次于英语。问卷调查过程中，我们采访了泉州南少林国际学校带队的庄团长（见图2）。庄团长是晋江五店市人，他从2000年第1届中文夏令营就开始带队，到现在已经有16年了。在与团长交流过程中，他还告诉我们：

> 在家我都是要求小孩子要讲闽南语的，在菲律宾你要是会讲闽南语……因为有很多闽南人在菲律宾都是做生意的有钱人，这些有钱人为菲律宾发展做出很多贡献。商家看你会说闽南语，在结账时就会算得比较便宜。（庄团长访谈，2016年5月20日）

庄团长对于泉州历史文化的保护意识十分强烈，在家中要求小孩必须使用闽南语交流，闲暇之时也会跟家里的小孩子讲讲泉州的历史文化。庄团长表示，陈永栽先生举办夏令营的活动，最主要的目的就是希望华裔青少年能够记住自己的"乡愁"。庄团长这么多年来，也一直坚守着这样一份华侨的爱国、爱乡的情怀，坚持68岁还在继续带领菲律宾的华裔青少年参加夏令营寻根活动。

英语是全球使用最广泛的语言，菲律宾曾经是美国殖民地，长期的殖民统治下，菲律宾逐渐将英语作为自己的第一大母语来使用。但听闻老团长的描述，中国汉语方言，特别是闽南语在菲律宾的地位也是首屈一指的。语言的强大离不开背后使用它的人们。正是因为闽南人长期在菲律宾经商，在菲律宾已占有一席之地，因此，虽然英语是菲律宾使用最广泛的语言，但汉语方言在菲律宾的使用与地位也是不可小觑的。

问卷中的数据还显示，调查对象的华裔青少年中，18.95%的华裔青少年在家使用两种语言，3.68%的华裔青少年在家使用三种语言，1.58%的华裔青少年在家使用四种语言（见表2）。与带队的王老师进行访谈时，王老师告诉我们：

> 在菲律宾，大多数小孩子从小就要学习好几门语言。学习这么多语言，菲律宾青少年有时候经常把语言搞混。比如中文的 a、o、e 与英文的 A、O、E 等这样相似的音标字母。而闽南语等汉语方言，都是父母或长辈等在日常的家庭生活中使用时耳濡目染才学会的，并没有正规的学习方式。如果家中没有人使用汉语方言，那么菲律宾的华裔青少年就不会有机会学习到汉语方言。（王老师访谈，2016年5月20日）

菲律宾的华裔青少年主要是以学习英语为主，只有小部分华裔青少年会学习祖籍地的语言。华裔移民历史越久，学习汉语方言的机会就更少。从小就学习那么多语言，也让菲律宾的华裔青少年对学习语言产生厌倦感。如果周围没有适当的环境让其使用学到的语言，那么可想而知，随着时间的流逝，不常使用的语言就会被人们遗弃、淘汰。华裔身份代数越多，使用汉语方言的人就越少。对于各种汉语方言的流传、保存更具有挑战性。

表2		菲律宾华裔家庭用的语言			
在家中通常 使用的语言	华语	闽南语	客家话	英语	其他
人 数	23	34	18	94	21
比 重	12.11%	17.89%	9.47%	49.47%	11.05%

问及被调查者的华文学习方式，回答在学校教育下习得华文的有60.49%，在短期或临时培训补习的有26.34%，由家庭长辈传授或教育的有10.73%，社会媒体中学会的有2.44%（见图6）。就某一个个体而言，他可能既在学校教育学习华文，又在短期或临时培训班补习华文，甚至通过家中的长辈传授或教育、听社会媒体广播学习华文。

学习华文的方式有很多，但主要的是通过学校教育习得华文。这体现了教育事业在文化认同方面凸显出重要作用。例如，蔡老师从事"夏令营"活动已经有好几年了，通过去北京华文学校培训学习之后，才获此担任夏令营华文带队老师的资格，进而继续将自己学习到的知识传授给华裔青少年。他表示，很喜欢带队到中国参加"寻根夏令营"，很喜欢中国的文化。

2004年，我去北京参加了华文的培训，这是我第一次真正意义上的接触华文，开始一套完整的、规范的学习。那几个月的学习使我的中文水平突飞猛进，因此我才能像现在一样，跟你们自由交谈……其实我也是华裔，在家中与父母交流并不会使用闽南语，只有在与爷爷奶奶交流时，才会用闽南语交流。菲律宾的小孩从小就要学习好几种语言，如英语、菲律宾语、中文、闽南语等。主要是学习英语，这是

菲律宾的通用语言。只有在一些特殊的学校里面才会教中文，但只是少部分。(蔡老师访谈，2016 年 5 月 20 日)

可见，正规的学校教育是华裔青少年学习华文最主要、最快捷、最有效的途径。学校的教育是有目的、有组织、有计划地对华裔青少年的身心施加影响。而家中的长辈对于祖籍地语言的传承、传播在一定程度上也是起到促进作用。但在社交媒体这一块，华文影响程度极低。在这个媒体高度发展的时代，社交媒体并不能真正发挥出它的作用与价值。

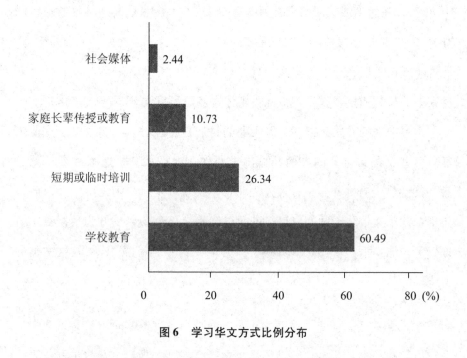

图 6　学习华文方式比例分布

青少年对事物的感知是来自多方面的，与他们关系越密切影响能力越强。其中主要影响因素来自父母等家庭长辈的教育、学校的教科书以及周围同学或朋友的影响。父母是孩子的启蒙教师，父母等长辈的教育影响将不断潜移默化地影响着青少年的认知结构；而学校对于青少年的影响在青少年入学后影响力不断占据主要位置，教科书里面的内容将会成为青少年接受的最直接的认知这个世界众多事物的储备知识；不管是学校的同学还是身边的朋友玩伴，也会在一定程度上影响青少年的感知。

菲律宾华裔青少年对于泉州了解渠道的问卷数据同样表明上述观点，了解渠道来自父母等长辈的有 34.74%，来自教科书的有 22.11%，来自同学或朋友的有 24.21%，是影响华裔了解泉州的渠道中最主要的三个方式。华文媒体和网络等渠道只占 14.74% 和 13.68%（见图7）。

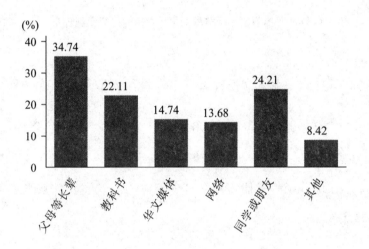

图7　青少年华裔了解泉州的渠道比例分布

泉州"海丝"文化景观的感知与认同是本次调查的重点，菲律宾华裔青少年对于海上丝绸之路的了解程度直接影响到调查结果。表示非常了解和比较了解分别有 17.37% 和 20%，不太了解、根本不了解和其他的分别有 30.53%、22.11% 和 3.68%（见图8）。超过一半的调查对象对海上丝绸之路并不是很了解，这将影响他们对泉州"海丝"文化景观的感知与认同程度。

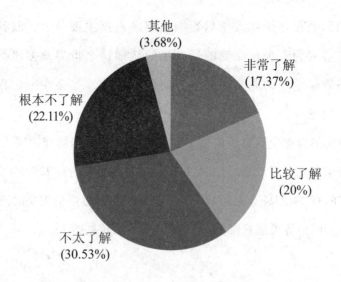

其他
(3.68%)

非常了解
(17.37%)

根本不了解
(22.11%)

比较了解
(20%)

不太了解
(30.53%)

图 8　华裔青少年了解海上丝绸之路的程度比例分布

（二）菲律宾华裔青少年对泉州"海丝"文化景观的感知

语言学习伴随着文化习得，文化种类繁多，本次研究是以"海丝"文化景观为感知对象。在调查菲律宾华裔青少年对泉州"海丝"文化景观的感知前，我们要先了解菲律宾华裔青少年对"海丝"文化景观了解程度（见表3）。

表3　　　　　　　菲律宾华裔青少年对"海丝"文化景观的了解程度　　　　单位:%

"海丝"文化景观	开元寺	洛阳桥	府文庙	南音	拍胸舞	提线木偶	五祖拳	惠安石雕	德化陶瓷	惠安女、蟳埔女	元宵节
华裔青少年	45.26	25.26	3.16	35.38	12.31	47.69	18.46	13.85	4.62	13.85	36.92

其中，菲律宾华裔青少年对开元寺、洛阳桥、南音、提线木偶以及元宵节等感知程度相对较高，而对府文庙、拍胸舞、五祖拳、惠安石雕、德

化陶瓷以及惠安女、蟳埔女感知程度较低（见表4）。

表4　　　　　菲律宾华裔青少年对泉州"海丝"文化景观的感知

城市建设与交通发展史迹	东西双塔	洛阳桥	安平桥	六胜塔	姑嫂塔	德济门遗址	石笋	
	16.32%	3.16%	3.16%	5.26%	2.11%	2.63%	2.63%	
宗教胜迹	开元寺	清净寺	圣墓	老君造像	天后宫	草庵摩尼光佛造像	府文庙	龙山寺	清水岩
	44.74%	7.37%	5.26%	5.79%	9.47%	5.26%	4.74%	4.74%	1.58%
"海丝"遗迹	宋代古船	九日山祈风石刻	郑和下西洋碑刻	文兴码头	真武庙	美山妈祖庙	市舶司遗址	石湖码头	江口码头
	12.11%	8.95%	9.47%	2.63%	2.63%	5.79%	3.16%	6.32%	3.16%
产业遗址	磁灶窑系金交椅山窑址	化屈斗宫古窑址	打银澳造船遗址						
	8.42%	19.47%	6.84%						
非物质文化遗产	南音	梨园戏	提线木偶	五祖拳	惠安石雕	德化陶瓷	惠安女、蟳埔女	元宵节、端午节	
	12.63%	5.26%	10%	11.58%	11.58%	3.68%	8.95%	22.11%	
泉州知名小吃	海蛎煎	肉粽	土笋冻	菜头酸	四果汤	面线糊			
	17.14%	32.38%	18.10%	16.19%	6.67%	13.33%			

在城市建设与交通发展史迹方面，菲律宾华裔青少年对东西双塔的感知程度相对较高，其他六项感知程度相对较低。这可能跟此次夏令营活动中曾安排他们去东西双塔参观过有关，大家对此比较有印象，但感知度也

只有16.32%，感知程度不算高。洛阳桥在文学作品中是知名的景点，但只有个别华裔青少年知道。宗教遗迹是本次调查泉州"海丝"文化景观中感知程度最高的一组。开元寺的感知程度达到44.74%。清净寺、天后宫的感知程度也相对城市建设与交通发展史迹的感知程度来得高。宗教遗迹感知程度相对较高，说明宗教在世界上的影响较为显著。12.11%的华裔青少年知道泉州古船，产业遗址受到华裔青少年的关注。在非物质文化遗产选项中，菲律宾华裔青少年对南音、五祖拳、惠安石雕和元宵节端午节感知程度相对较高。感知度较高的基本都是电视、广告上宣传推广较多的非物质文化遗产。例如元宵节、端午节，是菲律宾华裔青少年感知度最高的非物质文化遗产。通过个别访谈交流后了解到，他们对此项感知度较高是由于他们大多数人喜欢端午节、元宵节的肉粽、汤圆，从而对端午节、元宵节感知程度提高。而对惠安石雕的感知度较高的原因是菲律宾华裔青少年祖辈曾经从大陆携带大量造型优美、工艺精湛的惠安石雕前往菲律宾。菲律宾华裔青少年对肉粽的感知度较高，他们对泉州知名小吃中的土笋冻、菜头酸的感知程度较高。这有可能是祖辈的饮食习惯或家里父母等长辈在家常烹饪中对口味产生潜移默化的影响。

（三）菲律宾华裔青少年对泉州"海丝"文化景观的认同

泉州作为海上丝绸之路的起点，又是著名侨乡，研究菲律宾华裔青少年的泉州"海丝"文化景观的认同感与看法，能帮助我们了解华裔青少年的族群意识、民族认同感以及民族自豪感，为泉州如何提升知名度提供借鉴意义。

调查数据显示，菲律宾华裔青少年有47.37%改变了对泉州或"海上丝绸之路"的看法，12.11%没有改变，23.16%没有感觉（见图9）。

基于菲律宾青少年对泉州或"海上丝绸之路"的看法改变下，本研究

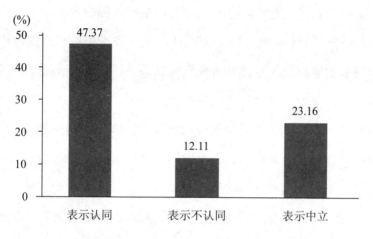

图9 对泉州或"海丝"的看法比例分布

进一步调查他们的一些具体的看法，以及给他们带来的影响。

问及"通过此次活动，对您今后的学习和工作有什么影响？您今后有没有打算从事与福建或华文相关的工作等"时，有21.05%的菲律宾华裔青少年表示"有打算从事与福建或华文相关的工作，希望留下来学习中文"。

问及"请您谈谈在泉州一个多月的生活对泉州海上丝绸之路文化景观印象最深的是什么？有何感想、体会或者建议"时，诸多菲律宾华裔青少年表示"虽然我对泉州了解不多，但我觉得它很漂亮，食物美味，街道宽敞，比菲律宾好得多。我想去探索更多的地方，了解泉州"。

问及"您认为海上丝绸之路文化对菲律宾及东南亚哪些文化的影响、经济的影响、社会联系？海上丝绸之路沿线国家的互动带来的共赢是什么"时，少部分菲律宾华裔青少年讲述了自己的看法，如"我觉得影响很大，现在有许多中国人去菲律宾做生意，我的祖先来自福建，他们因为丝绸之路来到菲律宾贸易，我也希望像他们一样以后做生意，有所成就""我认为它很大程度上影响了菲律宾和其他国家，"海丝"联系着菲律宾和其他国家很多年，使他们的生意越来越兴旺"。

　　以上研究表明，由于参与调查的人群结构大部分为初中生，而初中生的有用感知较少，对问卷的结果产生一定的负面影响，在问卷中显示出调查对象的感知与认同程度均偏低的结果。尽管并无直接证据表明华裔青少年在"海丝"文化景观的感知程度较低，但是夏令营中营员对所参观过的"海丝"文化景观均获得相对较高的感知认同程度，对于家中长辈从小教育的认知结构中、对于媒体传播中、对于漂洋过海来到菲律宾本土的"海丝"文化景观的感知与认同程度偏高。作为结果，华裔青少年是否对"海丝"文化景观有一定的感知与认同，取决于多方面因素。一个新的问题由此产生：在"一带一路"的战略背景下，泉州如何抓住机遇，提升知名度？

四　结论

　　文化作为一个国家或民族的生存和生活方式，它的核心价值就体现在国民或民族成员对这种文化的认同，没有文化认同国家和民族就没有凝聚力和生命力。为了提高泉州知名度，应该借助"海丝"泉州的名牌，增加华裔青少年对泉州"海丝"文化景观的感知与认同感，增加华裔青少年对祖籍地的"乡愁"感，从而增加华裔青少年与泉州之间的凝聚力。

　　2013年9月7日上午，中国国家主席习近平在哈萨克斯坦纳扎尔巴耶夫大学演讲，提出共同建设"丝绸之路经济带"。从那时开始，"一带一路"战略构想开始走向全球。在这样的大背景下，泉州作为"海上丝绸之路"的起点城市，又是"21世纪海上丝绸之路先行区"，泉州不能继续在原地踏步。泉州应该提高在华裔青少年中的知名度，吸引华裔青少年在不久的将来为泉州的建设发展注入新鲜血液，延续华侨华人与泉州多年来的历史与情愫。

　　基于上述分析，泉州应促进文化交流，加强泉州"海丝"文化景观的感知与认同的若干思考，从而增强菲律宾华裔青少年的"乡愁"。对此，笔者建议采取以下措施。

（一）强化对泉州或"海丝"文化景观感知与认同内容的研究与传播

两地学者尤其是泉州学者，应积极主动强化对泉州"海丝"文化景观感知与认同内容的研究与传播，通过重大项目的公关研究来充分论证泉州与菲律宾两地"血脉相连、同源同宗"的文化联系，增强两地文化认同的号召力、丰富和传播文化认同内涵。

同时，还要注重两地特色文化的挖掘和保护，文化认同不能仅仅注重趋同，更应该尊重差异、尊重文化交流，应该尊重创新出的特色文化，并积极将这些创新的特色文化保护传播开来，使之成为新的文化认同的重要内容。尤其是对两地青年中发展的文化，予以充分重视，并加强两地青年的文化互动和交流，通过艺人、电视节目等渠道传播两地特色青年文化，促进青年文化交流与融合，增进两地青年人的文化共识。[3]

（二）构建泉州与菲律宾两地文化交流合作机制

福建尤其是泉州地区，首先，要充分研究现状，针对性设计构建两地文化交流合作机制，着手建立"两地文化交流合作框架协议"机制，利用两地共有的文化元素和物品进行充分合作交流。其次，要建立和完善产业促进机制，促进文化产业的发展，为两地的文化认同提供物质条件。大力促进文化产业发展，以文化产业带动文化认同，加强两地在动漫、民族文艺节目表演、文化产品设计制作等方面的充分合作，实现两地文化产业创收，以"经济热"带动"文化热"，从而带动"政治热"，最终推动统一进程。最后，要建立和完善民间交流机制，充分发挥民间文化组织和知名个人的平台作用。[5]

（三）充分发挥传媒技术和平台作用促进"海丝"文化景观感知与
认同

随着信息时代的飞速发展，作为大众文化存在和传播主要载体的数字
技术、互联网以及现代通讯也在迅速升级。我们要充分利用传媒技术和平
台作用促进"海丝"文化景观感知与认同。

（四）构建中菲青少年互动交流平台，发挥青少年广交朋友的活力
精神，促进两地青少年友好往来

青少年是一个充满活力与激情的代名词，青少年喜欢广交朋友。但
在人际交往过程中会遇到各种不同的文化差异、语言沟通困难等。德国
当代著名思想家哈贝马斯的交往行动理论以其独特的方式，揭示了当时
资本主义社会中人与人之间潜藏的矛盾，并提出了通过交往行为的合理
化使生活世界得以重建。基于哈贝马斯人际交往的理论研究，人与人之
间的交往也就会抛却复杂性而变得简单。为了中、菲青少年和平友好的
交流，可运用哈贝马斯的人际交往理论，培养善于人际交往的中国青少
年，包容、接纳一定程度的文化差异与言语沟通障碍等问题，搭建中菲
青少年沟通友谊平台，为泉州、为中国在外的知名度、认同度得以提升。

（五）设计泉州"海丝"文化景观"智慧旅游"路线

通过将文化景观抽象为特征点的景观感知定量表达，为文化学者、旅
游学家与地理学家的合作提供了较好结合点。根据泉州"海丝"文化景观
感知的线路分布格局，"智慧旅游"系统可以为游客提供基于手机定位的
旅游景观感知信息推送功能，实现新时代旅游的智能化、精准化。此外，
通过构建与泉州"海丝"文化景观感知紧密结合的旅游信息分享平台，可

以实现对华裔青少年自发信息的共享，为智慧旅游中的人性化管理提供支持。吸引菲律宾华裔青少年参观体验特色文化泉州城。[6]

（六）欢迎"走进来"，鼓励"走出去"

菲律宾华裔青少年通过陈永栽老先生举办的夏令营走进泉州，了解泉州。同样，泉州也应该举办类似的夏令营活动，走出国门，了解菲律宾华裔青少年的真实生活。但是"菲华夏令营"只是中菲交流的途径之一，开展"家庭模式"的中菲交流，让菲律宾华裔青少年到泉州的家庭中生活，或是泉州的青少年到菲律宾华裔家中生活，由此更能深入了解两地青少年的真实生活、了解两地青少年生活中所接触的中华文化，更能促进两地人们真正的交流交往。

本研究的数据与结论，对与我们进一步清楚地认识菲律宾华裔青少年的泉州或"海丝"文化景观的感知与认同对泉州和中国推广文化、增强软实力、增强海外侨胞"乡愁"、宣传泉州城市形象、增强泉州与华裔之间的纽带联系具有一定参考借鉴意义。但本研究还存在这一些不足，我们将继续调查完善。

参考文献

［1］《2016 菲律宾华裔学生中文夏令营在泉州拉开序幕》，http：//www. hwjyw. com/activity/content/2016/04/05/32654. shtml。

［2］胡勇：《大学生微信持续使用意向的影响因素分析》，《实践研究》2013 年第 3 期。

［3］《陶瓷艺术家的"小目标"：把德化陶瓷推向世界》，http：//news. dahe. cn/2017/02 – 23/108325226. html。

［4］苏振芳：《两岸青年文化认同与两岸和平发展》，《福建论坛》

（人文社会科学版）2011年第6期。

［5］范雪莹:《中华文化认同视域下的对台文化统战工作》,《福建省
社会主义学院学报》2015年第1期。

［6］李仁杰、谷枫:《基于DEM的交通线文化景观感知与功能分段研
究》,《地理科学》2015年第9期。

东平古文化的运河印迹

赵兴彬

（泰山学院历史与社会发展学院）

摘　要： 东平自唐宋开始即已成为北方漕运"贡道"的要冲。元明清时期，京杭大运河皆过境东平，将其纳入南北水运大动脉的怀抱，其生态环境、生产环境、人文环境、社会环境均发生巨大变化，打上了深刻的运河文化印记。具体表现为：交通运输、商业贸易、旅游服务业兴旺发达；运河城镇码头的市井生活繁华奢靡；元杂剧唱响北方；信息丰富，传播快捷；首次进入马可·波罗等西方人的视野之中。

关键词： 东平；运河印迹；"贡道"要冲；运河命门；市井生活

东平古文化特征，大致可分为三个阶段：先秦时期，东夷文化西渐、华夏文化东进，以及齐文化、鲁文化都在这里交汇，呈现兼收并蓄、多元包容的特点；秦汉至唐宋，在强势政治地位影响下，精英辈出，今文经学、文学艺术独领风骚；元明清时期，东平文化深受京杭大运河影响，钤上了运河文化印记。

元明清时期，京杭大运河皆过境东平，把东平纳入南北水运大动脉怀抱，使东平的自然环境、生态环境、生产环境、人文环境、社会环境均发生巨大变化。借助运河之利，东平的商品经济从自然经济母体中孕育成长。其运河印迹具体表现为：交通运输、商业贸易、旅游服务业兴旺发达；运河城镇码头的市井生活繁华奢靡；元杂剧唱响北方；信息丰富，传播快捷；首次进入马可·波罗等西方人的视野之中。这些都构成东平运河文化的主体内容，而其外在文化面貌、文化形态则明显表现出开放性、多元性、包容性和进取性等特点。运河通，东平兴；运河废，东平退。失去运河航运，东平便回到了"十年九不收；收一收，吃九秋"的小农经济老路，可见京杭运河对于东平发展的生死攸关，颇值得今人深思借鉴。

一 "贡道"东北门户，"城郭规制，甲于东藩"

东平在隋炀帝大运河开通之后、元朝京杭大运河开通之前，早已纳入国家漕运系统，是宋代北方四大漕运的"贡道"之一。因为古济水的南支从今河南原阳、开封、兰考进入山东定陶，注入巨野泽，再由济宁北折进入梁山、东平，进而由东平的大小清河与北济水（今黄河鱼山以下）汇合，东流入海。这条水路，在武则天时开通为"湛渠"，"以通曹、兖赋租"。五代后周时，周世宗（954—958 年在位）重新疏浚，在开封附近用汴水作为补给水源，河宽五丈，称"五丈河"。宋代更是倾力浚治，宋太祖开宝六年（973）诏改"五丈河"为"广济河"，成为东京汴梁通向曹、济、郓、青等东部地区的漕运要道。

东平自秦朝就置有须昌县（今老湖镇埠子村以西的湖水之下）。隋文帝开皇十年（590）开始在今郓城县设置郓州，辖须昌县。隋炀帝大业元年（605），改郓州为东平郡；唐高祖武德四年（621），再改为郓州，治所未变。唐太宗贞观八年（634），因郓城卑湿，郓州治所迁至须昌县城，自此至北宋真宗咸平年间（998—1003），虽建制名称有所变更，但治所始终都在须昌县城（须昌县在后唐时因避献祖李国昌讳，改称须城县）。顾祖禹《读史方舆纪要》引旧《志》云："（东平）州自昔为望郡，金尤为重镇，以至于元，并专制一路，城郭规制，甲于东藩。明朝为水陆之冲，号称繁庶。"① 须城自宋代就处于济水运道的要冲，是"北通燕赵、南控江淮"的水路咽喉，也是开封的东北门户，因而这里一向风物繁华，商贾云集，名流荟萃。李白写有《送梁四归东平》诗，李商隐曾任郓州参军，高适住东平时有《东平路中大水》诗，韩愈有《郓州貉堂诗序》，柳宗元写了《贺东平表》。

然而，光绪《东平州志》载：至宋真宗咸平三年（1000），"黄河决郓州，东南注巨野，入淮泗，城中积水坏庐舍……州守姚铉旨移建州城于汶阳之高原，即今城也"。从此，东平的政治、经济、文化中心迁移到今州城镇（当时仍称须城），而曾经的郓州治所须昌城则淹没于东平湖水之下，遗迹难觅。民国《东平县志》称：须昌"沦没陂泽中，旧址无存。埠子头东岳庙，其东关也。西南陂中有石刻'南门'二大字，为南门遗址。遗址今淤水中"。州城在元明清时期，已发展为京杭大运河上的一粒璀璨明珠。

《新元史·河渠志》载："元之运河，自通州至京师为通惠河，自通州至直沽为白河，自临清至直沽为御河，自东昌须城县至临清为会通河，自三汊口达会通河为扬州运河，自镇江至常州吕城堰为镇江运河，南逾江淮，北至京师，为振古所无云。"可见在元代京杭运河线上，东平须城（今州城）是北连"会通河"南接"扬州运河"的枢纽地段。

济宁以北至东平的这段运河属于会通河的南段，别称"济州河"，于元世祖至元二十年（1283）开挖，经开河、袁口向西北，到梁山县安民山，长150里。此时，漕运由江淮入泗，到达安民山后，出大清河，由利

① （清）顾祖禹：《读史方舆纪要》，中华书局2005年版，第1553页。

津入海，再由海路转运至大都。后因海口沙壅，路转艰难，遂于至元二十六年（1289）又开挖了会通河，自安民山接济州河，向西北经张秋、聊城至临清，长250里。南北运河最终贯通，既保证了南粮北运和京都物资的供给，也给东平带来了经济繁荣。安（民）山地处两河交接处，为漕运中转总汇，其码头文化盛极一时。

明洪武二十四年（1391），黄河于河南原武决口，洪水漫入安山湖，元代所挖济州河大部淤平，停运20年之久。永乐九年（1411）六月，济宁州同知潘叔正奏请疏浚济州河，明廷命工部尚书宋礼主持疏浚工程。宋礼主要采取三大举措：一是废弃自袁口（今梁山县韩岗镇）以北至梁山一带的元代运河故道，东移20余里（一说50里）另挖新河，即从袁口向北经东平大安山、戴庙，至十里堡与北段运河衔接，长90余里；二是设昭阳、马场、南旺、安山四大"水柜"，为运河汛期蓄水，旱时补水；三是在汶河下游修筑戴村坝，遏汶水至南旺，给运河补水。

二 运河补水命门——戴村坝

宋礼疏浚济州河，于当年六月"仅二十旬而功成"。然而，会通河重新开通后，新问题立刻凸显，即南旺（今汶上县南旺镇）以北河段，因补水困难，经常处于浅水状态，重载漕船难以航行。这主要是因为南旺的地势，高于南方的沽头（今江苏沛县城西）116尺，高于其北方的临清90尺，故而有运河"水脊"之称。此前，元代对这段运河的补水办法，是在宁阳县筑堽城坝，引汶水经洸河，至济宁入运河。而进入济宁的补水却难以穿越南旺"水脊"向北流淌。为解决这一难题，宋礼广求乡贤，采纳汶上白英老人①的治运良策，决定堵塞堽城坝，另在东平的汶河上新建戴村

---

① 据《明史·食货志》，洪武二十八年，仿汉代三老制，"选年高为众所服者，导民善，平乡里争讼"。故而这里的"老人"非单指年龄。

坝，遏汶水入小汶河至南旺，利用南旺的"水脊"地势，通过南旺分水枢纽，使来水南北分流，形成所谓"七分朝天子，三分下江南"态势，有效地解决了补水北流的难题。

南旺分水枢纽系统工程，主要由戴村坝、小汶河、"水柜"、分水"石鲅"、节制闸五部分构成①，各部分相互关联、相辅相成，具有引水、蓄水、防洪、泄洪、控水等多重功能。这一分水枢纽，非常符合现代科学"系统论"中关于整体功能大于各部分功能之和的原理。康熙皇帝曾赞叹："朕屡次南巡，经过汶上县分水口，观遏汶分流处，深服白英相度开复之妙。"而这一系统工程的首要构件便是戴村坝，它是运河航运的生命之门。假如没有戴村坝的遏汶入运，南旺枢纽的其他功能就难以发挥，因此，戴村坝的地位和作用是无可取代的。另一方面，若单从戴村坝工程本身的科技含量以及在运河废弃后它对后世仍发挥的巨大作用来看，戴村坝被誉为"北方都江堰"，也是实至名归。

戴村坝位于今东平县城东南 20 里汶河左岸的戴村附近。戴村坝所在的龙山之阳，其汶河河床高于南旺，在此筑坝拦汶，可使汶水自然南流至南旺。当年八月，宋礼、白英在这里最初建成的是长"五里十三步"（约4023 米）的土坝。土坝北边的坎河（今汇河）口，则预留缺口，需要时，用刮沙板聚沙为堰截水南流；大汛时则作泄洪道使用。

据清人张伯行《居济一得》卷三《戴村坝议》载，"戴村坝在坎河口石坝之南，五里土坝是也"。土坝之所以长五里多，是因为它"不像现在的戴村坝那样横卧在河道上，而是斜卧在汶河上，坝体顺水流方向成锐角（35°）。这自然是白英对戴村坝设计思想的精巧不凡之处，只是坝体长度大大增加了"②。

---

① 尤宝良、邓红：《东平湖与黄河文化》，黄河水利出版社 2009 年版，第 185—187 页。
② 同上书，第 125 页。

戴村坝的现存状态，是后来经过多次改建、完善的结果。明朝天顺五年（1461）、弘治十七年（1504）都曾修筑坝体，并植柳。万历元年（1573），侍郎万恭在坎河口垒石滩；十七年（1589），总理河道潘季驯拆石滩，改筑石坝。清雍正四年（1726）重修，统建漫水石坝三段，自南至北分别称为滚水、乱石、玲珑三坝，通长126丈8尺，高出旧坝1尺。雍正九年，将滚水、乱石二坝削低与旧坝高度相平，拆除了玲珑一坝，改建为矶心垛56座、水门55孔，设闸板以备蓄泄，后冲毁27洞，遂在闸板的后面填实，筑土堤，名曰春秋坝。乾隆十四年（1749），将玲珑坝两头各留5丈，中间落低7寸。道光二年（1822），在坝体北端筑三合土溢洪坝。光绪五年（1879），四坝重修、加固，在南北端各筑坝头一座，新铺设的坝面条石用铁闩铁锔钩连，以油灰锤炼勾缝；把旧坝的面石，镶嵌铁扣锁链。光绪三十年（1904），漕运大臣窦子桂修复被冲毁的石坝，并在原土坝（俗称太皇堤）的迎水坡铺设片石，后人称为"窦公堤"。民国八年（1919），略事修补。民国二十二年（1933），整修加固了遭损坏的坝体，加宽玲珑、乱石两坝。

今之戴村坝的总长为2119.5米，分为5段，自南至北依次为：南引堤450米、戴村石坝437.5米、窦公堤900米、灰土坝262米、北引堤70米。其中，主体戴村坝是溢流坝，自南而北分别为：滚水坝长71.6米、乱石坝152.1米、玲珑坝149.4米。坝头现存石刻水兽一对，做工精细，栩栩如生。完整保存有碑刻七块，其中光绪六年（1880）、民国二十二年（1933）重修戴村坝碑，记载尤详。民国碑刻，其碑阴载有总监修孔令瑢所撰"工程记实"。"文化大革命"前这里还曾有龙神庙、白公庙、将军庙等。

宋礼、白英初建了戴村坝，后世无论怎样新建、改建、加固、整修，都不过是对原坝的优化和完善，以使拦汶、溢洪、引水更趋合理，而其原河线和坝址并没有本质性改变，这就充分说明戴村坝的选址和建设具有很高的科学价值，经得起历史的检验。概而言之，戴村坝本身体现的科学价值，主要有以下三点。

第一，科学的设计理念。白英发现南旺"水脊"是运河的制高点，要解决元代堽城坝引汶至济宁后无法使之北流的难题，必须选择南旺"水脊"作为分水处，而要把汶水引到这一制高点上，又必须选择比它地势更高的汶水河段建坝拦水，才能使之自然流淌。在当时条件下，白英能够测出相距70里的南旺、戴村之间有14米的高差，这需要有丰富的地理知识。而堵塞堽城坝、疏通小汶河作为引水渠，既缩短了距离，节省了民力，又能借其"一溜十八弯"的河势，增加蓄水量，减小对运河的冲击力。后来的坝体由主石坝、太皇堤、泄洪道三者相互配合，有效解决了"持续供水"和"坝体安全"之间的矛盾。戴村坝、小汶河、南旺分水工程三者有机组合，又构成了更大层次的系统工程。如此层层相联、环环相扣，使之发挥最大整体功能的设计理念，完全符合现代科学的系统论思想。

第二，巧妙的建筑构造。为实现"水盛则漫入清河，以疏其溢；水落则尽挟入南"的设想，工程采取了使三段坝体的高程相互错落的办法，即南端滚水坝最低，北端玲珑坝次之，中间乱石坝最高。若洪峰到来，三坝同时漫水高度超过两米时，则"窦公堤"护卫下的最北端坎河口泄洪道开始泄洪，既保证了稳定供水，又增强了御洪能力。坝体自下而上由两合土、木桩、巨石分层叠压，坝体的立面呈弧形，弓背面向迎水，预应力十足。主石坝下方，再建缓冲栏，以减轻溢洪冲蚀下方的坝体。坝体高度的设定，兼顾了上游流沙的沉淀问题，能保证沉沙5米厚度，以利固坝，减轻沙剥。

第三，精湛的施工工艺。底部用松柏作木桩，每根都要编号并钤盖施工负责人的红印，桩间填筑三合土；桩顶铺多层黄表纸，使木桩均匀受力；纸上覆压石条，顶层巨石条之间，用亚腰形的铁隼锔合，用杨藤水三合土灌缝。又在主石坝的南北，各建巨型坝台，使弓形的石坝两端插入台中，起到了弓形桥墩那样的受力效果，使坝身更加坚实牢固。而位于主石坝与坎河口泄洪道之间的窦公堤（太皇堤），则采取跟主石坝相反的弓形，亦即使凹面迎水，以舒缓来水，减轻对主石坝的直接冲击。这种严密的施工流程和精湛的施工工艺，令人叹为观止。民国初年，到过此地的美国水利专家方维赞叹说："此种工程当值十四五世纪工程学的胚胎时代，必视为绝大事业。彼古人之综其事、主其谋而遂如许完善之结果，令我后人见之，焉得不敬而且崇耶！"①

更为可贵的是，当清末民初京杭运河停运以后，戴村坝作为南旺分水枢纽的"遏汶济运"功能虽然丧失了，但它造福于东平人民的功能丝毫没有减弱。它在拦沙缓洪、控制水势、固定河槽、蓄水灌溉、城市给水、水产养殖、旅游观光、生态环境优化等若干方面，都发挥着积极作用。它是古人留给东平民众的一笔宝贵文化遗产，值得珍视，已被列为国家文物保护单位。而东平民众对她的热爱和崇敬也近于神化。每年的元宵节、二月二龙抬头等传统节日，方圆几十里的群众都来戴村坝献贡祭祀，燃香放炮，祈求风调雨顺；家里每有喜事或遇灾遭难，也常来放鞭炮，丢零钱，祈求吉利平安。毫无疑问，东平民众对大坝这种纯朴真挚的感情，完全是缘于大坝带给他们的无穷无尽的福祉。可见，作为京杭大运河必备附属设施的戴村坝，其对东平文化的影响，已融汇于精神层面。

三 码头城镇的市井生活

中国大多数传统中心城市的形成，有一个不同于西方近代城市兴起的鲜明特征，那就是它们首先以行政功能为依托，然后才逐渐发展为经济、

---

① 张志熙、刘靖宇等主编：《东平县志》，台湾天成印刷局影印民国二十五年（1936）铅印本，第592页。

文化中心。只有一部分中小城镇的发展路径与之相反，而码头城镇就是典型。因为有水有航运，必有码头；有码头，则必先有运输和商贸，随之服务业、旅游业、市井娱乐业大行其道，最后出现行政管理，于是码头文化便应运而生。从这一角度看，码头文化既属于传统的智者型文化，也具有西方早期资本主义城市文化的某些色彩。码头文化一般都具有开放性、多元性、包容性和进取性的特点，其鲜明标志就是商业性、市井性、行政次生性。不过，由于东平处于浓郁的水浒文化环境之中，又长期受到儒家文化的浸润，其码头文化也渗入了农耕时代小富即安、急功近利的文化积弊，从而使东平的码头文化具备了自己的特色。

尽管东平古老的须昌城和随后被取而代之的须城（今州城）早在唐宋时代就是济水"贡道"的要冲，然而，它跟元明清时期因大运河而兴起的码头城镇——安山镇相比，在性质和面貌上迥然不同。

安山镇位于今州城西面东平湖的南滨，是明永乐初年运河改道后依托安山闸而兴起的古镇，在清光绪年间（1875—1908）官方正式设镇，现为大安山村，隶于东平县商老庄乡管辖。因元代运河不走大安山，故而当时这里仅是渔船停泊和鲜鱼交易的集市。但明代新挖运河改经大安山后，特别是随着明成化十八年（1482）安山大闸的建立，这里便迅速发展为帆樯林立、商旅穿梭、店铺密布的繁华码头市镇。到了清代，清政府在安山镇设文武衙门管理，所设东平分州衙门，为正八品，代表州官管理以安山为中心的"西五保"政务、漕运与湖闸事宜。所设厘金局（俗称"关卡"），收取河道货物过境税。还在这里派驻兵马，担负屯田、护漕、保粮等任务。

从商旅运输业来看，安山镇是漕运枢纽，明代江淮一带的漕粮，每年约有400万担经安山闸运往京都。据载，在漕运旺季，安山运河的帆船往往首尾相连，绵延数十里，蔚为壮观。后人将这种"商旅云集，店铺遍布，河道上下，白天舳舻蔽水，帆樯林立，夜晚桅灯高悬，渔火满天，繁华景象盛极一时"的状况，概括为"会河帆影"，为古东平八大景之一。

过境安山的漕运物资，虽以官方漕粮为大宗，但这并不排斥商品的多样化和巨量交易，其主要原因有二①。

一是政府允许漕运船卒在运送漕粮时从事私货贩运，即在规定限额内可以捎带私货在各地码头自由贩卖，以作船丁的经济补偿。这是沿袭了宋太祖"舟人水工有少贩鬻，但不妨公，一切不问"②的传统做法。起初，明政府准许的夹私货额"不得过十石"，后来增至 60 石。清代不断扩大，先后由 100 石、126 石、150 石，增加到 180 石，甚至南返空船可以私载 500 石，其中政府免税 60—84 石不等。除去官方允许的私货限额之外，实际上运粮军丁还与官员勾结，采取各种非法手段扩大私载数量，如通过改装船身，可以使装载量增加一倍，军丁"置买私货，于沿途发卖，以致稽迟""军船多载私物，但遇市镇，湾泊买卖，延住日久，民船亦被淹留"。这种官粮漕船的私货夹带做法，一方面减轻了官方的运费负担，调动了漕运军丁的积极性，另一方面则极大地促进了南北物资交流，刺激了商品经济的活跃。由于官粮漕船夹带的私货，比民船货物有价格优势，而且这些官船私货又不可能远离运河航线，只能在运河沿岸的市镇、码头作趸买、趸卖，相当于一级批发商。于是，各地商人往往首选运河的城镇、码头作为货源地，这极大地带动了码头商贸的繁荣。

二是民间贸易的覆盖面更为广阔。如果说官船私货主要限于南北之间的纵向商品交换的话，那么民间商人的商品贸易，则是纵横交织，其覆盖区域更为广泛。他们既来运河沿岸的市镇、码头购置南来北往的货物，然后将其贩运到东西方更远的地方，相当于二级批发商，同时他们又把所在

---

① 王云：《明清山东运河区域社会变迁》，人民出版社 2006 年版，第 71—79 页。
② （宋）李焘：《续资治通鉴长编》卷三五，中华书局 2004 年版，第 753 页。

地区的各种商品运至码头，批发出去，又成了一级批发商。这种大规模搞批发的"富商巨贾操重资来市者，白银动以数万计，多或数十万两。"① 除此之外，安山镇内的零售商户、店铺，更是随处可见。

安山镇的三里长街，有 1000 多户居民和商户。运河南岸有 300 多农户、船户、渔户，北岸 700 户多为作坊、商铺、行会、饭店等。有一处规模较大的山西会馆，陕商、晋商、济南商人、章丘的手工业者都纷纷在此经营，设有盐店、当铺、钱庄、粮行等数十家。在回族聚居的回族街建有清真寺，回族主要从事餐饮业和屠宰业。清道光、咸丰年间（1821—1861），这里有多达 18 家粮行，经营寿张集、郓城以北的高粱、大豆，汶上、东平一带的小麦，最多时每天成交一二十万斤。还有一个颇具特色的"粮船市"，即每到漕运来临的春秋两季，商会便提前向数十里内的集镇张贴广告，组织各地商户准备粮食交易，有时还要伴唱大戏。每次"粮船市"开始，粮食交易量巨大，一度成为北方粮食市场价格的晴雨表。他们有四大货栈，可代客户买卖各种货物及其储存，并联系漕船发运。其发往南方的货物主要是干枣、棉花、干鱼、干虾和当地盛产的优质中药材如香附子、栝楼、芡实、枣仁、菟丝子、车前子等；而南方来的卸船商品主要是糖、江米、茶叶、甘蔗、竹器、丝绸、麻线、夏布和南方中药材。

从服务业来看，由于运输与商贸活跃，人流密集，其饭店、茶肆、旅馆业等生意兴隆。官宦差吏、文人墨客、富商巨贾、游客市民等常在这些场所，畅饮以"济水伏流"酿制而成的"梁山义酒"，啜食别具风味的"东平糊粥"，品尝蛋蛤蟆、东平湖麻鸭、毛蟹、团鱼、鲤鱼、糟鱼等地方名吃。郑板桥品尝东平糟鱼后赋诗赞曰："做官山东十一年，不知湖上鲫鱼鲜。今朝尝得君家味，一包糟鱼胜万钱。"安山镇内有著名的"五行八

---

① （清）叶梦珠：《阅世编》卷七，上海古籍出版社 1981 年版，第 158 页。

作"。"五行"指车行、船行、秤行、斗行、牙行，都属于服务业；"八作"指粉坊、面坊、油坊、曲坊、宰坊、纸坊、香坊、豆腐坊，虽属手工业作坊，但也兼有饮食和信息服务业的功能。各行业都有行会、行规，要承担官差派遣的义务和镇上的杂费。

从市井娱乐业来看，安山镇的大戏短剧、曲艺弹唱、歌舞杂耍、纤声硪号、渔鼓叶牌、四音高跷等文艺活动，可谓随时可听、随处可见、随人可赏、随心所欲，呈现出一派灯红酒绿、歌舞升平的市井文化气象。

从东平一带"水浒文化"的产生路径来看，一般是先有民间的水浒说唱，继有水浒题材的元杂剧，最后才有小说《水浒传》的诞生，三者的传承关系清晰可辨。东平不但是水浒戏的创作中心，也是演出中心，至少自元代开始，"东平的戏曲演唱活动，一定很繁盛"。元初杜仁杰的套曲《庄家不识勾栏》，记述了一个庄稼人进城观看"勾栏"（舞台）中的杂剧演出。从作者使用的方言俗语、对城市生活的稔熟，以及剧目与高文秀《黑旋风敷衍刘耍和》的相似性来看，这个演出地点实指东平。元曲作家夏庭芝的《青楼集》中，还记载了一位女演员叫聂檀香，其"姿色妩媚，歌韵清圆，东平严侯甚爱之"，她是活跃在东平杂剧舞台上的一位名角。[1] 东平的演出舞台，一开始主要集中在须城，至明清时，安山码头更为活跃，它把北剧中心北京和南剧中心杭州，通过运河航线串联在一起，其文化地位不容小觑。

东平"瞎腔"，是河南坠子沿运河北传的结果，已经以河南坠子的总名义被列入了国家第一批非物质文化遗产名录，该曲艺以坠子弦为伴奏乐器，唱腔委婉，吐字清晰，故事情节连贯，在东平民间流行广泛。另外，肇始于唐代的东平"端鼓腔"，脱胎于扬州"香火调"，是微山湖端鼓腔的

---

① 王志民：《元杂剧活动中心之一东平府》，《东岳论丛》1985 年第 6 期。

嫡传，已被列入了第三批国家非物质文化遗产名录。"四音戏"则是东平的四弦戏，由曹州北传而来，在四弦胡琴伴奏下，演员背鼓，边打、边唱、边舞，动感十足，深受欢迎，已被列入省级非物质文化遗产名录。另一省级非物质文化遗产东平"硪号子"，是在修筑戴村坝和运河大堤的过程中由劳工创造的打夯号子，它在"嗨唷，嗨哟"的不同节奏中，自由添加念词，念词内容包括民间传说、历史故事等，这既适应合力打夯的劳动需要，又能消解劳动者的疲劳，增加知识。东平渔鼓原称"道情"，是道教宣讲经卷时唱诵的一种道曲，南宋时用渔鼓和简板作伴奏；元明以来，随着丘处机全真教龙门派的兴盛，"道情"广泛传播；清朝中叶它开始被民间改造为一种板腔体说书曲艺，现已被列入泰安市非物质文化遗产名录。"叶子牌"是东平的一种古老而独特的纸牌游戏，它应是唐代"叶子戏"的遗传，只是在传承过程中发生了某些变异而已。它既像麻将，又掺入了扑克的"花""千"等，它最为别致的是，牌内一至九"万"上的图案全是水浒人物故事，并且在打牌过程中必须伴随着说唱进行，如其唱词"打了个一还是一，一'万'燕青了不起，保着宋江闯东京，泰山打擂数第一"，轻松活泼，饶有意趣。

四　马可·波罗等人记述的东平

京杭大运河培育的东平商旅业和市井娱乐业盛况，还可以透过外国旅行者马可·波罗等人的描述，得到进一步体现。1936年冯承钧译《马可波罗行纪》① 第一三四章，如此描绘了"新州马头"②：

> 离中定府后，南向骑行三日，沿途见有环墙之城村甚众，皆贵

---

① 杨志玖认为，现有6种汉译本中，仍以张星烺、冯承钧译本为佳。见《百年来我国对〈马可波罗游记〉的介绍和研究》，《天津社会科学》1996年第1期。
② 即今梁山县小安山镇。据法文译者沙海昂的注释，"新州马头"当时为东平路"须朐马头"。

丽，工商业颇盛，有种种猎物，百物悉皆丰饶。

骑行此三日毕，抵一贵城，名称新州马头（Cinguymatu），颇富丽，工商茂盛。居民是偶像教徒，为大汗臣民，使用纸币。有一河流，彼等因获大利，兹请言其故。

此河来自南方，流至此新州马头城，城民析此河流为二，半东流，半西流，使其一注蛮子之地，一注契丹之地。此城船舶之众，未闻未见者，绝不信其有之，此种船舶运载货物往契丹蛮子之地，运载之多，竟至不可思议，及其归也，载货而来，由是此二河流来往货物之众可以惊人。①

尽管学术界对马可·波罗是否真的到过中国存有很大争议②，但由于其游记的成书是在元代初期，而且所记内容多属事实，因此它至少可以证明，在元代时，西方人已对中国有相当的了解，这对于中西文化交流意义非凡。欧洲人通过《马可波罗行纪》，当然也把东平的"新州马头"纳入了视野，东平从此开始为欧洲人所知。

到了明代，经过东平州穿行大运河的外国旅行者，人次更多。据黄仁宇《明代的漕运》一书所载，当时，意大利传教士利玛窦两次经运河北上；日本使团进北京都要走完运河的全程。在清代，彼得·冯·霍姆率领的荷兰使团，以及稍后的法国使团，都曾长期在运河上逗留。他们之中的一些人，还写下了旅行日志和札记，有些记载，对于后人了解运河城镇的

---

① 《马可波罗行纪》（上册），冯承钧译，中华书局1954年重印本，第520页。
② 国内以杨志玖为代表的多数学者，基本持肯定态度，相关论著主要见于杨志玖《元史三论》（人民出版社1985年版）及其论文《马可·波罗到过中国》（《历史研究》1997年第3期）；另有：余士雄《马可波罗介绍与研究》，书目文献出版社1983年版；中国国际文化书院编《中西文化交流先驱——马可·波罗》，中国对外经济贸易出版社1995年版。国外部分学者持否定态度，主要见〔英〕克雷格·克鲁纳斯《马可·波罗到过中国没有》，杨德译，《编译参考》1982年第7期；〔英〕吴芳思《马可·波罗到过中国吗?》，新华出版社1997年版。

社会细微风貌，很有帮助。譬如，法国使者对活跃于运河航船上的骗子的描述，称这些骗子常把猪皮包在木棍和泥土上，冒充火腿行骗。而"小偷和强盗很少诉诸暴力；相反，为了达到目的，他们宁愿采取阴谋诡计的手段。有一些盗贼，跟着帆船，神不知鬼不觉地混入船上。这些船只沿着漕河，把他们带到山东省境内。在这里，他们每天都要换船，因而难以被发觉……其中一些盗贼会跟踪一个商人达两三天，直到有机会下手偷盗或抢劫。"① 这无疑使人从另一侧面了解到当时东平一带市井生活的多样性、繁杂性。

概而言之，汪汪的湖水，繁忙的运河，一度给东平社会带来近 600 年兴盛，形成了带有一定商品经济色彩的东平文化。然而，优越的自然环境和经济条件本身，并不能必然把东平带入近代化的商品经济社会，因为专制主义政治制度与商品经济是根本对立的。在专制主义制度下，商品经济的发展空间极为有限，一旦商品经济的发展危及皇权永固，便遭到扼杀；而且既有的商品经济成分，也只有屈服于自然经济的母体才能存在下去。因此，正如黄仁宇先生所论，"决定这一系列问题的，并不是自然环境，而是国家，是思想观念"②。上述东平古文化中有关商品经济的论说，也是仅限于这一大前提之下而言的。

---

① ［美］黄仁宇：《明代的漕运》，新星出版社 2005 年版，第 199—217 页。
② 同上书，第 233 页。

明代月港贸易繁荣促进航海技术发展

郑　云

（福建省龙海市博物馆）

　　摘　要：早在公元前2世纪，我国就同西域诸国有直接或间接的往来，五代十国期间，许多政治使节、僧侣和商人不断前往西域南海诸国进行政治、文化和经济交流。特别是在明朝中后期，漳州月港成为海禁时期我国唯一的民间合法贸易港口，是世界海上交通和国际海外贸易的重要起航港。从月港输出了漳州窑瓷器等中国商品，换回了当时占世界50%以上的白银等外国商品。漳州月港让中国的瓷器影响了世界，开启了中国白银货币时代，意义和影响非常深远。月港贸易的崛起造就了一支敢为人先、艰苦拼搏的漳州海商队伍，他们视大海为舞台，以世界为市场，过台湾、下南洋、闯东洋、泛西洋，创造了历史上民间海商最辉煌业绩，也孕育了漳州海商胆识和品格。月港贸易大大促进了古代航海技术水平的提升与发展，直接为我国参与大航海时代经济全球化奠定良好基础。并本文拟就月港贸易繁荣对漳州海商航海技术提高的作用作个肤浅探究。

　　关键词：明代月港；航海技术；水平提高

15 世纪至 17 世纪中叶，是欧亚大陆先进国家封建生产方式解体或濒临解体，资本主义生产方式萌芽或生长时期。各国航海贸易发展，对各国社会与生产发展意义非凡。此时，西欧各国因为发展航海贸易，不断向亚洲、非洲、美洲进行殖民扩张。当时明朝政府刚刚成立，为了防止方国珍、张士诚部逃亡海上的残余势力卷土重来，也为了防范日益突出的倭寇问题，洪武三年（1370）明太祖下令撤掉泉州、漳州等处的市舶司，厉行海禁政策，严禁沿海居民私自出海贸易。次年，再次颁布禁海令，重申沿海居民必须遵守法纪，不得私自出海。《赤嵌笔谈》载，"洪武五年（1372），以居民叛服无常，遂出大兵，驱其大族，徙置漳泉间"，反复重申"禁濒海民私通海外诸国"。一直到了明永乐年间，明政府派"郑和七下西洋"，从永乐三年至宣德八年（1405—1433），郑和率领巨舶百余艘，七次下西洋，历时 29 年，航程 10 万余里，到达西南太平洋、南亚印度洋、东非等地区的大小 30 多个国家，以其规模之庞大、航迹之广远而称雄于古，蜚声于今。郑和下西洋后，1492 年 10 月 12 日凌晨，受西班牙女王派遣的哥伦布发现了美洲新大陆。于是，西欧殖民者开始在世界海洋里展开一场激烈竞争，东来的西班牙人、荷兰人、葡萄牙人突破陆地的局限驶向大海。这个时期，明朝宣德、正统、景泰年间（1426—1456），统治者却又实行严厉的海禁政策，关掉广州、泉州、宁波等船舶司，从海上退缩了。为了冲破官府的"海禁"限制，继续开展海外贸易，东南沿海的海商集团多方求索。月港地处九龙江出海口（见图 1），因"僻处海隅，俗如化外""官司隔远，威令不到"等条件，海盗海商就选择该处为对外走私交易据点，从诏安湾梅岭港转移到东北方的海澄月港。当时不仅民间存在着广泛的走私活动，就是政府官员、军人也参与其中。江苏、浙江一带的"豪门巨室"，他们拥有雄厚资本，倚仗权势，造船贩货，雇人走私远洋，以取厚利。还有相当数量的漳州籍海商集团首领谢策、严山、洪迪珍、张维、吴平、曾一本、颜思齐等也聚资造船,下海走私。明代学者张燮《东西洋考》明确载述:"漳州外贸'先是发舶在南诏之梅岭,后以海贼梗阻,改道海澄。'"月港的繁荣引起了明政府的重视,嘉靖九年(1530)政府在海沧设立安边馆,嘉靖三十年(1551)把安边馆改为靖海馆,设通判。嘉靖四十四年(1565),知府唐九德顺应民意,提议割龙溪县一都至九都及二十八都五图,并漳浦县二十三都之九图,凑立一县。嘉靖四十五年(1556)析龙溪、漳浦的部分地区设立海澄县,辖三坊五里,即以八都、九都为附郭,内立五图为三坊,余者为乡落,立四十二图为五里。其范围东抵镇海卫界,西抵龙溪县界,广八十里;南抵漳浦界,北抵同安县,连海袤五十里(见图2)。隆庆元年(1567),明政府正式取消海禁,在月港设"洋市"。从此,月港从走私贸易的非法港口转变为政府承认的合法的外贸商港,月港走向新的时期。月港开禁后,私人海外贸易突飞猛进。明万历十七年(1589),每年由月港拔锚扬帆的商船数以百计,当时月港船舶航行路线抵达越南、泰国、柬埔寨、马来半岛、马鲁古群岛、日本、印度等,月港海商还通过马尼拉和南洋群岛的其他地方,直接与西班牙、葡萄牙、荷兰、英国等欧洲国家商人进行广泛交易,并与美洲发生贸易关系,可以说,月港海外贸易的兴盛打开了漳州通往世界的大门(见图3、图4、图5)。

一 历史上漳州海商进行海上贸易活动

漳州地处我国东南沿海,海岸线漫长,气候温和,海湾众多,具有得天独厚的航运条件。漳州是连接台湾海峡东西岸的重要通道,是太平洋西岸航线南北通衢的必经之地,历史辉煌,区位独特,优势明显。漳州的海上丝绸之路萌芽于汉唐,发展于宋元,兴盛于明清。明中叶后以漳州人为主的闽南海商成为中坚力量，主动融入大航海时代的贸易共荣圈，开创漳州在世界海洋文明中的辉煌历史。漳州建置于唐垂拱二年（686）。从考古成果来看，早在旧石器时代九龙江平原的滨海先民就与海结缘，有了海洋活动。建州之后，滨海居民的海洋活动日趋发展。南唐保大末年（958），三佛齐将军李某以香货诣漳州，并以所得在城西营造普贤院。北宋开宝九年（976），漳州刺史陈文颢呈献朝廷的贡品中，有瓶香万斤、象牙二千斤、白龙涎五斤，这无疑是来自海外贸易之所得。北宋初期，漳州与泉州、福州、兴化（今莆田）并列为福建四大造船地点，"凡滨海之民所造舟船，乃自备财力，兴贩牟利"。宋政府在泉州设置市舶司后，漳州的海港作为泉州港的辅助性港口继续发展。绍兴年间（1131—1162）任漳州知州的廖刚写道：漳州拥有"大批海船之家"，它们在出航之前，"必先计物货，选择水手，经时阅月，略无不备，然后敢动"；而后"则又必趁风信时候"出航，"冬南夏北，未尝逆施"。因此，"舟行平稳，少有疏虞，风色既顺，一日千里不曾为难"。从廖刚所写，可知晓漳州航海者已经具有较高的航海素质。元代，漳州的海上交通也有发展。至正二十三年（1363），漳州路右丞罗良"遣僚佐具舟由海道运粮抵辽东"。这条航线，自厦门湾之太武山北上，最后抵渤海湾，历东海、黄海、渤海，航线漫长，海路险峻，但漳州船民水商"操舟如神，则不惮此"。建州以来特别是宋元时期漳州海上交通贸易的发展，一代代航海人不断积累的航海经验以及由此形成为航海素质，为明代漳州月港（海澄港）的兴盛奠定了基础。

崇祯《海澄县志》载：海澄置县时，户 7711，口 30569；崇祯五年（1632）户 6932（缺人口数）。看来，万历年间的人口也就在三四万。而出洋贩番者竟"岁不下数万"！这在 16—17 世纪的中国即使并非绝无仅有恐怕也是罕见的吧？

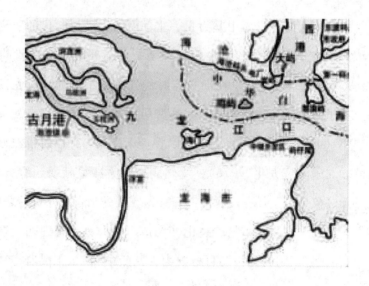

图 1　月港位置示意

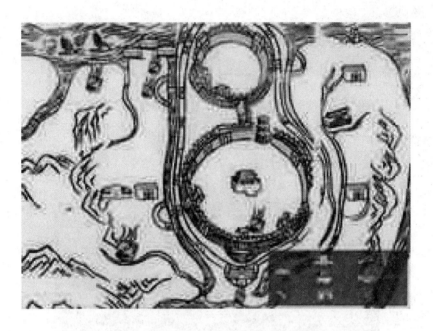

图 2　古海澄地图（据乾隆版地图绘制）

图 3　明代流入月港的银币有 20 多种，可见当时月港

对外贸易的繁荣程度（刘丽英摄）

图 4　晏海楼，建于明万历十年（1582），眺望海防及演武之用

图 5　流入月港的荷兰、印尼、印度、
墨西哥等国家和地区的银币

二 明代月港海商拥有的航海技术

明代初年，政府长期实行海禁政策，禁止外国商人随意来华贸易，也禁止中国商人自由出海经商。中国沿海民众为了生存，不得不以"走私"的形式冒险出海，同时千方百计地寻找"海禁"的薄弱环节，以建立外贸基地。政府管制比较松弛的漳州月港，因此而悄然发展成私人海外贸易的聚居点，并且于隆庆元年（1567）获得了官方的认可，成为当时政府批准唯一合法的民间海外贸易港口。当时月港拥有18条往东西洋的航线，与东南亚、南亚和东北亚等47个国家和地区有直接贸易往来，是中国东南沿海对外交通贸易中心和当时从中国经吕宋马尼拉至美洲阿卡普尔科的"海上丝绸之路"的主要启航港。

月港海商在传承古代航海技术后，闯荡南洋，东渡台湾，走向世界，尽显风骚数百年，对于一个长期奉行闭关锁国的老旧帝国而言，漳州商人无疑是那个时代最具世界眼光的一群人。他们善于运用天文航海技术、地文航海技术和海洋气象观测、潮汐测定的方法，娴熟掌握、安澜行舟，为月港贸易发展提供了人力资源和技术支持。

（一）月港贸易造就大批造船、航海和经贸人才

明代后期，航海技术有重大发展，与南宋赵汝适《诸番志》、元汪大渊《岛夷志略》相比，《顺风相送》《东西洋考》《指南正法》等书，对航海技术、航海知识，如航程、航路、针路、山形水势、气象潮汐等，有了更详尽、更准确和更丰富的记载。这表明，我国航海技术、航海知识有了重大的发展。

月港造就了一大批漳州航海技术人员。谢杰在《琉球录撮要补遗》中说："大都海为危道，向导各有其人。看针把舵过洋，须用漳人。"何乔远

《闽书》也记载出使琉球的封舟，"操舟多用漳人"。嘉靖四十年（1561）正使郭汝霖在其《使琉球录》也记载："至于主张行加之人断非漳人不可。盖其浮历已久，风涛见惯，其主事者能严能慎，其趋平者能劳能苦。"说明漳州沿海人民具有丰富的航海经验和高超的航海技术，特别是具有勇敢沉着、遇险不惊、视渊若陵的航海家应当具备的心理素质。正是这些特质，令漳州航海家们扬帆于世界各地。

《顺风相送·序》曰："行路难者有径可寻，有人可问。若行船难者则海水连接于天，虽有山屿，莫能认识。"张燮也说："海门以出，洄沫粘天，奔涛接汉，无复崖埃可寻、村落可志、驿程可计也。"这些，道出了航海的实际问题。但中国历代航海者，以他们在利用海洋、开发海洋的实践中所积累的经验和所获取的航海技术，推动了航海技术的不断发展。

（二）明代月港贸易提升和发展航海技术

明代月港贸易提升和发展的航海技术主要有以下五个方面。

第一，天文航海技术。在茫茫的汪洋中，航行导向至关紧要。在罗盘针运用于航海之前，天文导航是确定航向的主要方法，"夜则观星，昼则观日"。即使在普遍运用罗盘针之后，天文观测也依然是航海导向不可或缺的重要技术。郑和船队下西洋，"唯观日月升坠，以辨西东，星斗高低，度量远近。皆斫木为盘，书刻干支之字，浮针于水，指向行舟"，把天文导航与罗盘针指向有机地结合应用。

《顺风相送》有《观星法》《定日月出入位宫昼夜长短局》以及定日月出没的歌诀，《指法正法》也有《观星法》和《定逐月日出入宫位》，所记基本相同。这些存录表明了明代航海家在天文定位术方面，既延续了我国早已经有的以日月星辰之运行测定航向的方法，又在北印度洋航路上运用牵星过洋术。

第二，航海地文技术。自北宋晚期罗盘运用于航海以来，航向定位关键在于罗盘针法。《东西洋考》说："长年三老鼓柂扬帆，截流横波，独恃指南针为导引。或单用，或指两间，凭其所向，荡舟以行。"《顺风相送》有"下针法"、《指南正法》有"针方法"，它们还皆有"定三方针法"和"定四方针法"，这表明在针法运用上除普遍使用单针、双针外，还出现"定三方针法""定四方针法"，这是罗盘针法的一大进步。各相关著述对航线针法的记述都比以往更细，由甲地前往乙地的航程中，分为若干段水程记述其针法。例如，《东西洋考·东洋针路》对由厦门附近太武山至吕宋的针路作这样的记述：（太武山）用辰巽针，七更，取彭湖屿—用丙巳针，五更，取虎头山—用丙巳，七更，取沙马头澳—用辰巽针，十五更，取笔架山—进入大港—用辛酉针，三更，取哪哦山—用辛酉针，十更，取密雁港—用丙午、单午，十更，取六藐山—用单巳针，五更，取郎梅屿—单午，四更，取麻里老屿—用丁午，五更，取苏安山及玳瑁港—用壬子针，四更，及癸丑，五更，取表山—用丙午及单午，五更，取里银中邦—丙巳，五更，取头巾礁—用单午，五更，取吕宋国（菲律宾古国之一，在今吕宋岛马尼拉一带。）

第三，海洋气象观测与潮汐测定。气象之观测与应对，是保证航行安全的重要一环。《顺风相送》中有《逐月恶风法》《论四季电歌》《四方电侯歌》，《指南正法》有《观电法》《逐月恶风》《定针风云法》，《东西洋考》也有《逐月定日恶风》。《东西洋考》有专节的"占验"，内容、分为占天、占云、占风、占雾、占电、占海、占潮，以口诀形式讲述观测天象、海潮变化的方法。例如，"占天"："朝天东南黑，势急午前雨，暮看西北黑，半夜看风雨。"又如，"占云"：

天外飞游丝，久晴便可期。清朝起海云，风雨霎时辰。
风静郁蒸热，雷雨必振烈。东风云过西，雨下不移时。

东南卯没云，雨下巳时辰。云起南山偏，风雨辰时见。

日出卯遇雨，无雨必天阴。云随风雨疾，风雨片时息。

迎云对风云，风雨转时辰。日没黑云接，风雨不可说。

云布满山低，连宵雨乱飞。云从龙门起，飓风速急雨。

西北黑云生，电雨必声旬。云势若鱼鳞，来朝风不轻。

云钩午后排，风色属人猜。夏云钩内出，秋风钩背来。

乱云天半绕，风雨来多少。风送雨倾盆，云过都暗了。

红云日出生，劝君莫出行。红云日没起，晴明未堪许。

对这些天象占验的特点，张燮说："似可解似不可解，似有韵似又无韵。备波涛之望气，非委巷而徵歌也。"明代，另有一部名曰《海道经》的水路簿，也收录了有关观测天气的占验。大连海事大学杨熺教授曾撰《〈海道经〉天气歌谣校注释理》一文，对该书的天气歌谣逐条校正注释，依现代气象学原理逐条加以分折验证，结论是："多和现代气象学原理符合。"把《海道经》的天气歌谣与《东西洋考》的天气歌谣逐条对照，大多数的内容（含词语）相同或相近。我们可以由此得出这样的结论：《东西洋考》收录的这些歌谣，尽管"似可解似不可解"，但也当"多和现代气象学原理符合"。

掌握海流潮汐的变化规律也是保证航行安全的重要环节。《顺风相送》有《定潮水消长时候》，《指南正法》有《逐月水消水涨时候》，《东西洋考》有"水醒水忌""潮汐"。关于潮汐，张燮引用前人所论，详述潮汐规律性和特点，还引用《漳州志》所记，介绍漳州船民测定潮汐之法："漳之候潮也，夜则以月，昼则以时。于指掌中从日起，顺数三位，长、半、满、退、半、尽，以六字操之，无毫发爽。"关于测定潮汐的意义，他指出："驾舟洋海，虽凭风力，亦视潮信，以定向往。"

第四，技术娴熟灵活运用。在茫茫洋面航行，船只要顺利抵达目的地，必须熟练掌握、综合运用上述航海技术。《指南正法·序》云："虽知正路，全凭指南之法、罗经针簿，全凭主掌之人。须知船身高低、风汛大小、流水顺逆，随时增减更数针位，或山屿远近、高低形势、探水浅深、牵星为准，的实无差，保得无虞矣。"以月港舟人为代表的航海家已经善于把天象测定法、罗盘针法、望山标志、更数法和海水深浅测定等方法综合使用于航海，从而构成海道针经的基本内容。前面所举的"古里往祖法儿（回针）"，文字虽短，但包含针法、更数、托、牵星、望山等方面的技术，反映 15—16 世纪中国船舶在北印度洋航行的技术水平。16 世纪后期，随着西方航海势力的东来、世界航海势力格局的变化，中国帆船主要活动在西太平洋地区和南印度洋沿岸，因此，不必使用牵星术，针经一般也就没有牵星的内容。

使用航海图，是航海定位与安全的又一手段。郑和远航有航海图。吴朴的《渡海方程》所述海中望山甚多，"皆有名并图其形"，有图有经，图文并茂，作者原本把它定名为《海图方程》，可能是在民间流传过程中，因制图之不便，只保留文字部分，改称为《渡海方程》。航海图实际上是针经的图形化，包含航行保障的技术要素。

第五，舟船制造技术水平先进。支撑商人乘风破浪的，是当时先进的双桅船。海运的帆船自然要大得多。明代作家张燮的《东西洋考》中记载，大船宽约 12 米、长 30 多米，小的航船宽近 7 米、长 20 多米。海船还准备兵器，以防御海盗和西方殖民者的骚扰。北风起时出发，次年或第三年趁南风而归，九十月修船准备下次远航，乘风破浪，在克拉克瓷上留下了身影。

当时的船究竟是怎样的呢？研究者们将目光放到了当时重要的出口品——克拉克瓷上。漳州市博物馆工作人员介绍，这类型的瓷器较少，其中一个收藏在大英博物馆中，另一个是博物馆从海外收集而来的，目前已送到福州参展。这两个瓷盘证实，漳州窑艺人详细描绘了内河及浅海沿岸的小船、中式海运大帆船的形象。其中一个青花山水帆船跃鱼纹大盘，盘内底中央绘有一只两头翘起的小船，当中是弧形船篷，竖立一个桅杆与小张开的帆篷，船的头尾各有一个划篙的渔人。周围布列山峰岩石、牌楼旗幡、树木蕉叶等。图中的小船没有桅帆，民间俗称"舢板"。

工作人员说，小帆船、舢板属于内河及沿岸浅海一带的交通运输及捕捞工具，用来运货至月港集散。近代九龙江流域的乌篷船、连家船，仍然延续着明代的模样。而大船在瓷盘上也得到体现：盘上简练的笔画画出船身双桅双帆，船首有旗帜，船形高大，面阔底尖。船帆呈长方形，非布面，有密集的短距离横线，系竹子或蒲草编制的席篷（见图6）。正是这些小舢板、大航船构成了月港的主要交通工具，无数海商通过这些交通工具将本地货物运出，载回白银和异域货物，完成一次又一次贸易，由此带动月港繁荣。

图6　古代双桅船

月港码头附近，曾多次发现大船桅、大铁锚。其中一个铁锚中间的铁杆高达 2 米多，上端铁环直径达半米多。九龙江上游的南靖、华安、龙岩山区，大批被砍伐的杉松木沿江顺流而下，一批造船高手集聚月港，琢磨着如何制造出适合惊涛激浪的大船，不时有造好的大船下水试航。船于每年北风起时出发，于第二年或第三年趁南风归航，九十月间修船，做再次远行的准备。花费巨款打造商船的人被称为"舶主"，他们大都是大海商和豪门巨贾，而一般的海商只是搭附他们的船只出海贸易。航海人不断积累的经验以及由此形成的航海素质，为月港兴盛奠定了基础。

三 明代月港贸易促进航海技术发展

从 15 世纪后期到 16 世纪中期，漳州月港独领风骚。月港是中国第一个民间贸易港口，它的兴起和繁盛掀开了中国海外贸易史新的一页。前后虽然仅 200 多年，鼎盛时期不过 60 年，历史不长，但它具有的民间性、唯一性、合法性，是国内其他贸易港口无法替代的。从漳州月港开辟了 7 条通往西洋、3 条通往东洋的直接贸易航线，是大帆船时代维持最久的一条国际贸易航线，与东南亚、印度、朝鲜、日本等 40 多个国家和地区有贸易往来。

（一）月港贸易促使漳州福船大量生产

月港贸易促使漳州福船大量生产主要体现在以下两个方面。

第一，月港海外贸易船只数量。隆庆、万历开海后，一只福船"舟大者广可三丈五、六尺，长十余丈；小者广二丈，长约七、八丈"。月港贸易繁荣大大促进漳州造船业的兴盛与发展。史料记载，隆庆元年（1567）明政府在月港开放"洋市"，准许商船从这里前往东、西两洋贸易。由此，月港成为当时中国唯一合法的商人出海贸易港。而在月港得到政府承认前，已经通过民间走私贸易影响海内外。所谓隆庆开海，是指明朝宣布以福建漳州月港作为中国商民出海贸易港口，从而对明前期的海禁政策做出重大调整。当时规定，民间商船可出海贸易，只是贸易的对象仍不包括日本。一种连接东南亚的双针路贸易网络，即所谓东西洋网络，正式开创运行。隆庆时开海的具体地点，是福建漳州月港。当时月港已由私人海外贸易的汇集地，发展成为繁盛的港口城市。

明代后期东、西两洋以文莱为界。万历十七年（1589），福建巡抚周寀对东西洋船引的数量、航行港口和船数都做了具体规定：

东洋 44 只

包括吕宋16；屋同、沙瑶、玳瑁、宿务、文莱、南旺、大港、呐哔啴各2只；磨荖失，笔架山、密雁、中邦、以宁、麻里吕、米六合、高药、武运、福河仑、岸塘、吕篷各1只。

西洋 44 只

包括下港、暹罗、旧港、交趾各4只；柬埔寨、丁机宜、顺塔、占城各3只；麻六甲、顺化各2只；大呢、乌丁礁林、新洲、哑齐、交留吧、思吉港、文林郎、彭亨、广南、吧哪、彭西、陆坤各1只。

总共是88只。

后做了增加：占陂、高趾州、篱木、高堤里邻、吉连单、柔佛、古宁邦、日隶、安丁、义里迟闷、苏禄、班隘各1引。于是加以上88只，是100只。后因需求不断增加，"增至二百一十引矣"。到万历末年，"海舶千计，漳泉颇称富饶"。随着海外贸易的加速发展，海外贸易的主体民间海商集团也迅速成长壮大起来。

关于月港码头当年的盛况，史料记载称"海舶云集，商贾咸集"，被誉为"闽南大都会""小苏杭"。当时在月港，"货贝聚集"，新兴的商品经济以不可思议的勃勃生机吸引着人们投入其中。鳞次栉比的双桅船停靠在码头上，一艘艘小舢板忙着上货、卸货。

史学家考证，当年从华安、平和、漳平甚至江西境内，无数货物顺九龙江支流聚集月港，等待出洋，带着异国情调的商品也同样云集于此。有雕刻得十分精致的犀牛角，有磨洗得又白又亮的象牙，有洁白如雪的燕窝，就连寺庙里燃烧的烛香也带着异国的檀香味。据《天下郡国利病书》记载，当时抵达月港的海外国家物品，包括暹罗和柬埔寨的苏木、胡椒、象牙等，都是中国人十分喜爱的。吕宋则盛产白银，所以从月港出口的货物，若销往暹罗、柬埔寨等东洋国家，就以当地的产物相抵；若销往吕宋，往往换回大量银元。

这个时候，中国万里海疆，因为持续近百年的"海禁"政策，仅有月港港口对外开放，只允许商人从这里出海贸易。月港，实际上掌握当时中国对外贸易主动权。曾经是灾难的"海禁"政策，这时对月港来说，却预示着一种历史性机遇。的 1571 年，西班牙人占领吕宋，一条由漳州月港联结吕宋（马尼拉）到达墨西哥的阿卡普尔科的大帆船航线由此形成，中国主导的东亚海洋世界经济圈和拉丁美洲经济圈迎面交汇，世界贸易网络开始建立，世界市场雏形出现，白银成为世界货币，并在世界经济一体化的历史进程中表现了重要意义。

第二，漳州海岸上迄今存有四大古航标。在茫茫外海航行，少不了航标塔的指引。古籍记载，诏安人吴朴所著《渡海方程》，曾记录从月港前往东西洋的航线。这本书首印于明嘉靖十六年（1537），比欧洲第一本水路簿《意大利口岸簿》早 47 年。由北往南，现在仍遗存的四座航标塔，大致勾勒出从月港驶往西洋的海商航线足迹。漳州海岸线全长 600 多公里，迄今还存有南太武延寿塔、云霄石矾塔、东山文峰塔、诏安祥麟塔等四大古航标遗迹，勾勒出了海商们出航的路线，而最南边的祥麟塔从海商们的视线消失后，他们如何继续前行，这一直是学者研究探讨的焦点。

南太武山与厦门隔海相望，延寿塔建于宋绍定五年（1232），原高七层。从月港出发，最后从视线中消失的，便是南太武延寿塔。遗憾的是，延寿塔于 1967 年备战时被拆毁，现仅存"普明延寿之塔"石匾和塔基遗址。

沿着海岸线往南，在云霄东厦镇湖丘村对面的漳江入海处，还留存一座海中塔——石矾塔。当地传说，清康熙初期，郑氏集团的商船常在此停靠。

继续往南行，文峰塔位于古雷半岛与东山岛之间的东门屿上。塔共七层，建于明嘉靖五年（1526）。

在福建与广东交界的海域，祥麟塔依旧屹立在诏安县梅岭镇腊洲山。腊洲山又名麒麟山，海拔 92.5 米，原是诏安宫口港东南海上的小岛，名腊洲屿，后因河海冲积和筑堤围垦，与陆地连成一片。

（二）月港借助先进的航海技术开展海外贸易

从《渡海方程》中的"福建往日本"针路和《顺风相送》中的"福建往琉球"针路，可知晓迟至 16 世纪前期，以月港航海者为代表的福建航海家已开创了横渡台湾海峡，经台湾岛北部海域前往日本港口的新航线；从《顺风相送》中的"太武往吕宋""泉州往彭家施阑"等条针路，可知晓迟至 16 世纪前期，他们已开创了横渡台湾海域，经台湾岛南部海域前往菲律宾的新航线。这是以月港航海者为代表的福建航海家勇于探索并善于运用航海技术的新成果。

两岸之间切割不断的贸易关系不仅有利于台澎地区社会经济的发展，也丰富了大陆人民的物质生活，同时大大增进了两岸人民的相互了解。明代，一方面大陆贩往台湾的商品，除了有玛瑙、瓷器、布、盐、铜器、环等生活日用品外，也有铅、硝等用于生产方面的物资，这些商品对于促进台湾社会经济的发展有重要的意义。另一方面，台湾的鹿脯、鹿皮、砂金，还有一些高山族人民制作的工艺品销往大陆，也丰富了大陆人民的物质生活。而贸易的发展，又促进了人员之间的往来。

曾有卓岐人倡造木帆船十多只，行驶台湾，贩运货物。有诗云："南洋各胜地，月港更称雄。金厦如襟带，澎台接艨艟。"

月港到台湾的船只，每只配备人员 20 人左右，在职务上分为"出海"，负责经营货运的接洽事宜；"老代"，主持航行船只指挥；还有"二舵""水手头""船员"（一般水手）等。凡船只出海，装完货物叫"满载"，启航前要敬神，船头要献纸，船尾要"叫金"，即站在船尾打锣，报知其他船只，其他船只要"回金"，也是打锣回号。这是船只出入港时采用的普通礼节。船在航行途中，两船相遇，也各打锣互相致意。船员服装是穿所谓"大舵衫""拢裤"。衫与裤用土白布制成，质地坚固，又浸染薯榔液，以防透水。船员在海上作业，头上包一条大围巾，以避海风吹刮，烈日曝晒。

当时载货，大船可载白糖 1400 担，小船可载 1000 担，每只船航行三年，要作一次小检修，五年要作一次大检修。船顺水出发。要停泊金门料罗湾。如遇大风大雾，必须停泊缓行，时或要候十多天，直到天气好转才继续航行。船舶金门如果风、潮平顺，晚上可开航，明晨可到澎湖的东石，再继续行驶，就到达台湾的港口。一般是停泊在高雄、梧栖、鹿港等地。

（三）月港贸易孕育漳州海商精神

海商是海洋文明的杰出代表者、实践者，他们敢拼敢赢，出则兼济天下，归则反哺桑梓。海商将本国的产品和文化，带向了世界，让全世界认识了中国。同时，海商将世界各国的奇珍异宝、各地的物产，如番薯、花生、烟草等，带回中国，使人们享受到异域物质文明的成果。可以说，中国文明对世界文明的贡献离不开海商的功劳与奉献。

随着月港的兴起，明清时期漳州涌现了许多有影响、有作为的航海家、海商和海史研究专家，这也是"漳州海丝"的一个显著特点。比如，明朝五次追随郑和、后率队七下西洋的王景弘，最早开发澳门的海商严启盛，最早组织3000人移居垦殖台湾的"开台王"颜思齐，18世纪世界首富、清朝广州十三行首任商总潘振承，等等。这些海商在长期经营管理活动中也形成了"善观时变、顺势而为；敢冒风险、爱拼会赢；合群团结、豪侠仗义；恋祖爱乡、回馈桑梓"的海商精神。海商进行海外贸易与航海技术的发展密不可分。因而，借助先进的航海技术，漳州海商开着一艘艘福建制造的"福船"满载丝绸、茶叶、瓷器，沿着"海上丝绸之路"驶向遥远的国度，拓展对外商贸往来；闽南人亦搭上商船，顺着"海上丝绸之路"漂洋过海，创造了"下南洋"的辉煌历史。

宋朝官员吕颐浩认为："南方木性与水相宜，故海舟以福建为上，广东、西船次之，温、明州船又次之。"从此，以"福建"命名的"福船"就成了木质帆船时代的世界典范。正如英国科学家李约瑟所说：没有中国在航海技术上的指南针、水密舱等的影响，就没有欧洲人的世界大航海。

参考文献

[1]（清）乾隆：《海澄县志》，成文出版社1967年版。

[2]（明）顾炎武：《天下郡国利病书》，上海古籍出版社2012年版。

[3]（明）张燮：《东西洋考》，中国华书局1981年版。

[4]（清）张廷玉：《明史》，中华书局1974年版。

［5］（明）何乔远：《闽书》，福建人民出版社 1994 年版。

［6］乾隆四十一年（1776）《漳州府志》，藏于国家图书馆。

［7］1596—1598 年任马尼拉总督·摩加《马尼拉大帆船》英文版。

［8］（清）黄许桂主修：《平和县志》，群众出版社 1994 年版。

［9］镇墉《月港遗迹点滴》，《月港研究论文集》，1983 年。

［10］杨翰球：《十五世纪至十七世纪中叶中西航海贸易势力的兴衰》，
《历史研究》1982 年第 5 期。

［11］李金明：《漳州港·明代海澄月港兴衰史》，福建人民出版社
2001 年版。

［12］《宋会要辑稿》刑法二，中华书局 1987 年版。

［13］廖刚：《漳州到任条具民间利病五事奏状》，《高峰文集》卷五，
文渊阁《四库全书》第 1142 册，上海古籍出版社 2003 年版。

［14］吴朴：《龙飞纪略》，《四库全书存目丛书》史部第 9 册，齐鲁
书社 1996 年版。

［15］谢彬：《剿抚事宜书》，《四库全书存目丛书》史部第 9 册，齐
鲁书社 1996 年版。

［16］《两种海道针经·乙》（未刊稿，现存英国）。

海上丝绸之路背景下德化陶瓷
产业之发展研究[①]

周静芝　　许旭红

（泉州师范学院陈守仁工商信息学院）

摘　要：德化县是中国三大瓷都之一，生产历史悠久，更是以陶瓷外贸为支柱，然而，近几年来德化陶瓷产值增长率不断降低，占全国陶瓷的外贸比重提升不起来，已严重阻碍德化经济发展，本研究对德化陶瓷产业发展现状进行分析并提出相应对策，在外贸未来发展上提出了，德化县应紧抓"一带一路"方针、加快转型，迈向文化瓷都之路，以及开拓新市场等建议，德化陶瓷的推展，无论是在经济发展或是在历史文化的传承上，都深具意义。

关键词：海上丝绸之路；德化；陶瓷；外贸

中国陶瓷自中晚唐起便位居远洋航线出口货物之首位，故古代"海上丝绸之路"亦称"陶瓷之路"[1]。福建省德化陶瓷拥有悠久的生产历

---

① 基金项目：福建省中青年教师教育科研项目（JAT160421）；福建省自然科学基金资助项目（2015J01286）；福建省教育厅 JK 类项目（JK2014037）。

史，是中国陶瓷文化的发祥地，与江西景德镇及湖南醴陵并列为中国三大瓷都，以生产"白瓷"而闻名海内外[2]。1996年被国务院发展研究中心命名为"中国陶瓷之乡"，2003年被评为"中国民间陶瓷艺术之乡"，获"中国瓷都·德化"之称，2015年更被世界手工艺理事会授予首个"世界陶瓷之都"称号，在显示了德化陶瓷的重要地位。然而，作为德化县工业的主要支柱，德化陶瓷产业正面临着后续支撑乏力、行业性不景气以及投资增长支撑不足的压力，2015年德化陶瓷制造业完成投资8.87亿元，同比下降49.4%[3]。作为中国南方著名的瓷都，而福建省又被定位为"海上丝绸之路"核心区，如何借力构建"海上丝绸之路"的倡议，将德化陶瓷推展出去，不仅对经济发展有所贡献，在历史文化及文明的传承上，更具有无法量化的价值，本研究针对德化陶瓷产业发展现状进行分析，找出问题，据以提出相对应的对策，最后总结出在国家提出建设"21世纪海上丝绸之路"背景下，德化陶瓷产业未来之展望。

一 德化县陶瓷产业发展现状

福建省德化县是我国具有千年陶瓷制作历史的三大古瓷都之一，陶瓷产业具有重要的历史、经济和文化地位，据德化统计信息网数据[4]，除了2008年受到国际金融危机之影响，导致2009年、2010年的陶瓷产值呈现负成长外（由图1可看出），近10年的产值多是呈现正成长，然而，其增长率自2014年开始趋缓，相较于2014年177亿元的陶瓷产值（增长率为18%），2015年的陶瓷产值为188亿元，仅增加了6.2%。

德化陶瓷产品主要可分为陶瓷小工艺品、日用陶瓷、传统瓷雕及茶具四大类，多年来，凭借着悠久的陶瓷外贸出口历史，德化陶瓷产品仍以外贸出口为主，在外贸出口上保持平稳的增长趋势，而出口的产品主要为陶瓷小工艺品及日用陶瓷，占总出口量的80%以上[5]，由表1可分析出，德

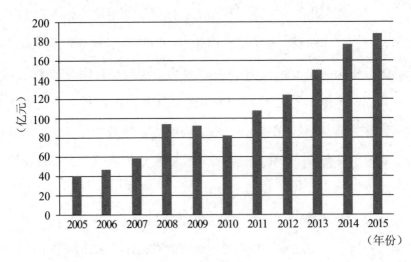

图1　德化陶瓷年产值

化陶瓷出口比重占该县出口商品总额的90%以上，可见该产业在德化县的重要性，然而，对照中国陶瓷出口总额时，显示德化陶瓷出口比重还不到全国的10%，突显出了德化陶瓷在外贸发展上出现了问题。

表1　　　　　　　　　　　　德化陶瓷出口比重

年度	德化陶瓷出口总额（万元）	德化商品出口总额（万元）	中国陶瓷出口总额（万元）	德化陶瓷占其出口比重(%)	德化陶瓷占中国陶瓷出口比重(%)
2010	650100	673800	7515607	96.48	8.97
2011	786297	808200	9079604	97.29	8.90
2012	826351	892100	9710388	92.63	9.19
2013	843212	903200	10002515	93.36	9.03
2014	854211	912300	10037732	93.63	9.09

数据来源：2015—2020年中国陶瓷工艺品行业市场调查及投资分析报告[6]。

二 德化陶瓷产业外贸发展存在之问题

对于德化陶瓷产业在外贸发展上存在之问题，本研究参考过去相关研究综整出"生产规模不足""高素质人才紧缺""缺少自有品牌""外贸渠道受限"等四大问题，兹分述如下。

（一）生产规模不足

德化县目前有1400多家陶瓷企业，其中只有冠幅、佳美、顺美、龙鹏四家企业达到产值上亿元，上千万元的企业有62家，其他大多数为年销售收入在500万元以下的中小型企业。由于企业数量众多，企业之间很难达成共识，在产品价格定位上相差甚多，甚至有的企业暗地里以低价卖给买家，严重损害德化陶瓷业的经济发展。另一方面，德化陶瓷企业大多以家族式管理为主，家族式的企业继承方式，于一定程度上阻碍了企业规模扩大的速度，其原因之一是对于财富的保守态度，影响投资生产规模的扩大，加上企业整体技术水平不高，机械化水平不足。当前，德化县生产陶瓷的企业中，除冠幅、佳美、顺美、龙鹏等大型企业技术设备较为完善外，其他大多数中小型企业的技术设备还处于相对落后的境地，难以完成大订单的生产。其二是忽视了对于外界人才的引进，任人唯亲，在面对管理上的问题时，因不好交流而出现管理问题，管理的有效性将直接影响企业的日常生产和销售，出现问题没实时解决，最终将阻碍企业的发展。

（二）高素质人才紧缺

陶瓷业属于劳动力密集型的产业，全县有31.6万人口，其中约1/3人口从事陶瓷生产工作，但具有产品开发及管理能力的人员很少，员工整体的文化素质偏低，大部分员工是小学、初中文凭，而本地许多优秀人才，高校毕业后并没有选择回家乡而是留在外地就业，导致许多高素质人才的流失[5]。而发展陶瓷外贸，正需要了解陶瓷文化产业并具有良好外语沟通能力的人才。通过调查发现一些企业存在着一个共同点，就是企业缺乏优秀的外贸人才，如表2所示，大部分企业，其外贸人员不足20%。缺乏外贸人才以及从业人员素质不足的情况，进而阻碍了行业的发展，导致企业无法打开海外市场，产品无法销售海外。

在陶瓷专业人才的供应上，德化县截至2016年有高级工艺美术师26名，中国陶瓷艺术大师5名，中国工艺美术大师1名。其中，在企业中工作的大师级人数是相当有限的，只有在大型的陶瓷企业中才会有大师级人才，如佳美集团，其拥有中国陶瓷艺术大师3名、省市级工艺美术大师17名。这些大师主要是研制新型陶瓷产品，而在中小型陶瓷企业中便缺少大师级的人才，导致企业无法推出新型的产品，阻碍了企业发展。

表2　　　　　　　　　　　企业外贸人员比例

企业	员工数量（人）	外贸人员数量（人）	外贸人员比例（%）
正扬	150	5	3%
辉鹏	50	3	6%
唯艺	150	12	8%
龙顺	300	56	19%
霖杰	40	8	20%
佳信	43	9	21%

（三）缺少自有品牌

尽管德化陶瓷产量名列全国前茅，但是由于缺少自有品牌，尤其是在国际知名品牌方面严重缺乏，加上营销手段单一，导致产品在国际市场上缺乏竞争力，无法站稳脚跟。大部分中小型企业产品只能降低价格，以极其低廉的价格进入国外中低档市场，甚至是许多优质的产品，由于缺少自有品牌，或者是品牌知名度不高，也只能打着外国知名品牌的旗帜，才能进入海外高档市场，缺少自主品牌，严重制约德化县陶瓷业外贸发展，因此，打造自主品牌，大力发展新型产品战略，已成为陶瓷业外贸发展的首要任务。

德化陶瓷企业长期以民营企业为主，很多企业规模不大，企业家自身的素质制约着企业的发展，导致打造自主品牌的意识普遍不高，产品市场竞争力不强。尽管一些企业在市场上已形成了一定的知名度和美誉度，但在自我品牌宣传和推广方面相对薄弱。同时，众多企业营销方式过于单一，热衷于一些所谓高科技观点的炒作，无法静下心来经营打造自我品牌，把品牌做大做强，导致目前拥有较高知名度的企业仍然很少，尤其是能够在国际市场上形成具有竞争力的知名品牌，造成目前国内陶瓷企业尽管在价格方面拥有很强的竞争力，但在出口利润方面却面临增长缓慢，甚至呈现下降的趋势。

（四）外贸渠道受限

近年来，陶瓷产品外贸出口遭遇的贸易摩擦事件不断增多，一些进口国利用反倾销措施来保护本国企业免遭非正常竞争。例如，欧盟 2015 年 4 月初宣布于 5 月 13 日起对陶瓷餐具征收反倾销税，中国以价格低廉、数量庞大的陶瓷作为出口的传统优势产品，经常遭受各国的反倾销调查。此外，国外不少市场还不断提出各项新技术标准，提高了陶瓷出口企业的检测及认证成本，使陶瓷出口阻力和难度加大[7]。近年来，经营成本不断上涨，导致陶瓷企业利润的下降，同时欧美传统市场又相对较为低迷、贸易保护主义加剧等因素，许多中小型陶瓷企业经营越来越困难，正面临集体转型的境地。因此，陶瓷企业积极转型，开拓外贸新兴市场，已成为外贸起家的德化陶瓷企业近年来主要的课题。

三　德化陶瓷业外贸发展对策

针对以上分析德化陶瓷业外贸发展存在的问题，本研究提出因应的四条对策，汇整如图 2 所示，兹详述如下。

（一）调整经营模式

通过政府的扶持，改进中小企业规模小、技术落后、生产效率低的问题[5]，由于当前中国的企业管理经验尚存在着不足，德化陶瓷的民营家族企业要克服企业发展到一定程度后，出现的再难有突破的瓶颈，必须积极推进企业管理创新，改变家族管理模式，建议可借鉴外国的管理经验，将家族管理模式与现代化企业管理模式有机结合，应对竞争激烈的市场，这样的家族企业才可能永续经营下去。

（二）积极培养和引进优秀人才

德化陶瓷企业之发展方向以外贸为主，需注重人才培养及引进的全面性，陶瓷技术专业人才可为企业注入创新元素，传承陶瓷文化工艺，吸引全球消费者的目光，外贸人员可以将高质量的陶瓷工艺产品借由海上丝绸之路推广出去，因此，需要产官学界密切的合作，由德化县教育局加大人才队伍建设资金投入力度，设立高校优秀人才队伍建设专项资金，用于进行高校优秀师资的培养和引进工作；学校优秀的专业教师，开设相关课程，以培养企业所需人才为教学目标，共同协助推动企业发展；而企业可以主动走入校园，在高校设立企业招聘会，招收优秀的专业人才，对于吸收、培养、进而留住优秀人才，企业应当做到以下三点。

第一，营造舒适的环境，建立尊重人才、尊重知识的良好环境。

第二，树立培育人才理念，尽心培养人才，利用人才，持续的与高校合作，为员工提供在职进修，自我成长，终身学习的渠道。

第三，为员工做好职涯规划，提供员工发挥的舞台，做到人尽其才。

（三）打造自有品牌

在这个高速发展的信息时代，科技越来越发达，而山寨产品却孕育而生，假货问题也不断冲击着德化陶瓷业外贸的发展，企业应有所体认，产品的创新是推动企业前进的助力器。德化陶瓷生产历史悠久，具有深厚的文化底蕴和技术积淀，德化陶瓷所出产的"马可波罗瓷"与"中国白"历时千年畅销于"海上丝绸之路"，已形成了自有特色[7]，在此基础下，德化陶瓷企业应当充分认识到当今市场的变化以及当今市场的需求，对产品进行创新，打造艺术生活化的产品线，利用自我培养的陶瓷工艺大师打出大师品牌，成为德化陶瓷质量的保证，将有利于打造自我品牌，走出企业自我的一片市场。当企业拥有自我品牌后，应积极申请注册商标，以维护自我版权，德化县近年来正在不断地完善版权保护制度，并逐步摸索出一条利用版权保护，推动德化陶瓷业外贸发展的新道路。

（四）拓展营销渠道

借助电子商务的注入，为德化陶瓷产业创造出新的营销模式，在电子商务环境下，打破地域、时间的限制，企业可将产品营销到全球，达到省时、高效、低成本的效益，尤其是对原本规模不大的中小型企业来说，更是提供了全新的营销渠道。德化县政府当局鼎力支持电子商务平台的发展，自2012年，德化县从扶植创业园入手，阐扬电商会聚效应；2013年头扶植完成"中国瓷都.德化电子商务创业园";2015年6月在宝美工业园区扶植建窑电子商务青年创业孵化园,两个电子商务园区的建成,构成"双擎引领"模式,发挥园区汇聚辐射的带头作用,并借助阿里巴巴网站设立电子商务专区,宣传推广德化区域品牌,将德化推向全球[2]。电子商务不仅为德化陶瓷产业拓展了新的营销渠道,更改变了企业的经营管理方式,透过企业流程再造,创造出新的供应链管理模式,并进而强化客户关系管理系统,提升整个产业以及顾客的价值。

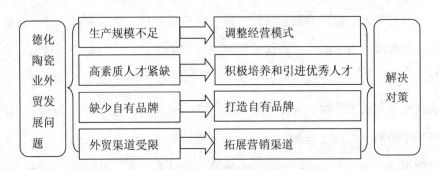

图 2　德化陶瓷业外贸发展问题与对策

四　德化陶瓷业外贸未来展望

对于德化陶瓷业外贸的未来展望,笔者认为有以下三方面。

(一)紧抓"一带一路"方针

德化陶瓷是古代"海丝"的重要物质载体,早在宋元时期,就已远销海外,深受世界各国人民的喜爱,更是成为"海上丝绸之路"的主要输出商品。在当前国家实施"一带一路"倡议的大背景下,德化陶瓷肩负着重振"海丝"雄风、打造"世界陶瓷之都"的责任,德化陶瓷将继续在"21世纪海上丝绸之路"上扮演着重要的角色,引领世界陶瓷产业向前发展。德化陶瓷企业沐浴着"一带一路"新战略的春风,借力"海丝"走向世界。这对企业来说是一个新的机遇，也是挑战，"海丝"就如同是一座沟通桥梁，桥的这头是东方文化，连着另一头的是西方文化。"海丝"紧密连着东西方文化，德化陶瓷作为"海丝"精神文化的重要载体，其承载的不仅是东方精神和文化的东西，更是一个民族走向世界的重要媒介。企业应重视陶瓷文化的重要性，将陶瓷与"海丝精神"相结合，借力"海丝"，将产品推向世界。

（二）加快转型，迈向文化瓷都之路

近几年来，能源危机的出现，资源不断减少，运费的提高，劳动力成本的攀升，致使德化陶瓷企业面临着严峻的危机，企业必须走向转型之路。德化陶瓷具有悠久的生产历史，是三大瓷都之一，2015年更是被评为"世界陶瓷之都"的美誉，德化陶瓷应该充分运用新的资源，迈向文化陶瓷之路，将德化陶瓷文化与陶瓷相结合，打造自有品牌，加快企业转型。千年的技艺发展，不断拓展的文化底蕴，是前人留给我们丰富的宝藏，德化陶瓷企业应该充分认识文化的重要性，从前人的作品中领悟其文化内涵，与现实相融合，实现生活艺术化，艺术生活化，创造出新的产品，加快转型脚步，迈向文化瓷都之路。

（三）开拓新市场

从2005年开始，人民币的不断升值，导致德化陶瓷企业产品的销售量下降，欧美国家又不断针对中国企业征收关税，形成贸易壁垒，对中国外贸企业造成重大损失。俄罗斯加入WTO组织，对于德化陶瓷企业来说，是一个新的挑战，更是一个新的契机。中俄两国有着深挚的友谊，两国间贸易往来十分频繁，德化陶瓷企业可以组团前往俄罗斯进行实地考察，跟当地企业建立商业联系、建立展览馆，将有利于德化陶瓷产品的推广，让更多人了解德化陶瓷，进而建立新的贸易市场。德化县政府部门局可指导陶瓷企业到海内外各大城市举行或加入各类展销会、博览会，推展德化陶瓷，鼎力阐扬"展销经济"，举行一次展销，成立一批网点，开辟一批市场，打开德化陶瓷的知名度，营销德化陶瓷品牌，加大实施"走出去"战略，迈向国际，到欧美等国家举办或参加展销会，到境外设立办事处或分公司，创建企业窗口，参加各种展销会，全方位拓展陶瓷市场。

五　结论

在海上丝绸之路背景下，德化陶瓷产业之发展具有承先启后之重要历史文化意义。然而，德化县企业多以中小型企业为主，企业规模相对较小，设备与技术还不够成熟，导致市场竞争力薄弱，而家族式企业管理模式抗风险性较低，经营管理模式存在不足，应积极调整企业管理模式，引入专业管理团队，才能实现更好更快发展。此外，德化陶瓷企业高素质人才不足，再加上近年来，欧美国家针对中国的出口产品征收关税，贸易摩擦的不断发生，使得德化县陶瓷企业遭受重大损失，贸易壁垒的问题必须引起企业的重视。而解决贸易壁垒就要求企业加快对专门人才的培养与引进，要采取多种方式，培养、引进熟悉世贸组织规则、精通外语、能够参与解决贸易争端的专业人才，通过培养与引进人才，维护自身的利益，加强对市场的占有率，企业要重视国际贸易中的质量保证体系认证、产品认证，这有利于促进企业产品质量管理水平向国际水平靠拢，得到国外市场的认可，获得良好的国际市场信誉，从而牢固树立海外市场的占有率。对于缺乏自有品牌的问题，德化可以扶持发展壮大一批龙头企业，让大型企业引领中小型企业走转型之路，以带动陶瓷产业和区域经济更好地发展。对整个产业来说，关键是要进行产业升级，打造自我品牌，申请更多专利，突破传统的"中国制造"模式，实现"中国创造"，以高质量及创新型产品开拓新市场，以此推动德化陶瓷产业外贸的再发展，借鉴其他地方的转型和升级经验，与德化陶瓷实际情况相结合，将对提出德化陶瓷产业合理转型与升级之路，具有重要意义。借助电子商务平台，拓展经营渠道，改善管理模式，同时借此让更多人了解德化陶瓷，以推动德化的经济发展。

参考文献

［1］冯定雄：《新世纪以来我国海上丝绸之路研究的热点问题述略》，《中国史研究动态》2012 年第 4 期。

［2］林惠婷：《浅谈德化陶瓷产业的电子商务发展》，《科技与企业》2011 年第 15 期。

［4］《月度数据》，2016 年 5 月，德化统计信息网，http：//www. qzdhtj. gov. cn/list－22. html。

［5］林涛、林楚君：《福建省德化县陶瓷外贸出口问题及对策分析》，《经济师》2015 年第 3 期。

［6］《2015—2020 年中国陶瓷工艺品行业市场调查及投资分析报告》，2015 年 5 月，中商情报网，http：//www. askci. com。

［7］姚惠琳、顾谦农：《德化陶瓷产业竞争力 SWOT 分析及其提升对策》，《漳州师范学院学报》2012 年第 3 期。

古代山东地方对外贸易述略

周绍华

（泰山学院历史与社会发展学院）

摘　要：古代山东地方因其特殊的地理位置，北通朝鲜，东望日本，南下吴越，对外贸易、交往历史悠久，大致分为朝贡贸易和民间贸易两种形式，贸易的对象、物品、路线、港口等随着历史变迁、交通以及各个朝代贸易政策、政治形势的变化而发生变化。

关键词：古代；山东；对外贸易

山东海岸线北通朝鲜，东望日本，南下吴越，对外交往、贸易历史悠久。据司马迁《史记·货殖列传》载，西周时，姜尚封地营丘，地瘠人稀，"太公劝其女功，极技巧，通鱼盐"。《管子·揆度》篇有齐桓公和管仲的一段对话，桓公问："吾闻海内玉币有七荚，可得而闻乎?"管仲答曰："朝鲜之文皮，一荚也。"[1]上述史料说明，山东齐地商贸意识历史悠久，而且很早就与海外往来。本文拟对现在行政区划的山东，在鸦片战争以前对外贸易的状况略作概述，以求教于方家。

一 秦汉及其以前山东的对外贸易

古代山东对外的交往贸易，除沿海鱼盐之外，主要交换物是丝织品，这与山东丝织业历史悠久有关。夏初，兖州即有桑土既蚕，青州商墓、济阳西周墓都有玉蚕出土。战国时期，齐国妇女夙兴夜寐，纺绩织纤。时至西汉，山东"齐带山海，膏壤千里，宜桑麻……邹、鲁滨洙、泗……颇有桑麻之业""沂、泗水以北，宜五谷桑麻""齐部世刺绣，恒女无不能"[2]，山东俨然已经成为丝织业中心，出现了不同地方特色的丝织品种，如被誉之蝉羽的东阿丝绸、任城亢父缣、临淄漆丽冠、平纹赤纬缣等。朝廷在临淄设置三服官，除负责天子之服外，还为朝廷生产作为对外赏赐和互市的高档丝织品。当时山东丝织品外运主要沿两条路线。第一条，向西经洛阳、潼关汇集长安，出口到西域，此乃山东当时的陆上对外贸易线路。张骞通西域后，齐三服官规模迅速扩大，"作工各数千人，一岁费数巨万"[3]。另外，上述任城亢父缣、甘肃武威出土的临淄漆丽冠、高昌出土的平纹赤纬缣等证明汉朝向西域输出的丝织品大多产自山东。第二条，汉武帝攻占朝鲜后，山东与朝鲜、日本的贸易有了发展。汉朝时期中日交通线是从山东的琅邪、芝罘、蓬莱一带出发，沿山东海岸北行，经长山列岛、辽东半岛、朝鲜半岛西海岸、对马海峡，到达日本九州沿海一带。这是汉代山东地方海上对外交通贸易线路。

二 魏晋隋唐时期山东的对外贸易

魏晋南北朝时期，中国北方由于东魏、西魏及后来北齐、北周对峙，山东丝织品西运长安受阻，于是，西域商人直接到山东寻求货源。公元553年（西魏大统十八年），西魏凉州刺史史宁俘获由北齐返回的商胡240人，驼骡600头，杂彩丝绢以万匹计，由此可见魏晋时期的政权分裂和割据交替反而促进了山东与西域的直接贸易。

隋唐时期山东地方对朝鲜和日本的贸易有了很大发展，这与当时新航路开辟有关。大业四年（608），裴世清出访日本，他从今山东龙口、蓬莱一带出发，"渡百济，行至竹岛……又东至秦王国，其人同于华夏，以为夷洲，疑不能明也。又经十余国，达于海岸。自竹斯国以东，皆附庸于倭"[4]。裴世清访日开通了"登州—高丽—日本"的中日海上交通线，据《新唐书·地理志》载，这条线图具体如下，沿着"登州东北海行，过大谢岛、龟歆岛、末岛，乌湖岛三百里。北渡乌湖海，至马石山东之都里镇二百里。东傍海懦，过青泥浦、桃花浦、杏花浦、石人汪、秦驼湾、乌骨江八百里。乃南傍海壖，过乌牧岛、贝江口、椒岛，得新罗西北之长口镇。又过秦王石桥、麻田岛、古寺岛、得物岛，千里至鸭绿江唐恩浦口"[5]。

唐朝与新罗关系密切，双方使节带动的官方贸易日臻繁荣。此时，山东纺织业更加发达，有"海岱贡筐，衣履天下"之誉，唐朝向新罗输出服装包括锦袍、紫袍、紫罗绣袍、押金钱罗裙衣、金带、银细带、锦细袋等；工艺品包括金器、银器、金银细器物、银碗等；丝织品包括彩素、锦彩、绞彩、五色罗彩、绞锦细带等。另外，茶叶和书籍颇受新罗使节青睐。新罗则向山东输出金钗头、鹰金链子、鹰银链子、鸦子金链子、缕鹰铃、金花鹰、金花鸦子、铃子、金镂鹰尾筒、细金针筒、金花银针筒、金佛像、银佛像等工艺品，还有人参、牛黄、获苓等药材，马、狗、鹰、鹤子等动物。与以往不同的是，新罗竟然开始向中国输出丝织品，如朝霞锦、大花鱼牙锦、小花鱼牙锦、鱼牙、粉缎、龙绢、布等。

与官方贸易相比较，山东沿海与新罗的民间贸易也出现以下两个新的特点。

一是新罗在山东密州等地的商人数量增多。据圆仁法师（790—864）

《入唐求法巡礼行记》载，日本遣唐使团在楚州（今江苏淮安）曾一次雇用了 60 多名熟悉山东海路的新罗商人，而从楚州到达登州牟平县（今山东乳山县）时，前来迎接他们的新罗商人多达 30 余人。圆仁法师还曾遇到两艘新罗人的船，一艘"载炭欲往楚州"，另一艘"从密州来，船里载炭，向楚州去，本是新罗人，人数十有余"。他还曾在登州（今烟台）遇到"新罗人郑客东，载衣物，傍海往密州界去"。资料还显示，唐后期的莱州、登州、诸城、高密、青州等地，均设有新罗馆、新罗坊等专门接待新罗商人的客栈。

二是一些新罗人的身份亦官亦商，虽然在唐朝为官，但还经营山东与朝鲜的贸易。例如，高丽人李正己在登、莱等地"贷市渤海名马，岁岁不绝"，其子李师道曾要求"新罗、渤海将到熟铜，请不禁断"。新罗人张保皋原为唐朝下级军官，回国后率众驻守新罗西海岸，利用禁海贼的机会和掌握的权力，创建了一支规模较大的船队，经营新罗与山东、江苏沿海一带的商业贸易。

三 宋元时期山东的对外贸易

北宋时期，山东的对外交往贸易发生变化。随着中国经济重心的南移，今四川、江浙一带的纺织业有了很大发展。加之山东地近辽朝，宋辽战事深刻地影响到山东和朝鲜半岛的贸易，朝鲜半岛诸国"其后绝不通中国者四十三年"，从而导致山东对外贸易地位的下降。尽管如此，仍然维持着一定程度的贸易往来。例如，登州（今烟台）就是宋官方指定的朝鲜使者朝贡港口，宋仁宗之前，北宋和高丽之间的使节往来，多由登州出入。但登州毕竟"地近北虏，号为极边，虏中山川隐约可见，便风一帆至城下"，从宋神宗元丰年间（1078—1085），就开始在山东寻找新的出海口。"入内供奉官、勾当龙图天章宝文阁冯景言：'被旨为已差高丽国信使令排办修补过河船，及案视近便海道。今至登州、密州问知得两处海道并可发船至高丽，比明州实近便。'诏景同密州官吏募商人赍牒试探海道以闻。"知密州范锷建议在密州（今诸城）置市舶司，在密州辖下板桥镇置抽解务，"（板桥镇）正居大海之滨，其人烟市井交易繁夥，商贾所聚，东则二广、福建、淮、浙之人，西则京东、河北三路之众，络绎往来。然海商至者，类不过数月即谋还归，而其物货间有未售，则富家大姓往往乘其急而以贱价买之。……欲乞于本州置市舶司，于板桥镇置抽解务"[6]，宋哲宗元祐三年（1088），在密州板桥设置市舶司，职责除接待朝鲜官方贸易使团外，还负责蕃货海舶，征榷贸易诸事，招待远人，通远物，对私商进行抽解和征税。自此密州，成为宋与高丽交往孔道，"板桥久为海舶孔道，朝臣与高丽往来由此"[7]由板桥镇输出商品不止产自山东本地，还包括南方各地的物产，"若至楚州傔船，泛海至密州板桥镇，不过三二日""客旅载南货至密州板桥镇卸下，河北诸郡滨沧州及海道地分"，包括犀角、象牙、乳香及诸宝货，所谓"海舶魔至，多异国珍宝"[6]。

密州设立市舶司后，并没有恢复对新罗和日本的贸易繁盛。政和年间（1111—1117）女真族兴起，密州又成边地，朝廷因担心商人经密州与金交往，"理合禁止藩贩及海南舟船到彼……若海南州县船到密州界，徒二年"[8]。朝廷禁止商船到密州贸易，金朝占领山东后，高丽与金朝的贸易改走陆路，"凡遣使往来当尽循辽旧，仍取保州路"。

时至南宋，随着政治、经济中心的彻底南迁，用于官方贸易的瓷器和丝织品的产地也随之南移，宋代瓷器名窑除京东东路（今山东）博山一处外，余皆在江南，苏、杭官营纺织业织机数百架，工匠数千人。南方对外贸易港口除原广州、泉州和明州港外，澉浦、太仓、华亭、漳州和福州等迅速崛起，与之相适应，日本人开辟了从九州到宁波的直达航线，致使山东沿海的对外贸易受到很大影响。

四　明代山东的对外贸易

明代朝贡贸易盛行，日本贡使多沿九州岛至宁波的航线来华，然后经运河水路进京，朝廷对诸来华使团，"其以土物来市易者，悉听其便"，此类贸易使得山东运河沿岸的济宁、临清、德州等市镇，有了直接对外贸易的机遇。景泰四年（1453）九月，发生了日本使臣东洋允澎等过临清掠夺居民事件。弘治九年（1496）八月，日本使臣沿运河行至济宁州，发生使团成员杀人案，该使团正副使无力约束，只得请求明朝官方的帮助。为此，朝廷严格限制进京人数，每个使团最多只允许50人来京，其他使团成员只能留在浙江馆等候。这些措施并没有制止日本贡使成员在山东各地抢掠。

此时，山东登州对外贸易港口的地位早已有所恢复，与朝鲜的贸易有了较大发展。为此，洪武九年（1376）五月，朱元璋以为登、莱二州皆濒大海，为高丽、日本往来要道，"非建府治、增兵卫不足以镇之"，遂改登州为府。自此之后，登州成为明朝官方输入朝鲜马匹、木材和向朝鲜输出火药、粮食的重要通道。例如天启五年（1625），朝鲜人皮得忱等在登州贸贩军粮，遇到风暴船被破坏，只得借渔船，停泊逗留在中国，后来得到明朝官府的协助，登州开府都察院御史武之望调发船舶，将其护送回朝鲜。

明代山东与朝鲜的私人贸易也有了很大起色，朝廷鼓励朝鲜商人在山东等地的经商活动。洪武十九年（1386），朱元璋曾对朝鲜使臣说："你那里人……近年以来，悄悄地在中国做买卖……不问辽阳、山东、金城、太仓直到陕西、四川做买卖，也不当。"[9]中朝商人利用政府之间海运频繁之机，扩大了交往，万历年间（1573—1619），几乎每年都有私去朝鲜的中国商民，山东巡抚梁梦龙说，"沿海大洋，奸人多有通番之弊……远贩大洋，贩卖货物"。天启、崇祯年间（1621—1644），随着登州海运规模的扩大，两国商人往来更为活跃，在朝鲜沿海一些岛屿，更是"译官、商贾辈买卖之路不绝"。崇祯八年（1635），后金军曾在朝鲜北方俘获私自从登州去朝鲜北方经商的商人，并夺其牛马、青布、丝绸多匹。每当朝鲜使臣到中国朝贡，都有大批商人跟随到登、莱一带经商，成为山东物品外销的主要途径。

五　清代山东的对外贸易

清代山东的对外贸易，大致可以分为海禁、弛禁和开埠三个阶段。

第一，海禁阶段。清初，由于实行严厉海禁，山东对外贸易处于官方的严厉控制之下。顺治年间（1644—1661），为切断郑成功反清势力的陆上物质供应，以防汉人"潜通海贼，同谋结聚，及为向导，劫掠良民"，清政府实施禁海，规定"若官民人等，擅造两桅以上大船……或造成大船，图利卖与番国，或将大船赁与出洋之人，分取番人货物者，皆交刑部分别治罪""将所有沿海船只悉行烧毁，寸板不许下水。少溪河监椿栅，货物不许越界，时刻隙望，违者死无赦"[10]。顺治十年（1653），山东即墨女姑口私贩日本案发，审理时依据的正是《大清律例》中的"私出外境及违禁下海"条，据此可见海禁令得到了有效执行。当然，海禁虽然一再强调"不许片板入海"，但是正如河道总督靳辅所说，"我朝定鼎之初，商民出洋者，亦俱有禁，然虽禁不严，而商舶之往来亦自若也"。当时两类船只可以出海。一类是"海船除给有执照，许令出洋外"，如顺治五年（1648），山东商人丁耀亢"由历下至利津入海，得长风，越津门而东"[11]。另一类是官府垄断经营的到日本、东南亚采买铜、银等贵金属的外购船只。除此之外，"在山东的诸官和富民中，仍有很多人派船到国外贸易"，山东商人洪汝昭的商船就曾累年到日本贸易，甚至出现了对外贸易中的行栈商人。顺治十年，纠集海商到日本经商的王之实，"系邀结下海之领袖，虽无货物坐分同济之利"[12]。他们把中国的丝绸、药材等运至日本，然后从日本购回胡椒、紫檀、藤及烟、皮张等货，王之实与海商利润分成。

此外，由于对外贸易获利优厚，乾隆时期（1736—1795），山东官吏利用战船从事海外贸易的"官倒"行为大量存在，"东南沿海一带，如山东……等省，俱设有战船以为海防之备。……更有不肖官吏，令子弟亲属，载贩外省，或赁与商人，前往安南、日本贸易取利者"[13]。

尽管如此，清初海禁政策还给山东沿海贸易带来很大危害，土地荒芜、商业凋敝。诸城人丁耀亢为此赋诗云，"千人引一椅，百金买一舵。朝发天津夕蓬海，千里云晓如鸟过。……一朝海寇孙恩乱，奉禁封诰置海岸。舟楫有风不逢时，野渡无人空浩叹"[11]。

第二，弛禁阶段。康熙年间沿海出现了弛禁的趋势。康熙四年（1665），山东巡抚周有德"请宽青、莱、登诸处居民海禁，仍听其捕鱼资生"，康熙下诏"准青、登、莱沿海等处居民，准令捕鱼"，但是"若有借端捕鱼，在沿海贸易，通贼来往者，照先定例处分"[10]。康熙十年（1671），左副都御史姚文然上《请开海运以备荒疏》，请求开放山东沿海的贸易，至康熙十八年（1679），以诏准丁泰《开海禁疏》为标志，以为"满汉人民各遂生息"计，正式开放山东沿海贸易。中间虽有反复，如康熙二十四年（1685）又颁布了严饬开洋贸易令，"倘有无藉棍徒倚势横行，借端生事，贻害地方，反为不便，应严加禁饬。如有违法者，该督抚即指名题参"[14]并且附有条件，"山东……等省民人，情愿在，海上贸易者……于各口出入之处，豫行察明该地方官，登记名姓，取具保结，给发印票，令防守官员验票点数，准其出入"[10]，但是毕竟有所松动。据林春胜《华夷变态》载，这期间，山东向日本输出的物品主要有药种、荒物和铜制品。当然，此时山东对外贸易的物品并非都原产山东，其中还包括江浙一带的丝织品，同时对外贸易对象也不只是日本，也包括南洋。

这一时期，山东陆上对外贸易也有所发展，借助朝廷控制的官方间接对外贸易，与中亚的丝马贸易以及与俄罗斯的药材贸易有了一定程度的发展。乾隆三十二年（1767），由于"伊犁换获哈萨克马匹，近年为数渐多"，清政府要求"除将赢余解送甘省内地外，即有近及远，递次充补陕西、山西、河南、山东等省缺额"[13]。自乾隆二十三年（1758）起，山东茧绸就被用于叶尔羌对哈萨克的贸易。自此之后，除乾隆三十四年、三十九年、四十一年、五十四年外，几乎每年都有征调山东茧绸用于对哈萨克的贸易记录。嘉庆年间（1796—1820），也有山东栖霞茧绸运到张家口，用于对俄罗斯贸易的记录。乾隆五十三年（1788），为配合对俄罗斯的陆路封禁政策，要求山东查禁大黄等药料，"大黄药料，为民间疗疾所必需，前因不准与俄罗斯交通贸易，恐奸商私行透漏，是以谕令沿海各省督抚，饬属实力稽查""东省各州县铺户人等，有赴济宁、济南二处采买大黄者，俱令先赴本州县呈明起票，注明数目。其河南商人转发山东贩卖时，亦先赴怀庆府起票，无票者均即查拿究治"[13]。与此同时，山东与中亚及俄罗斯的陆上民间贸易也有所发展，山东商人直接到俄罗斯贸易，"山东回民，多以贩牛为事，出入俄境极稳"[15]。

随着开禁的实行，山东沿海一批对外港口市镇也变得活跃起来。登州在清朝初年就是山东最主要的对外贸易港。康熙开海时作为山东与朝鲜贸易的主要港口，曾讨论在此设立海关的可能性，"山东登州府……通市舶，行贾外洋，以禁海暂阻，应酌其可行与否"。康熙三十五年（1696），为赈济朝鲜，命"长芦盐商领努金五千两，买米二万石，由登州府庙岛地方，以鸡头船运往朝鲜贸易"。民间商人也多从此出海，到朝鲜采买海参。朝鲜使臣上奏"盖自丁丑运粟之后，唐人之端知海路者，为采海参，每于夏秋之交，往来海西，岁以为常，而来者益众，不只为几百艘。"山东南部对外贸易港口莱阳早在清中期与朝鲜就有贸易往来。"帆船云集，商贾往来苏浙、朝鲜、津沽称便焉"，当时贸易最为繁盛的是羊郡港（今莱阳羊郡镇），"在昔羊郡市场繁盛，南船北马，凡平、掖、栖、招之土产，江、浙、闽、广之舶品，皆以此为集散所"。清代中叶羊郡港淤塞，贸易转移到即墨县的金家口，仍号为"莱阳码头"。

此外，还有今荣成。荣成居东海尽处，三面环海，早在海禁期间，朝鲜充当了中日间贸易的桥梁。"英庙丁卯以前，清人不与倭人互市，故倭人之贸唐产者，必求之东莱，以此莱府银甲于他处，行于国中者多楼银。"山东与朝鲜之间的贸易主要通过开市贸易中山东商人与朝鲜商人的交易进行。开市贸易集中在中江、庆源、义州和会宁。顺治三年（1646），中朝"开市于中江"。顺治四年"庆源、义州两处开市。"顺治八年，会宁的中朝贸易发展十分迅速，"清人之开市于会宁者，人马之数，逐年增加"。在开市地方聚集大量的山东商人，他们或乘开市之机"使商贾辈私相和买"，或贿赂官兵，越境采猎，"彼人之来留江北态犯禁条者……而或山东棍徒""往来无时，此必与我边民潜相买卖"[9]。

第三阶段，沿海港口开埠。随着东部沿海港口开埠，尤其是胶济铁路、津浦铁路建成通车，山东由"川"字形交通网形成了三大经济带：西部大运河沿岸经济带、中部津浦铁路沿线经济带、东部沿海经济带。运河沿线市镇早已衰落，津浦铁路沿线市镇经济慢慢苏醒，东部沿海随着青岛、烟台的开埠快速发展，特别是胶济铁路建成后横跨东西，加速了山东经济重心快速东移，此已不在本文叙述之列。

参考文献

［1］（清）黎翔凤：《管子校注》，中华书局 2004 年版。

[2]（汉）司马迁：《史记》，中华书局 1984 年版。

[3]（明）苏淮、杨士奇编：《历代名臣奏议》，上海古籍出版社 2012 年版。

[4]（唐）李延寿：《北史》，中华书局 1974 年版。

[5]（宋）欧阳修、宋祁：《新唐书》，中华书局 1977 年版。

[6]（宋）李焘：《续资治通鉴长编》，中华书局 1979 年版。

[7]（清）张同声：《胶州志》，道光二十五年刻本。

[8]（清）徐松：《宋会要辑稿》，中华书局 1957 年版。

[9] 吴晗辑：《朝鲜李朝实录中的中国史料》，中华书局 1980 年版。

[10]《钦定大清会典事例》，第 809 册，续修四库全书本。

[11]（清）丁耀亢：《出劫纪略》，丁氏家藏顺治抄本。

[12]［日］林春胜：《华夷变态》，东洋文库年版。

[13]《清高宗实录》，东京大藏出版株式会社 1936 年影印本。

[14]（清）张廷玉等：《清朝文献通考》，浙江古籍出版社 2000 年版。

[15] 张维华：《清前期中俄关系》，山东教育出版社 1997 年版。

略论闽南"海丝文化"中的女性文化研究

庄小芳

（中国闽台缘博物馆研究部）

摘 要：在"海丝文化"大研究框架下，女性文化是不可或缺的组成部分。闽南"海丝文化"中的女性文化具区域性海洋文化特色、内容丰富，包括"海丝"路上的女性信仰、海洋环境下特殊的女性群体、海外闽南女性移民与文化传播等，我们需要借鉴国内外最新女性文化研究理论，同时立足本地，挖掘民间文献，深入女性的日常生活，更好地挖掘和研究闽南"海丝文化"中的女性文化。

关键词：闽南；"海丝文化"；女性文化

从传统意义上讲，水是女性的象征，但征服大海却是男性力量的象征，研究"海丝文化"，除了事与物外，对于纵横海上的男性个人（如郑和、郑芝龙等）和对于男性群体（如海商、海盗等群体）的研究都并不少见，而"海丝文化"中的女性文化研究，除像女神妈祖的研究得到较多关注这样的特例之外，在原本已经较为缺失的沿海女性群体的整体研究中，"海丝文化"中的女性文化的研究，更是成为几乎被忽略的领域，这在不同区域的"海丝文化"的研究中都可说是较为明显的缺陷。以闽南"海丝文化"的研究为例，闽南不同地区在研究"海丝"方面侧重的年代和内容不尽相同，但以目前的研究成果来看，侧重点都是以史迹和出土文物作为重点，"海丝文化"中男性杰出人物和群体的研究，虽然也得到一定程度的重视，但依然是作为事和物的衬托，缺乏主体性和典型性，男性人群的研究尚且如此，更别提与"海丝文化"相关的女性群体的挖掘和研究了。

闽南地处东南沿海，有着漫长曲折的海岸线。海洋，是闽南人生活和生存的天然环境，海洋文化已经深刻影响到闽南人的日常生活和行为方式中，内化成闽南人的人文性格，也是闽南民间社会的重要特征。这种影响，并不仅仅只是体现在从事海上作业的主力男性身上，也体现在闽南女性身上，故在"海丝文化"研究的诸多不同领域中，与"海丝"相关的女性文化的研究应该受到应有的重视，这个研究领域的开拓，既可补充"海丝文化"研究的缺失，也可作为研究"海丝文化"男性群体的补充和参照，以期构造出"海丝文化"影响下较为完整的闽南社会风貌。笔者还认为，广义上说，由于闽南所处的海洋环境，闽南女性文化都是"海丝文化"的组成部分，狭义而言，"海丝文化"中的女性文化研究，主要是指与"海丝文化"关系较为密切的女性神祇、女性民俗及沿海典型女性群体、移民女性等的研究。本文拟从狭义意义上所言的女性文化的几个方面对这个问题展开阐述。

一 海上丝绸之路中的女神信仰

闽南地区宗教信仰芜杂，民间信仰更是神祇众多，层出不穷。在庞大的神祇体系中，女性神祇占有十分重要的一席之位，可说是与男性神祇平分秋色，是闽南民间信仰中颇具乡土地域的特色的重要组成部分。因为闽南地区的信仰环境，闽南的不少女神，亦超越了性别本身，成为全能神祗,甚至在战争等方面无所不能,这体现在众多与女神相关的故事和传说中,尤以闽南一带抗倭的传说为甚。因此,在海上丝绸之路信仰关于女性神祗的研究中,除了源自湄洲而在闽南地区广泛流传的妈祖信仰以及中国民间广泛信仰的观音菩萨之外,闽南不少地域性的女神,也充当起海上丝绸之路保护神的角色,只是因为影响的地域有限,因此常被研究者所忽略。对于这些海上丝绸之路女神信仰及传播情况的研究,可以更全面地了解海上丝绸之路的信仰情况,也可以了解闽南民间信仰的多样性以及闽南民间社会对待女性、女性社会地位的某一侧面。

粘良图老师在《闽台沿海的"二妈祖"现象》中指出:"研究妈祖文化,不能不注意到闽台百姓在崇拜妈祖的同时,又塑造出数尊与妈祖相仿佛的女神。"[1]他指出产生与闽南地区,在海上护航功能上与妈祖相同的女神,诸如产生于泉州泉港(原属惠安)的"姑妈"刘益娘、产生于南安水头的高氏姐妹、产生于漳州东山岛的柔懿夫人等,在与她们相关的传说中,同样有着不少她们救助海上遇难船只和人员的相关内容。这些地方女神历史悠久,如泉港地区的"姑妈"刘益娘,产生于明代,在泉港地区既有自己的主祀庙宇,也常作为"二妈"或"三妈"与妈祖同祀,在泉港渔民的心目中,姑妈"刘益娘"的护佑作用与妈祖同等,"姑妈"庙亦随渔民传播到世界各地。又如东山岛的柔懿夫人,为唐"开漳圣王"次女陈怀玉,在东山地区即被人称呼为"妈祖",民间传说她曾于海上助战郑成功统一台湾,该信仰也流传到台湾,变成"玉二妈信仰",成为"妈祖"信仰的一个旁支。在海上丝绸之路与民间信仰相关的研究中,妈祖女神作为研究热点持久不衰,而对于这些与妈祖相类或相似的这些女性神祗,却没有引起足够的重视,有的甚至直接被当作"妈祖"的替身,故在分灵传播

---

① 粘良图:《闽台"二妈祖"现象试析》,林瑶琪主编《两岸学者论妈祖》,台湾省各姓渊源研究会 1998 版,第 51 页。

的研究中，也就会存在不少疑问和困惑。

除以上所提到的几个地方性女神，笔者曾调查了泉州沿海村落金崎村。金崎村位于泉州晋江下游，有鹧鸪山立于海边，也是沿海船只入泉州城的必须通道，村里有一个历史悠久的古庙——宁海庙，里面现供奉有宁海大总巡、圣姑娘娘和观音，其中宁海大总巡是主祀。但这个庙最早的主神是圣姑娘娘，庙内存有一块后唐乾宁年间（894—898）的《敕赐宁海通徽护国夫人碑记》。民间对于圣姑娘的传说，亦与海上救护有关，"王审知率师入闽平番，来至大坠门时，因大雾弥漫，迷失了前进方向。圣姑娘即显灵化身，头戴白巾，身穿盔甲，手持双剑，在庙后鹧鸪山七星石上，以两盏灯火为号，引导王审知舟师顺利入港"①。可见在泉州最初的海上丝绸之路上，圣姑娘亦发挥了作用。圣姑娘庙从唐五代一直延续到现在，香火兴旺，虽然主神后更易为大普公，但圣姑娘亦一直作为庙宇的配神延续下来。在沿海从事海上作业为主的村落，圣姑娘亦一直发挥着其护佑作用。又如，厦门曾厝垵的圣妈宫，香客多为厦门港及九龙江口的渔民船户，虽然后来圣妈宫主神变为"妈祖"，但最早是"圣妈"，这其中也有值得我们研究的内容。此外，泉州地区的"苏夫人姑"亦随着华侨漂洋过海，分灵到东南亚一带，她们的传播史及其在海外华人社会中的影响也值得我们做一番研究。

诸如此类，在日常的调查中，我们常常可以发现，在海上丝绸之路宗教信仰庞大的体系和海上丝绸之路信仰演变的漫长历程中，以"妈祖"为中心的女神体系发挥着十分重要的作用。这些女神虽不能与"妈祖"的影响并肩，但对于一定区域的移民而言，一样具有重要的宗教意义。这些女

---

① 李天赐：《泉郡宁海庙大普公信仰的由来及海外寻根的经过》，苏解放主编《丰泽文史资料》第七辑，泉州中国人民政治协商会议泉州市丰泽区委员会学习文史委员会 2004 版，第 115—117 页。

神均产生于闽南本土，与闽南社会环境密不可分。因此，我们如果注重地方性女神的研究，既可以补充妈祖研究中的不少疑问和难题，也可以为海上丝绸之路宗教信仰的研究提供新的视野。

二　海洋环境中的典型女性群体

海洋环境下的闽南区域，生活着一群与大海密切相关的女性群体，这其中，有的群体标志较为明显，较为人瞩目，如惠安女、蟳埔女等，但更多沿海区域的女性群体的研究长期被忽视，在研究手段和研究内容上都有待拓展提升。要完整地呈现海洋环境下的闽南社会，或是呈现海洋环境对于女性的影响，需要从不同侧面展开对闽南沿海典型女性群体的研究，笔者以为，这是"海丝"文化研究重要的组成部分。这些典型的女性群体可分为两类：一类以地域为地区，是生活在沿海区域较具典型特征的女性群体，如惠安女；一类是在闽南特殊的海洋环境下，不同时代所产生的拥有共同际遇的女性群体，如民国时期一直延续下来的出洋浪潮造成的"番客婶"群体，如因特殊原因形成的"寡妇村"的寡妇群体等。在目前的研究层面上讲，这些女性群体的研究尚显得十分薄弱，没有形成点面的结合，另一方面，即使有之前的研究成果，如何进一步开展对这类"海丝"环境下的特殊女性群体的研究，又是一个值得我们思考的问题。笔者以已经具有较多积累的惠安女的研究为例，来进一步思索在研究这些女性文化中需要推进的问题。

东南滨海的海岬一角，夹在泉州湾与湄洲湾之间，统称惠东地区，包括现今的崇武、山霞、涂寨、净峰、小岞、东岭、东桥等七个乡镇，长期留存着区别于惠安及泉州其他地区的"长住娘家"的特殊婚俗，七个乡镇也不同程度地保留着以"黄斗笠、绿头巾、蓝上衣、黑旷裤"为基本格局的惠东女性服饰和繁复的银链等装饰。除此之外，在惠东地区的妇女中间还有集体自杀频繁的社会现象、特殊的"夫人妈"信俗等，构成了惠东地区特殊的女性民俗的文化图像。这个与大海密切关联的女性群体，她们的生活与大海密切相关，是"海丝文化"中女性文化的典型代表。

"惠东女"特殊的风俗引起了不少学者的注意。20世纪30年代，民族学家、人类学家叶国庆、林惠祥等老前辈开创了对"惠东女"的民俗研究，后虽然一度沉寂，但随着80年代中国人类学的开创以及民俗研究的兴起，在两位前辈任教的厦门大学的学生，沿着老师的道路，又一次掀起"惠东女"民俗研究的高潮，且取得丰硕的成果。这种研究传统一直延续下来，引起了国内外学者的注目，也因此产生了更多的碰撞。20世纪80年代末90年代初对于"惠东女"民俗的探讨主要集中在人文历史方面；90年代末以来，关于"惠东女"民俗的探讨逐渐转向社会人类学的范畴，人们开始讨论社会变迁中的"惠东女"民俗的变化问题。这种趋向在近十年来更加明显。可以说，老一辈的学者注重探讨"惠东女"民俗的人文历史层面，他们扎实的社会调查和严密的文献考证，为后来的研究者奠定了坚实的基础，而新一辈的学者渐渐将社会性别文化关系等引入"惠东女"的研究中，更注重传统与现代社会变迁民俗的变化等问题。有关"惠东女"的研究因此成为闽南学中的一个"显学"，论文、论著也不少。

但是，遗憾仍然存在，以笔者之见，"惠东女"民俗研究的繁盛期毋宁说已经过去，不如说尚未到来：在社会学、人类学和历史学各种理论层出不穷、日新月异的今天，在对妇女问题日益重视的今天，"惠东女"这朵曾经为海内外学术界所瞩目的中国民俗史上的奇葩，却依然没有开出经典的研究花朵；在新时代女性学发展日新月异的今天，"惠东女"的研究反而走入瓶颈，在理论和研究手段没有新的突破。虽然男性历史学家、人类学家对于当年的"惠东女"的各类习俗及她们存在的社会环境都作了十分细致的描述，但是"惠东女"民俗依然是作为一种被研究的客体，即民俗事象的考察,却极少有学者能注意到作为被研究者的女性主体及其日常生活实践,更不要说作为个体的惠东女性的自我表达了。

此外,对于闽南其他沿海地区女性群体研究的缺失,使"惠东女"的研究在闽南女性大的研究中虽然显得独树一帜,但同时缺少比较性以及整体性。如何更好地整合研究同一文化区域的闽南女性群体的研究,使闽南沿海女性群体研究蔚为气象,成为集大成者,便是我们急需考虑的问题。如此,也能更好地呈现出闽南海洋环境下女性群体生活的风貌和地域特征。

另一方面,由于海上丝路的关系,历史上,闽南大量男子漂洋过海谋生,在东南亚一带定居,极少或没办法再回到故乡。他们一般只是通过侨汇等方式寄送财物回到家乡,因此在闽南民间,形成独守空房的女性群体"番客婶",即侨眷。在特殊的历史时期,由于男子被抓壮丁等原因,沿海不少村落的女子集体失去丈夫,形成了闽南一带独有的"寡妇村"。对于这些特殊的女性群体,对于她们的生活状况、对于她们与东南亚一带的各种联系的研究等,虽然已有学者注意并加以研究,但从总体情况而言,依然是十分空白且有待开拓的。

无论是"惠东女"研究现状的不如人意,还是其他闽南地区女性群体研究的缺失,笔者个人以为,以女性研究者为主力军的女性民俗研究者在其研究历程中的缺失,是一个十分重要的原因。正如有学者指出"在学术研究当中,女性民俗事象与女性民俗事象承载者之间,隔了一个作为代言人的男性研究者与呐喊者,这些被研究的女性主体历史性地成为学术研究中缺席的主体"①。所以,在"海丝文化"的研究中,对于海洋环境下典型的女性群体的研究,还需要有一批女性研究者的参与,在深入挖掘民间留

---

① 王均霞:《从"事象"到"情境":中国女性民俗研究的范式转换与目标生成》,《民俗研究》2014 年第 4 期。

存的文献，诸如女性墓志铭、家书等的基础上，以日常生活调查、访谈等形式，从多学科的角度，更深入细致地展现海洋环境下的闽南女性群体与个体。

三 闽南女性移民与文化传播

闽南男子出洋人数众多，因此海外交流的主体还是男性，但是在大的环境影响下，海外交流中，也有不少闽南女性的身影。这些女性，有的只是作为男性的眷属与男子一起出国，但也有个别杰出的女性，因为特殊的原因，在闽南地区的海外交流中发挥过积极的作用，这一些海外交流史上的女性移民或女性人物，值得我们作更深入的研究和深层次的探讨。

历史上，虽然闽南人从唐末开始就有渡海到海外经商或移民的记录，但女性移民一般较少，真正较具影响的女性随父亲或丈夫到海外的是清末至民国时期出现的移民高潮中。有学者曾就 1860—1901 年移居东南亚一带的中国女性移民做过统计，指出："据记载，1878 年，前往海峡殖民地的中国女性移民是 1818 人，1888 年达到 5375 人，1900 年则增至 12329 人。"[①] 由于前往东南亚的移民本就以福建籍为多，这其中，又以闽南籍的女性为多。学者们进一步指出，大量女性移民的到来，才真正改变了东南亚一带的移民生态，对东南亚华人社会产生了极为深刻的影响。"大量女性移民的到来，对东南亚华人社会产生了极为深刻的影响，是促使华人移民向定居转化的重要因素。另外，大量女性移民的到来使华人移民社区人口大增，性别比例渐趋平衡，从而阻断了长期延续的华人男子与马来女子之间事实上的通婚关系，一种基于共同血缘、共同地域之上，具有明显中

---

① 林杰何：《移民到海峡殖民地的中国妇女，1860—1901 年》，转引自颜清湟、栗明鲜译《新马华人社会史》，中国华侨出版公司 1991 年版，第 9 页。

国文化特征的华人移民社会最终得以形成。"① 笔者认为，大量女性移民带来的不仅是因为性别平衡而形成的稳定性，还会进一步促进原乡的民风民俗在东南亚各地的生根发芽，因为在闽南，许多民俗都是通过女性的参与才得以留存和延续，所以闽南女性移民东南亚，也势必会把原乡的许多风俗带到异乡，从而具明显的中国文化特征。鉴于此，闽南女性移民群体在东南亚一带的生存生活状况、闽南女性移民与海外中华传统文化的传播有着十分重要的研究价值，在"海丝文化"研究中，虽然在涉及移民家庭、家族等的研究中，也常有对于家庭中的女性及两性关系的研究，但将女性移民群体放到主体位置加以考察研究的，从成果上来看并不多见，也没有引起足够的重视，值得我们做进一步的深入探讨。

闽南宗教与海外的种种交流互动，是闽南宗教十分显著的地域特征。"海丝之路"与宗教的关系，也有不少阐述，但交流主体亦一般以男性僧人等为主。而我们也需注意到，在闽南佛教交流史上，也有一类特殊的女性，对于闽南地区佛教与海外的交流起到十分特殊的作用，她们就是民国时期被前来闽南的弘一法师称为"梵行清信女"的闽南带发修行的"菜姑"群体。她们是闽南佛教的独特现象，在闽南佛教与海外的交流史上，亦写下浓彩重墨的一笔。在民国闽南不少佛教寺庙的重建重兴史上，都有"菜姑"远赴东南亚一带奔走募捐重兴寺庙的身影。例如，泉州南门朵莲寺"开山祖宏智姑婆两度赴菲律宾，向闽南旅菲华侨募资回乡修建南门顺济桥"② "真莲姑娘兴建同莲寺，亦两度赴菲律宾、新加坡募资扩建殿堂"③ 等。闽南的这个女性佛教群体，还将佛教寺庙开创到华人移居的东南亚各地。陈珍珍女士指出："泉州籍梵行清信女早在 20 世纪 30 年代，就

---

① 范玉春：《移民与中国文化》，广西师范大学出版社 2005 年版，第 164 页。

② 陈珍珍：《佛国春秋一枝独秀——闽南梵行清信女嬗变考略》，林兆荣、释本性主编《面向新世纪初的福建佛教福建省宗教研究会论文集四》，宗教文化出版社 2003 年版，第 13 页。

③ 同上。

先后到新加坡、菲律宾、马来西亚、美国以及香港地区开创佛教寺院。"①
比如，开莲姑赴新加坡创建金兰庙和珞珈山庄，并建三宝风油厂（药用）；
舍吉姑赴马来西亚建大善和堂；惠安缘姑到马尼拉创建宝藏寺；等等。这
些阿姑在海外开拓佛教事业的同时，又积极集财寄回家扩建祖庭，兴办慈
善事业。这些阿姑延续了闽南与海外佛教的因缘，这种因缘并一直延续至
今。从一侧面，我们即可了解在与海外各个领域的交流中，闽南女性也发
挥了积极的作用，只是这些作用常被忽略，没有作为专门的研究领域作更
深入的研究。

无论是随着移民大潮移居海外的闽南女性，还是因为特殊的目的沿着
"海丝之路"到达海外的特殊女性，她们都将闽南传统的宗教和民俗文化
等带到了移居地，在这中间，她们的一切经历都值得后来者铭记与书写。
因为作为女性的特殊身份，她们的经历与所见所闻，她们的女性视野也可
以补充对男性移民者的研究的不足。

四 总结与思考

闽南"海丝"文化中的女性文化丰富多彩，包容万象，并不只是体现
在以上我所列及的相关的丝路女性神祇、沿海女性群体及移民女性群体
等，也体现在诸如日常的具海洋文化特性的种种分散的女性民俗之中、海
洋环境的社会中女性的家庭地位和两性关系等，都需要做进一步的调查、
分析和整合。而如何进一步整合闽南"海丝"文化中女性文化的研究资
源，深化已有的研究领域，开拓尚未被挖掘的新领域，笔者有以下四点思
考和浅见。

第一，与中国大传统的女性文化研究一样，区域性的女性文化研究也

---

① 陈珍珍：《佛国春秋一枝独秀——闽南梵行清信女嬗变考略》，林兆荣、释本性主编《面
向新世纪初的福建佛教福建省宗教研究会论文集四》，宗教文化出版社 2003 年版，第 16 页。

是多层面多维度的，具民俗学、社会学、人类学、历史学、文化学、心理学等多学科的视角。所以，在区域性女性文化的研究中，我们也需要学习借鉴国内外最新的女性文化研究方法和理论，避免区域性研究落入窠臼：浮于表面，没有融合和创新；只有小传统，没有办法很好地融入大传统的研究之中；既出不了精品，对别的区域女性文化的研究也没有办法产生借鉴意义。

第二，区域性女性文化研究的缺失，一个很重要的问题是由于文献的缺失，造成了研究的诸多困难。官方文献的记载微乎其微，且千篇一律较多，女性文化的研究需充分挖掘利用民间文献及民间故事、传说等。在闽南地区，这些民间文献包括华侨夫妻合葬墓志铭、女性墓志铭、谱牒、契约文书以及地方文人追忆家族女性的诗文等。这些民间文献中蕴藏的丰富信息，势必也会为女性文化的研究提供帮助和线索。在挖掘民间文献的基础上，辅以调查、访谈等，相信管中窥豹，以个别典型中窥见海洋环境中的闽南女性的过去和现状。

第三，闽南"海丝"文化中的女性文化的研究需立足于整个闽南地区，对于闽南沿海女性群体生活生存状况的调查研究应点面结合，对较有特色的固定区域的女性群体的研究也应有所拓展，如此才能更好地对闽南沿海女性群体研究进行比较和整合。

第四，在闽南女性文化的研究中，需深入日常，对闽南不同地区沿海的女性，或是某一特殊群体做较为持久而深入的调研，融入她们的生活。只有通过对闽南女性日常生活状态的田野调查和持续性跟踪，才能更好地了解和还原在海洋环境下生存的闽南女性的文化面貌。倾听、理解以闽南女性为主体的发声人，而非只是被研究的客体。由于这项工作的特殊性，需要培养一批有能力胜任此项工作的女性研究者。这样既可以提供田野调查的方便，也能以女性的视角对某些问题做更深入的探讨。

　　生活在不同的区域、不同的社会环境、不同的传统中的女性群体，具有区别于别的女性群体的特征，在海洋环境中生存的女性，也因此具有与其他地区女性不同的鲜明的女性文化特色。闽南海洋环境下的女性群体，即具有十分鲜明的地域特征。在"海丝文化"大的研究框架下，其中的女性文化研究也应作为相关的课题，引起大家的重视。可以说，研究闽南"海丝文化"中的女性文化，既是闽南"海丝文化"的一个重要组成部分，也可为不同区域、不同地方"海丝文化"中的女性文化的研究提供范例，为中国女性文化的研究添砖加瓦。